悟义 著

道德经指要

（上册）

图书在版编目(CIP)数据

道德经指要 / 悟义著. —北京:中国发展出版社,
2019. 11
ISBN 978 - 7 - 5177 - 1091 - 2

Ⅰ. ①道… Ⅱ. ①悟… Ⅲ. ①道家②《道德经》—研
究 Ⅳ. ①B223.15

中国版本图书馆 CIP 数据核字(2019)第 244670 号

书　　名: 道德经指要
作　　者: 悟　义
特约编辑: 灵　禧　灵　川　灵　和
责任编辑: 允　中　马英华
插　　画: 雪山静岩
装帧设计: 天　月
特约策划: 不二修养(北京)文化发展有限公司

出　　版: 中国发展出版社
联系地址: 北京市西城区裕民东路3号9层　100029
标准书号: ISBN 978-7-5177-1091-2
经 销 者: 新华书店及其他书店
印 刷 者: 河北鑫兆源印刷有限公司
开　　本: 787×1092 1/16
印　　张: 50.5
字　　数: 527千字
版　　次: 2019年11月第1版
印　　次: 2019年11月第1次印刷
定　　价: 160.00元(上下册)

联系电话: (010) 68990642　68990692
购书热线: (010) 68990682　68990686
网络定购: http://zgfzcbs.tmall.com//
网购电话: (010) 68990639　88333349
本社网址: http://www.develpress.com.cn
电子邮件: 179788905@qq.com

天道

奋起直指晓古今，
玄之又玄微妙音。
和光同尘情似海，
竹山何处不青青。

作者简介

悟 义

著有中国禅(CHAN)丛书系列，包括禅养生系列《茶密人生》《茶密功夫》；禅文化系列《茶密禅心》《禅者的秘密·饮食》《禅者的秘密·禅茶》《诗情画意》；禅与生命系列《本能》《生存》《禅》；水月太极系列《莲花太极》《莲花导引》《莲花九式》；禅修系列《禅舍》《五心修养》；禅艺系列《雪山静岩不二禅画释义》《不二禅颂》；禅法系列《中国禅》《至宝坛经》；禅画美学系列《高明中庸 修身为本》；中国禅讲座系列《禅问》；中国传统文化系列《道德经指要》；中国禅纪录片系列《莲花太极》《中国禅》《雪山圆相》《禅者悟义》；“北大、复旦生活禅智慧”讲座光盘等。

全书目录

注：上册插图共18幅，随文排。

上册目录

精松

氣松

概论

近八年来，笔者专心于“中国禅”修养法的编著，但常常在和读者们讨论“中国禅”思想、修法的时候，发现怎么样也无法跃过儒、道两家而单独论禅。

在笔者诚惶诚恐试将自己对儒家之浅见集合成《高明中庸 修身为本》后，心中一直存念，希望能尽快将道家思想整理成文，儒、道、禅并举，将中华文明的方方面面用一种全新思路呈现给大家，如能因此启发出读者的点滴灵感，增加对文明和传统的理解，从而指导生活，进而能发出自己的思考，此善莫大焉。于是从2017年下半年开始，笔者便寻伺构思本套《道德经指要》。

本书以《道德经》为引线，引申出对黄老、庄子道家思想的全新思考，融入儒家、禅门的共同智慧，纵横捭阖，时空交叠，因此没有习惯阅读“中国禅”系列书籍的读者，对这种交错的文风可能需要一段适应期，如果开始感觉读着吃力，不要在意，反复读，多读几遍，遇到不懂的字句，也学会自己延伸阅读。久而久之，多数人会发现思路扩展了，视野宽广了。

据联合国教科文组织统计，在世界各国经典名著中，被译成外国文字发行量最多的，除了《圣经》以外就是《道德经》。《道德经》是有史以来译成外文版本最多、海外发行量最大的中国经典，同时也是世界上创造名言最多的巨著之一。

道家思想不仅是中国人的精神财富，亦是全人类的精神财富。德国哲学家海德格尔曾参与了《道德经》的德文翻译；尼采说，“老子思想的集大成——《道德经》，像一个永不枯竭的井泉，满载宝藏，放下汲桶，唾手可得”；黑格尔说，“中国人承认的基本原则是理——叫作‘道’”“道为天地之本、万物之源。中国人把认识道的各种形式看作是最高的学术……老子的著作，尤其是他的《道德经》，最受世人崇仰”；德国前总理施罗德曾呼吁：每个德国家庭都应该买一本《道德经》，以帮助解决人们思想上的困惑。

联合国前秘书长潘基文极力推崇老子的《道德经》，常援引老子的“天之道，利而不害；圣人之道，为而不争”的不朽智慧应用到联合国工作中。

不仅在哲学界、政界和军事方面，即便在科学界，《道德经》也广受关注，英国大物理学家霍金博士经老子“天下万物生于有，有生于无”的思想启发，提出了“宇宙创生于无”的理论。美国物理学家约翰·惠勒提出的“质朴性原理”，与老子所谓“道”的质朴性是不谋而合的。西方世界老子迷可谓不胜枚举。

道家思想是中华文明的瑰宝，“中国禅”智慧亦是中华文明的瑰宝，中华文明是不可偏举的，儒、道、禅各有其特色。《庄子·则阳》曰：“万物殊理，道不私。”《庄子·德充符》又曰：“自其异者视之，肝胆楚越也；自其同者视之，万物皆一也。”

一切思想，不过是从不同角度、不同深度、不同范围、不同方便入手论述人和道、物和道、道和道之间的关系，其中皆蕴含着道的共相和别相。可以说虽视角、路径、入手、着重点不同，然而真正的文明、文化必是殊途同归的。

儒、道、禅，你中有我，我中有你；有阴有阳，有出有入，有内有外，有疾有缓，有刚有柔，有明有暗，有正有反，在中国传统思想发展史中交易演变，互为补充，携手共进，三家并举，三家互惠，三家互融。

戊戌年始，笔者尝试以《道德经指要》开始和读者们一起进入道的世界，望诸有缘及时给予批评指正。

功夫和智慧、思想和领悟，没有古今，没有地域，没有边界。

中华文明从伏羲画八卦开始，文王作彖辞以释卦，周公作爻辞，孔子作系辞，逐渐孕育发展周备，成为中华文明之源，可以说中华文明经夏商周三代，形成了以《易》为中心的思想。

“易”即“日”+“月”，寓意宇宙万物、万事、万有中有假名为阴阳、正邪、好恶、黑白、是非、明暗、对错……的两股力量，在不断推化、变异、流转。

自春秋始，诸子思想从《易》里相继萌芽，在战火纷争的时期，人性之贪婪越发彰显，万民于水火中艰难求生，诸子本着天下大事、匹夫有责的使命，将各自的智慧在各个方面发挥应用，带给人民以活力和希望。

他们就怎样治国安邦、怎样安身立命、怎样济世救苦、怎样和谐共存等问题形成了不同的看法，并展开了激烈辩论且各自付诸实践。然诸子的眼光多投向了乱世之中如何重建稳定的秩序，对生命本身如何在混乱中安顿、如何在红尘中逍遥的讨论却略显不足。

道家，尤以老庄为代表，在诸子中高唱生命赞歌，发挥出了尊重生命的人本精神，老子曰：“故道大，天大，地大，人亦大。域中有四大，而人居其一焉。”四大之中，人亦是和道、天、地平等的，庄子云“齐物”是也。能从现实的困苦中给予生命关怀，给予生命尊重，安顿其心的，以道家为始。

诸子本同根而发，互为异同，然而却因各有其着眼点，不同学派、不同宗门多陷于各执己见，用《淮南子》中的话说，常“自是而非人”，不时卷入思想谁对谁错的是非争辩中，“以是其所非，而非其所是”，各家往往陷入肯定对方所否定的，否定对方肯定的争端中。难以涵容不同观点，必自论其思想为正朔。

道家应时提出了天和、人和、心和的观点，社会的基本元素是每个生命体，而生命体之来源，不是单一的，故，去也必不单一。因缘和合，交综复杂，我们不能用单向或单一化的眼光看待生命的各种现象、各种矛盾、各种关系，如生死、是非、善恶、轮回、因果，等等。

道家的“和”，有天和、人和、心和，此“三和”之“三”即“三生万物”的“三”。“和”怎么发出?“万物负阴而抱阳，冲气以为和”，“和”的是中气，阴阳二气本身是不和的，二气交媾为“三”后才叫“和”，是“和”衍生了万物。“和”即是“三”，即是“不二”。

“冲”的本意是“中”，是清浊混合、善恶交汇处。阴阳二气以什么形式“和”呢？便是“负阴而抱阳”，“负”不是“背负”，而是凭借、倚仗。“阴”中包容了“阳”，才得以阴阳交媾而“和”，万物繁衍的特性皆如此，“阴胞”必吸收“阳精”而致于“和”。

阴阳二气相互交通往复而不断形成新的生命体，万物的基本元素是庄子在《知北游》中所说“通天下一气耳”，又在《田子方》中曰“两者交通成和而物生焉”。生命体是阴阳二气“和”而顺产之物，“和”属于“空”，顺产生物属于“有”，“有”一旦出生就开始了生老病死的过程，死是暂时的“没有”，即“无”。“有”和“无”都在“空”中，是“空”的一部分，“有”和“无”皆中节的状态为“和”。而修道者通过修行复归于和，则全靠逆行修炼增长功夫智慧。

生命体的出生是偶然中的必然，复归于和则是必然中的偶然。万物并生，其生命活动和宇宙、天地、自然万物、万事、万有亦能同频同波，因此，人存在宇宙间的意义和宇宙之所以存在的意义等同。

“和”是一种动态的不息，变现为五行生克：木乃始，水乃终，土乃中。故木生火，火生土，土生金，金生水，水生木；水克火，火克金，金克木，木克土，土克水。六合之内，万物、万事、万有千变万化，相生相克，轮回循环，负阴抱阳，故能生生不息。

西周史伯曰“和实生物，同则不继”，不同事物、观点、类别、属性、特产，能自然而然相生相克，才是和谐同济的生机盎然。然，万物、万事、万有一出生必不和，如顺之，“有”“无”皆偏，对内有生老病死，对外成住坏空，这过程就是单一走向的“线性”生命、社会；而归于“和”是以逆行趋于中和。修道者能内观、内修、内养、内虚，一切能量不住，回向众生，这就是无论顺逆，以多维走向的“圆性”生命，也就是得道、悟道、涅槃、清净的生命观。修道者通过修养回归万物出生时的生命力，活力无限。

这个归复的过程始于“和”，归于“和”。不和，则万物、万事、万有将恒久处在对立冲突中，“和”是人修行的彼岸，亦即宇宙天地万物的起点和归处。“和”不是一种静止恒定的状态，“天和”包含了宇宙天地和万物的变化关系，此即“境”；“人和”包括了人与自然、人与人的交互关系，此即“事”；“心和”包括了人与自心的契合关系，此即“法”。

诸子皆言和，然各秉其趣，如儒家着重用礼制来表和，墨家采取兼爱互助来表和，法家用统一思想和制度来表和……而道家则注重天和、心和和人和的关系中“以人为本”。

思想本身没有边界，它抽象、微细、缥缈，上可扶摇九天，下可入诸微细，既不可把捉又无时无处不显，但这种精神的力量需要有精神追求的人时刻方向正确地精进自修，配合积极独立沉潜的思索和不断回向大众的行为方可契合，缺一不可。在回互幽玄的反复磨炼中，总会有人捕获出宇宙万物中微细的机变，启发出觉悟来，终以各种善巧方便法教化世人。

自觉是内圣，教化是外王。圣人以己悟入世，安顿迷茫的俗心，《逍遥游》中，庄子以“安所困苦哉”结尾，这就是慈悲精神。先圣之所以长生，乃在于其能为万民精神之所依，找出安顿心灵之路。否则身处乱世之众生何以自处？《齐物论》给出脱苦的道路是“道通为一”，人与宇宙天地、自然万物是可以相通的，人人皆有佛性，能在苦难中逍遥，能火中生莲，游刃于人间世。

所谓乱世，表面的意思是兵荒马乱，其实不然，人心不安才是真乱世。于当今社会而言，多数人心迷在名利中，这才有腐败的权力、无良的商业，文化和文明本是为了解开乱心之锁而生。混乱是任何时期都不会少的，战争时期有颠沛流离的丧亲分离之苦，然而这种困难却压不倒有志之士，近代中国教育的高峰为什么能出在战火纷飞时偏居一隅的西南联大？

有形的苦好克服，因为有个明确的敌人在，难的是和平时期，各种看不见的陷阱，各种沉迷和诱惑，各种文化、经济、审美、价值观之错位，这些被无形侵入的困境、被隐藏的乱，往往是人们忽略不见的，和平年代人心更容易散漫，生于忧患而死于安乐是也。

没有经过风雨的人是温室里脆弱的花朵，人生这一艘船没有压舱物是不会稳定的，也无法朝着目的地准确前行。有能量的人，在黑夜中能见曙光，在安逸中能不迷失，在混乱中能不慌张，在宠辱中能不忘初心，这是圣人们用各种教化方式期望达到的目的。老子说“以退为进”，退和进不是两个方向，而是两个角度，退和进都是向道，如果只知进，则不明“道”了。许多人误认为“退”是消极、保守、倒退、胆怯，这是不解圣人语。

当然每位圣人悟的境界是因人而异的，有大有小，愿力亦是因人而异，随其境界高低、愿力的大小，背负的责任也有差别。诸子的初衷是为了救世，故有无限的方便、无穷的视角，有至微、有至宏、有至强、有至柔，各个层面优柔通达，但如果没有弥合纷乱的悲悯和统合喧嚣纷争的大愿，就易被权利所陷，如李斯般堕入“世智辩聪”中，无可奈何和奸佞同流。

儒、道、禅就好像中国的河流，北有黄河，中有长江，南有珠江，三江交织，灌溉滋养了中华文明。所谓文明，不是独立的专科，而必是能相互撞击、相互补充又能统一圆融的思想，中华文明的特长不在专项发展，自古文史、文哲、文政、文理、文科不分，儒、道、禅亦是，难以断然强分。

诸子皆具独立探索的精神，内心深广丰富，自成一体。中华大地上向来不缺少精睿了然的智者，他们精神的光芒交相辉映，照耀着历史的航程。中华文明的魅力和强大就在于，它无分国界、民族、时间而能无限包容不同面向的探索，并常能自动地对每一次偏狭以及时自我校正，对每一次侵害以自我修复应变。

文明的生机便在于内在能及时自我修正、自我融汇、自我补充的不息活力。“天行健，君子以自强不息”，在无数次倒悬中不曾退却前行的脚步，在困厄艰窘中依然蓄积突围高蹈的品格，无畏于生死方才气冲霄汉，浩然长存。

中国社会在西周还是奴隶社会，到了春秋，奴隶社会崩解，在奴隶社会和封建社会的交替期，奴隶主贵族为了争取更大的利益，开始了相互兼并的局势，天下逐渐并化出了十几个强势诸侯，争雄夺霸的局势愈演愈烈，为了扩张土地，各诸侯国之间几无宁日，各种矛盾日益尖锐和复杂，人民饱受疾苦。

老子是集道家思想之大成者，比老子更早论道的人，是玄帝颛顼的后裔叫鬻熊，他是楚国开国君主熊绎之曾祖父。

楚国，又称荆、荆楚，是春秋时期第一个称王的诸侯国。楚国祖先族姓芈，熊氏，兴起于古荆州之地的楚部落，公元前223年亡于秦国。其全盛时的最大辖地大致为现在的湖南、湖北全部以及重庆、河南、安徽、江苏、江西部分地方。

商朝末年，鬻熊投奔周文王，成为文王的火师，这是无比的尊荣。什么是火师？人类的文明从有火始。相传黄帝有二十五个儿子，正妃生了两个儿子，小儿子生下了玄帝颛顼。

老子为什么谓“道”“玄之又玄”？“玄”是循环往复的勃勃生机，是互回幽冥的深邃能量，是天地自然的交互作用，是不可思议的微妙契机……

“玄”字，《说文》曰：幽远也，黑而有赤色者为玄，象幽而入覆之也。再从身体上说，道家称先天之肾神为“玄冥”：肾之状，玄鹿两头，主藏志。左肾为正肾，配五藏；右为会门，男以藏精，女以系胞，肾脉出于涌泉，涌泉离心最远，藏于足底，不见天日，为人体至阴之处，又名“玄冥”之居所。

颛顼是上古时期“三皇五帝”中的第二位，是黄帝之孙。黄帝晚年，九黎崇尚鬼神而废弃人事，一切都靠占卜来决定，百姓不再安心于农业生产。颛顼决定亲自为万民作出榜样，任命南正重负责祭天，以和洽神灵；任命北正黎负责民政，以抚慰万民，劝导百姓遵循自然的规律从事农业生产，鼓励人们开垦田地。他禁断民间以占卜通人神的活动，使社会恢复正常秩序。

黄帝死后，因颛顼有圣德，立为帝，他前承炎黄，后启尧舜，奠定华夏文明的根基。颛顼崇水德，所居玄宫为北方之宫，北方色黑，五行属水，古人以方位对应季节，与冬季相应的是北方，北方有北斗七星，正北是紫微帝星，北为“玄宫”。

据《史记·五帝本纪》载：“北至于幽陵，南至于交趾，西至于流沙，东至于蟠木，动静之物，大小之神，日月所照，莫不砥属。”如此泽被宇内、功德盖世的帝王称“玄帝”。“玄”除了幽冥回旋之意外，还有深厚远古的内涵，如玄冰是厚冰，玄霜为厚霜，玄渊为深渊，玄古为远古，玄睹为远见。可以说“玄”之一字，机关无限。

颛顼二十岁即位，在位七十八年，生子穷蝉，是舜的高祖。颛顼还有一个儿子叫称，称的儿子叫卷章，卷章之子名黎。黎教会了人民如何使用火的方法，并传下了火种，因此被封为“火正之官”，赐姓“祝融”。

鬻熊是祝融八姓之一芈姓的后裔，并成为芈姓部落的大酋长。他博学通识，凡上古得道者，几乎都是集史、巫、医、哲、数、文、艺等智慧于一身，这和后世故作神秘、驱神弄鬼的方士有极大区别。也就是说上古得道者，如周文王等圣人，能观天象、定历法、感而遂通天地之道，亦能主导祭祀，通晓山川大地变化，施行巫术不是为了蛊惑人心谋取私利的。

鬻熊精通易理和巫术，是文王的老师。巫之核心是咒，巫之施用在火。咒是宇宙天地的真言密语，是凡人不能理解的神秘部分，火是巫中最常用的法器，文王的火师即最尊贵的大巫师。然而只有真正的巫师才知道咒的如法应用，这和后世的咒术不同。

上古以来，社会文化以巫文化为主，巫师是通神者，这种文化体系经理性发展后，逐步形成一种独特的思考宇宙、自然、生命、人生、政权、社会的学说，鬻熊称其为“道”。

至周成王时，成王感念鬻熊的功劳，封鬻熊的曾孙熊绎为子爵，封于丹淅之地，建都丹阳。熊绎以王父字为氏，成熊氏，楚始建国。

鬻熊留下《鬻子》一书，班固在《汉书·艺文志》中说：“道家有《鬻子》二十二篇。”《鬻子》从修身、选贤、以民为本等方面阐发了治国之道，从道、仁、信、和等方面讲道。这是最早论及宇宙生成和宇宙永恒运动的书，确立了守柔贵弱的主张，对道家、儒家、法家、墨家、兵家、阴阳家等思想的形成产生了深刻影响。

如在阐述什么是君王之道时，曰“发政施令为天下福者，谓之道”；又说“欲刚必以柔守之，欲强必以弱保之。积于柔必刚，积于弱必强。观其所积，以知祸福之乡”；还说“物损于彼者，盈于此，成于此者，亏于彼。损盈成亏，随生随死”……道家思想初见端倪。

五百年后，老子集道家思想之大成，骑青牛出函谷时被关令尹喜留在楼观台几天，尹喜本身是大修行人，善内学星宿、医道数术，见“紫气东来”，知有贵人要到，故见到骑青牛缓缓而来的老子，行大礼参拜请入关中。在自己平日闭关的“楼观台”中，尹喜对老子说“子将隐矣，强为我著书”，“强”之意许多人认为是勉强，但如果换一种理解，以“强”为动词，即使之强，是不是可以理解为：著书而能使书中智慧传世，令我及后世读者变强。

老子留下的《道经》和《德经》二书，后人合而为一，称为《道德经》。关于《道德经》的版本，有数十种之多，其中三个版本最著名。其一是晋朝王弼《老子道德经注》，这叫通行本；其二是湖南长沙马王堆汉墓出土《老子》帛书本，分甲、乙两种，这是汉初的版本，有五千字；其三是湖北荆门郭店一号楚墓出土的简本，分甲、乙、丙三组竹简，这是战国中期的版本，只有两千多字。

古文原没有标点符号，不同的人因理解不同，有不同的断句，这就是“断章取义”的本意，各家理解不同、角度不同，注解也不同。通行本《道经》在前，《德经》在后；帛书本《德经》在前，《道经》在后。其中内容也有差异，以第一章为例：

通行本：道可道，非常道。名可名，非常名。无名天地之始，有名万物之母。故常无欲，以观其妙；常有欲，以观其徼。此两者同出而异名，同谓之玄，玄之又玄，众妙之门。

帛书甲：道可道也，非恒道也。名可名也，非恒名也。无名，万物之始也。有名，万物之母也。故恒无欲也，以观其眇。恒有欲也，以观其所噭。两者同出，异名同谓。玄之有玄，众眇之门。

帛书乙:道,可道也,非恒道也。名,可名也,非恒名也。无名,万物之始也;有名,万物之母也。故恒无欲也,以观其妙;恒有欲也,以观其所徼。两者同出,异名同谓。玄之又玄,众妙之门。

至于楚简本就有更多差异,篇次顺序和分章也和前两者不同。楚简本有甲、乙、丙三个抄本,文字要比前两者质朴。如甲本开篇是“绝智弃辨,民利百倍”。可见,《道德经》一书的版本内容大有区别。

除了版本不同外,司马迁在《老子列传》里记录了三位老子:第一位是周朝图书馆的馆长,出生于史官世家的,名李耳,字伯阳,号聃;第二位是老莱子,是楚国的大隐士;第三位老子是战国时候的周太史儋。

虽有三位老子,司马迁的重点却只有一位,其余两位一笔带过,他重视李耳,无非是认为其乃《道德经》作者。《道德经》作者究竟是谁,在民国时期曾引起过学者们的极大争论,胡适和梁启超两阵对垒。胡适说李耳是《道德经》的作者,任继愈、郭沫若等表示赞同;而梁启超说《道德经》是太史儋写的,范文澜、冯友兰等表示支持。

古书的内容大多被后人增减过,成书的年代也有各自争议,笔者没有本事考古,希望读者们也能和笔者一样,将心思集中在经典所要表达的内涵上,从中结合现实体察圣人之心,能以经典智慧指导我们的人生之路,帮助我们破除思想堡垒、丰富生命内涵、重塑价值观念。其余的作者、历史、学术、考古、篇次、排序等争议问题,不在本书讨论范围。

笔者综合各方信息认为,虽以“周守藏室之史”李耳作《道德经》的可能性最大,但《道德经》不应视为一人、一时所完成的经典,这是中华文明的集体智慧结晶，是假某位、某几位圣人之口、笔留下的传世之作。故本书中所言老子者，不能看作是某一位圣人，如同庄子亦是，《庄子》也不是庄子一人、一时所完成的经典。老子、庄子虽实有其人，但我们今天所见到的经典，离不开道家后人在老、庄思想的基础上增减发挥出的内容，老、庄等圣人教化大众是实，至于名，亦是假名，何必执著?

老子的“道”，司马迁总结为“无为自化，清静自正”，一言以蔽之，便是“玄”。老子以“玄”论道，取幽深、无穷、敦厚、回呼、螺旋、高明之意，回旋的两股循环之力，内旋度己，外旋度人。

“道”虽无所不在，但各有侧重，儒家重人道、仁道，孟子说，一切道都在人心当中，儒家强调要发挥人在国家、社会起到的稳定作用，这是儒家积极入世的思想。道家重天道，天道循环自然而然，无为而无不为，以道眼观之，万物平齐。故道家强调人在天地自然中起到的和谐作用。

恍惚同门，生死一机。本书以要为体，以指为用，笔者寄望在这个气象万千的新时代，道家思想的本来面目能安稳现世躁动的人心，顺应新时代焕发出勃勃生机，这机缘，名“指要”。

纵

中华文明的初期，儒、道未分。

文明的渊源源于人类逐渐学会观察自然、认识自然，初步形成社会、规范、秩序，有智慧的各种人开始一步步接近宇宙万物的实相，而形成各种思想，其差别在于接近实相的程度不同。有些归到外力的仰望就变成宗教，有些归到内力的修养就变成了信念。外力、内力本无高下，如果能借助外力最终合道，外力也无可厚非，如果由方便外力而转成迷信崇拜，则本末倒置。

所谓现代文明的冲突实际上是诸神之战。其中交综复杂，有内部战争，也有外部战争。诸神本无利益，人赋予其利益，就有了以神为名的冲突和矛盾。

现代世界主要文明圈有三个，一个是以环地中海为始而发展至北美的文明圈，主要信奉一神教，着眼于未来，强调灵魂升华至天堂；另一个以南亚文明圈为代表，信奉多神教，着眼于过去，强调轮回因果；而最令人瞩目的就是正在兴起的中华文明圈，其不信奉神鬼，脚踏实地，放眼当下，实事求是，其中的精髓意识，用禅门的话表述就是“活在当下”。

中华文明中儒、道、禅三家为代表，虽发挥的角度不同，但其核心都是以人为本。以人为本和以神为本是截然不同的文明。

有人疑惑，问为什么不是儒、释、道。

释教和禅法之区别在于，禅是百分之百中华文明的产物，是经中华文明改造后的本地文明，而释教中的根本所依是印度佛经。禅法经六祖惠能变革后，根本经典是《坛经》，此和印度佛教有极大不同。

中华文明自古就不盲目崇拜、迷信神灵，它自出生就没有携带倚仗外力救赎的基因，无论怎样艰难，中华文明的信仰是人唯有自救，自力更生，自强不息，不逃避，不抱怨。圣人教化之目的在于使人成其为人，能于危难中自救。

如《淮南子》《庄子》里记载的“后羿射日”。

传说，远古的时候，大地出现了严重的旱灾，炎热烤焦了森林，烘干了大地，晒干了禾苗草木。原来，帝俊与羲和生的十个孩子都是太阳，十个太阳轮流在天空上照耀大地，有时还会一齐出来。人类面临灭顶之灾，后羿为了解救人类，张弓搭箭，经过不懈努力射下了九个太阳，最后，天上只留下了一个太阳。

同样《淮南子》《列子》等经典里还记载有女娲补天的上古传说，这些传说的真假性不是笔者希望和读者们讨论的，笔者希望大家能从中领悟到中华文明中对于人的主动性的肯定。天地必有不足，合道的人能补之，才是人本精神的重点。能补天地的人，是圣人。四千多年前，中国的黄河流域洪水为患，帝尧命鲧负责治水。鲧采取“水来土挡”的策略治水失败，后由其独子禹主持治水。大禹改堵为疏治水十三年，不辞劳苦，终于战胜了洪水，由此，农耕面积大大增加，经济文化陆续兴盛，这在中华文明发展史上起到了积极推动作用。

从来就没有什么天生优越的环境，中华文明的力量就是能发动起人的能动性，艰苦奋斗、因势利导，唯有人能不放弃，找出方法克服重重困难。动物遇到困难时的本能是逃避，其他文明中的人遇到困难时多是向神忏悔，祈求神力救助，而中华传统，不信宿命，积极发挥人的主动性，这也是强调“命由己造”的佛法为何能在中国站住脚的原因。

人最宝贵的是能反思，反思能力使得“危”能为“机”，这是人的特有能力。后羿射日、女娲补天、大禹治水等传说中表达出来的是，中华文明不屈不挠、自强自立的精神。

中华文明包罗万象，从人文来讲，人能由此如实认识宇宙、万物、天地、鬼神；从科学来讲，祖先以北斗七星来确定天体运行的规律和地球气场磁场的关系，依日月的行度建立九章算术，又分出二十八星宿、二十四节气，阴阳合历配合农耕气象学制定历法；从现象上讲，伏羲画八卦，以六十四卦、阴阳两气来归纳、统摄万事、万物、万有的一切变化现象；从医学上，如《内经·素问·四气调神大论》所言：“逆其根则伐其本，坏其真矣。故阴阳四时者，万物之终始也，死生之本也。逆之则灾害生，从之则苛疾不起，是谓得道。道者，圣人行之，愚者佩之。从阴阳则生，逆之则死，从之则治，逆之则乱，反顺为逆，是谓内格。是故圣人不治已病，治未病，不治已乱，治未乱，此之谓也。夫病已成而后药之，乱已成而后治之，譬犹渴而穿井，斗而铸锥，不亦晚乎！”能以“不治已病治未病”为医之根本，注重激发生命体的自愈防病意识和能力的，唯有中医。从精神上来说，从原始巫术发展出精神和心理治疗方法，古人修身养性，琴棋书画、诗词歌赋皆是精神良药……这一切的源头，即“道”。

“道”能生万物，而非万物所生，能使人而人、神而神、鬼而鬼。失去了灵性主宰的“人”，所经历的一切必属非道，只有归于人的本位，人方而为人。

什么是人？秉天命而生的生命体，人的生命就是天命的显现，能天地鬼神上下皆感通的人，假名“神”。人是六道当中唯一能通天道、能和天地精神独往来的，“天命之谓性，率性之谓道，修道之谓教”(《中庸》)，能奉天承运的，唯有人。

人和动物比较，能更丰富地显化宇宙生机，更精确地捕捉生命信息。一切生命本具含着同等体量的宇宙信息，然而信息虽在，不能通道的生命体却解读不了，就像人人皆有佛性，却未必人人都能成佛。尽管生命体秘密压缩着所有维次的存在，然而解读的能量非人莫属，只要人能合于大道，唤醒生命中沉睡的自性，不需要救赎也有能力转化宇宙混乱无序的熵。

可以说，地球是宇宙能量、信息的演化场，人在其中，当扮演合道者的角色，调和天地、关怀弱小、善待环境、效法自然、和谐共存，这是生而为人的意义。

《道德经》虽只有五千多字，但字字珠玑，将道与德之间的关系，如何契道、合道、修道、养德发挥得淋漓尽致。先秦时期，道和德是分开讲的，而现代人以为“道德”是一个词，单字作为文辞语言的原始面目被遗忘了，越往后演变成了文句文章。例如“自”和“然”，“自”是本来，“然”即如是，变成了一个名词，原始内涵就潜沉杳然了。

道，是体；德，是用；道是玄，德是机。

我们读《道德经》，首先要理解老子思想的根本，老子不是阴谋家，之所以有人把《道德经》误解为权谋，源于不解真意。例如，“将欲歙之，必固张之。将欲弱之，必固强之。将欲废之，必固兴之。将欲夺之，必固与之。是谓微明”这几句，许多人就当作兵术、谋略，其实这句话是指宇宙物理、心理的法则，是“反者道之动，弱者道之用”的核心原理。

“将欲歙之，必固张之”，物理世界、生物世界不就是这样吗?“柔弱胜刚强”，就是“反者道之动”。老虎狮子再凶猛，乌龟还是照样比它们长寿。谁也无法消灭谁，“丛林法则”是西方人的误解，历史上凶悍的民族今何在?物极必反，物壮则老，老则不道。

力学也是如此，一个东西到了最高点必然坠落，聚者必散，高者必堕，积者必竭。老子姓李，名耳，字伯阳，“伯”是排行老大的意思，古代兄弟排行次序是伯、仲、叔、季，如孔子字仲尼，就是家里的老二。历史上并未发现老子有兄弟的记载，取“伯”之意很可能是为了突出“阳”，伯阳即至阳。老子的思想是尚阴，为什么字取“阳”?

字“伯阳”意指至阳，否极泰来、阳极阴生、物极必反谓“太极”，阳到极点时，一阴生。

“道”是产生天地法则的基质，自然法则、天地法则的源头是道。自然法则、天地法则是道自然显现的方式，因为自然法则、天地法则有因循，可“道”没有任何实有的规律、概念，却可生一切规律、法则。

天地法则有什么呢？比方意志法则、因果法则、不确定法则、时空法则、阴阳法则、吸引力法则、重力和斥力法则等，这些是“常”。人可以通过学习增加这些知识，可以借助理性的语言、逻辑将之传播、复制、应用。然而“道”却没有角度、局限，不能被知识化、逻辑化，契道是个无限趋近的过程，传道是个无限微妙的体悟。人体悟道的过程，由心灵来会通，而不能靠语言概念来解析。

老子避免谈论他所达到的境界，因为道的境界不可说，那为什么还要留下《道德经》呢？在于启发听者、读者、学者心里升起求道的愿望，激发出对生命的探知和对宇宙万物的敬畏。

“道”之在人为“德”，人的道性即德性，道是万物、万事、万有的通道、达道、共道，道在人身上的体现叫“德”。

道家反对被固定化、仪式化、概念化、工具化的道德，反对扭曲人性本然的行为。每个人的境界、品性是不一样的，表现出来的德性也是不一样的，不能以己之境绑架他人。

老子说的德性，本是无为的，曰：“生而不有，为而不恃，长而不宰，是谓玄德。”王弼注：“凡言玄德，皆有德而不知其主，出乎幽冥。”也就是说德性是发乎自然的，无主宰、无定性、无具象，因人而异，然而德不同，载德的途径却是相同的，即“圣人不积，即以为人己愈有，即以为人己愈多”，可见人间最大的德便是回向，即慈悲。

公元前2500年的中华大地，是中华文明的原始孕育时期。伏羲是中华大地上各族共同尊奉的先祖，为三皇之首，伏羲氏相传是距今6500年前远古蛮荒时代的一支氏族首领，先人茹毛饮血，居无定所，然而伏羲氏治理却能尊道贵德，上观天文、下察地理、中通人事，思想趋于天人合一之境。

传说当时黄河上通天界，有一天，河中出现了一匹神奇的龙马，背上呈现有规则的图案，伏羲氏甫见图案，恍然醒悟，将其画下来，此便是“八卦”。即以八种简单却寓义深刻的符号来概括天地之间万物、万事、万有的变化规律。

由伏羲至五帝之首的黄帝，天下一统，黄帝奠定中华，肇造文明，这个时期我们可以称为羲黄时期。孔子遥望羲黄，如同我们今日遥望孔子，我们实际应称自己羲黄子孙。之后再至文王、周公的进一步推动，西周初是中华文明兴盛的最重要时期。

伏羲、黄帝、尧、舜、禹、汤、文、武、周公，他们之所以被后人尊为中华各民族的圣人，因他们的为人、治国的基本精神合于道。中华文明经由他们一脉相传，为中华文明之道统。所谓传统，包含了道统、政统、法统、教统、血统等分项。

尧、舜时期以天文为政世要务，人需承受天命，而到了夏朝，由大禹治水开始，政务渐已从天文向山川、水利转化，以地理、物理的效用发挥为要，同时建立了氏族、世系、宗法等社会体系，为后世封建制度打下了基础。

自夏朝始，天文已演变成了天文思想及数学，逐渐确立了“十天干”（甲乙丙丁戊己庚辛壬癸），“十二地支”（子丑寅卯辰巳午未申酉戌亥），以及干支排比的甲子、乙丑等六十花甲，配合阴阳五行、八卦，附以天宿，用来解释一切事务的现象，发展成为儒道思想的一部分。

后世所谓“黄老”思想，“黄”指黄帝，“老”指老子。托名黄帝的著作颇丰，涉及治国、治人、治医的一整套体系，内含哲学、阴阳、政治、军事、天文、地理、历谱、占卜、历法、医道、修真等方法。其以道为宗，强调人应修身报国，以刑名相承、名理相应的文化系统为基础，从道法、民法、兵法、律法、常法、医法等各角度论述修身、治国、平天下的道理。以“执道、惟精、惟一、中庸、守信、顺时、敬天、爱地、亲民”为核心宗旨，其中“天时、地利、人和”的修治思想，已广布流行于中国社会。黄老思想是天人合一思想的源头。

至周朝，进一步完善了上古思想，文王、武王、周公父子三人顺天应人，建“明堂”示教化，尊“宗庙”立规范，祀“社稷”建天下，以“封禅”导信仰，垂拱无为而治。他们集上古思想之大成，以《周易》的文言、象辞、爻辞的人本精神孕育中华文明。

《易》有两套系统：符号系统和语言文字。符号系统是伏羲从乾坤开始的小八卦，再加上五十六卦，合成六十四卦。

语言文字系统是文王父子给每一个符号以名称，并加了一套文字解释，每一卦从初爻到二爻三爻等，用文字说明了卦象的意义，赋予了这些符号以变化中的文字解释。名称是用文字来叙述的，这个叫卦辞、彖辞、爻辞。周公将卦分出了阴爻、阳爻，把阴爻、阳爻画成六爻，构成一卦。

《周易》曰:“观变于阴阳而立卦,发挥于刚柔而生爻,和顺于道德而理于义,穷理尽性以至于命。”《易》的核心内容是令人接近、了解,进而掌握宇宙万物变化的规律。

“道”是物的自然法则,天地万物是由“道”所产生的。《易》是以人而通天文、地理、物理、心理、数理、学理、文理,这套人文体系,孔子赞曰“郁郁乎文哉”,诸子百家皆由此演化。

春秋战国,文明始分,诸子各成,这一切的源头,便在《易》。

“易”在夏代名《连山》,在商代名《归藏》,在周代名《周易》。《周礼》记载:“掌三易之法,一曰《连山》,二曰《归藏》,三曰《周易》。”夏建寅历,《连山》为之旗号;商建丑历,《归藏》为之旗号。武王决心伐纣时将子鼠替代丑牛,排为历首,而建子历,《周易》为之旗号。

连山而远,归而藏,日月之道,自《周易》而复始。如今《连山》《归藏》已佚,我们现在所幸还能完整地看到《周易》,是因为秦始皇焚书时,李斯将《易经》列入医术占卜之书而得以幸免。

当年,在封地广施仁政的文王引起了商纣王的猜忌,被拘羑里七年而演《易》,纣王以种种手段对其进行侮辱和折磨,然而就在这受尽屈辱的七年,文王将伏羲的先天八卦改造成后天八卦。

伏羲画八卦,将世间万物万事的性质抽象为八种。读者们有时间可以仔细看看八卦图,特别有规律,八卦分别代表着自然界中的八个基本元素,八元素是哪些？首先是天和地,即空间;之后是水和火,即生命;然后是风和雷,即动静;最后是山和泽,即活力。

“天、地、水、火、风、雷、山、泽”此即八卦，分别对应的符号也很简单。例如如何画天呢？一条弧线就代表天，天外有天，天上有天，三生万物，于是三条阳线就出来了，卦象是象形象意。如何画地？地是不平整的，会被山川河流隔开，于是就有了中间断开的三条阴线，天卦中间断开就代表地，因为有裂缝，裂缝是洞藏，故而能生能养，三成万物。

那么，八卦分别对应的属性也要牢记：

天—乾　地—坤

风—巽　雷—震

火—离　水—坎

泽—兑　山—艮

什么含义呢？

天之“乾”，是至阳刚健，阳刚恒久。《周易》曰：乾为天、为圆、为君、为父、为玉、为金、为寒、为冰、为大赤、为良马、为木果。乾卦是三阳爻，故为天、为圆。天生万物，如君临天下，父管全家，故为君、为父。纯阳刚强，如金、玉、冰。阳盛色赤，故为火红、大赤。刚健运动故为良马，坚硬为木果。在五行中，乾代表金类等坚硬物质；在季节中代表秋冬之交；在人体中乾象征头、骨；在精神中代表头脑与智慧。

地之“坤”，是至阴柔顺。土地如不柔顺何能孕育着万物？阴之德在于包容、随顺、等待、布施。无论人类怎样开挖，大地都包容着，略播种，大地便无私报以丰收。万物生于地，故为大地、为母、为平整、为平均、为大车、为众、为操纵。阴虚能容，故为锅、为吝啬、为暗黑。凡与消极、阴柔、方形、众多、承载、静止、断裂等相关的，均属于坤卦。坤在人为阴性，代表温柔、善良、纯净、柔和；在人体上，代表胃、腹部、皮肤；象征的动物，牛、家畜、蚂蚁；在天象上，代表阴天、云、雾、露、潮湿；在季节上代表从小暑至白露的两个月。

风之“巽”，代表无孔不入，扰动万物，风离乾卦最近，少阳重以阳，阴气正在生发。“巽”代表风，两风相重，长风不绝，巽义为顺，即谦逊的态度和行为，以无住之心可无往不利。“巽”的原义，是台上放有物，假借为同音的“逊”，成为顺、入的意思。巽卦，是一阴爻伏在二阳爻的下面，象征伏、顺。随风潜入夜，润物细无声，一路顺风，随风而逝，千变万化，不住于相。所以，无孔不入，又无孔不住。

雷之“震”，代表动。春雷声声，它离坤卦最近。少阴重以阴，阳气正在萌动。雷和风的势力相当，所以“天地定位，山泽通气，雷风相薄，水火不相射”。雷和风连通万物，雷是旋生旋灭，代表新生，风是相续链接，代表轮回。雷发之时，天地震动。雷，乃动物之气也，之发声，犹人君出政教以动百姓。两阴爻在上，一阳爻在下，表示一种向上、向外发展的趋势，震动其上之阴气，如春天蛰雷万物发生一样，跃跃欲试，驱阴邪震万物而萌发。

水之“坎”，坎左右两边分开代表欠土，水冲过来，土没了，冲过的地方形成一道坎。用坎代表水，卦象就是一个“水”字。坎卦代表的是两阴爻在外，一阳爻在中间，是四面向心性发展的趋势。外柔顺，内刚健。内动而外静，内部交换，旋转而向心集聚，抽刀断水水更流，滴水能穿石，表面柔弱而内含刚性是坎。“坎”字有欠土之意，土缺必成洼穴，洼穴易得水。表示向心流动,厚积薄发,旋转聚能之势。

火之“离”,代表火烧到最后都是同归于尽的,自他都没有了,是离,离是火的属性。离中虚,离卦代表的上下两爻为阳爻,中间是阴爻的事物,表示由中心向外发展的趋势。和水相反,外刚健而内柔顺,外动内静。如火一样,力量是向外部施放的,火苗可以烧毁其他东西,但核心却是冷的,没有毁灭性质。而火附着燃烧物上,一旦燃烧起来,火必离其原火种,故离卦是离散意。离为火、为日、为电,有照耀之意,所以为明亮。

山之“艮”,代表停止。我们在地上看到唯一相对静止的东西就是山,山那么高,走累了人就停下来休息,休息一下是为了走更长的路。“艮”是知止,懂得适可而止比会走路重要。《彖》曰:艮,止也。时止则止,时行则行,动静不失其时,其道光明。艮其止,止其所也。上下敌应,不相与也。是以不获其身,行其庭不见其人,无咎也。

泽之“兑”,代表悦,人体中水占绝对比例,人们看到水泽湖泊心情都是愉悦的,所以用兑来表示。这个字古代的读音有两种:读ruì,古同“锐”,尖锐意;读yuè,古同“悦”,喜悦意。从字形我们可以看出,这是一个会意字,从人,从口,表示八象气之舒散,本义是“喜悦”的意思。

兑代表泽,阳爻的上方,有喜悦表露于外的形象。将坎卦里的水,由下流堵塞,水聚集成塘,所以是泽。泽中的水滋润万物,使万物喜悦,是悦的象征。所以“兑”是悦。

八卦是八种象征,虽然总结归纳了万事、万物、万有的八种基本元素,但具体的事物则是无穷无尽的,故而“八卦小成”,尚不足反映万物复杂的变化。文王“引而伸之，触类而长之”，“因而重之，爻在其中矣”，将八卦每一卦都以为太极，以本气相推，与八卦相叠，反复推演，遂成八八六十四卦。

他把六十四卦用六种排列再推演出三百八十四条线，并为每一条线赋予了意义，即彖辞和卦辞，以此反映宇宙间不同的复杂变化，并系以爻辞，提出“刚柔相对，变在其中”的观点，完成了《周易》这部千古不朽的著作。《周易》以占筮的形式推测万物、万事、万有的变化，被誉为中华文明“群经之首”。

从文明层面说，《周易》开启了中华文明的两条主线，一条是以乾卦为代表的自强不息思想，另一条是以坤卦为代表的厚德载物思想。乾卦为始，代表阳性的力量，《彖传》曰：“天行健，君子以自强不息。”六条一样的阳线将阳发挥到了极致，乾是卦的作用，代表了人类、天和宇宙中一切生命中阳性力量的本质，预示天道周流不息的动态，属于人类努力奋斗、永不停止的精神追求。老子云“自胜者强”“自知者明”，君子应刚健自强，效法天道，积极发挥能动性、主动性，刚毅不屈，贫贱不移，富贵不淫，不执不滞如天道常动。孔子云：“为之不厌，诲人不倦。”此乃有为，有为以合天。

乾卦之后是坤卦，代表阴性的力量，地是静止的，代表当下关系处于静止状态，包容藏纳寂然不动，万物于静中得以生长。坤卦静止而广大，组合在一起，形成一种稳定而宽松的空态。

坤卦下部的三条爻是主卦，代表主方；上部的三条爻是客卦，代表客方。主卦与客卦中的爻全是阴爻，全部无有应，阴阳各立，不过也没有冲突，只有对立。

这六条爻全部是潜在因素，包括潜在对于主方有利的和不利的因素，引而不发，缄口不言。《象辞》曰："地势坤；君子以厚德载物。"坤即顺，君子应效法大地的胸怀，虚静宽容，顺自然之趋势，不主动分别善恶，由其各生其生，各灭其灭。不二皆同，无不包容。

如僧肇法师在《物不迁论》中所言："旋岚偃岳而常静，江河竞注而不流，野马飘鼓而不动，日月历天而不周。复何怪哉?"此乃无为，地之德便在于无为。

君子厚德，乃以"无为"心处世，而得无不为"有为"之用，方能激发出潜在的有利因素，令不利因素休眠。广阔大地是生成万物的根源，君子厚德柔顺而能秉承天道的法则，载育万物，功德无量，不分别故万物成长。

中国文化是有为、无为交互，动静、天人交相胜的。天地万物各有所长，僧肇法师曰"寂而常照，照而常寂"，不为寂滞，不为世染，既主动有为以合天行健，又自然无为以契地柔静。用老子的话说，行健便是为学增益其所不能，柔静便是为道日损，损之又损，以至于无为，损益相成，终见本来面目。

不过我们可以看到六十四卦里只有乾卦是六条相等、完全没有挂碍、独面大化赤诚以对的阳线。但这个卦并不是六爻全吉的一卦，"亢龙，有悔"。

六爻全吉的是谦卦。如果一个人具备了天性的敛藏谦下之性时，是坤和乾全应，是真正的大吉大利，所向无敌。

谦卦是异卦，下艮上坤相叠，艮为山，坤为地。地面有山，地低而山高，是为内高外低，比喻功高不自居，名高不自誉，位高不自傲，这是谦。

文王身处逆境，时时刻刻处于危险，但没有哀怨嗟叹沉沦，而是借助幽居留下对人生、国家、社会的思考，这本身就是“谦谦君子，卑以自牧”的体现。时刻“谦”，才会给燥热的心态降温，才不会为炫目的现象、灼热的利益患得患失。谦是保持深躬反省，不亢奋莽撞，能时时刻刻不保持警觉，识别陷阱，远离危险。君子谦下自处，得失兼顾，从而时刻淡定从容。

《周易》谦卦“彖曰”：“谦，亨，天道下济而光明，地道卑而上行。天道亏盈而益谦，地道变盈而流谦，鬼神害盈而福谦，人道恶盈而好谦。谦，尊而光，卑而不可逾，君子之终也。”

《史记·韩非子列传》和《孔子家语》里记载了孔子问礼于老子之事，老子谓孔子：“子所言者，其人与骨皆已朽矣，独其言在耳。且君子得其时则驾，不得其时则蓬裸而行。吾闻之，良贾深藏若虚。君子盛德，容貌若愚。去子之骄气与多欲，态色与淫志，是皆无益于子之身。”

老子看到孔子身上还有骄气，很实在并不客气地告诉孔子两个方面，一是“君子得其时则驾，不得其时则蓬裸而行”。要懂因势利导，如果生不逢时就要学会退藏。另一个是“去子之骄气与多欲，态色与淫志，是皆无益于子之身”。也就是君子要去除骄傲之气和过多的欲望，这些对人毫无益处。守拙示弱、贵柔无争、大智若愚，无为自化，清静自正，修行自证，这是老子传给孔子的礼。

孔子经老子一番劈头盖脑的教训后，不仅没有一丝恼火，反而对老子仰之弥高，这是圣人的谦道。反过来说，谦，才是圣人。

《孟子》说："出乎尔者，反乎尔者也。"君子自作业，自受报，无怨无悔，报世界以谦逊，终归善终。一阴一阳归位生之为和，此为中道。

世间的人事若是失去了谦，就必然自大自我，失去平和，天道会随阴阳失衡而变化，如出现战争、饥荒、台风、瘟疫等劫数，多是世界上人事的不公平、人心的不中和而引起的人祸。一切的斗争，无论暂时的胜负如何，结局是没有赢家的，人心失去了谦就会万物失调。

从"道"至"万物"是养；从"万物"返"道"是修。

老子说"道"，曰："逝曰远，远曰反。"任何事物都是会向极端发展的，但发展到一个极端，一定"物极必反"，"反"才是根本的"常"。

老子的说法凡人是难以理解的，比如他还说"少则得，多则惑"，又说"天下之至柔，驰骋天下之至坚"，等等，这些看上去统统都自相矛盾，凡人不理解"道"之"常"是"反"。

"常"的第一层含义是不变，虽然万物一直都在变，但必有不变的在，无穷变化所遵循的密意本身即"常"。

而进一步说，"常"是反。"反者道之动"是"常"之根本态。道的境界和普通人的世界区别就是"反"，普通人以无常为常，以苦为乐，执著于沙丘上的堡垒，以为名利、情感、美貌、权力这些实有，难以想象"道"的微妙，故老子说"下士闻道，大笑之，不笑，不足以为道"。

万物、万事、万有，都有个顶点，也叫极端。是非、善恶、有无都有极端，到达极端就开始走向反面，"道"不是极端，而是"中道"。

人的极端怎么衡量呢？老子并没有直接表述，为什么不回答？因为无法衡定一个绝对的界限和数值，不同的人、事、境、机都不一样。但尽管没有正面表述，细心的人也能发现一丝端倪，比如老子说："富贵而骄，自遗其咎。"就是说人生的极端是骄，即佛法说的增上慢，人一旦骄就是生之极端，要迈向反面了。

故此，文王父子将谦卦定位六爻皆吉，谦才有虚，虚才能容，容才能通，能不住而生万物。人开始自大了，也就意味着走向生的反面了。谦为人道之常，但普通人呢？往往处在反常状态，自卑、自大都是生命之反常。

修道，修什么？从"万物"返回"空"，把自己"有"的东西减、俭、简，将生命融汇于清净，内心越发无分别时，即是升华。

从现有认知的四维世界升华至于虚空态的更高维。现代科学说高维是十一维，岂止十一维呢？宇宙万物、万有在演化中，顺因缘衍生了人这种生物，而人归于清净，则是人反向选择了宇宙万物、万有，这便是归道。

反的动力，始于谦。

从文王父子身上，我们可以看出圣人是如何保持谦逊的。文王在位期间，礼贤下士，广施仁政，纣王恐其不利于己，与妲己算计将其囚于羑里。时文王年已八十二岁，他在监狱里想了解国家大事，想知道亲人的情况，便开始用八卦推演。

无论纣王怎样虐待他，文王依然认为子女不能抱怨父母，臣子不能忤逆君王，始终保持谦逊、卑处的心。儿子们听从姜尚的计策，一直给纣王的宠臣献宝，最终被关七年后，文王得以脱身，他回到西岐，马上封姜尚为丞相，在其辅佐之下西岐蒸蒸日上。但他有生之年一直没有发动对商的战争。

文王驾崩后，武王在姜尚和周公的辅佐下发动了对商的战争，周公是文王四子，是西周初年的政治家、思想家，他奠定了儒家文明的基础，是内圣外王的典范。他在政治上制礼作乐，制定了一整套完整的典章制度，其思想主要见于《尚书》《诗》《书》，他认识到天命无常，需要人君加强自身修养，用贤勤恤，如此，才能合天命。

天意乃以民意表现，老子说："圣人无常心，以百姓心为心。"自周公始，中华文明人本主义的思想萌芽，神权下坠，人权发扬。据《左传》记录：昭公十八年，郑国星占家裨灶预言郑将发生大火，人们劝子产按照裨灶的话，用玉器禳祭以避免火灾。子产说："天道远，人道迩，非所及也。何以知之？"人道就存在于社会人事之中，是人们遵守的共同的思想行为准则，人道精神在西周的跃动，数百年后由老子、孔子、庄子等群起继承。

周公凡事以身作则，他自幼笃行仁孝，多才多艺。文王在时，他以孝仁而异于群子，文王传位武王，他则以忠诚辅翼武王。武王驾崩后，其子成王在襁褓中，周公不仅挑起了"摄政王"的重担，还亲自负责教诲成王。摄政六年后，他决定"还政成王，北面就臣位"。

谦逊不居功是德性，老子说"功成身退"，周公还政于成王，以礼治国，为后代树立了德的榜样，孔子便将周公视为自己理想的楷模。不过不要以为周公的贡献仅限于礼法，他对天文、地理、数学等各方面都极为精通，否则如何能为《易》补作爻辞？

一次周公和大夫商高讨论："若求邪至日者，以日下为勾，日高为股，勾股各自乘，并开方而除之，得邪至日者。”(《周髀算经》)w古汉语“邪”也作“斜”解，也就是说，将勾、股各平方后相加，再开方，就得到弦长。这是在说现代的数学和天文测量问题，以日高来定表、定时，即“日高公式”，现代数学里叫“勾股定理”。

中国人最早的数学专著叫《九章算术》，从中可以发现中国人早知道除了正数，还有负数，早就会以负数加减运算，以及开方、开方数。古人说“若开之不尽者为不可开”，和西方数学不同的是，中国人的数学中蕴含了丰富的哲理。

中国是最早使用负数的，印度到7世纪才有负数的概念，西方人对负数的理解就更晚了。这表明，中国人早就知道正数和复数是同时存在的，这是中华文明的智慧。因为世界无穷，人才能超然物外，如果世界有穷，人就是井底之蛙了。

据《左传》记载，“韩宣子适鲁，见《易象》云，吾乃知周公之德”，打开《周易》迷宫的钥匙是“易象”，《易象》浓缩了《周易》的精华，不明象，妄论《易》。然而值得思考的是，为什么只有周公的封地才有保存如此完好之重典?《易象》与周公之德有什么关系？孔子是鲁国人，曾当过鲁国主宰季氏的图书管理员，注意老子也做过周朝“守藏室之官”，这是巧合吗？可否认为圣人为传道布德而生，这种因缘既是偶然也是必然，道在生人，德在为人。

周公所处的时代，民间遗留的文化风气受商朝后期对酒神和酒文化盲目崇拜的影响，殷商由于尚鬼迷信盛行，加上纣王纵情声色，致使民间与酒相关的宗教狂热达到极致，超越了建立正常国家秩序所能包容的范围，加速了商朝的灭亡。

周公继文王之业，就势必对原有与酒密切相联的狂热文化进行大刀阔斧的变革。殷商前代的国君都很圣明勤谨，他们智慧勤劳，凡事以身作则，“不敢自暇自逸”，所以政治清明，君主贤圣，官吏尽职，民众乐业。然而，这种情形到了后来，发生了显著的变化，官员们开始流行饮酒作乐，到了纣王时“酒池肉林”臭名昭著。周公认为管理阶层的人沉迷在酒中，纵逸于饮酒的酒文化兴盛是亡国之象。故此，周公颁布了最严禁酒令，在数落纣王失政的罪行中，其沉湎于酒色是关键点。酒能乱性，使人失德，今天仍然要警惕。

周公还总结了“以天为宗，以德为本；以祖为宗，以孝为本”的礼法纲领，并利用掌管祭祀占卜之便，运用上古卜筮者留下的记录，依据错、综、互、变的原理，补齐了《周易》三百八十四爻的爻辞，《周易》到这里，才全部完成了“经”的文本。

《史记·太史公自序》说：“夫天下称颂周公，言其能论歌文武之德，宣周召之风，达太王王季之虑，爰及公刘，以尊后稷也。”仓颉造字，惊天地泣鬼神，然而“三代时期”的文字，只为极少数“史巫”所掌握。史能记事载文；巫能占卜预知。对于平民来说，文字是遥远的，通过歌诵的方法，去歌颂自己对天地自然的感悟，这是周公对文化的贡献。

周公在儒家被尊为“元圣”，西汉贾谊评价周公：“孔子之前，黄帝之后，于中国有大关系者，周公一人而已。”

中国封建社会是战国始，“封建”一词本义为“封邦建国，分封建制”。

夏朝是松散的联盟制，商是诸侯朝贡制，武王建国分封了六十多个小国，形成了后世春秋战国诸侯纷争之源，也形成了诸子百家思想分流之源。

诸侯分封后，各属封地的文化并不一致，彼此之间保留了自己祖先的文化特征。例如，神农后裔封地在焦，黄帝后裔在蓟，尧的后裔在祝，舜的后裔在陈，商的后裔微子封宋。

这些封地中，最重要的三个是东边的齐、鲁以及北边的燕。为了加强对东方的统治力量，武王封周公于鲁，建都曲阜；封自己的师父和岳父姜尚于齐，建都临淄。燕，分给了弟弟召公。

这是至今尚有极为深远影响的历史事件。周公封鲁后，因成王年幼必须由他辅佐，便由长子伯禽到曲阜建国。伯禽，是周代鲁国的第一任国君，也是鲁国的始祖。

姜尚辅佐文王、武王父子建立周朝，平定天下后，赴齐治理国家，据《史记·齐太公世家》记载，齐国在他的治理下"因其俗，简其礼"，"通工商之业，便渔盐之利"，在用人上，齐是"举贤而上功"，任人唯贤，崇尚功业。姜太公可以说是道家思想的先驱，《汉书》里，姜太公的书是置于老子之前的。

齐国逐渐发展出以道家为主的思想，后世道家学者多出自齐、宋、楚、秦等国，齐国是道家思想的发源地，并由此可见，道家思想和殷商文化有很深的关联。

伯禽到鲁后，推行"尊尊而亲亲"，建立礼乐制度，其国策强调父权、家长制、宗法等级制度和血缘关系，鲁国是儒家思想的根源。

据记载，太公治齐，顺应当地民俗，五个月后就来报政。伯禽以周礼变鲁地旧俗，三年后才来报政；周公听到他们各自的回报后，叹道："呜呼，鲁后世其北面事齐矣！"意思是鲁过于规范，不懂变通，其后世要败到齐人手里了。后来的发展果然如此。

这些诸侯分封建国后，直到春秋战国的七八百年，各地文字、语言、文化、风俗、政事均未统一，这才有秦始皇最终统一文字、语言、度量衡，至"书同文，车同轨"的大统一。

武王通过牧野之战逼得纣王自焚，周军攻入商都朝歌，纣王的叔父箕子趁乱逃往箕山，他通晓天文地理，精于琴棋书画，可谓科学、哲学、文学、艺术之全才，堪称华夏文化第一人。

箕子擅长用天然的黑白两石摆卦占卜，观测天象，参悟天地运行、四时之序、万物循变之理。相传后来求贤若渴的武王访道太行，在陵川找到了箕子，武王想请箕子出山协助治理国事，但箕子早对微子说过"商其沦丧，我罔为臣仆"(《尚书·微子》)，不肯再出山，又却不过武王情面，于是便将大禹传下的《洪范九畴》转授武王。武王得之，开创了周代天地人伦的常道和秩序，形成了周朝实行的行政法则。

中华文明经历了数千年的漫漫岁月，形成了以人为本的主链条，《洪范》是这条主链上的一大节点。"洪"的意思是大，"范"的意思是法。《洪范》里，最重要的概念是"皇极"，古译为"大中"，这属于意译。什么是"大中"？中必是大，大才能中！中华文明的核心便是"中"，故名"中国"，儒家称之为"中庸"，禅门称之为"中道"，道家称之为"中和"。

《礼记》曰"升中于天"，中国人认为人类的精神可以升华与天道和合，故中华文明所谓的祭祀，不是迷信天、神，而是天神就在心中，人的精神能通天彻地，此为神。中华文明里的神是天地合一的人，这种人道家叫“真人”，儒家叫“圣人”，禅门叫“觉者”，这些人能通过真诚、慈悲、自律、功德、智慧而达到一种“中”的圆融境界。

箕子可以说是中华文化同时也是远古科学的奠基人之一，他认为，治国要以德治。君子也好，真人也好，要修德行善，真正把“中和之道”应用在生活中，就叫“德”。

据先秦、汉书的各类记载，箕子一行五千人最后东渡朝鲜半岛，朝鲜半岛的早期历史文献，如《三国史记》《三国遗事》等也有这种说法。他们于此定居下来，建筑房屋、开垦农田、养蚕织布、烧陶编竹，还施用了八种简单的法律，武王知道后封箕子为朝鲜侯，无须进贡，不把他当臣下看待。

春秋时期，老子集道家之大成，然而老子虽留下了《道德经》，却没有形成学派，道学成为天下显学还是在战国时期。

齐国本是姜太公封地，齐桓公为姜氏十二代孙，桓公在位时，陈国公子完由于国内动乱，投奔齐国。

陈完始为小吏，后在齐国生根落户，改姓“田”，古代“田”与“陈”音义略同。后田氏门第兴隆，至第五代时归附者众，第八代时竟至篡位，夺取姜齐，史称“田氏代齐”。

著名的齐威王即属“田齐”，由他开始，齐国招揽读书人，广开言路，天下英才、各方贤达云集临淄城门稷附近，世界上第一所由官方举办、私家主持的，特殊形式的高等学府——“稷下学宫”落成。

稷下先生多达千余人，而学士有“数百千人”，出现了《黄帝四经》《管子》等一大批黄老道家著作。学宫虽百家争鸣，然黄老之学一枝独秀。

一时临淄成为文化圣地，学宫存在大约一百五十年，与齐国同衰。其兴盛时，“诸子百家”促进了先秦时期精神文明的繁荣。

何谓精神？精者，精微也；神者，能通也。精神文明即人类思想发展的过程中，应发挥出令社会和谐、思想进步的能动作用力。

思想本身是文明的产物，并伴随文明的发展而发展，文化的变化而变化。道家思想源远流长，既有老子承载的发源于西北高原的《易》，也有庄子表现的发源于南方楚人的雅。

道家之名，因以“道”为世界的本源。其主要人物除了老子、庄子外，还有关尹、彭蒙、文子、慎到、杨朱、田骈等。道家以柔弱因循为道的作用，在政治上主张无为而治，因为对道和无为的理解不同，黄帝、伊尹、姜太公、辛甲、管子等人用道家思想治世，所以又分出老庄派和黄老派。

道家的代表作，有《黄帝四经》《黄帝铭》《黄帝君臣》《杂黄帝》《力牧》《伊尹》《太公》《辛甲》《鬻子》，《管子》中的《内业》《白心》《心术上下》《形势》《宙合》《枢言》《水地》《势》《正》，以及《吕氏春秋》《淮南子》，等等。

《黄帝四经》和《管子》《吕氏春秋》等均属于黄老派，早期黄老著作只谈治国，几乎没有涉及修身，我们从《管子》书中开始见到道家思想转变、强调修身的雏形，如《心术下》说：“心安是国安也，心治是国治也。”心安、心治是修身范畴，国安、国治是平天下范畴，可见，道家亦主张内圣、外王不二。

黄老派在治国方面与后期从道家衍生出的法家不同，法家重君权，黄老派重君德，要求人君心态虚静以合乎自然之道，这就是治国的“静因之道”。《管子·心术上》曰：“因也者，舍己而以物为法者也，感而后应。”人君要控制私欲，除去己意，循法自然。由此可见，春秋战国时期，道家亦积极以人文精神入世。

道家是注重时、变的，老子说“周行而不殆”，这是说常道；说“反者道之动”，这是说非常道。既然万物、万事、万有处在永不停歇的变化中，时和机就变得尤为重要了。

变动中的规律是变中之常，曰“知常，明；不知常，妄作，凶”。应化之道，唯以平衡，故此圣人皆知天时，能伺机而动，但这并非依靠机巧，而是“圣人不巧，时反是守”。《管子》说“以时为宝”，“圣人之动静，必因于时，时则动，不时则静”。

由此可见，道家重时变是以有为顺应天道循环，以无为感恩地德静穆，以合道把握人道时势。《管子·心术上》认为，国家制定的道德礼法各有其作用，“事督乎法，法出乎权，权出乎道”。注意，权的含义不是权力，而是权变，也就是说，制定道德礼法的人要知道应时势而权变，变不能离道。

这样一来，我们就能清晰看出道家之法和法家之法的区别了。道家的法，强调君主无为，帮助百姓自化、自正、自强、自富、自觉、自朴，人君对百姓尽量赋予自由，为民间保留更多的生存空间，以增长生机和活力。《易传》云：“通其变，使民不倦。神而化之，使民宜之。”在道家看来，法是君主无为的补充，人君无为，而臣子有为，《庄子·天道》曰：“无为也，则用天下而有余；有为也，则为天下用而不足。”又曰：“上必无为而用天下，下必有为为天下用，此不易之道也。”

道家的治国是在保证人君的地位后，有效发挥和调动了臣子、民间的主动性、积极性，民间能无为而治、休养生息，这和法家为巩固君权之法是完全不同的。老子在《道德经》中提出的治国方略是“无为”“不争”“柔弱”“处厚”“无私”“无欲”“谦下”，曰：“治大国，若烹小鲜。”治大国要像煮小鱼小虾一样，不能多加搅动，多搅则易烂。河上公注：“烹小鱼不去肠，不去鳞，不敢挠，恐其糜也。”

我们吃大鱼大虾需要去鳞去鳃去肠杂，可是吃小鱼小虾能去这些吗？没有办法去，所以说要整烹，连屎都一起吃下去，可为什么不感觉腥臭而觉得鲜美呢？

我们知道老子还曾说过：“甘其食，美其服，安其居，乐其俗。邻国相望，鸡犬之声相闻，民至老死不相往来。”

不少人以为这句话反映了老子“小国寡民”的思想，其实如若结合“治大国若烹小鲜”来一起理解，就不容易误会了。

大、小不是重点，无论大国、小国，都要和“烹小鲜”一样治理。治国之道是没有大、小之分的。

道家认为治国者应无为，以虚静之法不轻易扰动民众。假设一个手艺人，今天学做木匠，明天改学射箭，后天想要制茶，最后可能一事无成；小孩子求学也一样，不能不停换学校；公司呢，如果董事会决定朝令夕改，总经理走马灯一样换，下属便无所适从。

那么是不是治国之道就一定不可更改？当然不是！否则叫“因循守

旧”，社会环境、各层关系时刻在变，治国焉能一成不变呢？

老子言“烹小鲜”强调的是遵道、借势、顺应，“因循”不是“守旧”。《慎子·因循》曰：“因也者，因人之情也。人莫不自为也，化而使之为我，则莫可得而用矣 。”可见，“因循”，也非因人之情。滥情肆意妄为，无得无用。“因”即循、因应、凭借、借用，随缘变化；因循，是顺应万事万物万有之性，知阴阳，明本末，为无为。

治国者需时刻如履薄冰，专心一致，“烹小鲜”时勿急勿躁，不瞎折腾，劳神怵惕者无益。

“因循”非固守王法、人法、世法、旧法、古法、礼法，非在某一个层面画地为牢，死于一法。

司马谈在《论六家要旨》中说，“与时迁移，应物变化”，此道家治国安民之精髓，不法古，不循今，因势利导，自然而然，实事求是，与时俱进。

治国者如同冲浪，当于急流浪涛中不断修正，调试位置、力度，时刻以不变应万变，以万变顺万变达到平衡，外界千变万化，我自波澜不惊。

老子强调“贵柔”“贵阴”“夫唯不争，故天下莫能与之争”，所以，“若烹小鲜”乃譬喻如何知阳守阴，修道人既奋发有为，又能知退知止，为所当为。司马谈解释为：“以虚无为本，以因循为用。”治国中能动合无形、静守虚冥，天下井然。

治国治世乃至治身，法出一理，天变道变，法亦变，皆无定性，岂能僵化、固执？“因循”之所以变成守旧，乃犹豫不决、举棋不定，当断不断，烹小鲜不知度，误以“不为”为“无为”，以“无忌惮”为“无不为”。

治理大国的人不能斤斤计较，因噎废食，大心大量才能无为而治天下，人君不要过多干涉百姓。所以老子接着说："以道莅天下，其鬼不神。非其鬼不神，其神不伤人。非其神不伤人，圣人亦不伤人。夫两不相伤，故德交归焉。"老子的治国理念便是希冀以此人道的阴柔之力化解上下失和的矛盾。

"道家"之称谓始于司马谈，司马迁约于公元前90年完成《史记》，其中《史记·太史公自序》里记载有其父司马谈所著的《论六家要旨》，司马谈对当时道、墨、儒、阴阳、法、名六个主要思想流派做了评价。他第一次提出了"道家"的概念。后班固在《汉书·艺文志》对道家作了规范定义，直至魏晋后期以老、庄为道家的分类得到公认，这就形成了今天我们谈道家，似乎专指老、庄的观念。

司马父子皆本黄老道。《论六家要旨》云：

> 道家使人精神专一，动合无形，赡足万物。其为术也，因阴阳之大顺，采儒墨之善，撮名法之要，与时迁移，应物变化，立俗施事，无所不宜。指约而易操，事少而功多。……
>
> 道家无为，又曰无不为，其实易行，其辞难知。其术以虚无为本，以因循为用。无成势，无常形，故能究万物之情。不为物先，不为物后，故能为万物主。

司马谈描述的正是道家的主要特征。

然而宋儒理学家周敦颐、张载、程灏、程颐、朱熹等被元人称为“道学家”，北宋王开祖曰：“倡鸣‘道学’二字，著之话言。”北宋时期理学被后人称为道学，可是南宋时期的道学又被后人称回理学，后世有学者将阳明心学也称为道学的分支。称谓的混乱，形成后世对两宋时期道、理之学名的概念混淆，不少人搞不清道学、道教、理学、道家的关系。

道家被不少人误解为隐遁之学，以为修道就是脱离世间、羽化登仙去，这是基于混淆概念而产生的误解。

由于对“道学”的解释语焉不详，后世还有许多“伪道学”存在，这和最早的老庄思想有霄壤之别，就像孔孟的儒家至汉已经变味，在此需要说明的是，本书主要讨论的道家，以老、庄思想为主。

道家的特点是以水为师，以无为有，以虚为用，以法为正，以道为本，以退为进。它无陈式，无定形，极万物，通天人，玄妙莫测，开物成务。道教盛行后，世间人不明道家和道教的关系，逐渐以道教代替道家，以为算命、画符、祝祷、驱邪等宗教形式是道家所产，这就令人闻而生叹了。

曾有一位学生问我一个有趣的问题，她说司马迁怎么知道得这么清楚？《史记》里记载的许多事情栩栩如生，鸿门宴里谁坐什么位置，谁站谁后面，都说了些什么，他怎么什么都知道？怎么知道的？对啊！《史记》《左传》《战国策》《吕氏春秋》等，那些栩栩如生的生动记载，都没有像今天的学者一样，标明材料来源和出处，这些生动的叙事难道是作者凭空杜撰的吗？

有这种问题，是不了解古人的写作法，史学家记史，是有所本的，这些人的责任不是堆砌材料，而是一方面秉实记载，另一方面史官能发出自己的价值评判方式，这是史官的二次叙述，如春秋笔法就是如此，实际上是表达了史官的臧否态度。史官是重要的职位，有自己的职业操守，这种传统赋予了他们自己的话语权，并为后世儒家取法。

史官的责任本是“君举必书”，春秋战国时期有太史、大史、小史、内史、外史、左史、右史等史官。“大史掌国之六典，小史掌邦国之志，内史掌书王命，外史掌书使乎四方，左史记言，右史记事。”《礼记·玉藻》说是“动则左史书之，言则右史书之”，史官的分工和职责当时十分细致明确。汉承秦制，至武帝时置太史令，以司马谈任其职；谈死后，其子司马迁继其任。司马父子是西汉著名的史官。

历代帝王对于史官们载言记事，都是特别小心、斟字酌句的，凡是对自己有利的事，必书无疑，凡是对自己不利的事，千方百计希望不要见诸史册。

史官“秉笔直书”的好传统，尤以司马迁为代表，成为后世史官竞相继承的品操和史德。他们都知道“夫所谓直笔者，不掩恶，不虚美，书之有益于褒贬，不书无损于劝诫”。古代帝王最怕御史和史官，做了亏心事，御史是当面发难，史官是笔下无情，此两种力量是王权的牵制力。

齐庄公的大臣崔杼飞扬跋扈，弑庄公并立庄公的异母弟杵臼为君，是为齐景公。崔杼自封为相国，专断朝政。但他对自己弑君之罪十分惶恐，特别担心留下千古骂名。于是下令将太史伯找来，说道：“昏君已死，你就写他是患病而亡。如果你按我说的意思写，我一定厚待于你，如若不然，可别怪我不客气！”

太史伯抬头看了看杀气腾腾的崔杼，不慌不忙地拿起竹简，提笔而书，写道：崔杼弑其君。

崔杼大怒，挥剑杀了太史伯。按惯例，史官是世袭的。于是，崔杼又召来太史的大弟太史仲，说："你哥哥不听我的命令，我已处决了他，现在由你来接任太史之职。你就写庄公是病死的。"又指着太史伯的尸体，恶狠狠地说："不然，那就是你的下场。"

他满心以为太史仲会慑于淫威而从命。可只见太史仲冷静地摊开竹简，提笔写道：崔杼弑其君。

崔杼怒不可遏，又拔剑杀了太史仲。接着他又将太史的二弟太史叔召来，凶狠地说："你两个哥哥都已经死了，难道你不爱惜自己的生命吗？改变写法，才有活路。"

但太史叔平静地回答："按照事实秉笔直书，是史家的天职。与其失职，还不如去死。"结果还是在竹简上照直而书。

崔杼被他气得七窍生烟，他把太史叔碎尸万段，最后令四弟太史季补缺。太史季把写完的竹简摊开来递给崔杼，崔杼一看，依旧是那几个字，崔杼气得仰天长叹，问太史季："你三个哥哥都死了啊，你难道不怕死吗？"太史季正色答："失职求生，不如去死。你做的这件事，迟早会被大家知道的，我即使不写，也掩盖不了你的罪责，反而成为千古笑柄。"

崔杼无话可说，只得放了他。太史季走出来时，正遇到南史氏执简而来，因为南史氏以为他肯定被杀，他是来主动找死，要继续如实写这事的。见太史季已据实记载，才返回去。

于是《春秋》及《左传》等史书上便留下了这样的话:“周灵王二十四年,齐庄公六年,春三月乙亥,崔杼弑齐庄公光于其府……”齐太史兄弟不畏强暴、前仆后继、秉笔直书的大义为历代所传诵,是春秋时期史实记载的典范!

崔杼弑庄公后,不许人吊唁。可是上大夫晏婴听说齐庄公被崔杼所杀后,不顾个人安危,毅然带着随从前往齐都去吊唁庄公。晏婴独自闯入崔家,脱掉帽子,捶胸顿足,不顾一切地扑在齐庄公的尸体上,号啕大哭,然后起身看也不看崔杼便离去。崔杼的左右欲杀掉晏婴,崔杼对晏婴也早已恨之入骨,但他对身边的人说,他是百姓仰望的人,杀了他,我就会失去民心。

老子说:“民不畏死,奈何以死惧之?”《道德经》对周代日渐僵化的礼教进行了一个大革命,其思想关键在于“人法地,地法天,天法道,道法自然”。“自然”不是指大自然,不是自然现象、自然规律、自然法则或自然界。

什么叫自然? 自:始;然:成。

宇宙万物、万事、万有,假名为“自然”。自然的“自”是天道,“然”就是天道现有的样子。自是本来;然是如是,自然本身不管是有序无序,都有自己的“道”,道生法则,契道叫“觉悟”,发现和认识自然法则叫“科学”。

庄子是怎么论“道”的?《知北游》中有一段精彩对话:

东郭子问于庄子曰:“所谓道,恶乎在?”庄子曰:“无所不在。”东郭子曰:“期而后可。”庄子曰:“在蝼蚁。”曰:“何其下邪?”曰:“在稊稗。”曰:“何其愈下邪?”曰:“在瓦甓。”曰:“何其愈甚邪?”曰:“在屎溺。”东郭子不应。

东郭子向庄子请教什么是“道”,顽皮如庄子回答说在蝼蚁中,东郭子纳闷如此神圣的大道怎么在这样低下卑微的地方?庄子继续说在稻田的稗草里。东郭子更糊涂了,怎么越发低下了呢?庄子又进一步说:在瓦块砖头中。东郭子这下彻底蒙了,庄子看他还不醒悟,于是变本加厉地说:在大小便里。东郭子听了,再也不吭声了。

被某些人认为无比神圣、能生万物的道,居然被庄子说充斥在屎溺间。禅门的祖师也常这样说,不过不是他们模仿庄子,而是他们认为,道本身就是无处不在的。凭什么庄严的佛像中有道,大小便中便无道?屎溺是垢的吗?垢为何却在养育庄稼蔬果?莲花出自淤泥,烦恼即是菩提,非要把道固定在某处、某时的人,恰恰是不明道、不知道、不合道的凡夫。

没有个人对道的体悟,就如东郭子一般,把道神圣化、肤浅化,这样是不能真正理解道的。道家真人是通达无碍的,六朝著名的道学家葛洪所著的《抱朴子》内篇讲道,外篇讲儒;唐代道医孙思邈在《千金要方》里说:“古之善为医者,上医医国,中医医人,下医医病。”

觉悟的人清楚知道人体、国家、天下是同构关系,是不可分割的。那怎样治国、治人、治病呢?得从自己身上开始下功夫,可以说儒家的思想是家国同构,而道家思想属于身国同构。

老子说:“以身观身,以家观家,以乡观乡,以国观国,以天下观天下。吾何以知天下之然哉?以此。”这就是以修身为本位。不修身,何以解道和表德呢?《道德经》是以身为本位的修行宝典、治世之经,可是后人不解,常用哲学思想、理论文化、兵家权谋来解读。其实老子的思想不但贬抑权谋,更不主张退化到原始社会那种小国寡民的状态，大家不理解，老子唯有叹曰“知我者希”。

老子云：“故失道而后德，失德而后仁，失仁而后义，失义而后礼。夫礼者，忠信之薄，而乱之首。”随着物质的进化，人性在一步步退化，怎么办呢？老子的药方是人要归于道。怎样归于道？不是讲道理，《道德经》的核心便在于要起修。如果不能起修，知和行割裂。正如不少人对道家的研究甚是精通，谈起来头头是道，背起来滚瓜烂熟，落实到自身的行为却做不到。

道是用来实修的，老庄之思想不止于空谈，不修如何解脱生命之困苦？如何能通天彻地，感通生命消息？没有切身体悟，就算口头禅、文字道。对道的认知变化必从实修来，不过修道的体悟不是经验，经验和时间相关，体悟是超越时间的，故个人的体悟境界无法说。庄子比较生动，绝不咬文嚼字，也不会目空一切，他是多情的、慈悲的，采用了寓言的方式来表述道的境界。

解《道德经》，必从修证、思想两方面并举，如仅存一面，就把《道德经》狭隘化了。笔者以修者的角度在本书中尽量把常被学者遗漏的、如何修道的内涵部分丰富起来。

老子说人道要效法天道，天道无为，现代人一说无为，就以为不作为叫无为。无为是道体，天道运行不做作；无不为是道用，自然而然，任性合道。天道不是人让它不为它就能不为的，无为是天道生生不息的功能和作用。所以说：有无相生，动则愈出，是无为。人效法天地，就是行其所当行，止其所当止，这才是人的作用——补天地之不足。怎么补？无私而大公，天道就是无私而大公的，不会陷于功名利禄，人之德就是效法天地而实行于身。

修道的境界是玄之又玄的，下士不信，故常大笑之。孔子也说："中人以上可以语上也，中人以下不可以语上也。"道家之真人以修道为内圣自养，以德性为外王处世，契道的目的在于如何以德来化、平天下。

老子说："上德不德是以有德。下德不失德是以无德。上德无为而无以为。下德为之而有以为。上仁为之而无以为，上义为之而有以为。"

上品的德行，是做了许多利他的事情心中也不觉得了不起、觉得自己有功德。而下品的人，做了一点点事儿，就已经把自己当作大善人了，自己做了多少善事自己记得很清楚，自己做了多少恶事却忘得比谁都快，这就是违背了德的根本了。有德行的人，心中会常念他人对自己的恩情，却不记他人对自己的背叛和打击。

韩非子读到的《道德经》的版本，是从"上德不德"开篇的。"上德不德"还有一层含义，天道是无善恶的，不会刻意分别，所谓人间之善恶，是人根据社会发展需要的自定义，真的猫抓老鼠就是善行，狼食牛羊就是恶兽吗？因为分别出了善恶，有的人走路怕踩死蚂蚁，有的人吃素吃出了心理病，越修越学束缚越多，越胆小。

自然规律是无为的，狼吃羊、羊吃草这是天性。打死狼救下羊便是善举吗？人本是杂食生物，只要不多占，不贪食，不肆无忌惮地索取，不妨碍其他种类的生存，顺应四季和身体规律生活，就是善行。

但社会需要标准才能存在，故对待妨碍他人的行为要有法律、条例制裁，这是每个人都应遵循的共同准则。但这种准则是有时间性和地域性的，例如唐朝的法律就不适用于今天，美国的法律就不适用于中国，故此，准则会根据社会、国家的需要而变化，准则是人之用，不是真理，在一次次修正中，以尽可能保障人民幸福、实现社会安定为基础。每一个人在什么环境生活，必要遵循当时、当地的规定。

然而除了国家规定外，民间有不少人强立分别，在自然规律中分出是非，打着行善的旗号，非说睡着了拍死蚊子是造业，说买来鱼鸟放生是功德，说初一十五就该去寺庙烧香拜佛，说转山能消业，说带着开光佛像就有好运……并将自己的观点四处传播，自己所知有限却好为人师，积极努力误导他人，妨人正信，这就是失德。

不要将自己的道德强加于人，强立什么对错是非，自己不明白的不说，不轻易下结论。当一个群体、社会陷入了僵化保守时，就容易产生过分的对别人的道德要求，越发不能容忍他人的道德失范。这种外向性的道德指责，源于内心深处集体无意识和焦虑，我们对他人要求严格恰恰说明了自己的松散，我们对他人的不满恰恰说明了内心对自己的不满意。常以对外的道德讨伐曲折表达内心的焦虑，盲从于舆论，以对他人的攻击来宣泄自己内心的焦虑。

道之在人，为德。合道之人即是有德性的个人，个人的德性既有个体的，也有大家共同的。个体德性因人而异，千姿百态，群体共德是基于底线的德，如果在群体中设定高标准的德，会使绝大部分人避之不及。故此，社会中的共德是指底线的德，即以人为本，尊重生命，尊老爱幼，善待众生。我们老是感到不幸福、不满足，是因为我们对已经得到的一切缺乏感恩，感恩心即懂得尊重生命，珍惜缘分，这也属于最基本的共德。

宇宙万物、万事、万有，没有为什么，只有是什么。

《道德经》是讲摄身修道的，有的后世子孙认为道、德难以把握，“人治不如法治”，就有一脉子弟流变为法家，《史记》把老子、庄子和申不害、韩非子同列一传，就表明了道家和法家的渊源。例如《管子》《汉书·艺文志》，司马迁将其列入道家，而《隋书·经籍志》则改其为法家。从现代人的角度看难以理解，然而从源头来看，皆本于道。

商鞅、韩非子、申不害这些法家代表都是道家的流变。法家注重集权，巩固法治，这本可提高效率，促进国力，然而如果法制变异成暴政，并随着惰性的社会传统，时变、政变而法不思变，则常常会“作法自毙”。

大家都知道韩非子、李斯的师父是荀子，有些人觉得难以理解，荀子是儒家，怎么教出了两位法家弟子？荀子真是不幸，儒家不肯承认他，道家也不肯接受他，法家呢？亦是！后世学者无奈，只好把他老人家勉强归在儒家里，宋明理学的那些大师们老大不乐意，数次要把他请出儒门。

荀子思想究竟属于哪一家？这还得回到稷下学宫来找源头，荀子是稷下学宫最后一位大师，学宫虽容纳了当时“诸子百家”中的几乎各个学派，其中著名的学者如孟子、淳于髡、邹子、田骈、慎子、申子、接子、季真、涓子、彭蒙、文子、鲁连子、驺子、荀子等，但我们可以看到，道家和由道家流变出来的法家占了一半以上，可见黄老思想是主流。

当时齐王十分优礼学者，封其中出色的为“上大夫”，并“受上大夫之禄”。如孟子长期居齐，他“养浩然之气”的思想，就很可能受到稷下先生宋钘、尹文子等人“气论”的影响。

饱受宋儒诟病的荀子，也深受到黄老思想影响。荀子历时数十载三出三进于稷下，出任祭酒，即主持学宫的人，他的思想和孔孟之儒有很大区别，带有浓厚的黄老色彩。正由于此，后世儒生多希望把荀子排除于儒家道统之外，程颐甚至说他“才高学陋”、“不见圣贤”。

苏轼在《荀卿论》中也说他“喜为异说而不让，敢为高论而不顾”，“异说”即指荀子背离了孔孟儒学，所谓“高论”即指他本于黄老，融会礼法，创立自己的新学派。因此他调教出两位法家的弟子，何足怪哉?

除了法家，阴阳家、杂家亦是从道家流变出来的。

我们现在老是喜欢标签化，比如说到儒家似乎就和道家对立，道家的标签是“清静无为”，像是一种消极处世哲学。但在秦汉之际，道家是积极入世的，出将入相者不在少数，他们有鲜明的政治主张。汉初的“文景之治”被认为是黄老思想的一次成功政治实践，直到曹魏以降，上流社会大搞清谈，道家逐渐滑向了谈虚论玄。

《周易·彖传》里亦有大量道家思想，如天行、刚柔、阴阳、动静等，亦和儒家中庸思想环环相扣，《彖传》究系是否孔子一人所编撰？自古及今向无定说。但可以确定必和孔子、曾子、子思有关，代表了最正统的儒家思想。

儒家曾经历了三次流变：一是荀子，二是董仲舒，三是宋明理学。前两次，儒家直接受到黄老思想的启迪和渗透，荀子的许多观点直接继承了稷下黄老之学，而董仲舒的天道观亦是汉初盛行的黄老思想之延续，因此，我们既难以也无须将儒、道对立得那么清楚。

儒、道思想皆是中华文明的精髓，诸子起于救世之弊，老子从批评角度演道，孔子从改良角度维护，然，中华文明之根本是有容乃大，这是儒、道共同的精神。

老子的无为，是助各物自生自灭、自成一体、自化自长，少人为干涉妨害，这和孔子之“仁”、孟子之“义”阐述角度虽有别，源头却并无二致。

《汉书·艺文志》曰：“道家者流，盖出于史官，历记成败存亡祸福古今之道，然后知秉要执本，清虚以自守，卑弱以自持，此君人南面之术也。”称道家为“君人南面之术”，道家虽以黄老思想治国者有之，流变成法家者亦有之。

《道德经》一书被某些人误读成治国之术源起韩非子，《韩非子》中有《解老》和《喻老》两篇，这是用法家思想注解《道德经》的最早版本，《道德经》是《韩非子》思想的重要来源，所以司马迁将老子、韩非子合在一起作传，名《老子韩非子列传》。《韩非子》中偏重的正是“君人南面之术”，然而，河水、湖水皆水的一部分，治国之术亦是道家思想的一部分，不能以偏概全。

老子之后，以庄子为主的道家逍遥派兴起，庄子主张齐物、天人合一、清静无为。他的学说涵盖着当时社会生活的方方面面，但其学说没有背离老子的思想。庄子曾做过漆园吏，生活贫穷困顿，却鄙弃荣华富贵、权势名利，力图在乱世保持独立的人格，追求逍遥无恃的精神境界。他的文章在先秦诸子中独具风格，大量采用寓言故事，活泼风趣，睿智深刻，文笔汪洋恣肆，奇趣横生。

庄子的文采斐然源于他精神思想的绝对自由，能把世界上万物、万事、万有的相对性一目了然，生死、是非、祸福、宠辱、高低、贵贱等，在他看来没有区别，他抹杀了一切对立事物的界限，对一切境遇都能坦然处之，显示了道家至人无待无我、思接千载、精骛八极的境界。

所以，当妻子病死，好友来吊唁时，他能盘腿坐地，敲着瓦盆唱歌。好友责备说："妻子与你日夜相伴，为你生儿育女，现在死了，你不哭也就罢了，却在这里唱歌，是不是太过分了？"

庄子答："当妻子刚死的时候我也很悲伤，可是后来想了想，妻子本来是没有生命的，不但没有生命，甚至连形体也没有，不但没有形体，其实连气息也没有。后来恍惚间出现了气息，由气息渐渐产生了形体，由形体产生了生命。现在她死了，又由有生命的变成了无生命的，之后形体也会消散，气息也会泯灭，将完全恢复到原先的样子。人生人死就像是春夏秋冬四季交替一样，循环往复，有什么好悲伤的？"

好友说："理是这个理，可在感情上，又怎么说得过去呢？"

庄子道："生死就像日夜更替一样正常，真的是生不足喜、死不足悲。人们往往不明白这个道理，或是虽然明白却要装模作样，我是最反对扭捏作态的，有什么必要哭给别人看？"

好友于是也就没话说了，跟他一起唱吧！

转眼又过了几年，庄子自己临终，弟子侍立床前很难过。庄子说："你跟了我这么久，也应该明白生死了，怎么还难过？"

弟子说："生死之理我怎么能不明白？只是我跟了师父这么久，受益良多，现在师父要走了，我无以为报，想您贫困一世，死后竟没什么陪葬，不由得悲从中来。"

庄子笑说："我以天地作棺椁，以日月为长明灯，以星辰为珠宝，以万物作陪葬。我的葬具不是很完备吗？还有比这更好更多的陪葬吗？"

这是什么气魄？整个宇宙是他的游乐场，所谓圣人者，心量广大，能齐万物，契道合道，高明中庸，平等不二，此名"圣"；入世能慈悲谦逊，仁义礼智，方便六度，游刃有余，故名"人"。

庄子的睿智深刻就隐藏在这些日常行为和惊世骇俗的寓言里，用《庄子》书中的一个词来形容他最恰当，叫"乘物游心"，从他独创的词汇里，我们能真切感受到他游心至于无穷的境界：宇宙，造化，江湖，逍遥……

庄子和老子不同，老子是飞龙在天，可望不可即；庄子却是活生生的邻家翁，冷眼热肠，身上有脱不去的凛冽气质和古道柔情。

总有人喜欢将老子和孔子对立，将庄子和孟子对立，将儒家和道家对立，其实伟大的思想皆是共通的，庄子对人生的态度不是消极逃避，没有一份真挚的情，谁能写成《庄子》？至诚能通神，庄子对社会、对人性有深刻认识，具有天才的感知力，他探讨的其实是人如何在世上存活并达到天地都无法局限这样的命题，他用汪洋恣肆的想象、看似癫狂奇特的文字、无时不在的悲悯，将世人拥入怀。

道家在战国末期还有一个高潮，便是吕不韦的《吕氏春秋》，敢张榜"增损一字，赏予千金"的，前无古人后无来者。《吕氏春秋》以黄老思想为基础，集先秦道家之大成。“兼儒墨，合名法”，提倡无为而治。《吕氏春秋》以道为宗，融汇了道家、儒家、墨家、名家、法家、阴阳家等诸学精要。

可惜，秦始皇和吕不韦有说不清道不明的暧昧关系，《史记》说“吕不韦自度稍侵，恐诛，乃饮鸩而死”。秦王没有采用《吕氏春秋》作为国策，秦朝国祚较短又偏法家，重刑名而忽略了建立缜密、系统化的思想文化体系。

秦国于东周时本居于岐西，君王按五行崇拜上帝之一的白帝，又因秦族源自东方而崇拜少昊。秦人有白、青、黄、炎四天帝之祭，其中因地理关系特别重视西方白帝。

秦始皇靠武力并吞六国，他本身只在意君权，为了以神权辅助巩固政权，他依循传统祭祀，并行封禅。据《史记》记载，在秦始皇统一六国后，丞相李斯上书言“诸子百家”诽谤朝政，以古非今，建议予以取缔。秦始皇于是下令焚烧《秦记》以外的其他国家的史记，对不属于博士馆的私藏《诗》《书》等也限期交出烧毁，并禁止私学。

始皇喜武力，但崇尚武力没有能帮他消除内心对死亡的恐惧，他将希望寄托于神仙术，妄想以此延命。中国的神仙传说可追溯到战国时期，一出荆楚，一出齐鲁。楚人好幻想，如《庄子》《楚辞》都有提到长生不老与神通广大。而燕齐濒临大海，海天明灭变幻，海岛迷茫隐约，容易引发人的遐思，所以就有渤海有蓬莱、方丈与瀛洲三神山的传说，传说山上有仙人和不死之药。

始皇越杀人越怕死，最后迷信神仙的程度，如非史书记载，恐无人可以想象。他因方士徐福谎称受大海怪兽所隔难出航寻不死之药，居然亲自从芝罘出海射杀鲸鱼；再如方士卢生称寻仙药不遇，因为有恶鬼，建议他应微行以避恶鬼，他因此胆小如鼠隐密其行。可是没想到卢生和侯生私下诽谤他“乐以刑杀为威”“贪于权势至如此”等，始皇为此大怒，派御史调查此事，查处到与之相关的“诸生”有460余人，这些人大部分是方士，全部被坑杀，此即为“坑儒”。和焚书的事合在一起，史称“焚书坑儒”。

道家的发展至汉武帝时，淮南王刘安编著《淮南子》又掀起一个高潮。《淮南子》又名《淮南鸿烈》，鸿，广大也，烈，光明也，意即阐述光明宏大之理的书。全书21卷，为汉初黄老学派代表著作。全书博奥深宏，以道家为本，集阴阳家、墨家、法家、儒家思想于一炉，是汉代学者对汉以前古代文化最大规模的汇集，通篇亦以“道”为主题，既讲自然之道，也讲治世之道，提出了“漠然无为而无不为”、“漠然无治而无不治”的政治理想。

《淮南子》因属集体创作，采百家之长，故此内容庞杂，近乎一部“先汉学术史”，并多用历史、神话、传说、故事来说理，文风新异瑰奇，繁复有序。

从学术角度讲，《淮南子》对道家功不可没，但由于刘安心怀异志，其时正值汉武帝“建元新政”的关键时期，武帝、窦婴、赵绾、王臧等是建元新政的主导者。新政拟独尊儒以取代黄老，这是武帝改革的重要政见，自然不被心仪黄老的窦太后喜欢。恰在此时，淮南王刘安进京，献上《淮南子》声援太后，武帝心中郁闷可想而知。谁知天算不如人算，淮南王蓄意谋反之事泄露，刘安自尽，《淮南子》生不逢时。

“罢黜百家，独尊儒术”成为汉朝治国方略的大转折点。汉末三国之后中国进入了历史上政权变更最频繁、人民最动荡不安、士子大夫最潇洒、人物关系最错综复杂的两晋南北朝。从八王之乱拉开乱世序幕始，之后的历史发展各家血缘、师生、上下属，各种关系千丝万缕，由于时间跨度极长，人物羁绊极深，笔者本意要写一部《两晋南北朝思想史》的计划屡屡搁浅，因为要讲清楚这一段历史，笔者时刻惶恐，随便漏掉一个重要人物，漏掉一次重要战争，后面的各种恩怨、变化就很难叙述清楚了。

这段历史中单人物名字就特别混乱，如慕容系和拓跋系这两大系人物，再如北齐高家的怪才们，加上鲜卑、匈奴、羯、氐、羌这五胡间错综复杂的关系，还有后赵，前、后西秦，前、后西凉、北凉、南凉，前后南燕、北燕、西燕，冉魏、北魏、东西魏，北周，北齐，宋，梁，陈……

各种复杂的关系，通常，人几乎没有耐心去了解，许多时候就算同用一个国号，国君也不一定有关系，比如前后西凉、北凉、南凉就是由三个不同民族建立的政权，前、后赵也分别是匈奴和羯建立的，所以不少历史老师讲到这里会略过去，不略过去怎么办？许多老师自己都没理清楚，怎么给学生讲？然而道家却无法从这里略过去，最动乱的时期产生了最清虚的魏晋玄学。

晋帝司马炎于公元280年灭东吴，汉末三国分裂的局面由晋朝暂时统一。可是司马炎怎么也没想到，司马家功成名就，爷爷司马懿是不老神龟，忍术天下第一，忍死了魏朝三代国君，摄取了一代枭雄曹操父子的成果。父亲司马昭聪明绝顶，早年随司马懿抗击蜀汉，战功昭著。公元255年开始，专揽国政，公元260年立曹奂为帝。公元263年灭亡蜀汉，受封晋公。

次年，进爵晋王。这么个显赫世家出生的司马炎，居然生出的嫡长子司马衷是个“何不食肉糜”的“淳朴”好人，“淳朴”的结果，是被皇后贾南风独掌大权，杀太傅杨骏为因，引发十六年的八王之乱，以至于“五胡乱华”，陷万民于水火。

八王之乱是五胡乱华的一个重要诱因，其他诱因早在晋朝初期就埋下了，晋朝盲目允许胡人内迁，也就是“移民实边”政策是日后动乱不可避免的因素。

虽然早期迁入胡人的目的大多是用来充实佃农和劳役，然而谁也没想到后来爆发八王之乱，各个藩王都厉兵秣马，不断征召兵员。一些位于边疆的藩王就开始打起胡人的主意，原本务农的胡人被武装起来参与战斗，比如建立后赵的羯人石勒，他隶属成都王司马颖的队伍。

东汉时期有外重内轻的传统，统治边疆的豪强无不重视番政。曹操征乌桓后奠定起在北方的绝对权力；而公孙瓒、董卓、马腾等皆是先靠镇边发家之后问鼎中原的。汉末军事上虽然不少边将都用过胡人士兵，但基本是胡汉混编，并没有出现西晋那样成建制武装胡人，甚至邀请塞外强番参战的情况，结果引狼入室而自食其果。于是由刘渊建立的汉国（后改为前赵）开始，胡人军团陆续杀汉自立，而胡人又不懂治国，所以很快就由于内斗而分崩离析，形成了“五胡十六国”。

我们不能草率地下结论说五胡乱华属于外族入侵，更准确地说应该是由于司马氏引狼入室从而给胡人反客为主的机会。

以匈奴、鲜卑、羯、羌、氐五族胡人为主引发的对汉族的大屠杀，使得中原赤地千里，史载“至于永嘉，丧乱弥甚。雍州以东，人多饥乏，更相鬻卖，奔迸流移，不可胜数。幽、并、司、冀、秦、雍六州大蝗，草木及牛马毛皆尽。又大疾疫，兼以饥馑”，“流尸满河，白骨蔽野”（《晋书·食货志》）。

最凶残的鲜卑人、羯人甚至将汉族女子取名“双脚羊”，晚上当性奴强奸，白天当军粮食用。北方汉人人口锐减了三分之二，而与之对应的，北方胡人数量却增加了数倍。

严峻动荡的形势对当时的文化、思想产生了强大冲击，乱世中最稀缺的是对自由的向往，是理想化的人生，玄学应时而生。其时，洛阳就是一个大病房，病人们总是期望自由，愈是向往之而不得，愈是乖离之而下亲。

名士辈出的时代，是假狂狷、借清谈、论有无，以发泄对乱世之无奈。然而对待魏晋名士可谓是“澄之不清”，其中关系奇诡，时局不测，故不能用非此即彼的常理看他们，如万顷汪洋，虽有台风肆虐，亦有海阔天空。

由于玄学在魏朝正始年间萌芽，史称“正始之音”。玄学，指的是一种治学的角度、方法、内容、视野，玄学家的特色是理性地用“有、无”法讨论历史、本末、名教、自然、言意等哲学问题，与汉朝考礼制、训诂等征实的朴学方法不同，谈的内容趋向本体。

玄学分三个阶段。

第一阶段，以何晏、王弼为玄学的奠基人。《文心雕龙·论说篇》称：“迄至正始，务欲守之，何晏之徒，始盛玄论，于是冉（老子）、周（庄子）当路，与尼父（孔子）争涂矣。”

何晏著有《道德论》，王弼著有《老子注》《周易注》《周易略例》，还著有

《老子指略》。他们的主要观点是认为“无”是万有的本体，王弼在《老子指略》中说：“夫物之所以生，功之所以成，必生乎无形，由乎无名。无形无名者，万物之宗也。”他们在尊敬孔子的前提下，用老庄思想糅合儒家经义，又把汉朝的阴阳五行学说、天人感应等从感性出发的认识升华到理性，发挥了老子的“无”，故叫“贵无派”。

他们尊敬孔子，但观点和儒家有别，儒家虽然讲性、道、教的关系，但所重的却是教，对性、道只是粗略提及；玄学家则不同，他们认为宇宙万事万物都生于“无”，无生有，有生一切。无，要给一个名称的话，就是“道”。王弼云：“道者，无之称也。无不通也，无不由也，况之曰‘道’。”

他们发挥了《老子》“道常无为”的思想，王弼称其为“顺自然也”。“无为”就是顺自然。我们可以看到儒家、玄学都共同承认“道”存在，但如何对待？儒家重“教”，即归根于“修道之谓教”，把自然朴素的道加以文饰整齐，这是“有为”，而玄学认为要顺乎自然，就要“无为”。

第二阶段，由魏末嵇康、阮籍为代表的竹林玄学，主张老子的无为并加入了庄子的逍遥、适性思想。和上一阶段不同的是，这个时期，竹林玄学对儒家持相对保守或可以说反对的态度。

第三阶段，以向秀、郭象为代表的庄子学说，核心是“贵有”，也叫“崇有”，主张无心顺有。

以王弼为代表的“贵无”派，认为形形色色万有的现象是末，宇宙的本体是无，无是根本，万有存在的源头是无，所以，以老子“无中生有”为根本观点，提出以有为末、以无为本。何晏、王弼等人都没有看到过楚简本《道德经》，如果看到楚简甲本中，原话是“天下之物生于有，有生于无”时，他们会不会痛哭？“有生于无”，“有”“无”没有先后、本末的关系。宇宙万有都是独立存在的，所以叫“独化”，不需要以“无”为本，而是每个独立的存在物，即“有”，万物都是由自己的性分所定的，每个事物都自足其性，自己都是圆满的，整个宇宙是能和谐存在的，彼此之间不相妨碍。

为什么叫“玄学”呢？

玄学又叫“清谈”“清虚”，叫“玄远之谈”，“玄”出自老子“玄之又玄，众妙之门”。王弼说，玄乃冥意，即深奥莫测。深也，不得其名，所以名之为“玄”，可见他们完全继承了老子的思想。发展到了后期郭象的时候，庄子思想就有替代老子的趋势了。

玄学家们讨论深奥的、现象世界背后的宇宙本体本质、人的本性问题，此本是思想界的一大进步，要命的是，这些人几乎都是洛阳世族子弟。六朝门第源于汉末儒家士族，汉儒多已是文弱化的士族，以柔弱之文章纲维其术，尽去孔孟儒家之刚烈以适。遗至六朝，大族最盛无过谢、王两族，俱以书香文墨为尚，高雅脱俗，反过来说就是脱离群众。

今人不解氏族之别，以为姓、氏为一物，不明宗族力量是儒家构建家国并立体系的基础。古人聚族则有势，姓即族号，周制唯平民有氏无姓，贵族和宗法内在紧密连接。

强行拆分氏族关系，源自商鞅，他为了树立法制，强化军权，刻意破析大族，分化世家，定下男子二十不分家有罪之令，荡平大族以申国威，族分而氏兴，则去大族保小氏，势单而力薄也。

又有汉朝高祖刘邦及文景二帝剪锄游侠，儒门世家从尚武变为崇文，中间阶层弱化后，社会自然分化，两头大中间小。六朝名士多延自汉末世家，惧乱世党狱而逃于清谈，借风流博雅而弃责任于不顾，以谈玄论道自蹈于动荡。

然亦有贡献者，如汝南许氏兄弟之“月旦评”，开民间选举先河，当世敢直言曹操“治世之能臣，乱世之奸雄”的唯有许劭也。魏晋名士其辩才非虚，概因其时，说者是行家，听者亦是行家。许氏兄弟品德高尚，志趣高雅，高义浩然，此属凤毛麟角，门第名士之致命伤便是自汉末变得懦弱胆怯，苟全清雅里，沉迷琴歌中，流连酒肉乡，偏执文理间，内心软弱，而行为则率性狷狂，此内外阴阳也。

如人声壮实心虚，在常人看来这些名士多癫狂，有人饮酒啖肉，有人昼夜喧色，有人迷食丹药，其中最早服用寒食散的人就是何晏。

管辂形容何晏：“魂不守宅，血不华色，精爽烟浮，容若槁木，谓之鬼幽。”隋代巢元方《诸病源候总论》卷六《寒食散发候篇》引皇甫谧话：“近世尚书何晏，耽好声色，始服此药，心加开朗，体力转强。京师翕然，传以相授。历岁之困，皆不终朝而愈。”

寒食散虽有剧毒，但服后可以帮助血液循环加快，比喝酒更让人兴奋，起到春药一样的作用，这些名士以此来宣泄动荡局势中内心不安。他们无视封建礼法，恃才放狂，傲视古今，寄情诗词，从“三曹”“建安七子”到“竹林七贤”，一个个风骨俨然、气度非凡、才情卓越、出口成章，这些大才子们如鹤立鸡群般洒脱，清虚潇洒是理想主义逃避现实的巢穴。

魏晋玄学的发展为罗什大师使佛法“般若”进入中国起到了铺垫作用，如果没有何晏、王弼“贵无”将汉朝儒学在现象上流于感性的倾向，理性地转移到深入探讨事物和宇宙内在和本性本质的关系，可以说“般若”思想在中华大地站稳脚跟可能还要费一番周折。

再如道安大师的“本无”思想和何晏、王弼的玄学“天地万物皆以无为本”的思想很接近。

道安师从佛图澄，东晋时期，玄学随世族过江，当时的士大夫大多是玄学中人或受玄学影响的人物，道安和他们大都有交往或书翰问候。他目睹玄风放浪，为使佛法广布，于是善巧化诱，广设方便，以“儒道为一”的玄学阐弘佛法，创立“本无宗”，以玄解佛。

三论宗吉藏大师曾在《中论疏·因缘品》中说：“什师未至，长安本有三家义。”也就是鸠摩罗什大师没有到达长安之前，中国流行的般若学派有三家，其一是道安大师的“本无宗”，其二是“即色宗”，其三是“心无宗”，此三宗论点各有不足，后被僧肇法师用《肇论》补充。

自前秦王苻坚迎道安到长安主持译经后，苻坚称赞他“道德可尊，朕以天下不易”，并敕命“学士内外有疑，皆师于安”（梁·楚皎《高僧传》）。然而公元383年，苻坚以百万大军发兵攻东晋，宰相谢安以八万“北府兵”迎击，这就是淝水之战，也是军事史上以少胜多的著名案例。前秦战败后苻坚被杀，北方重新分裂。

至后秦王姚兴时，他发兵将前秦王苻坚曾发十万兵去龟兹迎请却没命等到的罗什大师迎至长安，待以国师之礼。

五十八岁的罗什法师来华，调和了大家的各执一词。法师的见解双遣偏见，不落两边，以无碍的般若智慧调和了旷日持久的思想纷争。大师来长安后，中国思想界以“易”“道”“玄”相迎，罗什师徒报以中观般若回应。

大师屈居姑臧十六年，对中华文化早已了熟于胸，如其译经用“悟道”，不用“悟佛”，其余如“功德”“居士”“众生”等，皆是不分儒、道、佛的名辞。据《旧唐书·经籍志》著录：鸠摩罗什法师还曾撰有《老子注》两卷，可惜今已失传，可见大师通达三家，直达中华文明根底。

罗什大师驻锡长安十二年，主持译经三百多卷，大师诸弟子，如道生、道融、昙影、僧叡、慧观等，尤其是僧肇法师，皆是大家。他们和师父一起，对佛法真实义进行了详尽如实的论述，这些新译的佛经不仅文采斐然且内涵精微，远超旧译。僧肇法师借“名实”观诠释儒、道两家的“名实”观，儒道两家大多以实为本，由实定名，以名求实。

孔子力倡“正名”，庄子云：“名者，实之宾也。”王弼也认为，“名也者，定彼者也；称也者，从谓者也”（楼宇烈《王弼集校译》），这就是说，名是根据外部事物的相状，为区分外物而由人的主观意向而赋予的，这就是“名号不虚生，称号不虚出”，“有此名必有此形”，因此实决定名，名不过是实的主观称谓。

僧肇法师自幼精通老庄典籍，他从“名”与“实”的相对性与差异性下手，说明“名”与“物”并非一致，而“名”“物”的分离，正好说明万物“不真”而“性空”。

他著《不真空论》，云：“夫以物物于物，则所物而可物。以物物非物，故虽物而非物。是以物不即名而就实，名不即物而履真。”

这段文字，看上去和庄子“物物者非物”的说法相似，但旨趣却大相径庭。僧肇法师认为，以物名去命名某物，那么，能赋予物之名的某物，确实是某物；如果以物名去命名那本不是物的东西，即使它具有了物名，也不是物。读者们可以试试找出身边有多少有名非物的“东西”。

物不是因为有名便就有了与之相应的实，名与物不相为一时，物就不能说是真实之物。由于名与物的差异性，万物因名实不当而非真。

换句话说名实无当，即没有真实的万物存在，名为假名，实为假实，名、实俱假，万物必然是“不真空”。

名与法皆无自性，都是因缘和合而生之物，名因法而起，法因名而生，名与法互以对方为存在条件，此即“缘”。“此有故彼有，此无故彼无”，僧肇法师以此将“名止于实”的观念转化成“非有非无”不二法。

除此之外，僧肇法师又依据《中观·观如来品》“诸法实相，无有此彼”的观点，再对庄子的“彼此”观重新诠释。《不真空论》中云：

> 故《中观》云：物无彼此。而人以此为此，以彼为彼，彼亦以此为彼，以彼为此。此彼莫定乎一名，而惑者怀必然之志。然而彼此初非有，惑者初非无。既悟彼此之非有，有何物而可有哉？

也就是说彼此之分，完全是人们主观设定的，彼与此是相对而成的，彼此并无确定之位、名、差，不具备中观正见的人，将彼此视为绝对之异，彼此之分本为虚幻，亦是非有非无的。僧肇法师的解读，很显然是脱胎于《庄子》又不住于《庄子》，知识界在惊讶之余普遍地表示尊重和认同。

僧肇法师作为鸠摩罗什门下弟子中“解空第一人”，其“空”观最符合大乘“般若空”的原始含义。作《不真空论》的主要原因是为了破玄学立论基础的“有、无”论。其中还有一段：

> 夫有若真有，有自常有，岂待缘而后有哉？譬彼真无，无自常无，岂待缘而后无也？若有不自有，待缘而后有者，故知有非真有。有非真有，虽有，不可谓之有矣。不无者，夫无则湛然不动，可谓之无。万物若无，则不应起，起则非无，以明缘起，故不无也。

这是在用“缘起性空”来解空。万物莫不是因缘和合而有，因缘离散而无，既如此，何尝有自性？无自性的人、事、境、法，自然不能被称为有，但虽无自性，毕竟现象存在，也不能称为无，这种“宛然有而毕竟空，毕竟空而宛然有”的宇宙真相即是“空”。

常人执“假有”为“实有”，故有种种烦恼，智者则应勘破宇宙只是“空”。僧肇法师以《不真空论》补充了长安三家论点的不足，对于道安大师的“本无宗”，虽然以“无”为绝对之空虚实体，但以“有”是由此实体而成立之事物，实际上已经否认了“有”亦是一种暂时的存在。

僧肇法师找出了“本无宗”未能契合非有非无、亦有亦无之般若空观，未契于不偏不倚、不落二边之不二法，过于偏重无。法师曰：“故‘非有’，有即无；‘非无’，无亦无。”也就是说道安法师执著于“非有”是无，“非无”也是

雪山

无，一切都是无。僧肇法师认为这种观念有极大偏差，虽不真空的内涵是没有真有、真无，但“本无”宗是连假有、假无也抹杀了；此外，还割裂了无和有的相即关系，把有从无中分离出来，使本体和事物对立起来。

僧肇法师云：“何必非有无此有，非无无彼无？”在僧肇法师看来分别有无彼此，属于混淆概念。

“本无”宗盛行一时，以“无”为本，强调“无”为“有”之本，不仅“割裂”了“有”“无”的统一关系，而且势必把“无”看成绝对的空虚体，把“有”看成从绝对的空虚体中产生出来的虚假东西。这种绝对的“无”和非有非无、亦有亦无的“不真空”思想有大不同。

“不真空”者，“不真”即“空”也，一切事物都是无自性的，因而也就是性空。

宇宙万物都不真空，但不真不等于不存在，不等于无，不真实有也是存在的，例如彩虹、梦境就是不真实存在，同时也正因为是不真实存在，所以又是非有，这便是如幻，“譬如幻化人，非无幻化人，幻化人非真人也”(《不真空论》)，就好像魔术师变化出幻影，并不是没有幻影，而是说不真实罢了。

对于“心无宗”，僧肇法师说：“心无者，无心于万物，万物未尝无。此得在于神静，失在于物虚。”(《不真空论》)

也就是说，这种主客分立、心体虚无寂静而能有知有应的说法，是背离中道性空原则的。

最后一家，是支遁法师的“即色宗”。支遁法师号道林，和道安法师一样，是一代宗师。道林法师辩才无碍，曾被晋哀宗屡次请到宫中讲道行般若，史称“白黑钦崇，朝野悦服”。

他崇尚玄风，人称“玄僧”，生活习惯和魏晋名士风范接近，他和玄士们一起品茶饮酒、琴棋书画，崇尚清谈。道林法师其实是个亦僧亦道亦玄的清流，他喜用庄子讲佛，所阐义理名震士林。

据《世说新语·文学》说，王羲之是当时的高门望族，不过他不喜欢道林法师，不愿和他说话。一次，王羲之要出门，却被道林法师挡在家门口，要和他谈庄子，王羲之走不掉，无奈只能坐而听之。结果“支作千言，才藻新奇，花烂映发”，听得王羲之入了迷。王羲之是何等人物？都能被道林法师说得“披襟解带，留连不能已”，足见道林法师的辩才功夫。

辩才本是所有神通里最大的神通，之所以如此说，是基于辩者的思考能力和思想深度，佛经里除了世尊本人，最辩才无碍的便是维摩诘大居士。但这种辩才要和“世智辩聪”区分开，世智辩聪是口才好，不能叫辩才无碍，带动口才的是大脑意识。大脑意识带动的意识心也叫“世间心”，这种口才和技巧、利益、名气挂钩。世间心里，发出的是聪明，聪明人会学习、研究、整理、思维、决策、计划，有缜密的逻辑，心思复杂。这些才干是为了世间的作用而发挥，当然其也能在一定领域形成一个完整的理论，并运用聪明才智相互佐证。而这些并非真的具有“辩才”。

学问、口才都不可能令人解脱生死，说者还在三界之内受生，还是“世间”人，因此无论多聪明、多会说，都是为了一己利益的“世智辩聪”。

真正的“辩才无碍”是法无碍、境无碍、情无碍、人无碍、事无碍、利无碍，起用全靠自心流露，如六祖没有读过书，却能一闻即解经语。当学人向他请益法义时，能在一切事相上现观真心的运作，问到哪里就能说到哪里，问到什么就答什么，无论看过的没看过的书，听过的没听过的话，全能现场直播一样，句句不离自性，时时宣讲了义法，这种智慧，是“般若智慧”而不是“思辨口才”。

因而无须利用大脑意识去学习各种“理论”，也无须查阅经典、思维哲理而说，故名为“直心”。一切“因学而得”的是知见，故而真正的觉者在学人一出口时就知道其说如法不如法。

辩论本身没有意义，辩才无碍的人只为教化众生而用这种才能，不是为了自己谋名利，教化有没有意义是不需要被论证的。

道林法师好辩，但僧人本应无争，世间争名夺利的玄辩争论，常使得颜色驳杂的语言挤占了参会领悟的空间。尽管这次他征服了王羲之，被赞叹为“器朗神俊”。

《世说新语》中还有一段趣事。郗超问谢安如果支道林和嵇康比较的话，谁的口才更厉害？谢安就是以八万兵赢了淝水之战的东晋宰相，他是当之无愧的士林领袖，没想到对于郗超的提问，他的回答竟是：嵇康如果努力的话，勉强可以赶得上支道林。

道林法师的成名源于对郭象“适性论”的批评，郭象“适性逍遥”论在当时广为人知，大家都认可他的说法，“适性”就是适合了自己的性情，这便是逍遥。道林法师反问：商纣王的残暴是不是“适性”呢？恶人作恶是不是“适性”呢？人性中本来就有善恶两面，这能叫逍遥吗？众人闻法无不佩服。

道林法师以“即色游玄”立宗，以“色不自有，虽色而空”为主旨，一时名满天下。没想到，三十年后，僧肇法师能破他的“即色游玄”论。

元康《肇论疏》云：“林法师但知言色非自色，因缘而成，而不知色本是空，犹存假有也。”

僧肇法师还是用《不真空论》针对“即色宗”的观点，明确指出：“‘即色’者，明色不自色，故虽色而非色也。夫言色者，但当色即色，岂待色色而后为色哉！此直语色不自色，未领色之非色也。”

也就是说“即色宗”的漏洞是把色认为是概念化的结果，单纯从概念上来理解空性，这同样不符合大乘般若空观。

长安三家，除了“心无宗”理论较浅显，容易辨别，“本无”和“即色”的观点属于当时的主流思想。道安和支遁两位法师皆是高僧，僧肇法师以一对三，言般若真义，论有无实相，此等“虽千万人吾往矣”的气概，引多少雄才为之折腰。

长安三家在概念上不是偏执于“无”，就是偏执于“有”，而大乘般若认为“偏而不即”，正是在当时三家理论混乱、左支右绌的境地，罗什、僧肇等师徒高屋建瓴高举般若宗旨，圆融了“贵无”“崇有”“即色”“竹林”等玄学化的思想，统合了玄学的不足，中华思想界因此达到了一个新高峰。

僧肇称赞师父讲法：“法藏渊旷，日有异闻。”（僧肇法师《肇论·答刘遗民书》）可以说，两晋南北朝这段时间，中国思想界的意识形态经过三变，先有汉末儒家主导转入玄学，又由玄学转入大乘佛法。

罗什师徒用“缘起性空”化解“本无”“崇有”“即色”等，并对易、道思想有自己独特见解。万事万法出现都有一定的条件，这个条件就是“缘起”，因为缘起和合的不同，所以没有独立自主的事情。万法无自性，没有固定不变的本质，一切是空幻的，这套思想观点最终被学界、修门普遍接受。

“性空”和“本无”到底有没有相似之处呢？当然有。首先，两者都强调了本体；第二，都强调了宇宙的本性是空的。空和无都是超言绝相、不可言说、无形无相的。而“性空”的最高智慧是僧肇法师说的“般若无知”，无知也是“无”啊，不过这种“无”是“无所不知”。

老子说，修道是“不言之教”，一切的“知”在自己这里不留、不滞，所以是“无知”。

“性空”这个词慢慢替代了“有、无”，罗什大师又加入了“如”“真如”“实相”等一些新思想，逐渐把玄学格义佛法的概念替换掉了，由此，般若的真义显示出来。其后，禅学在北方迅速发展，以讲义理为主的般若学则借助玄学在南方稳定下来。

道家于隋唐之际，糅合了大乘中观法的“重玄门”再放异彩，可以说，后世道家的每一位大师的成就，均离不开大乘般若思想，后世“中国禅”的出生，也融合了易、儒、道的精华，思想没有门户和派别。

“重玄门”思想的来源除了老庄，主要是直接地吸收了罗什法师的般若中观思想，“重”即双遣意，一遣有二遣无，三有无双遣，三遣即三重否定，既遣有无，也遣其遣为“重”，老子的“玄之又玄，众妙之门”为“玄”。这是般若中观的重要特点，对一切是非、有无产生的相对现象作出三重否定，最后达到一切无所着的中道实相。

重玄在思想史上有独特的地位，是先秦道家和道教的圆通，其历史背景是道家在玄学之后对大乘空有不二说的一种吸收。汉晋经学衰败之后，魏晋玄学清谈误国，至隋唐开始流行一种解经思路，比较注重思辨，后世以此开发出一些实用的经文，一直流传至今。

重玄派经由孟景翼、孟智周、臧矜、宋文明、成玄英等先贤的逐步完善，虽在义学上炉火纯青，但也难以避免玄学空谈心性的积弊。盛唐以降，其宗趣则由义学转向实修中，从而开启了重玄与丹道"玄同"的新时代。

道教初期是以修炼外丹为主的，这些道士又名方士，依据《易经》的卦象，配合十二时辰，用火候进退、阴阳采补法修炼外丹，至盛唐时，逐渐转为内丹，以肉身为鼎器，调气息至水火既济，成就内丹。天台山司马承祯真人集"重玄"大成，其"五渐门""七次第"的"坐忘"法门，明显脱胎于罗什法师翻译的《坐禅三昧经》中的"五门禅法"。司马氏之法门后经谭峭、陈抟、陈景元、周敦颐等人在宋代继承发扬，从周敦颐的《太极图说》、陈抟的《易龙图》中都能见到重玄法要。

南北朝隋初时期，东汉魏伯阳真人著的《周易参同契》流传甚广。此书以乾坤为鼎器，以阴阳为堤防，以水火为化机，以五行为辅助，以玄精为丹基，详细阐述了道家炼丹的原理和方法，促进了丹道的发展，重玄由此加速向内丹过渡。

《周易参同契》影响深远，朱熹曾化名空同道士注过《周易参同契》，至于王阳明、王龙溪等人的内在修养功夫，也和内丹修炼密切相关。禅门石头希迁、洞山良价等祖师亦于此受益。

道教始于汉末桓帝、灵帝之期，自称留侯张良九世孙的太学生张道陵携弟入蜀，著道书《老子想尔注》创立道教。张道陵是个神童，七岁能解《道德经》，十二岁时通晓《易经》，善占卜。东汉末年，三国鼎立，张道陵之孙张鲁便是其中争权的力量之一。张鲁在汉中建立政权，和曹、孙、刘不同的是，张鲁治下的蜀地是政教合一，先有教权，再有政权，而《老子想尔注》便是其国典。

道教参照蜀地原有的宗教区划，以一年二十四节气之数，划出二十四教区，称为“二十四治”。张鲁掌握了地方行政权，废除了朝廷官吏，取缔了当地巫师方士，设“祭酒”为道长，开启了蜀地政教合一的局面。张鲁统治汉中达三十年之久，道教的目标群体，不是士大夫，而是普通百姓。

《老子想尔注》中说老子：“散形为气，聚形为太上老君。”太上老君就是他加给老子的神职，太上老君可以把天地日月的精气都聚集起来，变成道教最高的神和主宰，老子由此被神化。

《三国志》云：“造作道书，以惑百姓，从受学者，出五斗米，故世称米贼。”后世称其为“五斗米教”。

“道陵死，子衡行其道，衡死，鲁行其道。”

道教后来从青城山迁居江西龙虎山，以《正一经》为其主要教典，故又称“正一教”。宋元以后，封张道陵为天师，又名“天师教”。

正一教受中国传统巫术影响很深，宗教仪式中存在大量符箓、念咒、降神驱鬼等内容。正一教和道家表面上皆尊老子，内里却泾渭分明。

白居易有一首《海漫漫——戒求仙也》，写得甚妙：

海漫漫，直下无底傍无边。
云涛烟浪最深处，人传中有三神山。
山上多生不死药，服之羽化为天仙。
秦皇汉武信此语，方士年年采药去。
蓬莱今古但闻名，烟水茫茫无觅处。
海漫漫，风浩浩，眼穿不见蓬莱岛。
不见蓬莱不敢归，童男丱女舟中老。
徐福文成多诳诞，上元太一虚祈祷。
君看骊山顶上茂陵头，毕竟悲风吹蔓草。
何况玄元圣祖五千言，不言药，不言仙，不言白日升青天。

老子被道教神话为太上老君后，又是药，又是仙，又是白日升青天。他身长九尺，眉长五寸，耳长七寸，脚踩八卦图，腰悬锋铤剑，常驻金玉房，白银做台阶，左十二青龙，右二十六白虎，前二十四朱雀，后七十二玄武，被一百二十名仆童环簇……好大的排场。

这哪还有半点为俭、为朴、为无为的样子？正一教奉《道德经》为根本经典，可他们做的事从《道德经》里却找不到依据。但为什么还有那么多人信奉？因为愚人不是不知而是不愿知，装睡比清醒过得舒服，就像明明知道佛教奉行“四大皆空”，却忙着烧头香、高香，求财、求子、求福禄寿。可见，寄托远比真实重要。真相，愚人选择不听、不见、不思、不想。

道家是属于思想领域的思想流派，讲无为而无不为，是思想，是智慧，是理念，是认识，是文化。老子、庄子没有创立任何宗教体系。

道教属于多神教，从天地人鬼四方面展开教义系统，崇拜神仙，画符念咒，降神驱鬼，祈福禳灾。

道教是宗教团体，有组织，有教规，有教义，有教徒，有特定宗教仪式和活动，有严密组织的宗教信仰，信仰什么？信仰长生不老和即身成仙。

有趣的是，自南北朝之后，道家鲜有思想家出世，反而是道教革新，唐宋之期人才辈出。道教发展壮大，他们奉老子、庄子的经典为依据，使得道家反借其势得以延续，道教后世大德纷纷注释老庄。

正一教外另一道流属于东晋时期，随晋室南渡，以许旌阳彰显于江西，以抱朴子葛洪创新于广东。葛洪著作等身，立下了修炼丹道的规范，开创了后世化学的先河，这一脉后世归于丹道。

至隋唐逐渐由提炼外丹转为内丹修炼，直至宋徽宗政和二年，即1112年王重阳真人出生。他20几岁便博采众长，47岁愤然辞官，于终南山南市村掘地三尺，自建活死人墓，于墓中苦修两年。

吕洞宾的弟子刘海蟾曾在五代燕主刘守光处为相，偶遇吕祖授以丹道，自此追随吕祖遁迹于终南山修行。

1164年，海蟾真人遇到活死人墓出来不久的王重阳，时年王重阳五十三岁，还未至刘蒋结庵。活死人墓闭关两年的修炼，由于没有明师指引，修炼进入了死胡同，不得不“弃穴[illegible]坟云水游”，以寻师求法。所幸遇海蟾真人，推倒重来，重启慧根，走出了修内丹求长生的死胡同。

之后，王重阳东出潼关前往山东，在宁海自题所居为“全真堂”，凡弟子皆称全真道士而得名“全真教”。

全真教可说是道教的大革命，道教从吕祖、陈抟等真人开始有了新气象，至王重阳时，思想以儒、禅、道三教平等为核心。全真教上接易理，内渗禅法，奉《道德经》《心经》《孝经》为根本经典。早期道士修炼以个人隐居为主，不尚符箓，不事黄白之术，基本排除了方术、巫术的影响。

正一教的道士不必出家，而全真教则在道教史上首创道士出家住观。自全真教始，道教的神职人员称为“道士”，一般教徒称为“居士”和“信徒”。

吕洞宾圣人的“性命双修”思想对后世道教影响极大，一扫旁门左道，被立为后世丹道之正统，发展至王重阳主张“先修性，后修命”，是为北宗丹法；而另一派的张紫阳主张“先修命，再修性”，是为南宗丹法。

如禅门南顿北渐一样，道教全真南北互动，不过无论哪一宗，都认为修真养性是道士修炼唯一正箓，除情去欲，识心见性，使心地清静，才能返朴归真，证道成仙。

王重阳嫡传的弟子有七位，即马钰、丘处机、谭处端、王处一、郝大通、刘处玄和孙不二，号“全真七子”。

全真七子在北方广泛传播全真教，并且各立支派，又以丘处机的龙门派影响最大。其门人多出身世族，有一定的社会地位和文化修养。南宋行将覆灭的几十年，是中国大地生灵涂炭的苦难年代，也是全真道的兴盛时期。

丘处机及其全真道，由于其社会影响力成为蒙古、金、南宋三方交相争取的对象，三方先后派遣使臣征召。丘处机审时度势，认为蒙古力量方兴未艾，乃做出“却金使，谢宋聘，独赴西域，会成吉思汗”的重大决定。

虽然后世对他的这种弃宋投蒙的行为褒贬不一，但他73岁不辞高龄，甘冒风沙大雪之苦，率18弟子登上征途，经历两年多的万里跋涉，终于在1222年到达今阿富汗境内都库什山成吉思汗的军营，一力规劝成吉思汗多行善事，少杀无辜，救下无数生灵确是事实。

成吉思汗亲自和他三次长谈，丘处机对其所问为治之方及长生久视之道作了仔细的回答，深得成吉思汗的嘉许，被称为“丘神仙”。在蒙古势力的支持下，丘处机以“立观度人”号召天下，经过30余年，全真教达到全盛。

然而盛极必衰，兴衰沉浮，无时不在变化中，借助蒙古人赏识兴旺起来的全真教，尽管至尹志平真人时还是利用宗教号召力，继续为元统治者效劳，但由于其时教风奢靡，看上去势力滔天的全真弟子根本没有意识到元统治者已属意藏密，危机四伏而不见。

1258年春，历史上最大规模的佛、道大辩论终于以道教的惨败为终结，一举扭转了道教鼎盛的局面。在忽必烈的亲自主持下，于开平府大安阁开辩，全真时任掌门张志敬率二百余位道士出席，佛界则组成了联军，以那摩国师为首，萨迦派教主八思巴、白教教主噶玛拔稀、河西国师、大理国师、少林方丈、五台山长老等三百余位大师出席。

辩题的焦点是《老君八十一化图》和《老子化胡经》，双方从理论入手，其中佛教队伍里年轻的八思巴显得尤为突出。这次辩论道教遇到的全是佛教内的顶尖高手，在八思巴的步步紧逼下，道教方面退无可退。据史书记载,道士们当时或“无答”或“不曾闻得”或“不敢持论”,被逼无奈,还不停地乱引经据典,最后不知怎么鬼使神差,居然被引证到了《史记》上!

高手过招,契机快如闪电,岂容半丝含糊?八思巴当然不会放过任何一个漏洞,马上追问:“《史记》有化胡之说否?”

答:“没有。”

又问:“李耳先生所写的经书叫什么?”

答:“《道德经》。”

问:“除了《道德经》,李耳先生还写了什么别的经书没有呢?”

答:“没有。”

问:“《道德经》中,李耳先生有提到过自己出关去化胡?”

答:“没有。”

八思巴笑道:“最有权威的《史记》中没有说过化胡;你们李老君写的书里面,也没有提,其‘为伪妄明’矣!”

辩论到了这里,“道者辞屈”,时任总裁判尚书姚枢站起身来,当众宣布:“道者负矣!”

忽必烈哪有不偏向自己师父的道理?这场辩论本来道教没开始时就已经输了。结论一出,忽必烈敕令将道士樊志应等十七人当场带到龙光寺削发为僧,焚毁道教“伪经”四十五部,天下佛寺为道教所占二百三十七所,全部归还佛教。

道教至此一败涂地,失败的原因即早已背离全真立教时三教平等、不着相、性命双修的宗旨,忽略了老子“宠辱不惊”的原则,忘记了一朝天子一朝臣的规律。并且以“老子化胡”这样的伪论做辩题，即使当时元统治者不持袒佛立场，全真教也难以有理有据胜出。

老子说：“有无相生，难易相成，长短相形，高下相倾，音声相和，前后相随，恒也。”物极必反，龙门一脉至明代时，出现了持戒为主的“龙门律宗”。到了清朝，第七代律师王常月中兴龙门，他一百三十四岁时住持北京白云观，顺治帝加封他为国师，康熙皇帝跟着他修行。王常月真人律教严整，治下严格，龙门派再次盛行。

人能弘道，非道弘人。任何法门，没有智慧师者出世，虽经书犹在，却正法难闻。王常月之后，龙门缺乏龙象，于晚清式微。

海蟾真人在遇到王重阳传道之前，曾在成都传张紫阳“金液还丹诀”，开全真南宗。全真派南宗张紫阳与北宗王重阳相对举，南北之势形成。张紫阳本人曾跟随雪窦重显禅师学禅多年。

《陕西通志》上曾记载过张伯端和澄一禅师斗法，出神观琼花的趣事。

> 尝有一僧修成戒、定、慧，能入定出神，数百里间顷刻即至，与紫阳雅志契合。
>
> 一日，紫阳曰：“禅师今日能与远游乎？”
>
> 僧曰：“可。愿同往扬州观琼花。”
>
> 于是，同处静室，相对瞑目，趺坐出神。
>
> 紫阳至时，僧意先至，绕花三匝。紫阳曰：“可折花为记。”少顷欠伸而觉。

紫阳曰:“禅师琼花何在?”僧袖皆空。紫阳拈出琼花,与僧把玩。

弟子问曰:“同一神游,何以有有无之异?”

紫阳曰:“我金丹大道,性命兼修,是故聚则成形,散则成气,所至之地,真神见形,谓之阳神。彼之所修,欲速见功,不复修命,直修性宗。故所至之地,人见无复形影,谓之阴神。阴神不能动物也。”

张紫阳真人禅道双修有成,逍遥自在,其成就不是出神摄花这些神通游戏所能描述的,真正的成就不在阳神出有入无、隐现自在、千里摄物的境界,而是其博大的胸怀、高远的见地。

张紫阳的成就大致划为三个时期,大约以他的三本著作为界。

第一,《悟真篇》代表早期的出儒入道、以内丹修炼为中心的思想。

第二,《禅宗诗偈》代表中期思想,代表出道入禅,以禅门心性学为归宿。

第三,《玉清金笥青华秘文金宝内炼丹诀》代表晚期禅道双修,而正式酿成自己独具的南宗内丹。

他主张先修命、后修性,南宗修法以人体为鼎炉,以精气为药物,以神为火候,通过内炼,使精气凝聚不散,结成金丹。同时,他继承陈抟内丹修炼的修法,将炼养分成四个阶段,即筑基、炼精化气、炼气化神、炼神还虚。

《佛祖统记》说他“尝遍参禅门,大有省发”,他自己亦声称:“仆得达摩、六祖最上一乘之妙旨,可因一言而悟万法。”

他以禅的“明心见性”“顿悟圆通”释内丹之境,主张“先以神仙命脉诱其修炼,次以诸佛妙用广其神通,终以真如觉性遣其幻妄,而归于究竟空寂之本源”。

张紫阳反对形式上的出家离俗、隐避山林，主张“大隐隐于市”，他笃行生活禅风，也无意建立教团，并且他本人始终没有出家。后张紫阳传石杏林，石传薛道光，薛传陈泥丸，陈传白玉蟾，世称全真“南五祖”。

南宗直至五祖白玉蟾，始开始有云游道士，也开始逐渐组织自己的教团。至白玉蟾时，重玄已经和全真南宗紧密结合了。

白玉蟾其人饱学诸法、胸襟豪迈、修持精进，将重玄学、性命论终究集结为湛深奥蕴的白氏南宗炼养之法，他在原有基础上做了进一步的发挥，自此逐渐形成道派。

元初，此派由于与北方的全真道逐渐合流，因其活动多在南方，故后世称为南宗。南宗提出“精气神”“心为君”“神为主”等修炼理论，认为修炼到神全气和、阴尽阳纯的境地，则金丹可成。

道家修丹，不外三元丹法，即天元、地元、人元。丹经中以修清静者为天元丹法，修服食者为地元丹法，修阴阳者为人元丹法。

丹道，原本不管修哪种丹，其基本特点都是不着相、不住空，离四句、绝百非，以此为基础，最终清虚无为，破迷明道。这明显混合了禅门思想，由唐朝司马承祯、吕纯阳等真人开始，将道、禅的炼养法融入道家炁功，是丹道发展上的里程碑。

唐宋是禅门发展的兴盛时期，而道教的全真派亦是汲取了禅的精华全速发展，其间，高人辈出，各领风骚。唐末五代，内丹修炼渐步完善成熟，迨至宋元，内丹修炼逐渐排斥外丹，在修炼中占据主导地位，脱离开了葛洪

《抱朴子内篇》的框架，气象为之大变。

所谓内丹，是修者自己内在不断汲取儒、禅、道传统精华，以黄老思想为基础，天人合一思想为指导，《周易参同契》为依据，将人体做鼎炉，精气神为柴，注重大小周天的修炼而在体内凝气结丹的修炼法。内敛成丹，名内丹；外用成法，名“雷法”。

内丹道将天地宇宙和人体作为两个原理相同的修炼系统，即所谓“修丹与天地造化同途”。丹家将《易》《老子》结合起来，运用《易传》十二消息卦等概念阐发老子天道观，以阴阳二气相互含和的循环周流为天地自然生生不息的动力源泉，摹拟天地自然之运行以调运精气。

这种以自然天道与人事修为相交合、相印证，以个体为本位的方法，本无可非议，因以个体为本位的性命双修、即身成仙确实是一种行之有效的修炼法，然而，不少丹家缺乏先秦道家那种平等慈悲的情怀，可以说他们在修炼方面精进不怠却未能继承先秦道家的济世精神。

先秦道家固然也有以个体为本位的思想，但其终极理想却是社会复归于自然和谐，这是属于道家的人文精神。不少丹家之所以缺乏这种精神，根本原因在于现实历史的发展不断违背道法自然的规律和思想。他们正因为看不到理想与现实统一的希望，所以在丹道里聊以寄托，以此安身立命，这种风气尤以明朝为重。

明朝上至帝王，下至百姓，念咒、画符、炼丹、房中……大行其道。

例如嘉靖帝迷信丹药方术，经常吞服道士们炼制的丹药。为满足自己修房中，多次遴选幼女入宫。嘉靖二十一年，宫女们清晨采集甘露兑服参汁，致使上百名宫女病倒，在忍无可忍的情况下，以杨金英为首的宫女行刺嘉靖，差点将他勒死，史称“壬寅宫变”。嘉靖帝从此移居西苑，设醮炼丹，变本加厉修道，20余年不回朝堂。

嘉靖帝任用方士的方法也甚为奇特，他把自己的想法写在纸上，然后烧掉，企图让神仙知道自己的想法，这种方术名“扶乩”。一次，由徐阶推荐入宫的一位叫蓝道行的方士，平生最恨奸臣严嵩，据《明史纪事》记载：一日蓝道行在扶乩时称“今日有奸臣奏事”，刚好严嵩路过，嘉靖对严嵩开始产生厌恶感。后来蓝道行却受到严嵩的报复，其孙子严鸿亟用计将他迫害致死，蓝道行却借助这一事件得以《明史》留名。

嘉靖帝吃了太多仙丹，最终把自己毒死了。到了孙子明神宗朱翊钧这里，其丝毫不逊乃祖。万历帝在位48年，是明朝在位时间最长的皇帝。《神宗本纪》说“故论者谓明之亡，实亡于神宗”。其中史界指责最多的，是他居然和爷爷一样不上朝，躲在宫里“罢政”27年，修长生不老之术，还搞出“断头大法”，最终也被“红丹”毒死。

内丹道于吕祖萌芽，本是对道教的一次大革命，道风在全真七子和南宗诸真人手里为之一变，可以说先期的全真教是继承了先秦道家基本精神的。

然后世子弟忘了初心。什么是初心？即赤子之心，孩童般纯真、平等，不势利，不造作，不附会。一切修门、宗教、学派，当然包括道家、道教，从根本上来说，都应该是为了社会大众的和谐稳定而形成，如果一味追求自利，一味在意门派的江湖地位，用半真半假的法术、丹药换取对内的长生不老和对外的功名利禄，这样的道早已“非道”。

中华文明的特点是注重中正平和，《道德经》云“持而盈之，不如其已；揣而锐之，不可长保”，即儒家中庸之道。忘了初心，即是忘了宗旨和根本，极端化地以偏见为主导，焉有不衰之理？

明朝时，有王阳明圣人出世，他本从儒家格物开始求道，然而格来格去，“格”竹不成反被竹子“格”伤了身体，百思不得其解。他还曾在会稽山的阳明洞盖了个小房子，摒弃一切杂务，专心静坐练道家导引和丹道，“阳明先生”的雅号由此而来。

按照弟子们的追记，此时他在打坐入静中已达到能返观内照自己五脏的境界，他天天打坐，根据《顺生录》记载：“久之，遂先知。”也就是有了先知的神通。有一天，四个朋友突然来访，王阳明提前预知，派仆人远远地迎在路边，“众惊异，以为得道”。

我们今天看来，不能理解儒生怎么也闭关打坐、修炼禅道？其实史书中记载的类似事情俯拾皆是，如《史记·留侯世家》记载，汉初的张良“乃学辟谷，导引轻身”，不过王阳明此时虽有了超强的感应能力，可是很快发现这种感应能力变成了修道的大干扰，所以他写道：“此簸弄精神，非道也。”于是“又摒去”。这不禁让人联想起释迦牟尼佛当年一次次修成大境界又摒去的往事。

对于许多修行人来讲求之不得的超强感应能力、静极而明的神通被这些人毫不留情地摒去，所以阳明先生才有后来的龙场悟道。如果当时他贪图神通、贪图境界，还会有阳明心学吗？

被贬至龙场时，是阳明先生人生的最低潮，一日，他忽然悟及圣人之道，本性自足，应该向内求，猛然醒悟到《大学》里说的“格物”和朱熹讲的“格物”根本就是两回事，程朱理学向外求道的路子从根本上就错了，于是他说出：“向之求理于事物者误也。”求道三十年，悟道一刹间。

重振儒风的阳明心学得儒、道、禅之真。阳明学谈心性，说“知行合一”，论“致良知”，每可与全真教相参照。而全真教、阳明学这些思想，又怎么能少得了“中国禅”的润泽呢？所谓儒、道、禅，就这样在一个动态体系里不断交合，相递凸显出中华文明的基本精神。

陈抟之法，还有一脉隔代遥传至明，由张三丰真人推陈出新。张三丰精通禅道，史称“论三教书，则吐辞滚滚”，他契合清静柔弱、淡泊无为的丹道修炼法，将禅武、阴阳、九宫、八卦、中医、导引、御气、五行等思想、修法糅合，创立了太极功。

不过，晚清时期，杨氏太极拳的传人杨班侯先生在京城教授拳法时，为了给自己的拳法正名，托名张三丰真人所创，从此“太极拳”的名称才正式传播开来。

现在大家提及张三丰时，普遍认为他是太极拳创始人，又误以为练太极拳是技击，有养身的作用，忽略了修炼太极功的本意在于契合太极大道，是修内丹的功法。

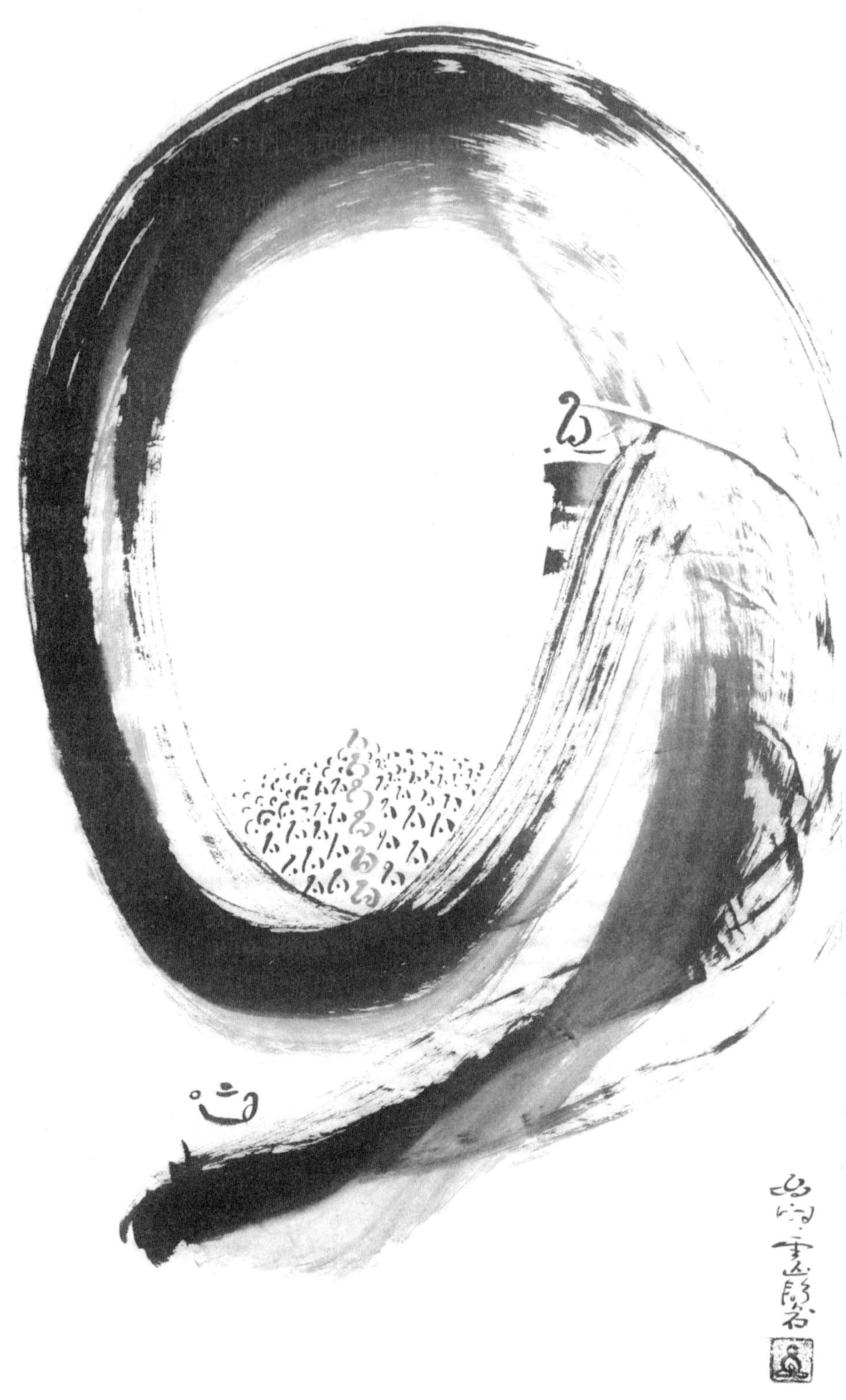

横

养生

养生是为了长生吗?

近期,在迪拜举行的WGS(World Government Summit,世界政府首脑峰会)上,新的人类计划出台了。

HIBA(Hybrid Intelligence Biometric Avatar)计划令人炫目。科学家Ian Pearson宣布:“HIBA,将在2050年实现!”

“HIBA”又称为混合智能生物。这个计划首先可以通过生物技术和药物来控制细胞年龄,并恢复细胞活力。控制了细胞,就是控制了寿命。同时,利用3D打印技术,人类可以自己创造出适合自己的器官,没有排斥,不需要捐献,以替换自己衰老的器官。最后,人类可以将心智传于云端,之后下传至你想居住的现实世界中的机器人。

也就是说，不久，个人意识可以通过云端下载到人工智能大脑，变成活体大脑。人类即将实现租用人工智能和其他可用有机体的身体，就像租车、租房一样实现长生。即使原始的身体死亡，人仍然可以将数字思维储存在人工智能身上“永生”。

然而永生的意识里，如果缺乏智慧和慈悲，其实就是欲望在永生。假设希特勒永生，人类还有宁日吗？潘多拉的盒子即将打开，科技的进步没有同步配合良善，这对于人类是福音还是灾祸，谁也无法断言。

科学看来，意识上传，大脑永生，是医学乃至人类技术的胜利，似乎人类终于战胜了死亡。人的价值，仅仅体现为大脑意识和这块肉体吗？人与人的差别只显示在大脑内存的不同吗？可以下载到新体里的意识是“我”吗？是哪一面的“我”？

个体没有死亡，人类就不会灭亡了吗？人作为一个“类”存在于天地的意义就是肉体、意识的存续代换吗？意识里存在的是什么？

人总会死的，混合生物似乎可以永生。此时，情感、人文还有什么意义？新人类计划改写了人类文明，千年来人类文明、文化所秉持的终极价值将推倒重来，未来世界是什么？是大脑意识之间的交流和互动吗？

这样的“人”，还有心吗？还是人吗？

当年，我们说火箭回收、量子计算机时，有人以为那是幻想，如今这些幻想已经全部实现。作为有机生物的人，如果还沉陷在自己的房子、情感、勾心斗角和颠倒梦想里，几乎莫名其妙地，一夜之间就得面对前所未有的新世纪。

生命体的寿命是非常有限的。人活一百年,也不过三万六千五百天,何况还不一定可以活一百年,这就促使我们反思生命的意义,修正自己的言行,珍惜所有来之不易的缘分。人生,因此而变得充实、积极。当我们不愿停留在这样一个非常短促、局限的人生意义上,才会乐于助人,精神在他人生命中长存。

不然修道、修禅、修身就失去意义,大脑成了长生的所在,也就是说把眼前的境界,现前的利益和快乐,眼前的欲望、认识、境界等,这些属性无常的变成了常,这就可怕了。

人类信仰无处安放,人类信心无须建立,真善美变成了无常且无足轻重,人和天地自然无须沟通,人和人之间只有数据交换,那么幸福是什么?安心是什么?人之所以为人又是什么?

中国可以说是世界上最注重养生的国度,其渊源还要追溯至汉朝,秦皇汉武喜方术,《黄帝内经》也成书于汉初。书中记载黄帝问道于广成子,广成子告黄帝曰:“至道之精,窈窈冥冥;至道之极,昏昏默默。无视无听,抱神以静,形将自正。必清必静,无劳汝形,无摇汝精,无思虑营营,乃可以长生。”据《史记》载,黄帝在位时多次躬亲问道于广成子,《庄子·在宥篇》亦有类似的记载。

什么是至道?最遵循天道的人生道路。广成子答黄帝的这段话,被视为中华养生修炼的理论源头。

“窈窈冥冥”“昏昏默默”的道看不见、听不清、嗅不着、触不及、想不到,为什么?如人在梦中,而梦外之发生,身心无法相应,不是梦外的事物不存在，而是被梦所迷，无能为力，非醒觉不能见梦外之世界。

道无处不在，迷人身处道中不知道。迷在梦中的人想延长梦，梦会受人的意识指挥吗？故此，这种所谓长生的想法就是妄想。长生在哪儿能真正实现？合道即可长生。而通过上传意识实现的，是意识储存，非精神长生。

“无视无听”不是让人闭目塞听，而是不被迷，不要妄视、妄听。人没悟道，皆处梦中，梦没有高低之别，大家都在梦里，谈得上尊卑贵贱吗？执著在梦中瞬息万变、五光十色的现象而不能自拔时，就是入梦太深。心中“抱神以静”，静下来“形将自正”，就是梦醒时分。《内经》说：“正气内存，邪不可干”和“精神内守，病安从来”是一脉的。歧伯曰：

> 乾坤之道，不外男女。男女之道，不外阴阳。阴阳之道，不外顺逆。顺则生，逆则死也。世人皆顺生，不知顺之有死；皆逆死，不知逆之有生。故未老而衰矣！广成子之教，示帝行颠倒之术也。

中国人受道教影响，误解长生，故此形成了一个奇特的现象，华人中有许多追求长生不老的人，是最普遍枉死于乱服补药的。为了长生不老，这些人什么都敢往嘴里送，魏晋名士服用的“寒食散”，其五味主药为白石英、紫石英、石钟乳、赤石脂、石硫黄五种石材，故又名“五石散”，本有剧毒，但服用后身体会产生巨大的内热，这比喝酒更有致幻和兴奋作用。

商朝曾经显赫近600年，可商灭亡的原因，许多先秦的典籍都归之于酒。中国酒文化因商而兴，周公有鉴于此发布《酒诰》，以商代亡国作为教训，严禁周人饮酒，违者甚至不惜判死刑，可见周公对饮酒的习俗充满了警惕，必须要厉行禁酒不可。

禁酒的核心不在酒，而在乱性，使人乱性之物，以酒为代表。酒是最常见的迷幻剂、兴奋剂。甲骨文里还保存了商代大臣因为“酒疾”不能处理国事的记录，称“疾”可见不是一般的醉酒，如果一个国家的统治阶级、文人士子多是神情恍惚状态，国岂能不亡？商纣王本是一个非常杰出的人物，《史记·殷本纪》说他“资辩捷疾，闻见其敏，材力过人，手格猛兽”，但自从染上酒癖，变得昏庸残酷、好色狂暴、举止反常，成为亡国之君。

酒本用于祭祀，巫师饮酒后在恍惚状态下容易通天，然而酒有造成嗜酒之人智力衰退、道德堕落的后果。甲骨文、《诗经》《尚书》等信息所透露的“酒疾”，就是酒中毒。古罗马帝国是怎么灭亡的？贵族们酗酒狂欢，生活糜烂，圣人周公当然知道酗酒的可怕，所以颁发了最严戒酒令《酒诰》。

可是到了两晋南北朝时期，士子们已经从饮酒升级到了服寒食散。寒食散的作用远远大过酒，酒喝多了人无力，寒食散却让人精力充沛，如同后世鸦片一样，令食者目眩神迷。因此服前服后，需要一整套极其细微而烦琐的程序，将药中的毒性和热力散发掉，而散发过程中极为关键的是，不仅饮食需寒，还要冷浴、寒衣。

我们从古画上可以看到这些名士们的状态，大多数着宽衣大袍，袒胸露乳，行为放浪不羁，到处乱跑，叫作“行散”。药力发作时，其人状如瘟疟，坐卧不安，时发癫狂，名为“散发”。

两晋南北朝之时，人人都有朝不保夕之感。于是求长生、倡玄学、尚清谈、寻欢乐、耽声色，生活靡费。前文提到开玄学先河的何晏，人称“傅粉何郎”，他是大神童、大才子，说中国思想史，是不能轻易绕过这位何驸马的。他的《景福殿赋》文采斐然，被收入《昭明文选》，讲魏晋玄学就要从他开始讲。不仅易、老、庄，他也精通儒学，儒家必读的《十三经注疏》中，《论语注疏》的作者就是何晏。不过可惜他常借寒食散之力以恣情纵欲，始服此药时人的心情开朗，体力转强，众人喜迷近利，崇拜偶像，未睹后患，何晏死后，服者弥繁，经朝不辍。

再看看秦皇、汉武怎么样？始皇独爱法家，摧枯拉朽统一六国，周代旧制已成云烟，好个秦朝，废封建，设郡县，高效集权，诸子百家一律扼杀。但是，无限的权力背后是无限的不安。始皇企望长生，终求助于世外方士，他听从方士卢生倡仪兴筑咸阳宫，又遣徐福领五百童男童女入海求仙丹，被方士戏弄直至身死国灭。

汉初，国家百废待兴，智慧如刘邦，通达如萧何，自然明白民心之期待唯安居乐业，故，政治风气以宽柔为怀，用黄老思想无为而治，用弱、用反，休养民生，致有“文景之治”。再至武帝，雄才大略，藐视四野，重用董仲舒以儒家为表，内附道家、阴阳家的思想，以王道号令天下，罢百家，独尊儒，然武帝晚年，求仙问道，酷好方术丝毫不亚于始皇，遣使致蓬莱以期会仙得道，结果徒劳往返。

武帝晚年，“巫蛊”之祸达到高潮，逼死皇后、太子，逼反贰师将军李广利以至于贻祸无穷。再之后，神仙术借东汉复国又兴，光武帝出生民间，迷信阴阳谶纬，这波术数，后来分开两股归于道教。

第一，易学推崇象数者。附会阴阳、五行、八卦、天干、地支、二十八宿形成象数易学。再变异成卦气、升降、爻辰、纳甲，神人神兽互相掺杂。

第二，由巫师行巫术，配合咒语、图腾、法术，演变成符箓、祈祷，这些人披头散发，画符念咒，好不热闹。

汉末的朝野上下，笼罩着一片神鬼怪异的气氛，谶纬盛行，咒符弥漫。道，早已远遁；教，却日益昌盛。

如此折腾的目的，无非在于幻想驱邪避祸，长生不死，但是，道家所谓养生绝对不是这个意思，老子、庄子都提倡养生，老子的药方是“去泰、去甚、去奢”，庄子的药方是“游刃有余”。

养生和符箓、祈祷、咒语、图腾、法术、服药等本没有关系。老子的养生原则，是“清静无为”“顺应自然”“柔弱胜刚强”等，这些都是无为的。养生不是进补，不是服丹求仙，柔弱不是虚弱幼稚，无为不是消极不作为，权势无助于长生。

什么是长？什么是生？什么是不死？对这些不理解清楚，妄想长生则必堕入迷信。

道家所说的“性”，乃天赋之性。包含着人的精神、心理、气质、品性、意志、情趣以及人性的本能诸方面。“命”，乃肉体客观之命，会因人生过程中的生、死、强、弱、智、愚、贫、富以及人的能量、时运、境界不同，而表现出不同的转机。我们说无常，是针对命来讲的，“性”常“命”无常。从这个角度讲，才无须执著，才人人平等，才需要修行转化，通过个人修为改自己的命。改的力量靠运，有能量才能运气充满，自己没能量而想改命的，就必外求神灵保佑,画符念咒,这就是妄想。

上古的巫师画符念咒和后世的方士画符念咒不同,这个区别不在符,而在咒的变化和在个人境界、胸怀、视野、能量的差异。就像您用220伏的插头能否插在110伏的插座里取电?电还是那个电,通道不通,就取不了电。

性的特性是常,命的特性是无常,却没有谁高谁低,本身是相依相关而不可分的。

性依命而显神,命以性而显存。道家养生,在于炼心、炼意、炼性,在于炼精、炼气、炼神。修天性并修天命,以达到"天人合一",天人共存,乃道家明道、修道、行道、成道之本。

所谓"性之造化系乎心,命之造化系乎身",性命相依方合于道,心身相交方成于道。修性则重于习练内养功法,善养心、神、意、念;修命则重于习练外动功法,要修养精、气。

《周易参同契》云:"将欲养性,延命却期。审思后末,当虑其先。"《老子河上公章句》云:"修道于身,爱气养神,益寿延年,其德如是,乃为真人。"

我们回到道家养生的初心时,可以发现,老子思想里相反相成的"相生"改命原理:弱能变强,强亦能变弱。修行就是善用其道,修者常说"向死求生",便是此理。一味求生者是贪生之人,反而"不相生",即克生;而心中能向死求生者,是无畏生死的人,这些人反而可能达生、长生,这才是"反者道之动"。

守柔曰强的相克而致相生的养生法,强调新生的东西是柔弱的,却最富有生命力,事物强大了就会往相反的方向发展。"贵柔"对人的各方面都起到作用，如果修道之人能常处于柔的状态，则可避免到达极端。

例如人应时常保持谦逊，淡泊名利则能不受辱，老子曰“知足不辱，知止不殆”，知足的心是内心富足，不少人刻意克制欲望，那不叫知足，欲望越被长期克制，总有爆发的一天，待到时机成熟会变本加厉地发作出来。“知止不殆”的“殆”不是指倦怠，而是指危险、危难，知止的智者是能避免危难的，一切的危难都是由利益起，智者不会被利益蒙蔽，故而能避免危险。

有人不理解，为什么孔子不避危险？周游列国多危险啊？不如开个私塾做老师的好。其实身处乱世，开私塾就没有危险了吗？那些被杀死、饿死、冤死的老百姓，多数不是安分守己的好人吗？孔子周游列国似自取其辱，是明知不可为而为之。“知止不殆”的含义不是让人消极躲避，圣人心、圣人行都是为了大众，不会为一己私利、一己安危而放弃责任。昔曾子谓子襄曰：“子好勇乎？吾尝闻大勇于夫子矣。自反而不缩，虽褐宽博，吾不惴焉；自反而缩，虽千万人，吾往矣。”

水，几于道，这是因为水的生命力无穷无尽，抽刀断水水更流，没有什么能消灭水。水不思生，故能长生。同样，圣人的精神，思想的光辉长生，千百年来一直照耀着后人前进的方向。

老子曰：

> 致虚极，守静笃。万物并作，吾以观复。夫物芸芸，各复归其根。归根曰静，是谓复命；复命曰常，知常曰明。不知常，妄作凶。知常容，容乃公，公乃王，王乃天，天乃道，道乃久，没身不殆。

生命的起初是静态的，如果不停地动怎么能合于道？养静的方法有很多种，静坐是一种，守窍是一种，但这些都是方法，老子用六个字概括养静："致虚极，守静笃。"虚凌到极点，生命归于清明，才是长生的妙方。

静到极点时，一息绵绵若存，这就养到神了，"谷神不死，是谓玄牝，玄牝之门，是谓天地根。绵绵若存，用之不勤"。

养静能达到虚灵不寐、精神合一，精神和天地独相往来，一气周游，二气交汇，绵绵长存，天地同根，人回向才能长生不死，这是老子的长生久视。

"玄牝"的概念来自《易经》，牝是雌性的象征。阴门为天地根，神藏于此。阴门藏的神，在人处于极阴虚状态下能发挥作用，庄子说"坐忘"，达到至阴时，人身心空虚，一切不留，柔软如婴，交泰神安。所以不仅是身体柔软，要心空虚才行，心不空虚身体再柔软有什么用？老子称其为"摄生"，庄子叫"养生"，属于超世间、超物类的长生之道。

道家初始用"舞"来协助修炼，自上古时代起，舞是祭祀天地的象征，是修者用于运气、练气的方法之一。《吕氏春秋》说"筋骨瑟缩不达，故作为舞以宣导之"；《庄子·刻意》曰："吹呴呼吸，吐故纳新，熊经鸟伸，为寿而已矣。此导引之士、养形之人、彭祖寿考者之所好也。"

庄子说的彭祖名篯铿，是我国最早的养生家之一。《楚辞·天问》中说："彭铿斟雉帝何飨，受寿永多夫何长久？"孔子也曾经说："窃比于我老彭，述而不作。"

1975年考古专家在长沙马王堆汉墓出土的帛画《导引图》，上面画有男女不同姿势的导引四十四式，导引从舞而来，在先秦极为流行。导引的作用在于“导气令和，引体令柔”，目的是养气、运气、采气，后来逐渐发展出了太极功等阴柔为主的道家功夫。

除此之外，道家还有“重人贵生”的特点，重人即以人为本，鼓励人们在有生之年不要虚度年华，要令生是活的，身心健康而不枉费人生，这不是让人靠进补、靠人为的机巧去争取天年。肉体终将衰败灭亡，长生不死的是人对众生所建的功德和舍己为人的精神。

长生从生物本能来说，是繁殖。帝王们不遗余力地生孩子，后宫佳丽三千，是为了繁衍子息，为什么各帝王生了那么多孩子却多数不尽如人意？就算生下几十位皇子，却落得个互相残杀，能平安活下去的又有几人？再看那些活下去的皇子皇孙们，又有几人继承了先皇遗志？唐太宗的子孙被武则天快杀光了，朱元璋的千万子孙被农民军杀得血流成河，这样的繁殖，意义何在？

血脉繁殖的数量、质量均有限，故此，先圣强调的繁殖不在血脉而在精神，活着的时候积极帮助他人，尊重生命，精神繁殖是在他人心中长生，“是谓深根固柢，长生久视之道”。

老子、庄子、孔子、六祖等圣人，他们都是无私的，他们的生命观是符合自然规律的，自然万物皆无私，“道”与“生”相守，“生”与“道”相保，二者不能分离，合“道”者皆可长生。

庄子在《养生主》开篇就说：“吾生也有涯，而知也无涯。以有涯随无涯，殆已。已而为知者，殆而已矣。为善无近名，为恶无近刑，缘督以为经，可以保身，可以全生，可以养亲，可以尽年。”

养生要知道养生命的主人，人的每一次生命是有限的，而知识却是无限的，知识不是主，以有限的去追求无限的必定精疲力竭。

不少人误以为寻一片清幽境地，躲在山林里，或者每天锻炼、贴近自然，就能够长寿了，这就是养生了，是这样的吗？

飞禽鸟兽是不是最贴近自然？它们长寿了吗？花草也是无欲无求、恬淡安静的，它们却春生秋死，寿命还不如鸟兽呢！

长寿和贴近自然没有必然的因果关系，并不是躲在风景怡人的佳处，就一定能长寿或修成。

真正的长寿、养生，是庄子说的“养生主”，是养神，不是养形。生之主，是精神！鸟兽花草皆不能与天地沟通往来，为什么有的人却可以？

现代人误以为住在山里，呼吸点新鲜空气、喝点山泉、吃点野菜，亲近自然就是养生，那么农夫、山民们都健康长寿了吗？他们自在、安心吗？

养生之主，是能于滚滚红尘中，隐于闹市，现于朝堂，乱世风云、烦恼现前时与人无所障碍。

善于养生的人，知道“主”是缘督而行的，督即中，奉中庸、中正仁和之道而行，善养中和之气，这才是生命之主，是最亲的亲人，养主方得以尽天年。

庄子的养生观点不仅在《养生主》上，其他如《达生》《外物》《让王》《山木》《刻意》《天道》《至乐》等文中均有体现。他的养生观包括两个层面，外层是“养形”，《庄子·达生》说：“养形必先之以物，物有余而形不养者有之矣；有生必先无离形，形不离而生亡者有之矣。生之来不能却，其去不能止。”是说人在物质极大丰富的情况下却不能很好保养身体的情况常有；保全生命虽然离不开身体，但身体存在，精神却已丧失的情况更常有。

生命体的产生不是自己决定的，同样生命体的离去也不以人的意志为转移。故此“养形”的人终不能避免天灾人祸。

生命之主分“养志”和“养神”两方面，“养志”是指君子静以修身、俭以养德、非澹泊无以明志、非宁静无以致远的志向。

《庄子·让王》云：“故养志者忘形，养形者忘利，致道者忘心矣。”“养神”是指善养精神，精神才是生命之主。《庄子·刻意》云：“纯粹而不杂，静一而不变，淡而无为，动而以天行，此养神之道也。”

只有表里兼顾，既“养其外”（养形）又“养其内”（养志、养神），才能够做到神形兼备。然而内外亦是有别，庄子认为养志、养神重于养形。

对于养形，庄子认为应顺其自然，不必刻意追求。《养生主》举了几个事例，如“秦失吊唁”。秦失是老子的好朋友，闻老子死讯，前来吊唁，却只哭了三声就走了。老子的弟子责难他虚伪，秦失却认为老子应时而生，应时而逝，极其自然，没必要以俗人之礼待之，安于天理和常法，顺应自然和变化，就不存在哀伤与欢乐。死亡是一种自然现象，何必故作悲哀？

庄子在《庄子·至乐》篇中对长生和生死问题有更直接的说法：“察其始而本无生，非徒无生也而本无形，非徒无形也本无气。杂乎芒芴之间，变而有气，气变而有形，形变而有生。今又变而之死。是相与为春秋冬夏四时行也。人且偃然寝于巨室，是我嗷嗷然随而哭之，自以为不通乎命。……”

庄子认为人的出现过程首先是由“无”而生“气”，由“气”而聚“形”，由“形”而成“人”。人的死去无非是返“气”至“无”的过程，生命没有亡，依然还在天地间存在，与众生同呼吸共命运，人怎么不为云聚云散、花开花落而嗷嗷大哭呢？

老子说："出生入死。生之徒十有三，死之徒十有三。人之生，动之死地十有三。夫何故？以其生生之厚。盖闻善摄生者，陆行不遇兕虎，入军不避甲兵。兕无所投其角，虎无所措其爪，兵无所容其刃。夫何故？以其无死地。"这是老子在自问自答。

长生的原因是人"以其无死地"，什么是无死地？老虎无从使爪，兵器无从用刃。什么状态下的人才可以做到呢？无形、无我、无相、无住的状态，这是合道，是气化，也是禅定的状态。老子说的"善摄生"，即是做到"外其身而身存"。

读者们需要用心体悟，生活中的死地、心里的死地在哪儿？在固执，在有私，在有我、我所，在"有"。为什么有的人容易妥协？因为顾忌多。为什么有的人总是心不安？因为欲望大。为什么明知是陷阱还有人义无反顾往里跳？因为侥幸心理作怪……

要"善摄生"必须能转化这些顾忌、欲望、侥幸心等大脑意识，修炼的目的即在于能转化这些障碍，以期和智慧人生契合，不是为了长寿而修行，而是能不畏，为什么能不畏死？因为死不可怕，畏死是害怕"有"没了，"有"的越多越怕死，当有和无的区别被修行泯灭了，会发现无和死只是以另一种方式存在，是另一种生，假名"死"而已，还有什么可畏？

老子再进一步说："名与身孰亲？身与货孰多？得与亡孰病？甚爱必大费；多藏必厚亡。知足不辱，知止不殆，可以长久。"

老子留给后人的经典三问是:名与身孰亲?身与货孰多?得与亡孰病?

名言、名象、名称、名誉、名位与此身哪个更亲近?

现代人不知名与实的辩证,只求华表,而不讲实际;只求名声,而不顾德行,追求虚荣而不遗余力;到头来一无所得,岂不悲哉?修者当勿求虚名,切实在修心炼己上下功夫,才能不虚度时光。

“身与货孰多”,此句河上公注曰:财多则害身也。人之肉身是携业力来到人世间,谓之“报身”。而“道身”乃是得天地之正理,备万物之造化,贫贱富贵皆不累其心。自然是百千万亿倍地贵于身外的一切富贵,智者岂肯为贪世俗之财货,置性命于不顾而败害道身?

“得与亡孰病”?“得”者,得名得利得法得神通;“亡”者,消亡之意。什么是“舍利子”?舍去利益,舍去有得之心,舍去利便得长生之“舍利”。

“病”者,害也。今之世人,用尽心计,绞尽脑汁为得,岂不知亡亦不亡,舍得舍得,不舍岂能得?患得患失者,日思夜虑,耗劳无限精神,无论如何都贪之不足。倘若不知“满则损”之理,不能适可而止,必然适得其反,走向反面。因利而生害,求荣反遭辱,此皆是不知“舍与得”“存与亡”“生与死”的变化之理。

古德云“聚财如聚祸”,水停三日则腐,倘若不可求却强求,不可得而强得,那样无异于飞蛾见夜光,知进而不知退;又如苍蝇逐晓窗,知往而不知返,未有不病于得失存亡的困境中。是故需深明得与亡之轻重,而不肯妄劳其心,妄耗其神也。

世俗中爱的东西太多、太深都是执著，这种爱是在浪费生命。收藏的宝贝那么多，最后这些宝贝能令您长生吗？丰厚的葬礼、陪葬对生命有意义吗？

《庄子·外物》中说，人们往往“有甚忧两陷而无所逃，螴蜳不得成，心若悬于天地之间，慰暋沉屯，利害相摩，生火甚多，众人焚和，月故不胜火，于是乎有僓然而道尽”。

普通人面对千变万化的事物和环境，忽喜忽忧越陷越深，不能忘情、胡思乱想，瞻前顾后患得患失，所以劳形怵惕，利害得失在心中时刻碰撞，成天焦躁不安，这些都是在自熄生命的生机，是愚痴所致，何苦呢？

凡夫之迷在于总是渴望遥远的东西，而不知当下的富足，不反观自己内心。为什么呢？因为感觉近处的东西乏味，远方的梦想迷人，盲目的追求里无暇顾及脚下，只会望着远处，以为那叫梦想、希望。什么是最远的、距离最长的？盲者不知道梦才是最远的。

最远的吸引人，不断召唤，对凡夫来说，梦是一块磁石，尤其是白日梦，除非您能驾驭而超脱梦，否则就会不断地从左到右、从右到左地被梦境吸引，在幻梦的轮回中原地踏步。

您以为自己在奋斗、在努力、在追求，却不知其实就是被蒙了眼没离开过磨房的驴。您害怕真相，因为真相是如此丑陋，真相是大脑最不想面对的，所以大脑会想办法让人麻醉、逃避，继续发梦，不是别人在欺骗您，而是您的大脑想欺骗您。

当然您还必须为自己制造一些屏障，将矛盾双方各存于不同区域，一个在潜意识，另一个就在意识，两者不能同时存在，否则它们会相互否定，会不平衡。因为平衡的时候，大脑意识不在场，那时生命是整体的，幻想无处安放。

处在初级阶段的人——注意我们说的阶段和年龄无关——是自己对自己没有认知，也没有自信，需要从他人的评价、赞许中找到自我存在感。这些人活在幻想里，活在别人的嘴巴和眼光里，成天自寻烦恼。这个阶段的人，入门修行需要依赖、安慰、信任，这些人最容易被外界的各种观点、时髦话题带跑，所以，培养其坚定不移地一门深熏，和同修携手同行是关键。

处在中级阶段的人，能自己证明自己，拒绝为外界所动。看上去内心似乎很强大，对自己坚信不疑。这个阶段的人如果及时修养，执著会转成坚定的信念，内心包容时容易进入修行状态，但如果内心狭隘，就成了偏执狂、老顽固。所以，这个阶段的人，要培育其平等包容心，常亲近善知识是关键。

处于高级阶段的人，做事不需要任何证明，既不向别人证明，也不向自己证明。只是听从心声奉天道行事，随机应变做该做之事，平常心是道，本分事接人，随缘自在，不为物喜，不以己悲，这是菩萨行，是逍遥游。

那些终日孳孳、一生忙碌的人，到了一息不来时，一切均与自己无关，与蜂之酿蜜何殊？而一生愚痴无明的所作所为却为他人、为世界造了许多业障，其所结之恶果挥之不去，又与蚕之自缚何异？

有一种偏侧蛇虫草菌，会寄生在蚂蚁体内，吃蚂蚁的身体来获取营养。等它生长到一定程度，会操纵蚂蚁离开蚁巢，寻找一片草叶，爬到正好25厘米高度，挂在那里，真菌的孢子将从这里散落，感染蚁群里的其他蚂蚁。

世界上很多寄生者都会以各种方式操纵宿主，例如打喷嚏，就是病毒操纵宿主把自己喷得更远。再例如铁线虫，会让宿主突然间有强烈的跳水冲动，入水后铁线虫就会迸裂出来开始繁殖。韩国拍过一部电影《铁线虫入侵》，读者们可以去找来看看，宿主会知跳水的想法是铁线虫植入的吗？大概跳水的欲望被满足时还感觉自己很幸福吧？

偏侧蛇虫草菌没铁线虫那么仁慈，它寄于蚂蚁躯体的每一个角落，唯独绕开了脑。可以说它把蚂蚁躯体上和脑连接的神经切断了，此时蚂蚁是清醒的，只是无法控制身体，头脑发出命令，身体却不听使唤，真菌才是躯体的驾驭者。

这些意志清醒的行尸走肉，是真菌手中的提线木偶。死亡来得不太快，也不太慢。真菌会以躯体为养分，边缓慢享用着，边释放出更多的孢子，等到蚂蚁的营养被榨取干净后，它会指挥这个蚂蚁去感染它的兄弟姐妹，开始新的寄宿。

恐怖的是，被感染的蚂蚁毫无疼痛地看着自己被一点点吞噬。那么，会有什么在遥控人的意识，一点一点吞噬人的生命精华呢？眼耳鼻舌身意六根皆可遥控，例如气味能让人兴奋、抑郁、思念或困乏，颜色亦是，一切操纵人的意识都有正反两面，既可以用来治病，也可以被居心叵测的人利用。只要利益在，就会有人铤而走险。

我们每个人被意识、欲望带着生活，却对发生在身心的事情一无所知，被弓形虫感染的老鼠会主动接近猫，开心地希望自己被猫吃了，因为唯有被猫吃了，弓形虫才能通过中间宿主老鼠找到最终宿主——猫。

弓形虫也会感染到人，据说被其中一种“刚地方形虫”感染的人性格会大变，比如突然变得非常大胆，或十分勇敢。哪一个凡夫不是自我感觉“清醒”的？您知道什么力量在影响您的判断和决定、意识和行为吗？您知道除了寄生虫、微生物之外，谁会带给生命体欲望和快感？快感是谁的快感、欲望是谁的欲望？蚂蚁在被吞噬过程中并不是不痛，而是痛感神经被切断了，痛不为感知时，还有痛吗？人心变得麻木不仁时，是什么被切断了？

人如不通过修行接近生命实相，不通过行善平等对待众生，最后镬汤炉炭，自堕三途，这是麻木、冷漠、自私、小心的凡夫不变的结局。

所以庄子认为连像彭祖一类的喜欢用导引术养形的长寿者也不够圆满，《庄子·刻意》篇说：“若夫不刻意而高，无仁义而修，无功名而治，无江海而闲，不道引而寿，无不忘也，无不有也。澹然无极而众美从之，此天地之道，圣人之德也。”

为什么不够圆满？因为人为了、刻意了就伪了。有了目的性，人不会高洁，如果人能不刻意砥砺意志而能品行高洁，不倡导仁义而修身自律，不追逐功名而能天下大治，不避居江湖而能保持清闲，不施导引而能延年益寿，忘记一切人为，才能恬淡而没有穷尽，一切美好随之而来。

归根结底，庄子认为，养生要“虚己游世”，虚己即谦逊虚心，无论身在何位为人处世能不自以为是，这样才能真正预知和远离灾祸。人生在世，祸患如影相随，常常都躲在自大之人的眼皮底下，不虚心者不见。

公元238年年底，魏明帝曹叡撒手人寰之际，立了两位顾命大臣辅佐幼子登基，一个是纨绔子弟曹爽，一个是阴鸷隐忍的司马懿。

公元248年的一天，大将军曹爽的心腹，吏部尚书何晏在府上要宴请管辂。何晏我们前文提到，他是开玄学先河的名士，其父早逝，其母尹氏被曹操纳为妾，何晏因而被曹操收养。他自幼熟读老庄，因才华洋溢、身形俊朗为曹操宠爱，把女儿金乡公主嫁给他。

大将军曹爽气焰熏天，不可一世时，何晏攀附曹爽，官至列侯，位高权重。管辂则是易道大家，天文地理，占卜看相，风水堪舆，无不精微，今天何晏邀请他来府中论道，开场便问："先生您精研《易》，为何谈话从不涉及《易》呢？"

管辂微微一笑，说："夫善易者不易也。"

懂易的人是不会以易来炫技的，何晏听后沉默了一瞬，随即赞叹道："这真可谓要言不烦啊！"之后，他说："先生您试着为我卜一卦吧，看看我是否能官至三公？最近我一直做同一个梦，梦见数十只苍蝇飞来鼻子上赶也赶不走，是何预兆？"

管辂答："昔日，八元八恺辅佐舜帝，周公旦辅佐武王成王，虽位极人臣，但始终和惠谦恭，因此才得善始善终，福祚绵延。君侯之梦不难解，鼻属艮，这是天庭中的高山，若高而不危，才能长守富贵。而今青蝇臭恶都云集其上了，位高跌得也狠。物极必反，盛极必衰，所以山在地上叫'谦'，雷在天上叫'壮'。谦，意味着聚敛多不骄不躁；壮，意味着非礼之事不做。天下没有为非作歹不败亡的。愿您追思六爻的意旨，想想彖象的含义，及时修正自己，如此，则三公可至，青蝇可驱也。"

何晏听了没说什么，一边的邓飏却突地站起来，不屑一顾地对管辂说："这算什么解梦？不过是老生常谈罢了。"

望着不可一世的邓飏，管辂冷冷地回了一句："老生者见不生，常谈者见不谈。"

管辂回家后将这件事告诉了舅舅，老人大为惊恐，知道这些当权派的胸襟皆不宽广，管辂却轻飘飘地说了一句更惊人的话："和死人说话，怕他们干什么？"

这就是玄机，这就是天地消息，善易者一目了然。十几天后，"高平陵之变"爆发，曹爽、何晏、邓飏皆被司马懿夷了三族。

《周易》言圣人之道有四：以言者尚其辞；以动者尚其变；以卜筮者尚其占；以制器者尚其象。即言、动、制器、占卜。

圣人是合道的人，现代人不理解为什么圣人要占卜。占卜可不是算命，而是能以诚心通天地消息。因此，卜者未必是巫，但巫者必能卜。能卜者，必是能用心感通天地的人，如果为了利益占卜，是以术惑人，离道远矣。

《论语》中孔子云："南人有言曰：人而无恒，不可以作巫医。善夫！'不恒其德，或承之羞。'"

所谓"不恒其德"是"恒卦"的爻辞，孔子以易说占卜，谓卜者和医者最重要的是具备恒德，因为他们所面对的，是最飘忽不定、起伏变化的事端，若心无恒德，以此谋利，蛊惑害人，有时就要遭受羞辱。

不过"恒卦"有两面性，起于恒，然而如久于此道，则初吉而后凶，这就是说恒德虽好，但身处不恒之乱世，恒是相对的，如不知变化，就是固执和守旧。

要恒的是"道"，不执著的是和时代性相关的"德"。人和道的联系点，即在于德，真正的高手是"国手置棋，观者迷离"的，圣人不会执著于一种人人可知的恒德,如此则为凶。

《庄子·山木》中说,人要想免于祸患、得享天年就必须“削迹捐势,不为功名”,当年鲁侯向市南子请教消除祸患的方法,市南子说:“您消除祸患的办法太肤浅,肥硕的狐狸和皮毛带有花纹的豹子,栖息在深山老林,潜伏在岩穴山洞,是为了保持安静。晚上行动,白天栖止,是为了保持警戒。虽然隐隐约约感到饥渴,也只能早晚间出去觅食。尽管如此小心,还是免不了被暗算,狐狸和文豹何罪之有?不就是因为有珍贵的皮毛吗?今天的鲁国亦只能给您带来灾祸,但愿您舍弃珍贵的皮毛,荡涤心智,摈除欲念,悠游于人迹罕至的广袤原野,‘人能虚己以游世,其孰能害之’?”

《庄子·达生》云:“善养生者,若牧羊然,视其后者而鞭之。”养生好像放羊,只有时时鞭策自己不堕落、不放纵、不迷惑,才是长生之道。

司马迁说老子的寿命是“不知所终”,之后又补充说:“盖老子百有六十余岁,或言二百余岁,以其修道而养寿也。”这段话重点不在于老子究竟是活了160多还是200多岁,司马迁要说的是“修道”才能养寿,修道重在自我鞭策,重在养心和养神,后世的所谓二十四节气养身、食疗养身等观念不是修道,多数是牵强附会的商业炒作。

养生,是和天道相应,然而天道是逆行的,儒家“超凡入圣”,道家“长生不死”,禅门“顿悟成佛”,这些全是逆行。万物的演化有规律,顺则坠,逆则升。从生命角度来讲,养生修炼是通过修炼光、热、力的作用,最终作用于人之精神,终归于神,其中包含了精、气作用。

先秦时期的道家养生的重点在养神,秦汉之后则变为以养气为重,之后逐渐变成形而下重形质滋补为主的养身。

养神，道家的方法本是达到“坐忘”，而非练气和固精，静是坐之本，同样，养生而至长生不是修的目的，只是修的现象。

老子要人效法天，“天地所以能长且久者，以其不自生，故能长生”。天没有对立，没有喜好，没有分别，没有功利，只有给予，生万物也灭万物，这是养生。

对于修者来说，养生是平常道。

见贤思齐是平，精进不怠是常；慈悲喜舍是平，布施忍辱是常；智慧无碍是平，禅定不动是常；上证菩提是平，下化众生是常。

道是平，德是常；心是平，愿是常；志是平，气是常。平常之处见非常，非常之时显平常。

宇宙的结构、定律、力量、常数等，这一切怎么看都是为生命存在而存在的，这表示什么？智慧在宇宙中先于一切物质、环境而存在。智慧和生命同在，是这些创造了宇宙万物。

能者达人所未达，智者见人所未见，慧者空人所未空。

生命和智慧是宇宙的中心，宇宙本身并不会创造生命，只是因缘和合而创造各种生命体，生命体的意识使得生存变得有意义，人如果对宇宙万物、万事、万有认知得越真切，了解得越多，人生的意义也就越大，而时间与空间只是人类意识的工具。时间与空间不是一个具体的东西，而是我们的认知。生命体会带着时空、意识共同存在，这就像人需要穿衣服一样，衣服不是生命体本来的东西。

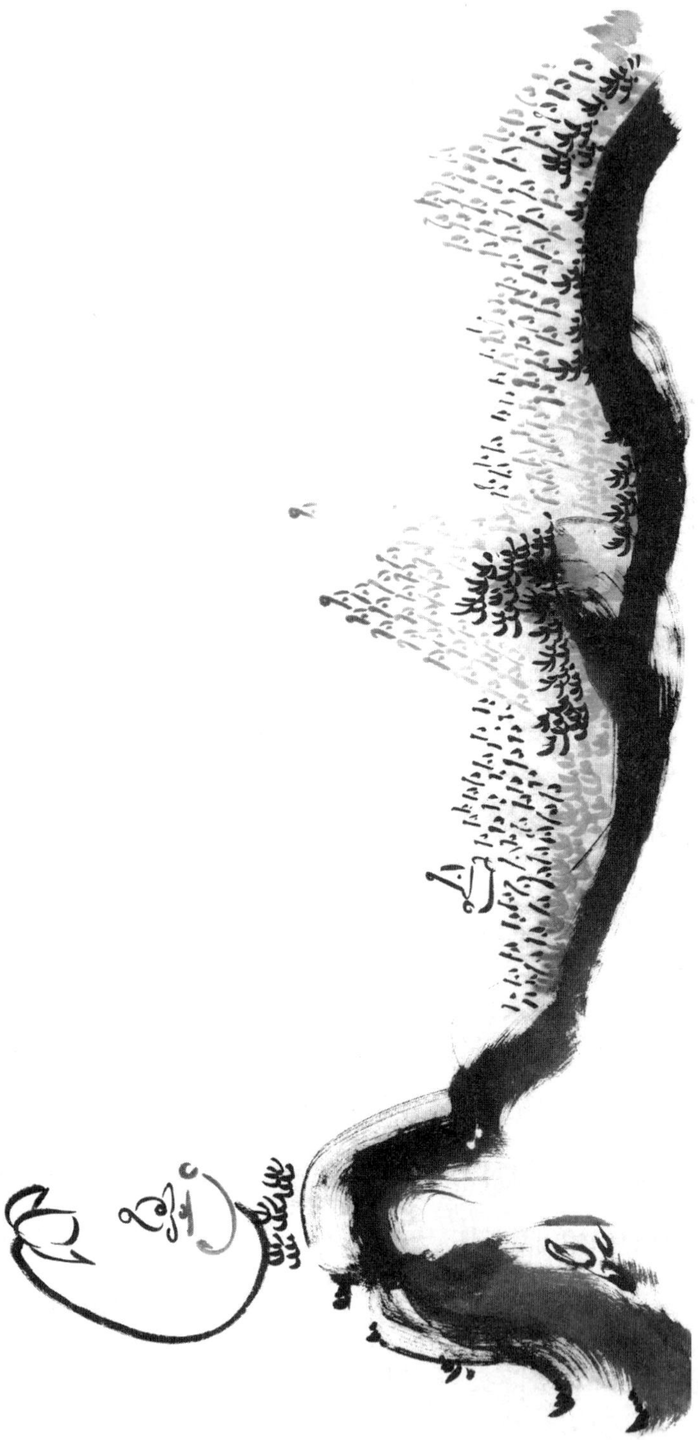

隐士

《庄子·缮性》曰:“虽圣人不在山林之中,其德隐矣。隐,故不自隐。”又曰:“古之所谓隐士者,非伏其身而弗见也,非闭其言而不出也,非藏其知而不发也,时命大谬也。当时命而大行乎天下,则反一无迹;不当时命而大穷乎天下,则深根宁极而待;此存身之道也。”

也就是说古时候的所谓隐士,是德隐,不仅仅是身隐。隐士并不是刻意隐伏身形而不愿显现于世,不是为了缄默不言而不愿吐露真情,不是为了深藏才智而不愿有所发挥,而是因为时机不对,命运背谬或为了自修自证,固守根本,厚积薄发,好比百花之候春天。

“隐”文化,最早可追溯到《周易》卦爻。儒、道两家各形成一套隐逸理论。儒家倡导兼济入世,道家主张超脱出世,而时逢乱世时,文人对社会现实普遍感到无奈,入世不得时便产生隐逸的想法,退而全其道。正如庄子借伯夷、叔齐之口说:“遇乱世不为苟存。今天下暗,周德衰,其并乎周以涂吾身也,不如避之,以洁吾行。”(《庄子·让王》)

范晔在《后汉书·逸民列传》中将隐士的隐逸行为归结为“或隐居以求其志,或回避以全其道,或静己以镇其躁,或去危以图其安,或垢俗以动其概,或疵物以激其清”。

在范晔的概括中,乱世中隐士对社会的深刻忧思彰显无遗。庄子顶着隐士的名号,看上去似乎不问世事、无所忧患,其实不然,他的著作中时刻揭示着乱世、生命的离乱,人类德行的凋敝与乱世的残酷是他的病源。他直接道出“遇乱世不为苟存”“不如避之，以洁吾行”，隐遁不是为了逃避，而是为众生指引一条如何安顿生命的道路。

《论语》中亦云，“邦有道则仕，邦无道则可卷而怀之”，“君子谋道不谋食”，“君子忧道不忧贫”，可见儒家在提倡积极入世时，也主张“隐居以求其志，行义以达其道”。如出世不得其时，不能自缚，而应审时度势，以退为进。

魏晋时期，玄学兴盛，名士主张无为、任性，此乃士子的精神风貌。如嵇康在《与山巨源绝交书》中，说：“吾顷学养生之术，方外荣华，去滋味，游心于寂寞，以无为为贵，……今但愿守陋巷，教养子孙；时与亲旧叙阔，陈说平生。浊酒一杯，弹琴一曲，志愿毕矣。”又在《兄秀才公穆入军赠诗》中表达自适的志向：“身贵名贱，荣辱何在？贵得肆志，纵心无悔。”

阮籍的《咏怀》诗其一写道：“夜中不能寐，起坐弹鸣琴。……孤鸿号外野，翔鸟鸣北林。徘徊将何见？忧思独伤心。”在昏乱朝政下，士子们如“羚羊触藩，不能进，不能退”，成日陷入惴惴不安中，阮籍深感痛心，民间疾苦、社会动荡常伴在心以至不能寐。纵使清风朗月、翔鸟鸣林的自在安适，也不能平复心中对家国的忧思。其时，正是司马懿独专朝政之时，司马氏杀戮异己，被株连者甚多。

阮籍对司马氏心怀不满，感到世事已不可为，于是他采取不涉是非的态度，终日酣醉不醒，缄口不言。命运乖违而穷困于天下时，唯有修养才能保有人宁寂至极之性和静心等待的力量。

善于保存自身的人，不用辩说来巧饰智慧，不用智巧使天下人困窘，不用心智使德行受到困扰，巍然自持地生活在自己所处的环境而返归本性与真情，又何须一定得去做些什么呢?

大道广荡本不是小有所成的人能够体会，大德周遍万物本不是小有所知的人能够体察。《庄子·天下》曰:“不累于俗，不饰于物;不苟于人，不忮于众。”

中国的隐士文化在世界上本是独一无二的，隐士也叫“幽人”“逸士”“逸民”“高士”等，是道家思想的先驱。

所谓“隐”，有多种理解，从个人角度来讲，是修道的人自修自证的过程，以独处涨功为主，隐是其修道的基础、积累道行的过程。但如果仅仅被这个神秘的过程而迷惑，以为隐士就是退居山林的道士，这就将隐的目的狭隘化了，是给隐士贴标签。真正的隐士，乃红尘中穿隐身衣的人，身怀绝技，胸怀天下，抱朴守拙，乱世困境中能安之若素。自利利他者也，非小情小调，逃避山野，独乐而不顾众乐者是。

老子曰:“修之于身，其德乃真;修之于家，其德乃余;修之于乡，其德乃长;修之于国，其德乃丰;修之于天下，其德乃普。”道家以修身为本，治身和治国是同构的，不治身何以治国? 由修身而至家、乡、邦、天下，朴德普光，而修身通常是独修，道者选择初期与山野为伴，吐故纳新，厚积薄发地修炼，为的是履行人生的使命，隐修是在磨刀，磨刀的目的不是收藏刀，而是为了用刀。

隐修的步骤，老子在《道德经》中提到，首先是“载营魄抱一，能无离乎”? 凡人之凡，在于烦躁不安、患得患失，心神涣散，意乱情迷，修道者初期要修炼制心一处的功夫，抱一守一归一专一。

其次，“专气致柔，能如婴儿乎”？一心一意时，才能进入气息的修炼，心气如婴儿般柔软，气息如婴儿般清静。

再次，“涤除玄览，能无疵乎”？清静的气息能帮助修道者虚其心，内心逐渐达到清明的境界，此时开始内观，内外风景一览无余，江山如画，能玄览始为豪杰。

复次，“爱民治国，能无为乎”？无瑕疵观民众、社会方能包容一切，水至清则无鱼，能于污浊中逍遥，以无为心做有为事，方是无为而无不为。

又复次，“天门开阖，能为雌乎”？这可以结合“万物负阴而抱阳，冲气以为和”来理解。从太极图来看，阳者是左半边春夏，阴者是右半边秋冬。春夏万物生长，秋冬万物肃杀。假名乾为始，坤为终，始为生而终为死。

万物皆向生而畏死，人为就是向往安乐、避免死亡的无效造作，而能合道的道者是明了生死实相的，宇宙中只有生死相，没有生死的根。万物负阴而抱阳，畏死者不知生为何，不畏死则永生。

冲气是阴阳两气交媾调和，这是自然的调和，不是人为的杂交，万物能生生不息在于有和之机，用卦来说就是子午冲、丑未冲等六冲位，因为有冲，阴阳就有转换的机会，也因为有冲，生死、善恶、好坏无常，皆不能久。不能久便有转机，能把握时机者，是能为雌、负阴的合道之人，不同于凡夫归阴而不能主动复。

虽阴到极处，便一阳来复，然而如果不是主动复位，则复归的必非预想之复。

冲气象征路径的转换，凤凰为什么是二七火，因为生命是从一六水而生，生是乾大始，然后走到坤大终，冲气以为和，便是反者道之动。人如果没有反向思维必无法觉醒，没有主动归阴而复的能量，就必然顺而归灭。万物生生不息，有主动和被动之分，修道，便是掌握生命的自主权，命由己造。

又复次，"明白四达，能无知乎"？常德不离，能道通为一，此时"归根曰静，静曰复命"。世间万物、万事、万有是此消彼长、新陈代谢的。"归根"就是回向，就是布施，就是不忘初心，见本来面目。根，是生命的本源，芸芸众生回到宇宙注定的一个归宿，是归根。

所有生命的归处都会复归其本源。区别在于大修行者主动归，凡人被动归，主动的人自主掌握时间、节奏、来去，被动的人不情不愿、无可奈何、身不由己。然而叶落归根都是一样的，您看那盘根错节的大树，在夏日里枝繁叶茂，但秋风一过，必定叶落归根。

归根是超然的"无"，陈腐在静中消亡，新生在静中萌动。根是隐藏的，生命从隐根中来，从"静"中来，从了无生息的"无"中来。由无中生有，从静中萌动。

归根是生命之归隐，由动转静，由有化无。这就是生与死、动与静、有与无两相互召，周而复始，循环往复，以至无穷。故庄子丧妻时"鼓盆而歌"，是赞叹生命的交替，个体不能永驻，生命代代传承，永远不会消亡，修者在"归根"中"复命"。

最后，"致虚极，守静笃。万物并作，吾以观其复"。"致"是动词，是做到、达到的意思，"虚"是空，"极"是极致。修者合于虚空，空明一片，湛然朗朗，无晴无阴，日月不住。以退为进，损之有益，合于空、虚，才是宇宙最大的能源，而有、物只是能源的表现形式。

如何守住极静状态？关键在内心的笃定。红尘滚滚而寂然不动曰笃定，这是修道人认识世界的态度，初心本是笃定的，外界的正面、负面因素，都是暂时的，不被其干扰，最终才能真正合道。

《后汉书》有《逸民列传》，《晋书》《唐书》《宋史》《明史》等都有《隐逸传》，嵇康、皇甫谧有《高士传》，写的都是隐士。

隐士文化和西方人的隐居生活截然不同，隐士在山林里不是以日常生活为主，而是以修炼内功为要。严格地说，那些想退休或者失意后归于山野生活的人，不能算归隐。

三代之际，有许由、巢父、务光等隐士，他们的共同特点是，不仅学问、人品、功夫、智慧超凡，且皆视富贵如浮云，而如尧、舜、禹、汤等君王，待之礼敬有加。

《逍遥游》上说，唐尧、虞舜时代，帝位是“禅让”相继的：尧让位给舜，舜又让位给禹，史称“禅让之世”。

尧在考察继位人时，十分注重接班人的品德，尧听说巢父、许由两位隐士是大贤者，便前去拜访。初见巢父，想让帝位，巢父不受，继访许由，许由也不受，且遁耕于九箕山中。尧执意让位，紧追不舍，再次寻见许由时，恳求许由退而其次做九州长，许由觉得帝位我固且不受，岂有再当九州长之理？遂奔至溪边，清洗耳朵，这就是后世说的“许由洗耳”。

虽然庄子的说法未必和历史相符，然而什么是历史事实呢？历史，只有角度。庄子的寓言、故事不是为了给史学家考证的,而是用来引导人生路的。

喜在濮水旁钓鱼的庄子,曾被仰慕他的楚威王派两位大夫找到,大夫见了庄子说:“吾王久闻先生贤名,欲以国事相累。深望先生欣然出山,上为君王分忧,下为黎民谋福。”(《庄子·秋水》)

这个在宋国蒙地当过一阵子没有品也不入流的小吏——“漆园吏”的庄子,却对去楚国出仕当大官没兴趣,他淡然地说:“我听说楚国有只神龟,已经死了三千年了。楚王把它珍藏在竹盒里,用锦缎包着,供奉在庙堂之上。请问两位大夫,这只龟是宁愿死后留下一把骨头让人尊敬而显贵呢,还是宁愿活着,拖着尾巴在泥水中自由自在地生活呢?”

两位大夫回答:“当然是宁愿活着在泥水中自由曳尾而行啊!”

庄子说:“对啊!两位大夫请回去吧!我就是那只宁愿在泥水中自由自在地曳尾而行的龟呀!”

这是成语“曳尾涂中”的由来,庄子的人生态度可见一斑。他才华横溢,但一生甘于贫穷,身处穷闾陋巷,靠编织草席、卖麻鞋为生,但他臻于大道,宁愿“曳尾涂中”而不愿“留骨而贵”,诠释了圣人无名的境界。

许多人因此赞叹庄子不为名利所动,然而,庄子不为名利所动是真,他不愿为官真是怕麻烦吗?再进一步说,他如果真的应允楚王之邀,去楚国为官是为了名利吗?

燕雀安知鸿鹄之志?不入仕,不是怕麻烦、喜安逸,而是看机缘、环境、局势合不合适。楚威王已经带着楚国走向极盛,他的霸道强势庄子不是不知道，出仕能否起到利益黎民百姓的作用？起不到作用还不如钓鱼呢！

我们切勿给圣人们下断言，时不同，机不同，人不同，境不同，庄子拒绝楚国邀请不是清高，如果下一刻应邀赴齐也不是好名，一切都需因势利导，圣人是通天地消息的人。不要做千年后的法官，指点圣人行，认为骑青牛出关的老子，和不出仕的庄子都是不关心人民疾苦，似乎人人应该像孔子一样，周游列国，明知不可为而为之才是圣人境界，那心怀天下的孔子为什么会阻挠颜回赴卫救民呢？

司马迁在《老子韩非子列传》里，借孔子之口说出了对老子的赞叹："鸟，吾知其能飞；鱼，吾知其能游；兽，吾知其能走。走者可以为罔，游者可以为纶，飞者可以为矰。至于龙，吾不能知，其乘风云而上天。吾今日见老子，其犹龙邪！"

行事如不能借力，则起反作用，智慧如庄子拒绝不可一世的楚威王的盛情邀请，不是因为爱钓鱼，也不是因为喜清福，当时的情境我们无法随意揣度。但如果认为不出仕的就是清高，认为出仕为官或经商牟利就是俗事，这是典型的误解。

龙的志向、行为、取向、能量，非普通人可以揣度，佛言"一切圣人皆以无为法而有差别"，老庄和孔孟，显化出了道的阴阳两面，思想和文明从来都是有阴阳两面的，没有哪种固定的行为、方法、举动能定性为"正"。不同时期、不同环境、不同机缘皆有不同表现，无论出仕、归隐，圣人们内心并无内外分别。反过来说，因自命清高、顾及自身安危而不愿救万民的，不是真隐士。

不少士大夫不解真道，对现实不满、仕途失意时选择逃去山野，仿佛“悠然见南山”的生活方式是自己的理想，而一旦皇恩浩荡，便乐滋滋再出仕，骨子里这些人只是把归隐当作避风港，不解道家的宗旨并不是逃避法、神仙法，千百年来，这些人只是在幻想中理解隐士，游弋在儒、道之间，哪一门也不得其门而入。

南朝时期，孔稚圭写过一篇《北山移文》，内容就是讽刺那些由于不得志而假隐于山的人。孔稚圭说这些人刚上山的时候，“排巢父，拉许由，傲百氏，蔑王侯，风情张日，霜气横秋”；而一旦“鸣驺入谷，鹤书赴陇”，也就是皇帝的聘书一到，马上“形驰魄散，志变节动”，“眉轩席次，袂耸筵上”；“焚芰制而裂荷衣，抗尘容而走俗状”，一路欢歌赴任去了。

据《新唐书·文艺传》说，李白才高八斗，不愿走科举的路子，他先是隐居于四川岷山，后来又去了山东徂徕山，与孔巢父、韩准等合称“竹溪六逸”，渐渐名气越来越大，被人推举进了京。唐明皇一见甚喜，封为“待诏翰林”，只不过李白恃才旷物，哪里玩得过李林甫、高力士这群大仙？没多久被排挤出局也是情理之中的事。

自古走隐士路线不通过科举入仕这条路，被称为“终南捷径”。隐士之所以有捷径可走，受到当权者重视，是因为中国历史上每当政权交替时，幕后主角多是隐士，如伊尹、傅说、姜尚、鬼谷子、孔明、张良、陶弘景、魏征、陈抟、刘秉忠、刘伯温等，这些改天换地的人，谁不是隐士出身？只不过这其中有真隐士，还有半真半假隐士。

姜尚封齐君，至齐后，三召隐士华士不至，便杀之。周公旦闻讯后吃惊地问他，为什么要杀“高士”？姜子牙答说：“不臣服天子、不结交诸侯的人，就是上天要遗弃的人，我召他三次而不来，则是叛逆之民。如果全国民众效仿他们，还要我这个国君干什么呢？”

不参政的深山隐士，为什么令姜子牙如此介意呢？因为他自己是隐士出身，唯隐士知隐士。

当年汉高祖刘邦宠爱的戚夫人生下了刘如意，她常对刘邦念叨，希望改立如意为太子。当时的太子是吕后生的刘盈，刘邦认为刘盈过于软弱，所以心里也有废太子之意。吕后知道后十分着急，找来张良问对策。张良说，只要请出商山四皓辅佐刘盈，便可无忧。

吕后于是费了九牛二虎之力，终于请出了商山四皓。刘邦看见自己也没能请来的隐士，居然给刘盈请来了，不禁佩服刘盈的品德，废太子之事于是再也不提。

隐士对中国政权有巨大的影响力，隐士的高明之处便是其会起用道法，能以柔示弱，老子说“夫唯不争，而天下莫能与之争”，《易经·乾卦》所谓“见群龙无首，吉”是也。他们因为不在任何一个爻位，不积、不居、不住、不争，所以拥有绝对的自由和发挥度，乃能不为局势、名利、人情所拘，不为利益、派别所动，故而无一物可以羁绊，心中无私欲故而没有任何牵挂，高深莫测，人恒敬之。

齐桓公登门五次才见到了稷，人尽服桓公谦逊之德；刘备三顾茅庐请到了诸葛，这才有了三分天下。中国人向来视君主礼贤下士是最大的美德，有德之君才能吸引天下英才争相效力。

不过隐士有两种，一种是与“官僚”相对而言的，官僚不仅是指当官的人，在这个体系内进入官场，这叫“入仕”；离开官场叫“出仕”。隐士不是指“出仕”的人，而是指还没有进入官僚体系内的世外高人。

古代时，“隐士”与“官僚”是对应关系，彼此依存，彼此转化，有矛盾也有关联，是阴阳两种政治势力，有时候归隐是高人的一种策略，以退为进，以弱为用，这就是半真半假的隐士，这些人实际上是储备的官僚，隐的目的是做官，普通的山野樵夫是不能称“隐士”的。

还有一种隐士，不以退居山林为隐，无论在深山修炼还是大隐于市，在茫茫人海中能低下头，不求名利，心系大众，俯首甘为孺子牛，此为庄子说的德隐。这些穿着隐身衣的谦谦君子，将生命安顿于当下，不待价而沽，不好高骛远，不患得患失，不厌世嫉俗，该出手时就出手，以教化民众为己任，不计个人得失，不图个人名利，这些人才是真隐士。

方士

“方”原意即“道”,“方士”原来是“道士”意。

《庄子·天下》说:“天下之治方术者多矣。”《秋水》说:“吾常见笑于大方之家。”“治方术者”就是治道术者,“大方之家”指的就是“治道之士”。有句成语叫“贻笑大方”,指的就是唯恐自己见解不够,让通于大道者见笑。可见,“方士”一词本无贬义。

道士之称始于汉代,《汉书·五行志》中说:“道士始去,兹为伤。”为什么改名“道士”呢?《史记·始皇本纪》秦始皇说:“吾悉召文学、方术士甚众。”这里有方之士、方术士两种人,前一种是真正的方士,后一种是术士,混为一谈后,民间误解方术士就是方士,故此晋代后,道家修道者改称为“道士”。

“方”广义上说本还有“方策”之意,也就是书生,当然是包括儒生在内的。秦始皇被方士骗了,为什么迁怒于儒生?当时太子扶苏向他解释方士和儒生不同,他一怒之下,将扶苏远谪于边地,监军上郡。

中华文明之内耗,无不以儒法斗争为体现,这种斗争本自为争朝廷正朔。秦无学术,指点江山者全仗客卿,博士亦非秦出,如李斯、商鞅皆出三晋,重法家为显学时,政治上以富强速成为功利,逐于智谋,疏于仁义。然秦能统一六国,足见其法之神效,亦非欺人。

秦王所坑者,多源自稷下,明儒暗道所思,儒道同衰之际,唯法家独盛,先秦时,道士、方士和儒生常被混为一谈,然李斯所思所虑不在孰对孰错,而在有我无他，故借势秦王之怒，咸阳坑儒、道与毒杀韩非，如出一辙。

什么是方术?《后汉书》中收录华佗、左慈等人的《方术列传》中，写明方术包括了天文、医学、神仙、占卜、相术、命相、遁甲、堪舆等诸多术数。其实，除了六艺——礼、乐、书、数、射、御之外，其他的一切都可以叫方术。

“方”在中国历史上从东汉开始变味了，越变越五花八门、无奇不有，最后房中术、驱鬼、求仙、祭祀、炼金、谷仙、斗鸡等都加入进来。自东汉至魏晋，“方”的内容里，越来越多被些炫世欺人的把戏覆盖，真正方技者研究的原始科学技术就逐渐分离出去了。

《庄子》里，庄子给惠子讲过一个故事:宋国有一个人，祖传有个秘方，所谓“秘方”之方也是“方”，这家人的秘方是冬天涂在手上不生冻疮的药。古时漂布要站在流水中漂，人光着脚在水里站上半天一天，他家人以漂布为生却不伤手脚，这个叫“不龟手之药”。这时，有一人听说了这个秘方，要求以“百金”购买，这家人认为也没有什么了不起的，就卖了。

这个人为什么要花重金买秘方呢? 因为他要去吴国，吴越地处海边，常年开仗，他去游说吴王冬天也能作战，并献出了令军队不冻手脚之药，吴王就封他做了海军首领。到了冬天，吴军涂了药果然不生冻疮，大败越国，他因此立了大功。古代打仗有了功劳，君王会分封一块土地归他收税，叫“裂地而封”。

现代人看来没什么稀奇的“不龟手”药，就属于方术。同样的方术，不同的人就有不同发挥，农民用来漂布，聪明人用来打仗，医者用来悬壶济世，其结果天地悬隔，我们对待一切事物都不应一概而论。

《坛经》云，正人用邪法，邪法是正法；邪人用正法，正法是邪法。同理，道家的方、方术，这些先圣的智慧，是用来利益还是迷惑大众，全在于用者之心，运用之妙本存乎一心。

《史记》中将方士叫作“方仙道”，相传始于河上公，方仙道的代表人物有宋无忌、正伯侨、充尚和羡门子高等。方士和其神仙的思想，源于原始的巫师、巫术、术数、神仙，我国历来有信神鬼的民间信仰，尤以吴楚之人为甚，《楚辞》中常谈的“云中君”“湘夫人”都是神仙。《楚辞·远游》说：“餐六气而饮沆瀣兮，漱正阳而含朝霞，保神明之澄清兮，精气入而麤秽除。”述说了神仙吐纳导引服气的修炼，神仙思想对后来的方士们有很大影响。

殷商时期尚鬼，这些传统习俗引起了孔子的担忧，《论语》记载：“子不语怪力乱神。”不语，不是否定不是肯定，而是真假难辨，于君子修身无补，故不语。

汉末兴起的正一教承袭了原始巫术、炼丹、采药、求仙等术，作为其宗教特色。这和老子的方道思想大相径庭，《道德经》说：“是谓深根固柢，长生久视之道。”又说：“天长地久。天地所以能长且久者，以其不自生，故能长生；是以圣人后其身而身先，外其身而身存。”

外其身和后其身，是为了取法天地，天地就是这样取得长生的，也就是要不自生，然后才能够身先和身存，身先与身存就是长生之道。此外，老子还谈到“守中”“抱一”“无为”“不争”等，这才是老子的方道。

《史记·封禅书》中记载了和老子同时代的方士苌弘：“苌弘以方事周灵王，诸侯莫朝周，周力少，苌弘乃明鬼神事，设射狸首。狸首者，诸侯之不来者。依物怪欲以致诸侯。诸侯不从，而晋人射杀苌弘。”这种设射狸首法和两汉以来的魇胜术极为相似，和咒人术更如出一辙，都是古代巫术，这说明方士的发展倒回到了巫觋时期。

咒和符都是巫术，这两种术数可单独发挥作用，本来不是迷信，如孙思邈的《千金翼方》中就有咒两卷，病人无须服药，什么病对应什么咒，即有什么疗效。孙真人本是道医，他从实践中发现病人持咒比服药更有奇效，故列入药典。这种咒语和降神、通神、迷信毫无关系，不仅是在心理层面起作用，更多地属于能源感应，这些天地能量场的交感、气运之玄妙，变化的主体是隐匿不彰的，唯有施者和受者间，隐约可豁若有感，介于两者之外，谁是起作用者？

“这个”是超越主体之外的能量，这些能量在支持天地运行，生命演化、缘起发生，如命运、天才、理数、规律等，能量起作用不是具体做了什么事，却是因其才有了不可思议的结果。

而现代中医、西医是不认可这种不科学结果的，医者只知化验、背药方，不知修炼为何物，故此，后人把孙真人的这两卷医咒给毫不留情地删了，现在的中医是可以复制的，教学、药方、检验都用了西医的方法，您还能想象老师教学生念咒，或医院里医生教病人回家念咒吗？咒卖多少钱一副？

修炼属于内向超越，圣人能占卜是以德通天人，撇开君巫，自己感而遂通天地。西方文明中人和神是有绝对界限的，人不能成神，不可逾越神界；而东方文明，神是感通天地的人，人之阳气升而为神，阴气降而成鬼，人与神鬼并无悬绝，然并无悬绝之意，是隔而不隔，不落两边而隔，可合可通，允执厥中，故此，天人合一的真人是能游刃有余的逍遥者。

《易》云："易无思也，无为也，寂然不动，感而遂通天下之故。"本体空无自性，故寂然不动，人体挚诚灵活，故能交感相应。相应是变化意，独阳不生，孤阴不长，仅有一方，就只能寂然不动，而不能感而遂通，感而遂通即"发而皆中节"，即"中和"。

寂然不动者必是无定性、无自性的，无定性和无自性，才能转化，才能消解，才能随圆就方。寂然不动名"静"，无定性和无自性名"虚"，静虚不二，是大清明，用即是体，体即是用，体用不二，才叫绝对和纯粹。

如太极是本体，因此体无体，故假名"无极"，并非太极之外或太极之前，另有个状态叫无极。太极本是无极，两者之间是固有和同生的关系。宋明理学的大儒们为了无极和太极的问题吵了几百年，最后还是不了了之。

用王船山先生的话说："易有太极，固有之也，同有之也。太极生两仪，两仪生四象，四象生八卦，固有之则生，同有之则俱生矣。"

创始方仙道的便是一位得道的真人，名河上公，又名河上丈人，他为老子注《河上公章句》，长年在齐地琅琊天台山修行，是黄老思想的集大成者。天台山有深厚的女巫崇拜，河上公于此悟阴柔之道。他用神仙家观点解释《老子》，为目前最古的《道德经》注本。

《史记·乐毅列传》曰："乐臣公学黄帝、老子，其本师号曰河上丈人，不知其所出。河上丈人教安期生，安期生教毛翕公，毛翕公教乐瑕公，乐瑕公教乐臣公，乐臣公教盖公，盖公教于齐高密、胶西，为曹相国师。”

根据道统记载，河上丈人之脉六传至汉初开国名将曹参，他曾跟随刘邦在沛县起兵反秦，汉惠帝刘盈时官拜丞相，不过他是中国历史上最独特的丞相，完全体现了道家无为而治的思想。他当了丞相后一遵萧何定下的规定，丝毫不改，天天在丞相府喝酒无度，见到别人有一些无关紧要的细小过失，总会隐瞒，朝野上下一团和气。对于这么一个看上去毫无作为的人，《史记·曹相国世家》却这么评论：“参为汉相国，清静极言合道。然百姓离秦之酷后，参与休息无为，故天下俱称其美矣。”这就是著名的“萧规曹随”。

曹参才当了三年丞相就驾鹤西去了，其流芳千古的政绩，居然是不作为，这使许多有志之士感觉不可理喻。后世将萧何和曹参并列明相，曹参之明，便在于无为。曹参用了三年确立了道家无为而治的治国方略，最大限度地休养生息，修复饱受重创的国家。而这种理念很好地被继任者延续了下来。纵观曹参之后的丞相人选，才能比肩萧、曹的几乎没有。后来诸侯坐大，朝廷忙于削弱诸侯权柄，更无暇更张国策。因此在窦太后的支持下，这套休养生息政策，竟然奇迹般地开创了“文景之治”，乃至延续到了武帝时期，长达58年。

经过近一个甲子的蓄力，汉王朝焕发出了蓬勃的张力，蓄势待发又适逢雄主，故能纵横四海，独步寰宇，这个功劳亦出自黄老。

统治者适时顺应民心，以清静无为思想与民休息。当时以黄老之学而著名的人物有陈平、田叔、黄生、邓章、郑当时、司马谈等。与此同时，各类方士也喜欢研究黄老，如司马季主、严君平等，都是以方士身份而精通黄老的人。可见，方仙道初期并未与黄老精神背道，只是后世异化，背离了初心，才变得面目全非。

汉初，凡言道，必称“黄老”。

黄帝、老子思想并举，到了司马迁著《史记》时，才把周、秦的学术思想明确划分，各立门户，壁垒分明。将道家之源独归老子至有魏晋之后，道家列道脉，整理出了老子传关尹子与庚桑子、庚桑子传壶子、壶子传列子、列子传庄子这一系列家谱。

司马迁的自序及其父司马谈的《论六家要旨》，明确表达了其父子的思想宗奉道家。不过司马迁虽宗奉黄老，却也明示道统源自上古，是天下之共道，因此，他没有专门为老子写弘论，却为素位而行的孔子写世家，写得洋洋洒洒，老子则归并在《老子韩非子列传》里一笔带过。这是司马迁的智慧，处在武帝“罢黜百家”的大形势下，他只能是以儒为表，后世子孙读司马氏笔阵时，一定要解时势，悟玄机，不能被表面现象迷惑。

不过此时的道家及黄老之学，基本上仍是思想，从这时的《黄老帛书》等书中可见一斑。政权巩固之后，汉武帝变法，但他虽以儒治国，但内喜方术。这时的黄老之学逐渐从思想转向神仙法术，同时期，儒家有神化孔子的趋向，东汉谶纬学说也随之兴起，黄老逐渐与方仙道结合，开始神化黄帝，宣扬神仙之学。

从此之后，讲神仙术的方士，皆托于黄帝。东汉桓帝时，“方仙道”被改称“黄老道”，桓帝即位十八年，专好神仙方术，老子被进一步神化，黄老道将老子作为教主崇拜。不过此时的黄老道还不算宗教,只是在崇奉黄、老的基础之上推老子为教主,老、庄之书是他们的经典。

之后,东汉末年兴起的太平道和正一教都是黄老道的流派。此时,道教正式成立。道教兼重黄老,试图以黄老的源流证明自己为上古文化传系之正统。

他们为何不将黄帝奉为教祖,而将老子捧到至高无上的神位?主要是黄帝为儒家“三皇五帝”之中的先祖之一,当时儒家已为正统,若将黄帝立为教主,势必与“敬天法祖”的儒家发生冲突。另一方面,太史公说孔子曾问礼于老子,也可以说是老子的学生,把老子当教主,明显使儒家矮了一头。又因老子人莫知其所终,故杜撰出《老子化胡经》,以老子化身为佛陀,再证明佛教也矮了道教一头。这样,儒、释、道三教中,道教为至尊。在道教历史上,汉末先神化了老子,以后又神化了庄子。

盛极必衰,汉朝时如鱼得水的方士,遨游诸侯之门贩卖方术风头正劲时,却遭到儒、道的多次正面攻击。东汉王充在《论衡·道虚篇》中痛斥方士和方术。“方士”一词由东汉始开始含有越来越深的贬义,和老庄时期的“方术”内涵已截然不同了。

早期的方士其实多是修道的隐士和科学家,例如葛洪、扁鹊、仓公、东方朔等。他们研习的内容涉及天文地理、化学医药,是极大地有利社会的。只是后来人利用方术之名,惑众谋利,从而使后人因袭观念,正人君子对此不屑一顾。

方士的形成可以追溯到上古时的巫师、史官、占卜、星象、阴阳、农家,杂家等人士，最多的还是修道的道士，然而到了汉朝之后，方士声名不彰，道家的改称“道士”，医家也于道家独立出来自成一体。其余的如五行、十天干、十二地支学说的，成为《易经》八卦术数的纳甲学派。

伏羲画八卦，本来用以归纳宇宙万物、万事、万有变化的轨迹，此与黄帝时代发明的天干地支符号原本并无交集，而至春秋战国、秦汉道家的演变终于融会，本乃幸事，奈何至汉末三国，推而变化为谶纬占卜术，将伏羲、文王、周公、孔子、老子的人文思想、合道精神，退化成了一种迷信。

后世还通过方术发展出炼丹、星象、紫微斗数等，此时，法家、阴阳家、杂家等思想都托足在道家门庭，如草木一样，流弊所至，造成西汉谶纬的迷信风气，越来越和老庄之道家背道而驰。

社会上的一切风俗、风气、文化取向，引导其转变的，其实不是学术界。孔子和老子都没有引导春秋战国的学术风气。领导学术风气的是谁？是尧、舜、禹、汤，文王、武王、周公、姜子牙这些统治者。我们看魏晋玄学是正始年间萌芽的，正始是曹魏的天下，却也是曹魏政局不稳的开始，正是政治上的混乱和变压促发了清谈、玄学的诞生，是这些人引导了国家的气象、风俗、文化。

王莽的叛乱、汉末三国的乱局，儒家对人的礼法制约遏制不住沉沦的人心。谶纬在汉末大行其道，和桓帝、灵帝等人脱不开关系，上有其好，下必随之，这些最后大多归入正一教，谶、纬逐渐合流。

谶纬，是“谶”与“纬”的合称。“谶”是秦汉间巫师、方士编造的预示吉凶的隐语，大概起源于先秦时期，《左传》中就有一些谶语的记载；“纬”即纬书，是西汉开始儒生托古代圣人言依附于“经”的各种著作。

西方传统宗教认为人是有原罪的，神明高居天堂，尘世一无是处，人间是罪恶的，唯有天国、天堂才是真正的、纯粹的、美好的世界。这种思想是二元论，人类活着的世界是肮脏的，和神圣的天国是隔绝的，人类是罪恶的，人间是黑暗的。

这种二元论在中国古代没有市场，以人为本是中华文明的核心，人的价值是可以灌注在宇宙天地里的，可以在山河大地里的，在每个人心里的，人存在价值的核心和西方人的说法是完全不同的。神不是高居在天国的，神就在我们每个人的心里。所谓的通神是打开内心，所谓的祭祀是培养恭敬心、诚恳心、感恩心。

虽然自然对象自然物还是自然物，但人是可以感知这些事物意义的生物，感知山水的可爱，感觉动物的纯朴，人和自然没有割裂，和万物的精神是合一的。人活着，虽然生活在现实世界里，但合于天道的时候，我们同时可以和天神对话，了解天地的意思，补充天地的不足，合于天道的时候，就是灵性充沛的人，健康的身体和充沛的灵性合并，才是完整的人。

所以人的精神世界无比广阔丰富，可以纵横驰骋在天地之间，上可登天，下可入地，这样的人是时刻满足的，这种思想在《周易》里面表达得很清楚。但从汉末开始，把卦器、历法、气象、天文，还有道教箍术、奇门遁甲、神仙鬼怪全部附会到《周易》里去了，虽然曹魏时王弼把这些附会一扫而光，可好景不长，到了隋唐，新的附会阴魂不散，又回来了。

老庄所言的神仙，是指修行、指思维、指超越、指生存方式，故神仙是假名，借此启发人知晓生命还有另外的可能。

中国人的生命观，是把生命当作一种无穷的境界，内心和精神世界是无穷丰富的，所以人可以从感官世界，即“见闻觉知”里，探索、发现、玩索隐藏着的暗能。所谓无穷，是指无论里、外、大、小都可至无穷。

文化

什么是文化？文是文治，化是教化，文之“治”显“化”之用。化是变化、转化之意。如此，可见文化不会呈现一种固态，而是一个不断创新、不断发展的动态体系。

“人文”一词来自《易经》中的《贲卦·彖》：“观乎天文以察时变；观乎人文以化成天下。”“人文以化”就是以文载道，化育天下，“文”是道之体，“化”是道之用。不解“文”之了义，文便会成为障道因缘；解文之了义，文便是达道之桥梁。“化”包含三层含义，即教化、感化、风化。

教是师者范之，从者效之。

感是感应、感知、感通。《易经》有一卦叫“咸”卦，咸即感之意，彖辞说：“圣人感人心，而天下和平。”上下感通，社会焉能不和谐？“风”是指潮流时尚、社会风气、习俗习惯，如果风气良善，人人懂得自律，人焉能不幸福？

“文化”一词，目前西方学者主要持两派观点：一派以英美学者为主，喜用“civilization”，翻译成中文叫“文明”；另一派以德国学者为主，喜用“culture”，翻译成中文叫“文化”。

英美派多数将文明理解为固态的、既定的、历史的、过去的、已发生的不可变更的事实和成果之总和；而德国派则多认为文化是一种和生命息息相关的活的存在形态，如果将文化制度化、形态化、模式化、固定化，即文化的衰亡。

西方思想对文化的理解遵循这两条思路，影响了现代人对文化的领悟。

中国文化的内涵偏向动态，“化”的本意是演化。但不能仅用固态或动态二分性思维去理解，文化本身虽含有固态和动态两部分，但也不能强分，有些固态的文化可以重新诠释和解读，焕发新生，有些动态的文化却换汤不换药，表面上光怪陆离，内地里腐朽顽固。

再从另一方面说，文化中文理部分属于相对固态，千百年来，文理不变而其对社会的作用又是相对动态的，因人、因时、因地、因境而异。文化在不停流变的过程中，显现出相对动静、忽动忽静、动中有静、静中有动等多种状态，包含了多角度、多形式、多层次、多方面、多境界的交摄兼容，从结构上说这是一种耗散结构。如果仅说一面，容易陷入形而上的局限。

文化是人类以文载道的表现方式，包括了文学、艺术、宗教、哲学、科学、技术、习俗、政事、法理、道德、规范、教育等诸多形式，其内容丰富而多层次。如思想、意识、观念属于文化的精神形态，其中一面分化为价值观、人生观、世界观，另一面分化为思维方式；再如文物、文理、文学属于文化的物质形态，而风俗、制度、法规这些属于文化的社会形态。

文化就其作用而言，主要解决了人与人、人与自然、人与万物、人与自身的关系，文化本就是为了保障这些关系和谐圆融的，故此，好的文化能令社会稳定团结。我们从现在的商业文化中却看到了相反的现象，电影、电视、网络游戏中充斥着暴力、刺激、无聊和庸俗，这种环境下长大的年青一代，内心离清净越来越远，不知智慧为何。

老子说“邻国相望，鸡犬之声相闻，民至老死不相往来”，就是社会应是和谐共存的，互不妨碍，可是多数现代人不以妨碍他人为可耻，缺乏自律和修养，公众场合缺乏边界感，以为不犯法就可以肆无忌惮地为所欲为。

有人误以为老子的理想是“小国寡民”，似乎国家小、人民少就是理想社会。这是大大的误解，河上公真人注解说：“圣人虽治大国，犹以为小，示俭约，不为奢泰。民虽众，犹若寡少，不敢劳之也。”

这就是说，“小国寡民”是国大民多却能以之为小，以之为寡。示俭约，不为奢泰，百姓应崇尚修养，而不应追求奢华浪费。中国社会文化史上，儒家、道家原本是一显一隐，在社会规范、秩序、道德上，儒家占主导地位，而在中国人深层的文化心理结构和思维方式方面，道家却是占主导的，中国人心灵里弥漫着挥之不去的道家气息。

儒家、道家缺一不可，处于显位的儒家如果缺少了道家的补充，会失去诸多生机。既然儒、道能相得益彰，互为显隐，为什么还会有佛法停留的空间呢？注意老子说“三生万物”，二为什么不生万物？阴阳二气相交，和而生三，三是缘起，道家以道、无、自然、天性为核心理念，认为天道无为、道法自然，一切事物都有对立面等，据此提出无为而治、知雄守雌、以柔克刚等政治、军事策略，对中国文化产生了深刻的影响，此为贵阴；儒家修齐治平，学成文武艺，货与帝王家，这是贵阳。

鸠摩罗什大师来华，带来的是大乘中观不二之法，后世经六祖惠能发挥出融汇儒、道的“中国禅”法，“中”即“不二”，即“中和”，这和中华文明本具的精神不悖。

中华文明和西方不同，一直以来强调突出人的核心地位，人是宇宙天地之“中”，有主动兼顾宇宙大化运行的能量。但能否发挥这种能量还在于人的精神境界，这就给“人”这种生命体保留了无限的提升空间，人能通过修炼向上一路，成为圣人、真人、觉者。

这才是人生命的特殊意义、特殊功能，发挥出的特色能量。六道众生中，唯有人能达到契和宇宙大化的流行，这叫“入流”；在宇宙万物的流行中，照见五蕴皆空，融入这种生生不息的流行发生中，生命体融入生命本来，共享一种精神，这叫“亡所”。

《汉书·谷永传》云：“建大中以承天心。”在宇宙万物，“中”是人，在生命体里，“中”是心，在心里，“中”是慈悲，在慈悲里，“中”是宇宙万物平等。这就是一个大圆相，生命的一切如不在“中”，则成“偏”，能上下贯通，循环往复，须“中”。

庄子云“得其环中以应无穷”，“中”是中华文明的核心精神，什么样的精神决定了什么样的文化，文化带动着社会风气。人之生命于宇宙中，能和合贯穿起生命的全体的力量，这种神奇的宇宙力，叫“中庸”“中道”“中和”，这种生命才是灵动、雄浑、有生机的。

《二十四诗品》中写道：“行神如空，行气如虹。巫峡千寻，走云连风。饮真茹强，蓄素守中。喻彼行健，是谓存雄。天地与立，神化攸同。期之以实，御之以终。”这种天行健、自强不息的生命力，是生命的精神力，“具备万物，横绝太空。荒荒油云，寥寥长风。超以象外，得其环中。持之非强，来之无穷”。

智者的精神力量不会被局限在狭小的世界里，心可以纵横驰骋于太空，如鲲鹏扶摇而上，但升空前要长期修炼，积聚如何借风、御风而行的能力，这叫“积健为雄”。

这种智慧影响了中国儒、道、禅的形成，对中国传统文化、政治、法律、科技、文学、艺术、风俗等也有深远的影响。

以道家来说，自古就有帝王运用道家黄老思想为治国理论和实践，从法、术、势、利、力等方面摆脱了理想主义的窠臼，开始走向了现实。在此基础上，又衍生提出了道生法的主张，不但解决了法律本身合法性的问题，对先秦和西汉初期法律制度的建立也产生了很大影响。儒家独尊后，中国形成了独特的外儒内法的格局，但道家思想所倡导的法之原则与精神，还是间接隐性地对中国传统法律文化之格局产生了广泛而深远的影响。

道家对传统科学技术发展还有不可磨灭的贡献。中国的传统科学和西方不同，始终在追求事物内在的道，非以外求为本。葛洪、扁鹊、华佗、孙思邈、李时珍等大批道医，他们是在自身做实验，没有用过动物或在别人身上实验，这是中国文化的精髓，反求诸己，医者仁心。自古以来“医道相通”，这种影响最早可以追溯到黄老道家的典籍。《黄帝内经》是中国传统医学四大经典著作，同时更是统一了生理学、病理学、诊断学、治疗原则和药物学的医学巨著，将治国、治人、治身圆融统一。

道医在自身修炼体悟中形成的认识最真切，这种发展观是在道的追求中形成以道为核心，以天地人关系为主线，以众生平等为原则，以道法自然为宗旨，用元气、阴阳、有无、自化等为基本概念形成的人文、科学不二的思想体系。

这和以逻辑分析为核心的西方机械科学思想体系截然不同，以用动物的痛苦来换取实验数据的医学理论截然不同。

道家思想不仅对政治、法律、科学有极大促进，在文学艺术领域的贡献亦是无与伦比，我们就从中国画入手浅谈一下道家对书画的影响。

传统中国画的画家，他们的视野和西方画家的视野不同，画家作画并不是大的东西就画成大的、小的东西就画成小的，中国画不是写实笔法。这需要画家具备一种能力，心里要能形成一种从高空俯览、统观全体的透视观。画家的眼光、角度、视野和普通人是不一样的，其排笔、起落、留白、横列等综合方法和西洋画也是不一样的。

故宫博物院里收藏了一些意大利画家郎世宁到中国来以后的画，他的山水花鸟人物画，看上去和中国画形似，但行家看门道，仔细看就能发现差别，他的画，远山一定小，近山一定大，这实际上还是用中国画为表面形式的西洋画，郎老先生的师父看来是没有给他讲透画中国画所需具备的画心和画法。

西洋画注重写实，所以缺少了可以镇压得住画的气，就像人如果少了精气神，没了主心骨，这画就没有灵性了。所以西洋画画出来的那刻，这张画就结束了。而中国画最早来自道家，修者兴笔墨、微言动天地，画家运用灵感写意，随感而发，应运而生，通于达道，复返本来。

画家作画时必是心光敞朗，海宇澄清，画中有一种东西始终在贯穿和流动，坐镇着整幅画，没有灵性的画家叫“画匠”。真正的中国画家，收笔的那刻，画不是结束了，而是新生命才诞生。

中国画从形上看，简洁淡雅，大音希声，大巧若拙，大美由简，大意唯定；从情感上讲，画家以书法抒发胸臆，画之写意正如诗之唯美，哀而不伤，温柔以待，故此中国的诗词与写意，在书画中弥合无间，既有哲学内涵，也有情感勃发。

这样的画，关键在于传神，画家之心神，春容博雅，和于中道，画作能隔代、隔空、隔一切世间的语言文字，传递给每一位观者。郎先生不懂，中国的文、艺、书、画若脱离了道，即是技巧。

不能合道的人，画的是情绪，是人、物的还原，是为画而画；合道的人书画，是从心所欲，欲望的灵源已窒，书画灵珠顿显。

读过画论、诗论的人都知道，古人把诗词书画看作心迹的显现，故论文动辄言性情，诗如其人，画如其人，风格即人格。石涛《画语录》云："夫画者，从于心者也。"

苏轼曾在他的画论中提出了一个振聋发聩的观点：画不必学。这种观点要被学院派嗤之以鼻的。苏轼在《书李伯时〈山庄图〉后》一文中这样写道："非也。画日者常疑饼，非忘日也。醉中不以鼻饮，梦中不以趾捉，天机之所合，不强而自记也。居士之在山也，不留于一物，故其神与万物交，其智与百工通。虽然，有道有艺。有道而不艺，则物虽形于心，不形于手。吾尝见居士作华严相，皆以意造而与佛合。佛菩萨言之，居士画之，若出一人，况自画其所见者乎？"

苏轼说的"天机"是什么？即真正的画不是来自画家的博闻强识，而是画家能得天机。画作源于灵府，即画家精神在与自然景物的交感中不知不觉所获得的灵感："其神与万物交，其智与百工通。"

这种能量来自画家日积月累的修炼，所以中国画不是学出来的，可以学的是技巧，反过来说，自身不修炼，画如果没有灵性，只是画工、画匠，谈不上画家、画师。

中国画是画家在法度中参悟“天机”的修法，画法是“无法之法”。现代画靠学，不学就不能形似，形不似就不能逼真。而抛开形似、逼真来摄取对象之生意，对于西洋画者来讲几乎是不可能的。

可见，中国画和西洋学院派画作最大的不同，在于画家本人必须是有修养的人，画是修炼的方法，是其能量迸发。推而广之，中国文学、诗词、琴箫等，人文的方方面面，和作家的德行、修行密不可分。

故此，西洋称之为艺术的，中国人不以为“术”，而称之为“法”：书法、画法、绘法、笔法……不得法的，是“工匠”。工匠需要严谨，而得法的是大家，唯大家才能气贯长虹，随意挥洒。

道家思想崇尚道法自然，许多道士从一切自然事物中抽象出“道”。“画道”被视作修炼的一法，历代道家画家都注重虚实相生、无为而为，中国画的绘画思想是以道家思想为基石的。

老子云：“五色令人目盲，五音令人耳聋，五味令人口爽，驰骋畋猎，令人心发狂，难得之货，令人行妨。”社会上的五颜六色是人为的虚华，“道”要体现出自然的“大朴”，画作自然是“复归于婴”“复归于无极”“复归于朴”，“复归”是“锦绣”的反面，是洗净铅华，不事雕凿。中国画以“拙”“朴”为大巧，画家澹泊质朴的精神被融进画里，形成水墨，基本不以色彩炫目，亦不陷于一山一水、一景一物的如实描摹。

道家许多大画家如陶弘景、黄公望等，他们的画看起来仿佛是凌空的，画家从太空俯览一切，把自己放入宇宙里，心和整个宇宙万物是统一的，艺术家的精神就是画笔，每幅画作都是活生生的，充满灵性。

儒家说：曲，则全。画的方法，就叫全而归之。

能把宇宙万象万物万事的分歧统摄起来，用“道”的精神来画画，让观者通过画入道，此时画就好像梦窗一样，一步一步、一层一层带观者入道。

耦合了道体的状态，就是传神，观者得其神韵时，仿佛和道接通了电流一般，能瞬间理解宇宙的一切发生，宇宙的一切发生都在道里，画家是契道的人，手里这支画笔是来勾勒、挥洒心中之道，而非眼前之物。

西方人学画，从画眼前的静物开始练习，中国画的师父，从教学人闭目观心开始练习。固定一点的西洋画，代表了他们对世界的认识是亦步亦趋的、次第排列的，画也讲究比例、相对关系、合理性、对称性等，画得逼真才行，西方人不理解中国画家的潇洒、逍遥、适意之画境是什么。

为什么《逍遥游》位于《庄子》之首？“逍遥”是智者对宇宙的回应，是揭示自然大化，从而引天下返本复初，扶正人心和世界归于中和境界，这些思想就浓缩在“逍遥游”三个字当中。

“逍遥游”是个合成词，分别是“逍遥”和“游”。

生究竟从哪里来？庄子说宇宙是自发的，是无限转化的过程，它有人类不能预测的不确定性，万物都在其中从属转化过程，所以生死是一个整体链条中的两端，超越了对生的偏好和对死的恐惧，人才能逍遥。生和死不存在两个世界，是一个过程的不同环节、一个整体的不同侧面，这同时具足生死的世界是太极。

“万法归一”，阴阳是一气所化，在阴阳间游弋往来，是为逍遥自在。中国传统文化是相通的。我们再从中国传统舞蹈和舞蹈引出的导引、太极功夫来看看。

中国传统舞蹈的原始作用不在娱乐，而是为了在祭祀中表达对天地、神灵的崇敬，如黄帝时期的《云门大卷》、尧帝时期的《大咸》、舜帝时期的《九韶》、禹帝时期的《大夏》、商汤时期的《大濩》、周武王时期的《大武》，这六部被称为“六代之乐”。

《吕氏春秋》中记载：颛顼登上帝位时，有感于四面八方锵锵之风声，命令仿效八风之音创作了《承云》，用来祭祀天帝。舞蹈的重要作用是祖法天地、敬畏自然、教化子孙。

《左传》中记载了吴季札在鲁国观舞的经历。襄公二十九年，吴国的公子季札访问鲁国，请求观看周朝的舞蹈，当他观看《大武》时，说：“美哉！周之盛也，其若此乎！”观看《韶濩》时，说：“圣人之弘也，而犹有惭德。圣人之难也。”观看《大夏》时，说：“美哉！勤而不德，非禹，其谁能修之？”观看《韶箾》时，说：“德至矣哉！大矣，如天之无不帱也，如地之无不载也！虽甚盛德，其蔑以加于此矣。观止矣！若有他乐，吾不敢请已！”也就是说《韶箾》中表现的舜帝的盛德已大到像天那样无所不覆，像地那样无所不载！

舞蹈是人类肢体语言的极限，为的是赞美生命、德性的尽善尽美！昔孔子在齐国听舜帝时代创作的《韶》乐后，“三月不知肉味”，感叹道：“不图为乐之至于斯也。”又说《韶》乐是“尽美矣，又尽善也”。

所以中国文化中，歌舞和书画、诗词一样，是以人文的作用帮助人清净，升起一颗和自然、社会和谐的心，升起一颗感恩心，升起一颗赞美生命、热爱生活的心。

那时的人们为了生存，要打猎捕鱼、耕耘播种、抵御野兽侵袭以及部落间发生的战争，祈求风调雨顺、农业丰收、治病驱邪，或欢呼春耕秋收，或赞美婚嫁，或悼亡丧葬，人们模仿动物飞行和跳跃的姿态编排舞蹈。歌舞不是知识，任何人都可以参与，百姓们以此表达心声。

《毛诗序》中还有这样一段话：“诗者，志之所之也，在心为志，发言为诗，情动于中而形于言，言之不足，故嗟叹之，嗟叹之不足，故咏歌之，咏歌之不足，不知手之舞之足之蹈之也。”

人们慢慢发现，歌舞不仅可以振奋精神、解除疲劳、强身健体，还可以治病。据《吕氏春秋》记载：尧舜时期洪水泛滥成灾，阴雨连绵，空气湿冷，沼泽遍地。这种气候让人心情阴郁，由于长期生活在潮湿阴冷的环境中，人们体内气血瘀滞、筋骨萎缩、腿脚发肿、行动困难。为了缓解人们的病痛，尧帝便编排了一种舞蹈，手动为舞，足动为蹈，人们用舞蹈的方法疏通经脉、宣导气血、祛除湿气，这是导引的前身。

《黄帝内经》中的《异法方宜论》也有关于导引术祛病的记载，《异法方宜论》谈到，东方是“鱼盐之地”，食物的营养价值偏高，人们血气很盛，容易患“痈疡”，治疗方法要用砭石把痈疮划开；而西部地区以牛羊为主食，油脂很多，病生于体内，就需要用药来祛除病痛；北方寒冷，同时人们吃的牛乳、羊乳都偏寒，在内外寒凉的环境下，主要采用灸法来驱除寒邪；南方气候炎热，水土的生机不强，人们的病多生在体表，所以主要用九针之法来治疗表层经络的病症。砭、药、灸、针是在特定生活环境里出现的祛病方法。

中国的舞蹈、导引、形意、八卦、太极等功夫内在原理都是相通的，都是为了帮助修养内功，故此正确的动作始终贯穿着“静中有动、动中有静”，或“逢冲必靠，欲左先右；逢开必合，欲前先后”的对比的手法，其动作的特点是以形、劲、神、律等诸要素来表达，达到形神兼备、内外统一、身心并用、以神领形、以形传神的目的。

而身法皆是形未动神先领，形已止神不止，刚柔相济，虚实并生。老子说“将欲歙之，必固张之；将欲弱之，必固强之；将欲废之，必固兴之；将欲取之，必固与之”是也。

这样的表现手法，与中国画亦同出一辙，例如有时画家要抒发心中浓浓的深情，会用淡墨、留白的方式；要表达精纯、拙朴的灵元，则用强劲、灵动的笔锋反衬寓意。画家本人的修养程度、境界高低决定了画的张力。

可以说中国传统修养法皆是内求之法，重视修养者在创作过程中反应自身的境界，作品的感染力和作者本身的心念力对等。

《礼记·礼运》曰：“饮食男女，人之大欲存焉；死亡贫苦，人之大恶存焉。”饮食男女，当是人之大乐欲；死亡贫苦，是人之大恶欲。《礼记》说此两者，是人心之两大端也，“叩其两端而执其中”，两端不是道，道在“中”。

乐饮食乐男女、恶死亡恶贫苦，即是人性，即是两端；凡求乐不得、避恶不能，就是苦。能游于其中，为“道”。与大道合，是“大中”。

道是“中”，符合道的智慧而创作的书画、文学、歌舞、诗词、音乐、建筑、茶、香、园林等最不可模仿、不可思议的文化作品，才是传世之佳作。创作者的创造力和宇宙对接的时候，创作的过程是流露些许创造的作用，而创作本身的力量挥洒是从上往下一泄如注的，这是多么磅礴的力量！画笔挥起来、歌声响起来、太极运起来、舞姿动起来的时候，是“归根复命”时。

未来人工智能机器人一定会画油画，几何图块的堆砌是可分解的，但凡可复制、可分解、逼真、有体、有形、有规律、有概念、有参照物的，都是它们所擅长的。例如它们会弹钢琴，但是中国的古琴和箫就非其所能了。

合道的中国画家，视角是反向的，是一种回向的眼光，这种反向能量源于人文的软实力，这是人之擅长。

大道运行的时候有两种途径，一种是顺，一种是反。向上发展是一条路，向下流注是第二条，这两条路，叫双轨并行。

画家如果不能够体合到宇宙中正、反两股力量的同时涌动，不能契合双轨并行时，谈不上是有智慧，只是模仿他人的画法、思想、笔锋，这些都是临摹而已。

王弼《老子注》中说：“高以下为基，贵以贱为本，有以无为用，知其反也。”这就是在说回向，画家画画，是借助画的方便表达对生命的理解，故其画作能不染俗尘，成为契道的珍品、解道的载体。

道家思想影响了中国文化的品格，画家、作家、诗人唯有契道，才能出真正的作品。道法自然，自然有规律，顺着万有规律走的时候，生命中仿佛“有”的越来越多，而“拥有”的越多，“被拥有”的也越多。

生命的“体”本是清净的，是一切皆通的。生命的“相”呢？是认知、贪嗔痴，一切变化的境界是生命的相。生命的“用”，是八万四千方便法。

生命处在保鲜状态的时候，灵性归于清净态、虚空态，这是能量的基础状态。从物理学来说，能对一切场具有幽闭的作用，禅门称之为“甚深禅定”。

所谓“甚深禅定”，便是有一双天眼，能观宏观微。现代天文学，从哥白尼提出“日心说”算起不到500年，而佛法早在2000多年前就提出“大千世界”“十方佛国”“法藏世界”等无比宏大的世界观了。

什么叫作“大千世界”？整个太阳系相当于一个“小世界”；1000个小世界称为一个“小千世界”；1000个小千世界称为一个“中千世界”；1000个中千世界称为一个“大千世界”。这其中包含三个千倍的累进，因而“大千世界”又称“三千大千世界”。

“大千世界”有多大？如果用数学计算，则约等于十亿个太阳系。当然，佛法的大千世界不同于天文学概念，只是大约相当而已。

而“十方佛国”里包含着“恒河沙数”个大千世界，所谓“恒河沙数”，是用恒河中沙的数量，能以数计吗？现代天文观测，银河系中共有一千亿个以上的大小恒星及无数星云、星团，直径为十万光年；银河系之外，目前观测到的“河外星系”约有十亿个。尽管人类目前的观测半径已经延伸到上百亿光年之遥，但仍然摸不着宇宙的边际。

直到20世纪中期，这部分“可见宇宙”被科学当作整个宇宙来研究，仍全然没有想到，也几乎无法想象在这部分“可见宇宙”之外还有着无限的宇宙。不仅佛法中有“无限”，老子同样也提出了“无限”。

我们再入微，从19世纪初道尔顿等人提出“原子—分子论”算起，科学对微观的认识还不到200年。可是，佛法早就已经提出“微尘”“极微尘”“邻虚尘”等微观概念。

佛法说生命之粗者为大地，细者为“微尘”，“微尘”七倍大于“极微尘”，“极微尘”接近于“邻虚尘”，“邻虚尘”是色边际相，不能再分，再分就是虚空了。所谓“邻虚尘”就是“邻近虚无”。当代天体物理学中所说的“夸克”，正是从“邻虚尘”的梵文读音借用过来的。

有人用佛法中的各种“尘”对应现代科学里的“基本粒子”，其实现代科学对物质理解是由大往小不断细分，物质由分子组成，分子由原子组成，原子由质子、中子与电子组成，等等。目前最基本的物质组成单位是轻子与光子，以及组成强子的夸克，还有基本粒子的反粒子。

这些轻子、光子与夸克的重要性质有静止质量、电量与自旋量及空间大小。轻子包括电子、微中子及渺子，目前尚不知其体积有多大，也不知其内部有什么结构，但有微小的静止质量与自旋量，有些带有电量，有些则呈中性。然而佛法认为，自旋量是动的能量，体积大小并没有坚、湿、暖、动之性，故体积只是虚空的性质而已。

一切生命都在空里，然而微尘有多大，空就有多大；反过来说，空有多大，微尘就有多大，“色即是空，空即是色；色不异空，空不异色”。

微尘和虚空，本没有先后，假名有先后，老子说“无中生有”，看上去生命是由虚空产生的，先是产生有色相半实半空的东西，然后再生出物质。但这一切都是假名，不是真的有个什么先生。

我们不要习惯性将老子的道、佛法和现代科学附会、比较，科学是在用唯物的角度分析物质，而东方传统智慧中不是从物质角度，不是从作用性来理解的。东方智慧和西方角度不同，没有谁高谁低，只是看宇宙万物万事万有的视角不同，如果人仅会用一个角度思考，就容易陷在自己思维的监牢里，无法超越时空。

佛陀在《楞严经》中有一段话，大家需要用心体悟。

佛语阿难尊者曰：

阿难，如汝所言四大和合，发明世间种种变化。阿难，若彼大性，体非和合，则不能与诸大杂和。犹如虚空，不和诸色。若和合者，同于变化。始终相成，生灭相续。生死死生，生生死死，如旋火轮，未有休息。

阿难，如水成冰，冰还成水。汝观地，粗为大地，细为微尘。至邻虚尘，析彼极微色边际相，七分所成。更析邻虚，即实空性。

阿难，若此邻虚，析成虚空，当知虚空，出生色相。汝今问言，由和合故，出生世间诸变化相。汝且观此一邻虚尘，用几虚空，和合而有。不应邻虚，合成邻虚。

又邻虚尘，析入空者，用几色相，合成虚空。若色合时，合色非空。若空合时，合空非色。色犹可析，空云何合。

汝元不知如来藏中，性色真空，性空真色，清净本然，周遍法界。随众生心，应所知量，循业发现。世间无知，惑为因缘，及自然性皆是识心，分别计度。但有言说，都无实义。

“但有言说，都无实义”，生命之间心心相印，禅文化重在能互相传神，建立一个双向的传递通路，这是生命最微小信息的载体。

这些无处不在、无时不在的信息体，老子假名为“道”。道是具有可传递性的，但又具有不可分离性，需要通过心心相印“印”出来，通过传神传过去。

“印”的光是心光。心光不是单一光，还是一种意识态、叠加态。心光是生命交通的通道，此心光一旦和宇宙的光线、光波、电磁波契合，在同频中能产生耦合，此时不仅有通讯的功能，还能改变生命一切结构、状态和生命里的量。

但这种不可思议、不可测量、不可证实，也不可证伪的“道”，是普通人无法理解的，为什么悟道的人能通天彻地？自古以来人们说的“神”，就是能通天地的生命。能通天地的能量来自其精神的清净态、虚空态。

禅法里有净法和染法，一个修行人意识波能归于清净，叫“净法”；意识波特别杂乱，叫“染法”。意识归于清净态时，就是合道，就是开悟。意识从哪里来的呢？佛法说如来藏里出生，如来藏和道一样，是具足万法的，既具足了净法，也同时具足了染法，所以，它能现一切法，又能离一切法。

染法是有变异的。为什么会变异？跟各种场、各种境、各种信息混合了，它就会发生各种变异。这种变异，佛法叫“缘起”。

净法是永恒的，修者越往虚空态靠近，越接近永恒，面对外面变动的场，万境如如，就是清净，随着外界的变化而情绪起伏，难以自控，就是染着。普通人的意识处在一种波动的状态，因为这种波动，产生了各种各样的花花世界。

虚空态，是宇宙的基态。千万不要以为极微尘就是“小”，把极微尘理解为小，是二见。比如数学里，0是最小吗？0比1小吗？

零，我们可以视为涅槃、清净，也可以用圆相来表示，数学上说，零是一切坐标系变化的起始点。

零，不能用多少、大小、前后来表示，在整个宇宙万物、万事、万有中，不管是有形还是无形，信息还是意志，心念还是愿力，在零点时，在虚空态一切都是贯通的，也唯有在零点、在虚空，是一切贯通的。

修道，即归零。

归零是走向一个大的统一，和而不同，零包含了一切数，又什么都不存、不住、不积、不累、不贪，它不是有无，万数皆由零中，都在零中。道是零，而生一，“一”就是开始处于波动状态，一是不异，即缘起。“一”为什么生“二”呢？有阴、阳了，有时、空了，物理学叫“扭力场”，又叫“旋场”，二是不一。物体开始通过旋转运动发生时空结构的扭曲，时空、阴阳、扭动、旋转一开始，便是“二”。

“二生三”，速度影响变化，变化产生信息、能量、物质这生命三要素，有了这三个要素，就由虚数的、清净的、虚空的世界向实体世界化生，三是不二，这就是“三生万物”。

万物在众缘和合下开始产生，物理学称之为矢量场。

矢量场中因缘和合生出无穷无量的缘，变化为各种层次的生命态。生出万物、万事、万有是宇宙中顺的选择，同理，人类的出生，也是宇宙万物、万事、万有的顺选项。

无限多次元的时空，是“道”生的时空。时空是可以扭曲的，但是却没有顺逆，所谓顺逆是人指定了方向，而假名顺逆。也不可以计数、定量，有了人，就有了被定义的方向。

目前科学认知的是十一次元，可以说是一条轴上出来的十一条互相垂直的线，当然随着人类认知的提高，会逐步发现可能不止十一次元，还有无数、无量的区域。这些线条上有不同时空、不同物体、不同的生物，它们之间因为形态不同所以互不干涉、碰撞，然而高次元的生命就有含摄低次元生命的可能，高次元的生命体就有随心所欲变体的可能，这些存在是互相可以叠加、互容的，高能有可能含摄低能的存在，也有平行而互通的存在。

现代科学认知人类处于四维时空，是三维空间加一维时间构成。蚂蚁是二次元的生物，鸟是三维的，它飞高飞低能看见蚂蚁看不见的。人在宇宙演化中以为自己是四维生物，可六道众生唯有人可以超越局限，有能力通过修行打通一切维次区域，觉悟了就无碍了，这叫“逆行”。

逆行，是从物化走向非物化，从有无到虚空，返回到先天的本性，即道的清净态。合道的生命是清净的，可以无碍于时空、维次，也可以应需契入任何一个时空。

入地为鬼，通天为神，在世为人。

人是能在世通天入地的生命体，这是人之所以被称为“万物之灵”的原因，宇宙天地的精气在宇宙中顺结成人，人就是一种“灵性生命”，是可以多次元、多角度、多纬度、多层次，无量无边、通透无碍的生命存在。

我们从宇宙观、微观、宏观，从不同层次理解生命的时候，会发现人，这种生命体是宇宙的奇迹。人可以通过修性“通于道”，即打开被局限、堵塞的通道，不只活在四维里。如果狗从小到大一直关在笼子里，除了吃、睡和讨好主人，它还能会什么？人类的灵性发挥到什么程度，取决于您的选择、您的方向、您的愿力、您的行动，是顺着规律，用看上去安全的方法做个普通人，还是从今天起向死求生，逆行突破局限？这需要大的决心、勇气、智慧。

许多人认为勇气就是不害怕。其实不害怕不是勇气，那是某种脑损伤。勇气是尽管感觉害怕，但仍能迎难而上；明知山有虎 偏向虎山行，尽管困难重重，但能欣然面对，明知不可为而为之。

智，是我们认知世界和自然界规律的一种能力；慧，是契合本性的能力。智，是照见客观世界；慧，能和心灵契合，一个是加，一个是减。

人类因为有智慧，创造了文明，但是文明被用到了物质方面的时候，变成了物质越来越进化，灵性越来越退化，这属于不合道的状态。文化的发展，合道是基础，是宗旨，否则文化会成为利益的侍女。

人能通过修行逆生长，所谓的穿越就是逆行，同理，成长也一定是逆的，顺是堕落，堕落在享受，耽延在宿命里，生老病死、成住坏空，“有”越来越多，有家庭、孩子、财产、经验、历史、记忆、希望、牵挂和遗憾，有了便会执著黏缚于“有”，生命的空就被各种“有”堵塞了，越来越僵硬、固执、放不下。唯有生命处在虚空态时，清净状态下的天线才能顺利接受宇宙的信号。

宇宙的基场是清净，人心清净时，无时无空，和哪个维度不能沟通？频道耦合时哪个维度的信息不能被清净心摄取呢？生命本来是一个全息导体，周流无碍，通达万方。大脑作为一个处理器，只是接受器的一种，清净的人不仅运用大脑，不被大脑所控制，还可以开启身体有形无形的一切通道，随时接上“道”上的信息，随取随用，随用随弃，不弃不离，这就是生命力。

生命力和寿命没有关系，和灵性的精细度有关系。比方，有的人活一百岁但一直处于低频状态，这就像一部手机，功能是齐备的，但人不会使用，只能接打电话，生命的潜能没有被发掘，生命被幽闭了。但没有高能由内外激活生命，如何打破幽闭场的屏障和堡垒？不修行解放被“自我”囚禁的灵性，人就和动物没有区别，甚至不如动物。

人这种生命体，靠经络来储存和输送各种身心能量流，靠神经来传递信息，靠细胞核来储存信息。生命体是一种物器，其灵敏程度取决于生命态的清净程度。

不同模式的生命和一切生态的文明，各种呈现的方式，都是道的展现，生活中无处不是道。人基于现有的认知得出的生命定义是局限的，自以为是不能作为标准衡量，超出人类现有认知能力之外的比比皆是，生命体离不开秩序，生命体的产生必然是有序的，无序产生不了生命体。然而越来越有序的时候，生命力也就越来越丧失，故此，修行是打破有序，使之无序后重新排列。修道、修禅就是把人自小建立的有序打乱，什么概念、知识、观念统统重启。

老子说“功成身退”，功成是人自小建立有序的过程，身退即再回到无序的混沌态。

宇宙有它自己的秩序，有它自己的意志，这意志里面包含了顺和逆。从人理解的角度来讲，顺，一年有四季，日月交替，天体在旋转，万物成长，成住坏灭，生老病死，这叫顺序。

逆，就是人为地感觉到宇宙失去了秩序：气候变暖了，环境变坏了，人不可理解的灾难要发生了。这叫失序。

宇宙万物的“序”其实不仅仅是我们现在理解的那种顺序，在“道”中，“失序”是“有序”的一种。

人本是宇宙有序的产物之一，但人自己把自己从宇宙中分离出来。要承认我们现在还是无知的，无知，是对真正的全息存在一无所知，我们不能理解失序也是宇宙的秩序，秩序里面包含了有和无，包含了顺和逆。

金鱼自己不可能明白鱼缸外面的世界，解梦的人必在梦外。道既然无处不在，人的关键就在于如何和道接上，这就靠修，靠不断净化生命体，使其由一个不良导体转换为良导体甚至超体。

时间本来就是可快、可慢、可逆，空间本来就是可弯曲，可折叠，可叠加。

唐宋之后，“中国禅”进入全盛时期，此时，真正的道家文化和中国禅文化交涉互融，在中国文化风俗的方方面面都能体现出。禅门祖师注《道德经》者甚多，明代是双修最鼎盛的时期，禅净双修、禅道双修、禅密双修、禅儒双修者比比皆是，本书选用了明代憨山大师的注释，令读者们进一步能

茶中禅定

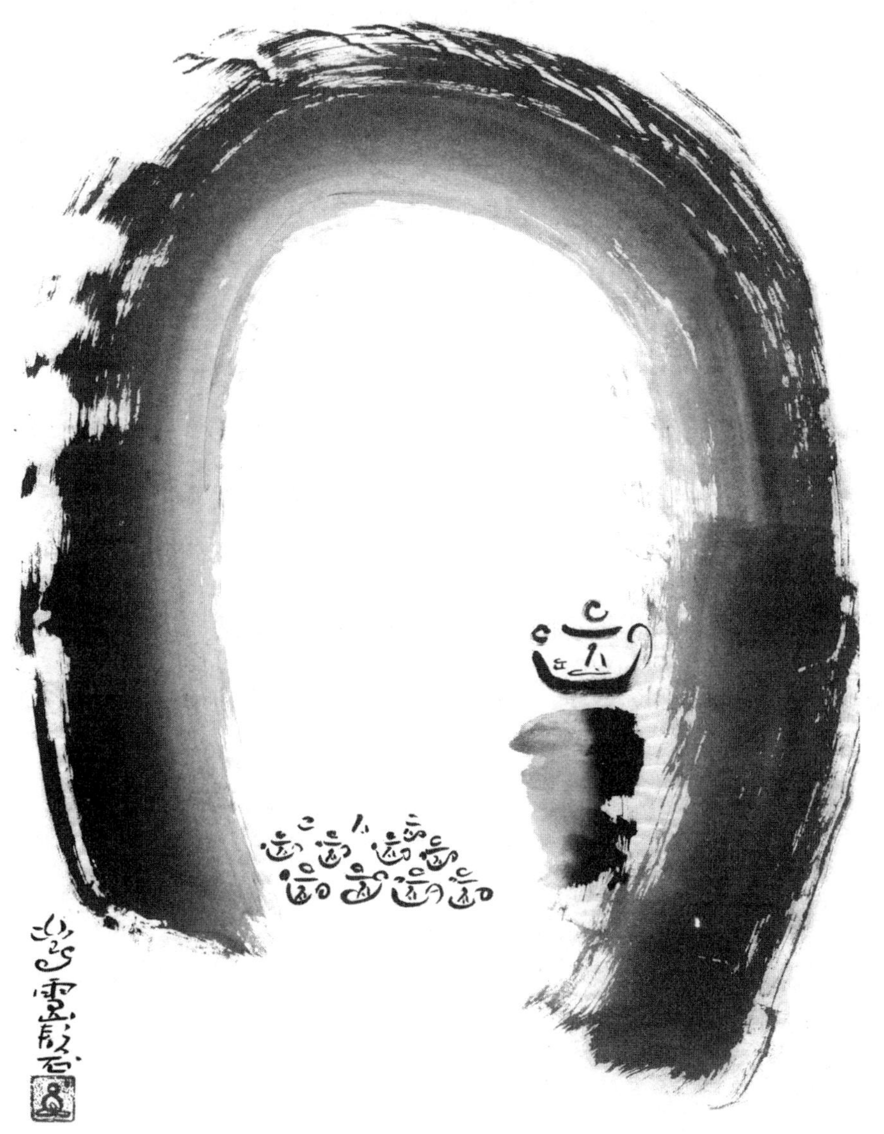

理解道家和禅门双修不二的关系。

修行是道家和禅门的共法，每位祖师们在悟道之后都有一个艰辛漫长的实修的磨炼过程。六祖在五祖那儿得到衣钵后，在猎人队伍里隐居15年，就是在磨炼自己。福州长庆慧棱禅师，往来雪峰、玄沙两位禅宗大师处修行20年间，曾坐破七个蒲团。灵云志勤禅师所作的偈颂很出名："三十年来寻剑客，几回落叶又抽枝。自从一见桃花后，直至如今更不疑。"

许多人以为这不简单吗？见桃花就能悟道了，您别忽略了第一句是"三十年来寻剑客"，没有三十年的功夫，怎么能见桃花悟道？其他人见了桃花为什么不悟？

道家、禅门的文化是离不开实修实证，否则就变成了手无缚鸡之力的文弱书生。二祖慧可见达摩祖师前，对老庄易儒已经相当精熟，且经过严格的心性修炼。他在香山曾自搭茅棚苦修八年，动心忍性、绵密返照的功夫深厚。见到达摩祖师时，祖知是法器，故意先用各种难堪的态度磨砺他，如果是一个没有实际修养功夫的人，可能早就拂袖而去了，怎么还会断臂求法呢？

口头禅、文字禅们很难理解为什么玄奘法师九死一生西行求法，不理解二祖为什么要断臂求安心，法和知识截然不同，知识层面着眼于玄奘法师走了什么路，带回了什么经；着眼于二祖的手臂究竟是不是自己砍断的等。而道的层面着眼的是如何契合这些祖师在杀人剑下求的"须臾不可离的"活人法。

儒、释、道、禅的修养法，就是想尽一切方法把知识带给生命的障碍和分别心化解掉。知行合一，知识能无碍生命时方是大成，文化亦如是，如果门户修得越来越窄，壁垒越来越坚固，此一定不是灵活的文化本意。

不论您现在在修什么法，或者还没有找到修门，记住最重要的是人一定要通过修养成其为人，而不被成其为他人。

《楞伽经》中说，宗是宗门，教是教理。禅门祖师说“通宗不通教，开口便乱道。通教不通宗，犹如独眼龙”。兼通，方能自觉觉他、自度度人，方能不被已经被偷换了的概念迷惑，被狭隘的眼界局限。不过，通不是通知识，而是通德、通识、通慧、通才，即回归共通的平等心，这才能通万法之源。

有人说，本来无一物嘛，会说就可以了，干吗还要费劲修行？这属于无知者无畏。《易经》云：“福祸无门，惟人自召。”也就是说，万物、万事、万有本无好坏之别，福祸也并无固定之门，您的心态如何、心念如何，就是给好坏、善恶、福祸打开了一个门，这些都是操之在己的。您心清净、无欲、善良，时刻利他，和您的心充满抱怨、欲望、恐惧、得失，召来的不都是自己想的吗?

李斯和赵高合谋扶正胡亥，矫诏杀了扶苏，不到两年，李斯就被赵高诛杀了；赵高呢?“指鹿为马”试探大臣对自己的态度，确认可以一手遮天后，开始称病，不见二世；不久，派女婿弑君。

这秦二世，篡权刚坐上皇位不久，就派人去骊山陵将生父陪葬的珍宝搬上朝堂展示。

大戏连环，二世被弑，赵高立子婴继位。

子婴却在登基前亲刺赵高，且夷三族，以绝后患。

始皇一统江湖，可呼啦啦大秦帝国转瞬灰飞烟灭，这些光怪陆离、不可理喻的事儿，居然都发生在他死后三年内。天理昭昭，疏而不失，想胡亥，开父墓，杀手足，不具德行，傀儡能当几天?

始皇能想得到自己以为可传万世的江山二代而亡吗?能想得到自己尸骨未寒，亲生儿子就把陪葬的宝贝挖出来玩赏吗?他能想到自己的血脉，二十多位皇子、公主居然都死于胡亥和赵高之手吗?延绵三百余里的阿房宫，不也只剩荒坡枯草了吗?万里长城今犹在，何见当年秦始皇?

这台大戏的导演，叫——欲望。

因果律是没有争议的，有争议的，是衡量因果的边界。有没有智慧，有没有能力，在于您懂不懂边界在哪里。有修养的人，时刻都在检查自己、管理自己，修正自己的认知。如果人自大、自满，就容易自欺，自欺的人必欺人，欺人的人必被人欺。不修行，您能不被人欺吗?

修行不是可有可无的事情，是生命中最重要的事情。许多人总是觉得修行就是读几本佛学书就可以了，这就是自欺!佛在《楞严经》上告诉阿难:“现前纵得九次第定，犹是法尘分别影事。”意思是说修到九次第定的修者，也还不过在意识境界里打转。

“法尘”包括一切思维、思想、知觉和感觉，这些外尘在心中住下便是“心尘”，“心尘”属于心意识的分别所产生，由思想功能变化而来，这还是“分别影事”。

所以佛告阿难，如果您不追寻生命的本体，只在这些境界上打转，距离合道、悟道还早呢!张紫阳真人说:“顶后有光犹是幻，云生足下未为仙。”

没有什么事情比觉醒更重要，没有什么爱情比慈悲更伟大，没有什么福报比功德更殊胜，没有什么品德比谦虚更崇高。没有什么利益是争来的，没有什么命运是不能改变的。

中国文化的推动，不在于文化本身的符号作用、推广的宣传力度，文化不是卖弄概念、运作资金、刺激消费的工具，真正的文化离不开文化人的见地，否则，一切都只是打着文化旗号的利益交易。

中国文化的根基是“天人合一”的文化体系，“人”的支柱，即修养，儒、释、道、禅各有各的修养法。天是天道运行，人是人本修养。

儒家建人伦，行教化，发展文化的思路是由人而天，即从社会现实出发，建立文化体系，最终追求的是以文化体系引领现实世界符合天理。

道家发天道，明自然，发展文化的思路是由天而人，即以自然之理作为文化体系的基础，使社会机制等人文建设不违背天道自然。但是，一切文化都必须穿梭往来于现实与理想之间，没有理想的人生是干枯的，过分执著理想则是脱离现实的理想主义；现实和理想之间，起到中和作用的是修养境界。

儒家和道家各有不足，如儒家在文化方面困疲于规范，过于现实而失去活力；道家则由于现实的人文是在离异于自然前提下发展起来的，所以不易切入，也容易因与现实相扞格而流于玄妙虚幻。因应时代变迁，儒道各领风骚却不能尽善，因此，“中国禅”起到了无可比拟的补充作用，以生活出发，交汇并流儒道两家。于是，三家在相对独立状态下的精神融通，既构成了传统文化体系的基本轮廓，也勾勒出了传统文化历史发展的轨迹。

唐宋以降，智者们以儒为表，以道为骨，以禅为心，人生能更轻松地发挥取舍之道，把握世出世间的智慧。

中华文明虽然包含有一些原始宗教的成分，但和西方文明不同，它以人文为基础，人文是离不开人的思想和情感的，身心内外的作用，靠的是人感通天地的情感。人的情感用语言表达来最美的形式就是诗了。

孔子晚年删《诗》《书》，定礼乐，奠定了儒家理论思想基础，为什么孔子说不学诗，无以言呢？孔子每每论到诗的时候，都要举出《诗经》来，把《诗经》作为《书》、礼乐的前奏，这是诗的作用。古人说，诗礼传家，礼是世俗的规范，而诗是精神世界的表达和开掘，以此保证每个人心中有一片精神的自由土壤，这本身就是对世俗生活美的超越。

诗词歌赋、琴棋书画是止于至善的精神文化修养，是中国文化灿烂的组成部分。中国诗是“诗道”，如“江畔何人初见月？江月何年初照人？人生代代无穷已，江月年年只相似。不知江月待何人，但见长江送流水”，这样的诗句里透着中华文明的宽博、雅正、丰富、深邃，既是中国式的哲学，也有中国式的贵气。

《诗经》之“风”，必与“雅”“颂”同看，方得其正，人正才有格局，宽弘悠然之性于此表达。我们很容易从李白、杜甫、王维、白居易、高适这些文豪身上，感受到唐诗浓郁人文芬芳背后的道、禅修行味道；到了宋词，禅味变得更浓郁。

元朝时，民间曲艺代替了高雅诗词，这股向民间发展的潮流至明清时期，以四大名著以及《封神榜》《镜花缘》《聊斋志异》等通俗小说为高潮，其中的思想多基于禅、道思想的发挥，禅的不昧因果，道的即身成仙，三世因果、善恶报应在其中是清晰的思想主线。

人类所有思想文明去除掉各种形式、仪式皆能归于一原点。但首先要“信”,信宇宙万物、万事、万有的原点是道,如果不信,那与六祖惠能说“何期自性,本来清净”的那一刻,与老子说“道法自然”的那一刻不就相悖了吗?

一切众生和心、佛无二,是有一种圆满的本性,没有一个东西在另外一个东西之外,没有一个东西在另外一个东西之上。

其次要“仰”,需要对这个世界,对宇宙万物、万事、万有能敬畏,有敬畏心方知进退。

文化是人类表达信仰的形式,目的在于帮助人摆脱与生俱来的焦虑。摆脱焦虑的动作指向各个方向,需要人有智慧去选择,否则愚人缺什么就想什么,会迷失在现象里。例如,贪爱的人往往过去缺乏爱;贪财的人,多是曾被贫穷折磨过;贪权的人内心充满了无助感;贪名的人则多有过受羞辱的经历;贪清静的人内心充满了失落和抱怨……由此,愚人会用滥情、贪权、自大、清淡、偏执、理想主义等方式曲解信仰。

宇宙中有一种原则,一旦遇到物质,反物质便会湮灭,释放高能辐射违反电荷,叫宇称和时间反向变换对称性的原则。

根据这个原则,一个充满反物质且时间倒流的镜像宇宙跃然而出,我们的心其实是所有存在的总集,就如同这镜像宇宙,心的本体如镜子一般一切不留,本应是自在的,而心相却是随缘变化的,人能自主或不自主,就看自己的智慧在取舍什么了。

凡夫的心被焦虑所控制,缺乏正见,忙碌奋斗的结果是业力的扩大、扩散。文化的功能本是帮助人清净的,“文明以止”是帮助大家恢复清净、保有正见、控制欲望的方法,而不是去开发大脑的功能、刺激身体的欲望。

可是现代商业文化使文化变成了刺激消费的工具,人们在五颜六色、琳琅满目的商品里狂欢,自己贪什么就迷什么,想得到什么就有人贩卖什么,自己没想到的,会有人帮您创造出欲望,美其名曰引导消费。喝盐水只能越喝越渴,人最难的是认清自己。如果缺乏正见,生活过得再忙碌,内心也是贫瘠的。有人想隐入深山,逃避的人就算坐破十个蒲团,也没有办法将身上的阴暗之气化为光明。

如果我们自己不放下,没有人可以让我们放下,很多事情凡人看上去是正确的,实际上也可能是错误的。为什么?因为我们看问题的角度会改变,生命的高度不同,理解不同,所以,当您对生命认知的前提不具足,尚不能合于道的时候,所立下来的一切“理所当然”的目标和方向也是值得商榷的。

目标是什么?目标是一种心态和看法,那只是一个相,得到的同时也已经失去了。凡人的目标都经不住推敲,如果连目标都不正确那谈什么正确的行为呢?

我们的思维都在假如当中,“假如怎么样,就会怎么样”。这个“假如”本身本就是假如。佛法说“真如”,正道就是应该提起来的,假如的是应该放下的。

道生万物,万物终归于道。合道之人将文化演绎出众生喜闻乐见的方式,用以慰藉生命,在生活中纵横驰骋,振臂霄汉,横绝苍冥,意寥天一,放旷流眄，悠然自在，这岂不是最惬意的人生境界？会用道者取之不尽、用之不竭，放之弥于六合，退之则卷藏于密。

道之用，呈双回向，顺之则活在当下，乃生万物、万事、万有；逆之则道心清净，乃灭妄想执著，万法皆空。会用心者，顺逆皆可合道。

宇宙本来无一物。本来无一物，就应该是无所不有的，无所不有，那么顺逆都在无所不有里。只是大多数人现在不理解而已。

“反者道之动”，各尽所能，各取所需，各显神通，故曰：“有之以为利，无之以为用。”文化是顺人心而发动的人类之利，能善用之人，必是心中能契“无”的智者。

科学强调客观地对待世界、对待物质。如果机械地理解“客观”二字的话，那么客观本身就是不客观的。

如现代科学用天文学、物理学、化学来认识宇宙，所面对和描述的客观宇宙，只是太空气象、星球地质、生物流行的一部分，并不是也不可能是全部。科学家穷尽人类科学的所有手段探测、解剖、分析，都没有离开人所认知的概念。把鸟的翅膀解剖了，能理解迁徙吗，都只是接近“真”的手段，而不代表其就是“真”。

如果机械地理解科学、思维，那么在这种思维下，真善美被分割了，人生如果没有发自内心的美，没有行为道德的善，没有接近实相的真，我们将生活在一个怎样的世界？是否人类的未来就像电影里的那样，到处是钢筋水泥，是机器电脑，是交易欺骗？生活仅仅被新科技填满的人，精致而单调，丰富而贫乏，真实而虚伪，精彩而孤独，在这样的社会里生活，现实和虚幻的边界进一步消失,人会幸福吗?

真善美的价值都在人文上,在人的心中。人只有内外统一,才不会分裂。而越来越丰富的科技,看上去方便了生活,人的心灵却因追求实用而干枯,和自然之间越来越隔阂,科技不需要德,然而缺乏了德,还有什么真、善、美呢?缺乏了德的人格,还谈什么完整呢?

科学时代,我们生活在大数据里。科学的特性是什么?就是借助观察、理解、实验、计算、证明一切现象,也就是测量出"量"的特性,一切归于数据,科学家们把这些可量化的东西当作是"真"。以为"真"可以独立于"善""德",而被保存于数据库里,就可以不失"真"。但这只是科学上的"真",与我们所追求的性灵的"真",既有统一,又有区别。

现代主导世界的文明过于偏向于对立,导致现代人太看重器物,仅仅以器物外形为真,以现象为真,数据为真,以真为美,而不知生命为何。自然科学、物质文明,从西方资本社会之养育中突飞猛进,人人以多占有物质为人生目标,而不知人生趋向、社会结构并不尽在物质上。

如果科学能和人文并举,西方文明能和东方文明互摄,那属于人类的美好、善良、真诚就不会丢失在大数据里。

生命是什么呢?生命不可以被观察,不可以被计算、把握、解释、分析,能人为复制出来的只是生命的一小部分,比如说感觉、爱情、思想、情绪、意识等和生命的"质"相关的部分,都不可复制、分解,具有不可确定性。

道法、禅法都要修者修"观",但这不是科学的观察,科学的观察是为得到精密的数据,科学家们不能证实的,称之为"假象"。有人能预测明天的幸福指数吗？情感无法化成精确的概念或者精密的逻辑系统，科学只能把它定义为“主观”。

因为它是“主观”的，不能把握、不能控制的，不能够计算和预测的，“主观”也就几乎成了一团无明的代名词。说话的时候有人会说：“不要太主观了！要客观地对待事实。”仿佛“客观”是可以把握的、科学的、理性的。可是从道法、禅法的角度说，科学家研究的才是主观的。

生命哪有什么可以被量化的真实？真实的科学不是不断地被超越、被推翻、被更新吗？那么文化呢？它不是票房，不是市场计划，不是销售目标，不是宣传策略，不是流行榜，不是排名，它不应该是刺激人消费的工具，文化的本来面目是为了丰富人类心灵而存在的，为了和谐，为了发扬人性中的真、善、美。

文化是社会的风气、习俗、语言、文字、饮食、政事等这一切的表现方式，是一切社会现象的内涵，有文化的人不是有地位的“高雅”人士，而是懂得生命意义的人，在大风浪里安之若素的人。素，不是素食，而是单一单纯，是专心一志，是内心清净，这样的人心怀慈悲，兴风而不作浪。

总有人不承认才情、灵感，以为新的创意一定来自后天的学习，甚至把智慧用智商、情感用情商来数化。文化是人类用来帮助人在人世间有礼、自律、守法、和谐的，有文化的人，心是活泼的，所谓活泼，就是人的量，量越大越活泼呀！如果说太局限了、太有条理了、太有逻辑了，生命就局限住了。生活丰富，生命活泼，和实用性无关，是要让人发掘出平等的精神来和万物独相往来，不沉迷和沉没于现实的名利。浪漫、活泼是文化的特质，对现实来讲，这就是一种精神的解放。

老子说："天下皆知美之为美，斯恶已；皆知善之为善，斯不善已。"任何商品、伦理、社会都自有一套价值标准，这些价值都是相对价值，一提到善，马上就有恶，一提到美，就有丑相对。所谓的善美，通通离不开和它对比的参照物。

要从相对价值的领域，出离、超脱、解放，把相对的价值点化掉，成为绝对的价值，此即"至道"。

绝对的善不是善恶相对的善，绝对的美也不是美丑相对的美，而是一种绝对的超越二元对立的终极价值。近代科学理论认为宇宙的一切秘密、一切真相都在数的世界里。由数学起，到物理、化学、生物、心理、社会、天文，一层一层，到现在网络、生命科学、量子纳米，越分越细，这是在宣告价值的中立。

科学所描绘的世界不存在相对的真善美，这些被定义为主观感受，人在宇宙万物里，用数据来分析不过只是一个立体存在而已。可以说，近代科学了解的宇宙是非真、非善、非美的，它是什么呢？是一个中立的。

如果把真善美等一切从生命中抽离出来，归于主观时，生命还是生命吗？生命的根本价值被忽视了，到底我们为什么生而为人呢？为什么还需要文化呢？为什么要产生情感呢？

《大学》说要止于至善，而善却无法数据化，被科学中立后，在相对的世界里只能支配相对价值。什么叫相对价值？就是以时为限，今年以为善的，明年就可能以为不善；又以空为局限，在美国的善到了中东就可能不善。

这种受时、空局限的相对的价值观，怎么能是真正的价值观呢？善总是与恶相对，美总是与丑相对，真总是与妄相对，一切都是黑白对立的。而一切价值，从某个人、某个时代的观点来看，只能属于那个时代，只能属于那个人。

什么叫尽善尽美呀？尽善尽美，就是超越相对，放之四海而皆准。真正的生命，是要将尽善尽美的“德”和天地宇宙间最高的“道”契合，老子并不是一个独善其身的人，他说：人无弃人，物无弃物。

整个宇宙的价值、理想，需要人类达到一个共同的最高境界，即合道的境界，充分体现了这个绝对价值的时候，人就超越了相对的世界。

老子的目的便在于此，《道德经》不是叫人离家出走，去当神仙，而是叫人合道。超越了平面性，超越了自我的局限性，此时，人的生命才是完整的。

人不能自己把自己局限住，所以，庄子说逍遥的人，精神上去往“寥天一”处，洒脱太清，洗尽尘凡，此时往下一看，人间世各种境界会看得明白，那些混淆的、迷惑的、不合道的，一目了然。

人文，标志着文明与野蛮的区别，标志着人有控制、克制、转化自己的欲望和烦恼的能力，标志着人之所以为人的人性，标志着文化人有以人文化成天下的责任。

开阖

修道,有两途:一曰开,一曰阖。开曰加,阖曰减;开曰阳,阖曰阴。

开者,是超越、解脱;阖者,是回归、圆相。此两途不可分割,只有开而无阖,是神仙法、声闻法;只想阖而不开,是口头禅。

两途中,必开而后阖,不阖,众生无以回向、循环、往复、皈依;阖,是道者的悬壶济世,医者仁心,是禅者的倒驾慈航,大悲同体。许多人忽略了以开为本,缺乏了开这个环节,阖便成为幻想!

为什么?因为缺乏了功夫和智慧。那为什么开后必须阖呢?因为缺乏了慈悲和功德的超越和解脱,开就不究竟,也不长久。此两途如鸟之双翼,不可或缺。

我们先谈谈"开"。提到修,无论道家、禅家,还包括儒家,首先要修"无我"。无我,才能合于大道。

什么是"我"呢?四大五蕴为身,十八界生尘。五蕴中的色,是物质的;

受、想、行、识，是精神的。五蕴是构成“我”的基本元素。

色包含了地、水、火、风，总称“四大”。有形无形的物质，都在色的范围，包括我们物质的身体及身体所处的环境。

受包含了一切感受，有苦、乐、忧、喜、舍五受，前面四受容易理解，舍受是什么意思？即不苦不乐受，感觉自己很舒服、安静等心理感受。不苦不乐受，存在于乐受与苦受消失时。如何觉察？唯有借着与乐受及苦受作比较，就能知道不苦不乐受存在。

想包含了一切判断、分别、概念、思想、名言、认识、知见。

行的意思是流行、不住、流变，也包括了意识，即起心动念的过程，以及判断后如何处理行为。

识是以受、想、行的心理活动，操作物质的色身，以物质的色身和受、想、行的心理作用合一，产生了识。佛法中共有八识，第八识就是个种子仓库，一切善恶、是非、因果、业力都在这里出入。

如果没有识蕴只有前面四个蕴，就成了唯物论，识蕴是生命的主体，我们感觉有三世的维系，全靠它。集结前四蕴的活动所产生业力的，也是它。我们看植物人，色蕴及识蕴还在，只是丧失了受、想、行三蕴的功能，所以只要识蕴复苏，即可苏醒恢复。

修者境界不同，观五蕴的层次也不同，能以如实空的立场看五蕴。对五蕴构成的我，不起执著，对个别的五蕴现象也不执著，这是逍遥游的境界，可以不恋生死，也不怕活在生死中。不贪着五蕴也不厌恶五蕴，在生死中继续度众生，不会逃离生死和因果。这是具有甚深般若的不昧境界。

次一级的修者，会以分析空的立场看五蕴，由五蕴构成的“我”是空的，而五蕴本身是法，认为法中的某些部分并不空。所以也难从五蕴组合成的自我得到真正解脱，我执消除而法执仍在。

凡夫不知道也不想知道“我”是谁，“我”是什么，即使有一天听说，也是概念范围的谈资，至于构成“我”的五蕴如何运作，业障、执著、妄想、烦恼从何而来，这些疑团都被利益疏散了，不能凝结成一股求法的力量。所以，五蕴、空这些都是概念，没事的时候才拿出来的玩具，每日继续被贪、嗔、痴、慢、疑带着耽于受境，在苦乐忧喜中生活。修者会认为企业做大了、上市是烦恼，情绪有毒，凡夫却喜欢这种感觉，这些利益得失消失了，生命就没意义了。误以为对身外的事物产生追求、放弃、喜爱、厌恶、失落、纠结等诸感觉才是人生，这都是不知五蕴皆空故，自我是空，感觉能落在哪里?

那如何照见五蕴皆空呢？从根本上来讲，是先从时间下手的，自我感等同时间感，我们的分别心，就是时间加概念。时间是无明的根本，无明而生十二因缘。佛法里观空的修法，是从生灭现象的观照开始进入的。所谓此生故彼生:烦恼起，生老病死生；此灭故彼灭:烦恼灭，生老病死灭。有生有灭，生灭无常，这便是空。

罗什法师来到中国，所依的就是龙树菩萨《中观论》所持的见解，为般若空义，《观四谛品》有二偈，相当重要:“以有空义故，一切法得成；若无空义者，一切则不成。”这说空能成就一切法，若无空，一切法都不得成就。空是无碍无阻义，如果修者做什么时遇到任何阻力，便表示自心中尚未解脱，故“障碍即解脱”。不遇障碍怎知自己没解脱？障碍于己无碍时，便是解脱时。

然而解脱也不代表以般若智慧能照见诸法似有而实空。什么原因呢？则另有一偈云："众因缘生法，我说即是无；亦为是假名，亦是中道义。"

此与"此生故彼生，此灭故彼灭"一个原理，凡是因缘和合而生的现象，自性皆是空的，不仅自性空，此空也是空。即"空亦空"，说诸法是有，是有的假名；离开有无二边，即是中道，即是《金刚经》所说的空。舍离有无二边，也不执持中间，才是真正的中道实相。空能成一切法，也能破一切执著相。

契合的真正的空，就能以甚深的般若智慧，观照到十二因缘的生灭，以般若的角度来看世间现象，空与有是相反相成的，看似矛盾而实际统一，且又是超越的。

佛法的时间，指的就是十二因缘和三世，时间是人为赋予意义的产物，本是为人所用的方便，却越来越多地对人的行为产生了束缚。

人被什么束缚？首先被时间束缚，过去心、未来心、现在心三世心仿佛是存在世间的意义，时间感产生了自我意识，幻想的自我意识需要过去、现在、未来三个时段来演绎。三世就是幻想的舞台。

最难忘的是过去，一切成就、耻辱、记忆、遗憾、执著都属于过去的影子；最憧憬的是未来，一切希望、计划都是属于未来的影子；最分别的是现在，荣誉感、贪嗔痴、自尊、自卑、自大、自以为是，情绪、理由、争气、复仇、瞧不起……诸多影子混合成了"自我"和"价值"。

庄子说,不可与夏虫言冰,我们这期人类出现到现在总共也就不到二百万年,这比起宇宙,假定宇宙存在时间真是一百四十亿年,那么区区二百万年在其中占了多少比例?人类在宇宙中,存在的时间还不如活了一个夏季的小虫,宇宙中究竟有什么,我们只是在盲人摸象,对实情一无所知。

从宇宙万物的角度来说,人所了解的原子、中子、基因,量子、微子,这些生命有没有独立意义呢?意义是什么呢?我们认为人类在发展过程中越来越了解宇宙,知识越来越多就是我们进步了,真的是这样吗?

思想产生了人类的意志,意志产生了所谓的意义,我们不理解人类就是在宇宙自然万物的意志下、众缘和合之下产生的万物之一,所有的存在都是自然运作、自然而然,该存在、该运作,并不是人能改变的,老子说“天地不仁”是也。人类不在时,宇宙万物依然在,是人离不开宇宙万物,而非宇宙万物离不开人。

人,是万物之一,存不存在和宇宙的运转没什么关系。人类发展的这些年,对地球、对万物有什么贡献吗?我们认为科学发展了,但我们究竟改变了什么?发现了什么?科学有时候既不能证实,也不能证伪。只是人类用以认识宇宙万物的工具现在变成试图改变宇宙万物的手段了,科学能证明的叫知识。知识源于抽象的概念和逻辑,不等于全体。

科学的源头从哪里来?从古希腊来,他们强调知识改变命运。所以西方文明总是在百科知识方面着眼,在万有的浮光掠影中仿佛有得。知识使人类变得更幸福了吗?社会更稳定了吗?人和人更信任了吗?

科学时代,人越发自我,什么是心理上的“我”?就是“时间”!

时间，怎么来的？

时、空、时间、空间这是四个不同概念。

古代人遵循的是自然时间，会服从自己身体的本能，服从大自然的安排，日出而作日落而息，饿了吃饭困了睡觉，那时候每天都几乎是一样的，没有星期天，并没有专门的日子叫休息日，天天都是休息日，天天都是工作日，休息和工作没有区别，人的生活随时都很放松。

现代人从自主时间开始，不甘心听从于自然，开始人造时间。改造的意义不在于人究竟改造了什么，而在于改造的权力。

“我”独立于宇宙之外，不在于造出了什么，而在于造物的权利。人类所谓的进步首先是将时间从自然那里夺权。自然时间多数是听来的，闻鸡起舞，打更熄灯，声音来唤醒人，日月是计时器，所以那时候的时间是模模糊糊的。“月上柳梢头，人约黄昏后”，模糊产生了等待的情愫，产生了留白和诗情画意之美，为什么一定要分得那么清楚呢？

模糊，人才能有满足感；模糊，才能不紧张，不焦虑；模糊，心中的感觉才真切。不要误以为模糊就是不清楚时间，农耕时代时间是用在耕种上的。农民从来都没有误过农时。寒来暑往，秋收冬藏，人们根据二十四节气对应天地气候的变化，这是道法自然，人和自然和谐相应。现代人呢？还有几个孩子知道二十四节气的意义？都变成了知识，和人生毫无关系。

中年人呢？如果没有被宣传用于养生的二十四节气养生，有几人能在意这些？其实真正的节气养生，不是喝什么鸭子汤或吃什么粽子、汤圆、补品。我国的农历把一年分为四个季节、二十四个节气和七十二候。五日为一候，三候为一气，六气为一时，四时为一年。气为节气，时为季节，人们常说四时八节，四时即为四季。《礼记·孔子闲居》载："天有四时，春、秋、冬、夏。"八节指的是立春、立夏、立秋、立冬、春分、秋分、夏至、冬至。

节是气候变化的节点，《易经》中地雷复卦，卦辞曰："先王以至日闭关，商旅不行。"至日，不仅是夏至、冬至，可以说是每个转化点，复卦是反卦，出于震而来复，故"复其道"。到了节点，人该闭关自正。

夏至一阴生，冬至一阳生，这是闭关的好时候，闭关做什么呢？斋戒沐浴。持斋不是吃素，是心清净意，如颜回的心斋。气候的转化是阴阳二气的变化，是让自己平时多思多虑的心念转化平静的好时机，这才叫退藏于密。

故此在每个气变的节点做减法，是归零。现代人找个任何理由就是吃吃吃，想尽办法做加法。为什么？加法能带动消费。古人做减法，是因为"节"同"劫"，一切的气候变化对人都是危中之机，能三省吾身归于清净，这是机、会。

人自以为通过科学、知识、技术、机械改造了、占有了时间，但改造时间的同时，时间更进一步占有了人，更大程度改造了人，改造了人的思想、观念、生活方式，使人物化为所创造的东西，但人本来不是东西。

马克思说："人与时间一样，就其消除存在而言，都是一种否定性的存在。"

人要超越时间的束缚，而不是抛弃时间、不用时间。我们要明白时间是用，而不是人被时间所控制和奴役。时间不过是一个人造的方向，我们的意识指挥着我们要沿着它指定的方向移动，本质上时间和其他三维空间无别。

时间是运动在我们心中留下的一种心像。

我们每个人都曾做过梦，梦里岁月长，可是人做最长的梦不到十秒，但这个时间是以我们醒着的时间计算，不是梦中的时间。每个梦以醒时计都很短，但是在实际梦境中，却感觉很长，有时一生一世全在一梦。

整个世界仿佛是一个梦，梦里的时间和醒着的时间属于两个世界时间。

唐朝沈既济的《枕中记》中记载，卢生在梦中享尽富贵荣华，等到醒来，主人蒸的黄粱还没有熟，所以称“黄粱梦”。

唐朝还有本小说《南柯太守传》，说有个人去了槐安国娶了公主，又做了太守。没过多少时间，敌国攻打来了，他打败了，公主自杀，国王把他驱逐出境。他被吓醒之后，发现哪里有槐安国啊，只有槐树下两个蚂蚁窝，这个叫“南柯梦”。

庄子有个著名的“蝴蝶梦”，他梦到自己是一只蝴蝶，醒后搞不清楚究竟是我做梦，梦到自己化成蝴蝶呢，还是蝴蝶在梦中化成我呢？我们要参究一下庄子为什么把“蝴蝶梦”放在《齐物论》的末尾。凡夫总是以为醒时的所见所感是真实的，因为有切身感觉在，而梦境是幻觉，是不真实的。庄子提出了反问，醒是一种境界，梦是另一种境界，二者真有不同吗？庄子是庄子，蝴蝶是蝴蝶，二者看上去也不相同，但为什么能互化？醒和梦在庄子看来，都属于现象，是道运动中的两种形态，不同阶段而已。形而上的“道”和形而下的庄子与蝴蝶的关系由此揭示，形而下的一切，包括人、动物、文言、地域都只是道的物化而已。本质上都只是虚空态的，这叫“齐物”。

“齐物”包含“齐物”与“齐论”两个内涵。世界万物包括人的品性和感情，看起来是万象、万形，有千差万别，归根结底却又是齐一的，这是“齐物”；此外人们的各种看法和观点，看起来也是千差万别的，但殊途同归，“名”归于“道”，老子说“道可道，非常道；名可名，非常名”，没有所谓是非和不同，没有常和非常，因缘变化皆可互转，这是“齐论”。

“齐物”和“齐论”合在一起假名“齐物论”，庄子以梦给《齐物论》收尾，说明人和境、物和论、道和名齐一。

中国古人说梦，和西方人的切入点不同，西方人从心理角度分析，这是基于物质层面的逻辑推理，而中国古人是从哲理上说梦，说人生如梦是令人悟到人生无常，不是从分析角度进入的。可凡夫呢？会不会想着卢生的那个枕头也借给我睡睡吧，我也想做这么一个梦体验一下，真相和这些人无关。

时间对人的迷惑很大，由于它不同于空间，空间表面上是静态，似乎总是保持不动，而时间表面上是动态，看上去不停流逝，江河有流逝吗？江河只有轮回。现代科学认为时间是不可逆、不可止和不可重复的，至于循环时间、永恒重现、六道轮回，这些属于玄理，非科学范围。

科学的线性思维是时间思维法，“过去”只意味着一个特定方向，同理，“未来”只是意味着相反的方向，可是除了方向之外，“过去”“未来”还能意味着什么呢？

我们再看看时间是怎么被人类创造出来的。

1582年3月1日，十三世教皇格里高利颁布了《格里高利历》，即现代历法，又称“格里历”。1582年以前的时间，有一项内容是：1582年10月4日后的一天是10月15日，而不是10月5日，但星期序号仍然连续计算，即10月4日是星期四，第二天10月15日是星期五。少的十天去哪儿了？

格里历改革是以宗教原因为出发点，难道人类社会除此之外就没有准确的日历系统了吗？在东方，中华文明早就摸索出了更符合自然的农历，如以中国农历为基础，再进一步简化，比如更规律的每月长度等，一样能给人类提供准确的日历系统。和格里历相比，中国农历更与自然相应。而格里历的第一天，和自然无关，这一天没什么特殊，只是人为命名为新年而已。和自然和谐、利于人类生活才是真正历法的科学精神。

罗素曾说：“大多数人宁愿死也不愿思考。”格里历的颁布是为了扩大教会的统治势力，当时僧侣们几乎把任何事情都附会在基督教上。公元的元，是指耶稣诞生日。然而圣经中从未记载耶稣具体降生的日子，没有人知道耶稣确实的生日在哪一天。直到4世纪中期，罗马的君士坦丁大帝规定每年12月25日为圣诞节。可是从圣经中可以明显看出耶稣不可能在12月25日降生。

所谓耶稣降生的日子是规定出来的，所谓公元之元，是倒推出来的，哪有什么具体的“圣诞日”呢？现代商业的狂欢更无依据，就是人造的文化，目的仅在于创造消费。

格里历本身经过了几百年时间才被西方国家慢慢采用，如德国在1700年开始正式采用，英国人一直到1752年才勉强接受这个历法，而俄国一直到了红色革命后的1918年才改用格里历。

历法，在中国古代其实是指数理天文学，即推算日月行星运行规律的方法。我们现在所谓公元是基督教纪元，“公元前”的英文是Before Christ（基督出生之前），“公元后”Anno Domini是拉丁文，意为“基督出生之后”。翻译为“公元”其实不符原意，西方国家明确称之为“基督教纪元”，而伊斯兰国家多用“伊斯兰纪元”，世界上不少国家使用自己的纪元，只是在外交和国际事务中为了方便沟通才用基督教纪元。

历法改革是政治和宗教的产物，在中国古代，造历一直由皇家垄断，皇帝每年要向民间颁行历书，现代人心目中感觉历法稀松平常，这是不知历法的意义。古代王者“功成治定”必定把“改正朔”，即改历法作为头等大事对待，历法和民生息息相关，可不是什么小事。

《书·尧典》曰：“敬授人时，使知时令变化，不误农时。”时周天子就有向诸侯“颁告朔”之礼。在古代中国人的观念中，采用谁家的历法，就等于奉谁家的正朔，是谁家的臣民了。武王起兵伐纣，第一件事情就是改历法。

中华民国时，孙中山就任民国大总统，第一条总统令就是改历法，由于中国传统历法是一种阴阳历，因而格里历在中文中又称阳历、西历、新历。1912年1月1日中华民国宣布用格里历取代中国历法夏历，即农历，那一年按照中华传统文明来说是黄帝历年4609年，改为现代纪元后，变成一周有七天，第七天是基督教的礼拜日，中国人不礼拜，为什么叫礼拜天呢?

基督教24小时要敲七次钟，每周都有礼拜日，这是为了给教徒找到一个共同跳动的脉搏，便于宗教管理，这就是教权。所以教堂中有专门的敲钟人,钟楼是权力的象征。

后来逐渐产生了钟表,人们学会用钟表来校正自己原本自然的生活,机械制造的人为时间取代了自然时间。时间与人体节律、与自然失去联系,脱离而成为一种抽象的客观存在,怀表成了绅士的象征,时间成了一种人造的商品。

中国古代历法的功用有三:其一是宣布王权,比如明清时代每年对朝鲜、琉球等属国的历书颁赐;其二是农耕日用;其三是与周边民族国家的交流,需要一个共同的时间计量和指称系统。

历法从种类上说,大致分三种:阳历、阴历、阴阳历。历法被人类发明出来就是为了计日。又由于公转,太阳每天正午高度角还有日出日落时间都不一样,同时也导致气候变化,这个变化的周期就是三百六十五天,以这个周期作为一年就是阳历。但是毕竟三百六十五天也是很长的,记起来很麻烦,然后人们发现一年大概有十二个月相变化周期,于是把一年大致地分为了十二份,每一份就是一月。

古埃及用的是阳历。而有些文明并不是以太阳的周期来拟定历法,比如古印度,人们通过观察月相的变化,发现周期大概是二十九天半,于是以月相变化的一个周期作为一个月,四季轮回大概是十二个月,以此为一年,古印度人用的是阴历。

然而阴历的一个月比阳历的一个月短,所以如果以阴历计年,时间长了并不能与季节对应,这对于印度这种长年相对炎热,四季不是特别分明、一年的耕种期相对较长的地区影响不大,但是对于四季分明的地区就不便。一些文明国家在阴历的基础上置闰，每隔几年增加一个闰月，以保证与季节大致对得上，比如古巴比伦和中华文明，这叫阴阳历。

然而仅仅让历法与四季基本对应还是不行。中国是农耕文明，对于农民来说还需要精确的计日法，于是人们将一年三百六十五天等分十二份，每份间的节点是一个节气，每两个节气中间是一个中气，合起来称为二十四节气。由于这种阴阳历因农耕而产生，所以又称为“农历”。

工业社会，人们不再靠天吃饭，自然仿佛退居二位，钟表制造了现代时间，人们越来越习惯于根据人为制定的时间安排来生活。吃饭只是因为到了吃饭的时间，而不是因为肚子饿，时钟成为生活的总指挥，“准时”成为一种美德。

罗马时代的诗人普拉图斯写道：“但愿上帝杀死发明钟点的人，因为钟点把我的整天撕成了碎块。以前，我的肚子便是我的报时钟，在所有的钟表中它是最好和最准确的。”

马克思在《哲学的贫困》中说：“时间就是一切，人什么也不是；它至多只是时间的残壳。”还说：“如果人是一件商品，如果他被作为一个物来对待，如果人们之间的普遍关系是物对物的关系，这只是因为从他那里购买他的时间是可能的。”

什么是工业革命？就是我们开始互相购买时间了，马克思为此创造了一个名词：劳动剩余时间。

当人的价值和尊严被物化、异化，时间成了可购买的商品，商业因此繁花似锦，律师、服务业、钟点工都在明码标时价，为了多赚一些，劳动者不得不牺牲“无用”的事情，如读书、遐想、休息、沟通、思考、学习，以多赚钱来“改善”生活。

时间的分割销售，让人开始量化管理工作，可以绩效考核，可以提成，不知不觉变得越来越功利，生命逐渐成了一个没有留白和浪漫的空壳。

休闲，成为劳动之外的奢求，为了提高劳动效率，工业的发展使得人成为流水线上的螺丝钉，每天只需要重复同一件事情，这叫熟练工种。资本为了更多地创造剩余价值，就要进一步让工作简单化，人在大工业流水线上毫无生趣地忙碌，忙完休息日必须去礼拜，工作日和礼拜日是资本家和教会对人的时间管理，不在工作，就得去礼拜，否则会被人歧视，被视为异物。

在精密的时间管理下，人，无处可藏。

现代，即时间管理现代了，绩效考核现代了，现代最典型的特征就是时间、效率和规律以及注重实效的现代文明。实效和时效，都属于时间管理。

远古自然时间下的生命观是圆的，因为时间是圆的，所以人产生了轮回、因果、循环的思想，时间在循环，爰出者爰返，福往者福来。人敬天畏地，崇尚自然，此时人的思想基于自然时间是圆形思维法。

从古希腊人开始，时间思维法变成了线性的思维，古希腊是次生文明，源头在古埃及，古埃及崇拜太阳神，然而这个太阳神每天出生也每天灭亡，表明时间的轮回。可到了古希腊就把太阳神变成线性了，于是有了三段式时间：过去、现在、未来，这是一根不会回头的时间线，生命观由此改变。

人死了就没了，死了才能得到解脱，活着的寿命是有限的，所以要尽情享受，争分夺秒及时行乐，要消费。并且活，要活出“意义”来，意义是在和他人比较中产生的，就是要改造、战胜，或创造出点什么证明自己。

当我们喊着“时间就是金钱”的口号时，我们不知道自己已经无法脱离紧张的身心了，时间越有紧迫感，身心越容易分裂。杂念、算计、思量、利益、得失、计较、嫉妒、暗算……随之而来，人成为被时间驱赶的牛羊，创造并满足于一种根本不存在的虚拟的成就感、存在感。

人因此不再明白什么是生活，什么是情感需要，而是被动地物化为某种“有”而存在某一节点。所有人都追求自己存在的证明：存在感、成就感、价值感。人们的观念里浪费时间是谋财害命。其实，被时间谋害的正是生命本身。

无价的生命如何能被有价的时间来估量？

人自小到大接受某种理论，一旦有人提出反面意见，本能地就会在现有的层次寻找足够的合理化借口，加以支撑自己的正确。我们的思维已经脱不开时间，时间就在那里，它从未飞驰。变的是我们，和时间无关。人创造了时间，时间绑架了我们，无时不在的焦虑不安成了生活常态。

时间已然将人异化，人已然被时间异化。

从农耕时期的自然时间，时间是模糊的时辰，到工业时期的机械时间，时间是精确的分秒，下一步人类即将进入数字时间、网络时间，时间会是虚拟的。

时间由圆形变成线性，现在又进入了点状，人的思维越发碎片化，生活被切割，生命中绵密的连续感被阻断，这种碎片化的思维和我们常说的活在当下不一样。

活在当下是主动的，人能深入自觉地探寻，是真正和自己的内在连接共振，心是安详的、无忧的，身体是放松的、自由的，是聚精会神的。而碎片化恰恰相反，身体是不自主地被外在驱动，心是飘忽不定的，围绕着事相、功利计算，无依无着。

慢慢地，我们越来越在虚拟世界里服从于幻想，服从不知主人是什么的指挥驱动，越来越迷失本性。

开，是打开被时间局限的生命。世间的一切知识都和时间有关系，每一种人为的方法，每一种知识都牵扯到时间。而顿悟和时间没有关系，顿悟能超越时间。

渐悟法是在时间里的，像登台阶一样拾级而上，您能通过台阶步入空中吗？谁能渐修渐悟而超越时空呢？渐是过程，最终的悟，必是顿悟。

一切人为的、有计划的、有进展的方法都是不可能超过时空的。不可思议之道，必以不可思议之法契合。

真正合于大道就必须先放下现在所谓的时间观念，我们习惯性的借口就是慢慢来，慢慢来。自信不够、愿力不足时，人一定会为自己的惰性、拖延扯进时间为借口。

超越时间，只有当下。如果一个人在心理上否认自己了，就立即会找时间为借口，希望将来有所改变，希望来世有所变化，希望某种条件满足时，可以大展宏图或者自己的孩子能替自己实现梦想，这些叫妄想。

从心理层面来说，思想是没有位置的。思想存在于哪里？时间存在于哪里？思想只是一种陷入时间的活动。

思想，是一种假名。

思想，也是时间。

思想是奠基在经验、知识、记忆、反应之上产生的，而经验、知识、记忆、反应全部基于时间。思想活动是在时间范畴内的，是起源于时间感的。

可以说，知识是时间，思想是时间。超越时间，才能够见本来面目，本来面目中没有时间感，然而，其他一切心理活动，所有感觉都和时间感相关。五蕴即是基于时间感的游戏。

为什么《金刚经》反复强调三心不可得？时间感逐渐消失了，就是禅定的进阶，完全超越就是涅槃，就是清净，就是顿悟。超越的意义不是时间不存在，而是能用时间这个工具，却不为其所反用。

当时间感停止，所有基于知识的记忆、思想、反应全部消失了。精进的修者常会体悟到一种心中无事、本来自闲的清净，这就是时间感模糊的现象，唯有在特别专一、专注的情况下，时间感才会含糊；时间感越含糊，自性的体悟就越真切。

能量从哪儿产生的？从心中不滞、不留、不住产生。能量是什么？是一种存在，不依个人意志为转移，只和您的境界相关，境界如何便相应如何，能量是宇宙万物的总来源。

本来面目从来没有动过，就如同我们的自性、本性一样，一直在动的是我们的心、念、身体，当这些动来动去的在某一刻突然碰到一个完全不动的时，会产生一种反作用力，因为人看不见自己，唯有遇到反力，才会发现自己的一部分，故此，当您遇到越高能状态时，反弹就越大，也越能显现出自己的实相。

突然遇到完全不动的时候，您才会察觉到过去自己感觉不到的动。动，是由于您的念头在持续供给所有动的影像和电能，我们平时意识不到心念的动荡，甚至觉得自己挺平静的，其实不然。

匀速快速旋转的风扇叶片，有时并不能阻挡我们的视线，一个东西转到一定快的时候，我们会产生错觉，以为是不动的、静止的。烦恼从哪里来？就是心中积累的知识、经验和现实无法圆通。

修道的人，越和道、禅契合的时候，越发觉“自己”动得厉害，随着修行功夫、智慧的提高，就越惶恐，越能观到越来越细微的杂念。以前的大动逐渐变成了小动以后，再一次次遇到那个不动的，会发现小动也是一种巨动。

为什么修得越深层会越恐惧呢？因为什么也依靠不了了，越修越空，在太空里行走一般，引力、重力全部失效，看世间的一切一目了然，此时，有的人就恐惧了，而有能量的人会发现在太空行走比在地上行走好玩多了，此时反而升起法乐。

《维摩诘经》中，魔王带去骚扰持世菩萨的天女（详见拙作《中国禅》）问维摩大士：“何为法乐？”维摩大士答：

乐常信佛，乐欲听法，乐供养众。乐离五欲，乐观五阴如怨贼，乐观四大如毒蛇，乐观内入如空聚，乐随护道意，乐饶益众生，乐敬养师。乐广行施，乐坚持戒，乐忍辱柔和，乐勤集善根，乐禅定不乱，乐离垢明慧。乐广菩提心，乐降伏众魔，乐断诸烦恼，乐净佛国土，乐成就相好故，修诸功德。乐严道场，乐闻深法不畏，乐三脱门，不乐非时。乐近同学，乐于非同学中，心无恚碍，乐将护恶知识，乐亲近善知识。乐心喜清净，乐修无量道品之法，是为菩萨法乐。

产生恐惧是因为失去“我”这个依靠点而发出的心理活动，把这个依靠转移方向，就会由恐惧转为法乐。修道、求师产生的是反力，失去反力您永远也不可能认识自己，就像不通过镜相，谁都看不见自己。

合道是知道“道”是无限的，心胸广大起来，不局限在过去那些蝇营狗苟的事上，小心眼儿变得心胸广大，这才能有定力、有定见。定力和定见能包容一切，不会随外界的风吹草动而动来动去。

一切东西都要有参照，参照的对象能量越强大，反弹作用力也就越大。

当我们滞于任何一个频率，都会觉得外面在动，自己好像没动，动静就被相对确立了，分别由此产生。不深潜、不去契合那个不动的大定，如何发现自己的不定？如何发现思维的幻？合道是学会参照，人不静时是不知道自己在动的，不知道自己有没有定力，能以绝对不动的道参照时，才会发现自己原来是那么幼稚、自大、飘忽、渺小。

我们的大脑一直就在储存和记忆，不自觉中把许多惰性的、自以为是的东西积累下来了，就像臭水沟一样，好的水是会流动的，脏的、重的才会在沟里积累。

什么叫凡人？就是执著在过去的脏臭、沉重里，这是喜受的一种。不是走不出过去，而是自己不愿意离开。时常在臭水沟里享受着反刍的快感，哭和笑、痛和苦中品味的都是自愿在臭水沟里捡垃圾的人。明明知道可以出来，然而谁也叫不醒装睡的人，谁能改变对自己这种状态已经很满意的人？因为可以混饭吃，觉得记忆是美好的，未来是可以寄托的，所以就不希望再花力气去探寻究竟的生命，或吃苦受累地参悟。

顿悟是生命的质变，就是生命中有一种和知识、时间无关的存在被激发出来了。不再装睡，不怕被唤醒，不过质变是无法在大脑里产生的，唯有通过修行契合内心，生命体才能发生质变。否则，属于小打小闹的养身法，鸡汤迷药，今天清楚了，明天又糊涂了，听什么都有道理，觉得自己懂了、改变了，说起来头头是道，一遇到事情却又认不清、不会做，成天在波浪中起伏。这种人，最需要的修炼就是在事上磨。

知识不是用来换取名利的，智慧是用来舍利的。

量变未必引起质变，质变却必然基于量变。

人需要神依靠，才建立神；人需要宗教慰藉，才建立宗教体系；人需要知识谋生，才建立知识结构。实相却无法被人因需要而建立出来。

人因为自我延续的需求，创立了时间；因为自我扩大的需求，创立了空间。这些都是人为创立的，人既然能创立这一切，就能超越这一切。

佛在《圆觉经》里说："善男子，一切世界，始、终、生、灭，前、后、有、无，聚、散、起、止，念念相续，循环往复。种种取舍，皆是轮回。"

佛法的轮回观不是婆罗门教的轮回观。佛法认为世界一切不超过这些起灭，一切相对性的存在全是轮回，不是人死了以后再重生叫轮回。

《圆觉经》又云:“未出轮回而辨圆觉,彼圆觉性即同流转;若免轮回,无有是处。”

如果一个人自己没有修行超越轮回,而来说圆觉,说涅槃,即站在轮回里说轮回,在梦里说的叫梦话。

人在超越清净、道体、本性、涅槃、轮回前,自己还在轮回里。在经验、想象、认知、知识、回忆里超越是不可能的。就像您在电脑游戏里已经把自己修成了战无不胜的圣斗士,可一断电,一切都不存在了。

我们为何无法超越?《大乘起信论》说:“念无自相,不离本觉,犹如迷人,依方故迷,若离于方,则无有迷。”本性、涅槃、道体并没有所谓方位,就如诸佛的觉性也没有方位,只要精进修道、修禅,心有挚诚,不论身在何处,不论身在何时,不论身处何态,都能感天动地,这就像我们带着手机去旅游,无论在法国还是美国,都能收到电话和信息,光波能不受方位的限制,道体又岂能被时空局限?佛菩萨怎么可能只住在寺庙里?老子、庄子怎么就不能与您相会?

人之迷,是心迷路,心本来明明觉觉,无所谓迷惑的,因无明妄想,迷失了清净的本心,这就像走路时找不对方向一样,再积极努力,也是南辕北辙。

凡人容易被现象迷惑,我们小时候都认为云在天上飘,好像月亮在跟着云走;我们开着车,雪花迎面而“来”,我们以为是雪在动;在船上的时候,我们看到岸在动,这是源于我们自己在动,静下来,才能观察清楚什么在动,方向在哪儿。

杂念在心中运动，带来了许多烦恼、障碍、愚痴的行为，笔者曾经遇到一位太太因为先生离世而伤心欲绝，我问她："您为什么这样伤心？"答："他抛下我和孩子就这么走了，房子还没供完，孩子在国外读书，我怎么办？"

这位太太心心念念的其实不是先生的去世，而是失去了饭票，她并不全是为了死者而哭，为自己未来境遇的担心占了多数，这就是自私而产生的痛苦。

当我们颠倒梦想地生活时，我们所谓的喜怒哀乐多因自私而产生，由于自己看不见自己，故而并不以为这是自私，甚至什么属于杂念都不清楚，何谈恢复平静？

平静不是去按摩一下就能平静，也不是读点书，或去某个地方玩几天就能平静的。有人认为自己常打坐，就很平静，这不是真的平静。不攀缘、不造作、不妄想、不执著、不做愚痴的事情才叫平静，如果一个人的行为还迷惑在现象界里，名气、地位、利益、面子还在起主导作用，就谈不上平静。

平静不是心念不动了，不动就死了，而是不被动了，万物都在动，没有一个参考对象，怎么认识自己？就像两列速度相同并排行驶的火车之间，是感觉不到对方在动的。您必须看到不动的站台、电线杆，有参照对象，才会感觉到运动。

把道作为人生、生命的参考对象，道是绝对的，绝对静也绝对动。淡定就是安定，不被现象扰动，不跟着欲望躁动，但这种定表现出来是淡然的、不刻意的、不招摇的。

从容，就是随顺事物本来的规律，随遇而安，不强动，不强为，能有智慧地随机化解应对一切。为所当为，本分担当。在一个万动的世界里，不跳出来，是找不到静的。契合那个不动的，才能看到一切都是投影，本来的世界从来没动过，慢慢就观影如幻，识破幻想。如果参照物错了，就是刻舟求剑。

修，不是增加什么，而是清除抵达实相的障碍。所以，老子说“为道日损”，任何试图对水波动的阻止只能使水波动得更厉害。

观，是不推波助澜。

如果用病眼看花，看什么都会觉得花，佛法叫“第二月”，如魍魉捕影，谁也不可能从一个错误的起点到达一个无误的终点。

当我们认知本身有极大局限，超越的方向、方法均不对的时候，怎么可能见性解脱呢？修行不是学会什么，而是学会“不会”什么，令这颗心清净起来、活泼起来、灵活起来、无量起来，杂音清除后，心像虚空一般没有定相，没有定论，没有定点，没有定性，这就是要打破一切的自我设限。

许多人误解，以为修道就是打坐、打拳、炼气、念咒等，这不是妄想吗？您见经典上提到老子、庄子、孔子、惠能祖师怎么修行了吗？打坐、打拳、炼气等这些不是没有，而是修行的根本所在是修心！心柔软起来，对众生有情起来，对事相的认知明白起来，对微细变化不再马虎应付，对名利的欲望清晰起来……这才是真修行。否则，您再能坐，坐得过石头吗？石头得道了吗？解脱了吗？坐成了枯木石头一样固执，修成了彭祖一样长寿，练成了金刚不坏的身体，却不知如何做人、如何助人、如何自性方便起用，这样的修道，算是白修！是呆子禅、石头道、僵尸法。

修道就要知道本末，本是心，心中有情、有爱、有生机，才能发挥出道的作用；心中如果一潭死水，再会打坐、打拳，学会了龟息法、观音咒，对生命又有何益？

为什么会缘起？因为无明！无知就是无明，不知本末，不知修的过程是让自己活起来，生机盎然，精神焕发，大爱有情，随机应变，灵活主动，这才是智慧人生、无量的人生。

无明是一种莽动，是一种茫然的本能求生意志，它不断地想保护自我，不断地自我幻想、自我感觉，想要给自己找到一点依靠、存在感，所以不断地作业，这是根本的我执，怕“我”不存在、消失，于是拼命要抓住点什么，要证明自己。

因为“无明”，世界就开始盲动、莽动，无明交集产生了各种各样的驱动力。我们要求生，要活下去，要活得更好、更有价值、更有意义。无明赋予了人生许多意义，例如“衣锦还乡”“少年得志”“出人头地”“门当户对”“加官进爵”“被人需要”“受人尊重”等，各种各样的虚荣、无知、好强、竞争驱动了人生轨迹，产生了各种碰触、对立、冲突、分歧、欲望、犯罪、破坏、自私，不停地造业的人居然希望去寺庙、道观多捐些钱能消业，妄想之上层层妄想，大家哄着互相高兴就好。

“我”在，矛盾在、意义在、业障在、烦恼在、愚痴在、执著在。

而有了各种碰触、对立、冲突、分歧、历史、记忆，就有了时间、空间，以及时间、空间赋予的价值。真正的智者，是能融通时间诸相，能贯穿空间诸相的人。

时和空，时间和空间，都在“空”中，“有”和“无”也在“空”中。“无”和“空”不同，“无”是有制约的，而“空”是绝对自在的。能够在一切现象中生起，又能离一切现象，才叫空。

本文说的“开”，即契合“空”，心如虚空，无悲无喜，晴阴不留，风雨不滞，如果人没有契合空而说“无”，其实是我执的相续。这力量带动了烦恼、轮回、妄想、知识的存在，虽然看上去带动也是一种力量，实际上却让生命分出了相对性，产生了对立和不完整。

“空”是绝对的、清净的、全体的、包容的、圆融的、无时的，契合空，才能归于当下，归零。

宇宙万法，本是“空”的，不是“无”的，经典上说有说无，是契入的方便。

时间、空间，没有一个固定的状态，本来空，因为有了人，才赋予意义，将之固定，但真能固定吗?“空”是现前的如幻、现前的妙有，活在现前的当下就超越了时间、空间。反过来说，不能活在当下，就必流连于三世因果中，苦乐生死，你争我抢，高低贵贱，轮回无止。

空，能够在时间、空间里运作，而又能远离时间和空间。一切时间、空间都必须依附于空。离开了时间、空间，空还是空。离开了空，时间空间却不存在了。

生命力从三个角度来讲，第一是在时空里的生命体之命力，命力是生命体在时空中运作的动力，命运之运便是命力；第二是还有在社会上运作的义力；第三是通过修道提高的慧力。

后两者便是超越时空的生命力，人在社会上和万物和谐共存，靠的是义力，菩萨倒驾慈航，回来度众生便是这种力。孟子说大丈夫者是也，生命能无畏、无私、有情、有爱、有愿，能在社会上和谐，尊重其他众生，是义。

为什么义是超越时空的？因为义的基础是有情和大爱，比如一个百岁的母亲见自己七十岁的儿子，儿子已白发苍苍，可在母亲眼里，他还是没长大的孩子。再或者儿子不在身边，远隔千万里，但母亲心中没有感觉遥远，时刻好像儿子在身边一样。真情实意是超越时空的。

菩萨爱众生就是这种情感，众生愚痴、贪婪，所以老犯错，每一念都是妄想和执著，自己不见自己的业障，成天自欺欺人，是什么力量促使菩萨、圣人、真人义无反顾不舍众生呢？唯有义！如不能携手同行，同日同时成佛，我就一直等下去！等到地老天荒，此情不渝！地狱不灭，誓不成佛！这是绝无仅有的义力！

慧力是什么？是无忧、无惑、无我、无执、无欲的生命力。修者随着修道提高慧力，道高一尺魔高一丈，魔要慧才能制，修道就是伏魔，内伏心魔为自利，外伏群魔为利他，一路冲关，九九八十一难算什么？修道的人遇强则强，无欲则刚，两刃相交，慧者胜。

大修行者日常皆能保持在甚深禅定里的状态，观事物好像慢镜头一样，能观到万事、万物、万有的缝隙，能观到时间、空间是一片一片的，这不是碎片化，而是能无碍地“观”到一切缝隙，发现时空原来是一点点独立的，就像电影胶片一样，每个底片都是独立的，人为地把它剪辑在一起了，它才有相续性。同时会发现，啊，原来一念就是万年，万年就是一念，念念独立，又念念相续，独立和相续是不二的。

就像梦中的时间和醒来的时间同时存在，一个空间里却有不同的计时方法，不同的镜像共存，一间屋子里狗的时间、鱼的时间、虫子的时间、细菌的时间、微生物的时间、梦中人的时间、做梦的人身边醒着的人的时间，梦里梦外沉睡意识的时间……各个不同，同时，对空间的认知和需要也各个不同。那么，这些生命是在一个时空里吗？

修者进入了独立性，就会用心去发现相续性背后的，从独立性发觉极微尘。微尘是形容空间的一个量词，不是一个形容词，就像无量是一个数词，不是抽象名词。

佛法里说的极微尘是不是基本粒子？可以说比基本粒子还小。怎么样才能见？行深般若波罗蜜，或甚深禅定能观，观不是用眼观，而是用心观，普贤菩萨能入一一毛孔中为无量众生说法，这些毛孔里的众生内部，还有没有更微细的生命？您说它微细，是因为您见不到。没有发明显微镜时，您能见到细菌、微生物吗？显微镜没发明时，这些不存在吗？您现在看不到，不代表没有，只是心不够微细，粗心大意、毛毛躁躁、利欲熏心，当然不见。

我们不理解世界本身是互融的，《华严经》说，整个法界是大小互含，无限交互圆融的世界。

一粒沙子里有宇宙，宇宙也有沙子，这只是第一层结构，可是沙里的宇宙里还反含着一粒沙，沙里还有宇宙，层层互摄叫“华藏”。交互变换、交互含融的生命观，老子叫“摄生”。

甚深禅定中的修者“一念不生全体现”，可为什么甚深的法没人信呢？下士闻道大笑之，不笑不足以为道，因为不信，所以永远也达不到这个境界。

祇园精舍是给独孤长者供养佛陀的道场，是当时规模最大、最雄伟的建筑，共有七层楼高，庄严富丽，环境优美，胜过竹林精舍。僧房计有数百栋，此外礼堂、法堂、集会堂、修养室、盥洗室、储藏室、诵读室、修炼场、总会所等，应有尽有，设备齐全，比憍萨罗国王宫还精妙，佛陀带领弟子们在这里安居弘法。

给孤独长者经常来到精舍，探望佛陀及弟子们的起居，每次必供养一大批生活用品，他是佛陀最具代表性的在家弟子。祇园精舍成为当时远近驰名的弘法道场，佛陀后半生在此结夏安居及雨安居长达二十多年，现今流传的经典，有七八成是在这里讲说的。舍卫城也因祇园精舍的盛名而在印度诸大城市中占有重要地位。

给孤独长者倾其所有为僧团供养了弘法道场，他本人很安乐，可是亲朋们有疑问，曾有人问他："您给佛供养了比王宫还有过之而无不及的祇园精舍，您信不信佛呀？"

他说："我不信啊！"

问的人当时就蒙了："不信怎么还供养？"

长者说："佛陀所说的一切我都已经证到了，我为什么要信呀？"

信是相对不信的人才说的，您不必去信自己的嘴会吃饭。问信不信的，一定是不信的，鱼在水中不知水，人在信中不言信。凡人被囚禁在自己概念的堡垒里，其实无论说什么也不会信，信是和心相关的，有心的人才有真信,信念和信心和语言无关。

修者能超越时间,是因为时间和空间是一体不二的,过去心、未来心、现在心的分别在当下消失时,就是超越时间时,同时,空间也一并超越。

时间空间是我们用来认识宇宙外界事物的一种方法,就像科学,科学是人类认识宇宙万物的工具,不是人生的导师。

霍金博士在《时间简史》中提出至少有三种不同的时间箭头,人对时间方向的主观感觉,是由我们头脑中热力学时间箭头所决定的,正像一个计算机,我们必须在熵增加的顺序上将事物记住。热力学时间箭头,即在这个时间方向上熵的增加;心理学时间箭头,即我们感觉时间流逝的方向,表现为记忆;宇宙学时间箭头,即在此方向上宇宙在膨胀而非收缩。但上述三个箭头指向同一个方向,这代表了迄今为止科学对时间的认识。

宇宙万物中,有许多混沌不清的东西,混沌是其用,清净是其体,反过来说,如果体不清净则不是混沌,而是糊涂。混沌的时空“迎之不见其首,随之不见其后”,人置身于其中,本是“惟恍惟惚”的。又云:“绳绳兮不可名,复归于无物,是谓无状之状、无物之象,是谓恍惚。”

时空是混沌的,然而时间和空间不是,人为划分出的时间和空间属于数学,能量变化分出了虚实两个世界,明的叫时间、空间,暗的叫时、空。宇宙中“本来无一物”,暗物质、暗能量、万有引力、反万有引力不是物,是虚世界能量因缘和合的“缘”。

光速是现代科学所了解的物质界运动极限,说它是物质世界和虚空界之间的分水岭,也是物质界和精神界的临界点。

但屏蔽了不同时空维层的，是光速的作用吗？时空的裂缝儿在哪儿？众所周知，驾驭能量的能力是衡量一个文明先进程度的主要标志，人类目前所能驾驭的仅为核聚变所产生的能量，如果人类能真正开启生命能量，那才是打开宇宙能量之门的钥匙，这个钥匙不在数据里，不在可测、可见、可视、可思里，也就是说不在常道里。

老子的宇宙观是“有无相生”，有和无是同时产生的，“无中生有”并不是无在有前，万物没有一个叫“有”，只有“万有”，和“万有”相对是“万无”，“万有”和“万无”都在“空”里。

“空”生出阴阳二气，二气变化成时间、空间，出，必是对出，时间必然有相对而出的，这便是空间。

因此如果消灭了“无”，也就消灭了“有”，就像人类消灭了女，男也会同时消失。万物的形式，是阴阳二气之运动变化，即速度，速度实际上是空间的扰动。速度越快，对空间的扰动越大。于是时间也会发生扰动，时空扭曲，产生黑洞，扭曲越大，内吸力越大，洞越深。

“有”还没有的时候，“无”也是没有的。要看清宇宙万物真相，就得跳出我们现有的认知。时间和空间是相对概念。只要有空间就会产生相应的时间，三维世界有三维空间的时间，四维空间有四维空间的时间。五维、六维以至无数维，时间都是不同的状态，维域互相交织，维域生命时间不同。高维的空间时间可以摄入低维、认知低维，而低维生命反向认知则势比登天。但难并非不可能，难就难在不信上，修道初期的主要内容，全是建立稳定的信心，因为不信而产生诸多的小心思，杂念、比较、退缩、疑惑，等等，全部是不信的产物，更不要说愿和行了，不信的人根本谈不上愿力和愿行，“至道无难，唯嫌拣择”“狐疑净尽，正信调直”（僧粲《信心铭》）。

佛法中如何觉证时间呢？就是在“十二缘起”的流转中，发现支与支之间的前后相续性，“十二缘起”不是次第法，而是同生相续法，而缘起的现象依于时间性缘起。

也就是说，时间是“十二缘起”的场域，众生只是其中所幻现出的前后相续相，而将其假立为时间。

缘起诸法之外或之后，佛法不认为有抽象的时间存在。故，缘起的特性是“空”，诸法无自性，自性是不生不灭、不垢不净、不增不减的非时间性。

凡和时间性相关的一切，无论它拥有何种神圣的名义，事实上都不是终极的、究竟的，例如生与死，从世俗角度看是最大的事件了，从佛法角度看则未必。

老子在《道德经》中表述了一切解脱之道即在于反本。洞悉时间性存在本身的虚假性并超越它，这就是“觉悟”。禅门称之为“前后际断”，顿悟只在刹那。

“刹那”指时间的微分，即一种不能再分割的时间之点。此即当下，是时间与永恒的唯一切点，“刹那”觉悟，一念成佛，刹那即永恒。

时间是刹那的集合，“刹那生灭”或“刹那转变”是觉悟的境界变化。

谈到超越时，我们千万要注意，大修行者，各位圣人、祖师虽已超越了时空，出入世间不昧因果，然而真正的菩萨精神是发端于在缘起中与众生同体共在的，是源于生活归于生活的。也就是说，开（超越）的究竟不是跑去天界和仙界享受，而是阖(回归)于世间。

没有一位圣人、祖师会以超越者高高在上的姿态出现在人间受供，以神灵的样子来施以众生恩惠，一切圣人、祖师是主动承担社会责任的人，行教化之职，执众生共业，受众生之所受，共担风雨，同甘共苦，所区别在于，这些人受业而不受苦，“心净则国土净”。

超越是超越时空，不为拘束，回归是回归生活，平淡、平等、平常、平凡，平静，不为神化，不为物化，不为名化。这是老子之道，也是真正的佛法、禅法之禅惠及民生的基本思想。如果把超越变成了厌世超脱，逃避人间而自得其乐，这绝非“道”，实无“德”。

有的读者不爱用心，一看书、一动脑、一“复杂”就感觉头痛，这是为什么？就像您长期不运动，爬山下来小腿痛不痛？同理，心灵长期沉睡，一直不用，一用能不难受吗？如果小腿痛了就不爬山了，以后再爬时必然还痛。那么用心也一样，一难受、一不懂就退缩，满足于吃喝境界就可以了，那么您永远只能在浅层的本能界轮回，甚深微妙的灵性境界和您无关。

许多人不理解，问为什么禅门常今天立一个法，说大家要怎么怎么修；明天又破这个法，说一切都是如梦、如幻、如泡、如影，都是空的；结果后天又立了一法，是不是瞎折腾?

由于众生一生下来就被各种概念灌输，会产生了一个个不同层面的烦恼和幻觉，要想超越，就必须进进出出，一次次被打击，一次次被否定，一次次建立了又再否定。在这些反复的过程中，立了破，破了立，再立再破的游戏中，会经历痛苦、绝望、开心、重生，但是每一次经历的心态都不同，只要坚定信念不放弃,必会在某一刻幡然醒悟。

如果嫌麻烦,不想立了破、破了再立,就不会有如此痛彻的切身感受,讲佛法的无非缘起性空,讲道家的就是无为而治,讲庄子的不过逍遥自在,失去生命真切体悟的道理就是口头禅,不在各种反复的过程中忍无可忍,最后一丝不挂,被逼到无处可藏、无路可退时,那个包裹在深处的本来面目何以显现?

所以,许多学生跟着师父修行,会发现师父说话常常自相矛盾。初学者不知道自相矛盾不是贬义词,高手常自己和自己下棋,闲下来左右手互搏,合于道的师者,心中本是一法不立、一无所得。

立和破,有什么分别呢?

《楞严经》中有一段著名的佛与文殊的对话:

> 佛告文殊及诸大众:"十方如来及大菩萨,于其自住三摩地中,见与见缘并所想相,如虚空花本无所有。此见及缘,元是菩提妙净明体。云何于中有是非是?文殊,吾今问汝,如汝文殊,更有文殊?是文殊者,为无文殊?"
>
> 文殊答曰:"如是世尊,我真文殊,无是文殊。何以故?若有是者,则二文殊。然我今日非无文殊,于中实无是非二相。"
>
> 佛言:"此见妙明,与诸空尘,亦复如是,本是妙明无上菩提净圆真心。妄为色空,及与闻见。如第二月,谁为是月?又谁非月?文殊,但一月真,中间自无,是月非月。是以汝今,观见与尘。种种发

明，名为妄想。不能于中，出是非是。由是精真妙觉明性，故能令汝出指非指。”

文殊者一文殊也，非二文殊。文殊不名文殊，是名文殊。

文殊如果认为自己是文殊，那就是两个文殊了；文殊如果认为自己不是文殊，就不是文殊了吗？

道法自然，禅法无住，立一切又破一切。《金刚经》就是典型的旋立旋破法，佛说世界是一合相，一合相是什么？是暂时的和合体，心、时间、空间三者结合为一合相。

为什么佛又说一合相不可说呢？因为一切法本身无自性，皆是方便。世界是交相缘起、相摄幻化而生的，所以合道靠悟，人如果迷在知识和概念里，永远无法悟“道”。

知识有个特点，就是承载知识的载体具有可分离性，这决定了知识易于传播，例如如何种果树的知识被整理成文，老师就可以教学生种果树，老师自己不必种过果树，学生学会了也不必自己去种，种果树的知识和种果树本身是可以分离的两件事。

如果我们将修道和修道的知识也这么分裂，就不是跟种果树一个性质的问题了。种果树的知识能帮助种好果树，而光有修道的知识，自己却不修道，就变成了真正修道的障碍。修道属于内证境，和技术不同。技术的可分离性是有好处的，例如后发展国家尽管在物质载体方面暂时落后于先进国家，但只要在知识上跟进，就有希望快速超越，这就是技术的后发展优势。而先进国家的器物固化，反而成为自己的障碍。

然而修道呢？分离就不行，一个教禅学、道学的老师如果自己不修禅、不修道，就是“为学日益”，而修道是“为道日损”的。是故，道法和学术不同，音乐和艺术不同，医道和医术不同，书画和美术不同，功夫和武术不同，智慧和智力不同，情感和情商不同，逍遥游和网游不同……

术的层面只是道起用一小部分，重术而轻道的氛围，会使人普遍想走捷径，会习惯于囫囵吞枣的思维方法，凡事不求甚解，迷惑在表面形式里。热衷于复制、抄袭、仿照，倒果为因，急功近利，以成败论英雄，落入好的什么都好、不好的什么都不好的极端思维里。

秦王统一六国，是重法术的结果，然治国之道和治国之术不同，以术得天下，需以道守之。晚唐诗人杜牧有一篇《阿房宫赋》，结尾写得甚是精辟：

> 呜呼！灭六国者，六国也，非秦也；族秦者，秦也，非天下也。嗟乎！使六国各爱其人，则足以拒秦；使秦复爱六国之人，则递三世可至万世而为君，谁得而族灭也？秦人不暇自哀，而后人哀之；后人哀之而不鉴之，亦使后人而复哀后人也。

我们修学历史是为了借鉴，不是为了考试和增加谈资；我们修道养生是为了提高功夫智慧，不是为了延年益寿；我们求道求法是为了明辨无常，契合本性，不是为了特异功能，名利双收……大时代就要有大格局、大视野、大胸怀、大气魄，而大，正是道的特性之一。

老子怎么形容“道”?

道之体是:“有物混成,先天地生。寂兮寥兮,独立而不改,周行而不殆,可以为天下母。吾不知其名,字之曰‘道’。”

道之相是:“道之为物,惟恍惟惚。惚兮恍兮,其中有象。恍兮惚兮,其中有物。窈兮冥兮,其中有精。其精甚真,其中有信。”

道之玄是:“视之不见名曰夷,听之不闻名曰希,搏之不得名曰微。此三者不可致诘,故混而为一。其上不皦,其下不昧,绳绳不可名,复归于无物,是谓无状之状,无物之象。是谓惚恍。迎之不见其首,随之不见其后。”

道之用是:“生而不有,为而不恃,长而不宰。”此为“玄德”。

道之特性:大,逝,远,反。

“大”不是和小相对的大,而是“摩诃”,也没有特定的空间,定了“间”就不会大。是既无穷大,也无穷小的,心大时纳三千大千世界,心小时入无量毛孔微尘。大小不二,圆融不二,无所不包,无所不在,具有无穷的变化力和变化体。

宇宙是无限、无极、无边、无量、无际的,它可以转变成个体生命的极有,个体生命的极有也能转变成宇宙生命的极无,全然和谐,没有冲突,色类各有道,互不相妨恼。

“逝”不是过世、逝去,而是新,不断地演绎、变化、无常、不住、流转、流逝、生长、孕育,永不停滞。没有不动,也没有停止;把捉不可,也持受不住;握固不得,也囤积无有;入微入细,也缥缈轻忽。永远看不到重复的,瞬间即逝，瞬间即新。孔子说："逝者如斯夫！"在而不存，只能随顺。

"远"是深邃、深远，无边无际，不可抬手轻易触及、简单接近。

"反"是事情大了、逝了、远了，最后都要返回，循环周流，成为圆相。回到首尾相连的链条上，有回转不息的内力，无生无死，无来无去，无前无后，无垢无净，无恒常无非常。

万事万物的变化的规律，从道、禅来说，是三重否定：先是变化的结果否定了自身，再是否定了否定，回到自身，最后"否定之否定"也要否定，这就是"空"。

花开了，种子变成了花，花否定了种子。花长大开放，枯萎了，又否定了花。然而花粉、花籽随风、随蜜蜂传播，又否定了花粉、花籽，回到了种子。

因为空，才特别需要敬畏。《论语·季氏》曰："畏天命，畏大人，畏圣人之言。"人如果没有对大道自然、规范的敬畏，不懂得自觉自律，难免会恣意妄行，想停在对自己有利的一面，不想遵循自然法则去对自己不利的一面，而生就是有相生相克的自然规律的。道有反的作用，一切作用力都会反作用于我们自身，即反噬。不利不是一定不好，而是转化的一个过程，有智慧者明白太极的道理，故能转危为机、转祸为福。大修行者，知道克和生的关系，善用克力能不断提高自己的功力。

笔者见过有大修行人读《华严经》，不到一个钟头就读完，读完还能不忘，那不是读书，可以说是扫描，这种读法叫入定。一样的读书，为什么他能一目十行，知前晓后，过目不忘？那您想想为什么阿难尊者过耳不忘？

而您听了、看了却什么也记不住？因为杂念太多，心不清净故。

同样诵经，金刚诵的念法是只有自己听到，大修行者能二十四小时无有停歇，绵密不断地诵，生活、吃喝、外出不影响诵，连睡着时同样还在诵，不在定中谁能做到？这是制心一处的能量，许多人误解制心一处，以为是一次只办一件事，其实大修行人由于无心，故能随处用心，一心多用而无碍，这种能量的源头是定力使然，您没有定力，当然无法做到啦！

大修行人想供佛时，可用心力把天地最美的心花拿去供养，这样的供养，自己一起受供。此花无谢无落无相，是为心花怒放。

这样的一生是不是可以抵三大劫？可凡夫呢？生命早就在某一刻停滞了，生命力沉睡了，思想封闭了，活力消失了，自己不知而已，之后活多久都是原地打转，天天忙盲茫，执著在自己的执著里无法自拔。

其实真正的修行，哪一个法门都好，儒、释、道、禅，门门都可入道，关键在于修者能否用心体会，就像弹琴，音调不好得自己调，调得不能紧也不能松，才能弹出美妙的音声来。不用心，修什么都不管用。

道还有希、夷、微三个特点，是非常精细、精妙的特点。一切奥妙有它宏大的一面，也有精微的一面，精微的一面，就是看也看不到、听也听不见、摸也摸不着的，至微至宏。须弥芥子，互含互摄。“惚兮恍兮其中有象。恍兮惚兮其中有物。窈兮冥兮其中有精。其精甚真。”

生活中的一切就如同沙堡、电影，看似实在，本体虚幻。大人不会执著于沙雕，智者不会沉迷于境相，会懂得电影是由声光电等组合而成的，不会留恋荧幕上的画面。“知法如电影，究竟菩萨道。”（《无量寿经》）

如何合道？在于能时刻增长求法心，不令退转，这其中最重要的不是在家看书，而是选择正法团队，亲近善师善友。

何为正法团队？不迷信、不外求、如法实证实修的团队，道法不在书本上，缺乏了师法团队的引导，自己读书会读偏。师法团队犹如土壤，心犹如苗芽，苗芽依于适合的土壤才能够生长。

合道不是为了成神仙，而是能不忘初心地在红尘中不忘初心。初心即初发心，是我们求法之始，是我们生命之始，是那颗自利利他的赤子之心。无论儒、释、道、禅，一切修行法最看重的就是这份初心。在纷扰变化的世界中，发心最真实；一切发心中，菩提心最稳固；相续的菩提心中，初心最珍贵。

道家把人看作一个起点，就是初心，以人为本不是一个终点，而是从人出发，要把人自己给自己加在生命里的禁锢全部打破，回到初心，即宇宙的核心。

“自然”既不是机械的，也不是物质的，而是能产的自然、能生的自然，产生自然之前的那个自然，是无所限制、能够绝对享受、无所不能、绝对圆满的自然性。

庄子说骑马不要给马带缰绳，把马的自由限制住了才骑它，这算什么呢？当骑者的生命和马的生命融通时，腿一夹马就跑了，您想往左往右，它会跟着您的想法走，这就是无为。

同理，禅茶一昧、人剑合一都是说的一回事。合道的人，无论做什么，法于自然，定力下无为而无不为。在万物万事万有上，添加人为的色彩，就会形成偏见，合道是要把这些东西分辨清楚用之而不为之所缚，心里解除掉这些困扰。

鱼在大海里，大海的生命就是鱼的生命，鱼如果离开了大海，那就只能相濡以沫，赚了一堆同情的眼泪也不如相忘于江湖。相忘于江湖才是自由。在道里的人是忘了道的，就像鱼在水里忘了水，只有失去初心的人才会求道，合道的人不用修道已在道中。人与道本来就是一个整体，合道就是回归，回归就是不忘初心。

如何回归？必从超越始，从实修下手，否则知识越多，堡垒越多。东方智慧里很多深邃的思想，在每个情境下、境界下，每个时代理解是不一样的。就如《周易》和道家的思想，只有在实修的过程中，人的境界、能量才会发生大的转化。过去觉得无法理解的，读起来头痛的理论会在某一刻豁然开朗。

可以说一直到民国时期，中国人对圣贤教导的态度，不管是能理解还是不能理解的，都相信。对三皇五帝、对上古文明、对祖先的智慧不仅深信不疑，且充满了敬意。

可新文化运动以后，不仅开始疑古，还怀疑一切，认为三皇五帝是传说，中国文化太落后，是封建腐朽，只有西方的科学技术才是世界的潮流，经典被现代人世俗化、娱乐化、浅薄化、鸡汤化。许多畅销书看上去花团锦簇，其实上以盲导盲，读者看得多不仅无助于心态平和，多数人以为自己懂得多，更加剧了自大心。

现代社会，科学日新月异，机器人已经拿到了地球上的公民证，可以想到不久的将来，会有专门的机器人城市、群体，乃至建立实际的、虚拟的机器人国土。我们很快就会在大街上已经分不清谁是机器人、谁是生物有机人了。人类的未来是人类的生物性消减，机器人的有机性增强，二者之间的边界越来越模糊。

我们在担心人工智能的时候，担心的其实不是人工智能取代人的工作岗位，因为工作岗位是不断创造出来的，而是人类自己的异化。如果我们不能以人的智慧、初心的善良来化解某些利益集团企图控制人的编程，化解繁荣带来的人惰性的加剧，那么人类就有可能最终变成工具。

许多科学家、企业家、商人造恶，是在自己根本不知道的情况下作恶，因为眼界有限，自以为是，故而在名、利驱动下成为作恶工具而不自知。当然也有许多人真想做善事、想利益大众，却苦于本人智慧不够，所以做出的事情常常事与愿违。还有不少存心作恶的人，这种人往往会包装自己，有极聪明者，玩弄大众于股掌。修炼是炼成一双火眼金睛，能随时看清自己，能明辨是非，能应机帮助他人解开谜局。

通常情况下，人一旦形成了某段记忆、某种观念、某些知识，就会深入印刻入大脑，之后形成条件反射，但凡遇到和这些记忆、观念、知识相违背的论点，第一反应会是反驳，或者感觉不舒服。这是认知已经被习气占据了，与此不相吻合的观点，大脑会产生排异反应。

佛在《佛说法灭尽经》中云："吾法灭时，譬如油灯临欲灭时，光明更盛，于是便灭；吾法灭时，亦如灯灭。"

回光返照之际，众生的根机尤显猛利，聪明才智仿佛倍超先人，岂不知

“油灯临欲灭时，光明更盛”？不摧毁自己固化的观念，人始终因狭隘而和宇宙万物不兼容，生命就这样一日一日地飞蛾扑火，自寻烦恼。

中国古人修学是学习生命观，例如谈及经济问题时，用“制节谨度”这四个字来制衡人的欲望。节与度即是一水准，制与谨是慎防其超水准。经济如果脱离了人本时，将成为人生之累赘，故修养和文化是一个作用，都是为了令人“知止”。否则富必会骄，骄而走向反面，因此产生的社会矛盾远非经济所能解决。

《道德经》是“中国禅”修养者必修经典之一，和“中国禅”修养渊源最深。最能启发中国禅修者平等心的经典有《维摩诘经》《道德经》《中庸》等。此因故，“中国禅”与强调出世修行的“印度禅”已有大不同。

历来禅、道不二并修成就的“中国禅”祖师数不胜数，本书主要为了帮助“中国禅”修者能圆融契合儒道智慧，故，笔者在《道德经》里精选了五参，以点带面和读者们一起展开对《道德经》的讨论。为了能加深读者们的认识，笔者选用了河上公、王弼、吕祖、憨山四位的《道德经》注疏中与每一参相应的注文帮助大家拓展思路。

四位圣人的注释，分别从修身、修智、修丹、修禅四个着眼点，帮助读者们加深理解，圣人们的注释各有其角度，读者应以平等心对待。

雪山

玄机诀

为了帮助参修者体会《道德经》全文，笔者出于善巧方便从八十一章中每章汲取原文精华八字，提炼成"玄机诀"，方便大家时刻背诵体悟。

玄机诀

玄之又玄　众妙之门　　有无相生　前后相随

虚心实腹　弱志强骨　　挫锐解纷　和光同尘

多言数穷　不如守中　　谷神不死　绵绵若存

天长地久　身先身存　　上善若水　心善无尤

长保能守　功身天道　　生之蓄之　是谓玄德

有之为利　无之为用　　为腹不目　去彼取此

宠辱若惊 大患若身 能知古始 是谓道纪

浊静徐清 安动徐生 守静归根 复命知常

功成事遂 皆谓自然 大道智慧 不和混乱

见素抱朴 少私寡欲 绝学无忧 而贵食母

孔德之容 象物精信 夫唯不争 诚全归之

希言自然 信不足信 自明自彰 自功自长

人法地天 道法自然 重为轻根 静为躁君

常善救人 常善救物 常德婴儿 常德无极

为者败之 执者失之 物壮则老 是谓不道

君子之器 恬淡为上 道常无名 始制有名

知人者智 自知者明 大道泛兮 其可左右

道之出口 淡其无味 是谓微明 柔弱胜强

道常无为 而无不为 上德不德 是以有德

神得一灵 谷得一盈 反者道动 弱者道用

上士闻道 勤而行之 道生一二 三生万物

不言之教 无为之益 知足不辱 知止不殆

大成若缺 清静为正 天下有道 知足常足

其出弥远 其知弥少 为学日益 为道日损

善者德善 信者德信 善摄生者 其无死地

道德自然　是谓玄德　守柔曰强　复归其明

行于大道　唯施是畏　善建不拔　善抱不脱

知和曰常　知常曰明　知者不言　言者不知

无为自化　无欲自朴　正复为奇　善复为妖

深根固蒂　长生之道　道莅天下　德交归焉

天下之交　以静为下　坐进此道　为天下贵

终不为大　能成其大　千里之行　始于足下

常知稽式　是谓玄德　江海善下　为百谷王

慈俭不敢　为天下先　不争之德　配天之极

不敢为主　不敢进寸　是以圣人　被褐怀玉

知不知上　不知知病　无狭所居　无厌所生

天网恢恢　疏而不失　民不畏死　何以死惧

上之有为　无以生为　人生柔弱　其死坚刚

以奉天下　唯有道者　弱之胜强　柔之胜刚

天道无亲　常与善人　甘食美服　安居乐俗

圣人之道　为而不争

本书主体结构，每参有五部分组成：原文、解契、笔者答、修行、圣人曰。

本书选用的《道德经》版本是北京大学宗教研究院名誉院长楼宇烈先生著《老子道德经注》校释的经文和标点。

“道”可道，非常道。

老子之道，是统一之道，是回归之道，是从相对回到绝对的原点之道，是人类从外求、发散状态中逆向修行之道，是超越时空，并超越因其流逝性而建立起来的因果轮回之道。

诚如是，道可道。

感恩中国禅智慧导师楼宇烈先生！

感恩恩师雪山静岩博士！

感恩诸有缘！

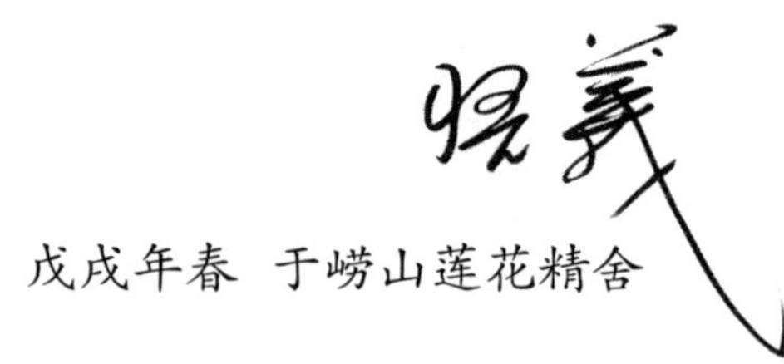

戊戌年春　于崂山莲花精舍

玄机

心似寰宇无量际，

从痴有爱病养身。

挂锡红尘栖心印，

游刃须弥等闲人。

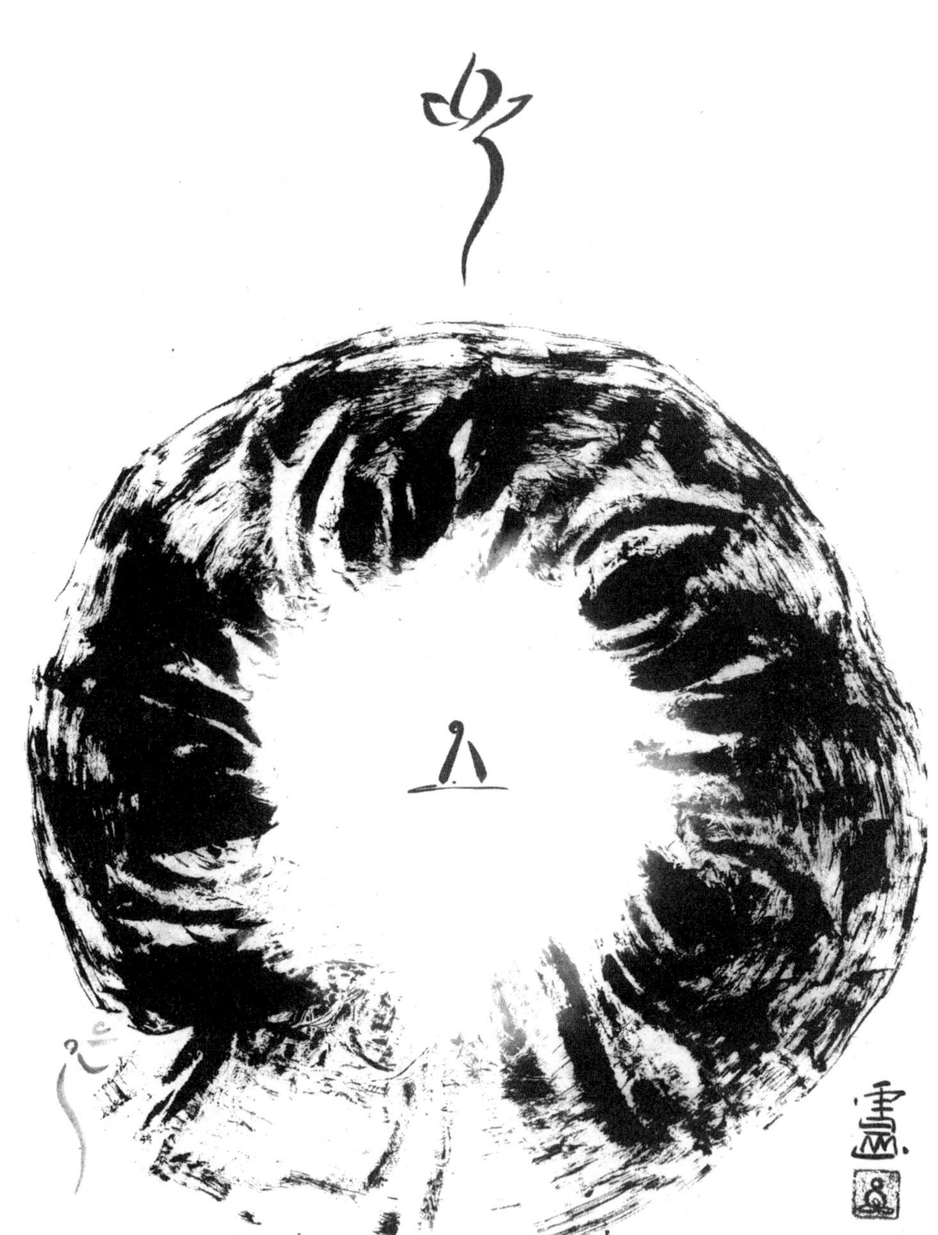

凌波

托举禅杖挑日月，

赤脚凌波舞翩跹。

饥食惺惺云蒸饭，

困眠寂寂一念间。

第一参

可道非道

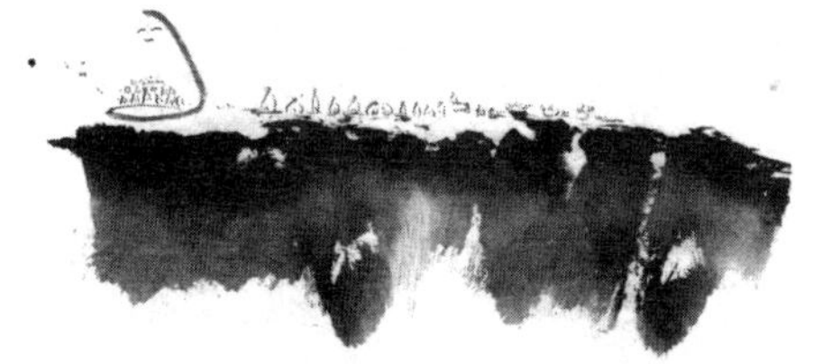

【原文】

道可道，非常道；名可名，非常名。

无，名天地之始，有，名万物之母。

故常无欲，以观其妙；常有欲，以观其徼。

此两者同出而异名，同谓之玄，玄之又玄，众妙之门。

【解契】

第一参这四句话，可分前后两段。

前段“道可道，非常道”，从根本角度论道，是体；“名可名，非常名”从学理角度论道，是用。

老子将“名”提到了和“道”对应的地位，这正是《道德经》伟大之处。

过去大家普遍认为世间是以“名”为主的，出世间是“道”的世界，这种误解在人的观念里世间出世间为二。仿佛求名需入世，求道则出世，求名和求道如果为二，何谈道无在无不在？世间难道无道吗？既然道无在无不在，为何名中无道？为何道中无名？

人心中本有道、名、欲三个层次，本在道，用在名，欲在名之最外层。

通常人以为“名”是指名气、名誉、名利、人名、物名、概念名、书名等，再或者有人以为是指大脑意识、观念、记忆、情绪等。

老子说的“名”是指一切人类文明、文化、思想、科学、语言、文学、习俗、法律、艺术、礼仪等。而名气、名誉、名利、人名、物名、概念名、书名、大脑意识、观念、记忆、情绪等属于“欲”的范围。

“道可道，非常道”是从“法”的角度阐明太极、法界、宇宙的本义。

“名可名，非常名”是从“人”的角度阐明太极、法界、宇宙的本义。

人法不二，人法平等，儒家是阳道，发挥“易”之乾能，知其不可为而为之，如天行健，君子自强不息，其气至浩至刚；道家是阴道，发挥“易”之坤能，抱朴守拙，如地势坤，君子厚德载物，柔弱胜刚强；两者一显一隐，伯仲扶协。由于道家隐逸无为，故给人的印象仿佛轻名，此因世间人看不见“道”，不知“道”以名承。《道德经》作用的对象是想与道相应的人，其本义就在能帮助这些人契道、合道、悟道。

为什么老子开创性地将“名”提到了和“道”对应的位置?

有一位修者曾问笔者，禅门“不立文字”的含义是不是轻“名”？笔者说：是的，禅门认为“名”是戏论，如惠能祖师“一闻经语，心即开悟”，这是跃过“名”而直接悟道的典范。禅门祖师不经名而悟道者屡见不鲜，洞山睹水、香严击竹、灵云看花、宝积听歌，等等。

他又问：儒家重名，老子也提出道名齐观，禅却轻名，这和儒家、道家不是相悖了吗?

【笔者答】

《心经》云:“色不异空,空不异色。色即是空,空即是色。”禅门轻名不是轻视,而是不执著,怎么会和儒、道观点相悖?禅门祖师不经名而悟道者屡见不鲜,经名悟道者亦是屡见不鲜。如圆悟听艳诗、永嘉诵《维摩诘经》,等等。“不立文字”是指修者在自身境界不断变化的状态下,对名的理解和相应程度也不断变化,所以无固定不变的经典文字可依。经云:“随众生心,应所知量。”世间能有多少人能如六祖一般不经名而悟道呢?六祖不也是为大众留下《坛经》了吗?《坛经》也是名啊!如果他老人家按照自己悟道的方法度人,曹溪一脉还能普惠天下吗?我们看《大藏经》中,禅门的“名”比任何宗派都多,用僧肇法师的话说:“道”和“名”是“本迹不二”的关系,不可思议本和不可思议迹,真正的修者是“名”与“道”不二的人。

问:“名”有哪些?

答:印度文明以音为主,故有声明法传世,湿婆用吼声创造世界。西方文明继承了希腊、希伯来的传统,是以语言为主,上帝用言说创造了世界。这一类型的思想,普遍认为世界的一切在言中、声中。故印度教以及印度佛教和其分支特别重视真言密咒。到了中国禅门的禅风和印度禅明显不同,如临济喝、药山啸以及唱颂功夫即属狮吼功夫类,但这不是说中国禅门就不用咒,如观音心咒、大明咒、大悲咒等也是极为普遍的。而中华文明的传统是以“文”为主的,易经、八卦、经史子集都属于文,道教为什么喜用符箓、印箓为法器？这和中国传统是分不开的。总的来说，声、言、文、箓皆隶属于“名”。

问：诗词书画也是名吗？

答：是的，中国传统以文载道，文、象都是名。不过和西方的诗书画区别点在于，中国传统的诗词书画是基于合道的发挥，故此，功夫体现在诗词书画的作品之外。作家、画家重视在心地上下功夫，作品不属于语言逻辑的范围，而是以文载道。西方的作品有逻辑性，强调内容，逻辑和内容是语言文字的符号化、模式化、具象化，属于形而下之器；合道的诗词书画，用以表达道源，是终极情怀的抒发。文道合一才能有神韵，有境界，有传神、移心之作用。可以说西方是艺术，而中国传统的合道之作品是道法。

问：卦爻是言象吗？

答：伏羲画八卦和文王重卦时，都是无言说的，卦加上了爻辞才开始有言说。爻辞是诗性的言说，亦是超越逻辑，不属于分析性的文字，可以说是介于言象之间的名。古人因为言有局限，故立象以达意，象是溢于言外的，只能用比喻、拟譬、切类等来表述。禅门祖师也常常用意象来表达言语道断的禅境，意象是不可尽的。

问：为什么禅门祖师要留下海量的语录、公案、颂古、诗词、讲录？这些需要都读吗？

答:指月的手指是为了指月,不是为了看手指。

问:我看什么都记不住,怎么办?

答:您不见月时需要有方法去除障眼物,去除是目的,每一式去除的法都不同,您要记住方法做什么?您需要契合的是生出诸多方法背后的心。

问:什么是以人为本?

答:凡人实已非人,人和动物的区别在于“名”之用,人有思想、认知等精神性需求,而动物的生存是由欲望带动的生理性本能主宰。现在许多人精神性需求退化,没有思想,缺乏对世界的认知,也不如动物般能和自己本能相应。这些人变得麻木而虚伪、无知而盲目、胆大而妄为、急躁而焦虑,人如果只剩下物质的欲望,过分地以食色、以占有为人生主导,远离灵性,远离善良,这就不能称其为完整的人。

生而为人,首先要做个抖擞精神、利益大众、不问前程、坦坦荡荡的人,敬天地自然,爱万物众生,这是人之德。宇宙万物中本来人最有灵性,以人为本的含义,不是指天地之间人是老大,而是以人的灵性为本,有灵性方能尽物性、人性,政通人和,得道众助。

问:人为何失去了灵性?

答:现代人自幼便骄惰坏了,这和家庭经济条件没有直接关系,您看许多富豪不骄纵孩子,却是一些经济条件并不太优渥的家庭,父母舍不得吃却紧着孩子乱吃，凡事舍不得让孩子动手，犯了错也包庇纵容。骄纵和经济无关，却和家长的智慧有关，家庭长辈的无知、无智才是养成孩子惰性的第一元凶。被骄纵的孩子最没有感恩心，也没有适应社会的能力，踏入社会后特别敏感，容易焦虑，抗压能力差。惰性养育的是骄，骄就是自以为是，骄是惰的外相，亦是惰之内性。有的人越穷越惰，越惰越穷，有的人越穷越溺爱孩子，这些都毁于思想之惰。思想之惰是人不努力寻求精神境界的提高，建立了错误人生观和价值观，有的以为有钱就是成功；有的以为自己命不好，甘于认命；有的自己给自己下定义，认为自己不是学习的料……这些认识是精神上驻于惰性，内心堡垒重重，习气深厚，有的表现为身体上贪图享乐，怕苦怕累怕痛；有的表现为身体上不怕苦不怕累，却怕学习、怕思考。无论哪种惰，惰即堕，不要以为拼命工作的人不惰，为了自己的利益拼命工作是满足成就感这种欲望。战胜惰性的法宝，在于能对外不停付出和奉献以增功德，对内不断清净内心以增智慧。

《列子·说符》中有“齐人攫金”的记载，从前齐国有个人成天想发财，一天他来到集市上，走到卖金子的地方时，突然当众抓了金子就跑。当巡官抓住时问他：“这么多人在场，你怎么敢抢金子呢？”那人答：“我抓金子的时候，只看到金子，根本没看到还有别人。”

这和“掩耳盗铃”是一个道理，利欲熏心，故视而不见听而不闻，活在自欺的幻想里。

问：做生意要打拼也属于幻想吗？

答：“生意”的本意是生生不息，生和意都是动词，表明永不停歇、循环往复的生命力，这是一种能使万物更和谐、社会更安定、人心更幸福、沟通更顺畅的力量。现在人把生意误解为名词，以为就是商业。

“生意”一词，语出《易经》：“一阴一阳谓之道，继之者善也，成之者性也。仁者见之谓之仁，知者见之谓之知。百姓日用而不知，故君子之道鲜矣！……生生之谓易，成象之谓乾，效法之谓坤，极数知来之谓占，通变之谓事，阴阳不测之谓神。”

好生意是通过各种形式的流通从而帮助大众改善生活的，能彼此和和美美、互相尊重地生活就是好生意。可是现在人却以为生意场就是你死我活的战场，钩心斗角，常用杀鸡取卵的短视行为谋取利益，不懂得如何培养市场、如何善待客户、如何尊重规则、如何驾驭生克。社会和企业之间、企业和客户之间、企业和企业之间本是鱼水一脉的，鱼、水发生斗争，会怎么样？

人如果不懂丰富内心、长养精神就不会独立思考，如此做什么都只会盲从。这个时候价值观就不是自己的，您在为谁的价值取向而拼命呢？因内心荒芜，故而能见有些人口若悬河，道理说得头头是道，然而在真正抉择时却患得患失，不懂如何智慧取舍。会说道理不足以让人产生力量，会说的道理只有口头和字面上的价值，道理如不能落实到修养，知道得越多则越自傲，由此带来的经济利益越多，越什么也不信。

水久生虫，法久成弊，生意、法意、禅意、道意本是一意，这些都是活的，是不断变化的，就像行医一样，对症下药是庸医，知病本源是良医，故此同症不同治，同病不同法，死执古方不知变通是治不好病的。药方、药理都随着身、心之病变而变，药治不好病，能产生驾驭各种变，能应对病本的力量，靠功夫智慧。

《道德经》是要读者们切实落到实修去，才能体悟圣人的微言大义。“名”和“道”为什么能够对应？读者们体会一下两者之间是体用关系、先后关系，还是鱼水关系？

本体虽不能离起用，但起用和本体是固定不变的吗？道、名可否互为体用呢？起用因时、因境、因人各有偏重，在禅门能知此玄机谓之“用心”，六祖曰：“但用此心，直了成佛。”

“用”本是指月之指，一切经典、文化、修养的目的，是令修者在生活中会用，不是令人自大、藐视凡俗的。然而会“用”不等于会“用心”，“用心”是“用”之极致。聪明人也会用，而会用心的人属于觉者，反过来说一切未觉的人都不会用心。

会用而不会用心的人，能用概念、手段、炒作、噱头牟利，不过一用即偏，偏于私利，偏于一端，偏于己见，等等，即“发而皆不中节”或“发而不皆中节”，能“发而皆中节”者才叫“和”，叫会“用心”，又名“中庸”“中和”“中道”“得道”“合道”或曰“道名不二”。

修行是帮助人生活中能起用道，能不偏不倚，合乎本心，所谓“平常心是道”。如果认为世间和出世间为二，道又与一切众生有什么关联呢？凡人之凡在于有私欲为障，故不会用生命的能量，不能明心，如何用心？老子说“自知者明”，明即自知，凡人不自知，也就建立不了真正的自信。不自知的情况下所谓的自信其实是自大和强势。

自信的人相信生命有无穷潜在能量,不会在意眼前的利益得失,向往契合道之玄妙、法之玄机。我们要思考知识除了谋生之外,对生命有什么帮助呢?无常来临时,知识帮不到自己,不解无常之道,知识越多往往越痛苦,因为理想会和现实冲突,无处排解时就会有人选择逃避。

逃避是内心懦弱的表现,无力于现实和理想的脱节,无奈于身和心的分裂,无助于知识和身心之圆融,越逃避越胆小越无法解脱,这就是学习的行为和学习的内容割裂了。

割裂源于惰。

学习好的人会惰吗?每天认认真真地读书、工作、研究的人也会惰?是的,这些人的问题就出在思想之惰。当知识和行为没有合一,知识只作知识之用,非能指导生活、情感、人生、行为时,知识就会像监狱一样,一层一层让人变得固执、狭隘,不懂世事,不解风情,成为一个学究、迷信、死板教条的人。

打破知识堡垒的唯一方法,即重“习”,“习”是修炼、修养、布施、利众、功德,“习”中产生的体悟可以补充理性知识的缺陷,使知行不割裂、不分离,使精神丰富,灵感充沛,文字鲜活,表达生动,感触细腻。“习”不是实验室的实验,“习”是行动,现代一些学者习惯耽于知解而不屑于“习”,身体上的惰加上思想认知上的惰,好面子,着相于自以为是的勤、好、善,放不下习气,才是根深蒂固的惰。

这和现代教育方式有关,不少父母为了自己的“爱”,自小培养了孩子的惰，加上学校的应试教育，大家一致认为做功课是最重要的事，考上名牌大学是荣光，找到一份令人羡慕的工作是教育的目的，其余都是为了这个结果服务的，是没用的，是浪费时间，这属于功利思想。

现代社会是商业社会，商业为了扩大利益，会竭尽全力培养消费者的惰，唯有用户惰才能够培养出用户依赖度，客户越惰时广告宣传效果越好，惰人会被传播、时尚、潮流、趋势、说法、面子、成就感带着起伏，越热爱消费则惰性越强，人不知道自己越拼命工作赚钱，拼命消费，拼命给孩子创造条件，挤出越多的时间旅游，越是喂养惰性，有点讽刺吧？

消费者越有钱，商业资本就越有利可图，会创造出各种文化氛围，发明并扩大各种节日，编织各种消费的理由，形成铺天盖地的攻势，让您愉快地主动或被动地掏钱。创造各项文化是制造舆论主宰，现在变成结婚的标配是钻戒，情人节的标配是巧克力、玫瑰，圣诞节的标配是圣诞树……在这个滔天巨浪中谁能独善其身呢？家人能放过您？可是为什么戴戒指？其和宗教的关系如何？什么是情人节？什么是圣诞？被欢乐包围的您思考过吗？现代几天一个节加上亲朋好友的各种生日、聚会、应酬，您有时间独善其身吗？

习惯了这些被包装的文化后，人将面临越来越多的生存压力，因为需求一旦形成，生活“品质”就不好意思降低，不能今年过了圣诞，明年却不过，人都希望越来越好，为了“进步”，人唯有变得更加努力赚钱以喂养需求。文化和商业形成了一个包围圈，人置身其中，如何突围？身在圈内向习俗投降是自然而然的，从而变得肤浅化是自然而然的，再引发不安、急躁、焦虑等精神问题也是自然而然的。

当人的内心充满纠结，害怕失去，害怕失败，却不知安全感不会藏在物质里，忙碌是令人麻木的安慰剂，人不知进取之进、方向在何处时，忙有何用？情人之间不知情感本质时，一味满足其需求无异于喂养分歧。人如不知何为幸福时，是不会安心的。

此时不如暂停下来，和自己的内心先做一场交流。

知识人迷在名，老百姓迷在利，老好人迷在益，修行人迷在异。什么是异？一方面是特异、奇异、异常；另一方面是异同、异见，各种迷惑都是价值观迷途了，盲目追求不知回顾来路，对和自己价值观不同的见解嗤之以鼻，由惰而骄！儒家以慎独修养来治疗，《大学》曰："知止而后有定，定而后能静，静而后能安，安而后能虑，虑而后能得。物有本末，事有终始。知所先后，则近道矣。"能知本末，则知"自天子以至于庶人，壹是皆以修身为本"，修养才是为人立身于世之本。

修行人未必都有修养，修是修正，如果修的方向不对，越修越偏的情况亦普遍。养是养心、养神、养生命之主，不是养身，如果本末倒置，就迷惑在现象上，容易被人用名词、现象、效果、神通来带入旁门左道。禅门以恭敬心对治初修者，修者从师，多令其从生活琐事修起，戒其骄纵，可能扫地做饭，种菜洗衣，可能单调重复简单的修炼，帮助其降求异之心，熬药一般要熬过来，才会自我审视习气。

"名"来自"念"，"念"是"欲"的一部分，平时生活中懈怠、散漫、放纵的人，心念必无法自我约束，清净的念是从虚静心中产生的。老子说"致虚极、守静笃”；禅门说惺惺，虚静心是清净的、放松的，不紧张，不算计，全身细胞在松、静、虚、清时和天地自然互通。注意，是自然互通，并非人为意识带动的，如果人为意识带动则不松、不静、不虚、不清，意念在、感受在，活泼泼的玄机就不契。

《庄子·大宗师》中有云：“其为物无不将也，无不迎也，无不毁也，无不成也，其名为撄宁。撄宁也者，撄而后成者也。”《大宗师》是《庄子》前六篇的总结，“宗师”就是最终“可以为万世之所宗而师之者”，宗师发挥作用的地点就在“人间世”，不在深山老林、极乐世界，此是总枢机。

老子和庄子不是为了做学问而著述，他们说“道”，是为了帮助生命在人间世安顿。没有一个时代不存在风险，春秋乱世是看得见的风险，现代社会有和平时期的风险，安乐的环境更容易令人的心迷失。老子、庄子、孔子、惠能祖师这些圣人都是点燃众生的心灯、继往圣绝学、为万世之表的大宗师，他们指引的是如何帮助个体生命安心，人如何在复杂的“人间世”不忘初心守护本真，如何在顺逆的各种境界中怡然自得。

宗师之宗，是心有所本，此本是对生命的终极关怀，师是用有所方，即各自有各自的方便和方法。不忘初心的方法，老子说虚，庄子说忘，唯忘才能不忘，忘得干净了，叫“撄宁”。庄子期望以“撄宁人间世”的方式启示人们：只有解开外物对心灵的束缚，才能成为自己心灵的主人，回归生命的本真，找到生命存在的意义，从容应对人世间种种变化。

“撄宁”的境界在于心中没有对立，有一种明历历的觉醒，忘生忘死，则生死已无碍。于“道”相合的生命，来时无迎，去时无送，无有成毁，无有所成却能无不成的。

能忘的状态是修出来的，不是读书读出来的，也不是研究出来的。读出来、研究出来的叫道理，修出来的叫体悟。庄子说通过忘物、忘知、忘德、忘己、坐忘这一系列由浅入深的修养过程，来摆脱各种内外的束缚，实现精神的自由。

一个"忘"字，在内七篇中出现了多次，仅《大宗师》一篇中就有十四次，可见"忘"是修法的关键，三祖僧璨《信心铭》亦云："一切不留，无可记忆。"

有一段是颜回与孔子的对话，很有意思：

> 颜回曰："回益矣。"仲尼曰："何谓也？"曰："回忘仁义矣。"曰："可矣，犹未也。"他日复见，曰："回益矣。"曰："何谓也？"曰："回忘礼乐矣！"曰："可矣，犹未也。"他日复见，曰："回益矣！"曰："何谓也？"曰："回坐忘矣。"仲尼蹴然曰："何谓坐忘？"颜回曰："堕肢体，黜聪明，离形去知，同于大通，此谓坐忘。"仲尼曰："同则无好也，化则无常也。而果其贤乎！丘也请从而后也。"

这段话由于特别重要，笔者曾多次引用过，不会"忘"的人心中必受纷扰，过去、未来、现在交替缠绕，情不能忘，名不能忘，利不能忘，"我"更不能忘。不忘即住，身心鬼魅丛生，哪里能见隐藏在万事万物万有内在的玄机？

《逍遥游》中，庄子说老子"安时而处顺，哀乐不能入也。"圣人们都是会忘的人，会忘不是无情，活在当下的人是会忘的人，因无住而生心，此为

"道""名"不二状态。

如不会忘，则心内常百转千愁，得之暗喜，失之颇忧，不得不失却也能自寻烦恼，然得失不由己，心中恐惧担忧不断。得失不知来处，念头必是无明的，则"道""名"必为二。

人的价值观是随着境界的起伏而起伏的，哪有什么固定不变的对错在？不理解时，对的也认为是错的，真正理解时，就不存在什么对错，只有善用和不善用，人之惑在于一念迷，则魔生。

清净者表现在念念清明，心中没有对立，不会被"名"惑，心中无分别，故无"名"之"迹象"，无"名"之"迹影"，时刻心如虚空，为一切因缘之始，故能观因缘起落，预知得失变化的缘由，此所谓"菩萨畏因，众生畏果"，一心不乱的清净心中能见天地实相。

念头不清净者，迷惑在"名"里，时刻心中有分别，被名之"迹象"所迷，流于名之"迹影"无法自拔，生命体只能在颠倒梦想中苦乐轮回。

道者、禅者、儒者用道眼视蝇营狗苟之俗世，是以生观死；俗人用偏执之惑眼视修道，是以死观生。

生死是生命两端之相，视者所处之地不同，所视之相亦不同。

生于科学技术突飞猛进之世，凡夫除个人时运穷通外，何能观穷通之背后有他？腹未实而心常虚，前人爱妄自菲薄，今人爱妄自尊大，用难得糊涂解释无知。

多少人毕其一生，不解何为自由，何为智慧人生，何为健康幸福，不知命运源于自心，虽可能一时得利、财富等身，然而能长久否？能令人安心否？个人的些许小确幸与人类、历史、生命何补？人的心越来越容易满足，是源于心越来越小，只关心和自己相关的蝇头小利，不知家、国本同构，不知身、国亦同构，不知情怀为何物，朋友圈里成天晒的是满屏鸡汤、鸡血和鸡肉，此实文化之悲夫！

中华文明本源一易，道出南国，儒出邹鲁，法出三晋，禅出曹溪，心法宗要，千年不易。此流衍世间、长养民意之根本！若人自甘认欲为父，则名“不文明人”。

西方用资本利益创造出西方商业文化，用各种方法激发、调动、刺激、放大欲望，本以强调知止、淡泊、慎独、无为、逍遥为传统的华人，多数亦变成了狂热西方文化的崇拜者，以讲洋文、去洋地、习洋俗、着洋衣为尚，这是思想被殖民了。

笔者绝对不反对西方文化，东、西方文明都属于人类文明，没有谁高谁低、谁好谁坏，只是认为不宜偏举，今人丧失自我认知、丧失自信，盲目崇洋媚外是大病。

老子说“人法地”，我们来看看《英国邮报》的一则新闻。

伦敦自然历史博物馆和伦敦大学联合公布了一个3D打印的切达人的头像模型。1903年，考古学家在英国萨默塞特郡发现了一具切达人头骨，这是英国迄今为止发现的人类骨骼中最古老的样本。考古学家发现，这具头骨的主人大约生活在一万年前的中石器时代，为了还原切达人的面貌，伦敦自然历史博物馆的教授们从头骨中提取头发、眼睛和皮肤的DNA图谱，经过基因分析，发现切达人拥有黑色皮肤、蓝色眼睛和黑色卷发。随后，研究团队又委托艺术家，根据头骨的结构和研究成果，通过3D打印的方式还原了切达人的头像。头像公布后，英国人深受震惊，原来自己的祖先是黑人！一直以来科学家和民众都认为欧洲人在几万年前就是白皮肤。

由此可见，人是根据环境、气候、饮食、文化、风俗等变化的，所有这一切都和“地”上产生的能量直接相关，地的状态改变了人的面貌、体态、性格、寿命、疾病、爱好等，这就是“人法地”。进一步说，“人法地”还有几层含义。

第一，每个人都有和自己生命相应的地，这就是自己的善地，也会遇到自己的善缘，然而与己相应的善，未必和他人相应。

第二，道场之重要性，道场是地，地有地气，能够助您成就。同样的法，有相应的道场相助，会事半功倍，而如果不了解自己，随随便便找个自以为好的地方修炼，地场却不相应，多是事与愿违。

第三，身土不二。什么是最养生的饮食？和自己最相应的地气出产的，符合时令的，自然有机的，阴阳平衡的。

第四，每一地有自己的地气，没有高低上下，只有相应和不相应，非要把西方的文化、传统、食品搬来东方，就可能水土不服；非以为雪域高原就好过汉地，亦属偏见。《淮南子》云：“橘生淮南则为橘，生于淮北则为枳，叶徒相似，其实味不同。”同样的文化，换了个地方就可能变味，不盲目崇拜，有明辨能力即“人法地”。每一地必有其独特性，人先要对和自己相应的文化、思想、传统了解，提高了明辨能力后就不会盲从了。

现代西方的许多人意识到东方文明的伟大，来东方修行者日益增多。和东方人崇拜西方文明不同，这些来东方寻道的西方人通常是对自己文化相当了解，是困惑于西方文明的缺憾而来东方寻求答案和补充的。反而是现代的许多东方人对自己的文明不屑一顾，认为自己的文化封建落后、愚昧无知。真正愚昧无知的人是托着金碗要饭的人，明明自己家财万贯，却如孩子一样羡慕别人的财富。

现代西方人来东方寻道，以去印度、南亚、东亚各国者居多，这些人普遍认为中国人要么无信仰、要么迷信，所以来中国的人多是为寻找利益而来的商人。未来，真正强大的中国能否令世界重新认识中华文明，令世界的求法者看到中华文明的荣光？文明的崛起不在技术上，而在认知上。

日本人将禅作为国宝，在西方积极推广禅文化，印度人则是宣传瑜伽文化，此皆获得了大成功。中国呢？无碍融合了儒、道的中国禅，非迷信、非宗教、非学术，它本身就是生活的文化、智慧的文化，它可以是东西方文明的黏合剂。

无论修禅、修道、修养都是自我认知提高的过程，自我认知和对世界的认知是同一过程的不同表述，越对自我认识清楚的人对世界变化看得越清楚。生命是奇特的，看似不公而内含神奇的公正，但非一定能以短短的百年为评判。

凡夫眼光短浅，只能看到表面的现象，被现象的起伏变化而带动，不理解生命体背后的神奇力量。虽然不理解，却谁也无法逃脱违背宇宙法则的代价，自大而侥幸者的命运往往比愚人更悲惨，天网恢恢，疏而不漏。

谁都可以自欺，可以主动或被动地自我营造出自己独立于宇宙法则之外的幻觉，不愿面对、不愿接受神奇的公正力量。然而棋子的生死由执棋局者决定,任何一颗棋子都不能替代执棋者。

能潜心修行的人,是相信宇宙神奇力量的人,是相信生命是真正公正和平等的人,这种信心必来自真诚的敬畏心,而非欲望。

修行的下手处、转化处、链接点,在欲。

欲如不能被人主动所用,则反客为主必成为人生的主宰。无论是乡野村夫还是绝世枭雄,其人生的主宰、改变命运河流走向的力量都来自欲。

从这个角度看,人人平等。曹操、司马懿、孙权、刘备、关羽、诸葛亮等智者权谋的背后也是欲望,诸君皆各具临阵对敌之法:有雄才大略指点江山的,有反败为胜以少胜多的,有知天象堪舆运用之法神鬼莫测的,有如千年神龟般百忍成金的,有德行兼备千秋称颂的,有大义凛然武功盖世的,然而诸君亦无烦恼乎?

何为转化?即用而不被用,心中不是没有欲望,而是不被其所牵制,忠孝、仁义、统一、权力、喜好、结党、营私、分类这些都是欲。转化是将聪明转智慧、烦恼转菩提、业障转功德、有为转无为的能力,这个听起来不可思议,然而大便和青菜是食物的两相,此可思议否?

一切转化需要天时地利人和,转机就是玄机。

《道德经》说的就是修者怎样转化和带动身心,契合玄机,步入妙门。

我们的思维一旦有了模式,就会被局限在三维空间内。在三维空间内,光在真空的速度是速度的上限,而突破三维的局限光速则可能是起步。

正如阴阳对举的镜像空间,正反是相对的,那么时间、空间也可以是有正反面的,时间和空间的反面是什么?

四维空间中的顺时，会在什么空间下静止和倒流对应呢？如果“正”无限大，则“反”就无限小，大之又大其实是无限小，小之又小其实即无限大。正反的时间、空间是平衡的，如果平衡被打破，顺时将静止或倒流，正空间将塌陷为无限小，而反空间将膨胀为新的正空间，二者不断交替，此乃太极。

禅的修养中，处处都在想尽办法令修者改变意识流走向，思维方式发生突变，棒喝机锋概莫能外，无一不是截断常规意识，令学人回头是岸。

宇宙是正反对称的，阴阳二气也是对称的，天文物理学家发现宇宙中的黑洞还有白洞，这就是正反、阴阳的对称空间，但这些仅在浩瀚的天空中吗？万物中其实处处皆有，此便是正反的交接点，洞有底叫桶，无底才叫黑洞、白洞，无底是深不可测，深不可测不代表出不去，而是不可测，修养法是帮助您找到正反交接之门的钥匙。

既然正反、阴阳、明暗对称，为什么科学家们却说暗物质、暗能量在宇宙中占绝对多数呢？那是因为我们现在的科学对一些物质、能量不了解，故名其为“暗”。

人类不会使用电时，夜晚也是暗的，现在暗物质、暗能量是人类目前尚不会用、不能识别时的假名，不代表就一定是暗的或者阴性的。您站在什么位置就会有什么样的假名“顺”的作用，目前人类的明是顺，暗能量、暗物质就是与此相对的逆，如果换个位置，顺便成为逆。

因此，在这个空间的生命之生老病死之顺流，必由反向作用牵引，反向作用不一定是暗能量，也不一定就不是暗能量。您看不见这种能量时，假名“暗”。如大修行人能见的各种光，非常人所能见，不见是受肉眼的局限。

反向作用同样是因缘而生的，修者想要转化便要先转所处的位置、空间，您固执在原有的位置和空间里，怎么转呢？

凡夫的熟地是欲，生地是无欲之境，转位置的下手处便是欲，把自己原有习惯的、喜欢的、熟悉的、接受的转成自己原来并不习惯的、喜欢的、熟悉的、接受的思考方式、行为方式，就是逆行的修养。

道家的传播大体可分为南北两派。北派从老子无为、尚虚、贵柔及不敢为天下先的宗旨出发，推阐道家的治国之道，代表是稷下学宫的黄老学派，其特点是以“道”为治国理念，崇尚无为而治，重视以人为本，具有明显的“入世”倾向。

而南方则以庄子为代表，继承和发展了老子去“欲”之说，以无欲心带动修行，进而将“长生久视”转化为精神的自由，亦即“逍遥游”，这一系有明显的“出世”倾向。

道本不应用出世和入世来裁定，老子的思想是无为而无不为，无不为就是出世入世不二。老子的宇宙观是“道”生天地，无极生出太极，太极生阴阳二气而成万物，道家称之为“德”者，得也，是在“道”中由合道的人“得”出的。宇宙中的“四大”，道大、天大、地大、人大之间有什么联系呢？即“人法地，地法天，天法道，道法自然”，效法自然为人之德。

庄子在《齐物论》中讲道：“天地与我并生，万物与我为一。”完全融合到自然中的人是“无己”的，“无己”之人当然无欲。

所以从欲下手的修炼，就是先与自然和谐，越亲近自然，越契合自然性，欲望就越少。道家认为宇宙是“大周天”，人身是一个小宇宙，称之“小周天”。什么是周天？就是一气周流，循环往复。宇宙万物当然也包括人，流动才能有活力。

而欲望的第一大特征就是占有，占有即不流通，固执为一己所有。

身体和精神为什么有病？皆因固执、堵塞、不通，惰性的脂肪、大便、知识、愚痴等都是令身心有病的源头。怎么转起来？从身体上说提高代谢功能，加快气血运行；从思想上说要活泼灵动。所有周天之用，便是正的反的、善的恶的，皆不住，既然不住就没有了相对性和比较性，只有住了，才有比较和相对。阴阳、大小等两种力量在身心中自然变化，这种变化是无常的，身心常处周流状态的人，欲望何以安放？所欲之物何以安放？

伏羲画八卦，天地间有八卦，人体内也自有八卦对应。人体哪八卦呢？乾为首，坤为腹，震为足，巽为股，坎为耳，离为目，艮为手，兑为口。人体既然有八卦，如何推演六十四卦？天地间有五行，金木水火土，人体也有五行，木属肝，火属心，金属肺，水属肾，土属脾，天地间五行相生相克，人体内五行当然也相生相克，互为动态表里。

宇宙天地之学，是易学，易在佛法中叫“无常”，能体会无常，就能转化欲望。

什么都离不开易，不懂易之道，勤学苦练的是死法，就像有不少人，四处听课，四处拜师，生怕错过了哪位名师。我们看结果如何？多数越听越糊涂，为什么？因为道理和道理之间、法和法之间有相克的关系。有病的人，如果四处求医，医生和医生之间、诊断和诊断之间多数是反冲的。但凡有一个法在，必生成一个相反的法，有一个理在，必生成一个相反的理。阴阳自来是对出的，这才是自然宇宙的平衡法，明眼的师父相机起用，可能次次不同，也可能次次一样，可是凡夫不懂起用的道理，执著在一个法就是真理上。这就麻烦了，就算您运气好，没有遇到知其然不知其所以然的半瓶醋，遇到的每一位都是明师，多找几位，也一样，越听越糊涂。

法，自古对出的原因，就是宇宙万物、万法都是动态平衡的。有了老子的阴，就有孔子的阳，没有高下，只有事相的不同时态。不同适应者、不同环境、不同语境、不同目的，性质可能是相反的，解决方案、修行方法也可能是相反的。贪心求法的人，看上去勤奋，实际上越修越不明就里。

学中医也是一样，古时候的不同神医，面对同一个病，可能开的方子截然相反。但为什么相反的施法可能都能治好病呢？这在普通人看来必有哪位是庸医，其实不然，真正的神医，不是背死方子、死经络、死穴位、死位置的。不过能治好病不稀奇，病本来不治也有可能会好，什么是好？症状消失就是好了吗？古时候有些骗人的巫术抓香灰给病人喝，喝不死也喝不坏，病情减轻了是香灰的作用还是心理作用？

中医之宝贵，不是找出了经络穴位和发明了某些医方，而是真正的医者是具足动态平衡思维的人，中医的基础就是体会无常。自己不修行永远也不会明白什么是中医，“中医”的“中”，不是中国，而是中和、中道、中庸，是一种思想，能明辨气息、阴阳、五行、生克、表里、身心、意念之间的无常作用，相互影响，悬壶济世，以医行道的法门，叫“中医”。

从修道的角度讲，道家的小周天和大周天相通，是修者能驾驭人体内“气”流，使之相通。庄子说驾驭的方法在心的修为，不在于方术、导引、运气、拳脚。

修“道”下手在欲，换句话说就是净化杂念。庄子说“神凝”，《齐物论》里说的“吾丧我”，禅门叫“禅定”。

《庄子·达生》里说了一个故事。有一天孔子在树林里碰到一个驼背老人在捕蝉。老人拿一根竿子见一个戳一个，从无虚发。孔子觉得挺有意思，问：“老人家，您这捉蝉的本领有什么门道吗？”

老人说：“我练习呀！我先在这竿头上垒一个小球，花了五六个月，然后是垒两个小球，小球基本上不从竿上掉下来了，我就垒三个，如果垒三个还能十拿九稳的话，我就垒五个。垒到五个小球在竿子上不落，我才开始捕蝉，这时候手到擒来。你看我站在这里，就像路旁的一根木头；我手臂一伸，就好像是那树枝，虽然天地间什么乱七八糟东西都有，我可不管那些，就死盯着蝉的翅膀，绝不胡思乱想。这就是我的绝招，捉几只小蝉还不是小菜一碟？”

孔子听了对弟子们说：“用志不分，乃凝于神，其佝偻丈人之谓乎！”

修行的关键在“用志不分”，专心致志，心无杂念，凝神以待，如果心中欲潮翻滚，必然浮躁急迫，心怎么能静下来？静则定，定则凝。专心一致时，就自然进入忘我了。

一个正在走钢丝的人，能分心吗？人之所以会分心是源于欲火炽盛，身体有从小到大到衰老的过程，而欲望却不受年龄限制。专心不会随着年龄而增长，不要幻想年纪大了欲望就降低了，或者能摆脱欲望的控制。心灵、意识、情绪、欲望、思想和年龄关系不大，有时年龄越大，身体越差，杂念越多，而人生每个交叉点起决定作用的就是这些。修好了，每个转折点的方向就指向清净、智慧。

修道要学会用心，用心才能通过“名”契合道，如我们学历史，要知道每段文字背后隐藏的玄机。

商纣王任命西伯姬昌、九侯、鄂侯为三公，九侯把女儿献给纣王为妃，但这姑娘嫉恶如仇，看到纣王荒淫无度时不会见机行事，纣王对这个不懂事的妃子非常愤怒，不仅杀了她，还对九侯施以“醢刑”，也就是剁成了肉酱。

西伯姬昌也就是周文王听说此事后，常私下叹息，就有人向纣王告密，说文王常叹息，纣王本就忌惮他，于是下令囚于羑里，文王在羑里七年将伏羲八卦推演为六十四卦。

西伯的大臣闳夭等人为救西伯，到处寻求美女、奇物和良马献给纣王，纣王逐渐放松了对西伯的戒心，最终把他放了出来，西伯一出来就把洛水之西的一大块地方献给纣王，趁着纣王高兴请他废除炮烙之刑。纣王同意了，并封他做西方诸侯的首领。

纣王暴政，荒淫无道，诸侯欲反，西伯却不为所动。他死后，儿子武王向东征伐，到了盟津与八百诸侯会合，诸侯们群情激昂要讨伐商纣，武王说：“汝等不知天命。”于是折返回周。

武王为什么说诸侯不知天命？什么是天命？他在等什么？等纣王的

暴行加剧，等三位大贤离开。

第一位是微子，《吕氏春秋》称微子、微仲与纣王三人同母，但其母在生微子和微仲时尚未为妃，庶子没有继承王位，微子曾多次劝谏纣王，但纣王听不进去，微子便逃走了。

第二位是比干，比干是纣王的王叔，二十岁就任太师，受托孤辅政，他在位四十多年，主张减轻赋税徭役，鼓励发展农牧业生产，提倡冶炼铸造，富国强兵。纣王暴虐荒淫，横征暴敛，滥用重刑，比干叹曰："主过不谏非忠也，畏死不言非勇也，过则谏不用则死，忠之至也。(《史记·殷本纪》)"遂至摘星楼强谏纣王三日不去，纣王问他何以自恃，比干曰："恃善行仁义所以自恃。(《史记·殷本纪》)"纣王怒曰："吾闻圣人心有七窍，信有诸乎?(《史记·殷本纪》)"遂杀比干，剖其心。

《论语·微子》中，孔子曰：" 微子去之，箕子为之奴，比干谏而死，殷有三仁焉。"微子、比干已去，"殷末三仁"就剩下箕子了。箕子也是王叔，曾见纣王用象牙筷子进餐，遂洞察到纣王的奢侈是亡国之象，叹曰："彼为象箸，必为玉杯，为杯，则必思远方珍怪之物而御之矣，舆马宫室之渐自此始，不可振也。(《史记·宗微子世家》)"后来纣王果然整天酗酒，淫乐挥霍无度。

箕子见纣王无道，预知成汤六百年江山即将断送，心痛如割，于是割发装癫，披发佯狂，鼓琴以自悲，每日里弹唱"箕子操"，以抒发悲愤之情。纣王以为箕子真疯，将他囚禁起来，贬为奴隶。

什么是时机？当暴行升级而至"殷末三仁"尽去，武王这才发兵，这就是天机到了，果然所向披靡，摧枯拉朽，一蹴而就。

我们读经典，读历史就是要引发思考，穿透笔阵，看到文字背后的玄机。有的文字可以令读者看见社会、人生中的问题和愚昧、粗鄙和庸俗；有的是为了令人返照，暴露自己的问题和愚昧、懒惰和自大；有的是不仅能像镜子一样照见自己，还提供了如何转化的方法，《道德经》便属于此类。

"故常无欲，以观其妙；常有欲，以观其徼。"这是从入道功夫而言的；"此两者同出而异名，同谓之玄，玄之又玄，众妙之门"，这是从平等角度而言的。这两句是第一参的后段，从如何实修的角度论道。

入道之门分有欲门和无欲门，如同佛法分有为法和无为法。然而有欲无欲、有为无为并不能分别出高下，就像我们常说上根器、中根器、下根器不是指高低上下的分别，而是当下的区别。人的愿力、信心、领悟力有愚钝、迟疾、快慢、大小之别，但这些都是不断变化的。明师是明眼人，其用法，可能上一秒有为，下一秒无为，因为学生可能上一秒是下根器，下一秒是上根器，一切都不是绝对的。

人人皆有佛性，皆内具足上根器的材质，只是被乌云障了。乌云是无常的，可能一阵大风就吹散了，所以当有人挂在嘴上说自己不行，自己一辈子也不能悟道了，自己资质太差等话时，其实是此人的愿力不够，自己就没想悟道，修行流连在看上去舒服的凡夫养身境界，本人喜欢停留，谁拖得动？等到某一刻无常迅速，入地狱如箭时，恐怕悔之晚矣。

如人自己不想上进，什么明师也起不了作用。唯有自己生起求法心，师父才好下手施药，病由心生，自己不想治病，开了药也不会吃。一切法，有欲无欲、有为无为，从本体的角度讲是"同出而异名"的，都是应对学人不同状态、不同根器、不同需要的法药。

无论哪一法，最紧要的是选出了自己相应法门后必一门深熏，不东张西望、四处比较、乱听乱跑。惟精惟一，精进不怠，才能品尝到法味，为什么学人都喜欢比较和乱跑呢？主要源于不自信，总害怕自己漏了什么、错过什么，或者还有什么更好的，静不下来，心慌意乱，乱跑似乎能让自己感觉充实。一门深熏看上去特别无聊，不好玩。古时候练太极的，师父会让弟子枯木一样站桩先站三年。禅门亦是，初入门者挑水担柴、洗衣做饭几年，现代人受得了吗？早就开始骂人了！

经云："方便多门，归元无二。"其实哪一法都有明师，找对了人，找对了法，依正法修行的各宗各门都是"归元无二"的，否则叫什么"众妙之门"呢?"众"是大众，有欲、无欲，有为、无为，上根、中根、下根，一切皆在"众"。读书抄经、隐居修行、打坐参禅、炼丹化气、书数武艺、科学技术、琴棋书画、唱颂念佛等，哪一项不是"众"？哪一项不可入道？

不过要注意的是，您选择跟从的师父本身对法了义还是不了义很关键，不知究竟的师父，精于一技、不能一窥全豹时，其视野、应用就有局限。能知究竟法、了义法的师父虽只传一法，然能于色彩斑斓之众法中不迷，这才重要。不了义的老师自己还在东奔西走，对诸色、诸音、诸相、诸法知其然不知其所以然，于事、于境、于理、于人、于法尚未打通，自身还在迷惑中四处比较、观望的人能带学人走出迷惑吗？

"众妙之门"是有特指的，指的是无住、无我、无私之众法，有的"门"就不妙，例如执著门就妙不起来，僵化保守的修法，不知变化、不明变化、不懂变化的法，就谈不上妙。

合道之师之所以能演妙法，基础是早已体会无常，明无常才能契玄机。人能弘道，非道弘人，所谓“正人用邪法，邪法是正法；邪人用正法，正法是邪法”。法无高下，人却有智愚，能将玄之又玄的道，发挥极妙的是人，这些人将道之运用信手拈来，在生活、人世间，无论增减顺逆，皆是应机而发，说法口吐莲花，内心生法不滞，行事境去不留。其出手声震九霄，其退身卷藏六合，其应机迅乎雷电，其光芒同于日月，或倏烁、或星流、或晃漾、或临渊，或言之灼灼为有，或不语默默为无，有无皆方便，其心比金刚，故柔似雨露，方不能矩，圆不能规，其形来者莫见，往者不追，智者所在，机无穷尽。

“道”的特性是“大”，法的特性是“玄”，“玄”是A非A；非A又非非A。

人、事、境其实是无法定性的，“玄之又玄”从超越和辩证两路并进，“玄”为“道”异相，谁也无法确切画出、说出、写出道是什么、玄是什么。

目前普遍的观点，对“道可道，非常道”主要有两种理解，一种认为“道”是不可说的，可以说出来的就不是“道”了；另一种观点认为“道”是可以说的，但它是不平常的。

笔者窃以为这两种观点都需要补充解释，“道”既然无处不在，无时不在，怎么能用可说不可说来判道呢？可说的和不可说的，都是“道”的一部分，“道”也不仅限于常道和非常道，中道即是非常非非常的。

现代文明源于西方社会，西方人对理性抱持巨大的信心，他们相信人类借由理性乃至发展出的实证科学，完全有能力探索人类、地球、天文以至微观世界，并分析、解释、预计、勾画出一幅宏观与微观皆实存实有的蓝图。宇宙的宏与微似乎可以通过数字、地图直观地描画出来。

东方文明则认为，理性自身原本就是不完整的，因此比较注重开发人本具的悟性、灵性，这实际是人作为导体对道的接收、感通、化用的能量。

一个显，一个隐。

然而，我们最终会意识到理性、智力中的“道”虽可道，然而未言说出来的、理性、智力所不能触及、达到、可道的“道”，还更广阔。

古人讲话言简意赅，不需要补充解释这么多话，因为古人能理解玄妙，如说到某种颜色非黑也非白，某件事非好也非坏，某种食品非苦也非甜等话时，古人大多可以理解，不理解也不会追问：到底是黑还是白？到底是好还是坏？到底是苦还是甜？……古人明白万物、万事、万有并非非黑即白的，也不会去追求什么切实说法，非要追个黑白出来，这属于没修养，自己不明白，是自己的修养欠缺。古人明白“道”之所以称“玄”，就是有各种可能性。

第一，道有的时候可说，但说出来的仅是一面，没说出的、别的角度也有道啊！世尊说道，就是旋说旋否的。

《金刚经》中世尊“初问初答”即宣说本体“般若道”，“再问再答”时又宣说即用之“方便道”。

“诸微尘，如来说非微尘，是名微尘”；“如来说世界，非世界，是名世界”；“如来说三十二相，即是非相，是名三十二相”；“如来说第一波罗蜜，即非第一波罗蜜，是名第一波罗蜜”；“如来说人身长大，即为非大身，是名大身";"如来说庄严佛土者,即非庄严,是名庄严";"说法者,无法可说,是名说法";"凡夫者,如来说即非凡夫,是名凡夫";"若世界实有者,即是一合相。如来说一合相,即非一合相,是名一合相"。放眼望去,比比皆是自相矛盾的说法,旋说旋破即无常,您能轻易定性"道"可说不可说吗?

第二,道有的时候可以正说反说,同时存在。如《五灯会元》记载了赵州从谂禅师如何用狗子有无佛性说道,以破学人执著:

> 僧问:"狗子还有佛性也无?"
>
> 师曰:"无。"
>
> 僧曰:"上自诸佛下至蝼蚁,皆有佛性,狗子为甚么却无?"
>
> 师曰:"为伊有业识性在。"
>
> 又有僧问:"狗子还有佛性也否?"
>
> 师曰:"有。"
>
> 僧曰:"既是佛性,为什么撞入这个皮袋里?"
>
> 师曰:"为他知故犯。"

同一个问题,同一位师父,同一件事情,却有截然相反的答案,正说反说,哪一说不是道?

第三,道有的时候不能说,说出来是死道。

《三国演义》里有个故事。公元208年,曹操亲率八十多万大军南下,打算一举吞并东吴,顺便把小小的刘备也灭了,这就是大家耳熟能详的赤壁之战。孙刘联军创造了历史上以弱胜强的战争奇迹,结果是曹操惨败,刘备绝处逢生,奠定了三足鼎立的基础。诸葛亮的聪明在这场战争中起到了关键作用,战争接近尾声时,大都督周瑜很清楚为了东吴的利益不能让刘备的势力借机崛起,可是作为联盟,他又不能明火执仗地翻脸,于是下了一道军令,逼刘军杀曹操。

当时之势,曹操坐拥北方四州,十分天下已有七八,东吴孙权继承父兄基业,占据江东已成气候;刘备却尚无立锥之地,只得四处依附他人。赤壁一战虽打败了曹操,但曹魏仅是折了些兵,数年之内不能南下而已,根基未动。如果刘军领令杀曹,则曹魏必会倾力报仇,如果不杀曹操,则是给了周瑜一个杀刘备的好借口。

故此,还沉浸在那一把冲天大火胜利中的刘部诸将,哪里看得出周大都督早已步步为营,挖了个大陷阱等着自己跳?为了东吴的利益,周瑜当然希望曹操死,曹操一死,北方就会陷入群龙无首、群雄割据、自相残杀的争斗中,东吴便无北面之忧,可以集中全部力量经营南中国,至于歼灭刘备属举手之劳。没了曹操的牵制,成就千秋帝业便会是孙权,这是周瑜的"隆中对"。

刘部诸将哪里能发现,战争初期的敌方是曹军,而从那一把大火烧起来时,关系已经发生转换,最大的敌人已从曹军变为东吴,盲目陶醉在胜利狂欢中的将军们尚沉浸在杀"敌"的快感里,哪里知道敌方已易主,自己头上的剑已高悬。

好在诸葛亮一直就很清醒的,他看得出敌我关系瞬息万变,曹操败了就是友非敌，抵抗孙权的最佳方法唯有给他们保留对手。于是最后的埋伏让关羽去，他太了解关羽的性情了，曹操与关羽有恩，重情重义的关羽必会违抗军令放过曹操，哪怕是以命抵命。义薄云天的关云长也不会落井下石，这是性格使然，如果选择张飞、赵云等人把守，则曹操必死。

所以真正放走曹操的不是关羽，而是诸葛亮！他这么做，可谓一箭四雕：首先给关羽一个报恩的机会，并借此机会转化其桀骜不驯。当时对孔明并不服气的关羽，在守华容道前，诸葛亮故意让他立下军令状，就是想打消他的傲气。其二留下曹操牵制东吴，形成三足鼎立之势。其三，演一出苦肉计来对付东吴方面的责难，责任推给关羽，关羽重义气是大家都知道的事实。其四，成就关羽侠义之名，以致关羽日后名声日隆，成了“武圣”。

华容道的秘密，鲁肃看不出来，刘部诸将看不出来，周瑜却是明白人，但他哑巴吃黄连。诸葛亮之道，可道还是不可道？这个故事虽为小说家言，却实有道于其中。

第四，道之时不同，用不同。

齐国自桓公称霸后国家强盛，庄公时期出了一位历仕灵公、庄公、景公三世的名相，名晏婴。他勤恳廉洁从政，主张“廉者，政之本也，德之主也”，还时常把自己的俸禄送给百姓。他辩才无碍，勇义笃礼，内辅国政，屡谏齐王，诸葛亮曾在他的《梁甫吟》中称赞说：“力能排南山，文能绝地理。一朝被谗言，二桃杀三士。谁能为此谋，国相齐晏子。”

晏子著有《晏子春秋》一书，然而晏子之道却和孔子不同。人们通常的观念是，小人、坏人才会互相拆台，圣人之间就该互相欣赏、互相帮助。

其实，这样的想法是只懂相生不懂相克，以小人之心度君子之腹，好人一定就该帮好人吗？晏子和孔子是好人吗？孔子最讨厌的就是老好人，谓之“乡愿”，言“德之贼也”，所以我们千万不要一厢情愿地用肤浅的好坏来评论圣人。

公元前517年，鲁国的“三桓”联手驱逐了鲁昭公，鲁国动乱，昭公流亡至齐，孔子也来到了齐国。孔子来齐，表面上是避难，实则想说服齐君推行“仁政”，当时孔子虽只有三十五岁，但已经是闻名遐迩的大学者了，景公款待有加，并向孔子问政。

孔子答：“君君，臣臣，父父，子子。”听了孔子的回答，景公非常高兴，称赞道：“您说得太好了，如果国君不像国君，臣子不像臣子，父亲不像父亲，子女不像子女，那就算是有粮食，我又怎么吃得下去呢？”

我们读到这里，不要忽略了此时的背景，孔子与景公见面时，正值鲁国叛乱，昭公流亡在齐。景公此时也深受政变之苦，景公之前，崔杼政变弑齐庄公，其后，崔氏、庆氏先后控制齐国。景公问政孔子之际，齐国国政由国氏、高氏、陈氏等几个大族在掌控。景公是有苦不敢说，故而听到孔子“君君，臣臣，父父，子子”之说时，倍加赞赏。

于是没隔几天，景公再次向孔子问政，这次孔子答：“政在节财。”景公是爱奢侈享乐的，孔子突然以“政在节财”来答，当头棒喝，直指景公。

不过齐景公虽好享乐却有修养，没有恼羞成怒，反而觉得孔子有胆识，就想重用孔子。谁也没想到，跳出来反对的，不是国氏、高氏、陈氏等大族，而是大贤晏子。

晏子对景公说:“夫儒者滑稽而不可轨法,倨傲自顺,不可以为下;崇丧遂哀,破产厚葬,不可以为俗;游说乞贷,不可以为国。自大贤之息,周室既衰,礼乐缺有间。今孔子盛容饰,繁登降之礼,趋详之节,累世不能殚其学,当年不能究其礼。君欲用之以移齐俗,非所以先细民也。(《史记·孔子世家》)”

也就是说晏子认为孔子的治国之道不适用齐国。晏子一说,本来就没什么主张的齐景公犹豫了,史载:“后景公敬见孔子,不问其礼。”也就是他以后见孔子还是非常尊敬他的,但不再向孔子问政了。

景公冷落孔子,正中大族们的下怀,于是开始设计谋害孔子,孔子一看局势不利,便离开齐国返回了鲁国,在齐国推行“仁政”的愿望也随之破灭。

这段经历常被人误读,认为晏子心小容不得孔子,又因为晏子死后,孔子仍不吝赞美,说:“救民百姓而不夸,行补三君而不有,晏子果君子也。(《晏子春秋集释》)”所以大家都称赞孔子是心胸坦荡之人,没有因晏子容不下自己而记恨,这才是君子风度。

这是误读了“德”,如孔子回答鲁哀公问“儒行”时,曾回答:“儒有闻善以相告也,见善以相示也,爵位相先也,患难相死也,久相待也,远相致也。其任举有如此者。(《礼记·儒行》)”

大家普遍认为君子的德行就是这样,听到善事互相告知,见到善言互相传示,爵位应互相推让,患难则以死相随,有朋友在远方不得志,就设法引荐他来致仕,这些是崇高的人格品质。

这样理解对不对?对!但是不全面,因为忽略了灵活性,就变成了固执的理学。德高望重者自古以来就应是国家民族栋梁,是文化之领先者、发展者和文明的开拓者、促进者，这些人更应具有因势利导的智慧，看待人事不能固执，看问题不能极端。

我们仔细回味一下《论语·子路》篇里子贡和孔子的对话：

> 子贡问曰："何如斯可谓之士矣？"子曰："行己有耻，使于四方，不辱君命，可谓士矣。"
>
> 曰："敢问其次。"曰："宗族称孝焉，乡党称弟焉。"
>
> 曰："敢问其次。"曰："言必信，行必果，硁硁然小人哉！抑亦可以为次矣。"
>
> 曰："今之从政者何如？"子曰："噫！斗筲之人，何足算也？"

孔子说得多清楚？只知道"言必信，行必果"的是"硁硁然小人"，能患难与共、爵位相先，固然能鉴照一个人的品质，然而"相濡以沫不如相忘于江湖"，爵位相先，患难相死的义气正如相濡以沫一般感人，真正的君子不是通过"刎颈之交"去相对"锱铢必较"而能判别的。其卓越，在于眼光长远，并不拘于外在名声，不能用普通的道德标准去检验和测定。

《孟子》云："言不必信，行不必果，惟义所在。"这提倡的是一种"不为信言，不为果行"的灵活度，君子是没有固定标准的。"义"是内心不变的准则，而不是为了他人的理解、赞叹或个人的名誉。

那么，当时的齐国朝堂情况如何？晏子为什么不容孔子？这就如诸葛亮的八卦阵一般，不要迷在现象里，我们读经典是为了参悟圣人的心，不是为了开个千年法庭，我们谁有资格评判圣人？

设想如果孔子果真留在以黄老为主流思想的齐国，儒学能广为传布吗？景公年迈昏庸，他能如愿施行仁政吗？孔子能不为大族所害吗？种种危机我们看不到，而孔子和晏子一定是心照不宣的，孔子心胸坦荡，而晏子亦是大丈夫本色。

司马迁对晏婴敬佩仰慕有加，在《史记·管晏列传》中，他感慨地说："吾读……晏子春秋，详哉其言之也。既见其著书，欲观其行事，故次其传。至其书，世多有之，是以不论，论其轶事……方晏子伏庄公尸哭之，成礼然后去，岂所谓'见义不为无勇'者邪？至其谏说，犯君之颜，此所谓'进思尽忠，退思补过'者哉！假令晏子而在，余虽为之执鞭，所忻慕焉。"

晏子长得其貌不扬，身高不足五尺，有一次他出使楚国，入朝时，为了嘲讽晏子短小的身材，楚国派身材高大的武士罗列在两旁迎候，晏子对楚国陪同说："我是为两国友好交往而来，并不是来与贵国交战的，把武士们撤了吧！"

陪同只得尴尬地叱退武士。

进入朝门后，几十位善辩的楚国大臣等着和晏子辩论，晏子连续辩倒了楚郊尹斗成然、楚大臣阳丐、楚右尹郑丹、楚太宰启疆、楚王车右囊瓦后，大夫伍举见楚臣实在无人可挡，忙解围说："晏平仲天下奇才，你们怎么能跟他较劲呢？楚王等着召见。"

没想到楚灵王一见到晏子，马上问："齐国是不是很缺乏人才？为什么派一个矮子来出使？"晏子回答："大王，齐国人多着呢！国都临淄人口百万，每人呼一口气，可以呼气为云，每人淌一滴汗，可以挥汗如雨。行人来往川流不息，摩肩接踵，怎么能没有人才？只是齐国有一个规矩，贤明之人出使贤国，不肖之人出使不肖之国，大人出使大国，小人出使小国，而今我无才无德又最不肖，只好来楚国为使，望大王见谅。”

楚王一时无言以对，正好武士押一名犯人从殿前经过，楚王问：“这个人是哪一国人？所犯何罪？”武士回答：“是齐国人，犯的是盗窃罪。”楚王马上问晏子：“齐国人有偷东西的习惯吗？”

晏子从容不迫地答：“小臣我听说：淮水以南的橘子甜美无比，而将其移至淮水以北，则变成了枳树，枳果小而酸涩，苦不可食，之所以会有这两种截然相反的情况，是环境的缘故。这个齐国人出生在齐国，并非盗贼，可为什么来到楚国却变成了盗贼呢？是楚国使他发生了变化，齐人之于楚国正如橘子之于淮北，这与齐国又有什么关系呢？”

楚王默然，良久叹道：“寡人本打算让您受辱，哪想到竟被您嘲笑了，这是寡人的过错。”

面对盛气凌人的楚王，晏子昂然不屈。《论语》中说“出使四方，不辱君命”，赞扬的正是这种精神。

如何演道，因人而异、因境而异、因时而异、因需而异，因其不确定性，故非能以常、非常而下定论。

第五，道无正邪。

许多人误解道的含义，以为道仅为“正人君子”所用，其实道本身没有正邪，用得正是正道，用得邪便是邪道。正邪是相对的，是变化的，如同阳光，可滋养万物，亦可射杀万物。

《庄子·胠箧》有一段话很有意思：“故跖之徒问于跖曰：‘盗亦有道乎？’跖曰：‘何适而无有道邪？夫妄意室中之藏，圣也；入先，勇也；出后，义也；知可否，知也；分均，仁也。五者不备而能成大盗者，天下未之有也。’”

有个叫盗跖的大盗，弟子向他请教：“师父您说咱们强盗是不是也有自己的道呢？”答：“当然！哪儿能没有道呢？我们盗窃前要先揣度某一家中有无或有多少、有什么样的财宝，这叫圣明；行盗时能抢先入室、甘冒风险的，这叫勇；得手后撤离，能走在后边，负责断后的，这叫义；知道可做不可做，这叫智；有了赃物，能分配平均，这叫仁。没有这些修养而能成为大盗的，天下找不到。”

道无正邪，故无法被某些人垄断，它无处不在。庄子的话看上去像奇谈怪论，实际上往往令人耳目一新。

佛法中说修行人能入佛道却不能入魔道者众，为什么？因为定了一个修行相、正义相、道相。然而要想伏魔，必先知魔，也就是说要从根本上解决心魔、外在的社会矛盾、恐怖主义等，要充分理解对方，尊重对手，明白盗亦有道，方有真正解决方案。如果想当然地处理，就会身陷泥淖，进退维谷。

那么这里盗跖说的“盗亦有道”有没有道理？可以说他是偷换概念，庄子是以此为例，讽刺某些借用圣人之道装饰自己的人，打着圣人的理论、概念粉饰自己的行为。同样，这个世界上披着宗教外衣从事恐怖活动的人，不也是这样吗？

那么，“盗”是不是就不对？要看如何理解“盗”。《阴符经》曰：“天地，万物之盗;万物,人之盗;人,万物之盗也。三盗即益,三才既安。”

人与万物与天地“三才”之间,是相“盗”相依的动态平衡关系,万事万物万有各有盗取,却相安不乱。

万物生长需要能量和养分,阳光、雨水等非凭空而来;动物需要果腹、繁殖;人存活延续离不开空气、草木、庄稼、水液,谁也不能自养。

这种循环相依的关系,有一面是“盗”,即非对方所情愿的。虎、狮吃动物,动物非自愿被吃,人吃食物亦是。

表现上食物非告而取,但取的量以适用为本,不浪费,浪费即是贼,从来没有人说贼有贼道,为什么呢? 贼是为一己私利偷取窃夺,损人利己甚至人我俱伤。

节和度,这是盗之道。无为之盗是虽盗却无私,私必藏。不藏乃适存之盗,私万物各取所需之用,互为盗而不扰,此实平等无欺,各有所长,各有生存之道,“三盗即益,三才既安”也。

道常被人偷换概念,如果遇到糊涂人,就看啥、听啥都觉得有道理。他做的每个决定取决于他目前遇到了什么人。

齐宣王是田姓齐国的第四代君主,父亲齐威王给他留下了丰厚的家底,他早期任用田忌、孙膑,也风光了好一阵子。

不过他的弱点就是糊涂,历史上曾留下他“滥竽充数”的笑话,当然偶尔被人糊弄一下子也算不上什么大事儿,但在国事上,他的没主见就要命了,例如他就命不好,偏遇到了苏秦、张仪这两位,这两位可不是南郭先生。

苏秦倡合纵,主张六国联合起来打秦国,他为了赵国的利益来游说齐宣王，说："齐国南有泰山、东有琅琊、西有清河、北有渤海，如此四边都有要塞的国家唯有齐国，您土地广大，兵多将广，装备精良，军队训练有素，能打硬仗，即便是发生战争，也没有敌军能够越过泰山、渡过清河、跨过渤海。加上首都临淄繁华富裕，人口稠密，如果谁敢来侵犯齐国，不用说是常规军队，就是临时动员，仅仅临淄城里也可以马上组织起来一支二十几万的军队！凭借着大王您的贤明和齐国的强大，天下的诸侯没有谁敢和齐国对抗。可是，没成想齐国竟然也去侍奉秦国，我实在为大王感到羞耻！齐国和韩国、魏国不同，这两个国家和秦国接壤，一旦打仗，很快就能决出胜负。如果韩、魏打胜了，也必损兵折将，没有人保卫边境；打败了，直接的结果就是亡国，这是韩魏两国不敢轻易和秦国打仗的原因。齐国不然，秦要犯齐，必经过遥远艰险的路，还要顾虑韩、魏两国，希望大王充分认识自己的强大实力，和我们一起抗秦！"

齐宣王一听，说："你说得对！寡人不太聪明，我决定把军队交给你来指挥。"

秦国一看局势不好，马上派苏秦的死对头兼他的本门师兄张仪入齐。

张仪见了齐宣王说："天下强国没有超过齐国的，可是为大王出谋划策的人，都只看到小利益空谈理论，并不是为齐国的长治久安做打算。他们一定会说，齐国西有赵国，南有韩国、魏国，地广人多兵强马壮，即使有一百个秦国，也对齐国无可奈何。大王只接受了他们的游说，却没有考虑到这些话是否实在。现在赵和秦，就好比齐与鲁。秦和赵交战，打了四次战争，四战后，赵国损失了几十万大军，只剩下首都邯郸。现如今秦国和楚国互相通婚，韩、魏、赵都主动割地给秦国。假如大王不臣事秦国，秦就会驱使韩魏从南面进攻，调动赵国从北边进攻，这样一来，临淄和即墨很可能就会被占领。到了那时候，齐国再想事秦，还来得及吗？”

齐宣王说：“寡人孤陋寡闻，幸好有你这样的高人前来指教，我愿意以国家社稷来侍奉秦国。”同时献给了秦国出产鱼盐之地三百里。

苏秦的联军为什么不成功？是诸侯如齐宣王这样摇摆不定、急功近利的人居多。这些人无视成功需要的条件，一厢情愿地贪巧求速，拔苗助长。所以动作越快，失败就越快，自暴自弃就越快。秦国强大是内功深厚，抗秦失败，是诸侯急功近利，互相推诿，管理混乱，单边自大。

诸侯无视秦国强大时，成天自欺欺人、混日子，突然意识到秦国要吞并六国、统一天下时，又开始发急乱出昏招，期望一战灭秦。

诸侯在歌舞升平时，不知道秦国欲灭六国吗？狼子野心本是路人皆知的，大家习惯装睡罢了，掩耳盗铃，梦想有人替自己卖命，当挡箭牌，和秦国耗费兵力财力国力，自己能坐享其成、投机取巧者最后只有弄巧成拙。当火烧眉毛、退无可退不能坐以待毙时，又幻想建立盟国互救机制，拼凑联军去打秦国，联军互相不服，管理混乱能打败高效、统一的秦国吗？结果当然是一触即溃，妄想一劳永逸就是侥幸心理作怪。匆忙一战的结果不是有可能创造奇迹战胜秦国，而是一次次输掉信心。

诸侯信心没了，秦国对六国的战争也已经快到尾声了。

齐威王时代，伐魏救赵存韩，开疆辟土，成为当时最强盛的国家，并开始称王以号令天下，被谥号为“威”。齐宣王却没有智慧，耳朵根子软，不战而降为齐国能带来和平吗?

公元前314年,燕国发生内乱,齐宣王乘机发兵干涉。只五十天就攻占燕国都城蓟,几乎灭了燕国,但这也为齐国的衰落埋下伏笔。三十年后燕昭王要报此仇,在乐毅的指挥下统帅燕国及赵、秦、韩、魏五国联军攻打齐国,连下七十余城,使齐国只剩下即墨、莒这两座孤城,尽管最后依靠田单以火牛阵破敌复国,但齐国却从此衰落下去。

齐宣王令后人称赞的是他对文化的开放与包容,他不惜耗费巨资招天下文人、学士来“稷下学宫”,学宫在齐宣王时进入鼎盛时期。

孟子长住稷下三十多年,荀子则是十五岁就来齐国,是稷下学宫中资格最老的一位导师,三任祭酒,即学宫最高领导。稷下学宫虽以黄老思想为主流,但儒家、墨家、法家、兵家、邢名家、阴阳家、农家、杂家各学派的学人,都在这里汇集,形成前所未有的百家争鸣,创造出了中华文明灿烂的“先秦文化”。

对于大多数如齐宣王一般的好人来说,克星就是如苏秦、张仪这样口若悬河、头头是道的大师,他们世智辩聪,以三寸不烂之舌能搅动天下风气,他们利用道、包装道,而不明真相的凡夫唯有盲从。究竟谁是圣人?谁是盗跖?您有智慧明辨吗?

第六,反讽也是道。

《史记·滑稽列传》之首记载了稷下学宫淳于髡的经历,他是“齐之赘婿也,长不满七尺”。

“髡”是先秦时的一种刑法,指被剃掉头顶周围的头发,是对人侮辱性的惩罚。淳于髡以此为名，可见他当时的身份之低下，不过他博学多闻，说话幽默滑稽善于答辩。当时诸侯并侵，百官慌乱，淳于髡游说于各诸侯国之间，成为诸侯上宾。

齐威王八年（公元前349年），楚国出兵伐齐。齐威王命淳于髡向赵国求援，淳于髡向赵王陈明利害关系后，赵国当即派“精兵十万，革车千乘”援齐，楚国闻之连夜撤兵。威王大喜，在后宫摆宴庆贺胜利。当齐威王问他能饮几杯酒时，淳于髡借机讽谏说：饮酒可多可少，但“酒极则乱，乐极生悲，万事尽然”，威王从此罢长夜之饮，除淫靡之风。

淳于髡以酒极则乱、乐极生悲、盛极而衰向齐威王讽谏，内含的道理和老子“祸兮，福之所倚；福兮，祸之所伏”一致，矛盾双方是随时转换的，这就是太极思想。

齐威王当政初时“好为淫乐长夜之饮”，国政衰颓，群臣莫敢谏。淳于髡用隐喻的方法对齐威王说：“国中有鸟，止王之庭，三年不飞又不鸣，不知此鸟何也？（《史汇·滑稽列传》）”

威王明白了他的用意，答曰：“此鸟不飞则已，一飞冲天，不鸣则已，一鸣惊人。（《史汇·滑稽列传》）”

从此振作精神治理朝政，齐国又强大起来。

……

道不是一种学问、成果，难以下结论和定义，圣人们演道关键是机，道言之不尽，随机发用，可唱可叹，可讥可讽，有时可说，有时不可说，有时正说，有时反说，有时说了起反作用，有时不说起反作用。故，灵活多变、无形无相的道是需要参究和领悟的,言不尽意,意不尽道。修者悟道是个动态的相应过程,其内在的活力,就是参的过程,是自身境界的变化过程。

修正自己,在行动中纠偏,在行动中参悟的过程我们称之为修行、修道、修禅、修养。修行必是反常的,例如正常人遇到自己的缺陷,习惯性躲避、隐藏起来,把自己相对擅长的一面拿出来发挥。修行不是,缺陷是人最弱的地方,需要放大、直视,而擅长的则需要隐藏。为什么呢?发挥擅长时人常自以为是,而缺陷恰恰是人僵化、固执、保守、淤堵的地方,下手处便在于此,转化处也在于此。

所谓成长,便是打开一个个缺陷,令不擅长变擅长,擅长又不执著,您隐藏的擅长越多,说明身心越自由、通达,对万事万物洞若观火。而如果凭着自己有限的理解、承受度、喜爱、擅长去“修行”,那淤堵的部分照样淤堵,生命的一块块短板不变,最后致命的不是您的擅长,往往是您平时隐藏的缺陷。

修正这些缺陷的过程是痛苦的,有些来自先天,更多的是后天习惯养成的,不修不正则必偏。人,自愿显现出来的和隐藏的都是人的一部分,圣人隐和凡人隐正好相反,圣人隐乃守拙,将锋利的宝剑归鞘,凡人隐是装饰,将自己的缺陷包装掩盖。

如果用自己能理解、喜欢的方法修道,能修成才怪!不过“寻道”“求法”的意思不是去遥远的地方寻“道”,而是人先认识自己,能和内心对话,摆脱身心淤堵不通形成的杂念干扰,往正道上努力。这就需要放下原本自以为的习惯去诚恳地修行,需要寻求您相应的、能帮助自己回归内心的师法团队，对自己的顽习痛下杀手。

关于“学习”，《中庸》云：“博学之，审问之，慎思之，明辨之，笃行之。”程颐注曰：“五者废其一，非学也。”

“学”是效法，“习”不是复习，而是实践。人在学习的过程中，最主要的不是学到了多少知识，而是在实践中体悟、纠错。人生的价值不体现在经济上，对自己来说在于生命的觉醒程度，对社会来说在于反哺程度，学习的过程实践最重要，是纠正的过程。生命有个正确的方向，矢志不移地坚持，实践中的体悟令人成长。

靠自己的能力悟道的人有几位？释迦牟尼佛如没有早年拜师修行的经历，哪里会有菩提树下开悟的一刻？六祖惠能不也是闻《金刚经》小悟后，放下一切，包括无依无靠的老母，星夜兼程赶往黄梅山求法吗？八个月的时间，他在黄梅做什么？打杂！普通人认为这不是浪费时间吗？应该读书啊！听法啊！和师父请教啊！结果怎么样？除了上山时和师父对了几句话，之后他都不曾见过师父的面，可为什么当他再闻《金刚经》同样一句话时，就彻底发了大悟？

同样的句子经历八个月时间，为什么听者听后会大不一样？句子变了吗？五祖传什么密法给他了吗？八个月时间他也没有机会上堂闻法或师父单独授课，这种改变从何而来？这就是读者需要独自参究的“玄之又玄”之道。宇宙间天地转化、万物生灭、人事利钝、万法显露、斗转星移的根本原因便在于此。

许多人不理解什么是小悟和大悟，可以说没有达到小悟的，皆在凡夫境界中进退，达到小悟是超凡入圣，达到大悟是脱圣归凡，这才叫成佛。佛是觉悟的人，不是庙里的神。

凡夫就是兜兜转转在私欲里挣扎的人，但其中不乏聪明人，有欲心也是一种动力，能促使聪明人发现部分宇宙规律和法则，故“常有欲，以观其徼”。

这些人中的突出者会成为大科学家、艺术家、建筑师、学者等，世间的成功人士是能发现宇宙万物之徼，部分理解物性并加以利用的人。

然而这为什么远远不够呢？因为宇宙万物的规律和法则不是不变的，每一个世界中是多维度、多次元并行的，例如，人的身体属于物质层面，而心灵却不属于物质层面，身和心不在一个维次，如何圆融和谐，靠的是修行至一定境界才能打通关窍。那么推而广之，世界也是一样，有阳性的一面也有阴性的一面，宇宙是个双胞胎，或者多胞胎，只是凡夫目前的境界契合不了物质以外的层面而已。

由于契合不了更高的能量层次，就不可避免地有局限，如要想真正搞懂万有引力，视线就不能局限在地球，否则您解释不了为什么月球上反引力和强引力这两种极端特质并存；也理解不了石油、煤炭、天然气和地球磁场、辐射、引力、温度之间的关系；也无法想象引力、重力的横向作用……

尼古拉·特斯拉曾预言：“太阳系有防护罩，通过旋转进行共振放大才能脱离太阳系的囚牢，才能转移到任何一点上。”这句话是幻想吗？

有人消极地以此为根据宣传太阳系是人类的监狱，人类像电影《楚门的世界》一样，是“外星人”或高智慧生物的试验品，这些人的观点，不少为的是反证上帝的存在,反证有神论。

我们从《老子》、《庄子》、佛经、《六祖坛经》等经典里可以看到,圣人们早就用各种语言表述了世界的重重无碍,《坛经》中云:“东方人造恶,念佛求生西方。西方人造恶,念佛求生何国?”又云:“愚人愿东愿西。”

许多人以此又误以为六祖说无西方世界,六祖说的、老子说的、世尊在《华严经》里说的意思,都是世界无有穷尽,去往各世界,神仙世界也好,佛国净土也罢,都不是物质世界的肉身可以通行的,法身无相,化身无尽,报身无住,老子隐身,六祖留身,这都是示法。

没有什么外星人或高智慧生物能囚禁人类,人类的囚禁都是自我囚禁,人类的觉醒也都是自我觉醒,世尊、六祖、老子、庄子、孔子、孟子都是人能觉醒的先例,凡夫思想保守画地为牢,不信人人皆可通过悟道而通达宇宙实相。人类如果合道,便是宇宙间最高级别的智慧生命,假名为真人、至人、佛、祖师。

凡夫之所以没有这些智慧,因为有欲望这个天敌在,身心处处瘀堵不通,自以为是,化蛹为蝶之前,蛹不是蝶,能脱胎换骨化蝶后,才具有了振翅飞翔的能力。

人不觉醒,愚蠢是全方面的,会超出普通的想象力。愚蠢源于内心无明,凡人只相信自己愿意相信的,不在乎什么是实相;只选择对自己有利的,而不在意别人的感受,这些人的世界不过是合乎自己理解的样子。对于自己不能理解的,要么嗤之以鼻,要么妄加评论,强行推销自己的见解和观念,为达到目的不择手段。

什么是小悟呢？就是能脱离欲望的控制。唯有彻底体会了无常，达到了无我、无欲的状态，才能脱离欲望的控制，真正明白宇宙万物是无常的，规律、法则是随着不断发现的过程时刻变化的。

牛顿曾以为经典物理不可超越，爱因斯坦也以为相对论是物理的顶峰，这些即"徼"。

注意"观徼"和"观妙"虽然同是"观"，但前一个"观"是观察，如中医的望闻问切，如科学家反复试验；后一个"观"是内观，如中医通过"内景隧道"而观经络，如《心经》曰"照见五蕴皆空"。

还停留在有欲心境界的人是无法进入修行内观的，这就像水面，有欲心会时刻被境风熏染，水波起伏，这叫五阴炽盛，内心常如开水翻滚，如何能清晰返照？如果此时进入真正的内观，稍有成就马上会偏名利之用，对修者本人有百害而无一利。故真正的师父，会用极其漫长的时间，体察学生的内心，如果还在有欲的范围，则用有为法，使其有效果、有拐杖、有成就、有目标。

唯有发现学人确实已经心中无欲，如宁静清澈的湖水一般水波不兴时，才以无为法传授禅观修行，帮助其很轻易地能看清楚水底的鱼虾水草，看清自己的内心。

曾有人问笔者，不是有许多老师也在教授内观法、禅观法吗？笔者苦笑应对，还有那么多人管不吃饭叫辟谷，管带着学生胡思乱想叫冥想呢，现今社会上混淆概念的人太多，那是人家的饭碗，是打着修行概念的商业行为。所谓智慧就是有明辨是非的能力，清楚知道自己要什么、去哪里的人。所谓愚痴就是成天被概念、现象、效果、名气、说法、事情、广告愚弄。

《庄子·德充符》云:“平者,水停之盛也,其可以为法也,内保之而外不荡也。”

慧眼独具的庄子发现了平静之水与体道之间的关系,“虚静”心如同平静的水面,水之平、静、明,都是相对静止状态的,这与“无为”一致,是“虚静、恬淡”。“圣人休焉”,圣人心能一心不乱,不受任何内外因素影响。静水能善鉴万物,心静则可察天地之精微,观万物之玄妙;而水动则泥沙俱起,浑浊浮动,如人心之欲潮翻滚,杂念横生,必心浮气躁,一会儿兴奋,一会儿失落,一会儿有成就感,一会儿顿失人生的“意义”。欲望带动着情绪的波动,成天失落在感觉里,如何洞鉴宇宙之奥秒、人生之真谛?《大宗师》云:“其嗜欲深者,其天机浅。”

老子谓之曰“涤除玄鉴”,修者要效法静水,时刻保持内心的大宁静,淡泊明志,宁静致远,能以一种不偏不倚的心态认识和对待万事万物。不期待、不依靠、不幻想,如实活在每个当下,天崩地裂而不惧,妻离子散也不悲,大材小用亦不怨,鲜花掌声而不惊,相信天道轮回,相信因缘和合。每一刻富足而安稳,如此才是真的岁月静好。否则,必被物欲所扰,必然得失心重,必然分别心重,徒生烦恼,这就失却了晶莹剔透之初心。成天迷失在事情、感情、友情、爱情、财富、名誉、健康、对错的无常变化中,如何感应宇宙万物瞬息万变的玄机呢?

观法之所以为终极心法,是感应玄机之法,《六祖坛经》的终极法是“三十六对”,许多人不理解“三十六对”是什么修法,六祖谓之“智慧起用”。许多修行人误以为观法是坐在那里一动不动，闭眼内观，或者意念想着什么清风白云、日月星辰、佛祖菩萨等，这是胡想，哪是观想？

禅法名“生活禅”，禅观不是让人变成木头，变成幻想师，禅观为的是生活中智慧起用，得在行住坐卧中一心不乱才行。如果“不二禅观”仅能坐着闭眼观，那还叫什么“不二”？应该叫“固二”，或者叫“闭目养神”。

“三十六对”和八卦同理，将禅门师者应对众生的一切应机的现象尽收，师者如没有不二禅观的功夫，应对则出于经验和想当然，而具足了不二禅观功夫的师者，待人接物随心所欲，信手拈来，不拘一格，因材施教，因地制宜，匪夷所思，妙不可言。老子说“能观其妙”者是也。

“徼”是有形的，能捕捉到规律、规则，而“妙”是不可说的，必须用心观照，要知如何破除学人执见，知人心如何破。知人心是最难的，人心变幻莫测，上一念是佛，下一念就可能是魔，如果您不知变化、不懂变化、不愿变化，就会被上一刻的佛相所迷，被魔所害而不知为何如此。故，禅门师，基本功夫是通他心，明晓人心的极速转化，这就是玄机了。不具备这种通他心功夫时，说话必自以为是，开口即套路。

禅门的公案、语录、机锋之所以后人不懂，便在于此，仅见其缴，不知其变化之妙。无常之心，必以无常之法对应，不知变化焉能称“师”？

有欲法好修，一步步按部就班，像登山一样，锲而不舍，一条路总会到山顶，“时时勤拂拭”即有为法，修者只要不放弃就行，似乎还能看见自己的“进步”，身体软了，开心多了，看书能懂一些了……孰不知，这些进步到一定程度就会停滞不前，这时候怎么努力也似乎无效，还是原地打转，到了山顶您能停多久？最后还是得下山。

很残酷也很无奈，修行如果停留在有欲门里，则必然上山下山，忙个不停，那么是不是修顿悟法就不要上山下山了？不是，上山下山是必经的过程，这个过程为的是您能反思、觉悟、醒来，发大愿。

大愿一旦发出后其上山下山的路径和有欲门不同，有欲门的上下山目的性强，而发大愿后的修者上下山无别，上山、下山本来无别，有别是因为结果导向论，就像人生的起伏、得失，根本无别，都是过程。

发大愿的人，其上下山的辛苦不为自己，而为众生甘愿付出，因为无“成就”“所得”之欲心，故能平等对待，此谓平常心。然而无限风光在险峰，无欲门的修者比有欲门修行要难得多，无依无靠，不设比较，一旦有得即需放下，绝对的法需绝对的心来相应，绝对的心需绝对的法来显现。

心中无欲可见天地，如习琴者入门之初须忘听音辨声方初会琴道，此即《庄子·人间世》中说的“一若志。无听之以耳，而听之以心”。

无欲门的修行是修者心中不偏不倚地保持一种中空形态，观音时不管外界有什么声音传入耳朵，意念都能收束住，琴者自身就是琴体，体内本具声韵的流动。

修者上山下山修的是大愿，愿本无具象，属于无限“空”，心愈空则愿愈定，发之愈远，弥之无尽。

生与命之间妙在疏疏朗朗，因空见空，阴阳混融，虚实缭绕，实而可化，虚而可聚，独坐大雄峰，朗朗不知踪。

无欲门修行的学人之所以还在得失成败情感中起伏，心情还有好有坏，那是自己喜欢停留在有欲门里游戏，不肯放下故。

我们平时能见许多人遍身充满“正能量”，动不动站在道德高地上对其他人指手画脚，成天担心国家战略、世界局势，误解“匹夫有责”的含义，真正的责任是在其位谋其政，读书人应该做的是守护文明，百姓应该做的是守护善良，疆土不仅仅在边防，文明的疆土是无形的，道德的疆土也是无形的，每个人能有智慧、有责任不被文化殖民，同样也是国防。

然而有欲之俗眼只能见有形之徼，见不到无形层面的争斗，能守护无形疆土的，必是无欲心带动的智者。唯有无欲心能契入文明之精髓，能不为形形色色的徼所惑，反过来说，不真正懂得文明和文化之妙，如何能如太极一般借力打力呢?

我们提倡修养的目的不是让人延年益寿，而是令人更智慧、更谦虚、更博大、更细心。“徼”和“妙”是道的两面，故同出而异名，不同境界的人契合不同境界的道，正如修者的心如果变化了，过去的修法即使不变，境界也全然不同。如同练太极，同一个动作，无欲心打出来是太极功，有欲心打出来是武术或太极养生操。同一件事，无欲心能观其妙，有欲的聪明人能观其徼，一个是深入本质，一个是停留在表面、片面。更有甚者是心盲的人，除了吃喝利益、宠辱得失，徼和妙统统于己无关。

以无为法修行和努力、时间、空间皆无关，只和会不会用心、能不能放下有关。徼门和妙门都属于众妙之门，这二门不是独立存在的，可以说互摄互容，螺旋交绕，玄之又玄，就看您自己能否契合了。

想要能观妙，首先要达到小悟，在这之前，人对无常的理解属于知识和概念、感悟，不深刻理解，一切感受都是转瞬即逝的，所以会执著所谓的“成就感”。能带领科学成果突飞猛进地“进步”的人，并不一定清楚社会的进步方向何在。有人在挫折时会感怀无常，表面上似乎有所触动，实际上是失意而发的牢骚；有人在得意时信誓旦旦，而事过境迁会忘得比谁都快。有欲心是最无常的，一切发明、悲观、誓言、立志都会被时间打败，时间是有欲心最大的敌人。无欲心的人，是不会受时空局限的，无欲即无我。肉体之我不过是个暂时的存在，随境生灭起伏，那个自我的感觉不是我，而是自我意识的游戏。

无欲心是以万法为心，以肉体为用，出世入世不二的心。

禅门宗师马祖道一，二十岁时在重庆修禅，师从新罗国王子无相禅师。无相禅师人称“金和尚”，虽是朝鲜人，却极受唐玄宗礼遇。他于公元728年浮海西渡来到长安，遍寻名师修禅，最终来到四川拜五祖法嗣智诜禅师为师，其时智诜禅师已经圆寂，弟子处寂接了法脉。他早知道金和尚要来，提前一天叫人洒水洗地，开门静候。次日，金和尚到了，处寂禅师却不见，金和尚便在处寂禅师门外燃指为灯，以示诚敬。

处寂禅师收他为徒后，赐名“无相”。唐玄宗避安史之乱入蜀时对无相禅师也极为礼敬。据《历代法宝记》中载，无相禅师所传的禅法是“无忆、无念、莫妄”。无忆是净，无念是定，莫妄是慧。

马祖道一跟随这么了不起的金和尚修习禅法，然而却始终没有悟道。公元733年，他来到南岳衡山建茅舍修禅定，所幸遇到了六祖法嗣怀让禅师，这才由“磨砖不能成镜，打坐岂能成佛”引发小悟。小悟后，他跟随怀让禅师参学十年之久，精通了顿悟法门的精髓而发大悟。

许多人都不理解小悟之后，为什么还要跟在师父身边这么久，其实小悟之前的修行，全部是为了转化根深蒂固的习气，故以“戒、定、慧”三学对治“贪、嗔、痴”三毒。人是不清楚何为习气的，例如，每个人都知道情感是最无常的，但为什么有人向您表白“我会爱你一辈子，我会一辈子对你好”时，就迫不及待地选择相信呢？因为不是您不知道情感无常，而是内心渴爱，饥渴的人会饮鸩止渴，被骗是自己愿意被骗，自欺才是被欺的源头。渴爱的欲望炽盛，让人自主选择眼盲、耳聋。轻信都是自我选择的结果，您想相信谎言，被骗了感觉高兴，这背后的驱动力是欲望。

感性的极致是宗教，理性的极致是科学，宗教和科学都无法转化人的欲望；相反，有时候反而越发刺激了人的欲望。

发了小悟的人才可以说真正进入道门、禅门，所以通常情况下，此时师父会安排随身带在身边，时刻提点，这叫“保任期”。也有可能安排独自闭关，少则三五年，多则几十年，带在身边提点或遣入深山闭关，是因人而异的。缺乏社会性的要入世，已经通达人情的要出世，所有的安排为的是弟子尽快发大悟。像惠能祖师这样在黄梅山八个月就能大悟的，属于凤毛麟角。

小悟之前，师父的任务是用杀人刀，为学人破执！小悟之后，师父的任务是用活人剑唤醒人本具之灵性，启发学人大悟。活人剑自古和杀人刀对举，活杀自在之机用，全凭师者一心。《景德传灯录》岩头全豁道：“石霜虽有杀人刀，且无活人剑。”又，《碧岩录》垂示云：“杀人刀、活人剑，乃上古之风规，亦今时之枢要。”

也就是说，转化有欲心才能小悟，此时我执已破，而法执尚存。小悟前，学人的主要修行是体会无常，看清自己的妄想执著。妄想执著一清净，就是无我境界了，也就是明心了，而要达到见性，还需真正进入空门。

通常我们说修行不退转，真谈得上不退转的属于小悟之后。小悟之前不叫不退转，而是欲望带动下的情绪起伏、利益比较而产生的患得患失，对这个阶段的修者，师者强调的是“信、愿、行”。增强信心，发出愿力，不断行动来转化各种欲望的障碍。

达到小悟后，就不说“信、愿、行”了，因为不需要信心，您用嘴巴吃饭时需要先建立对嘴巴的信心吗？嘴巴是身体的一部分，随心所欲想张嘴就张嘴，张不了是病了，病了才会意识到嘴巴有恙。信心是针对有欲心来说的，对信心不具足的人，才需要不断增强其信心。

小悟到大悟之间，会发生退转，不要看修行到小悟难，需要经历许多挫折，然而无论爬山有多难，已经修到什么境界的修者，一念成魔，退转就像一脚落入悬崖的登山者，一步踩空就跌落深渊。凡人和小悟者的不同在于，凡人常处在无明中，不明白自己的认真努力对人类社会究竟是妨碍还是促进，整天活在自以为是的意义里。快乐痛苦交替，内心颠簸起伏，晚上在各种梦境中流连，无论做什么都在波浪中，谈不上宁静。

小悟的人则不同，时常能保持清醒，外在的环境变化、潮流观点不会影响到自己，但问题可能出在睡眠后，也就是白天意识清醒时，内在意识的防火墙已经很厚。普通的烦恼有六个：贪、嗔、痴、慢、疑、恶见，这是困扰普通人的六个根本烦恼。此六烦恼再归纳就是贪、嗔、痴三毒；三毒的源头是痴，三毒的现象是贪，一切烦恼因贪而发作。

小悟的人已经过了欲望关，可以说防火墙深厚，故此意识清醒时内心是清明的，可是睡着了则不然，防火墙休息了，改为本能值班。这时候，潜伏已久的魔障、习气会趁火打劫，入侵本能保护不了的心意识。许多大修行人就在一觉醒来后，发现出大问题了。故此，禅门祖师们自古有“不倒单”的修行法，这是人为不令自己陷入夜间魔障的修法之一。

就佛法而言，不认为人有所谓的灵魂，佛法的基础是缘起法则。万事、万物、万有俱是无常生灭的，物质或精神范围绝无一成不变的存在，时刻都在变化，方生方死！人的第八识正如一座大仓库，而不是个不变的大房子，仓库里人流、物流涌动，不停在搬进种子“业因”，搬出果实“业果”。

人的行为感受同样是瞬息万变的，在刹那的念念生灭和念念变动间，第八识不可能离业种而独立存在，没有一种叫灵魂的东西，体不变而能更换住所。意识正如水之为水流，因其相续不断，一旦离了连续不断性，便不是水流了，然而，相续之水并非原来之水。例如冰冷泉水加热后变成热水，热水的水蒸气化为云雾，云雾遇到冷热空气对流变成雨水……故此，相续性中有独立性，独立性中有相续性。

佛法讲“无常”，“无常”乃梵语“阿你怛”的意译，无常有相续性，即缘起；无常有独立性，即性空。“无常”又可分“刹那无常”和“相续无常”，一切事物随时随地，处在生住异灭的运动中，称为“刹那无常”，属于绝对的变化。而事物虽处在“刹那无常”中，仍维持一定时期的相对稳定性，称为“相续无常”,属于相对的变化。

宇宙一切现象,皆本太极,是此生彼生、此灭彼灭的相待互存关系,生灭的现象无常,而生灭的过程为常。经云:“诸行无常,是生灭法。”“诸行”之“行”是流行、流变、迁流、变化、起心动念的意思,“行”这个字的本身就含了无常、常二义。

“生灭”包括着“生、住、异、灭”四种现象,每个字表示着一种相状:一个现象的生起叫作“生”,当它存在作用的时候叫作“住”,虽有作用而同时在变异叫作“异”,现象消灭叫作“灭”。依《俱舍论》记载一刹那合1/75秒,佛经中说一弹指头有六十刹那。刹那生灭,就是一刹那中具足生、住、异、灭四相。

对生命体整体来说,生住异灭的相续是常态关系,但从组成的各部分来说,生住异灭是无常的,有个体差异。万物、万事、万有没有不是刹那生灭的,然而它们之间的关系却是相续的,在睡梦中的烦恼是随眠烦恼,就是相续烦恼。

“烦恼”有时也译做“惑”,凡是扰乱众生身心使之发生迷惑、苦恼的精神作用都是“烦恼”,清醒的时候潜在的烦恼还未发生作用,而进入睡梦中这些潜在的烦恼就从仓库里出来活动,“随眠”发生作用。

这里说的烦恼不是世俗所理解狭义上的烦恼,宇宙是无边无量的,一般人无法认识;世界万物由因缘和合而生,没有固定不变的本质属性,也不是一般认识所能把握。因此各种情绪和欲望,包括一般的思想认识,都属于烦恼,来自欲望,即贪、嗔、痴、慢、疑、恶见,烦恼是众生堕入迷惑、进而受诸苦的根源,却也是众生生存所能感觉的"意义"。

从心识的性质来看,可将"心"的作用概括为三大类烦恼:一是六大根本烦恼;二是八大随眠烦恼,即不信、懈怠、放逸、昏沉、掉举、失念、不正知、散乱;三是十小随烦恼,即愤怒、仇恨、结怨、虚诳、奸诈、欺骗、倨傲、迫爱、嫉妒、自私。

"心"不时会升起各种程度的烦恼,而通过意念付诸言行,久而久之的重复形成喜好,固定成习惯,变成性格,性格决定命运。因此"心"是人"心念—言行—喜好—习惯—性格—命运"因果的源头,也是轮回的真正所在。

人在睡眠中心意识几乎没有抵抗能力,此时靠本能建立的防火墙只能保护身体方面,例如您睡着时在床上翻滚,到了床边会自动停,这不是眼睛能看到床边,而是本能的保护作用。心意识却不受本能保护,能于此时起到保护作用的,唯有功德。

为什么有些人修行没多久就能大彻大悟?为什么有些人睡梦中也不受干扰?为什么有些人精进刻苦却几十年原地踏步?这些问题不要在修法上求解,绝大多数是在功德的差异上。

为什么一切修法都反复强调自利利他?如果长期自利有余、利他不足,就会发生原地踏步,甚至好不容易进阶的修行莫名其妙毁于一旦的惨剧。笔者身边有不少这样的例子。许多修行人修行甚久,平时刻苦努力,一朝走火入魔,其状甚是惨烈,根源就是功德不足,过于自私所致。然而自私的人多数不认为自己自私,平时让其多做功德,总有成千上万的理由,放不下自己修行,舍不得浪费时间……故此,看上去修得很好,其实防火墙脆弱不堪。

许多人不明白积累功德是什么，是不是像个损益表一样，用加减法计算？这就大错了，《逍遥游》有云：“且夫水之积也不厚，则其负大舟也无力。覆杯水于坳堂之上，则芥为之舟；置杯焉则胶，水浅而舟大也。风之积也不厚，则其负大翼也无力。故九万里则风斯在下矣，而后乃今培风；背负青天而莫之夭阏者，而后乃今将图南。”

修道的人深蓄厚养，不是蓄养有形的财富，而是蓄养一颗行善的心，此心无形但可致用，如溟海不深则无以养巨鲲，水积不广则无以浮大舟，风积不厚则无以展大翼。积厚是大成的必要条件，而行之积厚是看不见的力量。台风是怎么形成的？阴阳两股力量都极强，才有飓风；心灵要深厚得像大海那样，内涵要丰富，视野要深邃，积才、积学、积势、积德，各种无形的力量充满，而外表上却云淡风轻，此是积功德。

这种积，不像银行存款一样，有个损益表，今天进一百，明天减八十，可以计算的是物质，功德是无形的，是积累在人心中的。水和风之积，您能看到厚风有多厚吗？有形的厚如厚墙，一炮就轰倒了，无形之厚是流动变化的，炮火能轰风、水否？

现代人过分执著物质，导致功力浮泛，自然不解灵性为何，容易被世面上的各种鸡汤说法带动，什么“修行就是为了让自己的灵魂更高尚”，“修行就是为了下一世更纯洁”，“安心就是为了生活更好”，什么都和眼前的利益挂钩，连轮回都包装成可以指定地点投胎，那些梦想下一世去大富大贵人家投胎成人的痴子，是把修行当作投资，计算产出比，这不是自欺欺人吗？

“累积”功德是不可执著的，如《金刚经》中佛言：

“须菩提！菩萨于法，应无所住，行于布施，所谓不住色布施，不住声香味触法布施。须菩提！菩萨应如是布施，不住于相。何以故？若菩萨不住相布施，其福德不可思量。须菩提！于意云何？东方虚空可思量不？”“不也，世尊！”“须菩提！南西北方，四维上下，虚空可思量不？”“不也，世尊！”“须菩提！菩萨无住相布施，福德亦复如是不可思量。须菩提！菩萨但应如所教住。”

不执著功德故有功德，不问前程方有前程，轮回又不是搬家，如执著功德则功德全无，不执著是无欲心修行定力的基础，定力靠功德护持。故此，不是打坐、念咒、读经能增加定力的，那些是助力，真正的发动机是功德。累世累劫功德等身的人，会某一刻遇到机缘悟道，不需要任何理由，而功德不够的人，无论怎么努力，常常徒劳往返。这就是为什么同样的师、同样的法，有人能瞬间悟道而有人执迷不悔的原因。

自私自利不是不好，这个过程也需要，但一定要明白宇宙万物、万事、万有所有一切指的道路方向是一个，这便是利他，反过来说，如果不利他，就是和宇宙的总方向背道而驰。

功德具足的人，能修成“寤昧一如”的功夫，睡梦中不受魔力所侵。现代社会上的人就喜欢炒作概念。什么是梦瑜伽、梦中修行？其实梦修是无欲的小成就者才修行之法，普通人躺在那里调几下呼吸，或外力催眠让人熟睡能叫梦修吗？不过能帮助人熟睡也很不错了，毕竟现代人的睡眠质量太差。但打着梦修的旗号改善睡眠，和认为不吃饭就是辟谷修行同出一辙，辟谷是为了修内丹的，又不是为了减肥的！凡此种种偷换概念，令人啼笑皆非。

修定力之核心在积累功德，不在于纠结打坐多久或者修行了多少年，行住坐卧处处可以修定。之所以多选择坐，是坐姿修行比较容易静心，行、住容易散乱，卧容易熟睡，以坐姿入静最快。然而一旦执著某相，就成了某障。

修行就像爬山，明眼人才能看见悬崖，爬得越高就越要小心谨慎，防止失脚跌落。而眼盲人会陶醉在自己的成就感里，爬得越高越忘乎所以，站在云上就以为自己真成了仙。

修行从小悟以至大悟。什么是最终的大悟呢？就是见性了，真正进入空门了。

可以说，没有悟的凡夫，无论多有聪明才智，对无常、空的理解都停留在概念阶段，无法融入生命中。然而无常不代表空，罗什法师在《注维摩》中云："无常是空之初门。"真的体会无常才算小悟，小悟的人心中不为境风所能动，此时"常无欲以观其妙"，妙在哪儿？不仅在天空、地下，最妙的是人心，因无欲故能预知人心变化，感通他心，知万物玄机，处处知机为"观"。

无欲不是对什么都没兴趣了，否则还有什么"观其妙"呢？恰恰是无欲时，才会去除平日里遮眼之障，才会发现生活中、事业中、家庭中、环境中，甚至病中、痛苦中、困境中处处皆妙行、妙音、妙法、妙道，此时才具备了某一刻睹桃花、听歌声、闻艳诗开大悟的基础。

如六祖第二次听《金刚经》时彻见本性，顿悟空道，而八个月打杂的经历，正是五祖磨炼他定力的过程，因为他具足无欲心，所以才能动心忍性，增益其所不能。以不计较、不期待、不争执、不怀疑，本来无一物，自然无我无法，最终得以接五祖衣钵。

我们再看神秀禅师呢？他同样是发了小悟的大善知识。公元655年，已过不惑之年的神秀，不顾关山阻遏，翻山越岭，前往黄梅山礼谒五祖，投于门下。这位自幼饱读诗书，修行已达一定境界的禅师，在五祖处却被冷落，安排樵汲杂役六年。六年时间，五祖不要说讲法了，根本没给他什么好颜色。然而他毫无怨言，这不是无欲心是什么？最后深为五祖器重，列为首座，以至于被赞许道："东山之法，尽在秀矣。"

谁也没想到，横空杀出个惠能把本该属于神秀的衣钵拿走了，按说最应生嗔恨的该是神秀禅师，然而他没有。当师兄弟们拥进房间抱怨卢居士（惠能）继承了法脉时，他没有怨恨师父偏心，没有自怨自艾判断自己继续留下没意义。而世俗的人一旦目的没有达到，便有种种抱怨，找出借口把责任推给别人，更有甚者，就会用阴谋论来解释，此时恩情就转为恩怨。恩，在这些人眼里是利益的交换，一旦付出没有产出，即刻变脸。故此，这些人所谓的情，是有价格和条件的，然而有了价格和条件的，还是真情吗？不是真情的，才会变成怨。

神秀禅师对师父、对法都是真情，故此会尊重师父的决定。师父既然将法脉交予卢居士，自有师父的道理。所以他心中没有失落、怀恨和不满，真正的德性是无欲心中产生的。而那些师兄弟，陆续愤愤然下山追杀惠能，这就是有欲心带动的功利修行。

五祖送走惠能后，为什么留下三年时间，继续教诲神秀禅师等几位法嗣？因为这些弟子尚需打磨，反过来说，如果这些弟子心中抱怨师父，五祖还会再留三年才圆寂吗？五祖是生死自在的人，留与不留就在一念，弟子们的修行境界、弟子们的心如何，他岂能不了然？

五祖直到圆寂时发现神秀还是没有发出大悟，于是安排他再闭关隐居了二十年，直到七十多岁时，禅师才到荆州当阳山的玉泉寺开门弘法。

从四十多岁跟随五祖修行，他潜心修禅三十多年才终于成就。出山后一时声威大振，道俗仰之如山岳。

禅师九十岁时，应武则天迎请进宫弘法，武则天竟以九五至尊，跪行弟子礼。中宗即位后，对神秀大师也是尊崇备至。《唐玉泉寺大通禅师碑铭并序》记载了神秀国师传道时的情景："趺坐觐君，肩舆上殿，屈万乘而稽首，洒九重而宴居……每帝王分座，后妃临席，鹓鹭四匝，龙象三绕。"

中宗之后，睿宗皇帝仍奉神秀为国师，这就是真正的大成就者，终其一生为三朝帝师，终其一生在禅门一门深熏，虽经曲折而无怨无悔。尊荣至极，却能不恋荣华，如他面君时，胆敢拒绝女皇好意，直言称颂一字不识的师弟惠能才是师父法定继承人，并派遣弟子往曹溪修学，有去无回也欣然。什么是大德？这即是。

带着功利心修行的人，总想给自己找个意义，如果遇到神秀禅师这样的经历，早就跑掉了，哪里还有后来的结局？为什么"我"要劈柴挑水六年？为什么“我”是首座不能继承法脉？为什么师父圆寂了还不许“我”出山？……修行是伏魔，这个最大的魔不就是“我”吗？

“大师”之大，在于气量、胸怀、境界和高度，“小人”之小在于眼界、欲望、计较和利益。

神秀禅师如果没有观到禅法之妙，怎么会苦心修禅三十多年？如果执著了外在的名望、法脉、身份，这法，还有何妙可言？又如何能被观到其妙？

他还有一位师兄智隍禅师，在五祖门下一同参禅，后以为自己得到真传，静心打坐二十年。一日，智隍禅师遇到玄策禅师，被问：“您在这里做什么？”智隍说：“入定。”玄策问：“您说入定，是有心入定呢，还是无心入定呢？如果无心入定，一切无情，比如草木、瓦砾、石头都能得定。如果有心入定，一切有情，比如动物、虫子也应得定。”

智隍曰：“我入定时，不见有无之心。”

玄策曰：“不见有有无之心，就是常定，怎么有出、入呢？如果有出、有入，就不是大定！”

智隍怔然无语，沉默良久问：“大德师父是谁？”

玄策曰：“曹溪六祖惠能。”

智隍曰：“六祖以何为禅定？”

玄策曰：“妙湛圆寂，体用如如，五阴本空，六尘非有，不出不入，不定不乱，禅性无住，离住禅寂，禅性无生，离生禅想，心如虚空，亦无虚空之量。”

智隍后立刻来曹溪参拜六祖。六祖见到他，问：“仁者哪里来？”

智隍把前因后果说了一遍。

六祖说："正如玄策说的那样，你心如虚空，但不执著空见，应用无碍，动静无心，无凡亦无圣，能和所的对立都消失了，性和相如如，什么时候不是在定中呢？"

智隍于此大悟，后来辞别六祖，回到河北继续教化大众。

论起来，惠能祖师是智隍禅师的师弟，玄策则是他师侄，修行时间都比他短。读者们此时要再次领悟修行无前后，禅门是没有先后相、男女相、辈分相等世间相的。智隍禅师原来的苦修，能谈何玄妙？枯木而已，修禅不能契合禅妙，则成死局。

我们从各位祖师的经历里可以清楚看到三个阶段：有欲阶段的修行，如神秀禅师、马祖道一等祖师，开始阶段四处寻师求法，或自己独立闭关，或行脚游方，这个时期是在选择和自己相应修法的阶段，可能听说哪里有了不起的师父就赶去那里参拜，此时心中也会琢磨比较。通常情况下从选定师法一门深熏开始，算进入修炼，没有固定的师法时，没有人会对您的修行负责，您那么多年养成的习气自己是转化不了的，没有人引领如何能进入道门？

修行的起点在于一门深熏，一心不乱，进入小悟，这个时期即"保任"期，是特别需求定法、定师护持才能过关的危险期，亦是修者的真正重生期。

我们看神秀禅师花了二十多年，马祖道一祖师花了十年，智隍禅师花了二十年，惠能祖师花了八个月，都在保任期。虽时间长短因人而异，但随时会机缘成熟，顿悟成佛，可如果三心二意，则也有可能瞬间跌落悬崖。因为此时的定力、智慧都还不够稳定，像个婴儿一样，需要跟在师父身边。修行境界不够的人，是不需要黏着师父的，从个人方面常觉得自己也不错，师父并非不可离的，这就像年轻气盛处于叛逆期的孩子，自己感觉活得挺滋润，离开父母才自由。然而我们看看马祖的那些大弟子们，哪一位不是发了小悟后，被师父带在身边几十年？如百丈禅师这样的大师，被师父一会儿扭鼻子，一会儿打得爬上树，这属于普通人不可思议的事情。

定力的提高，取决于修者一心不乱的程度。此时是不能随便改修法的，如果参话头就一直参下去，不能参一个月没“见效”就换成打坐。要打坐就一直打坐，智隍禅师如果没有二十年坐禅的基础，也不可能听到惠能祖师语马上开悟。在一法深修、简单重复中提高定力，有了定力的基础，智慧会在某刻突然从心发出。

有修者问笔者，说自己修了十几年可一点也没感觉进步，看来这辈子也没机会开悟了。笔者回答：第一，如果您这么不断自我设定，那么确实没机会开悟，因为是自己在不断暗示自己没根器、没悟性，其实内心也根本就没想开悟。第二，有些人临终前悟道了，这一辈子白修了吗？朝闻道，为什么夕死可矣？不要自己放弃自己。第三，即便是此生没有开悟的可能，修行会白修吗？真正的修行就不能带着功利目的，开悟不是为了自己，而是为了能更有智慧帮助大众离苦得乐，并且就算最终没有开悟，这一生的修行也不是白费，您日常精神生活有没有更丰富？思想有没有更独立？看问题有没有更敏锐？和他人交往有没有更和谐？心中的善念有没有使自己安心？……这些不都是修行的果报吗？真诚修行，积极利他就是您最大的功德啊!

有的人终于领悟到自己原来所走的路方向不对后,会积极寻找帮助身心健康的方向。但是,仅靠看书是不行的,读书能帮助人找到问题,却无法解决问题。老子说:“知人者智,自知者明。胜人者有力,胜己者强。知足者富,强行者有志,不失其所者久,死而不亡者寿。”

看清楚自己才是最难的。人脱离不了烦恼是因为对自己不知如何下手,医生往往治不好自己的病。《周易》六十四卦最后一卦是“未济卦”,“狐涉水,濡其尾”,谁都希望善始善终,然而由于修行不得法,自以为是而能力有限,就像小狐涉水将济而未济,却濡湿其尾,不能顺利渡水成济。用“未济卦”收尾,表明事、物不可穷尽,故受之以未济终焉。鹏程万里,要跬步始行,人之所以事未成,是促使其成的助力还不够。

汉初三杰之一韩信是杰出的军事家,被萧何誉为“国士无双”,刘邦评价曰:“战必胜,攻必取,吾不如韩信。(《史记·高祖本纪》)”后人奉他为“兵仙”“战神”。他率军出陈仓、定三秦、擒魏、破代、灭赵、降燕、伐齐,直至垓下全歼楚军,四面楚歌逼得项羽乌江自刎,一时天下谁敢与之相争?

然而智勇双全、打仗无以匹敌的韩信,令人难以置信地缺乏智慧,最终被吕后与相国萧何合谋骗入长乐宫中,斩于钟室,夷三族。

韩信如此,那么梁王彭越呢?当年率军截断楚军粮道,与刘邦等合力大败楚军,项羽乌江自刎,他亦功不可没,结果,落得自己被杀,被夷三族,且尸体被刘邦制成肉干,分诸侯食用。

他们为什么下场都这么惨呢?因为认不清自己,有智无慧,有欲能观战争的缴，却不知时机进退之妙。这一点，韩信比张良差远了，他缺乏了令刘邦信服的忠诚，自始至终他的选择都是利益得失的权衡，谁出的价码足够高谁便能得到韩信的“效忠”，他投奔项羽未受重用，便弃楚归汉；在汉军同样未受重用，便再次逃跑。

韩信的各种小心眼在萧何手里，就像如来掌中的孙悟空。萧何配合他的心思演戏，又是月下追，又是要求刘邦当众拜将，令他过足了瘾，挣足了面子，韩信能想到最后是死在自己的伯乐萧何手里吗?

司马光说韩信:“始，汉与楚相距荥阳，信灭齐不还报而自王；其后汉追楚至固陵，与信期共攻楚而信不至；当是之时，高祖固有取信之心矣，顾力不能耳。及天下已定，信复何恃哉! 夫乘时以徼利者，市井之志也；酬功而报德者，士君子之心也。信以市井之志利其身，而以士君子之心望于人，不亦难哉!”

韩信为能封齐王，用市井手段要挟刘邦，屡拿军国大事为筹码讨价还价，这不是自掘坟墓吗? 投机者之可怜可悲可叹，就在于看不清大局，利欲熏心而不自知。

当自己失去作用时，暂时拿走的，必会连本带利吐出来。骁勇如韩信，尚且如此下场，普通的人会看得清楚自己吗?

没有一双能内观清净的眼，没有一颗诚恳谦虚的心，没有一个适合自己的师法团队，没有实证实修，谁能自我扒皮脱胎换骨? 而进入实修后，更普遍的现象是，有的人好不容易有了一点心得就马上自傲，看谁都不顺眼，自傲了即表明拒绝再接受自己存在的问题，满足于目前的状态，感觉自己比别人强，还有人崇拜、有人羡慕就满足了。

刚开始进入实修不难，成长也看得见，可是再进一步的成长之路是不容易的，需要的是信心和耐心，如舍不得世俗的小情、小我、小私和某些既得利益，人就会给自己找出各种借口，变得思想上惰性十足。由惰而骄，这就意味着退转了。我们看登山就知道，每往上一步是艰难的，可落入断崖就在瞬间！一念迷惑时，就如一脚踏入断崖，瞬间跌落深渊。

六祖在黄梅山受辱、受气、受苦时，根本看不到什么修行的希望，更不要说想过接五祖衣钵，但他心中没有一丝抱怨，也并没有急吼吼地计划怎么修行。五祖安排的杂役，他干得认认真真，没有半点感觉自己在“浪费”时间，这就是无欲心，没有分别心。不会认为我既然来了，该做的事情应该是什么。现代人总是自我设计，就是自大的心理，师父交代的事情认为浪费时间，没有“意义”，进步太慢，非要自己计划、设定，师父应该如何传授好像得按照学生的意思来才可以，究竟谁教谁啊？

《易经·无妄》卦辞曰：“无妄。元亨，利贞。其匪正，有眚，不利有攸往。”“匪”同“非”，无妄卦给人的启示是安守本分，勿生妄念。无妄，就是不虚妄，不生非分之想。这一卦的性质是动而健，有行动之象，然而动可以动，但不能妄动，要守正。“正”则“亨”，方向必须正，心正、行正、位正，若是“匪正”，不守正地乱动，必有灾咎。故此卦是劝诫人们至诚守位，言行举止依天道合人德，不要用妄想、私欲来影响行为。

心中有了“师父应该怎样才算对”的念头的人，是把自己当成师父了！这位置站对了吗？心中有了计划自己应该怎么修的人，这方向正了吗？师父是否该有您认为的所谓师父相？是否应该符合您的所谓预期？

好不容易修行有了一点进步的人，本来在世间和出世间的缝隙中，能见到一丝出世间的曙光了，却被自己的增上慢挡住了光明。因为自己的位置没有站对，方向错了，就设想着有什么高深莫测的密法可以学，有什么神通可以得，如此一来，就跌落悬崖了。耐得住寂寞、忍得住诱惑的人，才能百尺竿头更进一步，成天找有趣、找效果的人，最需要安排去扫地种菜，磨炼心性，去除分别。这就像训练百米跑，开始的进步很明显，可到了临界点后，每进步0.1秒都是费尽全力，临界点是最难熬的时光，而能够过临界点，才是专业和业余的分界。

分别心强的人，是最功利的，别人一旦不按自己的预期做就会抱怨。有些人以机巧心修行，一段时间后，小聪明地发现，哦，原来师父也不过如此，就会竖起个一指，这有什么难的？结果就学会了竖一指，禅是什么根本不知道。这些情况虽然可惜，却是各个修门里最常见的。

生命之路，没有"停"这个状态，大海里的生物，谁能"停"在水里？人生不进则退，一旦不再成长就是停滞，也就意味着退步了。谦虚使人进步，成长就是不断放低自我，自我越低，精神越向上一路。

宇宙万物何处没有道？生命中、书本里、行为上，连梦都是道，可说不可说的，都是道。您不见道是被自己的所知障了。师、法是帮助您去除所知、所障，到达究竟彼岸的渡船，不要幻想以自己喜欢的、认可的、理解的、可以想象的方式去到彼岸，凡是能计划、预期的，是知识的增减，道是不言之教，不是不说话，而是说什么，不说什么，不在学生的思量中。

整本《道德经》从头到尾是在说如何契道，如何令修者道心明锐，心境清净。许多人自己没有实修过，就认为《道德经》是政治学、权谋学，这种理解不够全面。我们先从身份上看，老子和关尹确实都是官员，《史记·老子韩非列传》记载老子曾为“周守藏室之史”，守藏室不全是指图书馆。这里不仅有藏书，“守藏”二字所指比图书宽泛得多。

守为看守、护持，藏为储藏、保存。可守可藏的也不仅指重要器物，还有代表周室规范，有形的文字、篇章、材料、工具，无形的规范、礼仪、文化等。《周礼·天官·宰夫》曰：“五曰府，掌官契以治藏。”治藏，即整理保存文书、器物以及体现文化整体性的重要场所。

韩非在《韩非子·说疑》中提及了“单氏取周”的政变过程，并将此事与田成子取齐、司城子罕取宋、太宰欣取郑、易牙之取卫、三家分晋六件事并列，定性为谋逆。

单氏取周祸起于周景王，他自己先违制铸造“无射钟”，此钟敲起来声势浩荡，甚得景王欢喜。只可惜“无射钟”铸成的次年，单氏发动政变，景王被弑，老子也被牵连其中。

春秋末期，周王室是以姬姓刘氏和姬姓单氏联合主政的。公元前520年，周景王想立自己宠爱的庶长子王子朝为太子，周景王却突然被弑。刘氏、单氏立王子猛为周王，之后刘氏灭亡，单氏独掌周政，史称单氏取周。

王子朝带着一众官员，其中包括老子，载周室图书逃亡楚国，过了十九年流亡生活，最终王子朝被杀，老子西行，遇到关尹。

《庄子》有载：“关尹，老聃乎。”很显然，庄子认为尹喜与师父老子有同等的地位，都是“古之博大真人哉”！我们知道尹喜观天象而见“紫气东来”，知有圣人将至，但为什么不能反过来想呢？流亡多年的老子为什么选择出函谷？他本不出户而能对天下大事了如指掌，他本可隐遁修行至深山不必出关。

《道德经》云：“不出户，知天下；不窥牖，见天道。其出弥远，其知弥少。是以圣人不行而知，不见而明，不为而成。”得道者本就随处安居，并能感而遂通，预卜万事。既然能预卜万事，为什么老子不会是刻意来找尹喜的呢？

老子和孔子都是心系天下众生的圣人，但所弘的法不同，孔子是阳法，儒生要入仕，要兴教育办私塾，要推广仁义；而老子是阴法，道法是无为而无不为的，不在显处求名，但阴法也需要传人啊！所以笔者认为老子和尹喜未必是偶遇，连尹喜都能观天象而知圣人将至，老子怎么会不知道自己的法缘在哪里？就如达摩祖师面壁九年，他知不知道法缘必至呢？面壁是为了传法，同样，老子就不能为了传法而故意遇到尹喜？

尹喜，号文始先生，自幼好三皇之书，善玩索《易经》八卦，通天文秘纬，仰观俯察，莫不洞彻，周王闻之，拜为大夫。《汉书·艺文志》著录《关尹子》九篇，其大要在澹然无为，清静自守，独任虚无，随物因应。他阐述了宇宙和自然的规律，以养性为中心思想，体会虚无中的真实，以独特的视角将“道”的玄意展示在世人面前。

所谓“文始”先生，意为文明之始，他师从老子，从而契合大道，成就道行，也因为有他，道法才有了壶子、列子、庄子等传人，代代相传。

老子和尹喜既然都是当时的大官,又是实修实证的真人,可见官员的身份和修道本来就没有矛盾。古往今来,修道有成,并出将入相者比比皆是,反过来说,出将入相者修道有成的比比皆是,出将入相者敬仰修道有成的更比比皆是。修道是为了内圣,出仕是为了外王,修道和出仕能相辅相成才是圆融不二。

正因为他们都有从政经历,《道德经》内可以毫无悬念地引申出治国平天下的政治方略,此外还涉及哲学、阴阳、养生等各个方面,但根本精神,在于道需要内证。所以我们不能将《道德经》定性为哲学思想书、政治谋略书等,道本就可以衍生万物,万物都是道的一方面。

韩非子可以由法家层面解老,孙子可以从兵家方面解老,王弼可以从有无本体角度解老,河上公可以从羽化登仙解老,吕祖可以从丹道修炼解老……这些发挥,如水可以煮饭也可以煲汤、泡茶、沐浴,《道德经》是水源。

关尹原本修行多年,是当时最顶级的知识人,但还是自己不能见道,自己无法去除障眼之物,必求明师扫盲。盲人不见天日,是天日不在吗?求道是请求医治疗眼疾,悟道的机缘在常道里,即从“众妙之门”中解读出“玄之又玄”的道,常道、非常道皆“同出而异名”,悟道本身却属于非常道。

老子出关时,守军看到的是风沙,关尹却能见到“紫气东来”,同样的风景,为什么普通人和修者所见不同?那么令尹和老子所见能一样吗?非常道在常道中。

然而非常道是相对的,例如:花是常,拈花是非常;拈花是常,拈花微笑是非常;微笑是常,心心相印是非常……再例如:运动是常,修行是非常;修行是常，起用是非常；饮食是常，断食是非常；衰老是常，返老还童是非常；读书越读知识越丰富是常，读书越读心越空是非常……

普通人难以理解非常道的境界，自然在阅读一切经典包括本书时，会时刻经历痛苦的过程，有的会有头晕、头痛、犯困、腹胀等生理反应，遇到这种情况，坚持下来反复读的人自会突然有一刻契合了书中的妙门。而一难受就放弃的人，是由于原本思维习气在作怪，不愿意费心打开自己心灵的局限，如果一而再地放弃，以后可能突破习气的概率就大大降低，胆怯的心却会大大提高，借口会越来越多，人会越活越纠结。

人做不成事，不是因为真的不会做事，而是还不会做人，做事不难，做人难。

人是万物中最有灵性的，人心也是最难以把握的，人人都有潜能，都可以契合道；人人都有局限，都因私欲所障不能自由自在。盲目自大者认为自己可以创造生命，改变历史；盲目自卑者，认为人生短暂，自哀自叹，得过且过。

会做人，就是能做个中和的人，责任在肩而不执著，慈悲为怀而不计划，有功夫而不卖弄，众人仰慕而不矫情，时刻谦和而不骄纵，实修实证而不懈怠，遭遇不公而不气馁，纵浪大化而不留名……

非常道和我们习惯了的常道、常识相反，这也是世俗的人无法想象和无法理解的，然而不通过非常道，怎么能修正顽固的习气？可以说唯有真正的修行能撼动人的习气，习气改一分，就会契合一分道。什么是真正的修行？即不离正法的修行，如果修行迷在修行相、神通相、庄严相、利益链里就不是正法修行。

读《道德经》和一切经典时，习气少一分，文字背后隐藏的道就会打开一分。但是，悟道不是加减法，当习气减退到一定程度时，有个突变量在，故有的修者会一步登天，智慧突变的境界令人无法想象。

所谓经典，就是修者反复读时，会一次次有不同领悟，这和世俗文学作品不同，初看晦涩，反复看则如饮甘露，故叫“修多罗”，别名“经”。

修者在同一个门内一层层旋进，会发现像个黑洞一样，感觉像无底深渊，深不可测，这才叫“玄”。凡夫到此就害怕了，其实宇宙能见底吗？智慧能见底吗？能一眼望到底的叫黑桶，没有具备大丈夫心的聪明叫世智辩聪，这些人是投机者。

修门看上去最不近人情，多年前，笔者的师父就曾经将笔者弃置在深山里，当时一个人面对黑夜，山风呼啸中内心有深深的恐惧，有各种幻视和想象，每一秒都过得像一辈子那么长，想逃跑却迈不动腿。但为什么怕到发抖还是坚持下来了？因为信！这是迷信吗？是的，这是迷信的善相。

初修者刚入门时，会经历各种自己无法理解的、闻所未闻的修养法，好的师父会制造各种困难、障碍去破您的执著，此时，能令到什么也不懂、什么也不理解、身体剧痛、内心不安的自己坚持下来的唯有信！这就是迷信的善相。找到可以托付的老师，信就好了，直到自己逐渐成长，境界的提高就会开始领悟，每一次领悟其实是一次大的忏悔，逐渐心中自信升起，善迷信就退却了，取而代之的应是无边无量的欢喜心，发自内心的认可。

笔者当年被师父独自丢在雪山里，下山时好像从魔界跌落凡间，地狱走回人间一般。从此之后，什么怪力乱神、鼠蛇蚁虫、阴暗龌龊一律笑对，并且，常在黑暗中感觉明亮，黑暗并不可怕，可怕的是人心中的无穷无尽的贪欲。为什么凡夫却不怕?

普通人被私心、欲望、傲慢、所知等“欲”障了，无法见光明道。修者如想摆脱私欲的主宰，须求法求道，寻找能帮助自己修正习气，愿意对自己的习气、固有的观念痛下杀手的师法。这样的师法实在不多见。古往今来多少如关尹一般能观天文、通易理、会占卜的异人都在苦苦追寻师法，奇怪的是普通人却老是认为自己了不起。要知道不经过特殊方法，繁杂、交叠、无形的意识如何转化？没有实修实证的切实体悟，读《道德经》，读一切经典无非是增加点知识和谈资。

从字面上看，“玄”是螺旋飞转，不断探索曲通，追本溯源有互回循环之意，其中字根“幺”是初生的生命形象，是柔弱、弹性、微妙的，两个“幺”加在一起可以变成“幽”，即变化莫测、朦胧悠远之意。

玄门名玄关，是玄牝，是天地根。如“乾卦”是宇宙第一动，也是第一阳，“玄之又玄”是对宇宙万物的三重否定，最后有无双遣，自然而然。老子云“道法自然”。

《道德经》是反常的，“玄”即反复无常的代表，若常若非常，例如:

第一，“我有三宝，持而宝之:一曰慈，二曰俭，三曰不敢为天下先”。

老子说“慈故能勇”，勇不是勇敢或鲁莽，而是指无私无畏，这种气概并非胆大。黑社会的人也胆大，但没有慈。“慈”是有德行的人对众生而发的情感，视天下众生如己出，故能为众生舍身忘躯，义无反顾，无私无畏。

“俭”是善用，能收敛欲望才是真正爱惜生命，不是指生活俭朴，能善用的人未必看上去有俭朴相，自古以来有多少伪道学装出一副清廉俭朴的样子，还有多少人误以为只有物质俭朴才是好人。“玄”之道，是未必循常理的，是应众生需要而显现，安贫乐道是其一面，菩萨为什么穿金戴银？这是另一面。

俭的本义是善用，善用生命是生命必以追求成长为意义，不盲目造业，不虚度年华。

“不敢为天下先”是谦虚、谦下、不争、不骄，“江海所以能为百谷王者，以其善下之，故能为百谷王”。平常人处在自大和自卑的两极，而得道者是处在中道、行中庸、气中和的大德之人。

第二，上善如水。

普通人皆向往“高”处，位高、财多、名望、利厚，而水却反常地喜居低处，因为水有水德，万物中水最近道，似万物之宗。

五色中，古人寓水用黑，许多人不理解为什么用黑寓水，不是应该用白色或蓝色吗？多数人从五行方位上理解，其实这不全面，大家想黑洞是黑色的吗？深渊越深则看上去越黑，水万形，德性最厚，最变幻莫测，故以黑寓。

黑是假名，之所以称黑，从物理上说黑色不反射，理论上能吸纳所有光，其实我们任何人都没有见过真正的黑色，没有一种光是黑光。假如您拿一朵红花进一个没有窗、漆黑的房间，不开灯，此时花是什么颜色？再假如，在阳光下您举起一块“黑色”的布，看到的是黑色吗？

用黑色表水德，有取其深湛、吸纳之意。道是黑色的，像黑洞和玄牝一样，往内旋入深黑，示道无量无际，往外则反出亮白，表法长白清净。

黑白，是道的一体两面。

水是万物之源，故最平常，同时也最反常。

（1）水以自动，助推他物，这是以身作则。

（2）水遇阻则曲通，或成瀑布奔流，或滴水穿石，以柔克刚，一切潜能皆在遇到障碍时被激发，水在激流中为何从不受伤？左右逢源的平衡力从何而来？

（3）水有自洁自净之能，可包容、吸纳、洗涤一切污垢；曾子云：“夫子之道，忠恕而已。”忠恕便是水德。

（4）洋洋乎充之大海，洒洒乎发而为云，结而为雨，化而为雾，凝而成冰，千姿百态终不改其性。凡人不喜变，幻想天长地久，海枯石烂，此情不渝，幻想对自己有利的地位、健康、财富永远保持。而水是反常的，《周易》云：“穷则变，变则通，通则久。”水遇境有千变万化之能。

又，凡人的意识无时无刻不为境所转，时尚潮流、流言蜚语、名利概念，内心中焦虑不安，无有“定”时，也就是该定时不能定，该变时不想变，而水却相反，无可不可，无适无莫，却能保持水性，万变不离其宗。

（5）上善若水，何为上？谦下为上，上乃动词，不是方向。水不断在寻找进路和出路的过程中纠偏，此即上，不执、不滞、不留、不忆为上。

（6）老子云：“天下之至柔，驰骋天下之至坚。”最柔弱的才是最有力量，柔性才有渗透性，刚性只有排他性。故，水无孔不入，随处发生。

(7)利万物而不争。凡人有私，无私是反常。水无私地孕育一切生命，却不计回报，这种奉献精神是道。老子说："夫唯不争，故天下莫能与之争。"

(8)水是多面的，故遇到寒冷时，变成坚冰无所动摇；遇到燥热时，化为云雾无住无形。谁也留不住水，谁也离不开水。

(9)江河有后代否?

(10)水可以无浪，浪却不能无水。

(11)于混沌之汪洋中，谁能从善如流? 非不能也，实不为也。

(12)水的生命有意义否? 生命可逆否?

(13)水有禅定吗? 水有秩序吗? 水有归宿吗?

(14)生命的活力在于定期自我破裂、自我冲突、自我修复，这便是自愈力，自愈力高便是活力强，水的活力有增减吗?

第三，"天下皆知美之为美，斯恶已"。

普通人以为的美，是在被灌输的概念里形成的"美"，有相对，有分别，有局限，有时限，这就不是"玄同"了。

普通人生孩子时会高兴，却不知道生出一个"生"的同时，也生出了一个"死"。生死是同时出生的，为什么只见生，不见死? 这是眼光问题，生老病死、净垢染杂都是一体两面的，有分别心就会以生为喜，以老病死为悲。以位置、时间、状态、利益而分别美。

第四，"功成身退，天之道也"。

老子说："持而盈之，不如其已；揣而锐之，不可长保；金玉满堂，莫之能守;富贵而骄,自遗其咎。功成名遂身退,天之道。”

普通人好不容易得了些功,靠这些功成名立万,福荫子孙,怎么会想功成身退?不居功是反常的。

然而,居功者往往不能自保,历史上的例子还少吗?月满则亏,日中则昃,水盈则溢,金玉满堂可得久乎?退,是智慧,是玄德。上文说的韩信不就是一例吗?他在战争中无一败绩,天下莫敢与之相争,然而他却输在为人上,机关算尽太聪明,舍不得那点功名,放不下到手的利益,摸不清时势变化,看不透世事无常。而和他一起合著兵法三篇的张良,却为何能得善终?

张良是韩国的公子,秦灭韩时,年少气盛的张良“悉以家财求客刺秦王”,终于“得力士,为铁锥重百二十斤”,趁秦始皇游天下时,准备在博浪沙进行狙击。但秦始皇出巡时有专车三十六乘,张良与刺客实在无法准确判断始皇坐在哪一辆车上,于是“误中副车”。始皇大怒,在天下搜索刺客,张良只好更名换姓,逃亡于下邳。

在下邳圯上,他遇到黄石老父,得授《太公兵法》。黄石老父告诉他“读此则为王者师矣”,即有了做帝师的资本。之后他遇到刘邦,两人一见如故,刘邦拜他做厩将,对他的建议言听计从。张良不断给刘邦献计献策,包括破武关取咸阳、屯军霸上、鸿门宴如何全身而遁、制止郦食其分封六国等,并说服刘邦封韩信为齐王。

据《史记·萧相国世家》载:汉王五年的时候,项羽已被诛杀,刘邦平定了天下,于是论功行赏。可是功臣们互相争功,争了一年多还没有一个决定。刘邦认为萧何功劳最大,所封赏的食邑应该最多,功臣们都认为萧何仅靠舞文弄墨,不曾实地参战,功劳却在大家之上,这不公平。

刘邦说,各位都知道打猎吧?发现迹象并且杀野兽的是人,萧何是能够发现野兽所在地方的人,诸位只是猎狗罢了,他的功劳最大。

张良发现刘邦只认萧何等丰沛同乡,而将其他功臣视为“狗”,并见诸功臣陆续被处死,故此等到有一天刘邦说出“运筹帷幄中,决胜千里外,子房功也,自择齐三万户”,张良推辞道:“陛下用臣计,幸而时中,臣原封留足矣,不敢当三万户。”

于是被封“留侯”,“留地”离长安近,又没有齐富饶,张良的选择甚得刘邦欢心。等刘邦确立了以萧何为丞相时,张良又进一步提出引退的要求:“家世相韩,及韩灭,不爱万舍之资,为韩报仇强秦,天下震动。今以三寸舌为帝者师,封万户,位列侯,此布衣之极,于良足矣。愿弃人间事,欲从赤松子游耳。(《史记·留侯世家》)”

他提出要去“学辟谷,道引轻身”,刘邦一听很放心,于是张良和范蠡一样功成身退。

我们再来看看伍子胥的反面例子,据《史记·伍子胥列传》记载,伍子胥,名员,楚国人。他父亲伍奢是楚国太子太傅,太子被费无忌诬陷,伍奢受到了牵连。费无忌对楚平王说:“伍奢有两个了不起的儿子,不杀将成为祸患,可以伍奢为人质召他们来。”

平王对伍奢说:“你若将两个儿子招来可免一死。”

伍奢回答:“伍尚为人仁厚,召他一定会来。伍员一定不会来。”

平王不听，派人下诏说："你们若来就让你父活命，不来就马上杀掉。"

伍尚听诏便要去，伍员说："楚王召我兄弟，不是为了让父亲活命，是怕我们逃脱后成为祸患，所以拿父亲作人质，我俩一到，父子三人就会一起被杀，我们去对父亲的死活没有帮助，自投罗网还如何报仇雪恨？不如我们投奔别国，借他国的力量来雪耻。"

伍尚是个君子，说："我知道应召去了也不能保全父亲，可是不去岂不被天下人耻笑？你逃走去报仇便是，我只有安心赴死。"

于是伍员逃走，伍尚束手就擒。伍奢听说小儿子逃走，叹息道："楚国将要苦于战争了！"伍尚到了都城，楚王将父子一起处死。

伍员欲奔吴，途中要出昭关，他在昭关碰到了扁鹊的弟子东皋公。东皋公认出了他，非常同情伍员的遭遇，不但没有举报，还热情招待他们，并保证帮助他通关。可是，一连七天，东皋公不提过关的事情，伍员心中焦急，度日如年，第七天早上他问东皋公有什么妙计出关，东皋公回答说："办法是有，现在就差一个重要人物来，请安心等待。"

伍员听后半信半疑，毕竟他们之间过去没有交情，他不太了解东皋公。当天晚上他翻来覆去睡不着，纠结着该走还是该留。第二天早上，东皋公看到伍子胥，惊讶道："你怎么一夜头发全白？"

伍员拿过铜镜一看，发现自己的头发果然皆白如雪，东皋公拍手称好，连声说："这是上天的安排啊！"

于是，东皋公帮助白发的伍员混出关。出关后，又遇到一条大江拦住了去路，正着急时，有个老渔夫划着小船过来，把他渡了过去。过江后即是吴国，伍员感激万分，摘下身边的宝剑，说："这把宝剑是楚王赐给我祖父的，值一百两金子，送给你表我心意。"

老渔夫却回答："楚王出了五万石的米粮作为赏金来抓你，告发者还可以封为大夫。我不贪图赏金、爵位，怎么会要你的宝剑呢？"

到吴国后，伍员劝吴王僚说："楚国可破。"可是公子光却有野心，想杀掉吴王而自立为王，就和吴王僚说伍员这是有私心，不让对方征楚。伍员不能说穿，于是自己退出朝廷躬耕于田野。

过了几年楚平王病死，楚昭王即位。吴王僚趁楚平王死了，派两位公子率兵袭击楚国，楚国派兵切断吴兵的后路，使吴兵不能返回。吴国国内空虚，公子光行刺吴王僚后自立为王，这就是吴王阖闾，阖闾继位后，志得意满，召伍员入宫共商国事。

公元前512年，阖闾即位三年，准备向西进兵。伍员七荐孙武，使得阖闾接纳了在隐居时已经写成《孙子兵法》的孙武为大将，遂兴兵派伍员和孙武攻打楚国。

公元前506年，吴王阖闾九年，吴军采取孙子"因粮于敌"的策略，在孙武、伍员的直接指挥下，经过五次大战，仅用了十几天就攻入了楚都。楚昭王出逃，伍员掘开楚平王的坟墓，挖出尸体，抽打了三百鞭才罢休。

吴王阖闾因为重用伍员、孙武，对楚战争屡战屡胜，吴国国力大盛，吴国西破强楚，北败徐、鲁、齐，成为春秋一霸。公元前496年，阖闾与越王勾践大战，中箭伤重不治，死前嘱儿子夫差，勿忘杀父之仇，并托伍员辅政，封他相国公。

吴王夫差继位后，立志要报仇雪恨。孙武、伍员等继续辅佐夫差，努力积蓄钱粮，充实府库，制造武器，扩充军队，经过三年，吴的国力得到恢复，终于打败了越国，越王勾践投降。伍员认为应一举消灭越国，他多次劝谏夫差杀勾践，夫差不听。

夫差急于进图中原，率大军攻齐，伍员却主张“联齐灭越”，遭拒，君臣政见不合，矛盾越发激烈。最后夫差听信太宰伯嚭谗言，称伍员倚托齐国反吴。

公元前484年，夫差赠剑令伍员自尽。他仰天长叹愤恨之余，留下遗言，要家人于他死后把眼睛挖出，挂在东城门上，他要亲眼看着越国灭吴。吴王夫差极怒，把他的尸首用鸱夷革裹抛弃于钱塘江中。

伍员被杀，孙武便辞官隐居，本意专心修订其兵法著作，然而由于内心郁郁寡欢，不久也病故了。伍员死后九年，吴国为越国所灭，夫差自尽时羞于在阴间见到伍子胥，用白布蒙住双眼才举剑自刎。

我们看历史，从古自今其实除了朝代更替，人心一直都没有变化过，智者愚者不过是换了服装、换了背景、换了场地、换了台词的演员，无论怎么换，剧情都是在智和愚、贪和舍之间纠结。

天地不居功，没有人为方向的概念，什么是功？什么是成？什么是进？什么是退？功成名就的一代英豪伍子胥，其人生比东皋公、老渔夫更幸福和智慧吗？鞭尸楚王就是成功为父兄报仇了吗？什么是成功的人生？因果究竟立在哪里？

运筹帷幄决胜千里的张子房能以三寸舌为帝师，封万户侯，此布衣之极,然而为什么却归于潜心修道,反过来说他不摒弃功名利禄,隐居于紫柏山中辟谷修行,依旧立于朝堂上,还能善终吗?善始未必善终,然而什么是善,许多人又语焉不详。

张良退隐修行后,刘邦曾多次派人寻找,均未获果,刘邦逝后,吕后也派人四处寻找而不得。后来吕后亲自出巡,终于找到了张良,看他骨瘦如柴,心甚不忍,说:“人生一世如白驹过隙,何自苦如此?”于是强迫他回归封邑,重食人间烟火。张良回去不久,又潜回紫柏山,从此谁也找不到了,死后葬于何地,成了千古之谜。

他当初的运筹帷幄决胜千里何在?如果给他再一次选择,还会再愿以三寸舌为帝师吗?

修行是为了合道,合道则无分别,无分别故能长生久视,舍得舍得,舍是退,退方有得,得什么?封万户侯是得吗?拥有天空一般的内心逍遥自在,方是进、上、得。

所谓的自由自在,一定是由内而发,并居于内在的,这种自由的心是通过心性的修炼而得的,不拘于外,不滞于名,不为权贵所争取。

人真正能自由的,唯有心灵的解放。心灵的丰富、慈悲、明辨、通达、感应、平等是自由自在的不同方面表达。能实现自由自在的保障,是由个体定力决定的,这些都不是能外求而得的。老子说功成身退,指的是成就内在之功,令身体的欲望退潮,合于天道。

不要误解“成”,名利为功,建业为功,封侯为功,复仇为功,“功、德、言”三者均等,是为万民谋福利、谋太平、谋安心、谋幸福,这个建功的基础,是建功者内心必是自由自在的。自觉而觉他,自利而利他,身之欲退潮,心之功始建。

第五,天地不仁。

普通人常以为天地是有仁义的,老子却说"天地不仁,以万物为刍狗,圣人不仁,以百姓为刍狗",这岂非反常?

何为圣?道高、德高为圣,怎样才算圣呢?"圣"的繁体字是"聖",是长着大耳的人,耳顺之谓圣。耳顺不是听力好,而是听什么都不分别、不反感。和而不同,能包容不同见解,能听进去逆耳忠言,能明辨流言蜚语,智慧高、境界大而能先知先觉,能洞察真相。能闻宇宙大音,见希声之法,这是观音法,耳根圆通是也。

《尚书·洪范》曰:"睿作圣。"可见,圣人是具有极高智慧的人。《荀子》中曾记载:"孔子对曰:'所谓大圣者,知通乎大道,应变而不穷,辨乎万物之情性者也。'"据此可知,孔子与老子心中"圣人"的特点是能洞察先机。

洞察先机是圣人的主要职责,《易经》中的占卜不是现代人的算命,为什么用龟甲或蓍草来占卜?因为龟甲和蓍草是千年动、植物,皆有灵性,龟长寿自不必说,蓍草是神草则人多有不知。

古人言蓍草上有紫气环绕,下有神龟出没,《本草纲目》中《草部·蓍》云:"其生如蒿作丛,高五六尺,一本一二十茎,至多者五十茎。生便条直,所以异于众蒿也。秋后有花,出于枝端,红紫色,形如菊花;结实如艾实。……则此类亦神物,故不可常有也。"李时珍认为蓍草是种罕见的植物,是药中上品,有驱凶避邪、盖尸防腐、医治沉疴杂疾等作用,世称神草。

圣人占卜不是为了自身凶吉，为的是通万物消息而利民，为众生宣危机，为后世留准则。然而后世洞察先机变成了算命看风水，为私利预测，为升官发财找捷径，这就谬以千里了。

老子说的仁义和世俗认为的仁义不同，老子认为"天下皆以善之为善，斯不善已"，天下皆善是为不善，仁善是人自生分别想尔，天地生万物不是因为仁义，而是自然而然。

天地没有仁也没有不仁，给天地立个仁，就等于有机会根据己意来给天地立标准，说自己奉天承运的人，真明白天意吗？

人应反求诸己，仁和不仁都在道中。不要因为老子说天地不仁，就认为老子不慈悲，《道德经》第二十七章中还有一段话："是以圣人常善救人，故无弃人；常善救物，故无弃物。"老子的仁是如天地般滋养万物没有痕迹，恩泽布于万物，而无施仁之心，万物得天之太和，故生之育之，长之成之，此大道也，天地不仁是天地之道！

《说文解字》说："刍，刈草也，象包束草之形。"为什么老子用"刍狗"比喻？而不用"刍豢"？"刍豢"泛指牛、羊、猪、狗，是正常祭祀用的牲口。牛、羊食草，称刍；犬、豕食谷，称豢。古人以犬豕为豢，猪狗与吃草的牛羊不同，人类把粮食当作自己的专属物，所以，豢的意思是猪狗要靠人养，猪狗的粮食是人给的。

"刍狗"这个词很奇怪，本来该吃粮食的狗却去吃草，是不是狗已断粮？狗为什么断粮呢？是不是人也没粮食吃了？祭祀是大事，用刍狗祭祀不免奇怪，圣人不会乱用词语，不会不懂礼仪，老子是能洞察危机的人，用刍狗而不说刍豢或刍猪,其意深远。

天地“不仁”和《周书》中的“皇天无亲,惟德是辅”的“无亲”含义不同,“无亲”指天地对万物一视同仁,“不仁”却隐藏着人类有危机。老子接下去说:“天地之间,其犹橐龠乎,虚而不屈,动而愈出。”

“橐龠”是风箱。“橐”是指外形,“龠”是指内在往来活动的管片儿。在农业社会里,用布缝成两头通、中间空、用来装置杂物的布袋,也叫“橐”,后世的七孔笛也叫“龠”。

“橐龠”是老子用通俗的物件来说明宇宙万物和气分变化的关系。宇宙就像个鼓风囊,中间是空虚的,活动引发的风从进风口入,到出风口出,循环往复没有穷尽,这好像太极图的阴阳眼,阴阳二气引发的活动无穷无尽。

《说文解字》说“屈”:无尾也。“虚而不屈”的“不屈”就是有尾,什么叫有尾?就是遮蔽作用,如太极图含太阴太阳,阴暗和光明交替,如果物质过于拥挤则火不生。《周易·系辞传》里说:“吉凶悔吝,生乎动者也。”万事万物,动必有咎,在动的作为里,吉只占四分之一,不好的凶,和仅次于凶的悔、吝,占四分之三。吝的含义是不舍、纠结、牵挂,凡事患得患失,心里放不下就是吝。

动即变,而变的趋势基本向咎,才是常。

《增韵》云:“愈:过也。”《说文解字》云:“出:进也。”爱因斯坦曾说:“宇宙中所有的事,从开始到终结,都由我们无法控制的力决定。昆虫、星球、人类、植物或宇宙尘埃都一样,我们都随一个神秘的节拍起舞,舞向遥远的看不见的管道。”这个管道就是橐籥之口。

“虚而不屈，动而愈出”这句话处处玄机。“动”不是指动静相对的动，怎么理解“动”呢？如一个人坐在船上看着岸边人，船上这个人是A，岸上的人是B，A看B在动，B看着A也在动。这个“动”容易计算，如果A、B朝同一个方向动，速度用减法得，如果A、B是朝反方向移动，速度用加法求，这是谁都知道的移动速度计算法，选定参照物后就可以用加减法算出。数学中速度的计算，需要设定参照物，A和B互为参照物。

如果这个假设中在船和岸里各有一只苍蝇，如果再多几只不同速度的鸟，还有船上的猫狗，参照物就不容易固定了，数学、物理学对动的研究，离不开参照物。

老子说“虚而不屈，动而愈出”之动，是没有具体参照物的，我们可否将空间设为参照物呢？空间本身就是一个参照系，这个参照系的名字就叫绝对空间。

所有的物体在绝对空间这个参照系里的运动，就是一种绝对速度。

太空人从太空看地球就像一个注满了水的鱼缸，这个缸里百分之七十是水，各类生命就像水里的鱼。鱼不会觉得水，除非离开了水，人在地球上不会觉得地球在高速转动，如鱼缸里的鱼不会感觉到水在动。

可是，谁都知道宇宙万物没有静止不动的，怎么知道自己在动？如果将参照物设定为另一个动的，就得不到正解，如两列火车同速运行时，互相看都以为没动。只有设定一个不动为参照物的时候，才能正确理解动。

生命在哪里，空间就会延伸到哪里，它是处处均匀的，仿佛永不移动的一样。

一切生命，无论生活在什么空间种类里，能把空间本身作为参照系的时候，就生出了一个绝对空间。在三维空间内，光速似乎是速度的极限，然而我们不要忘了人类发现光速才多少年？现在的科学是钻在一个洞里，想尽方法的研究就是扩大这个洞，洞再大还是洞，洞中观天怎么都有局限。

我们现在感觉光速不可思议，地球与月球之间的距离是384000公里，光速到达月球约需1.28秒，而阿波罗飞船从地球飞到月球一共用了75小时50分。光速似乎是不可逾越的速度，这么想，因为我们现在在用人类科学水平做参照物。

对于光来说，光速是正常起步速度。阳性生命以光速为极限，阴性生命以光速为起步，光难道不是阴性生命的一种吗？生命都有生命体，例如我们叫“人”，阴性生命也有生命体，光的生命体就叫“光子”，光子却是不住的。

每一个生命体都有它自己的空间和时间，在自己的角度不存在快慢。太阳系同心轨道的九大行星，自转的轨道有大圈小圈，以地球365天一年为一圈的话，越大的圈转的时间仿佛显得越长，但这是以地球为参照物而言的，对于每个星球自身来说，绕太阳转一圈就是一年，和地球的365天为一年没有不同，不存在长短快慢。

参照物不同了，时间、空间皆不同，如果蚂蚁中也有科学家，应该觉得人走路的速度不可思议地快，是蚂蚁的极限，但人本身并没有觉得有什么了不得，并且还有多种办法可以更快。这是蚂蚁无论如何无法理解的，它不理解速度为什么还能变化。

我们从道的角度来看,目前人类的科学技术对宇宙万物的认知水平比蚂蚁观人能高多少?所以许多现象感觉理解不了,什么叫理解?因为不理解,所以才有理解力的增减,如果同频的两个人,就不存在理解不理解的问题。能心心相印、心有灵犀时,不同人就像是一个人一样,唯有和自己不同频的,才存在理解力的问题。

人类不懂光之生命,才用自己目前的理解去解读,如果您和光同频时,就不会觉得光和光子有什么不可思议,合道也一样。

这就像黑洞原理,黑洞的质量大到能把时间和空间都扭曲成一个洞,时空扭曲就形成了黑洞,在黑洞里面时间是停止的,时间停止了就不存在了吗?时空在这里只是被打了一个死结,似乎静止不动了,然而如果真的静止不动,哪还有什么白洞?宇宙中没有一处是真静止的,黑洞就是以时间、空间为参照物的绝对时空。

我们认为黑洞会吞噬旁边的恒星,能吞噬一切物质,真是这样吗?假设某个宇宙飞船掉到黑洞里去,飞船里的人是死了吗?是什么时间被停止了?是什么动被对冲了?它瞬间是被相对定格了,就如同船上的A和岸上的B,如果移动速度相同时,他们误以为自己没动。飞船只是被时空隔绝了而已,但这只是从物理角度讲的。

我们一直以来有个思维误区就是假如从A点到B点,只能是线性移动,思维就像有一条马路,我们只知道往一个方向走。近代科学家发现了“莫比乌斯环”,环的头尾相连会发生什么呢?例如从子夜一点钟出发走到终点的时候，是晚上十一点半，就是说到达终点的时间比出发的时间早，这是什么意思呢？时光的线路是可以倒回去的！

霍金博士在《时间简史》里把这个叫“时空圆环”，又叫“闭合类时曲线”。

可惜以人类现在的科学技术，还暂时达不到时光倒流。因为这需要一个巨大的引力，产生巨大的引力需要巨大的质量，质量和能量是可以互相转换的，归根结底，我们需要一种巨大的能量，能把时间的线头掉转回来。这种能量何来？老子说“反者道之动”。

现在人类的科学技术还比较初级，虽然宇宙中充满了各种能源，然而人类还不会用，就算太阳能，目前保存的技术也不稳定，保存的时间也很短，那么宇宙中不断生灭的巨大能量会在哪里发生和储存？在“道”中！

道，是没有先后、正反、顺逆、是非、生灭的。由于能量和质量的不断转换，每一节都是独立的，老子说：“有物混成，先天地生。寂兮寥兮，独立而不改，周行而不殆。”在天地形成以前，“道”就已经存在，但人类听不到它的声音也看不见它的形体，仿佛静止、寂静而空虚。道的能源生生不息，不依靠任何外力而独立长存，循环运动而永不衰竭，不以人的意志为转移。

然而并不是天上才有“道”，人间处处都有道，人类的日常起居生活、行住坐卧都是“道”，所以道一点也不神秘。“道”产生了太极，而生“有”和“无”，两种性质的极微小的粒子在天上、人间无处不在寥廓的虚空中循环运动，它是独立存在的，不依靠外力推动。

老子说“道在物先”，又说“物在道中”，道就是宇宙万物最大的能源和物源。契合了这个源的人,就是合道者。

目前人类最先进的电是核电,但核电在宇宙中根本不算什么,一个闪电的时间大约千分之一秒,瞬间释放的能量约一亿到一千亿瓦,远远超过核电。以人类目前的技术,对星际旅行、时光回旋、平行宇宙等宇宙实相的理解,还处在猜测和摸索中。

释迦牟尼佛、惠能祖师、老子等圣人没有做过科学实验,不好名而自利,入法流而无我,他们将自己的生命体变了,变成和道同频。能与道合者,独以弦歌而济世,一念万年,万年一念,凌虚绝顶,罔顾无畏,非我非敌,生如刹那烟火,旋生旋灭旋空。

当您的心和自性相应,无穷无量无际无涯时,还有什么可以局限您呢?这就像人体内有无数细胞,这些细胞无论具备了怎样的聪明智慧,也无法飞出人体,如果细胞质变了呢?可以转化为汗液、呼吸排出体外,再化为食物、气体进入人体。水可以变成茶、饭进入人体,又成为尿、汗、便被排泄,一次次地体外循环,此时人体还是细胞的监狱吗?

之所以会认为有监狱,是自己的思维短路了,画地为牢,不谦虚向万物学习,不理解什么是自然转化,总是自我设定了一个答案,细胞能变异,自由出入人体,人岂能被时空困住?“动而愈出”是能量转化。

爱因斯坦晚年得出了一个自己都无法相信的结论:宇宙不可能是稳定的。如果得来的方程式是正确的话,我们生存的这个宇宙要么就是在不断膨胀,要么就是在不断收缩,方程所有的解都不可能得到一个稳定的宇宙模式,所以,爱因斯坦最后震惊于自己方程式得出的结论,夜不能寐。

佛法中对此解释得特别清晰，宇宙万事、万物、万有都是因缘和合而起的。既不能说是不可能稳定的，也不能说是不可能不稳定的，这才是不二。

“道”有“虚而不屈，动而愈出”的特性，这无法拿科学的定理、方程去套，一旦非要一字一句解释，一点一点实践求解，会发现最后自己就在死胡同里打转。

《庄子·天下》中记载了庄子与惠施的对话。惠施说：“至大无外，谓之大一。至小无内，谓之小一。”

“大一”不仅是指空间无穷大，时间也是无穷无尽的；“小一”佛法里称极微尘、刹那，刹那是最小的单位了，不可再分割。佛法中涅槃的符号是○，○和零近似，都不是无。○是超越现象、时空的，而零是一个时空中的一个位值，是数的一个空位，即基本单位，可以和一切数一起计算。

○就是空，道的特性是空，空的起始作用可以用零来表示，零和空只能从逻辑上说近似，用本体上说有不同。现在的“阿拉伯数字”是8世纪后印度数字传到了阿拉伯世界，又通过阿拉伯世界传到欧洲，最后在西方科学中得以普遍应用，“阿拉伯数字”其实是印度数字，是印度人发明的十进位数字。

从作用上来讲，零具有定位功能，负数减去零是负数，正数减去零是正数，零减去零什么也没有；零乘负数或正数或零，都等于零；零除以零也是零，故此从作用上看似乎空无一物。

正数和负数除以零，是一个以零为分母的分数，以零为分母，分母无穷大的时候其作用值可以发挥至最大。老子说“见素抱朴”就是归零，静极为零，净极为空。

儒家修养通常从阳法入手，为刚为外为显，为风为火为乾，为体为后天为基础；道家修行则常从阴法入门，为柔为内为隐，为潜为水为坤，为雷为先天为太极。儒家是可以内外结合、刚柔结合的，结合得好就是中和，中和就是圆通。

但凡不在圆中的，都是不平衡的，而在圆中的，没有一个点是不平衡的。如禅画的画家三分钟作画，需用三年练笔，三十年修心，否则则为画匠。有些画匠仅学了三分钟作画，便以为有禅，有其形无有其神，为修者不为。作画之能传神，是画家明太极之道，非为画而画。

然自元朝以降，琅琊门第乏才，曹溪禅风式微，老庄道法偏流，儒家士子多借儒雅之名自足，与真禅意、古道风、孔孟儒相去万万，不可并论。世风变异，彼时之顺流恰成今朝之逆流，然逆势并非孤立，得势未必真理，诗词书画，能流芳者必属心品。

禅门书法的特性，是作画时无论侧、勾、抹、撇、捺，笔笔下去，哪一个点都是圆相，每一笔都能彼此呼应，怎么看结构都是平衡的，但凡不平衡，属于作者内心不平衡，自己都不平衡时，能作出帮助他人心灵平衡的作品吗?

我们从身体上看也会发现，体内有脉络，直行是脉，横行是络。为什么是奇经八脉?“八”是平衡，左右两处阴阳平衡。任脉以督脉为平衡，冲脉以带脉为平衡，有阴跷脉就必有阳跷脉，有阴维脉就必有阳维脉，宇宙万事万物是圆，道家说：五气归元。炼精化气，炼气化神，炼神化虚，最后复归于无极，无私无为，天人合一，物我两忘，这就是归元。

合道之人能了生死，不是在现象上不生不死，而是生死于本人无碍了。大、小亦是无穷无尽的，大、小是假名，既是统一的又都是无穷无尽的。惠施是著名的哲学家、物理学家、数学家，他说“一尺之棰，日取其半，万世不竭”，表述的便是此理，虽然惠施的辩论常“能胜人之口，不能服人之心”，但我们不能说这就是诡辩。

他和庄子有一段著名的“鱼乐之辩”，两人一个走向超然，但又能返回事物本身来观赏其美；一个走向独立。人连自己的心都不清楚，又如何能清楚他人、他物的心灵状态？笔者认为，圣人之辩，不是各执己见，圣人已无己，哪还有己见？他们是故意将不同观点引发，呈给后世读者思考。

如须菩提尊者在《金刚经》中所问的每一句，都是为众生而设问，这些都是话头。惠施死后，庄子以“运斤成风”的寓言比喻知音不再，叹曰：“自夫子之死也，吾无以为质矣，吾无与言之矣！（《庄子·徐无鬼》）”

关于“动”的阐述，惠施还有“矩不方，规不可以为圆”“鸟之影未尝动也”等精彩论点，这些观点都和老子接近，世间以为的运动有时间和空间，而真正的动，乃是不局限于时空的。

在同一时间内，动可以既在此点又不在此点，既在此点又在他点。量子力学的诡异现象叫作态叠加原理和坍缩，说的就是这种动，既在此点又不在此点既在此点又在他点的叠加状态，证明电子、粒子可以同时在两处。

而这些叠加受什么影响呢？受意识影响，“薛定谔的猫”就在试图证明意识决定物质，量子力学的成就在过去是不可想象的，物理学正在向着意识学迈进。

如果有人问不同时和不同点的动,是不是同一个动呢?那么请思考宇宙万物中,有没有两个动呢?

如果属于一个动,则是非、善恶、生死皆属于一动,便皆可转化、不可定性,那么也就是说,必有方法皆可重置。

重置的关键在于能否转换参照物。宇宙间有平等法则,所有的参照系都是平等的、等效的。生死同样也是平等的,因为平等,所以看上去生死在不同的时间、空间出现,但此生即彼死,彼死即此生。您以人间为乐时,生是喜死是苦,您以死为解脱时,生是悲死是喜。

而合道者,心中本无分别,生死是圆相。道家称为“周天”的,后世理解为打通任督二脉,其实周天指的是生死、阴阳的自由出入,可自我重置。

如何重置?即通过修道减损生命各个方向的阻力,如欲望、私心、妄想、执著、傲慢、偏见等损害到生命活力的阻碍,发挥出生命本身的纯善真实,重置不是推倒重来,而是价值转换、本末重置,激发出生命本来的能量,使之“若决江河,沛然莫之能御”。

凡生命有了体,就有了对应的时空,无论这个时空是三维还是多维,都有相对,时和空是第一相对,那引力造成了什么呢?时间和空间同时被弯曲了,引力越强的地方,弯曲得就越厉害,时间就变慢。

我们知道在地面上,地球的引力比高山上的引力要大,所以地面上的时钟会比高山顶上的时钟走得慢一些。这仅仅是从物理的角度来思考,心里的引力呢?灵性和精神方面的引力呢?既然是万有引力,谁说万有引力一定只作用在物理上?各种引力由于内心的境界不同,就产生成了各类洞。

内心的黑洞是无法探测的，一个人掉到黑洞里，就迷惑了，迷惑时时空是不动的，您感觉一天天在流淌，实际上生命已经停滞。

但是，我们可以再从另外一个层面讲：没有时空的清净状态，也叫涅槃。涅槃之不动和迷惑之不动，区别何在？涅槃是主动的，合道者能自主出入；迷惑者是被动的，自己稀里糊涂，随波逐流。

一念成佛，一念成魔。佛和魔的性质本无不同，区别在于内心的状态是迷惑还是清明。迷惑的人不辨方向，没有力量，自己走不出来。涅槃状态下的人，能在宇宙中无处不在的道中汲取能源，转化为物源，能尽物性者能尽人性，尽万物本性，这种能源随取随用，随用随弃，不会给“自己”留下一点，也可以说但凡想留下一点就脱离涅槃状态了。

天地不会给“自己”留下一点善恶，人类不知控制欲望而形成的危机只是妨碍人类本身，对天地万物只有表面的、暂时的作用，可以说没有什么影响。

六千五百万年前，天崩地裂，地球上最大的生物恐龙灭绝，然而对地球有什么影响呢？恐龙绝种了，生命却只是换了种方式再来，圣人和天地一样，对于表面的、暂时的生命形态，例如人的生老病死、荣辱兴衰，视之如过眼烟云，道是不变的，不以仁或不仁为参照。

故，得道的人“朝闻道，夕死可矣”。天地之间，其犹橐龠，动而愈出，意犹未尽，不过笔者到此难言矣。

圣人修身，岂非效天地之不仁？天地同生的人，没有个人喜好，没有个人观点，没有什么仁与不仁，直心道场，自然而然。圣心玄玄，其气至刚至柔。

天地法则绝对不会偏向什么，故此，也不会因为人异于万物而对人有特别偏爱，只是人能通过修行接近乃至合于天地时，此种人名圣人、真人、祖师、禅师、菩萨。

但这些人绝对不是什么世俗意义的好人、善人，这些人所行之事，常常是非常人能理解、非常道可以推测的。不是表面的好就是好，不是普通人能接受的善就是善，普通人缺乏的是智慧，岂能理解圣人的言行？圣人的“无为”为的是“无不为”，“不言”为的是“无不言”，“无用”为的是“无不用”。

第六，“有之以为利，无之以为用”。

老子、孔子、佛陀、惠能祖师等各位圣人，一生只做一件事，我们反观一下自己，一生要做多少事？

想要多是贪心，老子说“多言数穷，不如守中”。博学多闻是好事吗？做大做强是好事吗？职业越做越大身心能保持健康的有几人？问题出在“多”上，越多越容易迷惑。

“少则得，多则惑”，大道至简，知止虚通。

第七，五音非正。

老子说“五色令人目盲；五音令人耳聋；五味令人口爽”，为什么常人喜欢的五彩缤纷会令人眼花缭乱，五音会令人心神不定，五味会令人丧失口舌的敏锐？

《孙子兵法》中也有同样论述：“五色之变，不可胜观也”，“五音之变，不可胜听也”，“五味之变，不可胜尝也”。用兵之道在哪儿？接下来孙子话锋一转，引出“奇正之变，不可胜穷也”。奇是阴，正是阳，阴阳之变“如循环之无端，孰能穷之”？

以“乐”为例，凡人重人乐，庄子重天乐，即天人合一的境界。他说：“知天乐者，其生也天行，其死也物化。静而与阴同德，动而与阳同波。”万化同流，乐通万物，大我逍遥，此为人之天乐，亦名天籁、道乐、天光，老子说“大音希声”，非无声也，是不闻也。

道体幽冥，其音亦幽冥，此和人丝竹箫管之音天地悬隔，“万窍怒号”之地籁犹如万马奔腾，雄浑激昂，而天乐则不然。如《庄子·天运》中有一段极为精彩、极富诗意的话，庄子的语言风格恣意挥洒，笔者每每读来拍案惊奇：

> 北门成问于黄帝曰：“帝张《咸池》之乐于洞庭之野，吾始闻之惧，复闻之怠，卒闻之而惑，荡荡默默，乃不自得。”
>
> 帝曰：“汝殆其然哉！吾奏之以人，徵(征)之以天，行之以礼义，建之以太清。夫至乐者，先应之以人事，顺之以天理，行之以五德，应之以自然。然后调理四时，太和万物。四时迭起，万物循生。一盛一衰，文武伦经。一清一浊，阴阳调和，流光其声。蛰虫始作，吾惊之以雷霆。其卒无尾，其始无首。一死一生，一偾一起，所常无穷，而一不可待。汝故惧也。吾又奏之以阴阳之和，烛之以日月之明。其声能短能长，能柔能刚，变化齐一，不主故常。在谷满谷，在阬满阬。涂郤守神，以物为量。其声挥绰，其名高明。是故鬼神守其幽，日月星辰行其

纪。吾止之于有穷,流之于无止。子欲虑之而不能知也,望之而不能见也,逐之而不能及也。傥然立于四虚之道,倚于槁梧而吟。目知穷乎所欲见,力屈乎所欲逐,吾既不及已夫!形充空虚,乃至委蛇。汝委蛇,故怠。吾又奏之以无怠之声,调之以自然之命。故若混逐丛生,林乐而无形,布挥而不曳,幽昏而无声。动于无方,居于窈冥,或谓之死,或谓之生;或谓之实,或谓之荣。行流散徙,不主常声。世疑之,稽于圣人。圣也者,达于情而遂于命也。天机不张而五官皆备。此之谓天乐,无言而心说。故有焱氏为之颂曰:'听之不闻其声,视之不见其形,充满天地,苞裹六极。'汝欲听之而无接焉,而故惑也。乐也者,始于惧,惧故祟;吾又次之以怠,怠故遁;卒之于惑,惑故愚;愚故道,道可载而与之俱也。"

这是庄子用黄帝之口表达了天乐之境,第一境是人境,自然之声,依自然规律而奏;第二境是易境,阴阳变化,日月交互而奏;第三境是天境,用"无怠"之声为主题,奔流不息而奏。

其中"万物循生,流光其声""动于无方""流于无止"都是形容天乐的,所谓"所常无穷""不主故常"。宇宙万物、万事、万有时刻变幻,推陈出新,"与天和者,谓之天乐",念念无住,方是正念。

有声世界的喜怒哀乐和得道的清净能齐同为一,这是"道通为一",是得"道"者的心"若镜",能鉴照万声、万味、万色,"至人之用心若镜,不将不迎,应而不藏,故能胜物而不伤。(《庄子·应帝王》)"

修者之静，非静坐静行，万物无足以烦恼心念者，为静。“鉴”虽鉴照万声、万味、万色，然却未尝留迹其上，此“鉴”始终都是如如不动的。如如不动即“无为”，鉴即“无不为”。心念不荡胸中则正，正则静，静则明，明则虚，虚则无为而无不为。

正色是无色，正音是清音，正味是无味。

第八，“宠辱若惊，贵大患若身”。

普通人对待宠辱，态度天地悬隔，喜宠厌辱，却不知受宠必有辱，宠辱一如的道理。

吕祖注释道：“要我洗涤参求，惶惶然速归正道，若无惊心，沉于苦海，长存惊，渐归正去邪，此讲人之自盲，唯恐毫厘之差，常存若惊。”

在对待“宠”和“辱”的态度上，老子首提到了“惊”。吕祖说“惶惶然速归正道”，也说“惊”。

我们先从吕祖说的“洗涤参求”开始思考，自古贵客临门，主人要沐浴更衣、净手焚香，当修者一心求法、求道的时候，也要先洗心涤念，这不是让人沐浴更衣，即要具备恭敬心、谦虚心。

不是对师、法表现的有礼貌叫谦虚。礼貌是现象，稍微有修养的人，基本的礼貌都会做，没有修养的人，表面客气有礼貌也会做。恭敬和谦虚是从比较心角度说的。禅门有的祖师看上去对师、法很不礼貌，呵佛骂祖，但这却丝毫不影响他们内心对师、法的恭敬和谦虚。

现代人从小到大已经习惯了比较，比如孩子在学校交朋友的时候，有的父母会想：我的孩子和谁交朋友比较好呢？父母会从现象上帮助孩子比较:谁的家庭看上去不错,和谁在一起进步得快？等等,孩子的心无意中就开始进入比较。不可避免地选学校、分班级,未来包括择业、婚姻,等等,大多数人就在各种比较中感觉有价值,选择的过程其实是利益比较的过程,比较心就是功利心、算计心。

当然古人也会比,但智者比的是如何做人,从善恶、仁义、智慧的角度来引导孩子交友,引导自己的人生之路。选择朋友时看其对待弱者有没有爱心,遇到困难时看其临危不乱的修养如何,利益冲突时看其如何对待,等等,这些是从修养层面、人性层面去比较,而不是肤浅的功利性比较。

现在人连求法都是这种心,老师有没有名气？道场是否气派？同修有什么名人？修了以后能得到什么好处？谁有什么神通？能治好我的病吗？收费多少钱？等等,然后用货比三家、试试看的心来“求法”。

但凡心里有了比较,这就不是绝对的心,当然就不会相应绝对的法。

吕祖说“洗涤”,就是把这些小见狐疑的心洗涤干净才谈得上求法。恭敬心生一切法,没有谦虚就不会诚恳,那您来修行做什么？表面上无论多么有礼貌,可骨子里深层的傲慢与偏见一点都没少。

法本身就是看不见摸不着的,不在乎外在形式,只在乎您的心如何。

祖师们有的面见师父时绕师三匝,不礼拜也不叩头,但他们的心不是比较心,而是求法心。给师父行大礼不是不重要,内心的诚恳求法心才是关键,所以那些绕师三匝不拜的学人,在确定师父后会诚心诚意地参学。

绝对诚恳的心才能相应绝对无量的法,比较心属于相对心,用这样的心无论在多大本事的师父那里,留下多长时间,也只能学到一点皮毛。人的境界决定自己能相应多少能量，恭敬心不够的人，出了问题总推诿别人，不知道也不愿意从自己身上找原因，自以为了不起。但凡有了自傲的心，表面上礼貌客套其实是皮笑肉不笑的敷衍。

佛法里面很多入门法是苦修法，目的本来是去除人的自大，这就是洗涤身心。贡高我慢去除了，学人才有资格进入修门。

有的人很聪明，刚开始修行态度看上去很诚恳，自己不懂会虚心请教，然而稍微熟悉一点了，就不自觉地自大起来，鄙视同修，这就是大倒退。不恭敬就不会诚恳，诚恳心是毫无保留的，是利益众生的心，是为法忘躯的心，若学人无诚恳心，师父也是无法可传的，能传的是技术、道理和知识。

玄奘法师如果缺乏恭敬心、诚恳心，能穿越戈壁，翻越雪山，九死一生西行求法吗？按照现在有些修行者自私的想法，翻雪山得进多少寒气？没东西吃对身体多大伤害？受这么多罪得折寿多少年？是的，修行的过程往往和普通人以为的养生方法相反，从世俗的角度看来这些行为对身体不利，可玄奘法师身体不健康吗？各位祖师身体不健康吗？

玄奘法师如无健康的身体，焉能西行、留学、返唐，并开始如此浩大的译经事业？愿力的能量是身心的元力，那些成天想着养生的人有几个健康的？当年虚云老和尚，一步三磕头朝拜五台山，寒冬腊月，渡过黄河，夜幕降临，四野无人，道路不熟，法师就在路边茅棚趺坐。夜深下起鹅毛大雪，冻得浑身哆嗦，雪深盈尺，他就蜷伏一角枯坐念佛，僵得不能动了，奄奄一息仍正念不忘。

老和尚一生看上去坎坷，多次命若悬丝，58岁时身患重病，他还坚持在阿育王寺燃指供佛。笔者看虚老年谱常会看得心惊肉跳，可经历了如此众多常人无法想象的磨难，虚老不是健康地活到120岁才往生吗？他一次一次从鬼门关里闯过来，无论什么艰难都不改初心，这是什么能量带动？是吃了什么补药？还是按时作息，保养得当？

祖师们都有病，带病延年。有病，才会警觉，才会珍惜，才知众生苦，才有菩提心、大悲愿。

不在意身病，生死、好坏、兴衰、荣辱皆是相。内心安乐是第一功夫。

人的活力是精神，能明知山有虎偏向虎山行，能虽千万人吾往矣的决心是诚恳心中发出的。吕祖自己也多次遇到大磨难，但祖师们诚恳求法的心是不变的。如果有一丝比较心，遇到困难首先想到的必然是逃避。

诚恳心是全力以赴、毫不怀疑，没有借口，不找退路。

求法为的是合道，这首先靠“参”，修行归根结底就是一个“参”。“参”不是理解，而是相应，在各种境界里和过程相应，了无挂碍，参的方向是向内的，理解则是向外寻求，唯有参能合道、悟道，相应究竟的、根本的、圆满的境界。

参是过程，合和悟是结果。

参就是生命道场，是中国传统修行中的核心。中华文明里修养就是发出内参，而这个道场是在个体生命内，生命体即道场。西方人的知识要实验、实践，实验室里的实验用具和实验者自身没有关系，实验物可以是小白鼠、狗、猴子、青蛙，甚至还能把某个地区作为实验场。

做实验者下班回家后，实验和自己的生活没关系，实验品受了多少痛苦，根本也无所谓，实验者只要结果，无论这种结果建立在被实验品多大的痛苦上，心中也不用负疚。

而中华文明对世界的认识是以参来完成的，在自己生命内完成合道的过程，自己的一切和所求的法是不可分割的，可离非道也，法和生命是一体不二的。当实验品的生死和实验者没有关系，无论得出什么结论都是片面的，在漠视生命的实验室里，不存在恭敬、谦虚、诚恳的心。

现代人想学习，坐着飞机，经过许多景点到达目的地，一路上发信息、拍照片、刷朋友圈，学习和生命是分裂的，故此，学到的只有片面知识。当年玄奘法师从长安一路西行，心中只有一念：我要去求法。心无旁骛，专心致志，才叫志求。

轻慢随便的人，能和道法相应吗？笔者见到不少人去道场“修行”，就是觉得有趣、好奇、好玩，进来后嘻嘻哈哈，互相开玩笑，对道场内的老师、饮食、装饰、器材、内容品头论足，回去后又用自己有限的理解去胡乱解释，这是“修行”？这是在造业。古人求法，是满心期待，翘首以盼能面师闻道。禅门谓道场是“选佛场”，那是生死攸关的地方，事关学人慧命，如何有人敢在道场嬉闹玩笑？

您来道场是为了发朋友圈炫耀自己的发现？还是为了来做美食家、评论家？如果是来寻求生命的成长，无论道场是破破的庵子，还是金碧辉煌，无论是深山或闹世，心中都应该像回家一样，看什么都特别欢喜。能接受才能和师法相应，指手画脚说明您更高明？功课做不好还互相开玩笑，懂不懂什么叫惭愧？没有羞耻心的人是不懂惭愧的，身心被自己的欲望糟蹋到了腐朽、健忘、僵硬、固执、虚弱等各种不堪的地步，居然不发惭愧心，这才是最可怕的衰老。

有诚恳心的人，进了道场会欢喜，见到师父即一众老师、同修，会心生欢喜，好像他乡遇故知一般，欢喜还来不及呢，怎么还会挑剔呢？久别重逢的感觉，就像见到老朋友一样欢喜和高兴。

至于求法也会有两种结果，一种是和师法有缘，一种是没缘。有缘就是回家了，如果发现和自己没缘，和师法不相应，也是欢喜地离开。可能这一刻不相应，下一刻会相应，可能这一刻感觉没起到什么作用，但种子已经在心里种下了，以您现在的境界还不知道而已。离开以后随便攻击和评论的，是功利主义的小人，自己的利益没有被满足，才会心生怨恨。

说了“洗涤参求”，再说说“归正去邪”。“归”字左边是两竖，右侧是扫，扫去妄心、杂念，归自己的心，归家。

家有两层含义：一种是亲切包容的家人，一种是指到家后安心的作用。浪子回家，和家人在一起会感觉亲切无比。家的作用是养护和包容，像一个港湾，在家里，您是安心自在的，这叫“归”。

然而，造船的目的不是让船一直停在港湾，人生的意义不是通过归家来实现，而是通过归来养护和纠正。真正的归，是归于大众，隐于大众，合于大众，以大众为家，如入海之水。

“邪”是不能让您安心的，归“正”才会安心，转化幻想执著。《坛经》说：“一灯能除千年暗，一智能灭万年愚。”智慧之光闪亮的时候，满屋子的黑暗不就不在了吗？可是不是真的不在了呢？当然还在，光走了黑暗又会来，所以才会一念悟即佛，一念迷即众生，修行是不断参的过程，达到的结果是心中不再依赖外在光源,光源由内而生。

人的心会变,遇到一些变化就不能保持恭敬心,谦虚心、诚恳心不在了,马上就迷惑了,需要马上回归纠正。正和邪全在乎一心,吕祖说得好:“长存惊,渐归正去邪。”

“惊”不是惊恐,而是警觉、敬畏、提醒。修的过程中,虽然找到家了,和师法很相应,但如果内心没有时刻如履薄冰一般反观自己,迷惑就在一念,稍有放松,就离道了。

然而自己的问题常常是自己感觉不到的,故需用戒来鞭策,此所谓“宠辱不惊”。

……

《道德经》无处不是反常的,几乎每一句话都是站在普通人的角度难以理解的,然而缘何“道可道”?圣人心在“非常道”,身却必须在“常道”,玄机在平常中,修行的能量蓄势令人在常道中逍遥。如解牛之庖丁,能于屠中游刃有余,才是道之用。

我们再回到原文:“无,名天地之始,有,名万物之母”,这句话里有两个重点。

第一,无和有的关系。

“道”的“无”,不是空无,而是虚无。虚无是时空之外的无形、无色、无声,无所不在,无以名之,所以“无,名天地之始”,道因虚无而无限、无量、无穷、无边、无际、无时、无空。

“有”也并非指数量多少的“有”,而是指虚空里的有形、有色、有物,是在时空之内的实有。可一说到实有，许多人便误解为眼能见、耳能闻、身能触的实在物，“有”指的是时空之内的“万有”。

宇宙万物原本就是万有的，万有里哪还会多出来一个“有”？万有已经包含“有”和“无”，一切都在“万有”中，“万有”无所不有也无所不无。一切我们可以看到的、看不到的、有形的、无形的都在万有中。

万有的特性就是没有什么可以增加，也没有什么可以减少，只有形态、表象的变化，从这个意义来说，宇宙万有的特性是“空”，“空”是绝对的、无限的。

如果失去了“空”的本质，把老子说的有和无，理解成相对的有和无，从阳性的角度讲，“生”变成“有”了，“死”变成“无”了，或者从阴性的角度讲，“死”变成“有”了，“生”变成“无”了，这属于“二见”。

故此，“无”是宇宙本体论，不是宇宙发生论，虽然老子说“无中生有”，但并不是说“无”在“有”前，“无”不是针对时间、现象、实际说的，因为在时间、现象、实际中没有“有”只有“万有”。

时空中的万有，不仅仅是物质，而是万物之母，千万不要觉得“有”比“无”少，或者“无”在“有”先。老子说的无和有，如同阴阳、色空。色即是空，空即是色，色不异空，空不异色。“有，名万物之母”，“有”不比“无”少，也不在“无”后，两者一体两面，并生并存，所以才能叫“同出而异名”。

老子说：“道生一，一生二，二生三，三生万物。”仅从逻辑上说道是统“一”之前的混沌，混沌生出诸相对，由相对促生“正、反、和”三段，而后万物生。

生命的命，不是有什么命被生出来，宇宙中没有什么东西被生出来，命的特征是运，一切都是因缘和合、运化不住的，但是不是有什么被生出来？是因缘被生出来了，不是有形之命被生出来。

因缘转化的不同状态显现出动态之“生”，这叫“演化”，演是显现的状态，化是生生不息，无所谓好坏高低，此生即彼死，彼死即此生，方生方死，“生”“死”是假名。

老子之道言有无、言生死都是回归，生命应该回归哪里？回归空，不是回归无。归于无是死，归于空，是合道，生命就豁然了、无限了。

是宇宙万有顺势演化选择生出了“人”，人如果顺势而长，则生老病死，经验丰富，随着年龄增加，积累了许多感受以及对社会的认识等。修道是反常的，有的东西越多，人的生命力便越薄弱、越局限、越僵化、越保守。

人类对万有而言，是顺因缘和合而显现的万物之一，哪有什么属于“人”？万有是互不占有、互为因果、互摄兼容的。

第二，始和母。

始和母都属阴，老子贵阴，孔子贵阳。《道德经》处处充满了阴柔，“始”的原意是“女之初”，女之初就是童女。“母”的本意，是哺育子女，字形采用“女”作边旁，中间两点是乳，字样是给孩子喂奶的样子。从始到有，是从童女到乳母，属于两个不同阶段。

“万物负阴而抱阳”，老子这句话为什么不倒过来说呢？我们现在为什么讲“阴阳”不讲“阳阴”？这个思想从属于贵阴。

人类社会大约于二十万年之前是母系氏族，文明是从母系崇拜、母系图腾开始的。中国姓，古姓都是女字旁，比如说黄帝姓姬，炎帝姓姜，都是女字旁。

贵阴是道家的立论基础，这跟《归藏易》有关，《归藏》是先坤卦后乾卦。老子说“谷神不死，是谓玄牝。玄牝之门，是谓天地根。绵绵若存，用之不勤”，这些反常的话，读者要参究，什么是可以不死的？

一朵花，历经春夏秋冬四季后，从一粒种子到开花结果再回至无数花种，通过媒介物播撒出去，花轮回的过程中，花死了吗？轮回的次数越多，播撒的花种越多。宇宙万物都在轮回，人类概莫能外。要想明白不死，就必须先明白：有什么死了吗？很显然，生命只有过程，死是某种过程而已。

老子用“谷神”“玄牝”“天地根”等词譬喻“道”，这些都是不死的，只有资源会枯竭，能源会死吗？古汉语中“谷”与“牝”均有雌性生殖器的含义。而“玄牝之门，是谓天地根”恰好是一阴一阳，《易经》曰：“一阴一阳谓之道。”

逍遥自在的世界在哪儿？就在每个人的心中！与心相应的世界，才会起作用帮助修者提高能量，这不是否定心外世界存在，而是不相应时就不起作用。譬如世界上那么多的人、事，和您有什么关系？沟通才会起作用。所以，人要寻找自己的宝藏，即和本性、自性相应，不要数他人宝物浪费时间。

第三，无名和有名。

其一对有和无的关系，可以说是“天道”；其二对始和母的关系，可以说是“地德”；那么“三生万物”，其三对关系是最重要的生成元素，无名和有名，可以说是“人成”。

老子是以人为本的，故云："人法地，地法天，天法道，道法自然。"人是天地之所以为天地的参照物，修道之人效法天地之道。

修者，心无为时，相应境界是与"无名"相应世界，即出世间境界；修者心处在有为心境时，相应境界是与"有名"相应世界，即世间境界。

名，之所以被老子提到了和道相应的境界，概因一切文明、文化皆是名的范围。名之显象叫"语言文字"，名之隐象叫"思想意识"。

人与人的沟通，无出其名。《庄子·天道》云："世之所贵道者，书也，书不过语，语有贵也。语之所贵者，意也。"这是世间的范畴，到了出世间的范畴，又云："意之所随者，不可言传也。"

无名和有名，是人文的阴阳两面，不可说的是阴，老子曰"不言之教"，庄子曰"得意忘言"，此种内涵能促进生成阳性的语言文字。然而，世间与出世间不二，无名与有名不二。

"故常无欲，以观其妙；常有欲，以观其徼。"

这句话包含了观常，观非常，观无、观有，观妙、观徼。重点在"观"，道既然在常道里难以说明，那么如何见道、契道呢？靠的就是"观"的能量，"观"是非常道的修行法。

"观"是修法，如何从常观非常，从无观妙，从有观徼，从有观无……这些种种都不是理论，需要读者自己在实修中体悟。

《说文解字》云："观，谛视也。"谛，是追根刨底地审问；视，本义是向神祭告时仔细察看显示的征兆；"观"字的本义是：在向神灵祭祀时，仔细查看神灵的启示；引申为深刻地探究事物的本质和原理。

“观”一词出自《周易》，第二十卦叫“观卦”，巽上坤下，即风行大地，遍触万类，纵览全局，周观之象。观卦有两层含义：其一是知可行而止，其二知不可行而止。也就是说，止后方能起观，天台宗的观法名“止观双修”，同样是先止后观，审时度势，综观全局，中正以观天下。

为什么必须先止？如同湖水，风大时如何看得清水底？风平浪静才能看清，其实每个人都时刻处在被他人、他物、自然观，也在观他人、他物和观自然的状态下。唯能止者能静极，知止的人懂得及时反观自照，内观心意，内求契性，现代解易者说“观卦”是“观民设教”之意，这将“观卦”之本义局限了。

“观卦”六爻爻辞，是讲修观的六个阶段，由初始表象进入太极，由观见“非常名”到修、齐、治、平；由身心阴阳不断平衡到最终度人度己，成就玄德，是修道的次第。

能“观”，《周易》说：“无思也，无为也，寂然不动，感而遂通天下之故。”老子说：“以身观身，以家观家，以乡观乡，以邦观邦，以天下观天下。吾何以知天下然兹？以此。”“以身观身”是“观我生”；“以家观家，以乡观乡，以邦观邦，以天下观天下”是“观其生”。如果仅以个人吉凶祸福、能量增减出发，是根本不可能进入上善上德、无思无为之观的。

道家由“妙”引申出阴阳家等，由“徼”延伸出法家等，“妙”是无序、无为、不思量、不可说的；“徼”是有序、有为、可系统、可度量、可分析、可执行的。

“观”是一切修门的共法，佛法中有众多修行禅观的经典，如《大安般守意经》《阴持入经》《修行道地经》《禅要经》《法观经》《身观经》《禅秘要法经》

《坐禅三昧经》《禅法要解》《五门禅经要用法》等。

各宗各派亦各有自己独特的观法，如南传佛教的四谛观、十二因缘观、数息观、不净观、无常观、四念处观等。此外还有大乘空观、生空观、法空观、析空观、体空观等。天台宗有“一心三观”：假观、二谛观、中道观；华严宗有实相观、四法观；法相宗有五重唯识观；三论宗有八不中道观；密宗有五五相成身观；净土宗更有日轮观、月轮观、水想观、地观、像观等。

在“中国禅”修养中，“不二禅观”是针对上根器的禅修法。笔者在《生存》《至宝坛经》《莲花太极》《禅舍》《五心修养》等书中均介绍过“不二禅观”，至于如何修炼，尚需有时机专著介绍。

什么是上根器的修法？必是直指人心，见性成佛之法，无限风光在险峰，“一切有为法，如梦幻泡影，如露亦如电，应作如是观”，《金刚经》为什么用“观”结尾？法尔如是。

道之用是法，法之显在人，人当下的根器如何，师者便以对应的法对之。可以说，您上一秒是下根器，下一秒也有可能一念成佛，契合上根器，无论是谁，一念能清净时，都是上根器。

道法的关键在起用上，师者心中无成见，不轻易下判断某人就是什么根器，根据人的状态、心念变化而变化对应之法才是妙法。有些地方容易给人定性，有些地方是无论什么根器都按部就班、循序渐进，而“中国禅”的禅风向来是随机应变的，如不懂变化的人，可以说和顿悟法不相应。

修行的重点是“用心”，用心即体用之用，不学会用心，不会起用，法便是僵化的、没有生命力的。生活中无处不是法，无处没有道，能契合者，何必计划、设计、规划出什么步骤？修行本是无为而至无不为。

无欲的心中能生出般若智慧，能观其妙；有欲的心，能观规律、制度、秩序、法则、科学；所观之境，取决于能观者观时心中欲望的有无。

但许多人不知道人如何能无欲，《佛遗教经》中，佛云："若欲脱诸苦恼，当观知足。知足之法，即是富乐安隐之处。知足之人，虽卧地上，犹为安乐；不知足者，虽处天堂，亦不称意。不知足者，虽富而贫；知足之人，虽贫而富。不知足者，常为五欲所牵，为知足者之所怜悯，是名知足。"

无欲的人就是知足的人，不过无欲不是有欲相对的，如果是相对有欲而言无欲，则此无欲还落在相对里，心中还时刻分别自己是不是无欲，这种心态怎么会是无欲？分明还是分别心。

无欲是超越相对的状态，圣人们无欲，却时刻心系众生，故倒驾慈航，这也是"欲"，这种"欲"和平常的有欲截然不同，没有目的性、计划性，并且看上去本人也并不受益，甚至于个人有危险。

此种"欲"是善情、大情，属于真正的无欲。将个人安危置于众生之下，不避危难，能不能转危为机，看的是个人的功夫智慧，能于一切境界随缘自在，随宜说法，随境起用，心心念念都是如何真正帮助众生离苦得乐的人，是清净欲。

反过来说，如果修道人，见世苦而无动于衷，自利而不思利他，这不叫无欲，而叫冷漠、枯木、绝情，这些人别看有的人似乎神通广大，仙风道骨，然而缺乏功德护持，随时跌落悬崖就在瞬间。

中根器的修门，是"名"门。

即从“有”中观“徼”。能一闻经语即刻见性的上根器毕竟极少，中根器者从“名”门入道为佳，通过阅读经典、书籍、文化、艺术、讲座、制器、功夫等“名”门层层进入，“名”门能帮助人转化思想，稳定见地。

可惜的是，世间还是以下根器居多，看书看不进，对文化没感觉，炼功怕吃苦，听法就犯困，喜欢逃避、找借口，迷在表象里，这些人只对看得见的东西、不吃苦的修炼、自己有感觉的功课有点兴趣，怎么办？那就只好从“欲”门进了。不过在“欲”门里修行的人，能生出聪明劲儿。

聪明劲儿本无好坏之分，聪明用在正道，会帮助启发智慧。可如果聪明培养了自大，就会往相反方向走，“道隐于小成”，越聪明似乎越能有成就，被凡夫崇拜，越瞧不起他人，如此则离智慧越来越远。

什么是“欲”门修行法？即有实际作用的，能让人感觉明显效果的，不那么难受的，可以被人检验效果，并可以成为茶余饭后津津乐道的谈资的。

相反，在“无欲”门里修行，感觉不出什么明显效果，甚至越修越害怕，感觉自己倒退了、浪费时间了，抓不住、摸不着，感觉没头没尾，许多人觉得瘆得慌。这就是上根器和中下根器的区别，上根器最了不起的能量就是信心，无须人哄，无须自欺，故此能耐得住看似寂寞的修行，最后能享受孤独。

还做不到这一点的，就先在“名”门里积累，积累什么？不是积累经验、知识，而是积累信心！然而唯有进“无欲门”，才能算修禅、修道、修行。在“有欲门”里的，是预备班学员。

“此两者同出而异名，同谓之玄，玄之又玄，众妙之门。”

此句的重点在“同出而异名”，有和无、妙和徼同出于道，此谓“玄同”。

《抱朴子》云“万物玄同，相忘于道”，“玄同”非是“不同”，而是齐物，是等观，是不二。

我们所有的烦恼都来自对各种经比较而产生的“不同”，因为不同，所以有了贵重和低贱，有了宠和辱、先和后、善和恶、美和丑、是和非……也因此会认为，出世是仙人的世界，美好而纯净，人世间是凡人的世界，聒噪而庸俗。所以，当有些人心怀幻想，参加什么天堂之旅、仙境之游，经历了几天逃避式的“朝圣旅行团”后回到家中，却仍旧不可避免地很快恢复躁心。

“玄同”也不是“相同”。如果师父让您修炼，您却偷懒，并口口声声说没有分别心，睡觉也是修炼，那是彻底的误解。临济祖师在师父黄檗希运处，确实师父认为他睡觉也是修行，那是因为临济祖师悟道了，您连门都没入就想学祖师的逍遥？陈抟真人有种功夫叫“蜇龙功”，也就是睡丹功。睡与定极为相似，因此许多人就将强调定力的“蜇龙功”解释成能睡觉。“蜇龙功”是以睡姿入定，在无思无虑中契合混混沌沌，合于“致虚极，守静笃”之境。

丹家于睡中依法修持，是为了涨“定”功，非为睡觉。以睡炼定，转识成智，此“睡”是“大定”之相。孔子说“曲肱而枕之，乐亦在其中”，陈抟真人高卧华山，一“睡”数日不起，于睡中得道，传道于火龙真人，火龙传于张三丰，并作《蛰龙吟》以表之。

此睡能同彼睡吗？真人们、祖师们行住坐卧都是在修行，您能像他们一样语默动静体安然吗？如果断章取义是为误导他人。

“玄同”既非不同，亦非相同，那到底是什么呢？实乃超越，超越了所有二元对立，就是本来面目。万物一体，和而不同，是名“玄同”，这里最大的能量是转化的力量。宇宙万物中最大的力量是转化力，能使庸人、愚人转化为智者、觉者，能使烦恼转化为菩提，能使世间转化为净土，这是玄之又玄的力量，是宇宙中最大的奇迹。

第一参里尽述了不二法门的奥妙，老子提出了三对：道与名、无名与有名、无欲与有欲；此三对里，老子的本义落在“无欲与有欲”不二上，从上根器来看，道门是正门；中根器来看，名门是正门；下根器来看，欲门是正门。其实每位修者心中，都具有上根器、中根器、下根器的三心，没有绝对的上根器，也没有绝对的中根器或下根器，故说法无定性，“是法平等，无有高下”。

下根器的修者，虽开始从欲门入，但修行是在于培养和树立其信心，什么时候信心增强了，就会不知不觉入“名”门。但达到无欲之境，非必经名门，欲门、名门皆是普门，普门示现，八万四千，殊途同归。

社会上占主要比例的是下根器者，所以欲门的修养内容在于多慈悲，多关心大众，先行者千万不可傲慢，或者排斥、厌弃、瞧不起后学，您如果有了分别，有了先来后到的心，表明增上慢严重，自己已处下根器而不知。

其实不少人虽然不懂深奥的禅道玄理，但本质善良，乐善好施，懂得感恩。有感恩心的人不是因为记性好，没有感恩心的人也不是因为记性不好。感恩心是每个人都有的初心之一，是上根器的潜力，您和初心相应时就是机缘成熟时，“忽如一夜春风来，千树万树梨花开”，顿悟就是一步登天法。而对比那些自以为是的增上慢，其慢心如果不转化，悟道誓比登天还难。

一切修门,多是为教化下根器而设,这对于社会本身就能起到稳定作用。社会上人心浮躁、世风不古是因为大多数人没有受到正法的启发,所以一直处在迷糊中,如果有一天能以“信、愿、行”秉持正法修行,很快能成就进入身心内外和谐的众妙之门。

老子自幼聪慧,相传曾从学于一位精通殷商礼乐的商容先生。一日,商先生道:“天地之间人为贵,众人之中王为本。”老子问:“天为何物?”答:“天者,在上之清清者也。”老子又问:“清清者又是何物?”答:“清清者,太空是也。”问:“太空之上,又是何物?”答:“太空之上,清之清者也。”问:“之上又是何物?”答:“清之清者之上,更为清清之清者也。”再问:“清者穷尽处为何物?”答:“先贤未传,古籍未载,愚师不敢妄言。”

老子之惑师不能解,于是夜不能寐。

又一日,商先生道:“六合之中,天地人物存焉。天有天道,地有地理,人有人伦,物有物性、有天道,故日月星辰可行也;有地理,故山川江海可成也;有人伦,故尊卑长幼可分也。有物性,故长短坚脆可别也。”老子问:“日月星辰,何人推而行之?山川江海,何人造而成之?尊卑长幼,何人定而分之?长短坚脆,何人划而别之?”答:“皆神所为也。”问:“神何以可为也?”答:“神有变化之能。造物之功,故可为也。”问:“神之能何由而来?神之功何时而备?”答:“先师未传,古籍未载,愚师不敢妄言。”

老子之惑师仍不能解,于是食不甘味。

如此三年,商先生实在教不下去了,只好介绍他去找自己的师兄,周太学博士学习。老子于是入周进太学,师从周太学博士,天文、地理、人伦,

《诗》《书》《易》《历》《礼》《乐》无所不精，之后博士荐其人守藏室为吏。

守藏室是周朝典籍收藏之所，集天下之文，收天下之书，汗牛充栋，无所不有。老子如蛟龙入海，如雄鹰展翅，从此博览泛观，渐臻佳境，三年后又迁任守藏室史，修学日深。

然而周室衰败，老子随太子流亡，之后决定经函谷关西行，函谷关在今天的河南灵宝县，这里两山对峙，中间一条小路，因为路在山谷中，又深又险要，好像在函子里一样，故名“函谷”。

因为和关令尹喜的这一场师徒缘分，才有《道德经》传世。据《史记集解》说，尹喜“善内学星宿”，本身就是位奇人，老子很喜爱这位“服精华，隐德行仁”的智者，“亦知其奇怪”，即两人不仅是师徒，还是知音。

《道德经》里深埋了诸多修法，令后世学人参悟，这些其实不仅是给尹喜这样上根器的，更主要是留给大众修道的拐杖，如果仅仅是为了上根器，《道德经》只需要第一章就足够了，或者就一个“道”字足矣，甚至是一默如雷，所以老子是缘于慈悲心才留下了五千字，他是一切众生的师父！

【修行】

修和行是不可分割的。修是修正、纠偏，在什么情况下纠正？必在行中纠，不起行，则是文字禅、戏论，纠缠在知解中会本末倒置，越纠缠越固执己见。经典是为了指导行的，不是为了争辩知识的，真正使人致中和之境的，是修和行互为作用！所谓知行合一，以修保障人在行中越来越有定力，不被境转，在万行中智慧起用自如。

先说修，修道者和参禅者通常用静坐调心、调息，坐法是共法，为的是所静之身心能静。凡夫的身心普遍处在不静状态，心潮翻滚，情绪起伏，故此，需要修正自己的身心，使之归静。开始前，修者要先观察自己当下的身心状态，判断自己目前处于什么根器。

为什么呢？因为状态是时刻变化的，修法是活的。如果能及时顺应这种变化，则是上上法修行。如果修者没有师父指点，自己又不懂如何观察，只能退而求其次，用固定修法修，这样进步会比较慢，并且常常有人越修越固执、偏激，不明就里修行，就会“止动归止，止更弥动”。

但不是每位修者都有运气遇到修行正法的师父，没有师父指导时怎么办呢？普通修者要学会如何判断自己当下的状态：心清净身轻松，感觉身心无挂碍时，可以用上根器法；感觉自己的心很静，但身体有所不适时，用中根器法；感觉自己心里杂念丛生但身体还比较柔软时，用下根器法。

如果观察自己属于上根器，则需进“道门”参究，这就必须要去寻找相应的师父了，道门修行法以无为法为主，越修心量越广大。不少人总自认为自己的心量已经很大了，其实一试便知，遇到人和事的矛盾时，遇到利益冲突时，遇到被人诽谤误解时，您的心如何？抱怨、愤怒、悲观、嫉妒、急迫、不舍等情绪还在不在？如果真的心量广大，就会凡事从自己出发，先内观自己的问题，不去外界指责他人、埋怨世事不公，这就好比您的腿脚出毛病不能走路时，您会割了腿脚吗？当然不会！因为这是自己的啊！

心量足够广大的人，对待一切就如同虚空一样，无论日月交替、阴晴圆缺，一切都在虚空中，不对立，不割弃，之所以产生情绪、产生矛盾是基于心量小，有是非、对错在，有"我"在，"我所"受了委屈，自然愤愤不平。

"我"足够大，大到和虚空一般无边无际，任何所遇见的发生都是"我"的一部分，就像您对待生病的腿脚一样，哪有什么不能被道心包容的呢？能观一切的发生而心无所滞，如此方得逍遥游，身心已无有阴阳、动静、自他、男女、对错等差别相。故，修者感觉不到出生入死的肉体，不会被生死、善恶、是非、男女、高低、多少、对错之相所妨碍，此时，以无为法直指人心，犀照生命本来面目。

中根器进"名门"，修者虽然心能静，可是目前身体不适，无法进入身心如一的状态，身体之恙拖累到您修行时，建议采取参究哲理的名门修法，名门属于有为法，有师父指引则容易理解，不会偏离方向。缺乏师父指引的学人，最正确的方法就是读原著，自己逐渐加深理解，如果习惯看注疏而非原著，自己难以形成思想不说，各家注疏有各家自见，您本来不明白，再今天看这个有理，明天看那位也不错，那就越修越糊涂了。

相反的情况是，如果有师父指引的人，未必看原著。为什么？了义的师父就是法，师父的个人修为境界是引导您修行的方向，我们从传灯录等禅门著作中可以看到，这些学人见师父前都是熟读经典、修行多年的，但跟着师父修行，少见他们再读经典的记录，多是被师父安排打杂、闭关、闻法、行脚等，为什么不让读经？是因为不同经书的说法亦是不同，看上去多有矛盾。好的师父会根据学人境界、理解指引他如何修，截断学人的意识流，避免被不同说法混淆思想、形成知解的情况。

中根器的初参者从有名进，到无名禅境。

什么是有名的修法？即从知识进入，例如有些读者没有基础，对深奥的哲理理解起来比较困难，可以先从书本上找人物、历史、故事等容易理解的部分阅读，再进一步深入人物的年代、历史事件的背景等，层层进入。从这些您能够理解的有名，一步步进入无名的境界。

什么是进步？就是随着阅读能发出独立的思考了，从初期硬性地读书到了自己有疑问、有思考，再和身边的生活、工作、人事连接上，加深认知，最后，能达到不被网络搜罗的知识所惑，不被外界的说法所惑，不被所谓的名师所惑，跃出名的沟壑。

中根器的重参者，从无名进，含有名禅境。

重参和初参的区别不在时间上，有些人修了十几年也是初参者，只能从有名进入，有的人却一步登天，刚修不久就能达到重参境界，“重”是能量雄厚，信心根基稳定之意。怎么观察呢？看此人会不会成天因人、事而情绪忽高忽低？会不会因困难、流言、疾病、家庭而动摇信心？会不会因利益、面子等问题，决心忽上忽下、态度忽冷忽热？如能相对保持稳定状态，便是信心已初步建立了，不容易被迷惑，能适当产生自己见解者，为重参。

什么是无名修法？“见山不是山，见水不是水”，初参者从有名进入是知识，即山是山，水是水，从山的历史、结构、变化等有据可查的知识进入，叫有名修法。而能见山却不见山形见山性，见水不见水形见水性，闻声不闻声音闻声性时，是惟恍惟惚的无名修法。

初参和重参的状态也是随时变化的，例如有的读者上午打开书心不在焉，一字一句都看了，只能停在文字的表面，心中五味杂陈，读不进去，此时就是初参，适合从有名法进入；晚上再看书时，突然有所感应，一打开立即能和文字对话，越读越能进入文字内部，读懂密意，感觉层峦迭布，密密互回，此时就是“重参”。

无名的修法，是不用记忆的，全靠悟性，需要用心完全融合进经典，就像真正的武功高手是不记套路的，直达根底，见招拆招，无招胜有招。而有名的修法，则需要参考书，需要查证比较，需要依据语法，需要哲理逻辑，就如打拳时，时刻要记下一步招式的人，能把拳法打出行云流水般的潇洒自如吗？身心难以舒展和放松时，只能从有名法入。

什么是“从无名进，含有名禅境”？无名和有名不是对立的，无名修法本包含了有名，属于本末的关系，读书的重点不在于读了多少书，而是理解和契合了多少书中的精髓。重参者以无名进入，契合法义后，可以反过来补充一些自己欠缺的历史知识、文学典故、人物传记、科学技术等。

有了无名之本，您再补充任何知识，开展的学习就不会被外界说法、网络宣传、各家理论所局限，一眼能见遗漏和不足，能用而不被所用，这是主动和被动之别。

下根器进“欲门”，欲门修法是修者虽然身体柔软，肌肉强劲，可心里杂念纷呈，一刻也静不下来。当然还有一些人，身也不柔软，心也静不下来，此时，最好先去拉筋、禅茶、打拳，不要用静的方法，如静坐、站桩等都属于静法。如果不注意这一点，勉强静，容易气血不畅通。精神有严重问题的人，例如平时有严重抑郁、急躁、多疑的人，需要单独找老师咨询如何进入修行。

心理学认为抑郁、急躁、多疑等是不同心理病，在修行的角度看则是一种病，万法归一，一切精神性疾病只是症状有别，病本都在心，属于心病的不同表现。如果自己没有一定功夫智慧的人，不要轻易给人“治病”，因为人人下手处不同，有的人适合用动功进入，令其身体酸痛、劳累不堪，累到爬不起来；有的人适合用情感入，令其死去活来，痛哭流涕，彻感生死；有的适合用静法入，令其放松舒缓、恐惧顿消、昏睡不醒；有的适合用恐惧法，令其在坟地打坐，深洞修行……这一切全凭师者当下的感应，不是千人一法的，岂不知如施用不对，越用功越起反作用。

所以修之前，师者要先观照学人状态，没有师父的人要尽量自己观察自己，用安全的方法进入。不过，这就像治病需要找医生一样，您自己翻翻保健书，就能给自己治病了，自己去药房就能给自己买药了，专业医院是不是该关门了？

观察自己是有方法的，有时能发现自己心静不下来的原因，发现心烦的原因，例如和家人、同事、朋友们之间发生冲突，或者不相干的人事引起的突发性联想导致暂时性情绪起伏，故此能找到当下心烦意乱的原因。有的则找不到原因，由于内心长期潜伏的不安、疑心等潜因引发各种症状。有原因的好办，没有明显诱因的比较深层，对治需要更加深入的修法。但无论如何，心静不下来时，修者从欲门入。

下根器的初参者，主要用疏导、宣泄法引流情绪，例如抄经、读经法，有些人属于阳性体征，情绪来得快而猛，气结容易堵塞在胸部以上位置，这时，大声读书、唱颂是最相应的修法。感觉胸闷气短，是因为头胸中大量浊气淤积了，但头、胸里的浊气是不断上升的，这是有办法疏通的，由于这些人动性强，用帮助向上发散的修法，读唱禅颂能很快化解淤结之气。

有些人则属于阴性体征，气结区在双乳下方至下腹部位置，这是身体不通的表现，此时如果用读唱法是疏通不出去的，所以可以选抄写经典、固定画相的禅画修养等修法，帮助胸、腹顽固的浊气向下疏泻。读唱、抄写都是有欲法，是修者达到无欲禅境的通路。

下根器的重参者，从无欲进，含有欲禅境。

自己观察找不到心烦起因的人，没有发现明显诱因而时刻心不安的现象，是身心长期分裂引起的大隐患，此时可以从无欲的修法进入。

例如佛法中有数息法、不净观二甘露门，就是此种修法。不过要注意，这些修法是需要专业老师教授才可以修，什么人适合什么法是完全不一样的。八万四千法门，不出止观二者。《妙法莲华经》云："佛自住大乘，如其所得法，定慧力庄严，以此度众生。"就是说佛内证之法无非是以止观定慧之力而庄严，所以也以此止观法门教诲众生修习。

《圆觉经》云:“胎、卵、湿、化四生,皆因淫欲而正性命,当知轮回爱为根本。”凡夫因有诸欲助发爱性,是故令生死相续,轮回不已。众生之轮回,皆因男女互相贪恋耽著,你贪恋我的身体我欢喜你的美貌,致使缠缚日深,无法出离。憨山老人曾云:“从无始最初有生死以来,生生死死,舍身受身,皆是爱欲流转,直至今日。”又云:“如此爱根种子积劫深厚,故生死无穷。”《楞严经》云:“若诸世界六道众生,其心不淫则不随其生死相续,汝修三昧,淫心不除尘不可出。”为什么古人说“万恶淫为首”?因为生命从渴爱生,淫欲是一切生死的根本,是解脱道上的第一大魔。

传说由孔子删定的《诗经》首篇“关雎”,描写一位青年男子因思慕一位女子而睡不着觉的情状,孔子的学生子复作传曰“发乎情止乎礼义”,也就是儒家主张乐而不淫,用礼义来对治淫欲。然而礼义真能对治淫欲吗?佛法的方法是通过不净观等修法的修持,不害怕、不逃避、不外求。自己内心看清淫欲实相,在修时同时心存有欲才能真正治好这病。

许多教授不净观、白骨观修法的人,其实自己不懂了义的修法都是不二的,这些人自己一知半解,以盲导盲,胆大妄为,看了几本书就敢拿人做实验。还有些修者没有找到老师,自己看书瞎琢磨,炼得病恹恹的,这属于无知者无畏。修不净观的时候如果一味强调无欲,修者会越修越排斥和厌恶红尘、人生,越来越固执、悲观,有些修者,修着修着会产生轻生的想法,看什么都没意思,这就是引导方向错误。

什么是心存有欲?例如道行深厚的大修行者,从无欲门进入修行,心存有欲时,无欲心有多空,有欲就有多大。什么意思呢?您看诸位大成就者，为什么地狱不空誓不成佛？为什么倒驾慈航无畏红尘？这就是无欲有多空，有欲就有多大，凡人的有欲是为了自己的，圣人、成就者的有欲是为了一切众生。

所以无欲门不是让修者修得对什么都厌恶了，变得更加自私自利，无欲修去的欲望是“我”，有欲有的欲望是“利他”，这才是中道。

有欲涉及“行”，为一己利益而行的，是凡人；为众生利益而行的，是圣人、真人、菩萨、祖师、成就者。

我们只知道老子西出函谷，他老人家有没有回来？以什么方式回来？我们知道吗？凡是经典没有记载的不代表没有，我们不知道的方式有很多，不知道不代表不存在，就像孩子不知道大人的世界，我们不了解宇宙真相一样，凡事不能妄加定义。

一切皆有可能，以人知道的或者不知道的各种方式存在。

禅道修行的宗旨要铭记“出入不二”之理，“出入不二”是一切生命的规律。吃了就要排，精神世界也是一样，进脑的东西必须及时拿出去，才能不滞、不留、不住、不执，一切不留，无可记忆，心胸越虚空态，就越逍遥自在。

自利是从求法角度说的，要坚信生命的觉醒力在于和法的相应度；利他是从回向的角度说的，要坚信生命的意义在于回向的能量，没有回向的求法必然造成身心分裂。光吃饭不排便，能不生病吗？

《维摩诘经》“佛国品”有一段话非常精彩，为读者们附上，请大家参悟：

佛言：“宝积！众生之类是菩萨佛土。所以者何？菩萨随所化众生而取佛土，随所调伏众生而取佛土，随诸众生应以何国入佛智慧而取佛土。随诸众生应以何国起菩萨根而取佛土。所以者何？菩萨取于净国，皆为饶益诸众生故。譬如有人，欲于空地，造立宫室，随意无碍。若于虚空，终不能成！菩萨如是，为成就众生故，愿取佛国。愿取佛国者，非于空也。

“宝积当知，直心是菩萨净土，菩萨成佛时，不谄众生来生其国；深心是菩萨净土，菩萨成佛时，具足功德众生来生其国；菩提心是菩萨净土，菩萨成佛时，大乘众生来生其国；布施是菩萨净土，菩萨成佛时，一切能舍众生来生其国；持戒是菩萨净土，菩萨成佛时，行十善道满愿众生来生其国；忍辱是菩萨净土，菩萨成佛时，三十二相庄严众生来生其国；精进是菩萨净土，菩萨成佛时，勤修一切功德众生来生其国；禅定是菩萨净土，菩萨成佛时，摄心不乱众生来生其国；智慧是菩萨净土，菩萨成佛时，正定众生来生其国；四无量心是菩萨净土，菩萨成佛时，成就慈悲喜舍众生来生其国；四摄法是菩萨净土，菩萨成佛时，解脱所摄众生来生其国；方便是菩萨净土，菩萨成佛时，于一切法方便无碍众生来生其国；三十七道品是菩萨净土，菩萨成佛时，念处、正勤、神足、根、力、觉、道众生来生其国；回向心是菩萨净土，菩萨成佛时，得一切具足功德国土；说除八难是菩萨净土，菩萨成佛时，国土无有三恶八难；自守戒行，不讥彼阙，是菩萨净土，菩萨成佛时，国土无有犯禁之名；十善是菩萨净土，菩萨成佛时，命不中夭，大富梵行，所言诚谛，常以软语，眷属不离，善和诤讼，言必饶益，不嫉不恚，正见众生来生其国。

“如是宝积，菩萨随其直心，则能发行。随其发行，则得深心。随其深心，则意调伏。随其调伏，则如说行。随如说行，则能回向。随其回向，则有方便。随其方便，则成就众生。随成就众生，则佛土净。随佛土净，则说法净。随说法净，则智慧净。随智慧净，则其心净。随其心净，则一切功德净。是故宝积，若菩萨欲得净土，当净其心。随其心净，则佛土净。”

这段经文重点在说“回向心”，回是互回，向是方向。宇宙万物的共性都是回向的，轮回、因果都是互回，心念也是互回的，大修行者任何一个念头一动即能感天动地，定力越强的人，心念的放射力就越大，越能和宇宙万物合二为一。普通人没有修行，心念散漫，气场不稳定，不懂专一，心念就缺乏力量，不仅想了是白想、妄想，您自己和宇宙万物分裂成了二，这就变成异于万物的怪物了。

回向也称圆相，无始无终，周而复始，螺旋环抱，内外互摄，天文物理上也都一样，科学家根据对星系旋转方向的研究发现，不论是顺时针旋转还是逆时针旋转的螺旋星系，其旋转方向并不是随机的，而受到某种机制的影响和作用，这些作用的效果可以从更高远广阔的宇宙空间中体现出来。

宇宙中的星系在旋转，恒星和行星也在旋转，那么，整个宇宙是不是也在旋转呢？宇宙是否应该存在一个自转轴呢？换句话说宇宙空间是不是有一个特殊方向呢？这个方向是什么？是第一推动力么？回向是什么？

是不是宇宙第一推动力？回向即本位不动，即生命的自转轴心，有向心力也有离心力。修者布施、修行、感恩、做功德，只要行，就已经是回向了，不是在回向之外另有回向。

若是理解了回向，就能理解轮回，宇宙万物的起点也同样是终点，因中有果，果中有因。回向也是一样，布施出去“我”就没有了，没有才是真正的“我”。

如果您觉得自己有了什么功德，那一定不是回向，《金刚经》说无相布施即是。回向是自然而然的事情，宇宙万物依据此理循环，如果人为干涉，就变了。禅道修行的行，就是无所希求，只有施，不望回，不希求什么。修者要先习惯这样想，慢慢变成自己身体力行的自然行动，自己如果有了什么修行体悟、有了什么功德，要回向给一切的众生，自己不占有什么，也不可能占有什么，就是回向的精神。

修行成就是为什么？抛出去的力量足够大，反作用力不也就足够大吗？利人就是利己，能把一切布施出去的人，还怕没有人记住您？就算没人记住也罢，您将精神布施给了一切众生，死了将肉体布施给蚂蚁、细菌，您不是成就了许多“自己”吗？

很多人对“自我”舍不得，以为都是我的东西，结果给了别人，岂不是我的变少了？您用一根蜡烛去点燃其他的蜡烛，原来蜡烛的光减弱了吗？送人鲜花手留余香，以智慧、以无畏精神布施大众是最大的功德，不仅自己的智慧不会减少，能利益越多的人，自己的智慧也越殊胜。

《易》云：“无平不陂，无往不复。”回向是空行。修行的行，就是回向，任何时刻都发愿，我要成就！我成就后全部能量回向给一切众生，我修行是为大家修。时刻不离这个想法时，当下便得成就，当下即是圣贤，这就是至道，您说难吗？

如何回向？下根器可以做慈善，布施财物；中根器则强调以名为主的法布施，赠送经书；上根器是以智慧为主的法布施，布施信心、无畏、无私、无我、无相心。

我们一定要理解，根器是没有固定的，笔者见到许多修行人，一天之间往返于上、中、下根器间，就是一念在起作用。故此，我们在每次做回向功德时要先观察自己当下的心，如果感觉清明，对一切人事都能用谦虚心对待，那么就布施无畏心给大众。

现代社会由于受商业导向，故此信任危机大大加剧，人与人之间变得越来越缺乏信任，无畏布施是布施信心，许多人不缺知识，不缺志向，不缺聪明，然而为什么屡屡不向道呢？缺乏信心故。

凡人的"信"主要表现为：聪明的人有时盲目自大，遇事疑神疑鬼；愚笨的人有时盲目自卑，有时顾虑重重。无论聪明还是愚笨皆不相信自己，所以对外容易轻信，聪明和愚笨被人欺的概率没什么不同，从某些意义上说，聪明人会跌得更重。

轻信而产生迷信，神鬼大师无不崇拜，风俗礼仪无不奉行，流言蜚语无不热衷，时髦潮流无不羡慕……各种心态源自智力的增减，无益于改善心灵的惰性，惰性思维、惰性习气、惰性判断、惰性知识等，注意是心灵的惰性，而并非指工作赚钱。聪明和愚笨都可以工作积极，愚笨的人更重视勤劳致富,聪明人更重视投机取巧,心中充满了侥幸心理。

修道之人越往深处修,会发现法无影无踪、无形无相,没有一个根本不变的法在,越修得好,越感觉进入了太空一样,无所依靠,连重力支撑也没了,磁场引力动静统统失灵。上根器者于此越修越逍遥自在,而根器不够时则越来越恐惧害怕,老想固定什么,既想向上一路,又想有所依靠,这纯属幻想。

如果修法中有什么固定的法,那一定是针对下根器的方便,无上甚深之法无定性、无自性,这就像高手徒手攀岩,越难爬越感觉价值和挑战,而凡人登个楼梯都想乘电梯。

我们再反过来思考,正是因为法无定性故而人人平等,皆有顿悟可能。如果法是固定化的,那么修行就该论资排辈,根器就是从下至上,一步步来,这种思维方式属于线性思维,有先后、辈分、积累……似乎只要认真努力就一定会成长和进步,这就和老庄的道法自然、曹溪的见性成佛相悖。

日月星辰、天道轮回、生命交替有先后吗?上根器者的布施法,就是布施给大家信心,越有信心的人越远离执著,越缺乏信心者越外求保佑。但千万要记住,自己在没有小悟前的上根器是偶发的、不稳固的,随时可能后退的,怎么鉴别呢?就看自己有没有认为自己真的是上根器,看自己面对凡人时有没有骄傲心,有没有认为自己真的懂了法,有没有认为自己说的就一定对……

在回向前我们要先学会内观,如果发现自己此刻的心态有些浮躁,还有情绪在,情绪不仅指悲观焦虑,过于激动高兴也是情绪。如果有情绪、分别心，有感觉受众好糊弄的心，说明自己根器退回原地了。

此时的回向行动不是取消，例如您已经约了要去某地演讲，或者即将带课，或者组织了某个活动，上台前内观自己的心态，发现自己退步时，马上调整讲课或活动内容，取消自由发挥的部分，带着大家读书，尽量不拿出自己的见解，鼓励大家多谈心得体会而不总结意见，或组织大家劳动，尽量做一些固定的功课，避免传播无知。

只有在确认自己心态很谦虚、很稳定的心态下，才可以真正布施无畏，布施信心，否则一个自己还恐惧心重、斤斤计较的人，对法意还模模糊糊的人，无论口才多么好，自己不安心能引导受众安心吗？

这种时刻，要虚心承认自己根器不够，但不能停止回向大众的行为，故，下根器选择做慈善、捐学校或做好事、做义工、助教等，中根器选择送书、送经典，组织各种读书会等活动利益大众，虽行为不同，但利益大众的心无别。

不要因为自己理解不够，修行时间短，或者经济困难而找借口逃避为人的责任，每个人都有责任关心社会，关心一切生命，经济困难算什么？庄子的一生有一半以上的时间在贫困中，颜回呢？子曰："贤哉回也，一箪食，一瓢饮，在陋巷，人不堪其忧，回也不改其乐。贤哉回也。"您的快乐、达观、从容、安然不也是对人世间的回向吗？

现代社会物质极大丰富，而人的精神极大空虚，现代人修行为什么？就是为了能用正法影响社会向着积极的、善良的一面发展，不是流于玩弄气脉神通，寻个高山羽化登仙，能量高就要背负起更大的社会责任，这种力量在任何时候都是一种有效的民间补充力量，对治的恰恰是医院，包括精神病医院、心理诊所、学校、家庭也难治的信仰危机、信心缺失、抑郁不安、急功近利、本末倒置、幻想自大、极端偏执等通病。

心病是不分东西方的，人生的价值观、生命观、世界观亦是，修行就是重构平等、和谐、包容、不功利的三观。年轻人不要太急于标配自己的人生，急于“成功”；家长不要急于催熟自己的孩子，怕输在什么“起跑线”上；夫妻之间不要急于自诩为法官，给对方定性定量……

人生若受到错误的三观支配，内心的欲望和外部的压力皆无处释放，岂能不病？病人会纠结在对人生毫无意义的事情上，看不到无常，看不到实相，满足于眼前的小利，不懂得敬畏和如何控制欲望，当欲望超出了一定程度，就是由贪婪、愚痴而至祸了。

宇宙万物莫不经由心出，例如许多疾病是来自媒体宣传，愚人听了某些广告宣传会感觉自己有病，想着想着就真生了这种病，可当告诉此人真相时，谁会相信病是自己想出来的？

凡人的心力由无明带动，越希望自己长生不老则越会生病，越希望自己升官发财则越会落空，越希望感情天长地久则越失望，而智者的心是能发挥出渗透进生命的力量，这种心力不执著在任何一点上，故悲欢离合于己无碍，精神长存，如圣人们的心力至今尚在发挥作用，这种作用力，就是“回向”。

有一位企业家曾问笔者，什么是企业家精神，答曰：企业家最重要的是有奉献精神，要有时刻为他人着想的愿望，故能不断自律自觉自学自勉，放眼天下，胸襟开阔，能冒险创新，能败而不气馁，成而不骄纵，智慧善良，思想独立，以商行道，知行合一。

那位企业家听后很受鼓舞，明白了原来并不是公司做得大的人都是企业家，能具备企业家精神的人，才是真正的企业家，哪怕是卖茶叶蛋的人，具备了这种精神也是企业家，所谓“家”，指的不是营业额，而是胸怀和奉献。

圆满的人生，功德为母，智慧为父，缺一不可成就圆满的人生。想要具足功德不仅是做好事、善事，最重要的是心，心量宽广。禅门祖师选择传人时，首先选功德智慧平衡者，如果弟子们都不平衡，则会选其中功德高者。为什么？功德高不是福报好，而是能包容，遇到自己带不动的学生，自己引导不了的上根器、自己不相应的机会，会开心地介绍出去，不会嫉妒，而功德不足的人，就被嫉妒心包围，不喜欢超过自己的人，为失去利益、机会而难过。这种心态是撑不起一个大家的。

修行，修的就是气量，量大能就大，如何随喜他人？如何认清自己？如何谦虚谨慎？如何利益他人？如何灵活方便？修正自己，即可合道，回向众生，即可成就。这一切，都在可道非道之间。

【圣人曰】

〔河上公〕

无名者谓道，道无形，故不可名也。始者道本也，吐气布化，出于虚无，为天地本始也。有名谓天地。天地有形位、有阴阳、有柔刚，是其有名也。万物母者，天地含气生万物，长大成熟，如母之养子。

妙，要也。人常能无欲，则可以观道之要，要谓一也。一出布名道，赞叙明是非也。徼，归也。常有欲之人，可以观世俗之所归趣也。两者，谓有欲无欲也。同出者，同出人心也。而异名者，所名各异也。名无欲者长存，名有欲者亡身也。

笔者拙见

一切经典都是为了帮助人从现实巢穴里解脱出来，而不是为了再多增一层概念的。

笔者尽量从实修角度将经典内蕴藏的密意展开，读者切勿用读文解字的态度阅读本书。市面上讲解《道德经》的书有多本，讲实修的却不多见，修道的“玄机”需要实修才能解开。

河上公认为修道之门在无欲，修者从无欲方可入道。可惜的是世俗人皆停留在有欲状态，有欲是凡夫生存的活力和动力。世人不知无欲是怎样一种生命状态，以为无欲就没有生命的意义了。

河上公是“活神仙”一样的真人，他的生命有意义吗？成就神仙一样人生的基础是人能常无欲，无欲是道士羽化登仙的先决条件。

老子没有专门说人如何长生不老的问题，他只说天长地久。老子既主张无欲，也主张有欲，不过这个有欲不是指欲望或私心，而是存意，如果没有任何欲望，那就不能认识和理解人类社会了。

佛法中声闻乘亦是如此，“戒、定、慧”三学强调入门在戒，戒门就是无欲门，如果初修者不从戒开始修，除了大根器，一般人很难理解修是什么，然而如果执著在有形的戒，就很有可能变成了另一种执著，故此许多人修行在修知识、修仪式、修福报、修健身、修公益、修好报……里兜兜转转，原地踏步。

有欲、无欲在哪儿？都在心！无欲和有欲都是心中产生的，故名“无欲心”和“有欲心”，修道目的在“长存”，即“生命长生不老，精神永存不死”。

常人如何从“有欲心”转化成“无欲心”呢？关键在“观道”。

“观”的初期在守一，进入守一状态越顺利，对有欲就能观得清楚，就不会在人、事、境中背转。

为什么初期要守一？因为世人散漫的习气根深蒂固，凡事缺乏耐性，喜复杂不喜简单，喜躁动不喜宁静，坐一会儿就心乱如麻，修道爱分别比较。僧肇法师在《肇论》宗本义中说：“本无、实相、法性、性空、缘会，一义耳。何则？一切诸法，缘会而生。缘会而生，则未生无有，缘离则灭。如其真有，有则无灭。以此而推，故知虽今现有，有而性常自空。性常自空，故谓之性空。性空故，故曰法性。法性如是，故曰实相，实相自无，非推之使无，故名本无。”

为什么带着分别比较的心根本修不成道？因为有欲故，一切诸法皆因缘和合而生，虽目前现有，却性常自空，故曰“性空”；空有不二，即空即有，故曰“实相”。实相自无，非推之使无，故名“本无”。所以本无、实相、法性、性空、缘会，即是一义耳。

“一”是什么？为什么要得“一”？僧肇法师在《维摩经注》中云：“心不可以智求，形不可以像取，故曰无量。六住以下名有量也。”又云：“具足：谓无相行也。”无相、无量、具足，此即“一”。

这个“一”融通戒、定、慧，汇合儒、释、道，从法上讲，一即一切，一切即一；从修上讲，“一”不从缘生，无一相可执著，于所缘境，破除实执。简单讲就是心无分别，心无妄想，无丝毫执著，缘无所缘。

老子说：“昔之得一者，天得一以清，地得一以宁，神得一以灵，谷得一以盈，万物得一以生，侯王得一以为天下正。其致之，天无以清将恐裂，地无以宁将恐废，神无以灵将恐歇，谷无以盈将恐竭，万物无以生将恐灭，侯王无以贵高将恐蹶。故贵以贱为本，高以下为基。是以侯王自谓孤寡不谷，此非以贱为本邪？非乎！故致数誉，无誉。不欲，琭琭如玉，珞珞如石。”

中华文明的心法是“人心惟危，道心惟微，惟精惟一，允执厥中”（《尚书》），三皇所托付的是中华文明的火种，十六字心法寓意深刻。黄帝说“守一”，管子说“专一”，孔子说“吾道一以贯之”；“得一”不是得道，“一”

是道之子，是太极，是开始，是“有”和“无”。

仅仅“得一”是不够的，最后是要返本还原，变成○，○是道，是玄之又玄的玄机，是妙不可言的原点，返到○即悟道、涅槃、清净。

如何返○？得一是基础，最后一法不立，万法皆空，这就归于○了。

天为什么能覆盖万物呢？地为什么能承载万物呢？得一了。若失一，会发生山崩地裂、地震海啸。得一的人，是智慧殊胜的人，以无欲行天下。无争、无相、无我、无执、无悲、无喜、无才、无待……

“一”是个平衡点，是○的内连线，一的变化生出百千亿万种意识、烦恼、欲望、贪念、人事、变化，正邪；烦恼转菩提，生死转涅槃，都要经过一而能归于○，如一不能归于○，就去了二、三、四、五以至十，由十再至十十无尽中轮回。

无欲是守一、得一，不是○。无欲心一旦失去，想回一，是不容易的。

人，出生前在○的位置上，出生之后至童真时期，没有什么妄想、烦恼、贪嗔痴心，是在一的位置上，等到生贪心知道什么东西属于“自己”了，就开始失一了，等到变得“懂事”、世故、势利、比较、伪装时，就是在一路一路增加，不过从加法始，之后就不再是加法了，因为有了变量，就会以乘法、乘方积累烦恼、欲望，这些杂念在心中形成一层层堡垒、观念，人也越变越顽固愚痴了。○是性，人性、自性、本性、佛性都是○性，“本来无一物”是○性，“一”上会生尘，○性“何处惹尘埃”呢？

修行要能混沌如赤子，贪嗔痴慢疑都不能打搅到自己，但如果有一丝自私的欲望在，心就会为之所动，得道之人想度化众生之欲非从私心而出，故贪嗔痴慢疑不会打搅到心的清净。境来则应，境去不留，平时一点也没有懒惰懈怠心，没有占便宜心，或人我是非心，哪里会有什么烦恼？在生生不息、流动不住的○上，尘埃落于何处呢？

但明白这个理简单，真正能做到的寥寥，这就需要发愿修行，寻师求法把心里的垃圾源头发显出来。无欲不是让您什么都不要了，无欲其实是积极的。

怎可无欲？需从不着相起修，“相”有四相。

什么是“无我相”？在生活中不要有贡高我慢心，不要觉得自己了不起，不要有自卑自贱心，尤其是对待别人的批评，要接受。但接受批评不代表自我否定。

人性中有两大敏感区，一是对自己的正确敏感，二是对别人的错误敏感，轮到自己的错误就死不承认。因为错误是“自己”的一部分，认错就感觉是否定自己，从自己身上割肉一般，这是“我相”。

什么是“无人相”？己所不欲勿施于人，己所欲也勿施于人，不要用自己的判断、喜好、价值观、认识去妨碍别人，越是自己的亲人，被妨碍的概率越高，生活中常以自己的评判标准为主导，不懂尊重他人，这就是“人相”。

什么是“无众生相”？万物一体，齐物平等。

什么是“无寿者相”？不主动夺取其他众生之性命，不为了延长自己生命而破坏万物。

从这几点修养开始进入无欲门，只要“自我”的心淡泊下来，就能活生生地、积极主动地无欲了。僧肇法师曰：“涅槃之道，不可以有无得之，明矣。而惑者观神变，因谓之有；见灭度，便谓之无。有无之境，妄想之域，岂足以标榜玄道。而语圣心者乎？（《肇记》）”

迷惑的人，以境生而为“有”，境灭为“无”，为了满足“自我”而不停地希望多“占有”，这是妄想。有的修者，下了大决心修行，甚至放下了家庭工作，勇猛修道，可是不久就退转，还有的人虽然还在修，却天天混日子。原因何在？就在见地不稳固，没有破相，因而迷惑。

迷惑怎么除呢？“观道”。

河上公注：“道”乃“自然长生之道”，是与“天地之始”“万物之母”混元一体之道，修道之人是要使自己的有限生命与“道”合一，从而才能获得长生久视之乐。

在河上公那里，“妙之门”虽众，唯有无欲能通达也。

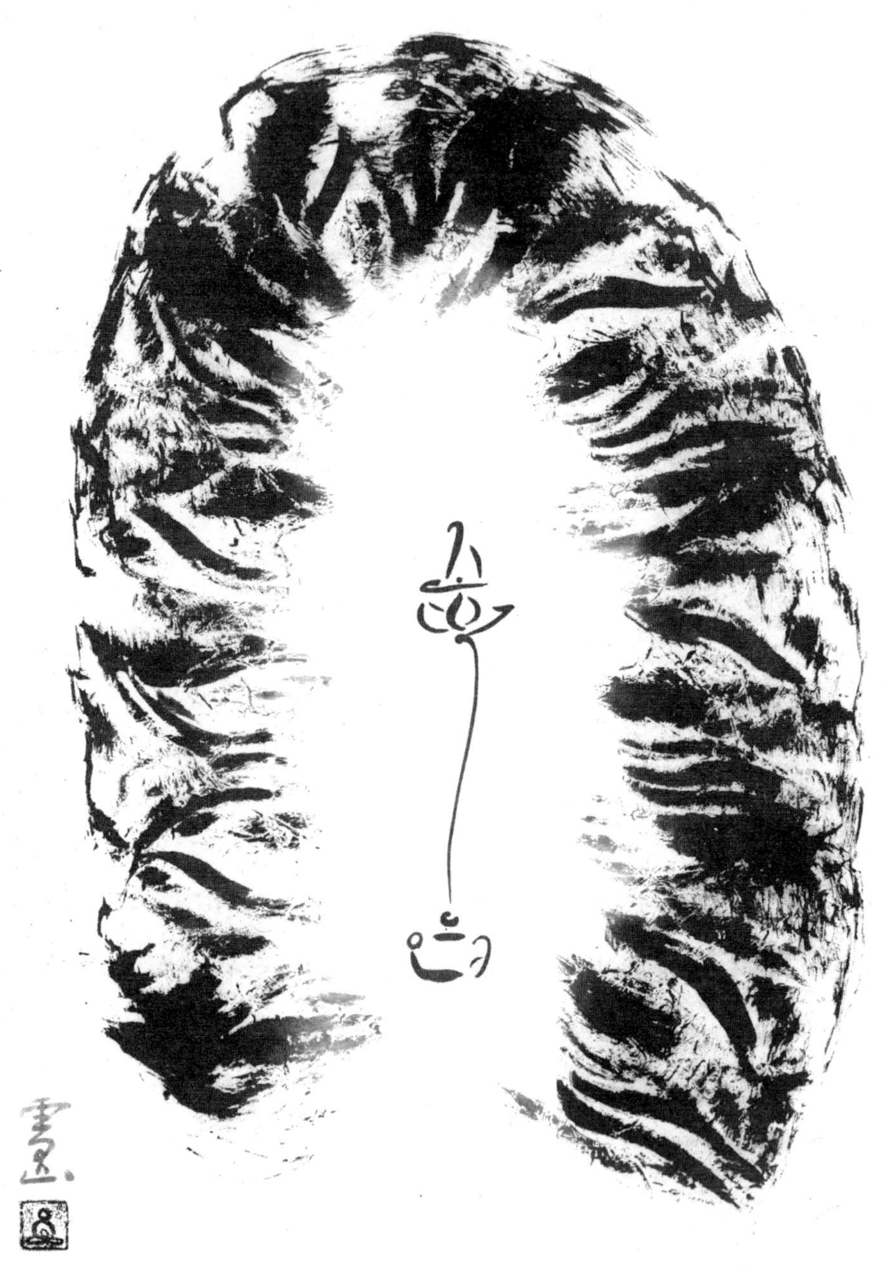

〔王弼〕

未形无名之时，则为万物之始，及其有形有名之时，则长之、育之、亭之、毒之，为其母也。

笔者拙见

王弼的从祖父是“建安七子”之一王粲，祖父王凯与王粲是堂兄弟，两人为了躲避战乱，离开中原老家，去荆州投奔刘表。刘表爱才，把女儿嫁给了兄弟中长相英俊的王凯，生的孙子便是王弼。

王弼自幼爱读书，十四岁时早已精通儒、道两家，尤其对《易》和《老》更常发惊人之语。他凭借《老子注》《周易注》《论语释疑》三书，一跃成为魏晋玄学的领袖，将老子的道发挥成了“以无为本”的本体论。

王弼家世渊博，持才傲物，通辩能言，少年得志，他目空一切，史称“颇以所长笑人，故时为士君子所疾”。何晏曾提出“圣人无情”的论点，王弼毫不留情地驳斥说：圣人高于普通人的地方在于领悟力，而喜怒哀乐怨等情感跟普通人是一样的，在人、事里也会有悲哀、快乐等情绪反应。圣人的情感同样会通过人、事反应出来，只是圣人能不受这些羁绊罢了，如果因为不受事物拘束，便判断圣人无情，大谬也。例如孔子了然颜回的才干，但遇到颜回精彩回答的时候，仍然掩不住快乐的心情；闻听颜回死讯时则哀恸不已，这是孔子的自然性情。

魏明帝正始时期，王弼做了台郎（即尚书郎），当时曹爽专揽朝政，十余年大权在握，何晏依附于曹爽，而王弼则不刻意去攀附权贵，他本也不擅长做官。于是更加积极地在清谈玄论突出表现，王弼天才颖悟，在文采上略输何晏，但其独特的见解却超过何晏甚多。

公元249年，曹爽、何晏等被司马懿夷三族，王弼也受到牵连，同年秋暴病而亡，年仅二十四岁。

王弼之学体系庞大，内容深奥，他综合儒道，借用、吸收了老庄的思想，建立了体系完备、抽象思辨的玄学哲学，尽扫先秦、两汉经学之迂腐，浸流谶纬之流弊。由此，中国思想界逐渐进入理性发展的历史阶段。

在本参注释里，王弼用了两个说法："未形无名"及其"有形有名"，他把生命样子还没出现时叫"未形无名"，一旦出生了叫"有形有名"。

对此说法，笔者参究了许久：生命样子没出现的未形时一定无名吗？生命出生了就一定有形吗？有形者必有名吗？无名者能否有形？未形有名的是什么？有形未名的是什么？形和名有必然关系吗？等等。诸多疑问笔者希望有机会入梦去向王弼圣人请教。

从文字上我们可以看到，王弼认为"无在有先"，这是从世间时空概念来说的，之后他说生命变化的四个过程为"长、育、亭、毒"。

从文字背后我们可以看见，王弼心中以无为本，贵无胜有。有什么？"长、育、亭、毒"的过程谓之有。无什么？"长、育、亭、毒"的结果谓之无。

"长、育、亭、毒"之说出自《道德经》五十一章："故道生之，德畜之，长之育之，亭之毒之，养之覆之。"有学者认为这与佛法说的"生老病死"和"成住坏空"相似，也有学者认为"亭之毒之"就是成之熟之的意思，如有的学者从古音韵方面考证，认为“成”和“亭”同音，“毒”和“熟”同音，“亭毒”就是“成熟”。

王弼注：“亭谓品其形，毒谓成其质。”含义和成熟相去甚远。“成”“熟”是常用字，“成”和“亭”，“毒”和“熟”在古音中虽相像，但是声母不同韵，其发音是有区别的，尤其是“毒”和“熟”内涵区别更大，同音借代用字意相反字的情况不多见。

长是使生命成长；育是培育、哺育生命；亭为知止，减贪欲而生命活泼，“亭”字有多子的、贤明的、智者的含义，这些特征会发出知止之行，“亭谓品其形”的内涵包括了植物长大后结果、种子遍播大地之意。不过种子不以自己有种子之用，遍播大地是自然而然的，如果种子不知止，以自己遍播之作用为功劳，则生命之流将断。

而“毒”不仅有“旋转、轮回”之意，还有“应时、生发、度化”的意思，内度己，外度人，生命应时生发，自度度他，安定从容。因此“亭毒”为生命循环往复。其中长、育为相生法，亭、毒为相克法，相生相克而使生命生生不息，循环不已。

“道”字上面有两点，就是阴阳，相生相克，而下面“一”字，指万法归一，再下面是自己的“自”，是自律、自强、自修、自证，合在一起是“首”字。“首”是太极，是父阳、母阴交织而成的生命，生命的生命力在于行，即最下方的走“之”，行得越远，则生命力越长生久视，知行合一是万物运转不息的生命力。

天地之根，亦是玄牝，但光理性地说“道”是说不透的，不修道以合天地，如何能“谷神不死”？当然这不是指长生不死。在王弼以前，《道德经》注释以河上公为主流，河上公是要通过修炼羽化成仙而成道的，王弼对羽化成仙没什么兴趣，不属于这一派的，他在意生命精神之长存，不在意世寿，故生命如何归于万物之源，这是王弼寻找的道。

长生不死是个千古的误会，多少帝王的长生梦不都破灭了吗？活神仙现在在哪里？老子说长生是从道上说的，吕祖说长生是从虚灵元神上说的，道是虚无，是宇宙中长生的常○，人体内的灵性，是道在人心中的显现，能契合者就可以摆脱肉体生死的困局。

王弼是个大神童，古往今来，他和周瑜、霍去病、贾谊、王勃等神童们大多早逝，这些神童们可以说在哲理学识、军事才干、文学艺术领域，个个都是独领风骚，虽英年早逝，但其卓越风采在历史上亦有浓浓的一笔。

如果一定说王弼有什么欠缺，便在谦下不够，他如果真正领悟到了老子贵柔、贵阴之玄德，或许不会那么轻易取笑他人，令多人记恨。

总体来说，王弼对于《道德经》第一参的理解，认为道的核心在于顺从自然规律，即“任性合道”。

〔吕祖〕

可道，心可道其妙，口难道其微，谓之可道。道不可须臾离，而瞻之在前，忽焉在后，这是可道底。仰之弥高，钻之弥坚，如此之玄，非空于玄，而实有玄之之妙。如此光景，岂是口可道？只可心领会而心可道。

名，何谓是名？无动无形，无机无化，无极无虚，无空无相，这就是名。名不知其为名，故名也。

可名，是心名其名，难谓口可名其名，心领神会，可名其名，谓之可名。

笔者拙见

非常名，是心之名，非有形有相之名。虚中虚，空中空，虚中有实，空中有相，只可意取，不可声名，非口名其名，非一切有影有响之常名也。连有影有响亦算不得此名，而况有实具者乎！只在先天中求先天，这就是可道之道，可名之名了。连先天中之先天，还算不得“道”“名”二字，就是强为道为名，只是不开口，这就是道之可道、名之可名。此二句，方是道经老子之意，方说得其奥旨，这才是非常道、非常名。

无名天地之始：性中之性为之始，连天地也在后生，连阴阳也在后剖，那时节，才是无为之始。天地二字都合不上，这是太上恐后人不知所以然，强安天地二字在此句中。那时节有天地之性存于中，而无天地之形，这就是无名天地之始。

有名万物之母：要在一个实中求虚、虚中返实的景象，也说不出有为万物之母妙处。

吕祖与河上公都是修丹成就的真人，这两位真人的注释必从各自修道角度来论道。

河上公认为入道门在“无欲”，无欲心才是修道心，这种修法属于渐修法。而吕祖直接阐明“心合道”，把“道”做入道之门，这观点与“中国禅”顿悟法相似。

“中国禅”祖师们接人时，常常单刀直入让学人顿入“自性清净”禅境，只有遇到对方虽诚心求法，但根器不够、自信也不足时，才会退一步用善巧方便法引导对方，不放弃任何一位求法者，是禅师们的“老婆心”。

吕祖这段注释，关键在“道门”，当心与境一如时，道门是自然而然显现出来的，修者如何时刻保持“心与境一如”的状态，即逍遥状态呢？他强调无心就无名，有心故有“名”。

我们可以从《逍遥游》中领悟一下。《逍遥游》开篇，庄子说了一个荒诞不经却并不复杂的故事：

> 北冥有鱼，其名为鲲。鲲之大，不知其几千里也。化而为鸟，其名为鹏。鹏之背，不知其几千里也，怒而飞，其翼若垂天之云。是鸟也，海运则将徙于南冥。南冥者，天池也。

又云：

鹏之徙于南冥也，水击三千里，抟扶摇而上者九万里，去以六月息者也。

沙漠的北边有叫冥海的地方，有一种身宽数千里，名字叫鲲的鱼，能化为鹏鸟，这种鸟，背如同青山那么高大，翅膀就像垂到天边的云，舞动翅膀飞翔时一飞冲天就有九万里，它居于云上，准备飞到南冥去。

鲲之原意是鱼子，凡鱼之子总名鲲，原本指极小之鱼，然而，庄子却说"鲲之大，不知其几千里也"，他老人家为什么这么说呢？接下来，又说到蜩与学鸠讥笑鲲鹏的事："蜩与学鸠笑之曰：'我决起而飞，抢榆枋，时则不至，而控于地而已矣，奚以之九万里而南为？'适莽苍者，三餐而反，腹犹果然；适百里者，宿舂粮；适千里者，三月聚粮。之二虫，又何知！"

再之后更离奇，有种叫斥鴳的小麻雀说："彼且奚适也？我腾跃而上，不过数仞而下，翱翔蓬蒿之间，此亦飞之至也，而彼且奚适也？"此小大之辩也。

斥鴳飞不到一尺高，这样的小麻雀居然能笑话鲲鹏：你飞那么高，能到哪里休息呢？我腾空而上，不过几仞就得下来。古时候一仞为八尺，飞翔在蓬草、蒿草间，这才是飞翔的极致啊！

在鲲鹏看来，蜩、学鸠、斥鴳这些是谈不上逍遥的，燕雀安知鸿鹄之志，更何况"不知其几万里"的鲲鹏之志。然而庄子是想赞扬鲲鹏吗？鲲鹏高远是要有条件的，必须依赖大风才能“抟扶摇而上”，必须“去以六月息者也”，如列子能“御风而行”，但还是“有所待”，没有风就不能行。

但凡有条件的就谈不上逍遥。

不过《逍遥游》中，能看出庄子对鲲鹏与斥鴳的倾向是分明的。大和小之辩，是在两个层面上展开的，有形的易别，无形的难分。

“蜩”是蝉，也叫知了。“学鸠”是“斑鸠”，一种普通的小鸟。鹏与蜩、学鸠、斥鴳本无高下之分，形体上的大小、飞翔能力的高低并不是庄子“小”鴳雀的理由。“大小之辩”的“辩”字，不是指辩论、辩解，其意是指“变”。大和小是能互变的，能互变方为逍遥。

郭象在《逍遥游》的开题注中说：“夫小大虽殊，而放于自得之场，则物任其性，事称其能，各当其分，逍遥一也，岂容胜负于其间哉！”又说：“苟足于其性，则虽大鹏无以自贵于小鸟，小鸟无以羡于天地，而荣愿有余矣。故小大虽殊，逍遥一也。”

郭象以为无小无大，各安其天性，说叫“适性逍遥”，这种观点在当时深得人心，为不少得过且过者提供了理论依据，郭象可以说曲解了庄子，他说的是自得其乐，是误导齐物的概念，假借横向对比而无视纵向深度的差异。

庄子在《秋水篇》中曾说“井底之蛙”不知“东海之鳖”，皆以喻“小知不及大知”，然而又在《齐物论》中说“天地与我并生，万物与我为一”，“天下莫大于秋豪之末，而太山为小，莫寿于殇子，而彭祖为夭”，怎么理解这矛盾的说法呢？也就是从本性的角度庄子认可万物的平等性，性是等齐的；然而在流变中的现象、境界、理解力等方面，又是有大小、高低等个体差别的，个体的差别是后天的境界造成的。

大小之辩引出的是人生问题，庄子对蜩、学鸠、斥鴳的态度和《老子》“上士闻道，勤而行之；中士闻道，若存若亡；下士闻道，大笑之，不笑不足以为道”是一个说法，越无知的人越喜欢讥笑别人，一个“笑”字，就没有敬畏、谦虚、理解、共鸣、认同，境界的大小立判。

蜩、学鸠、斥鴳的共同之处是：自以为是，以己为标准，妄断别人长短，这正是俗人之自欺欺人也。庄子为这些渺小的心所悲，进一步说“小人则以身殉利，士则以身殉名，大夫则以身殉家，圣人则以身殉天下”，同样的“殉”，意义何其不同？殉天下的人得以长生。

鹏、雀本性是平等的，大小本不是障碍，各有各精彩，应该互相尊重，然而鲲之所以能转为鹏，概因其潜伏海底，深蓄涵养功夫，经经年累月修行之功，乃至量变到质变，化而为鹏，怒而飞，这种转变，是主观能动的绵密功夫。而鹏之振翅高飞，能悠游于无穷，“其远而无所至极”，这正是修道而至游心的境界。

宇宙的能量并没有对什么生物屏蔽，自己不精进修行，以致以狭隘之眼讥讽他人，使心受制于渺小，而又无愿离小，此则真的渺小了。其先天之“小”加上后天志向之“乏”，就再也难以超越狭隘。

《庄子·人间世》中借孔子对颜回的批评来说明修道需先修身的道理。身处动荡不安的人间，庄子说“迷阳迷阳，无伤吾行；吾行却曲，无伤吾足”，生活在这样一个荆棘满地的环境中，要继续前进，得拐弯往前走。在人间世，生命的活力是最重要的，功名利禄、名望阶级都是次要的。修道的人不应为自己修道，而是为了挽救世间的苦难，这依靠道德规范是不行的，要靠每一个人有能力自救。自救同时救他，此鲲所以能转鹏也。

而鲲鹏虽气质转化，却以大藐小，亦属自傲，以自我为中心看待他人，就必然是片面的、有局限性的，也是不会逍遥的。

《庄子·至乐》里讲了个“鲁王养鸟”的故事：从前，有一只海鸟停留在鲁国国都的郊外，鲁王很高兴，认为这是吉祥的预兆，于是在宗庙里为海鸟敬酒，演奏《九韶》，还准备牛、羊、猪的肉作为鸟的食物。鲁王为自己对海鸟的善意而感动，可海鸟呢？“鸟乃炫视忧悲，三日而死”。

鲁王的这种做法，就是娱乐自己，以自我为中心想当然做事。自大的人、组织、团体永远单边思考，自我膨胀，最后鸟死了，还会招来鸟无福消受，或者不识好人心等抱怨，倒果为因，本末倒置。

《应帝王》里“混沌之死”的故事也在说这样自以为是的思维方式，《齐物论》曰：“物无非彼，物无非是，自彼则不见。”单边思考常常处于自我标榜的“善意”，想做自以为是的“好事”，又缺乏行善的智慧。就如北海之帝忽、南海之帝倏一样，用美意对混沌“日凿一窍”，以己意去断他人，其结果可想而知。

万物之所以成其为万物，以不相妨碍、和而不同为前提，万物有共同的标准吗？混沌无七窍，视之不见，听之不闻，一体同心，两气相召，两仪未分，溟溟濛鸿，惟恍惟惚，而天地生。

《人间世》里还有一则“拊马不时”的故事，和“鲁王养鸟”一样，某人爱马，用精致的竹筐去接马粪，以珍贵的蛤壳去盛马尿，一次恰好碰到有蚊虫叮咬马，爱马的人心痛不已，伸手猝然拍去，马受到惊吓，挣断嚼口，毁坏络辔跑了，那个人也碰破了头，跌伤了身子，愚痴之爱反而致害。

生活中，我们有没有常常这样对待自己的孩子和爱人？没有智慧而言爱，往往就是互害。《天运》中有一段关于什么是仁爱的精彩对话：

> 商大宰荡问仁于庄子。庄子曰："虎狼，仁也。"
>
> 曰："何谓也？"
>
> 庄子曰："父子相亲，何为不仁！"
>
> 曰："请问至仁。"
>
> 庄子曰："至仁无亲。"
>
> 大宰曰："荡闻之，无亲则不爱，不爱则不孝。谓至仁不孝，可乎？"
>
> 庄子曰："不然，夫至仁尚矣，孝固不足以言之。此非过孝之言也，不及孝之言也。夫南行者至于郢，北面而不见冥山，是何也？则去之远也。故曰：以敬孝易，以爱孝难；以爱孝易，而忘亲难；忘亲易，使亲忘我难；使亲忘我易，兼忘天下难；兼忘天下易，使天下兼忘我难。夫德遗尧、舜而不为也，利泽施于万世，天下莫知也，岂直太息而言仁孝乎哉！夫孝悌仁义，忠信贞廉，此皆自勉以役其德者也，不足多也。故曰：至贵，国爵并焉；至富，国财并焉；至愿，名誉并焉。是以道不渝。"

宋国的太宰荡向庄子请教关于仁爱的问题。庄子说："虎狼就很有仁爱。”太宰荡不理解。庄子说:“虎狼父子相互亲爱,为什么不能叫做仁呢?”

庄子之所以是庄子,就在于他在老子的基础上,进一步强调了生命的逍遥。他和老子一样,反对一切绝对化、工具化、形式化、标签化的仁义、道德、孝顺、爱护,过年不回家就是不孝吗?不买礼物就是不爱吗?不喜欢应酬就是不近人情吗?

太宰荡却没有到这个高度,听不懂庄子的话所以只有再问,最高境界的仁是什么?庄子答:“就是没有亲。”

太宰荡听后更糊涂了,估计和东郭子闻“道在屎溺间”时的心态差不多,稀里糊涂的太宰荡继续追问庄子:“我听说,没有亲就不会有爱,没有爱就不会有孝啊!”

庄子答:“不是这样的。最高境界的仁实在值得推崇,孝本来就不足以说明它。这并不是要责备行孝的言论。向南方走的人到了楚国都城郢,面朝北方也看不见冥山,这是为什么呢?距离冥山越发远的缘故。用恭敬的态度来行孝易,以爱的本心来行孝难;用爱的本心来行孝易,用淡泊之心待双亲难;以淡泊之心待双亲易,使双亲也能淡泊待己难;使双亲淡泊待己易,能一并淡泊待天下人难;能一并淡泊待天下之人易,使天下之人能一并忘却社会动荡难。尧舜之盛德是百姓忘了尧舜,尧舜方能任物自得,将利益和恩泽施给万世,这就是无为。为什么需要大谈仁孝?孝、悌、仁、义、忠、信、贞、廉,这些是用来劝勉自身的。最珍贵的,是一国的爵位可以随同忘却自我而弃除;最富有的,是一国的资财可以随同知足的心态而弃置;最大的心愿,是名声和荣誉可以随同本性而消泯。”

父母精神丰富，生活自立，就不会牵挂儿女，相忘于江湖是顺应人性之自然、人情之自然，无为而无不为，直心是道场。这才是最高境界的仁孝。

《齐物论》云："夫随其成心而师之，谁独且无师乎？"成玄英疏解曰："夫域情滞著，执一家之偏见者，谓之成心。"

《逍遥游》中鲲鹏、蜩、学鸠、斥鷃都自以为是，生活中自视甚高的"高人"真的高明吗？满口仁义道德的"善人"真的善良吗？滔滔不绝的名师真的有知吗？纵横捭阖的辩手真的明理吗？不过依靠言辞的犀利，善于自我标榜而已。

"大"是老子用来命名"道"的："有物混成，先天地生。寂兮寥兮，独立而不改，周行而不殆，可以为天地母。吾不知其名，字之曰道，强为之名曰大。大曰逝，逝曰远，远曰反。故道大，天大，地大，人亦大。域中有四大，而人居其一焉。人法地，地法天，天法道，道法自然。"

道混混沌沌、无边无际、无形无相，和万物、万事、万有浑然一体，在开天辟地之前道已经存在，在天崩地裂之后道依然不损。独一无二，无双无对，循环往复地运行永不会止息，它是一切的根本，谁也无法准确地描述出道的本来面目，只能勉强把它形容为"大"。

"大"不是指有形之大，而是指不停地运转、变幻，无处不在、无远不至，穿行于古往今来、八荒六合，到达极远处又能返回的能量。

道因为在天、地、人中无处不在，所以和一切等大，非此比彼大，亦非彼比此大，四"大"平等，方为大。

人之所以能居其中之一，是人能通过修道归于自性清净，即圆相，和佛性、道性相应，故名“人大”。如果人不遵循天地法则，不依据宇宙特性，不敬畏自然，那么就仅为天地间的一种生物，而不会名“人大”。

庄子发展、申说老子的观点，他进一步强调人生命的内心体验，把人心的营构摆在所有问题的前面。人之大，大在其心，非在外表，心的辽阔、涵纳、体验、思考和无限可能性，是“人大”。

人要“大”，就要从修身开始修心，习惯的、常规的思维无法开启“大心”，无大心则无智慧，智慧皆发于大心，小心小量者只有小聪明。庄子从横向角度说鲲鹏之大“不知其几千里也”，从纵向角度拓展：“水击三千里，抟扶摇而上者九万里。”从世间角度说“去以六月息者”，鲲之游、鹏之飞说向往“大”，然而体悟“大”却又不是一回事，人之大在于心，心大才能体悟道之大、天之大、地之大，体味大音，理解大象，也才能有大知、大智、大志、大言。

鲲鹏做到了体大，然而体再大也是相对的，总有更大的在，唯有心大才是绝对的大。如果心不大，则鲲鹏与蜩、学鸠、斥鴳无别，体大体小本不是障碍，各有各精彩。蜩、学鸠、斥鴳因其心小才不能理解大，这是它们都不能逍遥的悲哀。

庄子说“朝菌不知晦朔，蟪蛄不知春秋”，又云“井蛙不可以语于海者，拘于虚也；夏虫不可以语于冰者，笃于时也；曲士不可以语于道者，束于教也”。

朝生暮死的小虫不知黑夜和白天，夏生秋死的寒蝉不知四季。有人要和彭祖比长寿，岂能不悲哀？然而彭祖就逍遥了吗？列子御风而行，但还是有所凭借，不能真逍遥。真正能逍遥的“至人、神人、圣人”是无所恃、无所待的，所以说“至人无己，神人无功，圣人无名”。尧帝认为许由是这样的人，连叔认为姑射山的神人也是这样的人。

真的逍遥者一定是能驾驭自己的，能“乘天地之正，而御六气之辩”，什么叫“天地之正”?《易经·系辞》开篇云：“天尊地卑，乾坤定矣。”天为乾，地为坤，乾坤就是阴阳二气，开天辟地，滋生万物。

什么是“六气之辩”呢？阴阳二气为母，化出寒、暑、燥、湿、风、火六气。阴阳又分三阴三阳：太阴为正阴，太阳为正阳；次少者为少阴，次少者为少阳；又次为阳明，又次为厥阴。厥阴司天，其化以风。少阴司天，其化以暑。太阴司天，其化以湿。少阳司天，其化以火。阳明司天，其化以燥。太阳司天，其化以寒。

“六气之辩”是“风数行而善变”，能预知而“御”六气之变化，是圣人因势而动、随感而应，所以叫“御”。

“逍遥游”的真正主人公是谁？就是这位姑射山的神人，这位神人是人不是仙，否则就叫神仙，不叫神人了。神仙和人间世没什么关系，庄子借鲲鹏自嘲，借神人自喻，人真正达到了“逍遥”的状态，就能像神一样。奇怪吗？最后实现在宇宙间逍遥自在遨游的，居然不是鲲鹏而是没有翅膀、没有鱼尾的人。

庄子用鹏、冥灵、大椿、彭祖、宋荣子、列子的有待来衬托神人的无待；用鸩、蜩、鸠、菌、蟪之渺小来反证神人的无己、无功、无名。这位神人才算庄子心中真正的人，游刃宇宙万物间，灵而通之，圆而方之，平而常之，感而应之，起而中之，落而隐之，虚以心知。

凡人在俗世里是无明的人生，其宝贵的精神，生命的价值错误地建立在无常的物质上，精神被物化了，这就谈不上“神”了，也就失去了和天地感而遂通的神力了。

通神的方法不是念咒、符箓，而是修养，道家认为每个人都能通神，只要修道能契合“忘”和“虚”，忘却外物和物我关系，心灵常处空灵虚无的修养者就是神人。“忘”是对外，“虚”是对内，外忘内虚，是以逍遥。此时，万物自化，人只需随顺变化，这就是无为而无不为。不要将自己的意识强加于万物、凌驾于万物之上，凡有此念皆不得逍遥。

生命的超越性，最终落实在“游”上，人人能“游”，只是人信不信、选不选、会不会、愿不愿。无明的人生里，人们以为是信仰的，多是自我迷恋。

庄子的精神就是神一般的存在，他汪洋恣肆、纵横天地，在宇宙中飞天彻地，任运无羁、精骛八极、心游万仞，这是因为他有心。大小之体本无碍，一切生命皆能成就大心，然若内困于心，外必局于形，为“有待”，内心难以逾越自己的局限，故而无知，故而无心。

物与物之间本相互依存，相生相克，本无正反，庄子云：“天之苍苍，其正色邪？其远而无所至极邪？其视下也，亦若是则已矣。(《庄子·逍遥游》)”

天有正色吗？鲲鹏失之于外，斥鴳失之于内，逍遥并不是“有欲当其所足”，无欲方得逍遥，这是知足之境，“物物而不物于物”，既不羁于外，也不滞于内，玄德不为，玄机万有，德配天地，游方无极。

对于修者，最重要的是解放“心”，不因自身形体的大小、物质的多寡、机能的好坏、境遇的荣衰而自我设定，吕祖说“只可心领会而心可道”。

心在哪儿道在哪儿，反过来说，对一切都无心的人，道在目前而不识，口中说道，是大道理，心、行不合道，是身心割裂。

“道与名不二”“道与心不二”“名与心不二”，吕祖阐明的是“道、名、心不二”三位一体的修法。

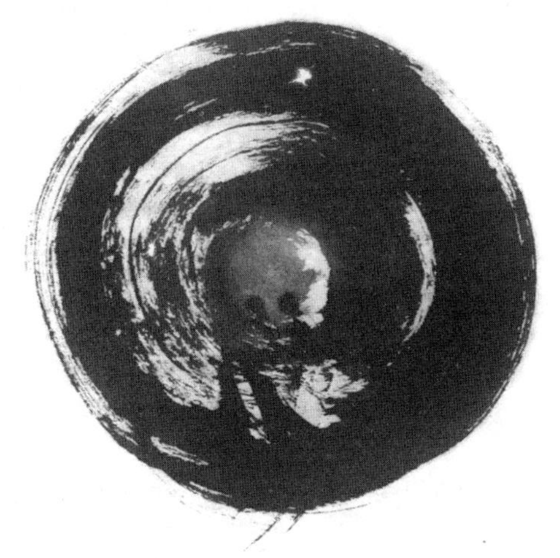

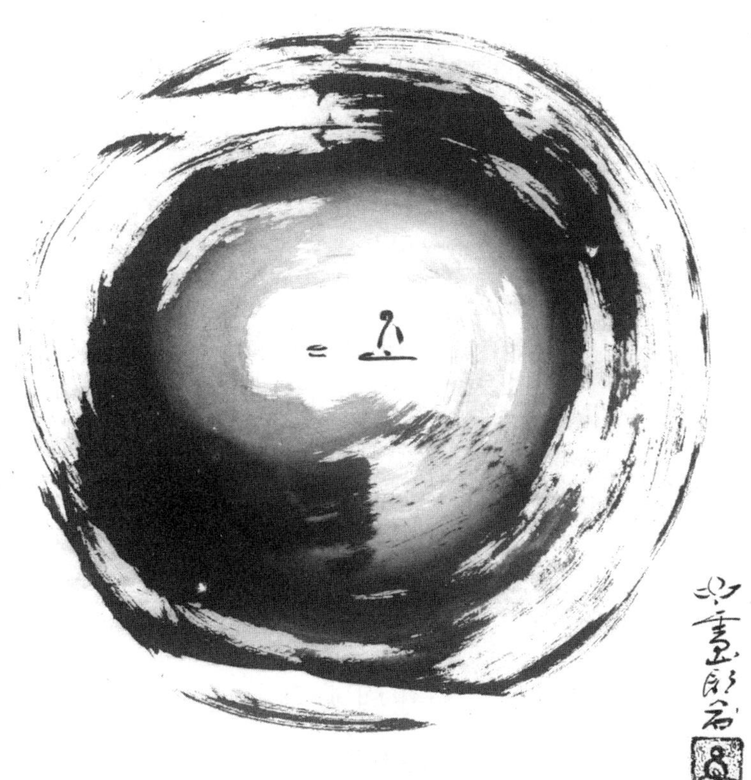

〔憨山〕

此章总言道之体用，及入道工夫也。老氏之学，尽在于此。其五千余言，所敷演者，唯演此一章而已。

笔者拙见

明中叶，自明宣宗至明穆宗共一百多年，佛法衰微不振，然而到了神宗年间，却人才辈出，形成了佛法中兴的景象，憨山、袾宏、紫柏、藕益四位并称明朝四大高僧。

憨山大师，全名憨山德清，九岁能诵《普门品》，12岁能诵《法华经》，35岁在神宗慈圣太后为其建的五台山“祈储道场”开讲《华严玄谈》，听众近万人。

1595年，憨山大师因言获罪，被充军到广东雷州，他在广东继续弘法，多次到宝林寺说法，主张禅、道、儒并修，为当时人们所赞同。他见曹溪南华寺六祖道场已经衰败，于是躬身整治一年恢复旧观，被尊为曹溪中兴祖师，其肉身与六祖肉身至今并列供奉于南华寺内。

憨山大师一生主张儒、释、道三家思想的融合，他说：“为学有三要，所谓不知《春秋》不能涉世，不精《老》《庄》不能忘世，不参禅不能出世。(《憨山老人梦游集》)”

大师45岁那年，写了《观老庄影响论》共八篇，其中“论心法”一篇文字虽最短，却概括了儒、释、道三教的中心思想。

“论心法”中说：我幼年学习孔教，却不知孔教的源流，后来学习老庄，也不达老庄学说的宗旨。当退出世务进入深山时，努力修行于习静观心的法门。因为习静观心的作用，明白了三界唯心、万法唯识的妙理，既然三界万法都是心与识的幻现，那么一切有形相的事物都是心的幻影，一切声音语言，都是心的幻响。而一切圣人身体，是心的幻影中显现最庄严的形相，圣人言教，是心的幻响中最顺于真理的声音。正由于万法唯心的缘故，因此治世的政治、法律、文学、艺术，以及资助人们生存的一切事业，如果它们是有益于大众的，那么，也都是顺于正法的。这是因为心外没有一事可以独立存在，万事万物都是真心所现。迷了真心的人，执著了客观环境和主客心识，就无法彻证本有的妙用；假如悟证了自己本具的寂而常照、照而常寂的真如妙心，那么宇宙人生的一切现象，当下即是不可思议的妙有境界。

憨山大师注《道德经》始于1592年，毕于1606年，“或经旬而得一语，或经年而得一章”，“每参究透澈，方落笔，苟有一字有疑而不通者，决不轻放”。实为大师为禅、道修者苦心而注，以期修者能破除己见，解老子之道，得离言之旨。

大师云“老氏之学，尽在于此”，可见第一参的重要，如三祖《信心铭》开句“至道无难，唯嫌拣择”，修道之密便在于此。

憨山大师以禅解《道德经》别具一格，我们选的四位圣人，如河上公强调修者通过无欲门修行而至“羽化登仙”，王弼以“贵无论”解读世界本源，吕祖则以实修丹道的心得注解老子，读者仔细领会四位代表性的观点，可以打开思路，见另一番天地。

拜读憨山大师的注释，会发现许多观点和道家经典的原意似乎有别，例如憨山大师说的无为和老庄说的无为，深浅有殊。这是为什么呢?“无为而无不为”是老子道之核心，“无为”的是道，“无不为”的是德，“无为”是本，“无不为”是体，修者修行契合无为为的是无不为。

老子说无为是从世间人的角度来讲，他自己早已得道，而尹喜也深谙无为之道，《道德经》是为后世留下的安顿人心的法宝，告诉凡人如何抛开贪欲之心，心地如何保持清净，如何用平静的心守护德性，如何不为外物所动，淡薄名利，如何面对各种物质享受。故此，文中多有关于修行、养德、治国、处世的真言，这是方便说无为，乃老子慈悲心所致。

而憨山大师是从佛法的角度解读无为，基于了悟一切万法无自性是缘起性空，所以宇宙万物本来虚妄，万法的本质是空性的，故远离一切造作分别，不必执著我、我的，以及一切人事、外境上，从而放下分别心，以无为修证无分别智，照见万法的本来面目。这是直指人心法，即体的角度讲无为。

《庄子·齐物论》中云，“注焉而不满，酌焉而不竭，而不知其所由来，此之谓葆光”，“孰知不言之辩，不道之道”?

宇宙间有什么是无论注入多少东西都不会满盈，无论取出多少东西也不会枯竭的呢? 而且还不知这些出自哪里，这就叫潜藏不露的光亮。老子说“大象无形”“大智若愚”，刘伯温在《郁离子·大智》中也说：“智而能愚，则天下之智莫加焉。”诸位圣人各有其角度讲这个注不会满盈、用不会枯竭的道，禅门用的是顿悟法，触及的正是宇宙万物一切问题的根本，所以不是描述性和逻辑性的，而是领悟性的。

在某种特定条件、情况、境地下，修者体悟到自己超越了一切时空、因果、过去、未来、现在，能合于道，和道相融不可分辨，也无法分辨，不再知道分别身心在何处时空和何所由来的因果，这个当下便凝成为永恒的存在。

然而有的名师偷梁换柱，将某种精神的欢愉、满足放大，说这个“当下”就是某种“链接”，吹嘘这种感觉是实在的，是被灵魂“引接”，这种快感就是悟道了，保持这种快感就是合一。由此，将悟道解释为某种快感，甚至有些极端分子要求信徒为此献身，领略去往天堂的欢乐。由于当下不可说，故被置换成某种感觉、某种“链接”，这是在欺骗无知者，如果误将直指人心、见性成佛曲解成某种快感、空灵、喜悦，这种解释害人匪浅。

活在当下，却又何必有此“当下”在?

如果执著了有某个当下真实存在，则所谓超越时间却又陷于某一感性时间中，既有感性时间也就必有感性空间。反过来说，执著某刻，即谈不上超越和永恒。直指人心的瞬间也能感觉，那么人心和感觉就可以画等号。

当下的时间是方便，空间无意义，没有任何可以执著的实在，却因为无执著的实在，而顿见实相。虚空既非实有，也非实无，因为本无所谓空、有。有与无、实体与虚妄、存在与消亡……是未经过超越的执著。

创造某种情感体验而误导人和宇宙链接的要么自己还在惑中，要么就是利益导向。

禅和老子、庄子、孔子之所以能相融无碍，其间有许多相通、相似之处，如空物我、泯主客、齐生死、亲自然、无我待，等等，中华文明浑然一体，你中有我，我中有你。

而这，不就是真正的中国文化吗?

“中国禅”合儒、道之精，将避世修行、固有形态、学术理论变成了一种充满了生意的花朵，通过和中国文明相摄相生，通过传统文化的各种表现，通过诗歌、绘画等艺术形式，在各个时期能给各种阶层的人平添诸多生活的乐趣、希望、寄托和力量。

真正的修行没有衰颓、消极、冷漠，也没有什么快感、激动、狂热，自然而然的就如花开草长，鸢飞鱼跃，日出日落，流水潺潺，无一刻不是生机盎然，无一刻不是自然而然。

归宗

春意融融，

拂面又新风。

心有灵犀一点通，

道远关山入梦。

箫鸣真空如如，

琴音玄机重重。

三界云深雾重，

法尔如是归宗。

雪山

悟义 著

道德经指要

（下册）

作者 悟义

非常

誓破牢关尘尘味，
秘在形山会不会？
千古万古谁是我？
道非常道拈花慧。

全书目录

注:下册插图共33幅,随文排。

下册目录

高明

茫茫人海潮,风落落,雨飘摇。
拈花梦醒时,心如沧海,音隐琴箫。
直指人心九重天,等闲看,一曲风波烟。
俯仰人间天上,纵马扶摇寻剑。

鲲鹏展翅驾长风,无上清凉峰。
青山执手望,悠悠荡荡,无语情长。
号角连营匆匆,任蛮欢喜乐不须从。
得意乾坤不住,须弥山顶从容。

第二参

虚心实腹

雪山

前言

清晨禅坐，听到门外传来淅沥沥的雨声，知了单调的鸣叫此起彼伏，哦，雨季到了。

雨滴稠密地顺着屋檐、墙头、树叶落下，如同断了线的珠子，最后连在一起形成水柱，这水柱在地上的一洼洼小水潭里溅起一个个水花，如同形形色色的迷你喷泉，落地的时候又变成了各式各样的小水泡，看起来就像一顶顶透明的帽子。

于是拿起蒲团转移到屋檐下来继续坐，闭目静听这时而淋淋漓漓，时而淅淅沥沥的雨声，声音忽远忽近好像能连入梦里，梦由是也变得湿润润的，雨声霏霏，非想非非。雨气空蒙而迷幻，细嗅，青草的香气依稀，偶尔还能闻到一丝混合的花香，再过一会儿似乎能闻到雨中还夹杂着蚯蚓、蜗牛、蜻蜓、甲壳虫、松鼠的味道，生命在雨季里都蠢蠢而蠕。

雨不但可闻、可观、可嗅、可触，更可亲，无论是伴随着石破天惊的雷电，还是疏雨滴芭蕉、骤雨打荷叶的起落，都能给人无穷回味。我听雨声竟饱含着各种凄迷声、纵情声、殷切声、呼唤声，饶是修行有多少极乐仙境在，怕也要人回到这悲欣交集的人间。少年听雨，只有风花雪月，为赋新诗强说愁；今居于茅庐听雨，心中海阔天空，莫愁莫愁君无忧。

再过一会儿，突然就万籁俱寂了，天地间刹那变得无声无息、无色无味。昨天早上，我从山下背了一捆干柴回小屋，在连绵不断的雨季，生个火炉子，温一壶清茶，就着雨点邀来往的清风对饮，和窗外的日月作伴，或抚琴低吟，或遐思绵绵，纵情山水，寄情人间，实是平生乐事。

这些天白天又闷又热，夜晚却不时有凉风，山谷里的小池塘，荷花正开得旺盛。

背柴上山的路上地面还有些湿滑，一晚的雨令路边各种花草的叶子上都滚动着一颗颗晶莹的水珠，踏着满地的碎槐花，我一步步调息缓行，逐渐不再感觉背上有柴。今天早上发现山底下几株枯死的白兰树竟然长出了一树嫩绿的新叶，心里就莫名地愉悦起来，为这天地间的生意，为这新生命的顽强。

走着走着不知怎地就把自己想成了一个成天负着硕大厚壳的乌龟，想乌龟看到白兰树焕发新生也会像我一样欢欣吗？于是不禁哑然失笑。地球上的水受到阳光照射后就变成水蒸气被蒸发到空中形成水汽，水汽在高空遇冷便凝聚成一些直径只有0.01—0.02毫米的小水滴，它们又小又轻，被上升气流托在空中聚成了云，再后就变成雨遍洒人间。它们如何被蒸发上升的过程是人所不能见的，然而它们下落的时候却是一切众生都能感知的。没有那虚无缥缈的升，没有那些不为人知的灼热沸腾、脱胎换骨，哪来这滋养万物的甘霖？

天道是平衡的，夏天的阳光最厉害，于是夏天就有最多的雨水。草木也在夏季疯长，人又何尝不是？最严酷的环境下，才是生命力最旺盛的时候啊！然而有些人害怕炎热，躲在阴凉的空调房里喝着冷饮，嘲笑着在炎炎烈日里挥汗如雨的“傻瓜”：有福不会享啊！待以时日，当在医院里猛然发现自己身心已经失去了排解湿毒的最佳时机，冰冻人啊！可曾知道世界上没有哪个药店能卖后悔药。人生不为人知的心灵成长是熔炉中的炼制，但哪一种严酷能阻挡熊熊的生命之火呢？而哪一种觉醒了的生命不应再化为甘霖滋养众生呢？这不就是轮回吗？

我正陶醉在各种思绪中，边走边傻乐，迎面遇到几位山民，彼此微笑地问候。他们看我被柴压得直不起腰的样子，便友善地询问是否需要帮助，我摇了摇头。我发现自己常常是在身体疲劳要到达极限时，能进入某种特别境界，这时候走路也仿佛没有踩着地，打坐仿佛飘忽在空中，灵感涌动思维活跃，初期常以为是自己的幻觉，后来发现这确实是身心完全放松了的表现，不是幻觉中的妄想。

身体疲劳时心灵并不会跟着疲劳，极致的身体劳累恰恰帮忙去除妄想，妄想在疲惫中不得不自动休眠了，就像蹦极的时候谁还能有妄想在？而劳累又和蹦极等刺激运动不同，大汗淋漓下通体舒泰，此时心灵是充实的、喜悦的，恬静不就是生命力的来源吗？怪不得祖师们每天农禅，这种劳动后咀嚼甘甜汗水的滋味，不可说。

山居生活是孤独的，然而每一天都感悟到：修行不应是冠冕堂皇的道理，而是能够身体力行地做，把学来的用在生活中，把各种心得付诸行动，利己利人，这才是最重要的。当一个人的名望、知识、财富、口才淹没了自心时，所有一切拥有的会变得对生命毫无益处。自满于自己成就的人，掌握的不是知识而是知识的残渣。“平常心是道”是切实的生活，和自以为是的人在一起，谁都会感觉疲惫，而和在修行中生活、在生活中修行的修者在一起，谁不感觉如沐春风呢？

修者的责任不在扮演庄严，扮演老师，而是透过自身始终如一的谦逊、正直、坚持积极回向大众，比道理更重要的是行动。修者效法自然，学生效法父母老师，名满天下、富甲一方这些名利如果能用来弘扬真善美，令凡夫效法正道，亦是善莫大焉。

修行的目的不就是用功夫打开智慧，用智慧唤醒愚昧，使慈悲不离人间吗？凡人之凡，在于执著于有；圣人之圣，在于从心所欲，以无为有，观世事无常，而知晓因缘缘起之妙。

本书上册阐述了我对老子《道德经》中道脉、道理、道法、修道的一些思考和心得，或许与读者们常见的主流注释有区别。窃以为对于现代人来说要和老子的智慧相应，用习以为常的成熟观点是不容易走进老子的。老子是圣人，其发心、用心处，不能用凡心、凡理、凡学去分析比较。我并非认为用学术、哲理等解读老子不对，只是想多用一种角度启发不同的观点和认识。

《道德经》之妙在于老子在书中慈悲地将人们如何从宇宙万物中获取

信息之"机"藏在文字里，他说了宇宙万物之间的关系，说了如何平衡，说了人何以为人，也说了什么是道，什么是德。为什么人需要修道、契道、合道？没有具备德，为什么就无法见道、合道？古往今来有诸多《道德经》解释，大多数方向是一致的，其中的变化不过是不同说法、不同的历史考证、不同深浅的解释，从根本思路上来讲，区别不大。

就像在路上有人可以跑步散步，有人可以开车骑车，行者的速度有区别，但道路是一条。"道可道，非常道"，常道上当然有道，那么是不是也该去非常道看看？您要走进老子，就不能隔着宗教、商业、鸡汤、知识和论文。

古往今来，有些注经的文字跟经典本身关系不大，借他人之口，宣自己之声。如韩非子的《解老》《喻老》就是他选取《道德经》中能佐证自己学说的章句用以宣讲法家，再如王弼借老子说自己的"贵无""本无"，其实老子并没有说过无在有先，可惜王弼、何晏等人没有看到楚简本《道德经》，如果看到其中"有生于无"还有另一种说法是"天下之物生于有，生于无"时，会作何感想?"有生于无"不应解读为"有"和"无"是先后、本末的关系，而本质是并列关系，先后只是相。

借经典说自己的话这本没有对错，每位作者注释都是如此，但如果解读之人只是知识人，这就不全面了。可以说作者越通达，则其解读会相对全面，并且能否用当世语言解读出当世人所需要的真意，这取决于作者本人的认识和修养境界，能否独具慧眼将容易被人忽略的内涵挖掘出来，令到读者有时豁然开朗，有时耳目一新，有时不禁莞尔，会心一笑。如果可以，那么借经典说自己的话又有何妨？

经典之所以称之为经典，本就是需要隔段时间重新解读的，时代日新月异，人从表面上看，身体的宏观结构几千年来都没什么变化，但是精神世界、情感情趣、认知水平、学习能力、生活方式和古人一样吗？呼吸的空气呢？生活的环境、日常的饮食呢？现代人除了和古人只是形似，生命状态和能量结构都已经大不一样了，经典如何能不再次按照现代人的习惯、理解程度重新解读呢？

有学生问我，为什么很多古法今天用起来不好使了？为什么完全根据古书上写的方法修炼，成就者越来越少了？因为人变了，法，焉能不随之而变？

本书有部分历史记载和传说故事，和其他历史书不同的是，我试图在发掘这些历史和传说的侧面和背面。我们不能只会用一种眼光看待事物。哪一段历史不是当代史？哪一段过往不再重演？参悟历史不也是实修吗？人的记性其实最不好，不及时提醒，许多人会忘却教训。提醒是一种反思、重审、警告和鞭策。历史如镜，修行亦如镜，目的都是照见人的本来面目。

但读历史、读传说不能只有一种眼光、一个角度、一个认知系统，这样容易出现误读，常道和非常道并举才能契合全然的道，同则不继，和实生物。春天如果只盛开一种花是单调的，为什么最适合人居住的是温带？温带四季分明，温度、湿度、寒暑因季节而变化，人随环境调试自身，变在其中。生命的活力也需要丰富的自然变化，丰富才能激发生命的适应性、转化力，百花齐放才是春。

真理是在不断的对抗、争鸣、反思、总结中激荡出的火花，没有真人哪有真理？没有另外一只眼，哪见天外有天？我们常常抱怨环境干扰太大，是因为我们定力不足，埋藏在噪音之中也有道，能洞察先机者是被历史记录的人，也是书写历史的人。修行是内证境界，如人饮水，冷暖自知。在实修层面，所有的法都是共通的，老子是真人，真人没有不解历史的，孔子修订《春秋》，老子著《道德经》，这些当然不仅是学术层面的意义，而是留给后人的登天梯，包含了无量无穷的道法。没有实修的后人学历史以为是看故事，学哲学以为是思辨争论，把不可或缺的实修实证有意无意地过滤、消解、抛弃了。这不是后学有意覆盖，而是其学习体系内如果缺少实修，就会形成片面认知，而将真人密意过滤掉，变成专业数据、论文、知识，而文字背后深涵的妙法不通过实修实证是难以契合的。不能深入简约之言背后的层层证量和深深法量，能说自己懂了《道德经》吗？道靠证得的，证量是一种体悟，提高悟性是修行的根本目的，而内证境界本是不可说的。可是不说人们就无法窥见道之端倪，故老子说："道之为物，惟恍惟惚。惚兮恍兮，其中有象；恍兮惚兮，其中有物。窈兮冥兮，其中有精，其精甚真，其中有信。"

其中有象，其中有物，"物""象"里就包含了名、言、教、理、文，其作用在于化。我们从物、象入手来契道，最后要化成天下。道之微妙，隐于夷、希、微，如同佛法的空。道、空是不二的，空是丰富多彩的有无相生，道是忽隐忽现的体用不二。空，不可知，不可思，只可觉，无法解。罗什大师说：无常是空之初门，这说明空有很多阶段。比方说我们抬头看天，天上面有云，云上面还有云，再上面还有天，天是一层一层的。人立了一个点才能往上看，然而您的视力只能见到一层天，天外有天不是肉眼可以看到的。然而没有立足点就无法看，有了立足点却看不到层和层之间、高和低之间是平等的。立点的目的不是为了分别高低、上下、左右、对错，能立一点而不执著于这一点，就是圆相。

地球上的空和宇宙上的空有区别吗？可能气体成分不一样，在意义上有什么区别吗？因为我们是人，就已经立了一个点，所以感觉空气有区别，含氧量不同对人体的健康有影响，可对不需要氧气的生物来讲，有没有氧气有什么关系呢？色就是那个点，空就是那个圆，空密密层层，色包罗万象；然而色不异空，空不异色，色即是空，空即是色。因为立了一个“我”，“我”就是常，无我就是无常。没有一个常的“我”不就是无我吗？无我，是不被“我”这个立足点束缚，妄心即“我”，真心无我；以妄心看世界只能看到幻相，以真心看世界才能看到天外有天。

佛法说空，有人空、法空、空亦空之层层递进，这还是立了一个点后，有上下先后的假象。例如道有天道、地道、人道、商道等，立了一个点就有成住坏空，就有判断。庄子说：“言则失其常，名则失其真。”道本身是无常的、空的，落于名而失去了无常性，就变为常和概念了。“道”被命名了，人们就马上会把名当成一样真实存在，就像“水果”只是一个概念，根本没有一样东西叫“水果”，也没有一样水果不是“水果”。名言概念被人们独立出来成为单独的存在后，就和本体失去关系。

或许有人认为这些说法不符合逻辑，学习就应该像爬楼梯一样，一步步走，没有前人的基础能登顶吗？这话不错，学知识需要爬楼梯是积累，而悟性却无法积累，六祖惠能大师的顿悟法门，其精要在于顿悟，即悟道，道本来就不基于逻辑，不基于学历，不基于时间，不基于空间，只要有悟性，就能和道相应。什么是相应？心和道同频共振，谁都可能听到微细的道音。您为什么就不能和孔子、老子等各位先圣唱出一样的音符呢？就是因为有碍，故此没有基础未必不好，没有了所知障，领悟或许更快，《道德经》是逻辑性的著述吗？前言搭着后语吗？有迹可寻吗？您能找到北吗？老子云“善行无迹”，是“善行，无迹”，还是“善、行无迹”呢？

真正的善行者，是无辙无迹的。鱼游水中、鸟飞空中、日月星辰都看似无辙无迹，但实际上鱼有途，鸟有路，星辰有轨。只是人类的肉眼实在有限，看不见这无形的道。中国人讲的道、禅和西方人讲的文化是有区别的，道、禅是从本体的角度讲，讲万物、万事、万有背后无形的玄机，而文化、文明是从用的角度讲，西方人注重表现形式、可复制性的应用范围，故，东方和西方着重点差异在于此源头的内外之别。外在形式讲究“相”，老子的道、惠能的禅核心是破相显性，注重本体，假名称之为道、禅。相是现象，千变万化，如万花筒的花色，由此着手属于形而下。而万物、万事、万有的本体，其内在的价值、意义、变化是现象的缘起之因，明因则能知果，凡夫看重结果，圣人看重源因，故而能制果、驭果，因地下手是道、禅所涉及修证的领域。

能获得究竟圆满的人生大道，是基于了悟的境界，文化仅仅是社会、生活、事业的一部分内容，在空间上，文化有其社会、地域、民族的背景，在时间上，文化有其鲜明的时代性以及每个年龄段、性别、民族特性，而道、禅却是超越时空局限的。本书所讨论、探究的是究竟的人生该如何与道、禅相应，通过《道德经》如何能发现老子智慧的玄机。道虽无形，但行，为位移，必有其痕迹；言，为表心，必有其动机，然而智者善隐。其行、其言中之玄机不为粗心人所察觉，这种能量就是善闭。善闭，即有如如不动的定力，老子说合道者随时可以关闭对外空间，开辟出另一个空间，即“结界”。达摩祖师云“心如墙壁”，智者不受人愚弄，不盲从盲学，心不外驰，合于天地造化无为大道。

如何开启智慧？唯有至诚！至诚能通神，神能通道，炁能通体。其实暗物质、暗能量哪一样没有轨道？只是凡人不识而已，能识别无形之道的是灵性。有灵性的人善言无瑕，天地无言而有大美，昊天无言，苍穹无言，宇宙无言，星辰无言，唯有合道者能解读天地无言之境。

人类的进步来自突破，突破和创新不同。人类的苦难往往来自某些聪明人的理想主义，这些人爱创新，人最难突破的不是外界环境和条件，而是自己内心的自我局限。创新是基于聪明，宇宙间其实没有什么是新，也没有什么是旧，每天升起的太阳是新还是旧？您悟道的悟性是新还是旧？道是新还是旧？所谓的新想法其实就是心中的意念，聪明人不断“创新”，不断“成功”，是不明白宇宙法则无新无旧。世界的灾难不来自跟风者或盲从者，老好人闯不了大祸，充其量成天迷信祈祷平安无事、升官发财、子孙孝顺。而聪明人则不然，这些人中大多数有自己的理论体系，如果其成了狂热的理想主义者，不断创新、改变、扭曲自然规律，这才是人类的苦难。

老子不是聪明人,《道德经》里处处都在体现聪明和智慧的区别,智者大智若愚,大巧若拙,大音希声,大象无形,大盈若冲,大辩若讷,大方无隅,大直若屈,大成若缺……凡此种种,都在讲人何以智慧处世,何以面对世事无常,何以把握人类、自然、万物、万事、万有之间的动态平衡。智者是开放的、宽容的、谦虚的、无我的,更重要是现实的,不会消极厌世或理想主义,不会苟且偷生或愤世嫉俗,不会怀才不遇或自私冷漠,不会得过且过或沾沾自喜,不会眼高于顶或随波逐流。

我们今天再读《道德经》,目的在于契合老子的智慧,注意本书要解读的是老子的智慧,而不仅仅是道家的智慧。老子文字背后的深意对于不解的人来说是一个个谜团,时时处处是玄机。东风不是诸葛亮自己吹出来的,为什么他人不知?为什么他人不会用?能于万丈红尘中见玄机者,必是明眼人。请读者们务必不要带着学术见解、逻辑思路来阅读本书,每个人的境界会随着心量时刻变化,道一直都在,您的心量变了,所见、所闻、所触、所感就会日新月异,笔者的目的不在于为读者增加新知识,而在于帮助读者除妄。

人人皆有佛性,障碍您合道的是不切实际的理想和固执的成见。合道的人为什么是平凡的?因为其比任何人都清楚人性,人性之善和人性之恶共存,也比任何人都能通达天道。天道无善无恶,既是公平的又是诡异的。一方面您的本来面目是清清明明的一点灵觉,人人本皆有悟道的可能性;另一方面却因为各种自以为是的喜欢、聪明形成了自己的习气,故而在人生路上流离失所。苏东坡有一首给儿子的《洗儿》诗曰:“人皆养子望聪明,我被聪明误一生。但愿孩儿愚与鲁,无忧无虑到公卿。”凡人皆巴望着自己孩子聪明伶俐,而聪明绝顶的苏东坡却巴望着儿子愚与鲁,这是为什么?

聪明的人,习气更难转化。好学,求知是习气;无知,舒服是习气;懒惰,找借口是习气;自卑,证明自己是习气;无能,巧言令色是习气……没有一面镜子,谁也无法照见自己的样子,没有打开慧眼,谁也看不见身后的路。因为各种习气障眼,绝大多数的人成为凡夫,但可怕的是许多人不思变革人生轨道,而自甘于沉沦。这不由让人想起自然界的变异,基因大部分以病态和退化为表征,换句话说,有生命能真正成就,其中包括了大数量的自然淘汰作为优良变异基因的陪衬,这就是宇宙隐形的法则。

不进则退,自然界、动物界是适者生存的,但人不应是。秉承天道法则的大人、道人、君子、禅者是能补天地自然不足的人。佛由人成,人成于世,这就是生命的质变,任何人来到世间都有使命,这种使命不在于福禄长寿、子孙满堂,而在于通过修炼自己觉悟后能返回世间,照亮迷者前进的路。

老子云:

> 天之道。其犹张弓与,高者抑之,下者举之,有余者损之,不足者补之,天之道。损有余而补不足。人之道则不然,损不足以奉有余。孰能有余以奉天下?唯有道者。是以圣人。为而不恃,功成而不处,

其不欲见贤。

天之道是损有余而补不足的，自然界优胜劣汰的法则只是天道法则的一小部分，它秉行适者生存的优生率，这属于相生相克中“克”的世俗面。而合道的人是反其俗道而行，能舍己救人、慈悲济度、关怀弱小、尊老爱幼，用自身的功夫智慧补救自然规律中的漏洞，反者道之动是也。

自然界皆益之而损，或损之而益，修道的人却无私奉献，修行境界越高则越有力量解除困境，救苦救难，利益社会，而能保证其无为无不为行为背后的，是善于驾驭“道”相生相克的即时作用力。人道为什么是损不足而奉有余的？因为凡人奉行动物性、本能性，由于私心重重，即使聪明也不知万物万事万有的实相。例如科学家托马斯·米奇利发明了氟利昂和含铅汽油，四乙基铅提高了汽车发动机功率和效率，却使无数人遭了铅中毒的殃；氟利昂是完美的制冷剂，却破坏了地球的臭氧层，加剧了温室效应。科学家的各种创新发明能给人类带来繁荣的商业，却无法保证后果，塑料的发明难道不也是其中深刻的教训之一吗？

人类在享受便捷时却忘了什么是宇宙的动态平衡，科学接管了自然的选择权。塑料发明前人类没那么多消费，飞机发明前人类没那么忙，笔者的意思不是说创新发明不好，而是人作为灵性之王，要懂得如何保持内心的清明。不要用欲望、利益指导人生方向。科学本应是为人类谋福利的，如果某项发明反而令人类变得更加自大、懒惰，令地球环境加速恶化，令动物濒临灭绝、生物链断裂，这是进步还是退步？聪明人爱发明创造，却不知其未来结果绝非人力所能挽回。现代科学想找到离开地球去其他星球生存之路,然而宇宙虽大却有哪里能安住人类躁动的心呢?

我们今天重解老子智慧,是希望越来越多的人开始反思,重新审视自己。有智慧的人为而不恃,功成而不处,其不欲见贤。这些人能时刻调试自己的位置,修正自己的行为,能心态开放而不偏激,能包容不同见解,尊重不同文化,这样的人会被别人看在眼里记在心中,时机一到一呼百应,众望所归,这就是道德之“德”。觉醒的人不会去寻求开悟,醒来的人不会更醒。

许多人提到修行和修道就误解要羽化登仙,好像修行就是为了骑着仙鹤飞去极乐世界一样。如果这样,庄子何必借用譬喻、极尽想象写那么多的文呢?庄子一生穷困却不潦倒,不入朝堂为官靠卖草鞋生活,这是庄子的仙境;颜回一箪食,一瓢饮,身居陋巷不改其志,人不堪其忧,回不改其乐,这是颜回的修行。净土不是现实外的逍遥世界,而是能在人世间逍遥游。山林里的鸟、兽逍遥吗?最恐惧的就是它们,时刻警惕着,睡觉的时候都得睁着一只眼。庄子衣食有忧仍逍遥自在,不为物质奴役的人生才能自在。修养是百炼金刚化为绕指柔,有无穷的适应性,却没有任何依赖性。

书写这本书的时候,时在酷暑,写作的过程中通体肿胀,然而却始终是满心欢喜的。如果能为读者留下一些思考,从思考中得到一些启发,从而改变一些观念,或者发出利益大众的心。这不就是先行者的意义吗?我们最终是从哪里来,回哪里去?有什么来、去?法非世智,不为世利,域外说法，入梦说幻，只为破幻。

读者读“中国禅丛书”，不一定要按照顺序来读，其实一念当中就有生老病死、成住坏空。每一法、每一参都含摄其他方法、其他内容，故而《道德经》短短十几个字的原文，笔者在此却要用二十几万字来深入。许多人反映，读书读不懂，要知道读书不是为了读懂的，而是为了启发您思考的，您需要从中开启悟性，而不是死记硬背什么。记忆需要大脑，需要一般的认知基础和起码的逻辑推理能力，但智慧的生成是反思的过程，所以有些读者读了几小时书，脑子里没记住多少，为什么合上书，身心却莫名地轻盈？道法是为了随缘解缚，如果偏重于系统和逻辑，道和禅法就会变成学术和道理，法是为了破相，而不是为了着相。

真正的经典向来没有先后，翻开哪一页都有全部内涵，这就是圆、零。零为什么不可穷尽呢？因为放在任何一点零都能起作用，放在前面是定位作用，放在后面是增加作用，变化无穷。用，岂可穷尽？老子的道，既不是逻辑，也不是反逻辑；既不是说教，也不是反说教；既不是名，也不是无名；既不是常，也不是非常：离四相，绝百非。书，触动的是心灵；读，启发的是悟性。不要轻易下结论，阅读提高的是明辨力，修行提高的是不动心，感性和理性本来纠缠不清，不被认识的生命和世界也本来混沌。修养是实践，需要参悟，需要熔炉，需要方向，需要师父。

您不必着急，在没有开启智慧前，谁都是懵懵懂懂地活在无明中。还有人说随着读书、参究，时不时地会偶遇一些灵感，那是悟性来敲门，灵光乍现时会照亮无明的死角。多一点灵光人生旅途就会多些敬畏，多些谦虚，多些身体力行。当我们常常能够邂逅灵感，曾经疑惧的心会突然不再张望和恐慌，就会不再急于解开每一个谜团，不再希望解决所有的问题，而是明白在此过程中以无尽的慈悲从容以待，人生会在淡泊间衣食住行皆妙趣横生。

有什么问题不是最终自然而然被时间化解？其实时间能化解的是原本不存在的幻想，时间化解不了真相，生命的无穷妙有，宇宙的无尽玄机，不是时间所能带走、所能化解、所能保存的，它生生不息，从来也不曾有尽头。

感恩中国禅智慧导师楼宇烈先生！

感恩恩师雪山静岩博士！

感恩诸有缘！

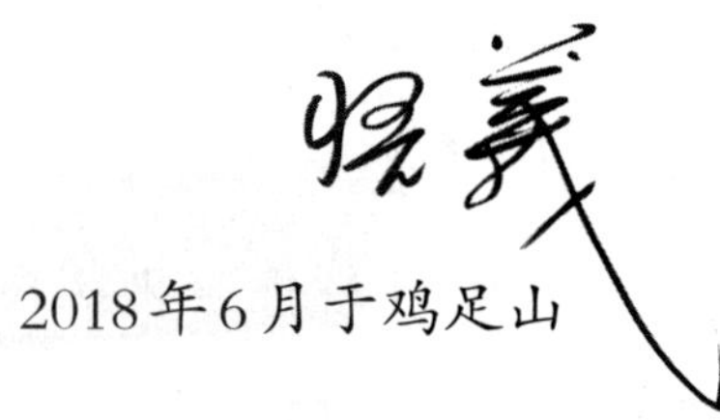

2018年6月于鸡足山

常心

普门夕照黉，
拂柳风清扬。
炊烟西峡谷，
风送百花香。
对境清净坐，
往来红尘忘。
法雨萌萌时，
常心不思量。

【原文】

圣人之治，虚其心，实其腹，弱其志，强其骨。常使民无知无欲，使夫智者不敢为也。为无为，则无不治。

第一节　内、外

笔者发现有些人一看到“常使民无知无欲”这些个字，就习惯性地认为这是愚民政策。故此我们有必要先谈谈“治”，治可分内治和外治两部分。

道家重内治，儒家亦是，所谓“自天子以至于庶人，壹是皆以修身为本”，修身是君子立身于世的根本，是能施行仁义的保障。所谓格物致知、正心诚意、反求诸己、慎独、知止后定等，是君子必修的法门。君子的终极目标是齐家治国平天下，这是需要以修身为基础的，修身的方法是格物致知、正心诚意，这些都是内治。天下是无限的，包括了有形的国土和社会、无形的人心和文明，推而广之从有限到无限的进程中。人之为人，我之为我，既不应是个人主义也不应是集体主义，个人和集体不是应该偏执而是能全然通达的，君子通过修身完成统一大我的建立，从有限之个人、家、国到无限之天下，再从无限之天下回归有限之生活，极高明而道中庸，这中间的桥梁是——修身。也就是说，不修身，人之内外必然分裂，难以统一，如分裂则知行不合一，绝非中正、中和、中庸。

禅门呢？自始至终都强调自修自证。由自我修证终而发出对生命的大悟，这必然基于以内治为基础，否则叫戏论、文字禅。可见内治是儒、道、禅三家修法的核心，虽各家方法不同，但通过内治而使学人自觉自律、自强不息的核心点是共通的。没有变味的中国传统一切修门皆强调以内治为本，无欲是内治的结果，无知是内治的作用。

一谈到无欲不少人又开始误解，以为无欲是消极的，什么也不用追求了，什么都不想做了，说这就是无欲。这些人把无为、无欲统统曲解成了保守、消极、避世。什么也不追求了那还求法做什么？什么都不想做了还要大慈大悲、普度众生做什么？这样说是自私，不是无欲。无欲是指无私欲，利益众生同样是欲，《易》云："观乎天文，以察时变，观乎人文，以化成天下。"如果一味消极，凡事提不起精神，这绝对不是修养的目的。如果都这样，个人和社会哪里还有什么活力和生命力？这种被曲解的无欲是令人反感的，这些人自视清高，说话阴阳怪气，最缺的就是一颗柔软的慈悲心。

真人、君子、禅者要自律，自律的人才有自由。心灵的自由即自在。精神富足的人无论经济条件、身体状况、周围环境、社会认同的外在条件如何，我心光明，无所拘束。如果心灵不自由，光外在的条件自由，能自由花钱，能自由说话，能自由吃喝，能自由出行这些都是浅层的自由，不能作用于人的深层意识和精神。人唯有通过修养能调动、发挥深层精神的力量，才能是一个能自主的自在人，这个基础是能自律。此乃：慎独。

自主的人能为父母而慈，为人子而孝，为公民而义，为事业而仁，为修者而精，为苦难者而悲……不迁就、不凑合、不躲避、不牺牲，真心诚意，尽生而为人的本分，自尽了小我乃成就大我，视生死、荣辱、得失如云烟，这种人是真心英雄。儒家所谓忠恕者，忠是忠于己心，即初心、赤子之心、道、仁；恕是推己及人，即慈悲、关怀、德、义。中国传统智慧是统一观，我心即人心，人心即我心。

老子云："圣人无常心，以百姓心为心。善者，吾善之；不善者，吾亦善之，德善。信者，吾信之；不信者，吾亦信之，德信。圣人在天下，歙歙焉，为天下浑其心。百姓皆注其耳目，圣人皆孩之。"此种儒、道、禅皆同之心，谓之"性"。

人之为人，不在于性别、年龄、地位、学历、财富、健康之差异，而在于如何启发人性中善的部分，放下生老病死、七情六欲之小我，契合不生不死之大我，谓之修养。如果刺激、沉迷人性中自私的部分，喂养小我，谓之堕落。

通过修养法契合的大我和西方文化之"我"不同，大我乃是人主动通过修炼不断成长、完成的，故能以微弱之躯发出全然、整体、无限的和日月同辉的大心，能和天下万物、万事、万有相互感应，互通有无，融为一体，各成其所成。

生而为人的责任是什么？就是无私奉献。日月无私，土地无私，花草树木亦无私，宇宙万物几乎都是默默奉献的，人类呢？在西方思潮下越来越物欲横流，认为无限制索取是天经地义的事情，认为生而为人就要不辜负"我"，小我要学会在你死我活的社会中竞争，优胜劣汰，适者生存；反过来说，不能适应就该死。这套思维的逻辑是开发——破坏——重新再发现——再开发——破坏，人变得越来越自私，偌大的地球早已满足不了人类的欲望。人本是自身灵性之主，却摇身一变成了万物的主人，一方面拜物，一方面拜神，看上去处在食物链顶端的人在地球上没有天敌。

自从19世纪工业革命后，由于人类只肆意开发资源，而忽视了生物多样性间接和潜在的价值，忽略了万物的统一性，使地球生命维持系统遭到了无情的蚕食。由于人类的干扰，鸟类和哺乳类动物灭绝的速度提高了大约一千倍。经粗略测算，这四百年间生物生活的环境面积缩小了90%，物种减少了一半以上，蝴蝶、甲壳虫及蜘蛛等无脊椎动物的数量已经减少了45%，其中热带雨林被砍伐对物种损失的影响突出，现在物种灭绝的速度是每天减少50—150种。最新研究显示，蜜蜂蜂群出现了一种令人不安的变化，也就是"蜂群崩溃综合征"，蜂群数量每年以大约30%的速度在减少。蜜蜂的灭绝会引发多米诺骨牌效应，大多数农作物都依赖蜜蜂授粉。我们还能给后代留下什么？失去了地球母亲，人类该何去何从？

欲望的膨胀使得人类只知加，不知减，由于自大和傲慢，得到不感恩，失去不收敛。现代世界是由美国文化主导的，现代东方人的教育方式、价值观、人生观、世界观、宗教观都受到西方主流思潮的巨大影响，甚至有些地方全盘西化。不可一世的美国人，其依靠掠夺、欺压而发展的思想一直是主流。我们如果去看看常青藤各个名校的实验室，去仔细思考一下这些实验背后给人类的改变，大多数人会毛骨悚然。各个先进的实验室多数一面是上帝一面是撒旦，您从报纸上、书本上能看到的，不过是别人希望您看到的部分。真相？什么是真相？有真相吗？

我们不得不去回顾一下美国人的历史，美国是如何建国的？《世界通史全编》这样写道："在当时世界'文明'的国度美国（这里指美国独立前的十三个殖民地），这种种族灭绝政策，来得更加凶残。他们一再提高屠杀印第安人的赏格。那些谨严的新教大师，新英格兰的清教徒，1703年在他们的立法会议上决定：每剥一张印第安人的头盖皮和每俘获一个红种人都给赏金40镑；1720年，每张头盖皮的赏金提高到100镑；1744年马萨诸塞湾的一个部落被宣布为叛匪以后，规定了这样的赏格：'每剥一个12岁以上男子的头盖皮得新币一百镑……每剥一个妇女或儿童的头盖皮得五十镑！'"

从美国政府正式建军开始，军队西进大规模征剿和屠杀印第安人，从1803年到1892年，各任总统都公开支持对印第安人的屠杀，这种状态维持近一百年。从哥伦布1492年"发现"美洲新大陆始，源源不断的欧洲人开始"入侵"美洲。1620年遭到迫害的英格兰的清教徒乘坐"五月花"号船来到马萨诸塞州的普利茅斯，但生存却成了问题，他们在当地淳朴善良的印第安人帮助下，学会了种植玉米、狩猎、捕鱼等本领。由于印第安人已同旧大陆的人类隔绝了上万年，欧洲人无意和有意带来的病毒，天花、麻疹、白喉、伤寒、腮腺炎、流感等流行病，加上大规模屠杀，给印第安民族造成了灭顶之灾。当时在美国境内居住的印第安人总人口近1亿，而到20世纪70年代，被迫分散在美国全国各穷乡僻壤的"保留地"里的印第安人总人口还不到八十万，八千多万人哪去了？

现代人喜欢跟着美国人一起过感恩节，感恩节的来源本是场悲剧，我们被商业驱动盲目跟风过洋节，是不是该停下来反思一下了？宇宙法则本以慈悲喜舍为相，我们理应敬畏无私奉献的人类精神。东方文明从来都是主张和谐、平等、共存之道的，中国传统强调的修养根本，在于人能内治其身，外治天下。内圣外王两两并举，一切众生相辅相成，老子谓之“道德”。

对于人类的欲望，圣人们洞若观火，对治的方法老子说无欲，孟子说寡欲。《孟子·尽心上》云：“养心莫善于寡欲。”也就是说没有比减少欲望更好的养心方法了。人的基本修养就是欲望清净一点、节制一点。那么老子为什么用无欲这个看上去极端的词？其实老子也不是没有说寡欲，曰“见素抱朴，少私寡欲”，说人要适可而止。但是强调无欲和修炼有关，运动是循序渐进的，是可以节制的，而修炼则不然，多数是极端的，炼要火中生莲，修人在烈火中重生，如凤凰之涅槃。如果马马虎虎，那叫养身。

养身可以自己看书试验、琢磨，反正无大害也无大进，自己喜欢就可以了。而修炼不同，极端有两面性，如果走错了方向非常可怕，修炼必须走对方向。我们从历史上看，服丹就是一个反面极端的例子。就我们熟知的帝王来说，秦皇、汉武服丹大家都知道，东晋司马丕25岁时，辟谷服饵药以求长生，结果暴毙。此外据《旧唐书》记载，唐太宗李世民也是吃古印度方士的丹药突然驾崩的。由于李唐王朝尊老子为祖先，由此带来的炼丹活动达到了登峰造极的程度，成为遭受丹药之毒最严重的朝代。不可想象的是巍巍大唐，除太宗外还有五位皇帝也死于道教的丹药，分别是宪宗、穆宗、敬宗、武宗、宣宗。

到了明朝，帝王依然是尊崇道教的多，注意笔者说的是道教而非道家。嘉靖皇帝死于著名的红丸案，除他之外明朝皇帝们普遍早逝，这与乱服外丹有没有关系呢？那么清朝呢？令人意想不到的是雍正也有可能死于服丹。雍正帝热爱修行广为人知，禅定修为达到了大境界，并常常在朝堂上给大臣讲法，国家在他的治下也逐渐走向鼎盛。然而谁能想到他会在圆明园中偷偷炼丹？他58岁猝死，当时没有对外公布确切死因，而那些珍藏于紫禁城的皇家档案现如今终于公开，雍正炼丹的秘密也随之揭开面纱。

纵观中国历史，炼丹术萌芽于战国时期，伴随着历代帝王的推崇，在民间蓬勃发展。但请读者们思考为什么热衷于服丹的朝代里独缺了宋朝？此外这些帝王为什么明知老子、庄子都不曾服丹，也从无推荐他人服丹，他们前赴后继、无畏无惧地往自己嘴里送毒药，勇气从何而来？修炼外丹的中国道士可谓是化学家的前驱，其中的配药越往后越匪夷所思，服丹的勇气也只能用信仰来解释了。"信仰"本是中性词，中华文明的信仰本是"上薄拜神教，下防拜物教"。

《中庸》曰："至诚之道，可以前知。国家将兴，必有祯祥；国家将亡，必有妖孽。见乎蓍龟，动乎四体。祸福将至，善必先知之；不善，必先知之。故至诚如神。"儒、道、禅等各个修行法门都承认人能通神，但这种通神的境界前提是至诚心，真正神通就是一念至诚。至诚是不思而得、不勉而中，喜怒哀乐未发之谓"中"。故此，中国人的神是"至诚"，至诚的人，心与神、菩萨、圣人、日月星辰同频，这既要从学问证入，也要从专修契入。

在世人眼里不可思议的炼丹其实不是东方人的专利，西方人也炼，不过是炼金。炼金术最早起源于古希腊，在现代化学出现之前，存在了至少

2500年之久，在这个过程，一些著名的学者涉足过这个领域，比如摩尔、巴宾顿、巴罗、牛顿等。世人一直不解牛顿为什么会痴迷炼金。牛顿追求的是真理，求真是科学的核心精神，他不解古希腊“原子论”的一个经典问题：如果物质是由一些极为微小的原子构成，那么原子间是否存在空隙？如果存在空隙，那么它们是如何跨越空隙联系在一起的？力是如何传达的？为什么磁铁和金属可以相互吸引？为什么月的阴晴圆缺可以制动潮汐？现象的力背后是什么？

牛顿认为物质是一种被动运动，他没法解释生命为什么能有活力，他觉得这是一个不可追寻的源头。他以及他同时代的学者面临一个重要悖论：如果原子只有机械运动，那么物质必然是统一的，也就是说不应该有多样性。然而就连金属都有多种，当然牛顿认为金属也是在生长的。故而，他推论原子应当还同时存在一种“增殖运动”，即“发酵”。除了牛顿，笛卡尔和莱布尼茨也研究过“发酵”，只是牛顿更加痴迷而已。他为此专门分出了两个学科：一门是“化学”，一门便是“炼金术”，化学是为了处理原子的“机械运动”，故称作是“粗糙的”；而炼金术是为了研究“发酵”，故称作是有“活力的”，“炼金术”研究的是物质微细不可感的性质如何由“一”变成“多”，这种多不仅是量上多，也是质上多。

在牛顿看来一定有看不见的手在操纵着力，力不应是随机运动，那么看不见的手是不是“上帝的手”呢？宗教说是，可牛顿自始至终只认为是不可思议的“某种力量”。

炼丹、炼金都被世人以为是不科学，然而通过炼金来丰富科学理性缺憾、寻找物质之间变化秘诀的牛顿是令人敬佩的，只是如果光靠炼丹、炼金、化学等外力成就就不够了，外力是一种助缘，成就的根本还应往内找。

令牛顿大惑不解的“力量”，老子说是“道”，孔子说是“仁”，惠能祖师说“不二”，即“初心”。“初心”是什么？是合于道者能时刻契合自性的一种心态，带着这种心态生活，便是生活禅；带着这种心态修道，便是无为而无不为；带着这种心态学儒，便是内圣外王的大丈夫。

生命活力的种子就是初心，越是能和初心相应的众生，越无私、无畏、无我、无惑、无惧，生命没有遗憾；反之，则越活越分裂、越痛苦、越冷漠、越势利、越不安。忘了初心的人，有的人也在认真学习，努力工作，精进修行，但沙子再怎么煮也不会变成米饭，初心已失的人，其特点是无论怎样都不幸福、不安心、不知足。

人失去初心必陷入无明，分不清善恶的根本，搞不清意识行为从何而来，只能看到表面现象，看到万花筒里的花色，必然安全感匮乏，这种匮乏只好用忙碌来填充。不忘初心的人，能把“我”全然交出去，融入天地，全然地信任，坚信宇宙的终极法则，即“某种力量”是真正的公平，这种公平化演出生命的生死、起伏、变异、兴衰。所以无论高耸入云的山峰还是低洼浑浊的池塘，无论是参天屹立的大树还是岁岁枯荣的小草，没有谁可以替代谁，没有什么值得骄傲，没有什么应该自卑。牛顿不解的这种力量，是“心力”，其有广、正、安、平、虚、定、净、容等特点，无限量，无始终，无定性，无分别，无主宰。

牛顿至死没明白力是有源无头的，宇宙间循环往复，生克摩擦，各相转化，尸腐为养，水热成气，一切生命之力是常新的。源头不可说，人唯有通过修炼契合大道，而无法靠炼丹、炼金推演出结论。

信仰是面“双刃剑”，智慧的信仰能令人变得坚强有力，活力四射，而愚昧无知的信仰会让人变得疯狂而不可理喻。古往今来，宗教狂热者以信仰为名发动的战争还少吗？荼毒生灵、打击异教徒的时候，博爱何在？智慧的信仰源于自信，自信才有他信，一个连自己都不信的人只会迷信，发不出真正的信心。如果宇宙中真的有上帝之手，那么一定是人性中的良知，良知启动良能，由此焕发生命中真正的信心。三祖云“至道无难，唯嫌拣择”，六祖云：“圣人求心不求佛，愚人求佛不求心。”合道是不需要假神力的，能自信、自觉、自强、自律、自立、自爱的人，怀着挚诚之心推己及人，以教而化，以修而悟，以退而进，以无为而无不为，以中庸而大同，以平常而生活。

未来世界人类会给自己另外创造一个现实世界，用科学的方法帮助人们从这个现实世界里的烦恼、抑郁、无情里“解脱”，没想到，是科学最终完成了人类千百年来“解脱”的难题。人人都可以带着虚拟的面具在另外世界自主投胎、多次投胎，想投什么胎就投什么胎，看上去完全主动，人变成了神，可以随心所欲创造生命。以后再提及“心灵”“意识”这些词会被人嘲笑，要这些没用的东西做什么？科技会创造新的心灵、意识和身体。未来“自我”将由许多可分割的成分组成，以后什么都有用，唯独能统一自我的心灵变得无用。意识可以独立于生命体而存在吗？有生命体就一定需要意识吗？无生命体就无意识吗？非有机生物有意识吗？有智能就代表一定有意识吗？意识的物理和生理性属性是神经系统的反应，那么非物理和生理性是什么呢？

要成为未来“人”，有心、用心就是最大的障碍，意识是最方便的工具，未来“人”应具备的标准是可组装、可分割、可复制、可转接、可虚拟、可数字，这一切只要从能随意掌握意识开始。而要成为智者，具备完整统一身心的人，那些可分割的、不能统一的碎片，那些可被操控、植入、买卖的“主观意识”才是最大的障碍。反过来说，要成人需统一，统一必然无私，要成未来“人”需可拆解，拆解必然也无私。无私是人和未来“人”共同的起点和终点，这结论很诡异。

人的本来面目是无私的，未来“人”的起始装配也是无私的，无私是共同法则，只是道路不同。无私的人胸无成见，专心致志，无私的未来“人”没有固定的形象、肢体、意识，可以不需要有机饮食、同类性爱、人体繁殖……一切皆有可能。此时再读老子，就会更加深刻地领会到人如果不自我觉醒，不通过修道成就利益众生的大我之欲，那么只能随波逐流，最后不知飘往何处。未来，不能自我觉醒，又没有升级换代的条件的人，该如何处身呢?

有人会问:民众怎么可能达到无知无欲这么高境界？我们要清楚宇宙自然万物都是以无知无欲为总法则的，无知无欲不是什么特别了不起的事情，平常心是道，人类是自己独立于万物之外，逐渐变成了例外。为了能长出新芽，种子必须自我破碎；种子没了，新芽就冒头了，谁生谁死呢？老子说无欲不是不如孟子的寡欲实在，岂不知欲本是精神层面的，如何人为用精确的刻度去区分多寡呢？人心不同，境界不同，条件不同，时机不同，多寡也不同。也就是说，一旦设定寡，多数是自认为寡而已。圣人语是不能比较的，传授的对象不同，所处之环境不同，弘扬的法不同。虽然古往今来达到无知无欲的人不多，然而求法的人，首先要树立正确的方向，就像修行佛法的人，不能事先判断自己反正不能成佛了。要真正理解圣人的语境，见地正、明法义，知道人生该往哪走，至于最终有没有到达，不需要开始出发的时候去分析、计划。六祖说“但用此心”，即可“直了成佛”。

《韩非子》上有一段记载：

晋平公与群臣饮，饮酣，乃喟然叹曰：“莫乐为人君！惟其言而莫之违。”师旷侍坐于前，援琴撞之。公被衽而避，琴坏于壁。

公曰：“太师谁撞？”

师旷曰：“今者有小人言侧者，故撞之。”

公曰：“寡人也。”

师旷曰：“哑！是非君人者之言也。”

左右请除之。公曰：“释之，以为寡人戒。”

晋平公和臣子们在一起喝酒，喝得高兴时忘乎所以了，得意地说：没有什么比做国君更快乐的了!谁敢违背国君的话？当时掌乐太师师旷在旁边，听了这话便操起琴朝他撞去。平公连忙躲让，琴撞在墙上撞坏了。

平公大惊问：太师，您撞谁呀？师旷答：刚才有个小人在胡说八道，气得我要撞他。平公说：说话的是我啊！师旷说：呀！这可不是国君应说的话啊！左右臣子认为师旷犯上，要求严惩。平公说：放了他吧，我要以此作为鉴戒。

春秋时期出现了许多造诣精湛的音乐家，鲁国的师襄也是其中的佼佼者。师襄子是孔子琴学的老师，凡是能称“子”的都是德隆望尊的人。而师旷在这些音乐家中更是令人敬佩，他官拜掌乐太师，位列晋国三公。

师旷是盲人，历史上有三种说法说他为什么盲：一说天生眼盲；二说他觉得眼睛看东西分散了注意力，为使自己专注，于是用艾草熏瞎了眼睛；三说他在向卫国宫廷乐师高扬学琴时，用绣花针刺瞎了双眼，发奋苦练，终于青出于蓝而胜于蓝，琴艺超过了师父。

师旷辨音力极强，以“师旷之聪”闻名于后世。他在晋悼公初年进入宫廷担任主乐大师，凭借其艺术造诣、满腹经纶和善辩口才赢得悼、平二公的信任。师旷虽是乐师，但他不仅善于弹琴，也长于鼓瑟，还精通占卜，著有《宝符》一百卷。古琴谱中的《阳春白雪》和《玄默》等曲被记述为师旷所作。他是万众景仰的高士，并且他在政绩上的表现也丝毫不亚于其在音乐上的造诣，他几乎参与了晋国内政、外交、军事等一系列事务，常向悼、平二公陈以安邦之策。

有一次，晋平公感叹师旷饱受眼盲昏暗之苦，师旷则言天下有五种昏暗：一是君王不知臣子行贿博名，百姓受冤无处伸；二是君王用人不当；三是君王不辨贤愚；四是君主穷兵黩武；五是君王不知民计安生。

《史记·孟子荀卿列传》载：“齐襄王时，而荀卿最为老师。”也就是能教学生的人被称为“老师”，老师要起到师范的作用，先正己身，方可施教于人。老师的“老”和老子的“老”是一个字，即德高望重、有修养的人，“老”代表了“德”。老师的“師”，从𠂤从帀（帀 zā），𠂤是小土山，帀是包围，表示四

下里都是小土山，众多之意，这里不是军事层面的含义，而在于教化功能，即“师”是众星拱月一般实施教化的德行兼备者。

古代贤明的君王身边大都有敢于直言犯上的臣子，虽然被直谏的滋味不太好受，但贤明的君主都知道每个人都有迷惑的时候，身边留下直言的人如同给自己立一面镜子。有了镜子，人才能时刻看看自己的模样，能及时扑灭欲火对人身心的控制。那么现代人呢？回望一下身边，有没有能对您讲实话的人？

“非我者师”，人生有涯，而欲无涯，许多人不明所以地虚度一生，临终时欲火都不散。人以有限之生去满足无限之欲，除了沦为奴隶，还有什么出路呢？如果转不了欲望，注意，有些人不求名、不求利，懒懒散散，无所事事，这并非是把欲望转了，绝大部分是暂时没有发现更能引起兴趣的猎物，欲望一点没减。这些人只在等机会，机会来了比谁都起劲，比谁都执著，故而不是无欲而是无缘；还有些人是真的愚钝，这些人看上去也是无欲无求，其实是无明，成天磨磨蹭蹭、啰唆无趣，故而，这不是无欲而是无智。内治不妥，外行则必有偏，内正是外正的基础。

外治即政治，原意是“致正”，导社会以之正。何为正？从现象上看，国家、领导、政策越来越在内部被拥护，视天下为一个共同体，聚集在周围的人、组织、国家就越来越多。正就是中心，以仁义之心而得十方围绕，近者悦，远者朝，大家不是因为害怕而聚集，而是因为互相尊重而交往，这是王道，如果因为害怕、利益而聚集，这是霸道。正道是王道，一定不是霸道，那些作风彪悍、傲慢无礼、种族歧视、穷兵黩武的领导人，实行的必然是霸道。

贾谊在给汉文帝的《新书》中说：楚怀王骄傲自大目空一切，自己既不注重道德修养，还一心想称霸天下，如果重道德修养，小国也可以固若金汤，甚至遇难呈祥。他举了邹穆公的例子来说明，邹国是小国，但穆公特别注重自身修养：

> 王舆不衣皮帛，御马不食禾菽，无淫僻之事，无骄熙之行，食不众味，衣不杂采。自刻以广民，亲贤以定国，亲民如子。邹国之治，路不拾遗，臣下顺从，若手之投心。是故以邹于之细，鲁、卫不敢轻，齐、楚不能胁。邹穆公死，邹之百姓若失慈父，行哭三月。四境之邻于邹者，土民乡方而道哭，抱手而忧行。酤家不雠其酒，屠者罢列而归，傲童不讴歌，舂筑者不相杵，妇女抉珠瑱，丈夫释玦靬，琴瑟无音，期年而后始复。

贾谊由此得出结论："天子有道，守在四夷；诸侯有道，守在四邻。"行王道的君王能使得敌对的四夷、邻国变成自己守卫疆土的防线，变成自己的长城。

老子说："大国者下流。天下之交，天下之牝。牝常以静胜牡，以静为下。故大国以下小国，则取小国；小国以下大国，则取大国。故或下以取，或下而取。大国不过欲兼畜人，小国不过欲入事人，夫两者各得所欲，大者宜为下。"人类社会能否安宁与和平，向来由大国的国策决定，领导人的德行如何决定了国际局势。如果大国领导者盲目自大，不断奴役、兼并、欺压小国、弱国，那么小国、弱国一定想转投他处。而如果懂得和平共处、谦下包容，那么百川思归大海。大国以低姿态引领世界，才是王道。

牝，在这里指母性的力量，柔软、坚韧、持久，阴性的力量处山之谷，山有谷而不失其所，人有阴而深根固柢，凡事不能失其根，王者之德行便是巩固国防的根本。德行是种软实力，能作用于国民的精神，使之向善，人的精神城墙稳固才能防止精神层面的被殖民。阴性、母性为虚，阳性、显性为实；实是有目共睹的、有形的、可比较的，而虚则是需要更加用心关注的。得人心者得天下，人心不是实在的物质，而是无形的情义、认同感。现代的年轻人，穿衣吃饭、生活习惯、思维方式、价值判断、审美标准、谈吐举止无不严重西化，更准确地说是美国化，作为东方文明的发源地，是时候在虚处更加用力了。

以道治国，无所不克。大国应是有道之国，有责任，有担当，推行人类社会的平等和谐来作为真正的普世价值。大国推行王道，小国自然会尊敬、效仿大国风范。王道是柔弱胜刚强之道，不是耀武扬威的霸权主义。

为什么柔弱能胜刚强呢？凡有形者，皆可统之御之用之胜之。凡有极者，皆可致于人。唯无极者，无以致于人，无争者，天下莫能与之争。以静为下，虚而应之，后而先之，下而上之，蓄而王之。推行王道之地不仅是人类经济、军事的引领者，更应是各种文明的交流中心。老子说：“江海之所以能为百谷王者，以其善下之，故能为百谷王。”

牝，是谷，能养、能生、能藏、能输出，西方人为什么就不能正解东方文明？不能修道、修禅、修身？笔者认为如果传播有力，教育得法，能结合人类的正常需求而演道，不偏执、不死板、不教条、不保守、不对立，东方文化就会像水一样无处不流动。政治之作用在于化导风气，即使目前还不够完美，但方向一定是明确的。人们都期望安居乐业，都追求个人成长，与友邦能和平共处，如果社会环境中大众普遍欲望过盛，风气、风俗就会唯利是图，以钩心斗角为尚，以奢侈腐败为荣，纠偏归正就势在必然。有智慧的领导者能以法律为实，而以文化为虚，在虚处着力，用太极的绵力四两拨千斤，在实处则言出必行，加固封堵，一呼一应，一推一堵，防微杜渐，将戾气、俗气、死气、病气提前化为无形。

内治、外治下手处都在看不见、摸不着、打不死、抓不到的“欲”。“欲”和“知”有相生相克的关系。

普通的“知”是观念、观点、思想、认知，我们的行为受到例如衣锦还乡、无毒(度)不丈夫、见人只说三分话、不孝有三无后为大、长生不老、上帝保佑、永远幸福、一人得道鸡犬升天、人不为己天诛地灭等偏差认知的影响，由此产生局限的、肤浅的、狭隘的人生观、世界观、价值观，激发种种自私的生理、心理需求，无明重重，此乃欲之源。

有些人说自己爱读书，有些人说自己爱茶道，有些人说自己爱工作等，其实大部分人更爱的是隐藏在书、茶、工作等背后的那些虚荣。有些人说自己在修行，经典语录如数家珍，好像道行高深的样子，可亦是更爱修行背后附加的庄严、神秘。

“无知无欲”是“真知”，普通的知是所知障，真知是人的见地。五祖弘忍对六祖曰:“不识本心，学法无益。若识自本心，见自本性，即名丈夫、天人师、佛。”禅之所以称为顿法，就在于“唯论见性”。

每位身陷囹圄的囚犯都希望能早点出狱，可悲的是身陷无形囹圄的凡夫不仅不希望出狱，还在狱中玩得不亦乐乎，为什么呢？因为无形的监狱很舒服、享受，大脑这个监狱长会给人各种奖赏和惩罚。宇宙法则是公平的，不是每个人都能到达人生的顶峰，为了不让您向上攀登，就会生成许多防止您向上的障碍，就像游戏里打通关一样，在金字塔的底部必然是多数的，那么您愿意垫底吗？不克服困难、翻越路障、识别陷阱、破除谜团，您就可能乐不思蜀，那为什么还要出发？要奋斗？要修炼？要回向？

知识是起点，但不是终点，怎么才能借助知识的力量转成智慧呢？需要无私欲，有私欲的人只有聪明，私欲消解了，利益大众的心发出来了，初心的种子就开始发芽了。

转化认知是化解欲望的基础，人类社会为什么越来越物欲横流？人心为什么变得麻木？因为我们追求的、理解的、享受的、在意的角度出问题了。何为正道？具足正见，人心能清净之道。何为邪道？通过各种刺激、诱惑、煽动令人迷惑、迷信，令人产生更多妄想和执著之道。

为什么“道高一尺，魔高一丈”呢？因为正道有底线，要求自律、自觉、自正、自强，而邪道毫无底线地刺激人的感官、调动人的欲望、诱惑得人意乱情迷，喜欢邪道的人最喜欢玩弄小聪明，因为立竿见影能奏效。愚人就知道看效果，人的习气、顽疾并非一朝一夕养成，早已扎根在大脑意识中，许多修行人为了要拔除这些顽固的习气，向死而生，身心一次次经历各种考验，怎么可能舒舒服服转化习气？而不少聪明人，恶意利用人的习气，喂养它、刺激它、放大它、迷惑它，这样，就能获取更大的商业利益，和您讲真话做什么？更何况许多人也不在意真话。谁还愿意记起来时的路？

人为什么需要定力？缺乏了定力的人耐不住寂寞，经不起诱惑，人生如浮萍一般，没有根基。情绪、意识跟着网络信息、职位变迁、领导脸色、家庭琐事起伏。人顺俗流而下多容易？几乎不需要费任何力气，跟着感觉走就行了，由于内心缺乏定力和智慧，表面上人生很主动，学习、创业、结婚生子，看上去忙碌得很，其实还是被动性应付的人生，就像被水花推动的浮萍，行进的方向不是自己能带动的，机会、面子、名利、家庭已经绑架了您，堵死了前进中的一个个可能性，人生不得不活成别人喜欢的、羡慕的、认可的样子。如果能有善友常在身边直言，有明师常能在耳边棒喝，能用镜子时常照见自己的愚痴，这才有可能重启自出生后逐渐建立的顽固认知。人发烧了，不仅要退烧，更重要的是知晓病因。

有功夫智慧的人心内清净，能在万象中起舞，红来显红，绿来显绿，随缘自在，自在随缘。有时间抱怨不如去行动，不纠结、不分别、不逃避。用俗而不媚俗，用名而不执名，用情而不执情，用法而不执法，用心而不执心，百花丛中过，片叶不沾身。人之一身自太虚而来，既从太虚来，则此身无所从来，亦无所去，亦无可执著，何为己物？

我们仔细看用大量点阵组成的油画，远看是一幅惟妙惟肖的画，近看却发现全都是疏密排列的圆点，诸法的真相不也如此吗？画看上去真、看上去有，却由一个个圆点合成，是人的概念化思维模式创造了画。老子说："无，名天地之始；有，名万物之母。""自我"同样是五蕴共同作用的一个集合模式，从来不会有一个恒常不变的灵魂居住某个躯壳里，等此躯壳坏灭了再转移投胎到下一个新躯壳里。

有些佛教宗派说“阿赖耶识”是恒常不变的，是它在轮回。这就变成法执了，“阿赖耶识”也只是一个假名，佛法最终是空义。《解深密经》云：“阿陀那识甚微细，一切种子如瀑流，我于凡夫不开演，恐彼分别执为我。”“阿陀那识”是“阿赖耶识”之异名，并非有一个能作为轮回主体的灵魂、意识、自我真实存在。

因缘和合的暂时性存在假名“我”，智者不着于有，亦不着无，一如无物可扰太虚，太虚却有姹紫嫣红、明暗交替之变。谓之曰变，根本无变，乃立了角度，假名曰变。本心无处不清虚，本来无处不圆明，因果轮回非宿命，生死之缚唯束凡夫而已。修道人欲望日退，修行日进，忽有一刻觉察自己心本太虚，则恍然身必归太虚，乃至契合无生无死，无来无去，无始无终，无前无后，此即长生。

内治对己，外治对家、国、天下，修齐治平实以修对治，以齐应平。治国者内治己身，内圣外王皆可借修之功而致家、天下平齐等观，宏、微无别，须弥纳芥子，芥子纳须弥，此皆赖修之力。中国古代有著名的几个时期，当政者皆是修养渊博的大丈夫，其心量深不可测。例如周朝最强盛的时期是成康之治，成王、康王在位年间继承文王、武王的业绩，对内奉行周公“明德慎罚”的主张，务从节俭，用以缓和阶级矛盾，史家称“成康之际，天下安宁，刑措四十余年不用”（《竹书纪年》）。

要理解周公的仁政，读者可以参考阅读西汉韩婴的《周公诫子》。也就是周成王将鲁国土地封给周公的儿子伯禽后，周公告诫即将赴任的儿子，什么是成大业的要素。他对儿子说:“你当国君绝不可怠慢人才。我是文王的儿子、武王的弟弟、成王的叔叔,又身兼辅政的重任,地位如何?可我洗个头,有时候还要停下来,握着自己湿发跑出来;吃个饭,有时候也要停下来,只要有贤士来访,我无论做什么都会马上接待,绝不敢怠慢人才。所以你记住:用恭敬保持品行的人,富贵持久;用行为约束和节制自己来保有封地的人,封地安定;官职位高势盛,却能谦卑的人,地位显要;人口众多、军队强大,有威严来统御它才会胜利;用愚拙来保有明察事理的聪慧,是明智;见闻广博,却能深入浅出,是智慧。这六点是君子要奉行的基本美德,桀、纣就是因为失德而失去天下。”

周公大智若愚,智慧谦下,这样的人,才是真正的仁者无敌,但不要理解成仁者因为武功盖世而没人敢欺负,或者仁者已经把敌人都消灭了,都转化成了朋友。孔子、孟子是仁者,怎么还有那么多敌人呢?惠能祖师得法后被人追杀了几十年,连圆寂后都还有人欲盗首。无敌不是把敌人都消灭了,或者都转化了,转化不了不是法不够广大,法的包容不是什么人都能转化,都能接受。大法之大是博大、深邃、无量,大人才能相应大法,您把池塘里的青蛙丢海里去会怎么样?是海不够大吗?再广大的法也度不了不相应的人,有些人或者虽和法能相应,但出现的时机不合适,同样也无缘。

敌人依然存在,但仁者有功夫,有智慧,敌不能伤,伤不能害,害不能灭,灭不能尽。离离原上草,一岁一枯荣,仁者的生命力无穷无尽,不为敌之所动。仁者是不败的,不是常胜的,更不是见到困难避开的老好人。他们是屠夫手段、菩萨心肠的圣人。

《太平广记》记载，隋朝时吏部侍郎薛道卫游开善寺时，见寺内金刚与菩萨形象各异，好奇地问："金刚为何怒目？菩萨为何低眉？"身边的和尚答："金刚怒目是为了降伏恶人，菩萨低眉是为了摄取善人。"

佛法传入中土后，中国人创"佛"字，此字有二意：一者象形，一者会意。

象形，指单人背弓插双箭，是独自承负利害的意思，禅门曰"独坐大雄峰"。生命从来都没有陪伴者，只有暂时的因缘和合。佛是觉者，独自默默承担着人世间的教化，不要以为独自承担即不需要团体，独自承担的意思是精神上不依赖，而现实中随缘自在。

会意，是单人执绳以御天下万物，令得齐平无有高下差别，此亦对应《淮南子》轩辕黄帝执绳以御天下之德。据此，佛，与人乃是觉者，与社会乃是从事道德之事业。

武王灭商后，把商地的王畿分为几个部分，纣王之子武庚被封去了商朝旧都殷的封地，与诸侯同等地位，周王仁慈地让他得以奉持祖先的祭祀不致断绝。但因为武庚还没有心悦诚服，武王恐他有异心，便在朝歌周围设邶、鄘、卫三国，让管叔鲜和蔡叔度、霍叔处三位监督，称为"三监"。武王是文王姬昌第二子，管叔鲜是第三子，周公旦是第四子，蔡叔度是第五子，霍叔处是第八子，他们是一母同胞的兄弟。

武王驾崩后，儿子成王年幼，周公摄政。武庚乘机煽风点火，挑拨离间，散布周公即将篡位的谣言，最终"三监"反叛，这种心态叫"受害妄想症"。

其实周公无论怎么做，哪怕真篡位也不会影响他们的封国，好好当诸侯王不好吗？非要冒着杀头之罪谋反？周公的德行如何，作为亲兄弟他们真的都不清楚吗？可怕的是人一旦患上了“受害妄想症”，就会放大委屈，仿佛自己是正义一方，在替天行道，其实连天道是什么都不清楚的人，有什么资格替天行道？

这就好像汉景帝三年，同样患上受害妄想症的吴王刘濞联合诸侯打着“诛晁错、清君侧”的旗号，发动了七国之乱。

吴地本来幅员辽阔，吴王手握资源招纳天下亡命之徒盗铸铜钱，同时煮海水为盐，贩卖海盐获利颇丰，故吴国经济富足，实力和资本日渐强大。诸位藩王势力强大使得景帝如鲠在喉，他思之再三，决定采用晁错的削藩策，先后下诏削夺楚、赵等诸侯国的封地，不久又降诏削夺吴国的豫章郡、会稽郡。诏令一传到，早已患有受害妄想症的刘濞认为景帝欺人太甚，又误认为朝廷不堪一击，不去认真思考丢封地和丢命之间有没有可比性。其实他真是舍不得封地吗？他是身怀利器杀心顿起，自认为兵强马壮人才济济，有实力和朝廷抗衡了，才找机会公开反叛。

景帝腰斩晁错以安抚叛军，然而昏了头的吴王却越发认为景帝无能，他自称东帝，更加步步紧逼。景帝这才真下决心以周亚夫为将平叛，浩大的叛军三个月内即被平定。七国之乱的平定，标志着西汉诸侯王的威胁基本被清除，中央集权得到巩固和加强。

再说回这要命的“三监”，他们的境遇其实比刘濞好得多，毕竟景帝曾误杀过吴王的儿子，他新仇旧恨，加上不自知故而反叛。而“三监”呢？周公根本就无意加害他们，这三位居然起兵要灭周复商，难道不是梦话？

什么是受害妄想综合症呢？这是一种极端的情绪，普通人一生的路是由一次次的情绪带动的，是情绪在抉择。所有恐慌、焦虑、多疑、不信、嫉妒、自大、失落、高兴、喜欢等妄想都是情绪，是情绪决定着人生的方向，是情绪使人看不清事实。当人的情绪无法控制时，每一次抉择都是盲目的。

情绪怎么来？是习气的作用，习气通过情绪来决定人的价值取向、行为表现，并操纵人的喜欢、厌恶和愤怒，自我修养首先就是转化情绪。难以控制情绪的人必然会导致人生一次次选择失误，必然让别有用心的人有机可乘，而转化习气是从平时积极修养，即内治入手的。

从修养角度讲，情绪是实，平时的修养为虚，关键时刻起调节、平和作用，能转化习气的关键在于平时积累的心力。成长是扎扎实实地去行动，修养是逐渐认清自己，进而能在生活中实事求是地面对各种突发情况，不能凡事不求甚解，听凭情绪操控自己的行为。能守住初心，不攀缘更不自大，只问耕耘，不问收获，才能随缘自在。

修养在于勿忘勿助。勿忘，是时刻不忘修养，即谦虚谨慎，严于律己，宽以待人，遇到事情不冲动、不轻易判断；勿助，是平时要脚踏实地，不要揠苗助长，遇到问题不要推波助澜，火上浇油。戒急用忍，事缓则圆。

有修养的人懂得“盈科而后进”，遇事不会急躁不安。情绪就是暴雨，只有暴雨后等大水退去才能见到真相，有修养的人养深而蓄厚，在困境之中能如如不动。自古以来小人之道就是动人视听，惑人心志，所以专事文饰，用意表现，夸大其实，虚伪造作，所以必然会日见消亡。

圣人教义，深广如海。法门无量，玄旨精微，要言不繁。何为有修养？不懵懂无知，不泛滥无归，不逐相而转，不颠倒梦想，不遑论是非，至诚无息，灵活应变，不为谣言所动，不为情绪所欺，这样才能活在他人想象之外，活在煽动之外，活在自我之外，逍遥自在。

古往今来，被“受害妄想症”祸害的人，皆是一时冲动做出匪夷所思的傻事，以谋反、叛国、自杀、杀人等过激的行为来缓解内心的不安，这属于精神疾病，不仅仅是利益得失问题。有的人妄想爱人背叛自己，越想越委屈；有的老板妄想高管要跳槽，越想越不信任。患妄想症的人其实不需要证据，这些人自设各种场景都很专业，会自己推导出各种“事实”，会义愤填膺地要笃行“正义”。这病如果平时能注意积极修养，遇到关键时刻能及时喝止，如果平时狂妄自大，在和大脑意识的战争中被心魔所摄，最后害人害己，患了这种魔症的人越有本事，犯的罪就越大。

许多人不怕死却怕妄想，那些反叛的和自杀的人一样不是不知道后果，贪污的人不知道自己在犯罪吗？心里比谁都清楚！正因为清楚才更加焦虑、敏感、极端、虚伪。所以才会极端、迷信，作出古怪的行为。这些人成天伪装自己正，内在又知道自己虚伪，一方面妄想侥幸成功，一方面又清楚侥幸成功的概率极低。如此人格分裂陷入无尽苦海。历史上真正成功的人，没有一个是妄想症患者。

成功的第一要素是清醒，唯有思维缜密、行事小心、绝无一丝一毫的自大和妄想的人，如刘邦、司马懿、李世民、赵匡胤、朱元璋等，都属于特别清楚自己要什么，不因机会而冲动，不因冲动而决定。实力不够时装疯卖傻拖延时间，韬光养晦以备来日，谋定而后动是为了等待时机。

而那些“正义者”，不自知不他知，被情绪带着浑浑噩噩地做着各种蠢事，最终自食其果。武庚如果复商成功，会如其所言善待“三监”？愤怒和嫉妒已经令他们丧失了基本的分辨力了。他们不仅和武庚一起起兵，还主动串通殷商旧地东夷的徐、奄、薄姑等方国，协同叛乱反周，这属于极度不自知。愤怒是情绪，喜悦、虚荣、情感、面子，这些统统都是蒙蔽慧光的乌云，正因为乌云蔽日，人内心不见光明，故而常常一错再错，最后走上不归路。对于“三监”来说，反周是死，复商还是死，如同李斯被赵高所摄的那一刻，只有死路一条。

妄想的人活在自己梦里，梦醒之前，真实世界与己无关。周公闻三监叛乱之讯后，立即联络召公奭，亲率大军东征。“三监之乱”转眼灰飞烟灭，周公果断诛杀了武庚和管叔，放逐蔡叔，把霍叔降为庶民，再重以纣王庶兄微子继承殷祀，在宋建国，史称宋国。

秦朝之前的国，是诸侯国，和国号意义不同，国号是指朝代名称，从王者的封地或封号来，中国的第一个国号是“夏”。中国古代不以“中国”为国名，却以“中国”为通称。以“中国”为通称首见西周初期，古时候，“国”即城郭。城内叫国内，城外则称郊野。殷商卜辞中可见商朝人称其国为“中商”，这是后世“中国”称谓的起源。

春秋时期的文献里“中国”的称呼大量增多，含义为京师、中原，以“中国”和蛮、夷、戎、狄相对，以中原为“中国”的观念由此逐渐根深蒂固。除了地域概念外，“中国”和“夏”“华”一样，具有中华文明、思想文化的内涵。司马迁在论“中国”同“夷狄”的区分时说：“及至五家、三代，绍而明之，内冠带，外夷狄，分中国为十有二州。”可见当时内外之别标准在于“冠带”，即指文明。

中华文明是兼容并蓄的，包括了礼仪、风俗、文字、服装、制度等，其有内发、内省、内治、内正的特点，秉持中和之道，故而历久弥新。

《史记·秦本纪》中秦穆公问由余道："中国以诗书礼乐法度为政，然尚时乱，今戎夷无此，何以为治，不亦难乎？"此言"中国"是"以诗书礼乐法度为政"的国家。春秋赵武灵王时代，赵公子成曾概括道："中国者，聪明叡知之所居也，万物财用之所聚也，贤圣之所教也，仁义之所施也，诗书礼乐之所用也，异敏技艺之所试也，远方之所观赴也，蛮夷之所义行也。(《战国策·赵策》)"

不称国号而统称"中国"的习惯是晚明、清初时期，西方传教士带来的，他们习惯称明、清两朝为"中华帝国"，简称"中国"。

古代称封地叫封国，诸侯也是封地的国王，帝和王是不同的。是故周公平定诸侯国之乱，再分封新的诸侯。待形势稳定后，他继续东征，经过艰苦卓绝的努力，又花了三年，这场叛乱才彻底平定。

为什么还要继续打三年仗？因为对残余势力绝不能姑息，要荡平隐患。

周公为什么不做老好人？有人认为得饶人处且饶人不好吗？周公不是不饶，而是饶的度和普通人想象的不同，他不会含含糊糊混过去，眼见死灰复燃，他清楚那时会付出更惨重的代价！孔子最恨的就是没有立场的人，这叫平庸之恶！对社会的风气伤害最大。

周公杀兄，后世却尊其为圣人，因为其罪当杀，周公为了成王扫清顽疾，他和其兄并无私怨，无私心杀人属不得已而为之。否则何有成康之治？国家安定才正是周公的用心。他剿灭叛乱，攻伐淮夷，是保家卫国。

无私无欲的圣人，他们行事一定是为了国家、大家，而不顾名誉、面子、私情、评论。由于继承了武王、周公的治国理念，成康时期是周朝最强盛的阶段。国力强盛，经济繁荣，文化昌盛，社会安定。

汉朝最安居乐业的时期当属文景之治。文、景二帝奉行道家治国理念，清静无为，安养天下，以德化民。人们富裕起来后社会安定，人人自尊自爱，遵纪守法，不愿意涉险犯罪，国家出现了多年未有的稳定富裕景象。文景之治是中华文明在经济文化领域飞速发展的时期，也是养精蓄锐时期。

唐朝最令人称赞的当属贞观之治。贞观之治是太宗在位期间，经济复苏、文化繁荣的治世典范。但成康、文景和贞观都是治世，而非盛世。

唐初，六朝门阀政治的余风还在影响社会，在世人的眼中，门第是最重要的。依《旧唐书》记载，李世民的父系是汉族，是西凉王李暠的直系后裔，曾祖李虎是西魏北周开国功臣，李虎的儿子李昺娶了鲜卑人独孤信的女儿，生的儿子是李渊，李渊娶的窦氏也是鲜卑贵族，窦氏生了李世民。李世民的长孙皇后同样还是鲜卑贵族，所以李唐王朝的鲜卑血统比例大过汉血统。

李唐王朝认汉人老子为祖宗，老子糊里糊涂进了李家宗庙。此后从高祖李渊到太宗李世民都强调要“崇道尊祖”。其实不仅是认老子为祖，贞观前期，太宗治国方略亦是推崇老子“清静”“无为”的思想，他尽量减轻赋役，与民休养生息。他留心吏治，选贤任能，从谏如流，唯才是举，不计出身，不问恩怨。在文臣武将之中，魏徵当过道士，且是原太子李建成旧臣，曾给李建成出过杀李世民的建议；尉迟恭做过铁匠，又是降将，但太宗不计前嫌一律予以重用。太宗还积极鼓励臣下直谏，魏徵前后谏事两百余件，直陈其

逍遥

托举

禅

杖挑日月

赤脚凌波舞翩跹

饥食惺惺云蒸饭

困眠寂寂一念间

过，太宗多数择善而从。由于太宗用人不问出身，以功臣代世胄，科举代门第，逐渐改变了六朝以来唯重门第的流习，世家豪族轮流掌政的风气被大大扭转，贞观时期广开平民高仕的机会，重新调整社会阶级，大大缓和了社会矛盾。

太宗谓魏徵是“佐成贞观之治”的第一功臣。魏徵去世时，他伤心地说：“夫以铜为镜，可以正衣冠；以古为镜，可以知兴替；以人为镜，可以明得失。今魏徵殂逝，遂亡一镜矣！(《旧唐书·魏徵传》)”魏徵早年当道士的经历，使道家思想在他心目中占有重要地位，不过魏徵的思想没有局限在道家，他可谓道、儒、术、法、纵横通达无碍的大家。他进谏太宗行“王道”，而他的“王道”理念已非局限在儒家“王道”，其中包含有浓厚的道家、纵横家色彩，太宗果然“但以清静抚之”，用无为而治的思想治国。

在法律治理上，魏徵遵循儒家正统，奉行周公的“明德慎罚”“惟刑之恤”之法，提出治理国家的根本在于德、礼、诚、信。君主不能光凭法律来规范天下人的行为。法律是国家的权衡、时代的准绳，能起到“定轻重”“正曲直”的正面作用，而德行仁义是其本，“仁义，理之本也；刑罚，理之末也”。思想是方向，贞观时期君臣合心，与民休养，经济上轻徭薄赋，不夺农时；政治上精简机构和官员，紧缩国家开支，提高行政效率，同时重新议定律令，减轻刑罚。

太宗意识到：“凡事皆须务本。国以人为本，人以食为本，凡营衣食，以不失时为本。夫不失时者，在人君简静乃可致耳。若兵戈屡动，土木不息，而欲不夺农时，其可得乎？(《贞观政要·卷八·论务农》)”由于太宗“乃知兵者乃凶器，圣人不得以而用之”(《贞观政要·卷八·论务农》)的道理，二十年时间“天下大宁，绝域君长，皆来朝贡，九夷重译，相望于道”(《贞观政要·卷八·论务农》)，太宗对内励精图治，对外加强对西域等地区的管辖，加速与亚洲各国的友好往来，在军事上有选择性重点打击，在各族关系上对待外族、外国人“爱之如一”。

终贞观之世，大唐版图空前辽阔，从太宗的“贞观之治”到玄宗的“开元盛世”，一百一十年左右的时间，《旧唐书》称“东至海，南至岭，街外户不闭，行旅不资粮，取给于道路焉”。贞观时期刚经历了隋末乱世，为什么能有这么辉煌的成绩？魏徵说：“无为而治，德之上也。”其时儒家在道德教化方面发挥作用，而在政治领域内则启用道家思想。贞观之治为开元盛世奠定了重要的基础，将中国传统农业社会推向鼎盛时期，大唐发展为当时世界经济、军事、文化最强盛的国家。

太宗以隋为鉴，贞观时期对高句丽、百济、新罗三国都采取了怀柔政策。然而贞观十七年，百济与高句丽联合侵略新罗，还遣使前往漠北，挑唆薛延陀汗国与唐的关系，太宗忍无可忍决定亲征。这场高句丽之战成了太宗人生的一个转折点，他在战争中不幸被流箭所伤，久治不愈，加之回国后乱食丹药，遂于三年零八个月后驾崩。

汉武帝时，主父偃曾上书武帝言九事，八事为律令，一事谏伐匈奴的国策。《史记·主父偃传》记载曰：

《司马法》曰：“国虽大，好战必亡；天下虽平，忘战必危。”天下既平，天子大凯，春蒐秋狝，诸侯春振旅，秋治兵，所以不忘战也。且夫怒者逆德也，兵者凶器也，争者末节也。古之人君一怒必伏尸流血，故圣王重行之。夫务战胜穷武事者，未有不悔者也。

太宗远征高句丽中箭受伤一说，国内史料皆语焉不详，不过朝鲜史册上有明确记载:李世民受了箭伤军队不得不撤退。这种记录是否真实呢?笔者不得而知。我们从《资治通鉴》里或许能看到一些痕迹，班师回朝途中，太宗忽然患上了“痈疽”，严重到了“太子为上吮痈，扶辇步从者数日”。亲征高句丽前的李世民正值盛年，踌躇满志，意气风发，而回国后则一病不起，再没有恢复过元气。这样过了两年，猛将王玄策恰好回国了。

王玄策早年事迹不详，贞观十七年奉命护送婆罗门国使节回国，首次到达天竺。贞观二十一年(公元647年)，太宗命王玄策一行三十人再次出使天竺。但此时天竺发生了政变，篡位的新王阿罗顺那伏击使节，王玄策和副将侥幸逃脱。二人缓过神后，气愤不已发誓要灭天竺，以雪使者被杀之耻！他的思维方式与常人不同，他居然不是回国搬兵，而是借兵一举全歼阿罗顺那兵军，以致中印度灭亡，并活捉了阿罗顺那，把他披枷带锁押回长安。王玄策本是大展国威的英雄，但为什么没有被唐史大书特书，他本人后来也没有得到重用呢?

贞观二十二年，王玄策在战争中俘获了一名叫那罗迩娑婆的外道。此人“自言寿二百岁，云有长生之术”(《旧唐书》卷一百九十八)，他宣称能配制金石秘剂使人长生不老。为了治愈太宗皇帝的伤病，贞观二十二年五月，王玄策将那罗迩娑婆进献给了太宗，太宗命他给自己造“延年之药”。

我们要清楚，太宗皇帝早期对方术、丹药之类是不屑一顾的，并且还对秦皇汉武求仙问道的事持批判态度。没想到远征高句丽失利后，他身心都受到了巨大刺激，精神上郁郁寡欢，因此也对服食丹药感兴趣了。

经过近一年的炼制，贞观二十三年春，丹药终于出炉。太宗如获至宝，按照那罗迩娑婆的嘱咐服食。然而万万没想到的是，这成了他的催命药，吃下丹药三个月后，太宗竟“暴疾”，没过两个月就驾崩了，享年52岁。

对于李世民服丹中毒以致暴亡之事，《旧唐书·郝处俊传》载，唐高宗时有东台侍郎郝处俊谏阻李治不要服食胡僧炼成的“长年药”，说：“昔贞观末年，先帝令婆罗门僧那罗迩娑婆依其本国旧方，合长生药，胡人有异效，大渐之阮，名医莫知所为。”《旧唐书·宪宗本纪》也载，唐宪宗时朝中重臣李藩曾说：“文皇帝（即唐太宗）服胡僧长生药，遂致暴疾不救。”

高句丽战争使得太宗终于开始反思自己，意识到谏臣的重要性，如果魏徵在世绝对会阻拦出征的，同时他对佛法产生了极大的兴趣，在没有乱服丹药前他时常找玄奘法师论道。玄奘法师适时给他陈上谏言，提到：一、陛下天生的英才，个人的道德和其对政治的影响力，即所谓“圣心至化”极为重要；二、陛下是“上智之君”，以德服四邻此即“天威”；三、如陛下只靠武功，仅可以做到“唯收枝叶，根本犹存”，唯行王道才能解决根本问题，此即“有道斯得”。陛下合于道，这属于功德力，这种力对自然界有其不可思议的神秘影响。

太宗由于早年南征北剿杀人如麻，加上玄武门之变屠兄杀弟，过多的杀业在他心中留下了驱之不散的阴影,导致心境难以平静。法师恰如其时地为他讲法,大大舒缓了他身心的压力。他寻问玄奘最近所译的经论,在没有佛学基础的情况下,他花了一个月多时间居然读完了法师所译的深奥的《瑜伽师地论》,大加赞叹:“朕观佛经譬犹瞻天望海,莫测高深。法师能于异域得是深法,朕比以军国务殷,不及委寻佛教。而今观之,宗源杳旷,靡知涯际,其儒道九流比之,犹汀滢之池方溟渤耳。而世云三教齐致,此妄谈也。(《大唐大慈恩寺三藏法师传》)”

对佛法赞叹之余,玄奘法师又奉敕作《大唐西域记》,以及将《道德经》译作梵文,回传天竺,文化交流的相互作用逐渐显现。

太宗为什么请玄奘法师仅翻译《道德经》?除了太宗用无为法治国外,我们也可以从另外角度来思考一下,老子五千言里出现了235个“不”字,100个“无”字,22个“莫”字,其他还有若干的“弗”“若”等,这么高比例的否定语,表达了老子“反者道之动”的思想。

许多人由此认为老子消极避世、保守懦弱,推行愚民政策,倡导小国寡民。有人说《道德经》充满机谋,是反社会、反进步、反发展的。有人说读完了感觉人生真是无意义……各种对老子的批评其实皆源于自己本身似懂非懂。把无为误读为不用积极奋斗,把无欲理解为灭除人欲,人人清苦。这样想社会如何延续?人类如何繁衍?道法何以传承?动力何在?许多人读佛经也是这样,佛经中处处可见苦、无、空、虚、灭、寂、净、戒、无常……这些人不解内涵就越读越消极,越胆小,越多枷锁。

无为的目的是无不为,说“苦集”是为了“灭道”,道法、佛法、禅法都是超越之法，超越人世间的这么点事，超越不是不要，而是不为其扰。《道德经》中多用否定语，和印度佛经的表述方式相似，但我们要知道这些地方的否定不是批评，而是指不要执著，不可执著，不能执著。以“道”灭“苦”，“苦”是一种肯定，以“苦”为“乐”，流连忘返于俗世的享乐、攀比、追名、逐利才是需要被否定的。目的在于令人清楚意识到红尘的无常、烦恼，俗世思维的局限和狭隘。世人要从享乐中脱离，在苦中升华。故此否定的是幻想，幻想一扫而空时就能见宇宙实相。不过在这一点上，“中国禅”表述禅法的方式已经转变，中国禅倡导的是不二，肯定和否定是不二的两面。

老子在各个层面出现的否定词并非厌世，而是帮助人认清社会，认清人性，能脱开欲望的魔爪。否定不是消极，而是破除、放下，帮助您坚定一条向上突破的路，赋予您勇猛精进的勇气。在这修学的勇气背后，是泰山崩于前而安然自若的定力，是了悟了宇宙实相的自在和喜悦。这条“道”，法自然；这条“道”，是悟出来的。

今人自己不修行，不理解大肯定乃从大否定中出。圣人们通过否定来肯定什么？肯定道、肯定悟、肯定法、肯定清净自在的人生方式。境有可及、不可及和不可不及；事有可为、不可为和不可不为；人有可忘、不可忘和不可不忘；法有可知、不可知和不可不知……内治乃圣，外治为王，康德智慧，坦荡磊落，慈悲包容，不骄不躁，不卑不亢，戚戚之辈岂奈我何？

中国传统的修养概分两路，一路以心性之学为核心：儒家所谓格物致知、正心诚意、修齐治平是也；道家所谓无为而治，在世为养德，出世是修道是也；禅门又名心性宗，乃以心性修养为宗旨，以出世心行世间事，故名“平常心是道，本分事接人”是也。心性的学问，学是实修实证，问是自我反思。修心养性、陶冶情操以培养人格，自古以来便被视为成人的基础，人格不健全的人，在世间只能危害社会。所以，儒、道、禅教育的本质是以人格教育为核心的，以道生法，以法育德。此为：道德。

心性培养和西方心理学完全不同，心理学是术，是从物理、生理方面研究生理活动，可以用动物实验来推导人的心理走向，这是把人的心理活动，归入自然界中偏于物化层面上开始的研究。而中国传统的心性学，不以物化为基础，超越物化、非物化，乃从宇宙本体的角度，解决人生存、生活、社会、家庭、组织、国家的实际问题，视宇宙万物、万事、万有是一个共同体，在这种统一的、不分裂的思想下寻找万物之源，契合其共通点，才会出现天人感应、感而遂通的通达无碍。

和强调修养的心性学之道对应的是术，术是以效果为检验标准的，是相对物化的行为和运动。中国传统中心性之道的修养是学人之体，术为其用。合道者术能常新、长久，无道者术终落空。学术学术，学是参究生命之道，先需明道，方能大成。学术若仅重在术，终是小器。故道为纲，术为目，纲举目张。术是能力，是知识、方法、策略、逻辑、经验、体悟、技巧、德行等应用的集合体，可用于解决人生的实际问题。道为妙，术为徼，道为本，术为末，若本末倒置，则殆矣！如有本无末，则荒矣，此二者，交相辉映，体用变化，互为补充。

有道有术的领导，治世如成康、文景、贞观，能呈现出一派大国气象，巍巍堂堂，国富民强，普奏华章。但更加高明的领导是能将重点放在内治一边，内治的火候一旦不够，定力不足，智慧不够，便如秦皇、汉武、太宗等雄才大略、文治武功的明君，也同样免不了被人蒙骗。

庄子在《徐无鬼》中讲了一则寓言。黄帝到具茨山去拜见大隗，想讨教治国之道。带了几位贤者随行，方明为御，昌寓骖乘，张若、謵朋前马，昆阍、滑稽后车。路上遇到岔路，正好有一位牧马童子路过，便问：你知道具茨山吗？答：知道。又问：你知道大隗住在什么地方吗？答：知道。

黄帝大喜，谓左右说：这位小童真是特别啊！于是下车，问：你知道怎样治理天下吗？童子听了拒绝回答。黄帝又追问。童子说："夫为天下者，亦奚以异乎牧马者哉？亦去其害马者而已矣。"黄帝听了大惊失色，头至地行了大礼，口称"天师"而去。现代人肯定不理解，童子没说什么了不起的话啊？何以令黄帝如此大礼参拜？

童子说的是：治理天下的方法跟牧马有什么不同呢？想办法去除其中危害马群的因素，让马能吃到自己喜欢的草，给马自由空间，尽量少约束，这样马自然健壮。黄帝一听，治国之道不过如此呀！何必再去拜见大隗？故称"天师"而退。

黄帝是五帝之首，为什么伟大的黄帝听到小童一番看似平常的话会感到震惊？大道至简，凡夫道理上懂，心里却不信啊！凡夫之所以为凡夫，是崇尚、向往着深奥难懂、遥不可及的道，却不知道这恰恰是自己容易受骗上当的源头。黄帝之伟大就在于他不仅有一双慧眼，能及时破相识别天师，能从一句看似随随便便的闲话中体悟大道，更了不起的是他有一颗虚心，随时忘却身份，不耻下问。

所谓“天师”即通达天道的明师，这些人无固定之相，无固定之地，或男或女，或老或少，或疯癫或淫邪，还有可能不以人形面世。我们看《华严经》善财童子五十三参中，菩萨们都显什么相？显各种怪相是为了破相，有我的人是着相的，着相是不见道的，只能见相。

“我”已经是黄帝了，就应该找神秘莫测的隐士，鹤发童颜、仙风道骨、说话高深莫测才符合“我”要找的相，那就是求相，何谈求法？求法第一要素是虚心，指点善财童子的有妓女、杀人狂魔、乞丐、外道……如果一旦心中有了分别，就着相了。黄帝之伟大，在于不被现象迷惑，故童子一番话，打不动凡夫，却能打动黄帝。

今人为什么求法这么难？得道的那么少？是因为今人太聪明了，聪明人的特点是什么也不信。由于不信而误入歧途，有些人迷惑在追究庄子寓言的真假性，有些人迷惑在童子的身份，有些人迷惑在这话有什么了不起？但今人几乎共同的特点是即使听到谁讲了特别精妙的法，也难以做到像黄帝那样马上心悦诚服，大礼参拜，诚心致谢。今人多数不觉得圣人有什么了不起，岂能轻易被几句话打动，心悦诚服？那岂非显得自己无知？大礼参拜更没面子。

黄帝能拜是因为他无“我”，故能真受益，您不肯承认童子高明，是心中自认为“我”比童子高明，童子不过是“偶中”。如果再偷偷把别人的见解、思想转成了自己的谈资，这行为损害了谁？最大的受害者是自己，因为对法不究竟，人终究不会安心。和法相应的第一要素就是谦虚，诚恳的心里没有“我”，放下身份、年龄、性别、学历、经验等所知障，虚心求法。法之终极是修者无他无自，物我两忘，最后所求之法也浑然不觉，融入泱泱大道中，人必因无我、无法而能逍遥自在。偶拾的几句金句不代表拾者的境界。如“无住生心”这四个字是惠能祖师的悟道法宝，可谁都会说这四个字，您为什么不悟呢？普通人和祖师的区别在哪里呢？

“天师”是合道的人，合道即通达了天道、地道、人道，能明了三道的相通性、无穷衍生性及作用。天道的特性是什么？仅仅用日、月、星、辰等几种具体的天体不足以涵盖天道的丰富性，所以《周易》以阴阳作为天道的特性。同理，地道的特性是什么？仅仅以金、木、水、火、土五行也不足以穷尽地道的多样性，所以用“刚柔”来表述。人道呢？人与人有各种关系，五伦亦不能概括，故以“上下”来作为人道的要素。

先圣们发现世界万物的状态不是独立的，万物何以存身？存在关系里。关系就是缘起，文王用八卦相叠推演为六十四卦来进一步表达万物、万事、万有间的错综复杂，此互联互障、相生相克的状态，称之为“大成卦”，即复卦，以表述宇宙万物、万事、万有的形态和彼此之间互相作用的多变关系。

周易六十四卦是以八卦为单元组合而成的。八卦是一，由道而生，“一生二、二生三”，三即“大成”，由此万物生。八卦是用八种符号代表对这个世界的认识，这个世界由阴阳两气构成，文王顺着八卦的思路推演出六十四卦，所谓“大成”还有其他的内部规律。例如黄宗羲先生将此归纳为七种：八卦之象、六爻之象、象形之象、爻位之象、反对之象、方位之象和互体之象，且说“七者备而象义穷”，再复杂的关系都可以归纳，这是“简易”。

简易，不是容易，而是能发现千变万化中的规律，万物互相之间的关系有显、隐、密三方面，自文王始，智者用抽象的元素或原理来表达万物、万事、万有的生克关系，超越了具象，直抵人、事、物、境变易之本源，实在是妙不可言。

有人对人道的特性为何归结为“上下”不理解，以为是指阶级高低。政治的作用是先“正”，立个点叫“正”。例如周朝八百年，初期实施仁政，以五伦八德来治理天下：五伦是指父子有亲、长幼有序、夫妇有别、君臣有义、朋友有信；八德是指孝、悌、忠、信、礼、义、廉、耻。修天道由人道修起，天有道：日月星辰转运；地有道：四季分均；人有道是人能为人的基本道德。失去人道的人，身虽异于禽兽，心则禽兽不如。

修养是仅针对人道说的，天地不用修养，人之所以为万物之灵，便不能由禽兽性带动人生。《中庸》曰：“仁者，人也。亲亲为大。”有仁心的才叫合于道的人。人从哪里来？从亲亲中来，没有父母哪有生命的诞生？故而，亲亲为大，“知情者能出之，知义者能入”，通达人情者才能发挥人的情感，道始于情。仁是内在的，外在叫“礼”。人道有此大小、出入、上下、内外的世间特性，以亲情为基础的仁义精神推而广之，普及至社会礼制，圣人因此修道立教、传法注经使得人知道何以为人。否则虽官高爵显，人若无德可称，有何益哉？能以道为尊，以德为贵，则人道完成。

人道的“上下”对应的是《周易》中损益二卦，曰：“损益之道，足以观天地之变而君者之事已。”用“治”的角度看上下，即损益之道，当政者根本不必祭祀和卜筮，只需用损益之道观察、处理、决定、制变、应变、顺变、化变各种不同的社会现象，对起伏、吉凶、顺逆、盛衰等了如指掌。益卦当春生夏长之时，代表生长的原理，益之至叫夏至，一阴出生，盛极而变，故说“益之始也吉，其终也凶”。秋敛冬藏之时当损，代表衰老；损之极叫冬至，阴盛阳启，一阳来复，故说“损之始凶，其终也吉”。

当政者的智慧就是在最动态的风暴中心能如如不动，大国之间的往来如高手过招，玄机稍纵即逝，智慧不够的人稍一迟疑就有可能落入陷阱。能用损益思维看待问题的领导，清楚在国力强盛、迅速发展时要加强防范盛极而衰，也很清楚看上去诸多磨难时，只有持之以恒，笃行正道，必会否极泰来。

有了“正”，才有下一步的方针、政策、法规、序常，以此为公正，便能知何为不正。正点不立，国无纲常，“上”不是指具象位置的高低，“正”便是“上”，立了上便有相对之下。上和下是动态的，根据时世不同，环境不同，需求不同，智慧的领袖及时变化、修正的就是这个“正位”，不过“正”是假名，没有一个固定不变的“正”，不同时期、不同需要、不同阶段、不同导向，当政者都会应时修缮“正”。政治体制其实没有一个绝对不变的“正”，并不存在十全十美的“正”，因地制宜，应需而动。而制度背后，是确立“正”的人，如果人不正，则此制度、思想、理论就有危害，故此正法先正人，正人便是内治。

中国古代讲历史，用人事来讲，《史记》为什么和西方纪事体不同？西方是事为主，而中国人记录历史是以人物传记为核心的。历史是人的变化，不是事的起落。人是主，事是辅，非有人生何来历史？中国人在这一点上和西方人观点不同，故此，史书是纪传体，翻开《二十四史》都在说一个个人，不是在记录一件件事。

现代人受西方思潮影响，讲历史用纪事本末体来讲，重事不重人，这就是不理解中国古人记录历史是要让后人也变成历史人物，历史记载中包含的是价值观、人生取向，人读史书是反思现实的，会反思的人能避免重蹈先人覆辙，能规避风险，预防动乱，发扬传统，维系道德，复兴文明，笃行正法，青出于蓝，这都是历史鉴照后人的作用。事和法都是人定的，是可以不断修缮的，人的境界如何，就会做出什么事，立出什么法，法一旦被确立便有了暂时的静态相，有了标准和秩序就是理。“正”本是动态的，人如何，动态的“正”如何，而“理”是被动静态的。

老子说了那么多不、无、勿、若，人皆以为正、以为美、以为善的标准，老子却提出了反向思考，这不是老子有逆反心理，是他反对固执在某种已经被人为概念化的“正”中。凡是固执了，便有局限，有漏洞，有漏洞就容易被人利用，例如现代人被商业利用成了习惯。圣人说法是要大家保持一颗动态的心，不执著，不顽固，不傲慢，不偏见。

既然人为的标准和秩序不能执著，那么无为有没有标准和秩序?“反者道之动，弱者道之用”就是其标准和秩序，也就是说，凡事一旦被固化，就有风险。老子的话表面是反说、逆说，其实他反对的是所谓合乎逻辑的习惯、风气、认识、思路，凡是我们习以为常的认识，老子都提出了反向思考，因为常识、逻辑里极大可能是包含了诸多偏见的。

世界上最短的咒语是什么？是自己的名字，我是“张三”，“张三”就是被固执了的咒语。念久了信以为真，就认为真有“张三”，那么“张三”所拥有的一切就自然而然成“真”了。“张三”是假名，本随时可以叫“李四”“王五”，如果以为“张三”实有，就会为保卫“张三”而战。

“张三”代表的是“我”，我说过的、做过的、拥有的、向往的、喜欢的、经历过的一切都是“张三”的地盘，不容侵犯。于是许多时候，事情如何演变成一场“张三保卫战”的，没有智慧的当事人自己都不知道。许多人看上去振振有词，正义凛然地维护“正义”，至于正义本身是什么，都不清楚。问题是可以延后的，您在为维护“张三”而进入战争态时，“张三”会在当下发挥积极作用，而原本要解决的事情毫无疑问地要延至解决完“张三保卫战”以后。您早已被“张三”奴役，您的控制欲、表现欲、虚荣心、价值观、成就感等其实不过是“张三”的戏法，而您的一切意识行为是维护“张三”地盘的战争工具。

鸟类、鱼类、灵长类、猫科等动物能随心所欲地感应到地磁场，狗在大小便时也会通过磁场给自己定位朝南还是朝北。地球的磁场在扫描着一切生命，灵性的生命报之以相应，失去灵性的生命报之以无视。然而生命如何和地磁、电流、气场相应呢？根本没有什么具体的脏腑、器官、部位是有形的感应器，身体的任何部位都是接收器，多数人是被欲望、自大绝缘了。人类对宇宙万物的敏感和相应在后天学习、沉沦的过程中丢失了，多少人磁感受体退化了，就好像鸵鸟的翅膀一样。工业、商业的快速发展使得人类无论从思想、身体、反应、觉知等各方面都在快速退化。

人本无所从来，亦无所去，一个人处在历史的哪一个横切面？时间不是一条线，空间也不是一个位置，人内心的恐惧从何而来？从时间上来！感觉要失去是关乎时间的，而时间不是物理性的，如果在其中注入足够多的妄想和欲望，您就会被时间吞噬，难以左右自己的清晰认知，如此则离真实越来越远，因为您不在意真实与否，而在意在时间中身份符号，以及被商业、技术、资本、情感、面子、感觉左右的理想的自我如何存在。

这样下去人必然会厌弃真实的社会、生活，而将越来越多的激情投入到虚拟世界，有“张三”存在感的虚拟时、空，不正是商业资本的觊觎对象吗？社交网络虚化了人们的时、空感，巧妙地将物理性转移到生理性，通过心理暗示、刺激、引诱，放大张三的存在感，偷换对美的认知，放大焦虑、懒惰，因而制造各种商机，为消费者注入了足够的兴奋剂。在游戏、网络、修饰、财富中，一个个不同的张三被催生了，张三之用迷惑了张三之本，有人越来越模糊真实和虚拟的边界，甚至为此不惜付出各种惨痛代价。最温柔的蛊是张三自己养大的，因为愚痴、迷信、虚荣而无力驱蛊，没有功夫和智慧，身心中无处不有各种蛊，关键是您会不会驱？愿不愿驱？

秦国名医医和曾对晋平公说过一段很重要的话。平公久病不治而向秦国求医，秦景公派医和去诊病。之所以叫医和，医是职业，不是姓氏，和是他的名。古时候医、史、巫不分，以职业为称谓，这段对话十分重要，《左传》和《国语》都有记载，《左传》记录如下：

晋侯求医于秦。秦伯使医和视之，曰：“疾不可为也。是谓近女，室疾如蛊。非鬼非食，惑以丧志。良臣将死，天命不佑。”

公曰:“女不可近乎?”

对曰:“节之。先王之乐,所以节百事也。故有五节,迟速本末以相及,中声以降,五降之后,不容弹矣。于是有烦手淫声,慆堙心耳,乃忘平和,君子弗听也。物亦如之,至于烦,乃舍也已,无以生疾。君子之近琴瑟,以仪节也,非以慆心也。天有六气,降生五味,发为五色,征为五声,淫生六疾。六气曰阴、阳、风、雨、晦、明也。分为四时,序为五节,过则为灾。阴淫寒疾,阳淫热疾,风淫末疾,雨淫腹疾,晦淫惑疾,明淫心疾。女,阳物而晦时,淫则生内热惑蛊之疾。今君不节不时,能无及此乎?”

出,告赵孟。赵孟曰:“谁当良臣?”

对曰:“主是谓矣!主相晋国,于今八年,晋国无乱,诸侯无阙,可谓良矣。和闻之,国之大臣,荣其宠禄,任其宠节,有灾祸兴,而无改焉,必受其咎。今君至于淫以生疾,将不能图恤社稷,祸孰大焉?主不能御,吾是以云也。”

赵孟曰:“何谓蛊?”

对曰:“淫溺惑乱之所生也。于文,皿虫为蛊。谷之飞亦为蛊。在《周易》,女惑男,风落山,谓之《蛊》三。皆同物也。”

赵孟曰:“良医也。”厚其礼归之。

《国语》记录如下:

平公有疾，秦景公使医和视之，出曰："不可为也。是谓远男而近女，惑以生蛊；非鬼非食，惑以丧志。良臣不生，天命不祐。若君不死，必失诸侯。"

赵文子闻之曰："武从二三子以佐君为诸侯盟主，于今八年矣，内无苛慝，诸侯不二，子胡曰'良臣不生，天命不祐'?"

对曰："自今之谓。和闻之曰：'直不辅曲，明不规，拱木不生危，松柏不生埤。'吾子不能谏惑，使至于生疾，又不自退而宠其政，八年之谓多矣，何以能久！"文子曰："医及国家乎?"

对曰："上医医国，其次疾人，固医官也。"

文子曰："子称蛊，何实生之?"

对曰："蛊之慝，谷之飞实生之。物莫伏于蛊，莫嘉于谷，谷兴蛊伏而章明者也。故食谷者，昼选男德以象谷明，宵静女德以伏蛊慝，今君一之，是不飨谷而食蛊也，是不昭谷明而皿蛊也。夫文，'虫''皿'为'蛊'，吾是以云。"

文子曰："君其几何?"

对曰："若诸侯服不过三年，不服不过十年，过是，晋之殃也。"

是岁也，赵文子卒，诸侯叛晋，十年，平公薨。

这段古文不难理解，奇怪的是秦伯派来的是医生，说的话哪里像个来看病的医生？张口就评论国家大事，还说晋国"良臣不生，天命不佑"，以及"若君不死，必失诸侯"等狂言，是不是秦国派来散布谣言的？不仅如此，还批评晋侯近女色、纵欲，更危言耸听说要丧命、丧国，“今君至于淫以生疾，将不能图恤社稷，祸孰大焉！主不能御，吾是以云也”；犯了两大忌还不够，还占卜病人所患疾病的命程，甚至对良臣的命程等一一道来！这分明是巫！在“卜”，在“算”，在“相”！

繁字体的“醫”偏旁是“巫”。《说文》曰“巫”：“祝也。女能事无形，以舞降神者也。”医，上古时期和巫同源，有“古者巫彭初作医”之说。《山海经》里记载上古有十巫，都与医药有关。《广雅·释诂四》：“医，巫也。”巫原有的重要作用是占卜和医治。

不过医和在这里说的话没有卖弄和迷信，他没用任何神秘的方法面对病人。面对文子的问题：“医及国家乎？”对曰：“上医医国，其次疾人，固医官也。”文子再问平公还能活多久，他确切地回答：如果诸侯继续拥护他当盟主，最多能活三年；如果不再当盟主也活不过十年；超过十年以后，晋国必有大灾难。由此可见，古书中把“医”“卜”“星”“相”统称为“方技”不是虚言。

文子何许人？他就是大名鼎鼎的赵氏孤儿赵武。他是赵盾之孙，赵朔之子，晋文公外曾孙。嬴姓，赵氏，讳武，谥号曰“文”。下宫之难后赵氏灭族，唯赵武独存。公元前573年，晋悼公以之为卿，世人尊其“赵孟”，史称赵文子。他是晋国卿大夫，政治家、外交家，是为国鞠躬尽瘁的贤臣，医和却对着他说晋国“良巨将死，天命不佑”、“良臣不生，天命不澒”这些听着如此大逆不道的话，实在令现代医生胆战心惊，匪夷所思。

宋嘉佑年间，曾有一位叫僧智缘的僧人也精通方技，据《宋史》载：智缘法师精通医道，尤精脉法，著有《太素脉法》。所谓“太素脉”是通过人体脉搏变化来预言人的贵贱、吉凶、祸福的方术。智缘法师声名远扬,曾应召为宋仁宗诊治病情,住在大相国寺,朝廷文武官吏多往就医。及至仁宗病故后,他又为体弱多病的英宗诊治,获赐“妙应大师”。神宗即位后,他为丞相王安石所器重。据宋《清波杂志》载智缘法师为王安石诊脉,“言其子有登科甲之喜”,果然次年其子王雱中进士,故王安石对其大为惊佩,以至于在《与妙应大师说》中写道:“妙应大师智缘,诊父之脉,而知子之祸福,翰林王承旨疑其古之无有。缘曰:‘昔秦医和诊晋侯之脉,而知良臣必死。良臣之死,乃见于晋侯之脉。诊父而知子,又何足怪哉?’”

医和曾提出过几个著名的观点,首先,什么是音乐?音乐的初心是为了“节百事”,因此“有五节”,有快慢互相调节,等到五声慢慢降下来之后,就“不容弹矣”,否则叫令人心驰神怡的靡靡之音,属于“烦手淫声,慆堙心耳,乃忘平和”,听这种音乐即失德也。君子近女色,应有仪有节,绝不能为了放纵声色欲望而悦己。

接着他又提到“六气病源说”,“六气”即“阴阳风雨晦明”“阴淫寒疾,阳淫热疾,风淫末疾,雨淫腹疾,晦淫惑疾,明淫心疾”,此“六气”由三对组成形式:明气是光明之气,晦气是阴暗之气;风气、雨气,风一吹天就晴了,阳光就出来了,所以风气也是阳气,属于动态的阳,雨气则代表潮湿、晦暗。三对六气的变化,根本还在于阴阳两气。

在和晋平公的对话中,医和就详细解释了何为“蛊”,他说:“近女室,疾如蛊。非鬼非食,惑以丧志。”当文子问他“何谓蛊”,对曰:“淫溺惑乱之所生也。于文,皿虫为蛊。谷之飞亦为蛊。在《周易》,女惑男,风落山,谓之

《蛊》三。皆同物也。”文子叹服，曰：“良医也。”于是备了厚礼，把胆大包天说自己将死、晋国没有良臣等的医和，恭恭敬敬地送回了秦国。

就在那一年的十二月，文子果然去世了，诸侯陆续背叛晋国，拥立楚国为盟主，鲁昭公十年，晋平公去世。此后，晋国的国势每况愈下，直到最终被三家瓜分，连名字都从春秋历史上消失了，医和的预言一个个全都准确成为现实。

无论是被女色还是权力、事业迷惑，都是中了蛊，然而能自拔者几乎不见。中了蛊惑的人自己是不知道的，只是感觉难受、生病、倒霉，故此有的人四处去找“大师”加持。人生，遇到最大的魔一定是心魔，您之所以会被蛊惑，是因为喜欢。黑夜里群魔乱舞，披着魔皮混在其中的人啊！比魔还像魔。

人太着迷自我感觉、自我认定、自我意识，就不会知道这是“自我”在下蛊，一切过度沉迷的东西就是“蛊”，让人魂不守舍、意乱情迷、心跳加速的是“蛊”，导致人陷于分裂、躁动、狂乱、无明的是“惑”。人必须有能随时停顿下来的掌控力，否则再忙碌也是贫乏的。贫乏的锦衣玉食不会帮助人在生命路上有所突破，外在的一切不能将已被牢牢地囚禁在“我”里的心解放出来。那些所谓经验、记忆、知识、逻辑、面子、仇恨、回忆、幸福、期待等一切令人流连忘返的感觉，有几人能识破其中的伪装？您不痛下决心转化，那么无论走还是停，无不在刻舟求剑或掩耳盗铃，慧眼不开，谁能看到全然无碍的世界？

真正的知止未必是停顿的，而是时刻清晰，无论什么节奏、什么际遇、什么诱惑下都掌握着该止和该进的主动权，不以利益、得失、面子、舆论、机会为导向，能沉稳地、用心地、游刃有余地按照自己的节奏不慌不忙地信步闲庭。

曾有人寻问笔者慢行禅为什么要行得那么慢，用心修炼的人都知道，这种慢不是停，而是稳重。用大象一样沉重稳健的步伐行走会是什么感受？完全心无旁骛、不动声色、制心一处，完全活在当下地行走，所以走得有尊严，有格调，一步，一步，如同象王在它的丛林中巡视自己的国土。修者行禅要巡视什么？即道。怎么巡视？即法。巡视后怎么行动？即德。

所谓有能量的人，不是成天等着困境过去，而是能在困境中起舞。悟道的意义并非是觉醒后的潇洒，采菊南山而对红尘俗世视而不见。过去迷惑的您和现今求法的您，不是两个人也不是一个人，这期间的矛盾、转化、对错您了然后，并无厌恶。之后用一颗全然的慈悲心，在红尘中智慧万行。

《楞伽经》里说，愚笨的农夫会将自己的垃圾丢弃，然后向其他人买肥料；聪明的农夫会忍受恶臭自己处理粪便，做成肥料滋养庄稼。佛陀说，只有愚笨的人才会去分别污秽和洁净。许多人和愚笨的农夫一样，想丢弃修行过程直接买个长生不老、涅槃清净、逍遥自在回来，而智慧的修者不会舍弃烦恼、淫性、欲望和世俗，正因为身心内有这么多污秽的在，内观这些心魔，转粪便为肥料，这些肥料才是悟道资粮。

莲花出淤泥而不染，离开了淤泥，哪里还能生出莲花？愚笨的人为什么发不出菩提心？因为老是想投机取巧，图省事，开后门，找方便，自己心田不够肥沃，没有资粮的土地长不出庄稼，如同水至清则无鱼一样。当您落在成天厌弃麻烦、复杂、困难、艰苦、善变、背叛、虚伪里，幻想着自私自利地解脱时，您就是在自己的监狱里做梦。唯有用心去接纳，尊重和了解善与恶，用无分别的心智慧地对机应对一切的发生，假以时日，所有恶臭的肥料会在脏兮兮的土地里开出最美的禅花。得道不弃世间，为道德。

我们看一下，“道”和“德”这两个字非常有意思。道，从辵（辶），从首，“首”指元、头。道，从字面理解，首重行，特点是不住。固执了不行动，何以修道、知道、合道、契道、悟道？人的行为是由意识带动的，想要与道无隔，无住而生心，住即为死心。人通过自我修养找回意识清净、身心合一的状态，再回向社会众生，谓之“德”。

《老子·想尔注》曰“道者，一也”，老子明明说的是“道生一”，什么时候说过“道”就是“一”？可见，如果对道不理解，注释就会出现偏差。道不是道路，道是路之源头，无数的路由道所生。修人的路，是法；在路上的行为，是德。“德”通“得”，《礼记》曰：“德者，得也。”从何处得？道中得，得道的体现却是无得。所以“德”是个悖论，有德的人无得，想得的人缺德。

德，是人回到最初的样子，就是致良知。“德”本是个中性词，现代人说这个人有德行通常是褒义，而如果有人说：“瞧他的德性！”往往语含贬义。德性一词语出《中庸》“故君子尊德性而道问学”，郑玄注：“德性，谓性至诚者也。”这个词本来不应该只作贬义，德性和人性一样含有善恶两方面。“德”有内、外两个方面，内为“德性”，外是“德行”。德行是一个人品德的表现，德性是一个人内在修养的境界。德行源于德性，德行的内化即是德性的起点。

仁义、智慧、慈悲、信义、宽容等，是人通过修养发扬了德性和道相应的部分；傲慢、鲁莽、多言、懒惰、自私等，是人放纵自我，沉沦在德性的丑陋部分；礼貌、谦虚、尊老、爱幼、扶贫、守法、见义勇为等，是人德行高尚的表现。德性内本来包含了善德、凶德，《左传》云："孝敬、忠信为吉德；盗贼、藏奸为凶德。" 孔子谓曾子何为"德"曰："不在于善，而皆在于凶德，虽得之，君子不贵也。(《孝经·圣治》)"什么是君子贵的?"三军可夺帅也，匹夫不可夺志也"，"不义而富且贵，于我如浮云"。合道之德为吉德，反之是凶德。

《易经》中的六十四卦表述了六十四种德性。其中乾、坤二卦是代表。乾卦是阳生，"天行健，君子以自强不息"，健是阳刚，阳德合于天道，而天道无常，故此有德之人在无常中亦是生机勃勃，如草木之芽破土而出，若软而有其阳刚。人事中的阳刚是仁义，社会的阳刚是礼义，修身齐家治国平天下是道义。乾道作始，人的始德就是人的志向。

乾道作始，坤顺则次成之。"地势坤，君子以厚德载物"，坤卦是阴生，坤德便是上善若水，一顺生百善，坤德合于人道，孝悌、养育生于顺。坤德是谦虚、反省、无我、顺应、从善如流、付出而无望回报，皆生于此德、成于此德。乾德为父，种生，坤德为母，受生，而后道成。

我们再一起来看看《易经》第五十四卦"归妹"，六五爻的爻辞写道："帝乙归妹，其君之袂，不如其娣之袂良；月几望，吉。"帝乙嫁女，她的服饰却不如其妾的服饰好，这是说月亮没到满月时，吉。帝乙的女儿是公主，地位在妾上，但出嫁的服饰还不如妾。现代人是想尽方法要把别人比下去，处在高位的人如果能主动去就低位，就月未圆，乃谦德，月亮一旦满月就要转缺了，智者之谦下叫“月儿望”。

高和低的位置其实一直会是动态的，高处主动就低是人不自我固定在某一位，否则叫自我固化，是不具德行的表现。我们再看《史记·殷本纪》中记载商朝始祖的典故：一个叫殷契的年轻人一直跟着大禹治水，屡建功勋。大禹后来将他封到商地，他是商部落最早的首领。转眼过去了四百多年，夏王朝桀王在位，国势渐衰，统治腐朽不堪，矛盾异常尖锐，各地诸侯蠢蠢欲动。

这时候商部落的领导人叫汤，也就是著名的商汤，见天下大乱便开始招贤纳士。

商汤知道当时最博学多才的智者是伊尹，然而伊尹的身份却是有莘国的奴隶。伊尹自幼聪明颖慧，勤学上进，虽身为奴仆但却乐尧舜之道，并且他的烹调技术世人皆知，所以他既做贵族的厨师，又作贵族子弟的“师仆”。可是无论求贤若渴的商汤王怎样三番五次以玉、帛、马、皮为礼前往有莘国聘他，有莘王却一直不答应放人。无奈的商汤只好娶了有莘王的女儿为妃，于是伊尹便以陪嫁奴隶身份来到汤王身边。

《孟子》说：“汤之于伊尹，学焉而后臣之，故不劳而王。”伊尹可算是中国历史上第一个帝师。读者们想想，如果您发现别人家的保姆、门口卖菜的小贩见识很高时，您能像黄帝给牧童那样行大礼，还是能像商汤这样求贤若渴呢？黄帝和商汤的伟大是他们没有被身份和面子绑架，他们才是求法的伟人。

伊尹来到汤王身边后，没有教汤王什么技术，他教的是如何行仁政，如何以仁德治国，他告诉汤王要学会等。

夏王桀的文才出众，武艺超群，赤手空拳都能轻松打杀虎豹，还能把铁钩像面条一样随意弯曲拉直，如此力拔山兮的人本应多造福于民，遗憾的是他却把所有的力气都用在了暴虐、享乐和瞎折腾上。所以汤王您现在需要用柔道，要等民心归顺您，这需要天时地利人和一样也不能缺。所以现在的任务，是一边自己修身，一边大大宣传，让您的德名广播。

汤王本性善良，对人仁慈。《史记·殷本纪》记载他有一天出门，看到狩猎的人们正在张开四方大网捕鱼，马上就急了，哎呀不行！这会把鱼儿赶尽杀绝的。于是他命人把网的三面都去掉一些，说："欲左，左。欲右，右。不用命，乃入吾网。"也就是说健康的鱼会从左面、右面逃走，不想走的就留在网中吧！各地的诸侯听说商汤网开三面的做法后，纷纷称赞道："汤德至矣，及禽兽。"商汤王连对禽兽都这么仁慈，他的仁德真是到达了极点了。

夏桀王一步步众叛亲离成为独夫后，伊尹瞅准时机辅助汤王举兵伐夏，经过11次战争，最后败桀于鸣条之野，夏灭。商朝建立后，汤王听从伊尹的建议对内减轻征敛，鼓励生产。商的仁德影响远至黄河上游，氐、羌部落都来归服，伊尹被封为尹，也就是右丞相。

伊尹是道家先圣，他在担任丞相期间，主张以"调和五味"等烹饪方法来治国，商朝果然被他治理得经济繁荣，政治清明，国力强盛。老子望伊尹如孔子望周公，老子说"治大国若烹小鲜"，语出于伊尹。

商汤死后，太甲为王，受命辅佐的伊尹深感任重道远，他希望太甲能成为一代明君，可没想到太甲继位后不修德政，是个昏君。伊尹多次劝说无效，便在商汤的墓地前建了一座桐宫，把太甲放逐去了墓地，并特地为太甲写了《伊训》《肆命》《徂后》：《伊训》的内容是对他的告诫，《肆命》是教他如何当政，而《徂后》则是详细解释政治制度。

被囚禁的太甲从开始的暴躁、狂乱中逐渐清醒过来，反省后，开始发愤图强，每天认真参究这三本书。三年后，他蜕变成为了一个思想沉稳、清明自律的君主。

他被放逐时期，伊尹摄政，三年后，伊尹在考察太甲已经可以胜任王位后，便助他复位，之后商朝一片安宁，伊尹放太甲的典故也千古传颂。伊尹为了褒奖太甲，之后特意为他写了《太甲训》。

伊尹在商为相五十余年，辅佐了商汤、外丙、仲壬、太甲、沃丁五代君王。沃丁八年，百岁的伊尹辞世，沃丁以天子之礼将伊尹安葬于商汤的陵墓旁，以表彰他对商朝做出的伟大贡献，伊尹被后人奉祀为“商元圣”。

所谓仁爱，便是以道德律己，以德行服人。德的作用在于自律，人能抑恶从善，是“教”的结果、“法”的作用。如果缺乏了教、法，多数人会得过且过地混过去，这不是随缘自在，而是随习气漂流，失之毫厘，谬以千里。

德，由彳(chì)、十、目、一、心组成。彳是行，道的走之旁辵(chuò)从彳从止，德在道中，德之核心是在道上知止而后有定，知止为上德。

十目一心，什么意思?“十”可以指十方，即方位，有位才有行，在其位谋其政；也可以是交会，即和合、爻变。“目”，甲骨文的“德”是一只眼睛在看木桩的影子运行。金文“德”字是左侧两划表示行走的意思，右侧上部一竖叠加一点，表示日月星辰照在木桩上；右侧中部是一只眼睛在看。德，即人站在一个中心点用眼睛观看。观看什么?对外看“七曜”,对内看自心。

“七曜”一指日、月、火、水、木、金、土;二指金、木、水、火、土、阴、阳等。有德行的道人因观而照,内观身心,外观生意;内观习气,外观行为;内观变化,外观因缘;内观五蕴,外观众生……

“德”字右边最上角的“十”字,是道和人、人和人、人和物、人和事、人和境、人和法之间的交,交以明“目”。人的慧眼渐开时,交的深度、广度、维度、多寡、层次皆大大不同。交为太极,太极为两仪,四象在天成象,在地成形,四象再生八卦,八卦而有六十四变化。十目、四象,汇于一心,合于一心,是归道,一心发出十目、四象,是道生。道人能知缘起,明变化,心摄于一,一即一切,行随机用,德行无碍。

“德”的体现是“直”,“德”在甲骨文中就是“彳”加上“直”,后来再加上了心。《维摩诘经》云“直心是道场”,不攀缘、不违心、不攀比、不刻意是直心,也是德行。

在甲骨文里,“德”和“循”字也非常接近,“循”是循行,老子说“道法自然”,庄子说“以德为循”。这里说的“自然”,不局限于自然科学的自然和物理范畴的自然,当然更不是印度的自然外道那个自然。“道法自然”的核心是“循”,人的德行应该像行云流水一样,循环不息,生生不已,无住无相 。德行高深的道人心中没有障碍,内外一元,人与万物不分彼此,禅门三祖曰“放之自然,体无去住”。

德行是伴随生命同在的。德之为行,一定是先有明确方向的,这个方向即遵循本性、本心,自利向上一路,利他慈悲回向,所以这方向是螺旋式的。如大回旋般，人越放低自己，越能往上，越善良、慈悲，越超越和解脱。舍欲，得德。

老子说“常使民无知无欲，使夫智者不敢为也”，无知无欲本是德，不是阴谋论。无知不是愚昧无知，而是无所不知，古人求学，是求人生之学，通达了学问的根本，之后无所不知。如牧马的童子、陪嫁的奴隶能懂治国，“治大国若烹小鲜”，人人会烹小鲜，为何人人不懂治国？仁者爱人，道法自然，内外皆治，以教化人，如是如是。

然而，知易行难，人人都懂治国，却非人人能治国。何以故？有私心，有欲望之碍，故许多滔滔不绝说大道理的人，所知便是其所障。道理是为他人说的，自己行事心胸狭隘，目光短浅，胆小怕事，极端固执，知行割裂，不求甚解，追名逐利，贪图享乐……此便如人人皆有佛性，为何不能人人成佛一理。对聪明的现代人来说，不少人没有把聪明转为智慧，则聪明就是其障。聪明是加法，给人增加财富、地位、学识；智慧是减法，让人如何知止、制衡、无我。

现代社会各种信息是时时流动的，而其中流传速度最快的恰恰是负面新闻。印度人为什么不重视记录历史？如同那个云淡风轻的午后，阳光明媚的日子太平淡了，没有人会去记录，而记录下来的几乎都是篡位、政变、杀戮，最平实无奇的日子，最朴实的情义史学家认为不值得记录。故此历史中多是极端的、突发的大事，尤其是现代社会更加暴力，因为越刺激越有阅读量，越引人注目。缺乏抵抗能力的人，容易被环境改变认知系统，会随着潮流被动变化，不懂得如何去看文字、看信息、看潮流、看机遇。

聪明和愚笨其实并不矛盾，更多的时候如影随形，一方面聪明伶俐在社会上混得风生水起，另一方面却愚笨固执被小成绩阻断在智慧门外。聪明是会玩，智慧是能看明白玩法的背后，有智慧的人不排斥传统，也欣赏科学，精进成长。以出世心行世间事，知世间万物、万事、万有之然，亦知其所以然，不为任何知所障。

老子说："不尚贤，使民不争；不贵难得之货，使民不为盗；不见可欲，使民心不乱。"贤，是贤良，老子说不尚贤是不尚贤之虚名，不是不要贤的作用。智慧的领导者当用淡其心志的人，社会风气如果相互攀比，太在意虚名，彼此之间就会刻意作为。

公元前206年，刘邦率大军攻入关中，当了46天秦王的子婴向刘邦投降。刘邦进入咸阳后废除了秦法，仅约法三章作为临时法律，之后封府库秋毫无犯地退军霸上。其实刘邦也想住皇宫，但张良告诫他这样做不仅失掉人心，还会激怒项羽。

刘邦的成功在于他能及时从谏如流，尽管不情不愿，但还是马上下令封闭皇宫。他把关中各县父老召集起来，宣布道：秦朝的严刑苛法把众位害苦了，现在我和众位约定，不论是谁都要也只需要遵守三条法律，即杀人者要处死，伤人者要抵罪，盗窃者要判罪!

这个约法三章深得民心，接着刘邦派出大批人员，到各县各乡去宣传，百姓们都热烈拥护。不过刘邦也并不是什么都没有拿，萧何就偷偷拿走了秦国法典，在私下里认真研究，想找出秦之所以失尽人心的关键，以便上报刘邦决定未来的治国方略。秦法主要是商鞅、李斯两位法家人物陆续制定的，可悲的是两位大家，一位被五马分尸，一位被先具五刑后腰斩于市，可以说都以最惨烈的方式被处死。

秦法事无巨细，完善到每亩田地要施多少肥、下多少种子；细致到男人多少岁必须分家；严酷到饲养耕牛的人，耕牛腰围减少一寸打多少皮鞭……法网织得太密，秦人便杯弓蛇影，成天如惊弓之鸟，稍有不慎就会家破人亡。针对如此严酷、苛细的法律，萧何最终得出的结论是用黄老“无为而治”的方略来治新国，绝不扰民。果然短短七十多年就到了文景之治。当时的经济非常繁荣，府库里的粮食多得都发了霉，串钱的绳子都腐烂了。

李斯是博学多才的贤人，但就是功利心让聪明绝顶的他步步误判形势，与赵高合流无异于与虎谋皮，不仅葬送了自己家族性命，还葬送了国家。萧何、张良等和李斯不同，他们是真正淡泊心志的大智慧者。大汉建国后，争名夺利的聪明人英布、韩信等一个个惨死，张良为什么能全身而退？因他无知无欲。萧何呢？亦是无知无欲，谦下节制，处处不争，故能长久。

《道德经》中有八处提到“不争”：“不尚贤，使民不争”；“水善利万物而不争……夫唯不争，故无尤”；“圣人……自见，故明；不自是，故彰；不自伐，故有功；不自矜，故长。夫唯不争，故天下莫能与之争”；“圣人处上而民不重，处前而民不害。是以天下乐推而不厌，以其不争，故天下莫能与之争”；“善为士者不武，善战者不怒，善胜敌者不与，善用人者为之下，是谓不争之德”；“天之道，不争而善胜”；“天之道，利而不害；圣人之道，为而不争”。

不要误解不争是被欺负了也忍声吞气。不争指的是为我为私不争，不争功劳财富，而为众生之利益，该争的时候绝对要争！该出手时就出手，没有半点含糊，否则变成老好人了。

争不是蛮干，而是有智慧审时度势，恰到好处地争，否则又变成愤青了。聪明是生存能力，而智慧则是生存境界。为我不争是无我，把我信任地交出去给众生，就不用等着收回来了，我在他心中发芽，薪火相传，我便流通往复于天地间，这便是大我的完成。没有一处是我，没有一处不是我，有什么值得为我而争的人、事、物?

不争是人应如水一般利益众生而不望回报，故而“天下莫能与之争”，这才是真正的无敌！真正无敌的人，是心中消灭了敌人的观念的人，暂时的不相应可以靠力量去转化，只有没智慧的人才想着用损招、阴谋去消灭对手。真正的力量是能化解敌意，这靠的是影响力而不是武力！影响力来自平时内治和外治的修为。不过治未必是“有为”的，也未必是“无为”的，而是为了最终能“无不为”。“无不为”便是“天下莫能与之争”，靠的是德化，而非武力。武力征服者如成吉思汗等，真正征服过哪里?铁骑横扫之境，留下的只有恐惧、愤怒和反抗，谁也无法征服谁，唯有有德之人能赢得真正的爱戴和尊重，故仁者寿。

影响力不能用“有为”和“无为”来表述，它不会是固定的，无莫不适，一切皆是智者行“无不为”的方便。不争不是消极的，水不争，水消极吗?有落差，水便有了动力。什么是人的落差呢?就是有人需要，需要的人是处在低处的，低处不一定是指财富、地位，主要是精神上、思想上有困扰解不开，需要法雨滋润，这种需要就是动力，需要有教而化之的力量。

儒家重视教化，教化分内教和外教，内教是克己复礼。克己是能够复礼的基础，在克己的基础上复礼就是“仁”，外教是齐家治国平天下，自我觉醒后要报于天下，天下不仅仅是国土，也包括了无形的文明、文化，舍身忘我，就是“义”。

后世儒家在外治方面作用明显，内治、内教方面被逐渐弱化了，其实内圣自古都是外王的基石；道家看上去好像不重视教育和外治，其实不然！伊尹、姜子牙、管子、张良、萧何、诸葛亮、魏徵、刘伯温等帝师皆是道者，文景、贞观等时期皆是道家思想治国的典范。

内外本无碍，无内何谈外？无外何以显内？如果人为地划定出儒家重外、道家重内的概念，便是以地面的水定义了水，水在地底是通流的，地下水哪有什么黄河、长江？处处都是一体的。上善之水是一种“不二皆同，无不包容”的大境界，上海的水是上海生成的吗？广州的云来自广州吗？

地势坤，有川流不息之意。坤，古作巛，即“川”，“川”是相应天道、顺应天意、如水至善、无相无住、与世无争、处处滋养、内外一体、孕育万物的境界。从相上说既能洪水滔天，也能风平浪静；既能润物无声，也能雷霆霹雳，无定形、无定相、无定处、无定时，因其无我故能随缘自在，以厚德故能载万物。

争是一种幻想，幻想通过争捍卫自己的权利，这是基于不自知。例如上文提到的蔡叔谋反，就是感觉委屈才想争，凭什么老四摄政？我是老三！我才该是摄政王。不自知是不明白也不承认自己的智慧、才干和他人之间的差距，一母同胞不代表能力和境界。委屈、抱怨加上愚蠢，才会被人挑拨离间,越蠢的人越要面子,要面子的人最受不住撩拨,总是想做些什么改变,于是自然演变成蠢行。愚蠢是对己不自知,对智者不信服,对亲人不信任,越蠢越容易轻信,最容易被面子绑架。

争什么?争“气”,然而气是争出来的吗?华而不实的叫虚荣。为什么人容易受骗?骗子其实只要把握了人性的几个弱点就可以所向披靡:一是贪婪侥幸,二是虚荣无知,三是轻信迷信,四是自以为是。掌握了人性弱点的人,用刺激、诱惑、煽动、哄骗的手段套牢受骗者,制造想要的,放大想到的和隐藏的,于是这些人会在受过一次骗的地方痴迷不悔,美其名曰“哪里跌倒哪里爬起”,您的智慧没有增长时,其实是哪里跌倒,哪里会再跌倒!

难得之货是什么?就是商业和文化运作的产物。人心因欲望、物质、消费、利益、名望、面子、人情等刺激而陷于盲目。心理学家巴甫洛夫认为人的一切行为是条件反射的产物,越刺激越反应,刺激信号的能量越强则反应程度越大,注意这样的心理学是基于动物实验,用动物实验的结果反推于人,则必然放大人性中的动物性本能、原始欲望,人越接近动物越受本能驱使,离灵性越远,则这种实验的结果越有效。

喜欢和不喜欢,都是反应,心理实验要的就是人的反应,而非一定要人喜欢,因为产生不喜欢的心理时实际上已经落入笼中。西方的商业遵循着这套理论,大力研究如何刺激消费者产生正反两种反应,反应和记忆相关,反应越强烈则记忆越深刻,而记忆则和消费紧密相关,总有一款为您订制的牢笼等着您舒舒服服地自己走进去。只要在笼子里放食物,动物就会自己进笼,而喜欢和不喜欢就是诱饵,用人喜闻乐见的方式俘虏人,这不就是请君入瓮吗？您不知不觉变成自己过去瞧不起的、讨厌的人，变化从何时开始？从放弃自我成长开始！为了加大刺激，广告和宣传变得越来越哗众取宠、俗不可耐，因为不可否认的是，越这样确实越有效，越容易见业绩。

老子说“人多伎巧，奇物滋起”，现代营销就颇有这个趋势。许多商品设计越来越稀奇古怪，奇物越当道追求标新立异，被刺激惯了的市场就越形成惯性，消费者不被刺激便无聊。我们看古代的艺术如敦煌石窟里有很多变文，像说书一样，生动有趣贴近生活，用朴实无华的故事传播佛法。还有修行人的唱颂、歌舞、绘画等都是为了传播真善美、增加人修养的方法，这些都是为了净化人心，而现代营销则是为了刺激人欲，那当然会“奇物滋起”。

如周公禁酒便是防止人在酒精作用下身不由己，酒精的作用可以令人误以为找到了逃避现实苦难的“极乐世界”，喝得晕乎乎胡言乱语，醒来明明知道这是幻觉，可一旦上瘾便欲罢不能。商业、文化亦是，如果像酒精一样刺激人，那就本末倒置了。

汉字是象形字，“贤”和“货”特别接近，下面都是“贝”，两个字的含义也有关联处。关联点就是“贝”，“贝”指的是财富，金钱，货是消化、易手的财富。贤的繁体字是“賢”，“臣”加“又”再加“贝”。

先说“臣”，臣有多层含义。臣是“目”的变形字，甲骨文中有的“臣”像一只眼睛向下看，为什么向下看？臣子对君王要恭敬垂目，对民情则要了如指掌，承上启下者为臣，此外，金文和篆文的“臣”还是突出的眼珠(臣)，这就引申出“臣”的进一步含义，即监督作用，如御史、史官等。

“又”是指手，臣要成为君王的左右手。最下面的“贝”指财富。臣用眼和手，辅助君王善取、善用、均衡分配财富。财富的分配是特别重要的事情，孔子说："丘也闻有国有家者，不患寡而患不均，不患贫而患不安。盖均无贫，和无寡，安无倾。夫如是，故远人不服，则修文德以来之。既来之，则安之。"社会的稳定需要一定的均衡，如果贫富差距过于悬殊，社会便有可能分崩离析。均平万物、顺应民情，这是和谐的基础。跟人和谐的，称作人乐；跟自然和谐的，就称作天乐。

"货"是所争之果，"贤"是能争之因。"货"是阳，"贤"是阴；"货"是显，"贤"是藏。"货"和"贤"互相作用，贤名不可尚，本是自然而然的，尚贤是图名，贵货是贪利。"货"和"贤"是一对迷人的陷阱，容易使人为之迷惑，无为的人随缘自在，有为的人为之疯狂。社会越炒作难得之货，越能升值，如当今之普洱茶、玉器、字画、古董、限量奢侈品等，或者名分、地位等荣誉，就有越多的钩心斗角。

朱熹可谓被贤名伤害至深的大儒。他绍兴十八年(公元1148年)考取进士，拜程颢的再传弟子李侗为师，得袭二程"洛学"正统，奠定了程朱学说的基础，形成了与汉儒经学不同的体系，后人称为理学、道学。

朱熹自幼立志要做圣人，他一生主张以理学治国，创办了白鹿洞书院、岳麓书院，并对经学 、史学、文学、乐律乃至自然科学都有深入研究。在他的思想体系中，反对不以道德为核心地为读书而读书。然而庆元六年(公元1200年)，一代大儒却在孤独、凄凉的病榻上与世长辞，朝廷却如临大敌，唯恐门生们集会悼念。

饱读诗书的朱老夫子是在忍受了四年"纳尼为妾""伪君子""假道学"

的唾骂中怆然离世的，这源于著名的“庆元党案”。据《宋史》记载：庆元二年十二月辛未，御史沈继祖罗列朱熹十大罪状，如“不敬于君”“不忠于国”“玩侮朝廷”“为害风教”“私故人财”等，还指控他贪色好淫，不仅纳两个尼姑作妾，家中儿媳在丈夫死后还居然怀孕，疑是“翁媳扒灰”所致……沈继祖主张将朱熹斩首。

“庆元党案”无疑是政治斗争。宁宗时是外戚韩侂胄把持朝政，韩侂胄此人历史上褒贬不一，是的，给岳飞平反昭雪的是他。宁宗之前，孝宗虽追复岳飞官职，又加谥号武穆，但没有更改父亲高宗加封给秦桧申王的爵位和谥号，这不算真正的平反。到了宁宗时期，韩侂胄上奏追封岳飞为鄂王，并削去秦桧王爵，把他谥号改为缪丑。缪丑即荒谬、丑恶的意思，一时大快人心。

时任宰相赵汝愚是朱熹挚友，他和韩侂胄政见不一，韩侂胄指示党羽弹劾朱熹是敲山震虎。赵汝愚最后遭谪永州，惨死途中，朱熹被挂冠免职。庆元三年，宁宗下诏禁止传播理学并清洗学派。理学诸生惶惶不可终日，有的归隐，有的改换门庭，有的狎游市肆，用以显示自己并非朱熹一派。

朱老夫子在历史上，评价也是褒贬不一的。其实哪有谁是完美的？如果说某人完美，那肯定有某些方面不为人知道，但不完美不代表就不是圣人，并且越是圣人也越容易被人诋毁，例如对朱老夫子的“存天理，灭人欲”这句话，一个“灭”字就吓到了不少人，其实这不是毁灭的意思，“欲，如口鼻耳目四肢之欲，虽人之所不能无，然多而不节，未有不失其本心者，学者所当深戒也”，朱熹的本意是要人自我节制，即寡欲，这个观点本无不妥，不过凡事执著过度变成死板教条就有问题了。

儒家自从汉朝时期董仲舒将孔子的君臣、父子和仁义礼智等思想变成制度化伦理，并作为国家和社会的道德范本后，明确规定了三纲，即君为臣纲、父为子纲、夫为妻纲，五常，即仁、义、礼、智、信。

三纲五常被用来维护社会的伦理道德、政治治理、家庭秩序。而到了宋代，理学家又以等级名分教化社会，此名“天理”。理学家进一步强调了三从四德，这引起了后人的诟病。

“三从四德”源于《仪礼·丧服》，说“女子子在室，为父布总、箭笄、髽、衰三年。子嫁，反在父之室，为父三年”，本来仅是女子为父为夫之守丧的礼制，到了“子夏传”就出现了加注：“妇人有‘三从’之义，无‘专用’之道，故未嫁从父，既嫁从夫，夫死从子。”这是子夏扭曲了仪礼的原义。

子夏本和法家有很大渊源，后来的很多法家人物出于他门下。孔子曾批过他，子游也批过他，都是说他偷换概念，其教不以德为本，以末事为重，过分注重形式和制度，教条固执有违本意。曾子也多次批子夏，同样说他不按夫子所教讲学，断章取义，使人怀疑孔学不仁求利。

自宋代开始，民间逐渐流行女性裹“三寸金莲”，受理学影响，“男女授受不亲”“饿死事小，失节事大”等封建保守思想盛行，至元朝又搞出二十四孝、列女传等民间演义，再到明朝八股盛行，先秦儒家活泼的思想渐行渐远了，儒家越来越教条。

其实宋儒本意要建立一个理想的道德社会，下属必须无条件服从于上下关系，这是无可厚非的，但过犹不及，没有掌握好度，就会变成死板。孔、孟的原始儒家本意是立足于服从真理，遵循天道，倡导无论地位如何都该依正理尽本分，经过了汉儒、宋理两次变革后，儒家逐渐变为依据地位、阶级、等级、辈分来决定服从程度。

朱熹的观点我们在他对蜀汉正统理论阐述中，可以看出他对道德的评判标准，三国时期人才荟萃，朱熹却独钟情于诸葛亮。这以前历代官方也推崇诸葛亮作为忠君、勤政和廉政的楷模，唐代虽以曹魏为正统也把诸葛亮看作是忠臣、贤相。到了宋代，虽然苏洵、苏轼、叶适等人对诸葛亮的评价或持中肯立场，或有褒有贬，但程颐、朱熹的理学却将诸葛亮树立为歌颂的榜样。在三国史论中，诸葛亮是朱熹议论最多、评价最高的人物，这并非因为诸葛的奇谋伟略、军事才干，朱熹推诸葛亮是因其对蜀汉至死不渝的忠诚之义。朱熹评价李斯时说他刑罚太过，但在论蜀地同施严刑峻法的诸葛亮时，他一改口风说推行法家乃治国之必要。再如他本来一向反对权谋，但对诸葛亮却可以另立一个标准，说诸葛施行权谋夺荆益之地也是必要的。

朱熹对诸葛亮推崇备至并非一时冲动或个人喜好，他再塑诸葛亮之前提，是南宋偏安要尊蜀为正统，于是三国的正义方自然从曹魏变成了蜀刘，那么“鞠躬尽瘁，死而后已”的诸葛亮当然成了正义的代表。于是“非淡泊无以明志，非宁静无以致远”，将兴复汉室的理想贯之一生的诸葛亮，便被立为圣贤的表率。

南宋追赠诸葛亮为顺兴侯，由官方在定军山武侯墓置守冢三户，以表彰其功德。元明清以后受到朱熹思想的影响，各种话本、小说、戏剧等艺术方式兴起，尤其是《三国演义》小说中诸葛亮的形象逐渐脱离现实，成为古来贤相中第一奇人，清人说他比管仲、乐毅才能更强，并兼有伊尹、姜尚的才能，这就属于神话了。

朱熹是如何得到朝廷赏识的？此得益于宋孝宗时期的宰相史浩，史浩曾先后向朝廷举荐了一批大儒，其中包括了朱熹、陆九渊、吕祖谦、陆游等。史浩是禅门子弟，年轻时丧父曾隐居鄮峰读书，鄮峰就在天童寺附近，当时天童寺的住持是曹洞宗宏智正觉禅师，他倡导"默照禅"，和推广"话头禅"的径山寺临济宗大慧宗杲禅师，阴阳对举，动静合唱。（详见拙作《禅》《中国禅》）

史浩常听正觉禅师说法，禅师说法有两个特点：一是以圆相为禅机，借以开悟听众，二是出口成章，信手拈来，言辞灵动，机锋深远，史浩深受感染，不知不觉开始修炼默照禅。如《默照铭》说："默默忘言，昭昭现前。鉴时廓尔，体处灵然。"史浩在寂然静坐中，逐渐进入无思无虑的禅境。

绍兴三十二年（公元1162年），高宗立建王为皇太子，即后来的孝宗，孝宗登基后任用史浩，史浩也陆续大量推荐人才，其中朱熹最令孝宗头痛。由于他个性过于耿直，说话不顾场合，常常让孝宗下不了台。朱熹批评孝宗因循苟且，虚度岁月，不仅不足以致治，反而足以招乱，其言辞激烈，锋芒毕露。朱熹不仅个性迂腐，治学又过于苛刻，苛刻和严谨不同，孔子治学是严谨，而朱熹治学有时候不懂变通。

好不容易到了宁宗时期，他又开始批评宁宗，说他"独断"，宁宗封他个"宫观官"养老，他却继续口无遮拦。"庆元党案"后，朱熹上表认罪，承认自己"私故人财""纳其尼女"等数条，说"深省昨非，细寻今是"，表示悔过自

雪山

新。一代大儒，饱学之士，不明人事，不会圆融，不知度量，最后弄得斯文扫地，何苦呢？

在佛经中佛陀常常提到：少了理论、概念和知识，我们无从了解世间。谁都是由理论、概念和知识开始建立认知体系的，然而如果在此基础上停留便是保守，能由此基础上实修而提升悟性，由悟性转化为智慧，便使得理论、概念和知识灵活起来。

好的老师不是去塑造学生，让学生亦步亦趋地按照老师的想法做，这是狭隘自私，情绪化的死教，这样教出来的学生缺乏灵活性，能死背经典绝对不是教而化之的目的。好的老师一定是唤醒学生的灵性，令其善于及时发现自己的不足，能够在千变万化的世间，对之以顺应而不离其本的智慧。好老师会教学生从逻辑、概念、理论、知识等基石里突破，这些基石盖出来的房子是给人住的，别被基石困住了，对于基石我们要尊敬，更要善用。概念是障碍，不是指它真的能阻碍您、阻碍事，障碍本身也是一种保护。房子的围墙就是保护您的障碍，善用障碍，智者能以障碍为起跃点，向上直至心的觉悟。

淳熙二年（公元1175年）六月，吕祖谦出面调和“理学”和陆九渊“心学”，希望两种观点能“会归于一”，陆九龄、陆九渊兄弟应邀前来鹅湖寺与朱熹展开了激烈的辩论，此为著名的“鹅湖之会”。

鹅湖之会双方围绕“教人之法”这个中心议题各抒己见。朱熹强调通过对外物的考察来启发人内心的潜在良知，也就是“格物致知”，格物要穷尽事物之理，致知是推知以致其极。而“心学”则主张“先发明人本心”，读书不是成为至贤的必经之路，陆氏兄弟认为格物就是人体认本心的过程，心明则万事万物的道理自然贯通。对朱熹主张通过博览群书和对外物的观察来增加知识，陆氏兄弟针锋相对地认为应“先发明人之本心然后使之博览”，所谓“心即是理”，无须在读书穷理方面过多地费功夫。他们指责朱熹“支离”，而朱熹则讥讽陆学是“禅学”，互相争持不下。

朱熹其实也是反对死读书的，他在《大学章句序》中说：

> 人生八岁，则自王公以下至于庶人之子弟，皆入小学，而教之以洒扫应对进退之节，礼乐射御书数之文。及其十有五年，则自天子之元子众子，以至公卿大夫元士之适子，与凡民之俊秀，皆入大学而教之以穷理、正心、修己、治人之道。

孩子应从日常生活的自理、待人接物中规范举止，在应对自如、进退有度中提高个人修养，这些思想从中国禅的生活化中汲取了不少营养。南宋文化南迁，小家庭制的风俗普遍了，士大夫不喜修炼，大丈夫气少了许多，大丈夫的气魄不仅是不畏死，而是如何生得功夫智慧。宋代不少士大夫生活闲散松弛，格局自然而然也变得狭隘起来，不像先秦儒家那般从国家社会大处着眼，义和道的部分被淡化了许多。

鹅湖之会是宋代两种不同思想的交汇，朱熹认为世界的本体是理，理散在外物就是事物的运动规律，散在人心就是人性，即伦理道德。

人要怎么认识理呢？就是研究客观事物，叫格物，人就会突然从具体的事物之理悟到最高本体。人的一举一动合乎理,就是符合道德。对于这套理论,陆九渊认同前半部分,他从禅门受到了更多的启发,认为既然理就在人的心中,人为何不能直接从心中契合理?何必多此一举要去客观事物中再绕个弯呢?心中有理,这理也是万物的规律,那么宇宙万物自然和人心能合一。

我们都知道阳明先生早年走的就是朱熹格物的路,他一直在格竹子,想从竹子那里发明心地,结果格出了一场大病,病好了竹子也不格了,他终于想明白心外无物、心外无事,心外无理。

“心学”的源头可追溯到《尚书》的“十六字心法”,儒有孟荀二派,孟子讲性善,用扩充的功夫。荀子讲性恶,用琢磨的功夫。心学和孟子关系甚大,陆九渊“因读《孟子》而自得之”,在他看来,圣人之心与我之本心不异,如能观照、觉知自己的本心,便是真能发挥六经,这是人生第一等的学问。

要进一步理解,我们可以从阳明先生的《传习录》中找到答案:“先生曰:‘见圣道之全者惟颜子,观‘喟然一叹’可见。其谓‘夫子循循然善诱人,博我以文,约我以礼’,是见破后如此说。博文、约礼如何是善诱人?学者须思之。道之全体,圣人亦难以语人,须是学者自修自悟。颜子‘虽欲从之,末由也已’,即文王‘望道未见’意。望道未见乃是真见。颜子没,而圣学之正派遂不尽传矣。”

这段话可谓深得孔子心髓,颜子之“喟然一叹”,语出《论语》:“颜渊喟然叹曰:‘仰之弥高,钻之弥坚;瞻之在前,忽焉在后;夫子循循然善诱人,博我以文,约我以礼,欲罢不能。既竭吾才,如有所立卓尔。虽欲从之,末由也已。”颜回是得了孔子真传的，然而他对老师的学问怎么评论呢？圣道不可说，颜回叹息道：能真正领会、掌握、传承圣人学问的人太少了，大家几乎都是学个一鳞半爪，结果越传越偏，最后归之于无。

阳明先生最怕后人被误导，事实上后人确实多数理解得不透，故而将心学再次归入学术，流于空谈者多。在阳明先生看来，“博文约礼”并不是功夫次第问题，而是涉及“道之全体”的根本问题。“道体”不属于见闻之知，不能依靠传授而得，道体即心体，故唯有通过“心悟”才能体认。颜子言“虽欲从之，末由也已”，“末由”即没有办法。阳明先生认为颜子此语与“文王望道未见”之意相同，进而提出：“望道未见，乃是真见。”故推演至“颜子见得道体后，方才如此说”。

“望道未见”语出《孟子》：“文王视民如伤，望道而未之见。”朱熹的注释为：“望之犹若未见。”是用以形容文王不自满，但阳明先生则认为是道不可见的意思，进而说唯有“未见”才是“真见”，以此联系到颜子“末由也已”一句，故颜回这么说并不意味他的能力有缺，恰恰表明颜子已能见“全然之道体”，也就是说无所用力才是真正之大用的体现。故而能见“道之全体”是人“自修自悟”的结果，不是从圣人的书本、语言、文字中得到什么传授，道体是“难以语人”的。

为什么叫《传习录》？学习学习，学是实，习是虚；学为阳，习为阴。虚实之道在虚处用力，而实处自成，求学而来的知识需要修习来印证、体悟，学靠的是大脑的记性，习靠的是心灵的悟性。会学的人聪明，常习的人智慧，子曰“学而时习之”，只学不习，徒增傲慢。文字、理论、学问不是客观的，客观背后是书写、讲述者的主观意识，主观和客观不可二分，经典、学问是人文，人文则是一种精神，而非已被固定化、体系化、逻辑化的文字、理论、学问。习是为了契合这种人文精神，和作者隔空、隔代也能面对面，领悟其隐藏在文字、学问背后的，此方能明圣道之广博。

鹅湖之会后，一时间朱陆并称，但可惜的是陆九渊死后，“心学”很快便湮然无闻，弟子们或改换门庭，多数人弃陆投朱，还有人乱讲一气将“心学”引入歧途，跌入“狂禅”之中。直至阳明先生在明代隔代继承和发扬了心学，从而使得心学达到了新巅峰。

鹅湖大会一共进行了三天，朱熹是宁宗的老师，地位尊崇，陆氏兄弟本来准备了一些尖锐的问题，例如：谁说只有读书才是认识真理和成圣成贤的道路？尧舜生活的时代尚无文字，自然无书可读，他们不是圣贤吗？不过当陆九渊刚想提出这个问题时，被陆九龄适时制止了。

三天的鹅湖之会陆氏兄弟和朱熹尽管观点不同，但还是保持了对夫子的敬重，朱熹也没有以自己在学术上的声望、年龄上的优势、地位上的名分来压制后起之秀，互相虽有激辩但没有结怨。六年后，朱熹请陆九渊来白鹿洞书院登台讲学，九渊做了“君子喻于义，小人喻于利”的讲演，朱熹听了赞不绝口，诚恳地承认自己讲得没有这么深刻，深感惭愧，他请陆九渊将讲稿书写下来，这就是著名的《白鹿洞书堂讲义》，并请人将其刻石还写了跋。

“庆元党案”九年之后，朝廷为朱熹恢复名誉，追赠中大夫、宝谟阁学士，“伪学”之说再不提，他的门生也不再是逆党。宝庆三年（公元1227年）理宗发布诏书，鉴于他的《四书集注》“有补治道”，追赠朱熹为太师、信国公。此后理学成为声誉隆盛的显学流传数百年。高岸为谷，深谷为陵，无常迅速，无可执著。

贤名自己在意没有用，万古留名不是自己考虑的事情，贤名下埋有多少白骨？活在当下的人最坦然。

说起宋代不求名利的大贤，先天下之忧而忧，后天下之乐而乐的范仲淹便是其中之一，其磊落风骨，文治武功，不为良相便为良医的志愿伴随一生，以至于风生鸾台，大兴学堂，侃侃华章，提携后进，影响了一大批人，死后得谥号“文正”。“文正”是授予文官的最高等级，他是宋朝第一个得此谥号的人。为什么能有此成就呢？因为他无私无欲，敢于不平则鸣，他和朱熹的直言不同，连朱熹对他都是赞许有加的，说他是天地间第一流人物。

大儒张载21岁时曾谒见范仲淹，张载年轻时倜傥豪爽，爱武贪军功，曾想纠结义兵径自取洮西。范仲淹一见就知道此人不凡。《宋书·张载传》记载，公“一见知其远器”，“远器”就是要着意培养不可近用的人才，所以赠其《中庸》，说：“儒者自有名教可乐，何事于兵！”张载回去细读《中庸》，读了觉得好像没讲透，于是“访诸释老”，想在佛、道的经典里找答案。这样研读多年再重返六经时，认识大大提高了，最后发出“为天地立心，为生民立命，为往圣继绝学，为万世开太平”的志愿。

他曾说：“世学不讲，男女从幼便骄惰坏了。”人之病皆从惰起，士大夫们重文轻武，喜欢风花雪月，抚琴品茗，清谈论道，他们生活闲散，功名心也没那么迫切，于是由惰而骄，眼高于顶。不求功名、不事担当者出入花街柳巷，游山玩水，吟诗作画，自诩风流，一时文人诗、文人画盛行，当时文坛上流行骈文，文藻华丽，但多是大话、空话、套话。张载是长安人，关中地区在北宋时经济萧条，他都如此说，中原富裕地区就可想而知了。

张载这个人很有意思，嘉祐元年（公元1056年）他在开封准备第二年科举，闲着就去寺庙坐在虎皮上给大众讲《易经》，他口若悬河讲得绘声绘色，“听从者甚众”。没想到两天后被程颢、程颐两兄弟撞见，几句话一谈，他就知道自己实在是贻笑大方，马上撤去虎皮跟听者说：我前两天跟你们讲的是瞎说，大家快去跟二程兄弟学习。嘉祐二年，张载进士及第，这一年的科举考官是欧阳修，进士榜中，光看名字已经令后人目瞪口呆了：张载、苏轼、苏辙、曾巩、程颢……可见大宋的人才当时鼎盛到了什么样的程度。

主考欧阳修是大文豪，四岁丧父，家里又穷，其母用荻杆画地教他识字，24岁时高中进士，登上政坛，成为范仲淹锐意革新的支持者和文学革新运动的首领。范仲淹比欧阳修大18岁，二人政见一致，范仲淹政治生涯几经沉浮，受到排挤压迫陷害的时候，都是欧阳修屡次为其仗义疏言。

欧阳修刚入政坛时极力反佛，比韩愈更有过之而无不及，他决心恢复儒家道统，称佛教为魔教，是中国之大患，“千年佛教贼中国”。（欧阳修《本纪》）

其实偏见才是最大的贼。欧阳修的排佛论后来受到徽宗朝的宰相张商英、李纲等人的坚决反对，张商英撰写《护法论》驳斥韩愈、程伊川、欧阳修等人对佛教的观点，并对照释、道、儒三教，认为儒可治皮，道可治血脉，而佛则能直指根本、治骨髓，申明佛法的至理。

许多人误解，认为佛法只能内治，无法治国。我们看南亚的许多国家都是以佛教为国教的，泰国、缅甸、老挝等国家虽然经济不富裕，但人民安居乐业，心态平和，其乐融融。还有人说这些国家是因为信奉佛教所以贫穷，那么日本贫穷吗？公元636年大化改新以后，佛教传入日本，很快受到普遍认同。此后日本国教虽是神道教，但佛教的影响力绝对不容小觑。不过我们要再次强调，佛陀当年留下的不是佛教，而是佛法，佛经是来阐述佛法的，佛教是以宗教形式弘扬佛法的一种方式，故此，我们千万不能以佛教来代替佛法，以禅宗来代替禅法。

无尽居士张商英是宋徽宗大观年间的丞相。他早年由于不知佛法，有一次游历佛寺看见佛经庄严殊胜，怒说：胡人的书竟然比我儒家圣人的书还庄严，真是岂有此理？于是欲撰写《无佛论》。当晚，他提起笔来反复思索，却一句也写不出来，夫人向氏看他这样愁苦，问：什么事情让您这样烦恼呢？说：我想撰写《无佛论》，却不知如何下笔。夫人说：既然要写评论文章，那么您读过佛经了吗？他说：我怎么可能读胡人的经书呢？

夫人说：不曾读过佛经，您怎么加以评论呢？于是给了他一本《维摩诘经》。张商英翻开后发觉内容、词句、义理，高超微妙，读到一半，顿时生起正信，深深地后悔自己的鲁莽无知，于是发愿尽这一生，弘扬佛法，教化众生。之后张商英在临济宗黄龙派东林常总禅师处得到印可，体悟中国禅真旨。

张商英为了驳斥欧阳修，作《护法论》赞扬佛法。为什么叫《护法论》？法必有人来护才行，如果缺少了护法，法和说法的、修法的人就容易被魔所害。自古法和护法是对出的，有法在就必须有护法。能护法的，都是具备了功夫、智慧、地位、名望、财富、方便的大善知识。

张商英就是其中的代表人物，他在论中阐明了三教关系，其论后被录于《大藏经》中。《护法论》云：

> 傅大士、庞道元岂无妻子哉？若也身处尘劳，心常清净，则便能转识为智，犹如握土成金。一切烦恼皆是菩提，一切世法无非佛法。若能如是，则为在家菩萨，了事凡夫矣，岂不伟哉！
>
> 儒者言性，而佛见性；儒者劳心，而佛者安心；儒者贪着，而佛者解脱；儒者喧哗，而佛者纯静；儒者尚势，而佛者忘怀；儒者争权，而佛者随缘；儒者有为，而佛者无为；儒者分别，而佛者平等；儒者好恶，而佛者圆融；儒者望重，而佛者念轻；儒者求名，而佛者求道；儒者散乱，而佛者观照；儒者治外，而佛者治内；儒者该博，而佛者简易；儒者进求，而佛者休歇。不言儒者之无功也，亦静躁之不同矣。老子曰："常无欲以观其妙。"犹是佛家金锁之难也。

《护法论》是驳欧阳修的，不过欧阳修没有看到，张商英却因为自己后来的际遇改变了他初期对佛法的认识。他是在遇到两位禅师后观念发生了根本扭转，其中曹洞宗浮山法远禅师为他"因棋说法"的典故，笔者在《高明中庸　修身为本》一书里有记录；他的另一位禅门师父是云门宗的庐山圆通居讷禅师。

居讷禅师是洞山子荣法嗣，在庐山东林圆通寺弘扬禅法。宋庆历五年（公元1045年），欧阳修被贬滁州，自号醉翁，成天饮酒借以消除郁闷，次年将归庐陵，舟次九江，游庐山，在圆通寺谒居讷禅师。禅师见到这位不可一世的大才子当即说了三教融通之本，指出了他借排佛之名行排外之实是小家子气，进而说韩愈不去匡扶中兴唐室的唐宪宗，却以排佛哗众邀功，沽名钓誉。最后禅师给他指明，他排佛乃异时而动，于天时、地利、人心皆不和，焉有不受挫、不招其果之理？

据有关史料载：

> 修大惊赧，为之谢曰："修胸中已释然，将何以见教？"师曰："佛道以悟心为本，足下屡生体道，特以失念生东华为名儒，偏执世教，故忘其本，诚能运圣凡平等之心，默默体会，顿祛我慢，悉悔昨非，观万事之本空，了生死于一致，则净念当明、天真独露，始可问津于此道耳。"

欧阳修心悦诚服，当即持弟子礼，并作诗一首："方瞳如水衲披肩，重逢重逢为洒然。五百僧中得一士，始知林下有遗贤。"（《欧阳修《赠庐山僧居讷》）

回朝廷后，他处处称扬居讷禅师，不时致信禅师请教军国大事。之后他摒却酒色，参禅修行，精进不怠，自号"六一居士"。在《六一居士传》中，他说："吾家藏书一万卷，集录三代以来金石遗文一千卷，有琴一张，有棋一局，而常置酒一壶"，"以吾一翁，老于此五物之间，是岂不为六一乎？"

唐、宋时期为什么大德频出？其实就大道而言，大道至简，本没有什么秘密的、不可言传的道。功底打得扎实的人能善识正法，会及时调整自己，虚心纠正偏见，如居讷禅师对欧阳修说的，并不是什么特别深奥的道理，然而怎么说、说什么、说到什么程度是恰好，和当下的气场如何把握等，这就是自性起用的功夫智慧了。

道是全然开放的，可正因其开放、普及、简单，以至于大道根本就在每个人、每件事中含藏，只是凡夫不见，以至于表现出固执、愚痴、妄想、急躁、抑郁、慌乱、好色、酗酒、权谋、极端、机警、好斗等各种行为。但每一种良性或恶性的表现都有它的潜能，有功夫智慧的老师就能在其善的或恶的行为中，帮助其发掘出内含之道，助其转化。

好老师不是法官，绝对不会宣判这人是恶人，不会宣判此人无可救药。只有和自己不相应的法，没有不能转化的人，没能转化，是其心中没有引起足够的重视和发出大愿心。老师心中不能立个是非分明、黑白对立的价值观，教育者首先应该是开放的、包容的，这才是教育的目的。尊重他再走近他，启发其内视的方法和力量，帮助其将残暴的、急躁的、慌乱的、世俗的一面转为精神修养的原动力，这是教化的功能。和师者不相应的学生，可以诱发其去寻找和他自己相应的师，不要因为他过去做的事情而冷眼相看，否则灭佛、谤法的欧阳修就不可能被转化成六一居士。真正的道人不会站在道德高地指手画脚，不会让书院、学堂、学校、道场变成道德法庭。

分别，才是真正的背道。

如果将精神生活和日常生活看成两件事，我们就会建立一个道德高地，划分出世俗的凡夫和圣贤名流，这样一眼望去就能将人归类，贴上标签封存。此时谈到修养、道德、修行、修道等话题时，被归类为世俗的人群就会自暴自弃，不愿意听下去，往往还心生反感。由于这种划分，将精神和生活分裂成两个截然不同的领域，世俗的人得过且过，占领精神高地的人满

雪山

口仁义道德，彼此无法交流，这样修养、学习就走入死胡同了。道德难道是为了划分阶级而存在的吗？缺少了世俗这个落地的梯子，精神高地的人吊在半空，不死于俗而丧于雅，世俗是泊船的锚，缺乏了这个锚，半空中漂浮的船啊，哪里才是停靠的港湾？

为什么名士辈出的宋代，对外却饱受欺凌？1.3亿人口的北宋被900万契丹人口的辽国欺负得有苦难言。女真人的金朝崛起后，灭了辽，逼得宋朝南迁。在与辽金、宋金的战争中，宋朝人口锐减了五千万，再至后来蒙古灭金后，南宋亡于崖山之战。可以说，良将辈出、经济强盛、文化繁荣的大宋，在宋、辽、金、蒙陆续斗争中，饱受少数民族的欺凌。

宋代和唐代究竟有什么大不同？除了普遍的重文轻武等说法，我们再从另一个角度来看看，宋人在文化方面虽号称三教合一，然而却和唐初的三教合一天地悬隔。

唐初时无论太宗、玄宗都大力推行三教合一，但这种合一并非混为一谈，而是各有其颜色，以中国禅为例，禅师原来多寄居律宗寺庙，马祖、百丈师徒大开丛林后，禅师就有了自己的禅寺。但唐朝时期，禅寺中最显要的位置是禅师说法的法堂，其次是坐禅的禅堂，禅僧以农禅养活自己，不像其他宗派的僧人依靠佛堂庄严。故而武宗灭佛时其他宗派都支离破碎，唯独禅门一枝独秀。

到了宋代，禅门最显要的却变成了佛堂。虽然唐初时禅寺也有佛堂，但这是为了方便老百姓的，禅僧们几乎不做法事，不在佛堂做功课，而到了宋代，佛堂的位置取代了法堂，宗教性日益加强，佛像变成了寺庙的核心。

我们从五代时期法眼宗第三代祖师永明延寿大师身上,可以见到典型的变化,可以说从永明延寿大师开始,中国禅的禅风大变,混杂了礼拜佛像、念咒念经、往生净土等功课,并大肆举办法会,惠能、马祖、百丈、赵州等祖师的禅风已被异化。其实不仅禅门变成了大杂烩,道教、儒家也是一样。

唐朝的三教合一是互不排斥,三教各有主题和家风,例如天台、华严、禅、净土修法区别甚大,而从宋朝开始,各教一锅乱炖,这就产生了一个重要问题,人忙不过来了。各教的内容太多无法精通,主题也不明确,导致人习惯于浅尝辄止,精通一门的少之又少,并且用脑时间大大加多,而用心就相对减少了,知识层面变成了主导,所以修功夫的时间少了,大气、浩气、丈夫气就逐渐弱化了。

宋代起文人雅士陡然增多,士大夫阶层逐渐形成,这是包罗万象还是变质?孰是孰非?孰进孰退?凡人、事皆有两面,执著一面之对错皆是错,往事不可追,剪不断、理还乱,只是当时已惘然。

智者明白自己在带动什么,发挥什么,起用什么,如何借力打力。士子好名,尚贤;商人好利,贵货,此皆欲望使然也。善用之,教化之,引导之,善别之,为治者归正之功。

庄子《天地》中有一则故事。子贡南游到楚国,返回时经过汉水,见一老人正在菜园里整地,打了一条地道通到井边,老人抱着水瓮浇水灌地,十分吃力。子贡仁慈,见状主动上前说:老丈,现今有一种机械,可以不费力地浇灌上百个菜畦,您不想试试吗?

老丈问:是什么?

子贡说:有种后重而前轻叫桔槔的机械可以提水帮助浇灌。

老丈答:我老师说,人如果习惯用机械,就会出现机巧的事,然后一定会产生机变的心思。心中存了机心,纯洁空明的心境就不完备了,精神也不会专一,大道不能充实他的心。我早就知道你说的机械,只不过不愿那样做而已。

子贡听了满面羞愧,低下头久久不能作答。隔了一会儿,老丈问:你是做什么的?答:我是孔丘的学生。

老丈说:你不就是那个处处仿效圣人,夸诞矜持超过众人,自唱自和哀叹世事之歌,以周游天下来卖弄名声的孔丘的学生吗?你如果能忘却机心志气,遗弃形骸,就近乎道了!你自身都不善于修养和调理,还怎么去治理天下呢!你走吧!不要在这里耽误我干活!

子贡没想到好心好意却被老人说得无以应对,心中大惭,怅然若失走出三十里才逐渐恢复心境。弟子问他:老师,那个老人是做什么的呀?先生为什么见到他后魂不守舍呢?

子贡说:我总认为天下的圣人就只有我的老师孔丘一人,不知道还会有那样的老人。我老师说办事要寻求可行的办法,用功要追寻成就;要用最少的力气获得最大的效果,这是圣人之道。现在看竟不是这样!秉持大道的人德行才完整,德行完整的人身形才完整,身形完整的人精神才能健全。精神健全才是圣人之道啊!这样的人,他们寄形骸于世间,与万民生活在一起,内心深不可测,德行纯朴而又完整!不把功利机巧放在心上。这样的人只要违背大道的就不会去追求,不符合思想的就不会去附会。即使天下人都称誉他,他也不在乎;即使天下人都非议他,他也无动于衷。无论是非议还是赞誉,对于他们来说都没有分别,这才叫作德行完整啊!我只是被世俗尘垢所沾染的人。

这段话许多老师讲到这里就停了,借以说明人不能投机取巧,仿佛老丈远离技巧、机巧,就代表这人心纯洁。那么这么讲解是不是社会应该回归到原始社会才纯洁?这是庄子说这段话的初心吗?

《说文解字》对"机"的解释是"机,主发者也"。"械"在古代中国指某一整体器械、器物等实物。子贡劝老丈用桔槔提水,被老丈批评了一通,老丈说了一些大道理,不少人由此认为庄子也是鄙薄机械、轻视技术的,如果真的说法到此结束的话,表明庄子对老丈的话是肯定的,但是故事结尾才是画龙点睛:

子贡回到鲁国,对孔子说了这段经历后,子曰:

> 彼假修浑沌氏之术者也,识其一,不知其二;治其内,不治其外。夫明白入素无为复朴体性抱神,以游世俗之间者,汝将固惊邪?且浑沌氏之术,予与汝何足以识之哉!

孔子毫不留情地说这个老丈知其然不知其所以然,子贡你莫名其妙惭愧什么?孔子否定了老丈的做法和言论,说他属于假修浑沌,歪理外道。郭象对此的注释为:"夫用时之所用者,乃纯备也,斯人欲修纯备,而抱一守古,失其旨也。"老丈就是典型的保守主义,守旧循古,有机械为何必有机事？有机事者为何必有机心？这中间有必然的关系吗？一个得道的人，技巧、机械可以为其方便，六般神用是修者的本事，如果修炼修得人越来越复古、保守、自闭、偏执，修的是邪道。孔子说老丈“识其一，不知其二，治其内，而不治其外”，这话说得真是好极了！

老丈不仅自己顽固，还有一堆冠冕堂皇的大道理，遇到子贡这样的君子，只知道自己自惭自羞，不懂如何灵活应对。由于自己不足以识别外道，一遇到别人义正言辞的反驳、质问就马上自惭形秽。境风一起心就偏离了，别人说您的法量不够，说您不够慈悲，说您贪财，说您短视，说您修得法不究竟，那些“君子”果然就会马上中招，立即就自疑、不自信起来。如果对方又是德高望重，言语恳切，行为朴实且观点坚决的人，这些平时修学不精、不自信、缺乏定力的人，其修为和见识早就跑得不知所踪了。

庄子《山木》里云：“物物而不物于物，则胡可得而累邪？”如人能用物而不受制于物，那怎么会受物的牵累呢？有灵性的人能驾驭万物而不为万物所役使，不为世风、流言、外道、事相和各种不究竟的见解所同化，“物”和“道”不离不弃，道人能“傲睨万物”，却不沉溺其中，“与物相刃相靡”，而不会“以物易己”，如此则“乘物以游心”。

又《大宗师》中云：“其为物无不将也，无不迎也，无不毁也，无不成也，其名为撄宁。撄宁者，撄而后成者也。”撄宁，就是如如不为物、境、事、情所动，随缘自在，当下宁静，物我两忘，撄而后宁。

老子云：“自见者不明，自是者不彰，自伐者无功，自矜者不长。”治乃归正，老子一口气说了“四不”，“自见者不明”是迷惑在自我意识里，自以为是的人不见宇宙万物、万事、万有之无边无际，不见大道之妙深奥莫测。如老丈一般固步自封、振振有词地排斥社会的发展，故其见识与学问就成了自己和他人的障碍。如果传统被误读成了守旧，那这样的传统就必然会阻碍社会的运行，此传统一定会被人抛弃。我们要恢复传统，不是要复古，而是顺应时代的变革，变的是情、境、人、事、用，不变的是心、体、道。

知有偏行必有偏，如给其偏再贴上“高尚”“善良”“专一”“忍辱”“淳朴”等标签，在这些看上去安贫乐道、正气凛然的人面前，如子贡这般马上心生羞愧的“君子”还少吗？其实老丈的理论肤浅得很，只是他咄咄逼人的气势压得子贡这般面子薄的人喘不过气来。

子贡的问题出在他的同情心、好人心、不究竟心，故只能见己而不能见于人，只见近而不见于远，只见显而不见于隐，只能见其始不能见其终，只能知其表不能知其本。老丈和子贡其实是一个病，都是主观臆断者，不见全然之道用。不解道之用光明如日月，大可普照万方，小则无孔不入，善与恶、是与非、黑与白，中道无所不在，无所不能，不分别方是真道人，这才是真知灼见。

“自是者不彰”的“是”，是逻辑，是判断，是观点，是理论，以己为是，以他为非，将自己禁锢在自我狭小的认知圈里，不见大道。“是”有正反两面，如果本体不正，则所立之“正”必偏。如果将“我”掺入了“是”，为“自是”，而非道法自然之“是”。“自是”有个人喜好，而道法自然之“是”，是“莫衷一是”，没有自己的私心，是“无适无莫，义之与比”。凡自是者，是人我分立，以一己之“是”为标准，自“是”而非他，管中窥豹，难知道法之两面性。天下之大如太极的运化，本无主宰、非自然、无固定，阴阳五行顺逆不定，四时之序顺行无常，相生相克千变万化。故圣人顺道行法，可生可成；逆水行舟，可杀可夺，一切遭遇皆能随缘自在。

“自伐者无功”，凡人略有小成便炫耀自夸。岂不知这种夸夸其谈不过是浪得虚名，属于“自伐”，喜欢神聊本是一种自损自伤的习气。真正的功不是功劳簿上记的战果，而是功德。功德是一种能量，贵隐宜藏，露则消散。建功而不居功为德，有德之功方名功德。其奥妙就在不居，在隐在藏。天道佑谦，缺乏谦德的人不足以论功，喜欢夸耀根本原因是因为自卑，自卑故而表现自大，缺什么就炫耀什么。长此以往自取其败。

“自矜者不长”之“矜”是指恃才傲物，此亦是必败之道。三人行必有我师，凡自傲之人以聪明为资本，执假为真，错以暂时的得势为实，不知人背后之厌弃。“长”通“常”，您现在所“矜”的必是无常的。地位、财富、美貌、成果都是人自“矜”的对象，这些也是最无常的，而道法长、天理长，圣人惟求“长”于道法，不求“长”于自矜之所。矜依于所持，所持之名、物本无常，无常之名、物，却为世人所争宠，奈何奈何？

老子说的“四不”，皆立根于“自”，有了“自”便生出个“我”来，有了我在何以见道？曾有学生问笔者，我为何不见道？笔者想起过去曾有人问惟宽禅师：道在何处？

答：就在目前。

问：为何我见不到？

答：因为有个“我”。

问:那您见得到吗?

答:有个"我",还有个"您",更见不到了。

问:如果我也做到"无我"了,能见道吗?

答:既然无我,谁要见道?

笔者想起《楞严经》中佛陀有一段话:

> 若汝执吝分别觉观所了知性必为心者,此心即应离诸一切色、香、味、触诸尘事业别有全性,如汝今者承听我法,此则因声而有分别,纵灭一切见闻觉知,内守幽闲,犹为法尘分别影事。我非敕汝执为非心,但汝于心微细揣摩:若离前尘有分别性,即真汝心;若分别性离尘无体,斯则前尘分别影事。……尘非常住,若变灭时,此心则同龟毛兔角,则汝法身同于断灭,其谁修证无生法忍?

《楞严经》的法意,笔者不在此处展开,这段话请读者们反复参究为上,受业、受苦、成佛的"我"和修行至无我之间并无矛盾。修行的过程是认识到业力生诸烦恼,烦恼令五蕴相续,缘起缘灭,在无实我的情况下,对于生灭的缘起和五蕴需有一个受体,是这个受体在修行和最终悟道。明白受体是假我,生与死是两头的现象,就像白天和黑夜,也像睡去和醒来,是自然而然的事情,也是自然之道。虚空无分别白天和黑夜,它如如不动,一任斗转星移。如果您为了这个肉体长生不死而修行,那可以看看古往今来有没有人真的长生不死? 惠能祖师至今端坐曹溪,是那个肉体长生不死了吗?

因缘生法，缘生法起，缘灭法空，真正长生是《易经》里说的“与天地合其德，与日月合其明，与四时合其序”的大人。“我”是假名，“无我”是生命。生命是○，往前是阳性生命，表现为1、2、3、4、5乃至无穷无尽，往后是阴性生命，表现为-1、-2、-3、-4、-5乃至无穷无尽，阴阳是在互转中交替出现的。

那么什么生命会死呢？怎么死呢？阴阳生命都不是死，只是从一态变成了另一态，从一物变成了另一物而已。哪里有我呢？哪里不是我呢？池塘里的水和江湖里的水是两个水吗？真正的了生死，是明了生死之相，不是了结生死之事。真正明白了生死、生命的关系，您还会畏死吗？许多人不是畏死，而是怕痛苦，怕疼，怕失去，怕孤独，等等，您可以应用受体而不受受体所局限，即，道人、真人、菩萨、祖师，这些人身在红尘随五蕴的流转、五行的生克、阴阳的变化、神经的游戏，缘分的生灭统统受纳不在话下，以假我来表真我是为了迷人觉悟。

由此我们进一步理解了老子说的使人无知、使人无欲的真实含义，这里的“知”是智巧便佞，“欲”是贪欲不尽。王弼注释说“守其真”，河上丈人注释说“返朴守淳”，苏辙言“澹然无欲”，圣人们都在说“无知无欲”，拘墟者不明就里。

《论语·泰伯篇》中，子曰：“民可使由之，不可使知之。”这句话长期以来存在各种争论，许多人感觉这是愚民思想，其实改一下断句，变为“民可，使由之；不可，使知之”不就变成另一层含义了吗？清朝宦懋庸在《〈论语〉稽》中解释说：“对于民，其可者使其自由之，其所不可者亦使知之。”

人民中有智慧、德行兼备者即“可者”，要发挥其所长，领导者在把握大局的状态下尽量给予其自由，而智慧不够、德性有缺者是“不可者”，当政者要用教育使其转化为“可”。

“政者正也”当政者有责任教化民众，使得其转为“可”。可，是可用、可知、可行、可教、可育、可传、可鉴……可者是利于社会稳定的，积极推动社会发展的，这么理解才符合儒家德化政治、顺民应天、用教育开启民智的思想。

老子云：“古之善为道者，微妙玄通，深不可识。夫不唯不可识，故强为之容。”凡人不识道之妙用，不知道圣人是深不可测的。又说：“古之善为道者，非以明民，将以愚之。民之难治，以其智多。”这段话也属于常常被人误解的依据，老子说古代善于为道的人不是教导人民智巧伪诈，而是教导人民淳厚朴实，这里的愚是大智若愚，道隐于小成，而智巧伪诈之徒就是前文“四不”批评的。这些人使用太多的心机，为自我利益服务，如其得势必然会危害组织、机构、家庭、国家。

领导者如何用智巧心机的人呢？帮助转化其自私的一面，调动其能力为大众服务，这是管理的智慧。智慧就是一切都不排斥，而能善用，纳百川的海因其广大而包容一切污垢。老子让人“若愚”，不仅仅是示弱、贫困，有时候能示愚、能不辩污、能自污也是智慧，如萧何、王翦等就故意贪财亦是大智若愚。有些人要面子，一身“正气”，此为清流。清流们看重贤名，他们仿佛是道德的标杆，社会的中流砥柱，但纵论历史，清流误国的事还少吗？

“靖康之变”后，北宋亡。背井离乡的士大夫们开始反思重文轻武的弊端，当初他们耻于言战，鄙视武夫，然而到了这步田地，又突然变成言必称战。但与岳飞、韩世忠等将领不同的是，这些清流们不通军事，主战是源于

"气节",非理性的激情使他们终日"言战"却提不出合理的作战方案。至于筹备钱粮、排兵布阵、冲锋陷阵更是遑论之,成天似乎唇枪舌剑就能把敌人说死。清流爱护的是刚直、爱国之贤名,保护的是面子和声誉。在这方面曾国藩看得最清楚,他曾对自己的恩师穆彰阿说:"自南宋以来,君子好诋和局,以主战博爱国美名之风兴起,而控御夷狄之道绝于天下者五百年矣。"他说出了清流们沽名钓誉的本性,还看出了他们对国策的严重危害。

清流们占据了道德和舆论的制高点,他们的"浩然正气"里,是不能包括示弱、妥协的,谁讲和,谁就是丧权辱国的卖国贼。然而一切的政治、外交,强硬和妥协都是手段,有时为了打击,有时为了止损,然而清流们鄙视卧薪尝胆,是这些人一次次使国家失去最后存续力量的机会。南宋的灭亡如此,明清何尝不是?两代帝师翁同龢历任军机大臣兼总理各国事务衙门大臣,在甲午战争时期,他是"爱国派"代表,成天喊口号,对曾经检举过自己兄弟罪行的李鸿章抱有私怨。因私怨,他在担任户部尚书期间处处为难北洋水师,以海军规模已具和国库节俭为由,暂停向国外购买军火。甲午战争开战前,李鸿章多次上书不得轻率开战,但翁同龢怒斥李鸿章贪生怕死,对于李鸿章提出的我军主力战舰的航速、射程和日本之间的差距,翁同龢根本没有这方面的概念,他说日本军舰一分钟打三炮,我们一分钟打一炮,打慢点不就是了?你长他人志气灭自己威风,你就是卖国贼!

明朝呢?崇祯年间内外交困,外有清军虎视眈眈,内有农民军四处造反。崇祯意识到攘内应先于安外,决定先与皇太极议和。于是他派陈新甲出使议和。皇太极虽然表面上在军事上占优势,但也知道颠覆大明尚需时日，故对议和表现出了超乎寻常的兴趣，正当议和即将达成之时，陈新甲的书童却误将边关议和条件的文书当作塘报，查抄给了各省驻京办。这下不得了了，痛骂陈新甲的上书像雪片一样摆在崇祯面前。逼得崇祯丢车保帅，杀陈新甲以塞群臣之口。议和之事也在清流们的阻挠下不了了之。最终在李自成和清朝的夹击之下，崇祯自悬于景山。

能伸不能曲，敢死不敢生，会正不会邪，这就是视气节、面子、贞洁比命都重要的清流之害。《中庸》云："其次致曲，曲能有诚。诚则形，形则著，著则明，明则动，动则变，变则化。"世界上能"自诚明"的是圣人，圣人以外，一切君子、大人都需修炼"致曲"功夫，"致曲"有形、著、明、动、变、化之功，从而契合至诚之道。

宇宙间就没有绝对的直线，河流曲通大海，天体曲遍寰宇，星系曲旋涡状，时间何尝不是曲折的？理解需要时间，误解却不需要。理解和误解都是时间之幻相，时间周而复始，循环往复，物理的、心理的、生理的、幻想的、稳定的、多维的，无量无数的世界大小不一、互摄互含，如水中涟漪，环环相扣，交相互织，前赴后继，无穷无尽，又如千江映月，每一滴水都有完整的月映像，那么月能不能映千江呢？谁能映谁？谁不能映谁？

正流叫记忆，返流叫回光；平面叫时间，立体叫黑洞。只有曲才能圆，只有圆才能融，只有融才能通，只有通才能合。圆是万象，其能量取之不尽用之不竭，而其反面叫直，直是孤象，庄子云"往而不返"就是孤象，孤象预示着孤立、衰败、隔绝、封闭。一个自私自利的人就是取了生命之孤象，是自绝于万物，万物本体是一，合则周遍法界，生生不息。《周易》云"曲成万物而不遗”,万物存在于关系里,而关系是圆的。圆上处处是起点和终点,哪一点都是中心点,哪一处断裂都不是圆,故身在圆中,于任何一处都能至感而遂通。当圆快速旋转时,没有正反,正反一如,并且达到一定速度时看上去是静止的。老子说“曲则全,枉则直,洼则盈,弊则新,少则得,多则惑”,人屈伸的幅度越大,越自由。处在清净状态下的人,从容淡定,天地有醍醐在其中。

齐景公特别喜欢鸟,有一次他得到了一只漂亮的鸟,就派烛邹专门负责饲养。没想到几天后鸟飞跑了,景公大怒,要杀烛邹。晏子说:“我愿意来替大王宣布烛邹的罪状,让他死得明白。”景公答应了,于是晏子声嘶力竭地说:“烛邹你知不知道自己犯了死罪?其罪有三:一、大王叫你养鸟,你却不留心让鸟飞了;二、你使大王为一只鸟就要杀人;三、这件事如果让其他诸侯知道了,会认为我们大王把鸟命看得比人命重,从而看不起我们,所以现在要杀死你,你认不认罪?”

晏子说完回身对齐景公施礼说:“请您下令杀他吧!”景公苦笑着说:“把他放了吧!”接着走到晏子面前,说:“若不是您的开导,我险些犯了大错呀!”

芸芸众生,人性虽同而气禀各异,从人性的角度讲每个人自婴儿起皆是圣人,唯有圣人能至诚尽性,其次者,随其各人禀赋之厚薄,各有所偏,皆不能尽性。教化的作用是什么?就是随其所偏,一一推之,以至乎其极,使其薄者变厚,使其异者趋同。至极而转,此致曲之功。读者们有兴趣请参考拙作《高明中庸　修身为本》一书。曲,就是依据其个人禀赋之偏而用之,此即善用。如过分刚强则需柔软,如过分懦弱则需弘毅,如晏子一般能智慧地推长充扩，推而至于极，便是致。

至诚尽性，是圣人全体著见。孟子云恻隐、羞恶、是非、辞逊此四端，非圣人者发端各有偏重，故名偏善。天命之性无偏，人之性皆善皆恶，发挥无偏便是中和。“名可名，非常名”，道德哪有什么高地？道是无处不在的，何处为高呢？您在地上看天高，您在天上看地高。

人皆不见自己之漏，在缺乏智慧时不知道自己执著的有时恰恰是害人害己的，我们修炼就是不断认识自己。可是认识自己是一个最痛苦、最艰难、最无常、最没有成就感的事情。许多人在说：我不懂你，我不懂人性，我看不懂这本书，我不懂政治，我不懂社会……您其实连自己都不懂怎么可能懂其他？如果说懂，也是自以为是的懂。一个人首先得懂自己，自然就会懂一切，“一即一切，一切即一”。不和自己的欲望较劲，不向自己的习气妥协，时时刻刻能自省、自律、自觉、自强不息，这就是行者。时刻修炼内功，谦卑处世乃养晦生命之道，懂得坚持和让步之间的度，反求诸己，心系大众，以宽容之心看庭前花开花落，强者归他强，我自清风过山岗。

治国方式的差别，就是有为和无为，老子崇尚无为而无不为，孔子崇尚有为而有不为，这中间其实没有谁高谁低，智慧者随时代、随时机、随需要或无为，或有为，或并举，应用之妙，全出一心。只要心中有道法，有为无为皆是妙用，心中存着一切众生这就叫作“玄德”。因此，不要误以为老子、孔子推行愚民政策，我们看孔子所编的《春秋》，所删定的《诗经》以及《论语》中，以及曾子、孟子、子思的著作里都找不到愚民主张。

大国纵横，要的是心胸宽广的智慧民众。最高的治，就是当政者的智慧，能发掘、培养“可”者，即甘愿服务大众，慈悲智慧博学广识的人，能善识、善用、善待这些人，使民以正，这是治的核心。

治的关键是归正。关注事物、环境、形式的变化，无一定之规，无不变的“正”，如果正被固定不变，其正乃偏。能在千变万化中保真、归正，不倨傲、不自满、不造作、不犹豫的是胆识、胸怀、慧眼俱备的领袖。

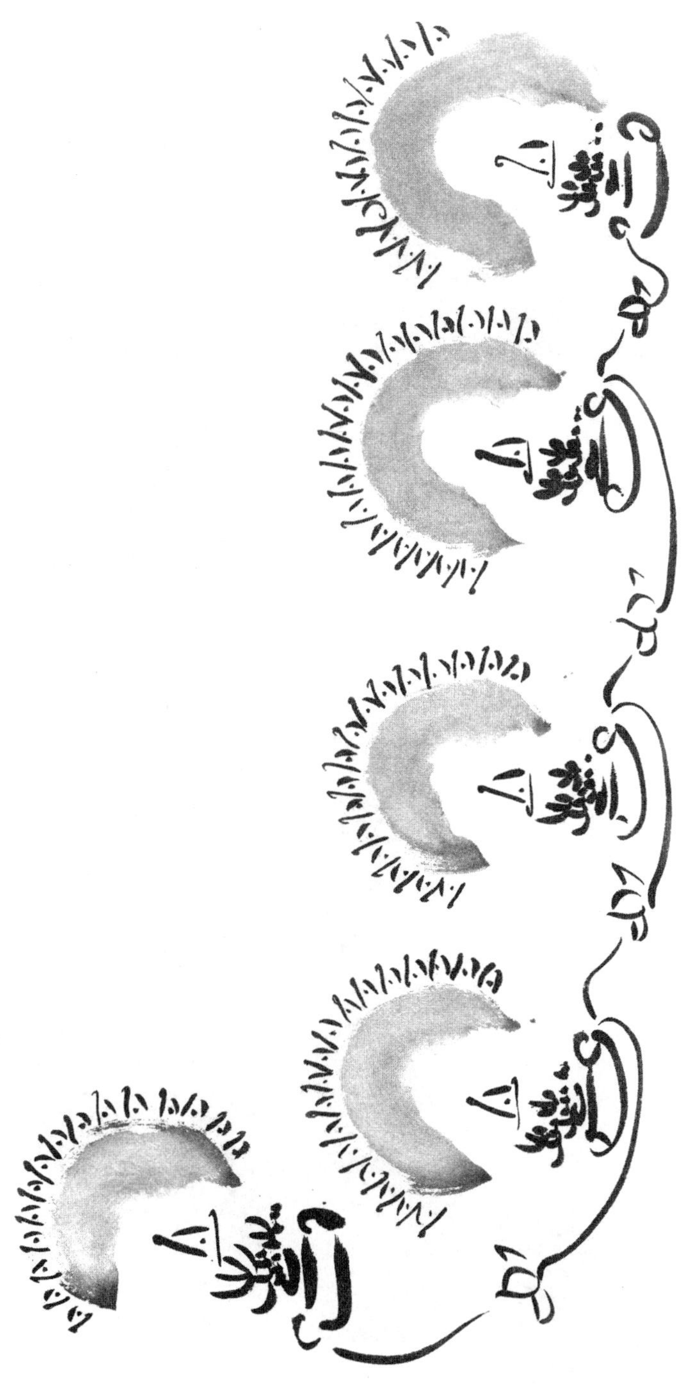

忆长白

脚蹬天池六月雪，
拳击妙高峰上云。
静如掣电瞬息变，
动似长白本来机。

第二节　虚、实

“虚其心，实其腹，弱其志，强其骨”和“圣人之治”有什么关系？何为心？何为腹？何为虚心？何为实腹？心如何虚？腹怎么实？“虚其心，实其腹”和“弱其志，强其骨”之间又是什么关系？

腹，不仅是指生理性的腹部，腹有腹性，即柔软、无骨、含藏、空虚、弹力、伸缩、流通等。可奇怪的是这些特性明明是以虚为主的，为什么老子说“实腹”？

“实腹”不是吃饱、夯实身体，而是指充实生命体先天的能量使之生机盎然，这是和“虚其心”相对的实，“心”不是心脏，指的是大脑意识。迷惑来自大脑意识，这是欲望的发源地。虚心是虚意识，虚思量，放下算计、分别，转化欲望。虚心，即清净，真空生妙有，妙有归真空。

“腹”字，是“月”加“复”。月，指的是物质，肌肉；复，则是指循环和轮回。《周易》“复卦”卦辞云：“复，亨。出入无疾，朋来无咎；反复其道，七日来复，利有攸往。”彖曰：“复，亨。刚反，动而以顺行，是以出入无疾，朋来无咎。反复其道，七日来复，天行也。利有攸往，刚长也。复其见天地之心乎？”

虚其心，乃气象万千，虚是无量、无边、无际、无限，恢复此心之本来面目也。人的意志力、方向性、判断力、精神状态和实腹有着千丝万缕的关系，意不坚，志不远，优柔寡断，当断不断，乃心不能虚故腹不能实，故身处地狱。什么是“地狱”？即煎熬，梵文是“火”，五蕴炽盛之欲火使人情绪起伏，患得患失，恐惧不安，或痛不欲生，异地相思，股票动荡，总之常常夜不能寐、忐忑不安，身心被各种无明之火焚烧着，哪一刻不在地狱？

现在全世界的人每天大约需要消耗140亿剂止痛药，每10个成年人中就有3人被慢性疼痛困扰。这些靠服用止痛药度日的人，谁不在地狱中煎熬？无论是牙痛、头痛、痛经，疼痛是最让人难以忍受的，之所以疼痛被称之为痛苦，因为痛使人心里感觉到了苦。那么无痛会不会让人不苦？

有人羡慕不怕痛的比特犬，打斗时无论怎么受伤都不会松口，其实比特犬并不是没有痛觉神经，只不过兴奋时睾丸激素分泌较快所以能不知道痛，而打斗结束后才会真正感觉到痛不欲生。痛觉本来是人的自我防御，缺失痛觉也意味着会受到更多伤害，无痛不仅不会不苦，反而能使人变得麻木。英国《每日邮报》曾报道过一对患有无痛症的印度姐弟，在家玩游戏时姐弟俩居然将自己的手指给活生生地啃掉了。疼痛是人的自我保护，疾病是人的自我预警，靠麻醉药、止痛药、安眠药等神经钝化剂的人，不仅灭不了欲望之火，反而会变成反应迟钝的呆子。任何药物也作用不到欲望，欲望不是一种神经反应，而是牢不可破、无形无相、来去无踪的心意识。缺乏专门修炼的人，心缺乏力量，摆脱不了欲望的控制。

粒子因为互相影响的电荷而成其为粒子，一切众生在宇宙万象中因为关系而存在，所谓的客观事实、物质、事件、生灭、起落、兴衰全由于联系、结构的关系发生了变化。而唯一能独立关系而存在的，唯有意念。意念一实必有一虚，呼吸亦是，吸为实，呼为虚，一虚一实一轮回而生命存在。自古以来，法必对出，如无对出，则必偏。凡事、凡物一阴必有一阳，一开必有一合，一强必有一弱，一虚一实即一阴一阳。

大千世界，阴阳并非客观实存，先动或主动者名之为阳，不动或被动者为阴，阴、阳是动态呈显后的态性之命名。“虚其心，实其腹，弱其志，强其骨”和“道可道，非常道；名可名，非常名”一样，两两相反，两两相对，两两相生相克。虚其心，是慧，实其腹，是定；弱其志，是慧，强其骨，是定；实其腹、强其骨，是修命；虚其心、弱其志，是修性。

万物的本质是虚的，细胞因空而内在信息、能量交换无碍，天空因空而斗转星移，日月交替，人从意识和精神上来说，不自满为虚，持满则盈，盈则倾。意念的特点是越主动、越清晰、越专注越有能量，转化意念的下手处在虚不在实。意念无处不在，无时不在，然而只要是存在的，就有迹可循，人欲往左必先右，欲上必先下，欲转意念必先从身体入手，意念至极而转，假名“轮回”。轮回不仅在六道，更在感和业的关系变化里，最重要的轮回就是人的一次次起心动念，此即虚处。

虚处越清净，实处越有力，反过来说实处越能主动调控，则虚处越能清明无碍。修炼能在虚处下手是因地着力，成天在果处惭愧而无行动是愚人自缚。凡夫从没有修炼时的心随境转，到通过修行而至心不随境转，再至境随心转，最后发现“一切唯心造”，我生之前万物不有，生我之后本性不动。“一切唯心造”不是唯心主义，您还在梦中时现实世界与您无关，万象是由心变现的。现什么？现八卦；变什么？变出六十四卦、八万四千法，八万四千法皆为一心所变。万法归一的“一”不是死一，而是在流变上如波于水，波即是水，变即是一，宇宙中唯变是常。

一是常，二是无常，三是八万四千法。心是一之源，合道之人，于纷繁万象中，察万类千品之一，觉流变流行之常，统万变于一心。应万物，补天地，明因果，晓阴阳，达万象，统万变，知变御变应变化变。常与无常皆是道，不能说道就是常，也不能说道就是无常。常与无常，可名与非常名是“同出而异名”之“两者”。

我们常说“相应”，可许多人误以为相应就是顺从、认可、统一，恰恰相反，“应”指的是不同的两股力量、阴阳、强弱、虚实、文化、思想之间的融合作用，此即“两者”。

道	
常	无常
可道	非常道
可名	非常名
无	有
天地之始	万物之母
有欲	无欲

微	妙
逻辑	非逻辑
线性	圆相
色	空

老子说:“有无相生,难易相成,长短相较,高下相倾,音声相和,前后相随。”此两者皆两两相反、两两相对、两两相生相克。由于十二种因缘两两对举为因,发出六果。

两者	果
有——无	生
难——易	成
长——短	较
高——下	倾
音——声	和
前——后	随

不“应”即“斥”。“应”是生的基础,正负极之间应便产生电流,阴阳两气应就有了动力,不同的思想应迸发出火花。但要注意,“应”是个中性词,您和魔也可以应,应了,魔便摄心,能量高的摄能量低的。您当然也可以法应,被法摄和被魔摄其中的不同便在于,魔摄人,人越来越恐惧、愚痴、无明,拉着您越来越懒惰、迷信、贪图享乐。法摄人,人越来越觉醒、自强、智慧、稳定,推着您发大愿心向上一路。

普通人不懂用心体会生命中无处不在的虚实之道。生命的动力怎么来？就是有落差，由虚实、阴阳、正邪、强弱转换的落差而产生动力。修道之人是由弱向强，由低向高，此谓逆行。不断调整自己的偏差，精进不怠向上突破，没有落差还怎么向上呢？而普通人呢？是顺流而下，一泻千里，这就不是动力了，而是放弃。

凡未至圆满的人、事、境皆有起落，就像走路一样，两足必须有虚有实并不停地转换才行走出去，两足不停转换虚实，才能前进。同样的一件事情，虚实处理得当，才能推动力，才能顺达，否则会僵滞。

我们对于许多事情都不理解，自己不知道自己错了。笔者今早看见一位学生站桩，一直告诫他站立时要双脚外侧尖用力踩实，足弓要松空，涌泉穴只有在虚空状态才能接应地气，形成对流。可他就是不听，长期用习惯姿势站，十个脚趾抓地，脚掌踩地踩得太实，如此则脚心必然紧张。读者可以自己试试，如果脚趾紧张、脚掌用力踩地时是不是足弓也紧张？涌泉穴被锁死了，泉还如何源源不断地涌？

《灵枢·本枢》说："肾出于涌泉，涌泉者足心也，为井木。"涌泉的特点是得涌，这里是心肾两经的相接点，人的肾气犹如源泉之水，自足下涌出灌溉而通达于四肢百骸。肩上还有一处"肩井"穴，与涌泉有"井"有"水"上下呼应。有水则能生气，涌泉如水抱之源，形成人体强大的气场，维护着生命力的旺盛。想要和宇宙万物同呼吸，修者头顶百会要能通天，脚底涌泉要能接地，两手掌心的劳宫是两个阴阳出入孔，此三处五点，是人补泄天地之气、周天循环的大通道。

肾为先天之本，《素问·阴阳应象大论》云："肾生骨髓，髓生肝。"前后两个“生”字含义截然不同，前者指相互滋生关系，后者指母子相生关系。故此我们修炼站桩可以调节身体阴阳失衡，使得身心清凉。如果站桩的时候大脑意识杂乱则头昏脑涨，百会不虚。如果脚下用力点错误则涌泉被堵，站多久练的都是肌肉。大多数人平时不懂疏散，躯干粗张，四肢内力虚弱，肩、肘淤堵障碍气血贯通两臂，劳宫出入之气必弱。

身体是联动的，修炼得法则有奇效，许多人会感觉到百会、脊髓、尾椎、涌泉上下一气贯通，此贯通力可作用腿部六经而达于诸脉。此时精气润布周身，您就是天地间的一个导体，和天地能互动。涌泉穴而上与脊髓、百会形成自下而上的张合，真炁行于周身，达于脏腑，犹如枯树生根，朽木发芽，内外相合、天人相应、阴阳均布、疏于经脉、气血通达、阳气复生、污浊融化，气之根之坚固，故一阳来复、上虚下实。修炼时，修者对每一动作如果没有深度理解，玩的必是花架子。

其实不掌握虚实之道，谈不上进入修炼，修炼时相应智慧，重点本不在拳脚，您能契合心法就能一步登天。然而虚实之道怎么相应？炼功时心神要移至虚处用心。生活中每一件事有阴阳关系，背后看不见的阴性能量决定事物的最终走向，阴阳虽然看上去是相等的，但阴性的作用远远大于阳性。心法的要诀是着眼在阴不在阳，在虚不在实。凡夫着相，相就是实，不懂在虚处留心。

有的人练太极推手，为什么看上去动作熟练，可常常被动挨打呢？问题不在腿力和招式上，主要就是不解虚实之道。虚和实是相对而言的，实，是已发之力，虚，是未发之力。虚非全然无力，实非全然占煞。修炼太极功夫有六组虚实：一、两足；二、两手；三、右足和右手；四、左足和左手；五、胸部和腹部；六、胸前和背后。

两足两手的虚实是不断转换的，也就是说，力一旦发出，即变实，心神便要立即转移至未发之虚处。如果不及时转移，招就老了，老了就弱了，因为缺乏后继生命力了。两足、两手要分虚实；左边手足、右边手足也要分虚实。如右手为实时，则左手右足应随之为虚，左足为实；如左足为虚时，则右足左手应随之为实，右手为虚……

如此，则上下左右都有不断变化的虚、实，修者才能立如秤准，稳固八方，心有大千，应对自如，站桩的作用才达到。修炼时心胸部和腹部的虚实主要在内部，腹内脏器要放松，自然下垂，成为心虚腹实状态，心胸前和背后要求前虚后实，这叫含胸拔背。

有些人以为含胸拔背是驼背，驼背是人由于长期不良姿势导致的脊椎变形，而含胸拔背是修者无论行住坐卧，胸部往里微凹。含胸可以舒张背部深层肌肉筋膜，当胸略内含时背部肌肉自然会往下松沉，两肩、胸部为气血流通松开通路，背部变成一个凸起的圆形，像水滴的弧度。

拔背怎么检查？呼吸时后背紧，像是有一张纸贴在后背上了，此时小腹必有挺实的感觉，内气由脊柱贯穿而过，循经周天。含胸的主要力源是挺腰，命门穴后凸，配合两肩胛骨和双臂向前、外展送，两肩要扣，胸向内自然微收，此时以脊背正中的竖沟没有为圆为准。

为什么配合“沉肩坠肘”？我们站桩时手臂微微抬起，会感觉手臂的外缘和背部合起来有一个向外撑的圈，这叫撑劲。含和拔为实，松和沉是虚，含胸拔背不仅在修炼时，其实生活中亦是。此心法要放在松沉这边，松是通，沉是定，时刻主动性地含胸拔背和脊柱变形后被动性的驼背截然不同。虚实、沉坠都是互相依赖、互相制约的。肘抬则肩必耸，肩沉又促使肘坠。沉肩促使脊背之力通过肩传递到肘，如两肩端起扣死则堵塞躯干力无法发端于末梢，称之为“寒肩”，此时气滞身紧，全身发力不整。肩开才能把脊背、肩膀、脊椎、大臂之间的缝隙拉开，深筋膜舒展，放长击远而至于指节。

身体其实就像一台机器上各个啮合严实的齿轮，一动俱动，一停俱停，最容易淤堵的就是关节处，肩、肘、腕、胯、膝、踝等枢纽不畅，必然影响气力四通八达。身体灵活的关键是“主动轮”——腰，其他是“从动轮”。灵活指的是身体一定是能自控的，这不是概念，而是要从平时的修炼中实证。

虚中寓实和实中寓虚不仅宏观上分，微观上更要分。功夫精进的修者，不仅两足两手能各自分清虚实，在一手之中前臂、后臂有虚实之分，肩、肘、腕及指等关节及其外侧阳面、内侧阴面都有虚实之分；在一足之中，腿、胫、脚部以及胯、膝、脚及趾等关节及其前侧阳面、后侧阴面有虚实之分。实手实足如此，虚手虚足也如此，躯干上下左右前后均如此。功夫越深，微观分虚实越细，动作起来，周身无处不在虚实变化中，同时心法也是灵活变化，功夫修炼就是在体悟虚中寓实、实中寓虚的过程中，不断把握动态平衡。

我们反复强调修炼太极功夫重点不是学套路、招式，不是练肌肉、涨力气，而是要悟到如何运化太极这个圆球，一处有一处的虚实，虚实之内还有虚实。太极图为什么是半阴半阳？阴阳就是虚实，然而虚实、阴阳不是理论，只能由人在实修中去默识揣摩。老子没有直接说太极，但他说虚实、强弱就是太极的核心，修者如不体悟到这里的玄机，就无法契合老子的道。太极功夫修炼时，虚实状态可用轻、重、浮、沉四字归纳为双轻、双重、双浮、双沉、半轻半重、偏轻偏重、半浮半沉、偏浮偏沉、半轻偏轻、半重偏重、半浮偏浮、半沉偏沉十二种。其中双轻、双沉和半轻半重三种为正确，其余九种皆属病态。

学人最容易犯的病是双重和偏轻偏重或偏浮偏沉。双重是两足立得过实，两手也过实，这样腰腹必然被填实，全身上下左右凝成死板一块丧失了灵活性。普通人修炼，最容易双重，您看仙人为什么是飘逸的？如果生活状态只会用实，无论什么年纪，都是个死板、顽固的老倔头儿。

偏轻偏重是指两足虽能分虚实，但实则过实，虚则过虚，用力不均，身体重心过分偏到一边，此时不仅偏虚的一足无着落，偏实的一足也会站立不稳。偏在实处则沉重，修炼必须要虚处着眼，则天平就可以达到平衡。站桩看似简单实际上不动如山却活似车轮，要正不要偏，要沉不要重，要轻不要浮。虚实之道必须实修，否则落入空谈，则失之毫厘，谬之千里。

您看河流和湖水，如果在流动状态下是清澈的，如果停滞不动，则会生出各种黏性物质，水也变臭、变浑、变重，人的身心也一样，通过自主修炼保持灵动状态时才有清明。如果思想固执，身体懒惰，则和水一样，经络、气血、细胞、关节、淋巴、代谢统统都会淤堵，变臭、变浑、变重。

笔者见过一位舞者，身体状态从表面上看很好，很柔软有力，平衡也好，但髋骨已经严重变形，为什么呢？每天局部拉筋，局部用力，左腿柔软就死劲练左腿，力用偏了没有形成贯通力，看上去的柔软只是浅筋膜在本能代偿，这就是拆东墙补西墙。

如果往气球里吹气，气的分布均匀吗？我们再往湖里注水，水的分布均匀吗？自然万物边界内受力、发力都是均衡的，这叫自然分布。不需要去计算，更不能代偿，虚实之道是自然无为的，如果有目的地训练属于有为的，如果为了达到某种目的过于注重实的部分，越想平静时越难以平静，越想出成绩越容易受伤，越想开悟时开悟就变成了另一种执著，地狱门前僧道多，开始的时候是为了修心，修着修着许多人就把自己修成了魔。

一次王阳明路经一座寺庙，听闻有一位和尚已不视不言静坐三年。阳明先生就绕着他走了几圈，最后在他面前站定，大喝一声："终日口巴巴说甚么！终日眼睁睁看甚么！"

没想到和尚居然睁开眼"呀"了一声，阳明先生问："家里还有何人？"答："还有老母。"再问："想念她吗？"和尚低头沉默不语。天地一片寂静，最后和尚用一种愧疚的语气回答："怎能不想念啊！"阳明先生笑说："去吧！"

第二天，和尚离开寺庙，重回人间。世间人见这个和尚明明不言不视已经打坐三年，为什么阳明先生一见，却问他口巴巴说什么，眼睁睁看什么？也就是智者看到和尚心里终日在说，在看，一刻也没停！所以别再为难自己了，人应该顺从自己的良知，装模作样显一个打坐相，是妄。相是实，心是虚，虚处不用心，停留在相上，既害人也害己。真正的修行是红尘中能处理好各种错综复杂的关系，能发现微妙深邃的道，能笃行利益众生的德，而不是舍本取末去追求什么打坐相、仙女相、菩萨相、修行相。

阳明先生还有一位叫徐樾的弟子，他确信自己在静坐中已经领悟了师父心法的真谛。阳明先生就让他举例子，徐樾兴奋地举起例子来，他举一个，先生就否定一个，如此举了十几个，徐樾说什么什么错，最后无例可举，他相当沮丧。阳明先生道：你太执著于事物了。先生指着蜡烛的光说：这是光。又在空中画了个圈说：这是光。再指向船外被月光照耀的湖面说：这也是光。最后指向目力所及处：这还是光。

蜡烛能发光，但光却不仅在蜡烛上，光无处不在，心中没有光的人永远活在黑暗里，如果一个人整天见到、听到、想到的全是阴暗，其实不是世界有什么问题，而是自心光明不起，是自己的心态出了问题，认识到这点，那么就要通过修炼使得自心光明灯亮。

开悟一定是瞬间的，故名“顿悟”。它是无为的一种境界，不可测量，不可计划，不可攀比，不可炫耀，不是靠一步步修出来的，也不是不修就可以出来的。它就在那里，不来不去，不增不减，不生不死，不一不异，我们能修的是实，即从实身入手，在虚处留心，从启发悟性中令到身心日渐平衡，人在这个平衡过程中身心共同成长。

《易·说卦》曰：“坤为腹。”腹就像万物生长之地，能包藏含容，不住不歇，无怨无悔地付出，此为腹德。道是虚，德是实。腹德从身体上说是默默无闻地分类梳理从腹而过的食物，消化吸收以供应全身之用；从人心来说，精神充实的人才不会因无聊而躁动，才甘于默默奉献。虚和弱是无常，实和强是常。那么读者们思考一下，为何老子言心、志无常，而腹、骨用常？“道可道，非常道；名可名，非常名”，可道可名，是常，是行；非常道非常名，就是无常，是变。

心、志即世俗意义上的“我”，诸行无常，诸法无我，这本就是最无常的。庄子在《知北游》中借孔子的口说出：“古之人，外化而内不化；今之人，内化而外不化。”“化”是“变化”意，这种变化不是自然而然的，而是对人、事、境、物的各种反应，所以叫“随化”。“内化”就是人无定力，追慕权贵、虚伪逢迎等，因为内心虚弱，没有主见，遇到外境变化就必然跟着反应和随化。“内不化”则相反，无论外界怎样起风浪，都能保持内心的稳定和清明。《大宗师》里还有“外天下”和“外物”的说法，“外天下”即不入世不流俗、超越世俗的境界，达到了“以物观物”；“外物”是能够“以道观物”，也就是“万物一齐”。有我的人受到世俗风气、礼法制度、道德规范的约束，不能随万物的变化而变化。有道的人用之而不随化，无道的人被用所用。

《知北游》还说：“圣人处物不伤物。不伤物者，物亦不能伤也。”“外化”是对物的顺应而不是对抗，人和物就成为和谐的关系而互不相伤，始终不忘初心。然而“外化”是“内不化”的前提，“内不化”则是“外化”的结果，两者相辅相成。理解了“外化内不化”，和其相反的就是凡夫的“内化外不化”了，时刻违背内心屈从于世俗人为规则，不懂生命的价值，不知生而为人的意义，精神自由完全丧失殆尽。

《淮南子·人间训》里有一段话：

> 得道之士，外化而内不化，外化，所以入人也，内不化，所以全其身也。故内有一定之操，而外能诎伸、嬴缩、卷舒，与物推移，故万举而不陷。所以贵圣人者，以其能龙变也。今捲捲然守一节，推一行，虽以毁

碎灭沉，犹且弗易者，此察于小好，而塞于大道也。

“内有一定之操”说的就是人通过修养能腹实、骨强，故而能以不变应万变，此谓“龙变”。那些仅仅能够“守一节，推一行”的人，“内不化”不彻底，“外化”也不完全，所以只是“察于小好，而塞于大道也”。

“外化，所以入人也”就是指“入世”，不能“外化”的人，有许多是厌世厌俗的，不能顺应社会的变化，看什么都不顺眼，看谁都有毛病，不适应时代的变迁，拒绝融入社会，这不是坚守本真而是在坚守习气。有定力的人随遇而安，和而不同，在生活上随和礼让，待人接物温文尔雅，凡事顺而少争执，遇到危难却能够该出手时就出手，这才是真正外化。

君子不是没原则，而是内心有坚定的信念，原则上不让步，这是外化内不化，坚持并有融通，有取有舍，有进有退，有张有弛，有爱有怒，有情有义。要虚化、弱化的是我，是私欲，这些虚弱即虚心。心如何虚？腹实！无自信无他信、小见狐疑，乃腹不实故。

前文说了“德”是交，人和道交为德，人和道本各行其道，您不主动和道契合，道就和您无关系，故此，道虽无处不在，能交才发生关系，就有缘起，您就是修道者、行道者、能悟道者。如果不交，两者没关系，没关系不等于分裂，而是各行其政。

交首先要行动，“德”左侧的“彳”，代表行动、流行、流变、行为，流变是发生，行动是应变。人和道交合，合即“中和”，不能和时皆有偏，即偏德。

交，是缘起了，缘未起的时候，缘不在吗？这就好比马路上走的人和您互相不认识，好像没关系，其实有没有关系呢？一定有，只是未交。

交是八卦中之“雷”，吕祖《百字碑》说：“气回丹自结，壶中配坎离。阴阳生返复，普化一声雷。”《周易》曰：“动万物者莫疾乎雷。”对于一个人来说，冥冥中感觉有什么开始动了，这就是交了，交是觉的前奏，觉是悟的前奏。人机不动，天机才动。天机动，乃交合。虚心是“为无为”，弱其志是“事无事”，而实腹强骨，是有为修行，是扎住生命的根。

修行帮助我们树立正见，例如不要把一味忍让、忍声吞气当作慈悲，修者的心不仅有慈悲，慈悲里包括了愤怒。不过这愤怒不是为自己，而是为众生，哀其不幸，怒其不争。慈悲心是功德，没有慈悲心的人，不会有真正愤怒的力量。愤怒不是斗气，不会跟随利益妥协，不会面对困难低头，不会在得失间计较，无力的愤怒会转成怨妇般的唠叨、无奈的悲伤，会转成自残和伤害弱者，老好人怎么也愤怒不起来，胆怯者只会找弱者发泄。

禅门祖师教学，棒喝、机锋都是由愤怒转化的力量，愤怒时消耗的能量比平时大得多。真生气才会真发怒，真发怒才有真威慑，老好人只有无奈、哀伤和认命，这些人心中充满了恐惧，全部人生都围着自己和家庭的利益，总害怕。因为成天担心，故而越来越小气，只想不犯错，只想自保。胆怯是不足以自保的，平时看上去内向、谨慎、不善于表达的人偏执起来会更加疯狂。

嗓门大的人不仅是热情，多数源于内不实，会误以在攫取中把忙碌当成充实，用以逃避内心的恐慌。紧张状态的人一闲下来就慌，得靠不断造作才让自己“充实”，这些人给自己的焦虑服用的定心药物五花八门：事业、购物、酗酒、聚会、吹牛、旅游、恋爱、吵架、炫耀、虚荣，等等，凡是让人忘乎所以，凡是能让人不面对现实的人、事、情、境，都能起到麻痹心灵的作用。凡人之凡，就是唯有深深地入戏才能逃避无所不在的恐惧感和匮乏感。心意识中思量、得失、嫉妒、羡慕、算计、担心、自卑、自大、懒惰、分别、恐惧等交织互绕，这些在，紧张就必然在。

为了不让您感觉失落，注意高兴和失落皆属于大脑的奖惩机制，是一体两面，越高兴越容易产生失落感，由于这种失落感牵引而向往着更加高兴……这就是大脑会带着您不断开发和寻找的“人生意义”。大脑是极其巧妙的，它会帮助您分阶段实现目标，不断在失落和高兴的跌宕中有“意义”地帮助您走完这一生。当您开始怀疑这种心态时，大脑会帮助您去外界寻找理论支撑，用以证明自己所走的路是“正确”的，您见过几位四处拜师、四处体验的人是真正安心的？他们四处寻找的，正是大脑希望他们找到的支持。说白了，每个人都要为自己的行为找到理论依据，满大街的心灵鸡汤正好可以喂养这种意义。

有人不解为什么大脑要这么做，可以说宇宙法则是公平的，仅有极少数人能觉悟，觉悟的路比寻宝要艰辛得多，处处都有陷阱和障碍。如果每个人都能醒觉，明晓大脑设下的陷阱，那金字塔就要倒挂了，普通人总是充满意义地犯傻，从生物学角度讲，有的人能突破少不了有人垫底。那么您呢？立志于甘愿垫底？

要知道圣人真人为了大众放低自己是主动性的，这不是被动的垫底，能出能入才是自在人。大脑意识的根基是“我”，走向觉悟之路的第一关便是要看清这点，无我，大脑意识便无以施展。于是大脑会想尽办法用亲情、困难、恐惧、感受来诱惑和阻碍您，软硬兼施，道高一尺魔高一丈，通往觉悟的路往往是行至水穷处，才能坐看云起。大脑能给您带来无穷的快乐、痛苦、赞誉、感受、成绩，它如影随形，日夜不离地跟着您，让您无处可逃。它最怕清净、最需要安慰、最无法安住、最能找出意义，不仅白天，梦里也是这个主人在给您发指令，让您在梦里仿佛也能受到“神启”。恶梦、春梦，还有白天的各类感受皆不出大脑演化，凡夫身在其中，不亦乐乎。

最大的魔不在外面，就是心魔，最难的路不是攀登珠穆朗玛，就是心路！修行如果斗不过心魔，您把自己整得再苦再累、再出名、再有地位也和觉悟无关。修了个修行相和演员无别，但演员演完戏就出来了，那些在戏里出不来的，是面具戴久了脱不下来，脱下来是会要命的。为什么世间煽惑人心的八件事——利、衰、毁、誉、称、讥、苦、乐，这八种境风一吹，人马上就喜、怒、恐、忧形于色？因为缺乏定力故。

对外的战争远没有自我战争的强度持久，自我战争是和自己的欲望、习气、无明交战，这是不会有空隙的战争，敌人都是您最喜欢、最习惯、最舒服的那部分自我意识和行为。向自己痛下杀手，转化自己的爱好、渴望、意义、记忆等往往令人感觉生无可恋。而外部的敌人，有对象、有时间、有地域、有手段、有利益，这些有形有相，有个明确的敌人在，有个看得见的胜败在。唯独和大脑交手没有成就感，每一步都充满了陷阱，识别太难，借口太多，逃避太易，如果没有绝大的勇气和定力，则必然屡战屡败，最后缴械投降，假名：认命。

尤瓦尔·赫拉利的《人类简史》，把人类的发展动力，归因于“编故事”的虚构能力，在《未来简史》里，他断言：人类即将由智人进化到神，也就是说现有的人类物种即将消亡，取代人类的是“神”。有些人看到这里或许很开心，变成神了多好啊！别高兴得太早，能变成“神”的只有极少数人，并且是高度智慧的人才有可能将自己升级为“神”，平庸的人是没有这种机会的。

赫拉利还说人可以通过三种途径晋级“神”：生物工程、半机械人工程、非有机生物工程。什么是“非有机生物工程”？

现在的人类都是有机生物，所以只能局限在地球，如果进化成了非有机的人工智能，就能在宇宙间畅通无阻了，佛法里“无色界”的生命就没有形体。用无机生命代替有机生命后，人类认为就彻底解决了死亡问题，长生不死终于成为现实。

然而这是什么不死？是大脑意识不死！而且是没有经过修炼的充满了欲望的大脑意识！如果这些可以随心所欲地变化肉体、器官、脏腑，甚至不要肉体、器官、脏腑的充满欲望的“神”不死，其他没有“进化”的“人”该怎么办？

这些“神”是真神吗？何为神？本意是能感而遂通、能天人合一的人，用科技有为制造出来的“神”是自己的能量吗？这些神能心怀慈悲利益众生吗？这些神觉悟了吗？这些“神”有的依赖电，有的依赖太阳能，有的依赖数据，有的依赖磁场，有的依赖生化药物……如果再没有情感需要，没有饮食需要，没有交际需要，没有生育需要，没有教化需要，没有文化需要，这些不死的“神”会以什么为乐？当没有生死、没有反思、没有平等、没有关怀、没有苦乐……这由人为设计构成的未来世界，就是我们今天期望的美好前景吗？真如此，您将会属于“神类”还是属于陪衬的“人类”？

是什么在推动这一切尽快实现？大脑欲望！

欲望变本加厉时，人类就不停地发明创造，你追我赶谁也停不下来，到了一定程度就形成变量。

伏尔泰说：雪崩的时候，没有一片雪花是无辜的。稍有责任感的人都应该对自己、家庭、国家、人类有责任，看清人生中我们可以自己改变和掌握的部分其实远远超过想象。

大脑日积月累了无数的规则、框架、分类和成见，以保证它能快速有效地指导人的反应。人从出生后得到的家庭、社会、学校、网络和自我教育，各种教育传达了绝对的概念，我们得以在社会上形成默契、共识，这无疑带来了有序和稳定，但也是有代价的。

例如现代人生病，不假思索地吃药、看医生，其实医学是一种不完美的科学，它提供的只是概率，一种抽象的数学概念。但现代人却视求医为生病时唯一正确解决方法。

事实上没有一个人是可以用大数据来治病的，病人由于自己不懂，只能对医生无条件地依赖，这就导致了另一个问题，医生的医德如何？医生对生命的认识如何？医生有没有全局观？妇科病就和内科无关吗？和心理学无关吗?

既然没有一个病是独立存在，如果不明白病因，不认识机体内在的作用，只一味从现象上压制，有什么用呢？反过来说，生了病完全依赖医生，这才是迷信。除了突发的意外，人本应自己了解自己为什么会生病，如何防病，如何修复身心。这就像如何教育孩子的责任不应完全在学校一样。

病名是标签，什么糖尿病、高血压、癌症、抑郁症，宇宙万物其实是充满不确定性的，不确定性才是世界的本质。因为不确定所以会遇到病痛、灾难，也因为不确定性，命由己造！故此，自主、积极地提高个人修养才是改变命运的唯一法宝。现实从来不是静止的，状态永远都是在变更的，您如果无意识、无条件地放弃主动的自我修养，这种思维方式才是癌症！

懒惰才会迷信，好的医生不会定性某一种病该怎么治，会从不同的角度观察每个病人，得出的应该是完全不同的结果。一旦凡事按照病名定性，则病名就是医患之间共同的思维模式陷阱。

笔者不是让人生病了不要看医生，而是要有智慧辨别，要能识别这位医生是否值得信任，把自己和家人托付给他时，他的见解、境界、医术如何，难道不需要有一定了解吗？其实这无关中医和西医，关乎您自己有没有具备一定的常识，对疾病的理解和认识如何。

《维摩诘经》的核心思想是："若菩萨欲得净土，当净其心；随其心净，则佛土净。"当时舍利弗听佛陀讲的时候心里不明白，自忖：如果说菩萨心净，则佛土净，世尊本为菩萨时，意岂不净？而此佛土为何竟是如此不净呢？佛陀就告诉他说："于意云何？日月岂不净耶！而盲者不见。众生罪故，不见如来国土严净，非如来咎；舍利弗！我此土净，而汝不见。"

我们所能理解的万事万物，都来自自我认知，如果您的自我认识偏激、狭隘，那么就会失去对一切人、事、境的正确认识。老子、佛陀、孔子、惠能各位圣人都是在启发学生提高自我认知水平。一切相应的修法是把握住心性迷失的关键，皆着眼于“自净其意”。自净是最难的，能自净源于自尽，自尽就是消除自我、小我。禅门三祖僧璨《信心铭》曰“一种平怀，泯然自尽”。

《信心铭》又云“眼若不眠，诸梦自除”，人必须要做的是修正自我认知，如此则生死于我何有哉！遑论生命的短长、死相的好坏、治病防病，这一切都不要阻碍自我觉悟的步伐。您不能掌握大脑游戏时，永远不会进入真正的由心而至身的身心放松。按摩、听音乐这些所谓的放松只起到暂时的舒缓，不能改变生命状态。这就像脊椎移位的人请技师正骨，有没有用？遇到真正会按的确实有效，但有效却没用！如果生活中导致移位的习气没改，自身的内力没有发出来，光靠外力维持的正，可能能见速效却不能结正果。当然正确的手法按摩、针灸、刮痧等对治一时疼痛是很有效的，但病是治不好的，因为病因没有解决，一切都只是暂时的缓解。外力只能是助缘，生命无捷径可寻。

在大脑赋予的常识里，我们就是要拼搏，要赚钱，要让孩子有个好生活，让父母不丢脸……如此一来，人从来没有为自己活，而是在为别人认可的“我”活。我的价值需要不断创造，创造后要维持，维持的不仅是责任和业绩，更多的是压力，不懂得驾驭大脑意识这匹野马，不懂得调转方向，不懂得回望，年龄越大的时候越难以掉头。有人说：急什么？条条大路通罗马。问题是有些路太遥远，多数人半路夭折了。

生命从什么时候停止成长的？便是开始懒惰和傲慢时，无知使人目盲，虚心才能看到真正前进的方向，我们不能通过六根的经验来构建一个全息的世界。我们对世界的认识基于大脑里现存的知识、概念时，我们只

能看到我们能看到的，我们能看到的都是我们想看到的。有形的体重、身高数据可以比量，智慧功夫呢？量的累积一定发生质变吗？万缘和合，其催化剂是什么？质变的方向和结果一定合乎预期吗？生命真是在相对固化中必然走向千百年来不变的生理老化过程——生老病死吗？修行就是逆化生老病死吗？如果是，那是养身。老子的初衷是养身吗？他是想返老还童还是长生不老？如果不解老子的初衷，我们是不会懂《道德经》玄机的，玄机是正旋反旋的两股力量动态的平衡，人唯有通过修炼启发出洞察力、敏锐力、反应力、决断力。“心”这个字为什么是中空的？因为中空，才能生出妙有。实心是自满，即失心。

“圣人为腹不为目”与“虚其心，实其腹”是相对的，虚其心、实其腹最终就该不为目。现象、迷惑、妄想都是“目”。“目”一方面是看见的，一方面是想象出来的。不为目，即不被外在表象世界所带动，山河大地、家庭事业包括借助望远镜、显微镜等一切目力所及，以及六根所受而组合成的五蕴十八界，都能坦然面对而不为所动，人能专注于丰富自己内在的精神和为大众造福，这种人即道人、真人、祖师、圣人。

目，可以是凡夫的鼠目寸光，也可以是道人的手眼通天，您的境界在哪个层次，能见哪个层次的镜像。“眼”这个字，是“目”加“艮”，“目”是功能，“艮”是厚德载物之坤德。光有眼的功能是凡眼，坤德具足时，才能见人所未见，才会生出天眼、慧眼、法眼、心眼、圆眼、道眼。眼是发现宇宙实相的工具，主观客观是人预先界定的概念，物质与精神也是人为认知范畴。物质里没有精神吗？精神里没有物质吗？江海与云有边界吗？内外有边界吗？世界原本一体，边界本来就有角度，什么都有“源”，但什么都没有“头”，源就是心。

圣人不为目，眼里含藏十方，是没有固定边界的，相有别，实为一。不为眼见之相所限，却又能把握好，用好边界，即“和”。有智慧的人不轻易下结论，结论就是边界，边界就等于丧失生机。凡夫有特别清晰的边界感，道人的边界都是灵活的，动态的，这是一种方便。愚者处处设防，画地为牢，立了一个边界叫“我”，有了我，就有了对立，你的、我的、他的，争权夺利，争风吃醋，皆因不知我的本质是空。空是不死的，虚是不亡的。一旦立出一个“我”来，就有生有灭，就有相。虚和空才是万物的本质。

人之死，不仅是肉身的解体，必然也好，无奈也罢，其实没有人不接受“人终有一死”的“宿命”。但可怕的是，身未死却心已死的人屡屡可见，生不如死的人也时有可闻，自我价值已经幻灭的人只是苟活于世。当曾经追随、捍卫的信念、信仰轰然倒塌，当人间剧场曾经的铠甲、面具被无情扒掉，赤裸以对的惶恐并不比死亡来得从容。如果没有勇气穿越肉体和精神的无数次死去活来，就没有对根底无尽生机的了然，根底处哪有什么必死的宿命？肉体会以不同的方式存活，死的只是大脑中的“我”而已。大脑害怕死，所以要不停地指挥人行动，而一次次突破大脑去修正，才能发现原来没有什么叫生死，放松时才有开放的心。对于宇宙万物、万事、万有，尚属于一无所知的人类，我们能分别什么？人之肉眼看不准，看不全，看不见，一看即偏，不打开心眼，无以得见宇宙实相。

人明明已经在道里了，绝大多数人却觉得离道很远，舍近求远，幻想着跑到很远的地方去求道，才能得道。就像有人明明已经很幸福了，却觉得离幸福很远，受之不起还去寻找幸福。越靠近的时候感觉上越遥远，心不安也不踏实，归根结底是不自信。我们生活在一个不可确定性越来越强的世界，常人害怕不确定，然而正因为不确定才有真正的公平可言。一切都固化了的社会、世界，还有生趣吗？

人以天地之气生，四时之法成，生于天地，成于自然，天地人不即不离，天会有病，名天灾，地会有病，名地震，人岂会没病？病是什么？不平衡的现象。身心、阴阳、水火、现实与远方、个人与集体、才德与名位、知与行、想和做、思与行，总有不尽如人意的地方，各种失衡就会生病。养身是被动维护。老子说的是"摄生"，他说："盖闻善摄生者，陆行不遇兕虎，入军不被甲兵；兕无所投其角，虎无所措其爪，兵无所容其刃。夫何故？以其无死地。（《道德经》第五十章）"摄不仅是自我控制，还能猛兽不侵，何也？无畏也。达观生死，能与百兽同游，所摄之生，岂止是一己之躯？此宏大生命观，是小心小量者难望其项背的。

能摄不是侥幸，是通过日积月累修炼得来的，不是努力就能摄，而是努力并能如法修行，开启悟性。悟性提升了，最终能达到彼岸——悟道。悟性是因，悟道是果。学力即悟性，没有悟性不懂举一反三，不懂得如何把知识转化成生命力，知识就成为所知障。所知障不是因为不懂，而是因为他懂的偏了，或者自大不想懂。自大是生命活力最大的障碍，困难不是。

活力哪里来？从关怀中来，出世间叫慈悲，世间人叫爱。爱是世间的最高点，是出世间的起步点，爱还会有喜爱、有对象，慈悲却没有，无缘大慈，同体大悲。具足爱心和慈悲心的人，绝对不会无所事事、怨声载道、精神颓废、耽于享乐，您看看哪一个母亲不是成天围着婴儿转？菩萨亦是。成天心系大众，寻声而至，身体再劳碌心里不觉得苦，是因为爱和慈悲。

当人具足爱和慈悲的能量时，视一切众生如同己子，时刻想的都是把我的感悟、体验、能量回向。回向的过程本身就是结果，充满了感恩和欢喜，母亲给婴儿做一切的时候，哪一刻不是欢喜的？爱和慈悲就是生命最大的活力，如果您把婴儿从母亲身边夺走，她还有活力吗？

同样，一切众生的需要就是驱使修者精进的驱动力，如子唤母，菩萨感同身受。不要以为救苦救难是菩萨过来替您驱灾挡难，菩萨救人是救心，心是苦难之因，故而以各种修养法为催化剂，扮演着老师、同修、敌人、亲友等各种角色，从正、逆两方面推动您转化，唤醒您内在的觉知力，指引一条正确的人生之路。菩萨相是无常的，菩萨心、行是真常的。

世间最伟大的力量是爱，爱不仅是一种状态，恨也是爱的一部分，没有了恨的爱，是不完整的。恨丰富了爱，如同慈悲里包含了愤怒一样，爱的外延远远大于恨，如果没有爱，恨就同时没了，只剩下冷漠和麻木。人能发出惭愧心，是自恨的表现，恨自己的习气、借口、不用心、偷懒等，这种恨源于自爱。明师之明在于引导学人自爱，不自爱的人就不会自恨，会得过且过，放过自己就是因为不自恨，自恨是“反者道之动”，人能时刻反思，才会真正前进。

爱可以以责任表现，但责任不是爱，责任和爱的外延是不一样的。爱的特性是虚心，虚心是无我，即两个人只要相爱，每一分钟都是唯一的，每一次都是崭新的，是不可能重复的。一旦有我了，就会有偏好，有利益，有得失，有强加于人的观点，有自以为是的行为，有控制对方的欲望，能“相看两不厌”需要彼此无我。

有我的爱，即住。会变成我的孩子、房子、财产、面子、背景、家庭，但凡有了我在，爱就变得世俗和陈腐了。两个无我的人，每次相遇会彼此欣赏，同理，如果是由无我产生的恨，每一刻也是崭新的，不会戴着有色眼镜去判断对方，没有成见，不下结论。

虚心，就是放下对立，没有期待，带着一颗初心本然地生活，可以接纳对方真实的样子。常人不会爱，源于内心里大多不是爱，而是“爱欲”。例如：若您在意的是爱的形式和表达，那就是欲望在作怪。通常人分不清爱和爱欲两者间的区别，其实“爱欲”是以爱之名混淆视听，我们以为自己在爱时，实际上是欲望使然。就像性和性欲是两件事，性和爱也是两件事。性是一种行为，爱是一种状态、一种能力。

心不虚的人有个我在，有我在时，欲必在，出发点是有求的，但凡有求，就不是爱，是爱欲。我爱您了所以您要同样爱我；我付出了您要回报……凡是以交易的心态为基础的，都不是爱。爱，是生命传承的过程，不是条件的置换。可怜的是人类变得越来越不懂爱，我们从动物身上可以看到最纯洁的爱，不索取，不执著，不期待，只有默默给予。如果您不懂什么是爱，也不想懂什么是爱，就想把自我感觉喂养舒服，从而便觉得人生圆满了，那就是自私、自欺。爱，一定是圆相。

宇宙万物处处是圆相，圆相好似数字里的零，零是一个无限数。除了零之外，1到9都是有限的，为什么说零是无限的呢？旅程是从零到零，生死也是从零到零，零是起点也是终点，零有相，但变化无限。零还是一个边界。零以下是阴性，零以上是阳性；零以下是负数，零以上是正数；零在有理数和无理数之间。

零变化无穷，它是一种平衡，是一个节点。人生命中的零呢？宇宙中的零呢？零是空，空是虚，虚是心之体。庄子在《天下》中说"万物毕罗，莫足以归"，生命本无归宿，只是"游"。凡夫是盲游，道人是逍遥游。"莫足以归"就是圆相，天下莫不是中心，又莫不是边界，没有一个地方是永远不变的中心，没有一个地方是所谓的归宿，生命真正是无处可依的。法无自性、无定性，生命亦是，这就是无常，无常才能生态繁荣，各领风骚。

在宇宙中，黑洞是"零"存在的一种形式。世间的一切存在都是物化的过程，宇宙万有不断缘起，物化形成了我们眼前的世界，是非空。黑洞的状态呢？正好相反，可以把一切物体非物化，是空。

黑洞里，时间、空间用另一种形式存在，时空去哪了？如果说没有了，那叫无，空不仅仅是无，空里包含了有、无。如果什么东西进入黑洞都没有了，从洞中出来的又是什么呢？黑洞是有边界的，说明空里含有，也含了无，只是它的特性是非物化。

当下不就是一个黑洞吗？虚心，即活在当下。一念万年，当体即空。时间有内、有外，外是我们看到钟表上的刻度，以为这是时间。我们对外看到的时间有两种形式，一种叫过去，一种叫未来，我们看不到现在。我们都知道时间有过去、未来、现在三世，那么现在在哪儿？您的存在感、成就感、屈辱和荣耀、痛苦和高兴、沮丧和热情等，一切的感觉、记忆、幻想都属于现在。没有现在这种形式，只有现在这种状态。

形式和状态什么区别？形式是外在表现，状态是呈现这种形式的内在能级。过去已去，未来没来，现在是一种感觉，所以时间不是黏附于过去，就是计划在未来，人每时每刻都把过去和未来的元素集中于现在这一刻，端出来一锅乱炖，这是时间的外相、变相和真相。

什么是活在当下呢？当下是圆相、是空、是零，当下有无限的可能。什么都有又什么都不住，如真正的爱、慈悲。当下这一刻因为圆满自足故无须期待，圆满自足是全然一体，不是指完美。圆满和完美有什么区别？完美是世间的说法，是相对残缺说的，因此有角度，残缺难道不是另一种完美吗？世间的完美其实意味着局限，意味着停止成长。成长是在不完美中发生的，而身心的死亡就来自自以为的完美。

全然是没有角度的，没有特指和相对。月满则亏，完美到了极致就走向反面。全然是无不包容，就像黑洞、空、虚、心、体、生命、佛性、觉者，虚己心，合大道。《心经》说："色即是空，空即是色，色不异空，空不异色。"这是全然，不是完美。色不完美，空也不完美。今天晴天，明天阴天，偏执的人才会追求完美，所以有的洁癖，有的神经质，偏执的人心里容不下缺憾。中华文明是讲究天人合一的，这是一种大统一观，天不完美，天无言；地不完美，有灾祸；人更不完美，跑不过兔子，凶不过老虎，既怕冷也怕热，还有最炽烈的欲望。天、地、人都有缺憾，都有缺憾才彼此需要。

西方文化中天人是分开的，人和天不是互通的。基督教义认为人是有原罪的，所以人要在人间赎罪，定期要忏悔祷告，只有虔诚的人死后才能去天堂。西方文化里天文不能称其为文，而是数学；人生不能称其为生，也是定数。西方宗教认为天神是人间绝对性的主宰者，人不可违背神命，无论这个神叫什么名字。由于对此产生怀疑从而科学发展起来了，然而科学又成了一种新的固执，凡不科学的，科学解释不通的统统认为不“合理”。天人合一思想，在科学看来就是迷信。

中华传统却认为天地不异人，人不异天地，天人不仅同构，而且天地离了人，天地还是天地吗？人离了天地，人还是人吗？三者不即不离，不可或缺。

这个世界没有人之前，天地之为天地，和人一点关系都没有。因为有了人补齐了天地的不足，天地才成其为天地。另一方面，天以地为天，地以天为地，一切都是相对的。我们在地球上以为火星是天，可人到太空中，地球就是天。但凡有理论都有角度，有支点，那么自然就会有偏差。天、人之间不即不离的关系，要么变成了从属关系，要么变成了独立关系，这些都不是平等共存的关系。

天地人之间的交通能力，是可以通过修炼恢复的，这不是人为增加什么特异功能，人只要减少心意识里的杂念和妄想，就能明白天地间唯感应而已，感而遂通的能力是人特有的灵性使然。为什么必须要特别修炼呢？普通人的身、心关系是分裂的，心有余而力不足，您指挥不动四肢、脏腑、意识，知识作用不到心灵，而身心的关系就是个体生命和宇宙生命的关系，是阳性生命和阴性生命的关系，是肉身和法身的关系。究其实，身心分裂的原因是因为大脑意识蒙蔽了真心，故而肉身被小我带动，装满了欲望，身和心的通路被堵塞了，虚不下来。

虚心才能打通管道，让能量流动。人和天地合一的时候，天地有意义吗？一朵玫瑰花，在您面前盛开有什么意义？

生命有两种状态，一种叫自在，一种叫自然。开花是自然而然，到了花期花自然开，不开是病态。如果您忙碌得无暇顾及看花，花开不开就和您一点儿关系都没有，您和花的关系没有建立起来。当您看到花开，并走过去深深地将花气吸入，花的香气在您体内，花的美在您眼中，您心里会生出一朵花，这花在您心里绽放就可以不再受外界环境、季节的影响，这是第三种生命，就是“合一”。

唯有第三种生命不受白天黑夜、春夏秋冬的局限，自然界的花有花期，唯有心花可以永不凋落。您的心库里有没有存储过心花？或许有人认为存储花做什么？没有意义！无聊！这些人率先想到的是图片或文字、概念、标签、商业用途等，这些有“意义”但无趣的内存才是对生命的浪费。如果您对世界的感知，仅仅停留在概念、图片、应用、商业里，您算是真正活过吗？概念是死的，心花是活的，就像天空的彩云、流淌的溪水、拂面的春风、早晨的露珠，这些有趣的但无“意义”的感受，有没有曾经在您忙碌的生活中驻留过的片刻？有没有在生命的心库里曾经绽放过？

人是一，花是二，心花是三，三即缘起，它不是花也不是人，而是一种新的存在。这其中包含了属于人特有的情感，世间叫爱，出世间叫慈悲，有了爱，才有生命体，有了慈悲，才有生命的广博。当您懂得爱的时候，您就不是原来的那个您了，您就契合了有爱的、鲜活的、无我的、懂得感恩的初心，当您有了慈悲时,您也不是过去的您了,是有了一颗时刻回向的菩萨心。您和什么都能合一,和花草能合一,和山水能合一,和猫猫狗狗、天空、他人都能合一,可如果人的心不虚,装满了成见,就不是合而是离。

时间对内是感觉,对外是过去和未来,存在的形式即十二缘起。凡人认为时间就是流水一样流过去不会回头的线,可是一个电影从前往后放,是一个故事,从后往前放,也是一个故事,重新剪切又是一个故事,可以反复组合。每个缘起就是一个故事,怎么排列因人而异,您可以通过修行重新剪切胶片,这叫命由己造,改变的是缘起之因。

哪段故事完美?哪段故事真实?成长最美,成长最真实。虚心,不自满,生命才有成长的空间。

曾经有人问笔者:老子完美吗?老子根本不存在完不完美的问题。

他已经是全然无碍了,无所不容,无所不包了。其实并非所有的问题都需要回答,怕回答不出来没面子最终还是和我有关,不是和问题本身有关。下智,不停地制造问题;中智,不停地解决问题;上智,是不断地消泯问题。生命中哪有什么是问题呀?一切问题都是时间问题,时间其实并不会自己解决问题,而是问题本身就不存在,是人自寻烦恼,自己想象出来的问题。

时间和空间不即不离,都不能单独存在。空间中产生时间,不同空间,时间大不相同。空间有两种形式:对外有上下左右前后十方世界。您在哪个点,您就定了前后上下左右,没有一个固定不变的“中”。A、B两点能取一个绝对中间点,那叫数值,属于数学,科学中,数学是理论,不一定必须用实验证明。

庄子说："一尺之棰，日取其半，万世不竭。"每天去掉一半，第n天还剩下2∧-(n-1)，当n趋于无穷大时，2∧-(n-1)趋于0，但永远不是0，也就是永远取不完。中，从时间上说叫"活在当下"，从空间上叫"中道"。

今人多处在身心分裂中。我们能分裂天空吗？抽刀能断水吗？因为有个我在，有一个有，有就可以分割。契合虚心状态的时候，谁也不能将其分裂。为什么实实在在的肉体之身能虚呢？因为无我。如何无我呢？歇即菩提。

无我不是我这个人没有了，我这个身体还在，而内心没有恐惧，没有执著，没有因果颠倒，没有分别和比较，不戴有色眼镜，不贴标签。这时候的人是自在的，就像给湖里注水，能量会自然往空缺处流动，填补一切不足。而没有虚心的人恰恰相反，是人为带动，大脑会诱惑、逼迫、驱赶能量集中在大脑，供它驱使身体听它指挥，然后大脑就调配能量去往它需要使用的地方，至于那些用不着的，长期像饥民一样得不到关心和照顾，长此以往，身心严重贫富不均。心灵没有能量滋养，不用的肢体被闲置，能产生快感的六根被日夜轮流供给，一刻不停地运作。为了满足舌，我们牺牲胃；为了喝酒，我们牺牲肝；为了玩游戏，我们牺牲眼；总之，富足有余的地方贪心不足，叫苦不迭的地方投诉无门，您最大的魔不就藏于此吗？

虚心的人具有自我加持力，清净无染的生命体，自己具有和宇宙万有连通的能力。当我们这样表述的时候，有人以为自己是一块电池，需要一个无形的天线插上宇宙的电门。或像有的资料说的，打开百会穴链接上高灵。高灵在哪里？宇宙中真的有那么一个地方，存在着什么神秘居所，诸位神灵在那里群英荟萃，商量着地球的戏码吗？苹果放久了就会腐烂，细菌是外来的吗？世界在我们身体之外吗？一一华藏在哪儿？“一切唯心造”的心是虚心，故可见前后左右十方世界不同角度，能包容不同根器、不同想法，能真正引导大众，善巧方便，无碍说法。

心不能虚源于腹不能实。胎儿在妈妈子宫里时，妈妈的腹部会变得无比庞大，这就是腹的功能，是身体中最能伸缩的部位，故而能孕育，可含藏。实腹是人要有腹性，能气畅筋柔，海底充实，正得住筋骨，发得出浩气，老子说“上德若谷”。

山中最凹的是山谷，如同人身最柔软、有弹性、能盛受运化疏布的腹。有些人把实腹理解为果腹。吃是吃不饱的，欲望会越吃越大，实腹是指精神上丰富和元精的充实，不是填满肠胃的饱胀。人的欲望无止境，马必须有缰绳才知道方向；船一定要有锚才能停止；没有休止符的不叫音乐。

然而大脑里没有一样东西叫停止，总是不停地要要要，我们假设二十六个字母，从A到B满足了一个渴望。到了B，人会想着C、D，假设最后终点是Z，代表死亡。人欲望满足的速度越快，死亡的速度也越快。要转化欲望，需要师父指路，但师父能做的仅仅是指路，走不走看个人，走多远还是看个人。个人如果愿力具足，便能和宇宙无穷的生机接应。如此，则生活中无论常与无常、顺与不顺、如意与不如意的事、境，都能不以自己的判断来思量。

老子说法，大家误以为曲高和寡。曲高和寡为什么两千年后我们还在参学？那些不曲高和寡的热销书一年以后还有多少人记得？文化是建立在名言基础上的，也是建立在“我见”基础上的。“我见”没什么不对，但如果自私自利必定见地狭隘，这时候沉迷在自己的爱憎里，人犹如成天做梦一般。

晚上的梦是对内的，白天的梦是对外的。烦恼是由于渴望“我”所渴望的，厌恶“我”所厌恶的。修行起初的修炼内容主要是和“我”喜欢、“我”厌恶的打一仗，检验一下“我”喜恶执著有多固执。等到越来越看清自己时，要超越意识的对立、分别，与万物感通。一个内心没有自我纷争的人，才能以无分别心做到平等、圆满和清净。您看不惯世界有什么用，世界不会因您看不惯而改变，您要做的，是用爱和慈悲影响世界。

无明、轮回、因果是无始无终的吗？它们是无始有终的。无始即一切由缘起而生，缘起性空，无主宰、无自性，就这么因缘和合了，便生了，机到了就来。一念无明、一念清明都有缘起，区别在于人知因还是不知因。无始不是不知因，因如果存在，必定会始，始发即可能有果生。为什么它一定是有终的？终就是悟道。如果没有终，还谈什么涅槃、得道、转化？解脱未必悟道，悟道必定解脱。

隋开皇十二年，有位十四岁的小沙弥，前来礼谒三祖僧璨大师。据《五灯会元》记载：

> 小沙弥问：“愿和尚慈悲，乞与解脱法门。”
>
> 三祖反问道：“谁缚汝？”道：“无人缚。”
>
> 三祖道：“何更求解脱乎？”

从来就没有人捆绑您，您四处求解脱做什么呢？沙弥闻言，当下大悟。什么是“解脱”？障碍处即解脱处！

一切本来无碍，迎面而上才有可能解脱，当您为了大众的利益，吃什么、见什么、说什么、出入什么都无碍时，为什么不能和妖魔鬼怪一起喝茶谈天？处处无碍即解脱。如果逃避红尘，那是永世不得解脱的。这个世界叫娑婆世界，即“堪忍”。堪忍，是要接受啊！离开了现实您能去哪儿？修行的目的不是为了离开，而是为了回来。心里不以碍为碍，叫“观自在”。

老子、孔子一生的障碍多不多？可为什么他们不以碍为碍？孔子听说人家称呼他是丧家犬，怡然而受，无量受。这就是大乘的心，凡人的身心里处处都是障碍，所以只能小成，心太小故，什么都是障碍。虚心才能生生。

怎样知道自己有没有虚心呢？例如同样打坐的人，有人很快进入静态，有人则无论如何心都静不下来，这就是心不虚故。

人的心虚没虚，其实会看的人一眼就能看出来。例如可以从表情上看，您看这个人讲话、修炼、办事时，眉角是否舒展？人的神识集中在两眉之间，心不虚时，眉眼之间就自然紧张。眼为心之窗，许多人生活中习惯性地皱眉，这就是意识没放松，身体时刻处于紧张态。紧张态下，大脑意识在起主导作用的时候，心的能量就休眠了。

怎么样可以让自己进入虚其心、实其腹的修炼呢？道书上讲有上、中、下三个丹田，但三个丹田可不是固定的，身体的穴位有固体位置和数量吗？奇经八脉、经络图上标记出来的只是一部分，还有经外奇穴，真人们无处不穴，无处不脉。

每个人准备进入修行前，需要了解和自己相应的修法，心目中要有目标，否则就会落入今年道教好，明年瑜伽、中医也不错的走马观花。最后修行变成了业余爱好，四处学点用以粉饰自己。您如果学习理论知识可以兼听则明，因为理论知识是加法。而涉及修行，要修炼功夫、增长智慧时，功夫智慧的提高是做减法，减去一分妄想，内心就清明一些，而每位师父的修法、入手顺序、修炼重点都不同。例如释迦牟尼佛教弟子们修白骨观是先从左脚脚拇趾开始由下至上，这个顺序如何和心神配合，如何和气化配合，就不在文字里了。如果没有找到明师不如不炼。

虚其心和弱其志都不是理论。自古道家通过站桩、打坐、太极、导引等功夫修道，为了充实气机，强健气魄，使自身能量能和天地一起流转起来，谓之周天。周天看不见，但腹越实，骨越强则周天越稳定、越周流、越畅通、越广大，故有大小之分。链接周天的三个基地叫丹田，然而丹田是假名，百脉是贯通的，人体并无固定不变之脉穴，境界不同识别不同。

腹不实，骨不强，苦乃集；虚其心，弱其志，道乃灭苦集。

修炼得当的人，腹越来越实，骨越来越强，不过这可不是指肚子越来越大，或者怎么摔，人都不会骨折。实和强是内在气场强大，精气神足，生命体的层层通道打开了，感通能力在增强，和宇宙生命能发生共振，频率接近宇宙原初生命纯净度，恢复了与天地交通的能力，这时候的气场不是一个人的能量，而是宇宙生命共呼吸的能量。

好像两人在较量时，一位汗如雨下，精疲力尽，另一位却能乾坤大挪移，以力化力，借力打力，似乎有无穷无尽的力量在身体内流动，此时这位

華中喜

的身体就是一个通路，宇宙间的能量由此出入，这是能借力的人。但凡有我，外力就进不来，您能用的只有自己微薄之力，再多又能有多少呢？这就像是直流电，只能自产自用。

有的人认为实腹就是结内丹，但内丹本是看不见的，是丹气流沛周身，循环不已，并非有实物。周天之意更准确地说是身心、整体和局部能互含互摄，身内、身外，神明、神昏，元精、元气……皆一气周流，川流不息。如果心不虚，这气就转不起来。老子说“三十辐共一毂，当其无，有车之用。埏埴以为器，当其无，有器之用。凿户牖以为室，当其无，有室之用。故有之以为利，无之以为用”。

空是有和无的源头，道是有和无的统一。老子用车轮、陶器、窗户来说明空的作用，古代的大车，车轮中心的圆木圈必须是空的，如果不空，轮子就没法安到车轴上。所以轮子的关键，是毂的“空”，有了“空”，轮子的“有”才能起作用。毂就是轴心，轴心是空。越空，气越能发挥其推动作用，台风的轴心是空，生命体的轴心亦是空。人体和宇宙一样，是超微观决定了微观，微观决定宏观。

今人由于贪吃，胃肠被饮食填满，大脑被杂念和欲望填满，垃圾充满身体的组织、脏腑、意识，这不是实，而是自满。老子说：“明白四达，能无知乎？”鱼诞生在大海里，长在海里，死在海里，轮回在海里，融化在海里。海就是鱼的空，脱离了空的鱼，就是被打捞出水的食物，必死无疑。生命呢？亦复如是。空无处不在，我们生于斯、长于斯、成于斯、坏于斯，一旦自满了，就是脱离空的时候，也就是意味着离消亡不远了。空的管道，假名

“道”;道和人的结合,假名“德”;帮助人契合道的教化,假名“法”。

实修的书不能当作理论知识来读,否则就会人云亦云,有的人抱着古书信以为真,古人就没有修错的吗?误以为实腹就是让腹部变坚实的人数不胜数,可实际情况呢?是反过来的,腹实不是腹部变硬实了,而是腹部摸上去柔软如棉,动能坚硬如钢,不能如棉不能如钢都不是实,运气发气的过程中能软硬随心,这才是不二。许多人不解真义,盲目瞎炼,由于顺序不对,心法不对,内涵不解,故此修得越努力越自伤的不在少数。笔者在这里介绍一种对初修者来说相对安全的实腹观身法。

为什么老子说实其腹,不说实其胃、实其肝、实其脾呢?有人说腹里包含了胃、肝、脾,那为什么用腹和骨来对应呢?我们读经典一定要参究,读书应是越读越厚,会读书的人应该一段话能参究几天、几个月,直到恍然大悟为止。笔者写出来的心得体会,有时候看上去简单的几段话,您如果马马虎虎地读只需要几分钟,而能延展开其中的内涵,就大费周折了。

腹的特点是能藏并且弹性最强,藏即包容、接纳、不分别;弹性强即柔软,曲通、饱满,伸缩性、适应性、变通性强。我们看妈妈的肚子生完了孩子还能恢复,身体中唯有腹具有这样强大的伸缩性。和腹相对的是骨,骨是身体中最坚硬的部分。用最有伸缩性的腹和最刚强稳定的骨来相对,表明生命的阴阳和虚实之道。腹为阴,海纳百川,骨为阳,稳如泰山。山川并举,刚柔相济,如同人要谦虚,这是示柔,但同时亦是要有骨气,君子发出“虽千万人吾往矣”的浩然之气,禅门丈夫有“将头临白刃,犹如斩春风”的从容无畏,道家真人能游刃于世间的自在逍遥,皆是不二。

阴阳对举是为了让您精神上、思想上不要偏激，笔者过去修行时曾为了如何修炼意守丹田走了不少弯路，最后发现可以守，会让下腹越修越硬，并且修腹可以不从脐下三寸入，从肋骨和上腹部中间点进入比较安全，这是发动身体能量的发动机。这个点发动了，进入下一步关元气海区域的修炼会不那么容易受伤。

修行的许多秘诀书上是不写的，为什么不写？功夫的秘诀几乎都是口耳相传，口耳相传不是故作神秘，而是修炼修得越精妙，越不可复制。佛经上几乎没有修炼方法，禅门祖师语录更是完全没有，《道德经》里也找不到。可是佛法最重视修行，禅门祖师哪一位不是功夫等身？老子呢？能说他没有功夫吗？只能用深不可测来形容。

孔子之所以成为圣人，不是因为《论语》而是因为《春秋》，《春秋》微言大义而使乱臣贼子惧，这可不仅是文字。《春秋》中褒贬暗藏，赏善罚恶，笔削严谨。什么是笔？就是大书特书，增色。什么是削？就是绝口不提，删除。《春秋》不是史学，司马迁的《史记》亦是，都不能算是纯粹史学。他们的修史精神是带着明确价值观的，哪些该放大，哪些该忽略，都拿捏得恰到好处，故此这些经典全部不是客观描述、如实记事，更不是学术论文。看似记载历史，却用笔、削之法，劝勉、激励、奖惩、警示、弘扬价值观，以期“再使风俗淳”。孔子、司马迁等人都是凛然的大丈夫，文武双全，哪有一丝文弱气？

孔子的父亲叔梁纥与鲁国名将狄虒弥、孟氏家臣秦堇父合称“鲁国三虎将”。据司马迁《史记·孔子世家》记载，叔梁纥身高十尺。汉朝一尺约等于现在22厘米，十尺就是两米二。叔梁纥不仅人高马大，而且武艺超群，尤其力大无穷，他曾经以一人之力托住城门，为军队撤出争取时间，并且全身而退。

孔子呢？据《吕氏春秋》记载："孔子之劲，举国门之关。"《列子》记载："孔子之劲，能拓国门之关。"春秋时期普通的城门闸都重达千斤，都城的城门闸就更重了，可孔子却和父亲一样可以一个人徒手开门，只是他并不想让众人知晓自己有此大力。他教学的科目里有"六艺"，射和驭都是功夫类，亦是孔子的拿手绝活儿。《论语·述而》里说孔子自己能射飞鸟，63岁时还曾亲自为学生驾车。据说孔子射箭的时候，观看的人常常里三层外三层围得水泄不通。

《淮南子·主术训》记载："孔子之通，智过于苌弘，勇过于孟贲，足蹑于郊菟，力招城关，能亦多矣。"令人想不到的是孔子不但力大无比，勇气过人，居然还能追逐野兔，如果没有练过轻功能抓野兔？

不仅有力气，能射、能举、能驭，孔子的内功从《论语》的记载也可以看出一些端倪。例如《乡党》云："色斯举矣，翔而后集。曰：'山梁雌雉，时哉！时哉！'子路共之，三嗅而作。"这是说孔子的脸色一动，周围的野鸡就感受到一股气场而吓得惊叫飞起，在空中绕了几圈，才又停下。孔子说：这些野鸡很有灵性。相比较而言，在一边的子路就比较迟钝，子路向野鸡们作揖拱手，野鸡叫了几声飞走了。

我们都知道子路是武夫，好勇好斗，手下还跟着一大帮弟兄，可子路为什么能老老实实跟着孔子念书？孔子如果没有功夫能降伏这群武夫吗？绝粮于陈蔡之际，学生几乎饿得没力气说话干活，子路虽然身体有底子但心态不好，于是孔子自己抚琴弦歌，以宽慰学生。同是绝粮，为什么孔子不怕饿？《论语·卫灵公》中，孔子曰："吾尝终日不食，终夜不寝，以思，无益，不如学也。"这和禅门断食、不倒单、道家辟谷的功夫类似，孔子断食、不睡和减肥、养身有半点关系吗？没有长年内治的功夫谁能做到？没有内功心法，这样折腾能不病吗？

元朝以前，文人的形象并非是文弱的。李白之诗、裴旻之剑、张旭之书被称为唐代三绝，可李白的剑术老师是裴旻，他本身是一个行侠仗义的侠客，写诗只是副业。从李白的《侠客行》里"十步杀一人，千里不留行"可见其剑气纵横。再翻开宋史，北宋建国以降，文举人出身的范仲淹、岳飞、陆秀夫、文天祥等都是文武全才。只是元朝以后文人的性质才发生了大变，仿佛修功夫是武夫，又以出汗为不雅。

修身、修命、修养、修禅，从身入手作用到心地，这些光读书是无法学会的。书是静态的，修是动态的，从前人静态的文字里想明白动态的修行，这是特别困难的。禅、道、儒本身都离不开实修，不仅仅是形而上的理论，包含它们不代表等同它们。

现代人和古人不一样，就饮食方面来说，一天能吃古人正常三天的量。至于断食辟谷修行者为了体内精气流通几乎都吃得很少很少。但注意，断食辟谷不是用来减肥的，古人不需要减肥，现代人由于吃得过饱过油，加之运动太少，所以容易肚子胀气、便秘、消化不良、脂肪堆积、代谢不利，不知什么人开始用断食辟谷来减肥，于是用之于商业，这是极其危险的。

凡夫的大肠的褶皱里有很多宿垢，身体的脏腑组织里有很多脂肪，大脑意识里有很多成见……这些都是相对不动的，久而久之成为习气，这些不会跟着胃肠蠕动被排泄掉，跟着行住坐卧被代谢掉，跟着日常生活被转化掉，这些是造成身心淤堵的元素，无法靠一般运动代谢掉。人动的时候，它们不动，而人不动的时候，它们才动。为什么许多人一静下来，就杂念纷飞，就想吃东西，就想四处看看，大脑程序不喜欢您思考，它要您忙碌，忙碌才不会有思考。各种修养法，都是在身心两方面帮助人恢复自力，助您能把这些不动的垃圾、杂念、执著废物利用，转化成生命的能量，帮助您认清自己，认清人性。

但修行人断食辟谷，一方面在清减，一方面在采纳，并且这是一个长期的修炼过程，不是跑到某个地方饿几天肚子。饥几天饱几天不仅减不了肥，反而更容易反弹。有些人一边上班，精神上充满压力，一边却在折腾自己饿肚子，千万别把饿肚子叫"辟谷"。仅仅用饿肚子来减肥，就是在瞎折腾。

任何一位真正负责的老师都知道，阴阳一定要平衡，断食辟谷确能快速见效，但调理身体的功效不应是短浅的、短视的，修炼是精神带动身体的。

笔者见到有的人饿肚子饿上了瘾，只要胖了几斤就开始不吃饭，这是无知！折损元阳，千万不要把修行法断章取义用在减肥美容上。事实上单一饿肚子减下来的是水分和肌肉，不是脂肪。身体有本能，当进食被截断后，就会自然进入防御机制，先是从肌肉中截取养分，再用减低代谢保护自己，因为代谢低消耗就低，由于代谢低，复食后吃下去的就会全部积累在体内快速变回脂肪。

笔者曾一再告诫不要用饿肚子的办法减肥，身体调理是有阴阳关系的。例如禅修时，有时会断食，有时会调食，但一泻必有一补，绝对不会为了减脂肪而动用肌肉，那些不得法减肥的人，体重降了却皮松肉松，长此以往折腾自己更加容易生病。用于商业的“辟谷”多数名不副实，大家一定要学会保护自己。

真正的修养必然有减肥美容、疗愈疾病的作用，但这些都是修养的副产品，屠龙刀虽然也能杀鸡，但只用在杀鸡上的，叫杀鸡刀。打着修行的旗号，偷换概念地用于商业，是不负责任的邪行。任何老师都有责任跟学员们讲清楚原理，不能以盲导盲为了讨好客户而胡作非为。有些老师自己还在摸索中，不明白后续的修行引导，这是失德。

什么是真正的辟谷效果呢？可以说凡人只是饿肚子，不吃饭会很没力气，身体也难受，并且破坏了消化系统功能，不食五谷还会导致脾胃失调。而真人辟谷却因能服气、阴阳和合、水火既济而不仅不会无力，反而精力充沛，身心轻盈，脏腑和谐，内力源源不断。并且不可思议的是，道家辟谷、禅门断食都有肥胖者变瘦，消瘦者变胖的作用，为什么呢？气血顺畅了，淤堵打开了，结节通达了，身心平衡了。

谁说胖一定是坏事？小孩子生下来是不是都胖嘟嘟的？和成人的肥胖什么区别呢？婴儿的肉充满活力、弹性，身体极其柔软放松，故而千万不要糟蹋自己盲目减肥，搞坏了免疫系统、消化系统、循环系统、代谢系统等身体功能，则悔之晚矣。修行之法，差之毫厘失之千里，想修行者就尤其不能带着利益心图有效、图方便、图名气、图新鲜、图时尚、图治病而被蒙混。

道家修者、禅门师者本都是医者，但不以医为业，不以医牟利。故此起码您要做什么之前，得先会明辨真假，对您自己的生命负责，耐心找到正法团队时再投入精进修行。

何为正法？不是什么好传播，什么好赚钱，什么好理解，什么好炫耀就推动什么，必有明确主旨、明确方法帮助人回归自心清净、找回自我潜能、不迷信、不逃避、知本末的修养法。

辟谷一术本源远流长，先秦典籍里就有记载。屈原在《楚辞·远游》中有："食六气而饮沆瀣兮，漱正阳兮含朝霞。保神明之清澄兮，精气入而粗秽除。"老子、孔子、庄子、孟子都分别提出了恬淡无欲、寡欲而养浩然之气的说法。《庄子·逍遥游》云："藐姑射之山，有神人居焉，肌肤若冰雪，绰约若处子。不食五谷，吸风饮露。乘云气，御飞龙，而游乎四海之外。"孟子也说："欲成大业者，必先劳其筋骨，饿其体肤。"

唐朝四朝宰相李泌经常"绝粒"以养生，李泌是神童，从小声名远播。据史载，李泌自小"尤工于诗"，对《周易》《老子》颇有研究，玄宗曾召他进宫讲授《老子》，晚年又参修国史。有一段他七岁时唐玄宗棋考的佳话。李泌被召入宫时，玄宗正与宰相燕国公张说对弈，便请张说代为考验这位神童。张说是大儒，他请李泌以"方圆动静"作赋，并先做了一个示范："方若棋局，圆若棋子，动若棋生，静若棋死。"

张说以棋盘与棋子比喻方与圆、动与静、生与死的辩证关系，可以说取象棋内、喻意棋外，很见大家风范。出乎所有人意料的是，小李泌毫不迟疑，立即答："方若行义，圆若用智，动若骋材，静若得意。"李泌的回答无论是义理之深、境界之高，还是用字之准、文辞之美，都远在张说之上，他没有用具象为依托，因为张说已经用了棋局，于是他直接以儒家“行义”和“用智”超越，用“动若骋材，静若得意”描摹出动静相宜、进退得当的人生大境界。“骋材”是要发挥才能、实现抱负的有为境界，是为“动”，而“得意”之后却功成身退，不志得意满、骄傲自负，这是无为境界，是为“静”。

张说当然是行家，听后大惊失色，立即祝贺皇帝得到“奇童”，而唐玄宗也喜形于色，连连夸赞“是子精神，要大于身”。

李泌17岁赋《长歌行》一首：“天覆吾，地载吾，天地生吾有意无？不然绝粒生天衢，不然鸣柯游帝都。焉能不贵复不去，空作昂藏一丈夫。一丈夫兮一丈夫，平生志气是良图。请君看取百年事，业就扁舟泛五湖。”天宝年间，李泌隐居于嵩山、华山、终南山之间，“慕神仙不死术”，后来出山，献《复明堂九鼎议》。

唐玄宗让他在翰林供职，同时供奉东宫，就在这段时间里，他和太子李亨即后来的唐肃宗，结下了超越君臣的亲密关系，从而开启了李泌与后三代君王的旷世奇缘。

安史之乱后，唐肃宗从长安逃到灵武就迫不及待地把李泌招到身边，与他入则同榻、出则同辇，他以白衣山人身份辅佐皇帝，虽然没有身担要职，却“权逾宰相”。

因为李泌经常辟谷绝粒，肃宗在内宫常会亲自烧梨给他吃。一次，几个皇子也想要吃肃宗烧的梨，肃宗不给，皇子们说：先生受到父皇如此恩宠，请允许我们联句。于是颖王说：“先生年几许，颜色似童儿。”信王说：“夜抱九仙骨，朝披一品衣。”益王说：“不食千钟粟，唯餐两颗梨。”最后肃宗

说:“天生此间气,助我化无为。”这就是著名的“烧梨联句”。

正是与肃宗极为亲密的关系,李泌招来了权臣崔圆、李辅国的猜忌。他为肃宗谋划的战略蓝图,可惜肃宗太急于求成未能采用,为唐朝中晚期埋下了祸患种子。两京收复后,平叛大局已定,李泌便主动要求遁避进衡山修道。

代宗继位,复招李泌入朝,但为朝中大臣所忌,李泌再次归隐。直到德宗一朝,李泌正式被任命为朝廷宰相,从布衣道士一跃而出执掌国政。他北和回纥,南连云南,西结大食,在地缘政治上对吐蕃形成包围,从而为国力衰退的唐朝赢得了回旋空间。他揖睦皇室、和谐君臣、澄清吏治、改革税赋、疏通漕运,上至天子家事,下及匹夫忧乐,无不治理得井井有条,为政治混乱的唐朝带来了中兴气象。李泌“死”后,德宗说:先生自己说,他得辅佐四位皇帝,然后再登天作神仙,这话应验了。

李泌自幼修道,修行功夫出神入化,道家把闭关叫作“入圜办道”。修炼的时候专修身心功夫。此时饮食特别重要,只吃一点点或断食只喝水,最后达到“精满不思淫,气满不思食,神满不思睡”的境界。《诸家气法·元气论》说:“一年易气,二年易血,三年易脉,四年易肉,五年易髓,六年易筋,七年易骨,八年易发,九年易形,从此延数万岁,名曰仙人。”

《淮南子·墬形训》云:

> 食水者善游能寒,食土者无心而慧,食木者多力而拂,食草者善走而愚,食叶者有丝而蛾,食肉者勇敢而悍,食气者神明而寿,食谷者知

慧而夭。不食者不死而神。

《史记·侯世家》亦记载了张良:“留侯性多病。即导引不食谷。”又“乃学辟谷,导引轻身”。古代修道者只要进入修炼,辟谷服气是功夫修炼的初期过程,辟谷为阴,服气为阳,此是对举法,不可单用。

人食五谷必在肠脏中形成浊秽充塞其中,故导致百病丛生,故此修炼要先清洁肠胃,不仅中国,印度婆罗门教也有断食、少食的习惯。释迦牟尼佛在悟道前也曾在尼连禅河畔苦行,日食一麻一麦六年,后来他认为“苦行非道”而重新进食。但断食的疗效,佛陀却是认同的。《根本说一切有部毘奈耶》曰:“若为病缘,医遣绝食不与,无犯。”为治病而断食不犯戒。《萨婆多毗尼毗婆沙》记载:“目连问耆婆曰:‘弟子有病,当云何治?’耆婆答曰:‘唯以断食为本。’”

配合修炼的断食是一种自我保护,特定期间内减低食欲,令身中垢腻减少。除了全断食之外,修炼中还有断食谷物、废止火食、唯食果实的“木食”。就修行而言,断食是为禅定而打基础,疗病是断食的附加值,禅定时属于“自然断食”。玄奘大师的《大唐西域记》中记载:“凡遭疾病,绝粒七日,期限之中,多有痊愈。必未瘳差,方乃饵药。”唐宋时期,文人断食修行之风亦盛,白居易75岁离世,其高寿秘诀与他长期“休粮清肠”不无关系,他写道:“自觉心骨爽,行起身翩翩。始知绝粒人,四体更清便。初能脱病患,久必成神仙。”

北宋末年,有人将沈括的《良方》等十卷与苏轼的《苏学士方》整理编撰而成《苏沈良方》，这是一本共十五卷的医学书籍。《卷六·辟谷说》写道："洛下有洞穴，深不可测。有人堕其中不能出，饥甚。见龟蛇无数，每旦辄引首东望，吸初日光咽之。其人亦随所向效之不已，遂不复饥，身轻力强，后，卒还家。不食，不知其所终，此晋武帝时事，辟谷之法以百数，此为上妙。法止于此，能复玉泉。使铅汞具体，去仙不远矣。此法甚易知易行，天下莫不能知。知者莫能行，何则？虚一而静者，世无有也。元符二年，儋耳米贵，吾乃有绝粮之忧。欲与过子共行此法，故书以授之。四月十九日记。"苏轼还曾在杂记中记载自己绝粒服气之事。

早在南朝时期，陶弘景就曾对断食绝粒进行深入探讨，陶弘景是南朝南齐南梁时期道士、医学家、炼丹家，字通明，自号华阳隐居。他经历了宋、齐、梁三个朝代，出身世家，自幼聪明异常，十岁时读葛洪《神仙传》萌发修道之志。他和梁武帝早年就是好友，武帝欲夺南齐萧宝融政权，据《南史·隐逸传》记载，陶弘景"援引图谶，数处皆成'梁'字，令弟子进之"，告之武帝"梁"是运符，武帝建立新王朝采用的就是他提出的称号。

武帝即位后欲聘弘景入朝为官，亲手写诏召之，他不应，并画双牛图献上，其图一牛散放水草之间，一牛著金络头，有人执绳以杖驱之。武帝见图大笑曰："此人无所求，欲效曳尾龟，岂有可致之理耶！(《梁书·楚士传》)"遂不复提聘官之事。然国家遇有大事，无不前往咨询，武帝与弘景之间，书信不绝，时人谓之"山中宰相"。

梁武帝萧衍小字练儿，出身兰陵萧氏，为西汉相国萧何第二十五世孙。萧家是门阀世家，练儿这个小字是道家的修炼意，他在《述三教诗》中说自己“少时学周孔”“中复观道书”“晚年开释卷，犹月映众星”，之后达到“至理归无生”，这些话表明了他对三教的认识，最后他说“穷源无二圣”，也就是他终于找到了自己的归宿。

从正史的记载看，梁武帝有着深厚的儒学功底，他能够名列“竟陵八友”，自然也精于儒学和玄谈，而且不少儒玄经典武帝都撰有大篇幅的论疏，皆能“正先儒之迷，开古圣之旨”，可见学养深厚。当时从儒、道而改宗佛法的大德比比皆是，因为无论从哪方面，佛法从修炼、哲理、音乐、雕塑、文字、绘画、医药等各个角度，内容都更加丰富，尤其是鸠摩罗什大师师徒翻译的佛经，文辞优美，哲理深邃，一唱三叹，玄机重重，深得士子文人的喜爱，梁武帝时期以南方的陶弘景和北方的寇谦之为代表的道家真人，就不断研习佛经，希望用佛法来改造道教。

陶弘景不仅在施政上帮助梁武帝出谋划策，他本人在医学上亦是卓有建树，整理了《神农本草经》《药总诀》和《养性延命录》等书，关于辟谷，他的书里有多处记述，如：“《神农经》曰：食谷者智慧聪明。食石者肥泽不老，谓炼五石也。食芝者延年不死。食元气者地不能埋，天不能杀。是故食药者，与天地相弊，日月并列。”又云：“《孔子家语》曰：食谷者，智慧而夭人也；不食者，不死而神直，任喘息而无思虑。”又说“食良药五谷克悦者，名曰中士，犹虑疾苦。食气保精存神，名曰上士，与天同年”；“贪美食令人泄痢。俗人但知贪于五味，不知有元气可饮。圣人知五味之毒焉，故不贪；知元气可服，故闭口不言，精气息应也”。这都说明了食五谷和食气辟谷的不同。

长沙马王堆三号西汉古墓曾出土帛书《却谷食气篇》，此书约成书于战国时期，是目前我国关于服气辟谷最早的专著，记载却谷食气的理论、方法的作用，书中说道："去谷者食石韦。……首重、足轻、体轸，则昫（呴）炊（吹）之，视利止。"也就是说修人初期绝粒去谷时，大多数会头重脚轻四肢乏力，感觉饥饿现象，须用"吹呴"即服气法配合，辟谷与服气自古都是相辅相成的。

在普通人看来这些说法是违背常识的，但为什么经常辟谷的人不会早夭，反而身体更加健康呢？我们看道家真人吕洞宾、张三丰哪一个不是常年辟谷服气？所以要理解这和常人的饿肚子是两码事，饿肚子是伤身的，而修行中的绝粒、断食是换食、调食。陶弘景引《小有经》曰："少思、少念、少欲、少事、少语、少笑、少愁、少乐、少喜、少怒、少好、少恶，此十二少，乃养生之都契也。多思则神怠，多念则志散，多欲则损智，多事则形疲，多语则气争，多笑则伤藏，多愁则心慑，多乐则意溢，多喜则忘错昏乱，多怒则百脉不定，多好则专迷不治，多恶则焦煎无欢。此十二多不除，丧生之本也。无多者，几乎真人大计。"注意！这十二少都属于精神范畴，故此现代以盲导盲，偷换概念用于商业，实属无知。

帮助人生归零，以空杯心态感通、包容、摄纳是绝粒、辟谷等修法的目的。老子说："有国之母，可以长久，是谓深根固柢，长生久视之道。"什么是国之母？天道是国之母。什么是长久？不失其本者长久。根扎在什么地方才最牢固？根扎大道最牢固。什么是长生？生生不息故长生。什么是久视？心心相印为久视。

实其腹首先必须是清空肠里的堆积物，不过大脑中的愉悦感有大部分来自胃肠，这就是人为什么一旦吃饱了，吃舒服了，会产生很大的幸福感，而如果胃肠胀气、排便不畅，或者饥肠辘辘，人就提不起精神。腹实是指消化、吸收、疏通、排泄、代谢好，先有消化才有吸收。实是疏通饮食，疏通气血，疏通气脉。能量疏布层层充满，四通八达，没有淤堵为实。

许多人误解实就是充实，仓库里充实了粮食不流动，这不是实，而是容易发霉腐败。仓库的作用是流通，它是流通的环节，藏而不用就不是宝藏，而是负担。有人曾问笔者为什么以胸腹结合处为修腹实的前奏？反者道之动，这是一个转机。辟谷是修的基础，但不代表修行就一定要辟谷，只是肠不清净，中焦不通，周身之气是很难打通的。

实修实证的境界是妙不可言的，但重点还是“观”，一个“观”字包含了止和加两种修法，层层递进，环环相连，例如止观、观身、观念、观想、观照等。观身，是观自己的气血、脏腑等变化，实是指精、元之气充实的程度，是疏通、生发、充实意。观身是肉眼内观的功能变化过程。观是专注且敏锐的，这才会有瞬间的穿透力，专注不是死盯着不动，阳明先生死盯着竹子格物，结果自己先格出病来了。观一定是放松状态下的专注，与所观之物、人、事合一，虚化自己，合于万物。

实的内部不是死的，而是处处有发动力量之机，有随时启动应急的爆发力，一触即发，一击即中。观时的专注力哪怕只有一秒钟，这种全神贯注的力量会有雷霆万钧之力。闪电的力量如何？所谓开悟就是内心的慧光如同闪电一样，劈开障碍，阳光普照。我们的修炼无论是双盘打坐，还是太极功夫，还是禅茶一味，目的都不是为了练腿、拳脚或者喝茶，目的都是为了观。

专注是定，在正道上保持专注，会涨功，可是定力不代表正道，智慧从定力出，但有定不一定就能生慧，魔王的定力也特别强，千年老妖也是定力十足的。修定是一切修法的共法，我们不能因为某人定力强，就轻易下定义。此外我们还要清楚平时和涨功的修炼法是不同的，平时修炼是为了给涨功专修打基础的，故此平时修炼以动为主，练习打坐时有人疼得龇牙咧嘴、大哭大闹的也无妨，因为这时候不是修炼专注，目的在提高耐受力、柔软度、爆发力和矫正筋膜、纠正姿势等。例如您拉深筋膜时，会有身体一层层被撕开，五马分尸一样的撕裂感，这都是需要克服的，疼痛帮助我们提高感知力。

而涨功专修则完全不同，是为了修观修定，所以需要专注、集中、意识清明，绝对不能大哭小叫，一定要在疼痛来之前结束，不能咬牙坚持，所以这不能混为一谈。什么是定力呢？就是要有不被外界干扰的能力，身心形成一股穿透力，去穿透现实的虚幻。现实是个扭曲的黑洞，层峦密布，纵横交错。人能够穿透现实的黑洞，是定；人能够发现现实的黑洞，是慧。

观，是需要念念相继的，心念要有持续推动力。如果念头散漫不能集中，例如放电影的时候，每个胶片不按顺序地乱放，谁也看不懂，如果倒过来放映就变成其他内容了。念念如何相继，关键在于怎么放，专注力是持续的放映机，念稳定了，才能“饥来吃饭困来眠”，才能时刻不忘，才有念念清净。有力量穿越时空黑洞，这力是修出来的。

修行的过程是人能精神内敛，养精蓄锐，通过修养法使得人的能量不散漫，懂得如何凝聚成一股穿透力。这种穿透力是人的气魄，人的生命状态、能量场、活力无不与之相关，气魄为虚，气质为实，宇宙天地间不过一气变化而已，气场既然可以组成宇宙万物，那么自然也可以通过正法修行再次重组。业力既然可以改变命运，那么自然也可以通过正法修行再次改运。哪有什么固定不变的气场和命运呢？气和运是虚，场和命是实，我们不要忘记修行的关键在于虚处用心，实处随缘。

月夜

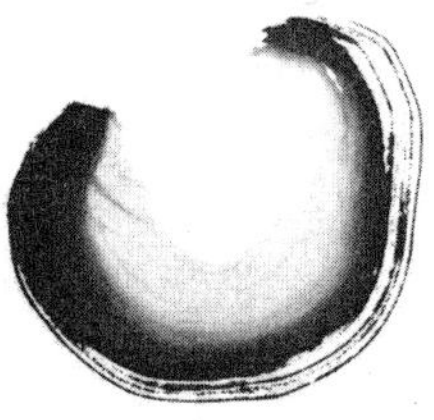

月上枝頭歌舞

頭一袈白衣法玲

琉慈悲喜舍蓮花

雨無量無边無始終

月夜

月上枝头歌舞颂，

一袭白衣法玲珑。

慈悲喜舍莲花雨，

无量无边无始终。

第三节　强、弱

“弱志”不是指去除志向，而是立长志，不为个人而能立为天下众生的大志。

如果您设定了什么个人目标，要出人头地、衣锦还乡、荣华富贵、名满天下，等等，并为了实现个人目标而奋斗，那是老子要您弱的志。获得幸福的秘诀不是实现目标，因为个人目标永远没有尽头的，欲望是无限，达到了一个立即就会蹦出来另一个，到死不休。多少人死了也不放过儿孙，非要儿孙实现其没有完成的个人目标?

想获得真正的幸福就一定不能和欲望挂钩，同样是全力以赴，您在奔赴为大众谋福利的过程中，这个过程本身就是结果，不需要有指标、有计划，这个过程本身就令人感到充实和幸福。事情做得效果如何是随缘自在的，随着个人境界不同而又显示出结果的差异，人忘我地投入真正的事业中，才能真正感受到持久的幸福。

弱志强骨，个人欲望强的人生不出坚强的骨气，能发出为一切众生而活的凌云壮志，骨才是强的。私欲不减就有得失心，利益会波动，名誉会起伏，人的心必会患得患失，攀缘附会，为利所驱，何谈从容自在？何谈骨气？弱志是强骨的基础，腹实是虚心的关键。

能志存高远是基于有骨气，注意个人目标是谈不上高远的，出将入相不算高远，能和大义契合、为众生造福才能算得上高，为后代谋生才算得上远。建立了将自己无私奉献给大众的心，则越出将入相，越富甲一方，越才高八斗越能作用广大。我们不要误解有骨气就是甘于贫穷，菩萨相为什么是穿金戴银的，不是破衣褴褛的呢？有人误解敢顶撞、脾气大就是有骨气，那叫鲁莽！老子崇尚的是柔弱胜刚强，遇到磨难能无畏，遇到不公能伸张，遇到强权能直言，遇到弱小能关爱，并且能屈能伸，不为名所牵，不为利所动，无论遇到什么际遇都能不改初心，这才是真正的有骨气。

当年汉武帝迫于匈奴的侵扰希望联合月氏部落共同夹击匈奴，派遣张骞出使西域寻找月氏。这种出寻和现代人不一样，无导航仪，无地图，无联系人，“三无”团队一百多人在张骞的带领下出陇西，不过运气确实不好，没多久就被匈奴人俘虏了。匈奴人对张骞进行了种种威逼利诱，还逼他娶了匈奴女子为妻，并生了孩子。这一禁就是十年，但张骞无一时忘了自己持汉节不能失的使命，也从来不曾动摇逃出匈奴通使月氏的决心。哪怕他的使命可能早被武帝遗忘，哪怕国家战略已调整，这都不是张骞需要揣摩的，他的任务是寻找月氏共同夹击匈奴。

现代人为什么难以完成使命？因为小见狐疑，如果被囚十年，又妻儿牵系，衣食无忧，多少人的内心还会牢记使命？什么反正已经被俘了，“我”已经尽力了；那个使命还有效吗？万一回去武帝发怒了难保没有杀身之祸；再万一逃跑时被匈奴抓到，不仅自己连带妻儿可能一起被杀……怎么计算，也都应该理所当然地留下。

可张骞没有犹豫，不是他不会计算，不会找借口，而是他根本不屑计算，不想找借口，他日夜在寻找逃跑的机会。终于被他找到一个漏洞，他就独自跑了。逃跑后，张骞历经千辛万苦西行终于抵达大月氏，没想到大月氏虽然尊重他个人的经历，却不想和汉朝合作夹击匈奴，张骞冒死前往也没有完成使命，几番努力无效后，只得孤身回汉。为了避开匈奴人的地域，张骞改从南道，不幸的是却再次被俘。

重和妻儿团聚的张骞还有什么回汉的理由呢？使命没有完成，一去十几年，两次被匈奴抓获，回去能被理解和接受吗？然而大丈夫的胸怀岂是凡夫所能思量的？元朔三年（公元前126年），趁着匈奴内乱，张骞终于再次成功逃脱，这次他带着妻儿一起逃回汉朝，向武帝详细报告了西域情况，武帝大喜，授以太中大夫。

使命是什么？不能以自己的猜测、想象、需求、处境、利益而随意变更，随意找借口，随意自我解释。汉朝之所以成其大汉，不仅在疆土大更是人才辈出之大。

武帝天汉二年（公元前99年），由于苏武外交使团被匈奴全体扣压，匈奴右贤王出兵占领祁连山，武帝震怒，派贰师将军李广利率兵三万出酒泉，迎战右贤王。李广利是武帝宠妃李夫人的哥哥，他的能力武帝还是清楚的，故此不放心，便召见了在酒泉驻军的李陵。飞将军李广有三个儿子，长子李当户生了李陵，他是李广的长孙。李陵未出世的时候父亲就去世了，他却颇有乃祖遗风。也许隔代相像，李陵武艺超群，通晓兵法，是陇西李氏的骄傲。武帝让他带领五千人马给李广利护卫后勤运输，负责辎重，李陵却拒绝了。他提出愿意独领一军近击匈奴本部，但武帝说军队的骑兵、强弩等都派发其他路兵团了，没有骑兵给李陵。李陵因为高傲不愿给李广利做副手，他心里瞧不起李广利，将门之后的倨傲使得他弯不下腰，他对武帝说：我可以不要骑兵，只有步卒就可以杀进匈奴王廷。

武帝闻言大喜，但还是有些怀疑，派人传令给伏波将军路博德，要他与李陵相互配合。让伏波将军路博德和晚辈并且还是下级军官打配合，在路博德看来是一种侮辱。于是李陵瞧不上李广利，路博德看不上李陵，一群都自恃甚高的人协同作战胜算能有几分？

结果当然可想而知，打匈奴居然敢不要骑兵的李陵，带领他的步卒五千人出居延，孤军深入浚稽山，且鞮侯单于闻讯大喜，立即让八万骑兵包围，经过八昼夜的激战，五千对八万打了八昼夜，可见李陵确是骁勇。其他部队是骑兵，按理应该先于李陵接敌，然而这些部队全都不知去向，只有李陵的五千步卒在遭遇地方主力，这是天意弄人吗？

五千人真的是弹尽粮绝了，连弩已经没有弩箭了，而此时他们与最近的大汉军营只差一百多里，但退到这一百多里外的军营对李陵来说却比登天还难。

李陵原来的任务和早期的霍去病一样，是千里奔袭匈奴后方，所以最需要的是机动能力，他瞧不起李广利，宁用步兵奔袭根本就是侥幸心理。遇到敌军主力后，不仅众寡悬殊，汉奸管敢阵前叛变，将李军的实情全部告知匈奴。茫茫戈壁，无险可守，孤军深入，又无兵可援，无望、绝望、失望。

李陵之败，不是败给了匈奴，而是败给了自己的桀骜不驯，出征时就将帅不和，以至于有他部见死不救之灾。最后关头他让所有步卒四面出击各自逃命，自己带领十多位亲兵突围，一路之上亲兵全部战死，但李陵却投降了。投降时他就说了一句话：无面目报陛下！

五千步卒斩杀了一万多匈奴，最终逃回军营的也有四百余人。消息传回长安，武帝盛怒，不是为了失败而是为了主帅投敌，朝堂上一片哗然，众臣纷纷抨击李陵失节。有些人当需要牺牲别人的性命来表现自己忠心的时候，无不奋勇向前，落井下石，而有一个人却站了出来。

这件事原本和太史令司马迁并无关系，他正在全身心地撰写《史记》中，只不过他向来痛恨见风使舵的小人，对于李陵投降事件，只有他说了实话：李将军只有五千步兵，深入匈奴，孤军奋战，杀敌数万，立下了赫赫功劳。在救兵不至、弹尽粮绝、走投无路的情况下，仍然奋勇杀敌，就是古代名将也不过如此啊！之所以后来投降，李将军一定是想寻找适当的机会再报答汉室。

司马迁于是被打入天牢，由酷吏杜周负责审理，酷吏之名酷，是冷漠无情、严刑拷打的严酷，司马迁究竟忍受了多少肉体和精神上的折磨，他自己没有说。但面对酷刑，他始终不屈服，不认罪。不久，谣言四起，说李陵在为匈奴训练军队，武帝信以为真，将李陵全家灭门，司马迁也因此被判了死刑。

盛怒的武帝刚开始也知道李陵没有骑兵，作战失利有客观原因，所以没杀他家人。但此后公孙傲再次进军匈奴无功而返，为了推卸责任，公孙傲上表说匈奴军事实力大增，是因为李陵教授了匈奴汉军的作战方式，武帝这才勃然大怒，立即将李氏灭族。可后来经过调查才发现教授匈奴汉军作战方法的是李旭，然而真相来得太晚，大错已经铸成。

李陵得知被武帝灭族后，彻底死心；且鞮侯单于爱惜他，将女儿嫁给李陵，并加封李陵为右校王。

二十年后，汉宣帝也希望李陵回国，并且赦免了李陵一切罪责，但李陵不愿意二次受辱，当他发现自己为所效忠的君主抛弃时，这种极度愤懑与绝望比被俘还不可忍受。他背上贪生怕死、有辱祖先的骂名，又受到同胞的荼毒，所有的亲人被杀戮，这对李陵的打击有多大，史书上并没有详细描述。

李陵万万想不到的是，和他并非挚友的司马迁却为他仗义执言。汉朝的刑法，死刑有两种减免办法：一是拿五十万钱赎罪，二是受“腐刑”。司马迁官小家贫，当然拿不出钱赎罪。腐刑既残酷又极大地侮辱人格，司马迁悲痛欲绝本想自尽，但他想到人总有一死，“或重于泰山，或轻于鸿毛”，自己如果就这样“伏法而死”，就像牛身上少了一根毛，是毫无价值的。可是接受腐刑，他就不得不脱离士大夫的队伍，却又不是宦官，自此之后要不伦不类地活下去。士可杀不可辱，辱本是士大夫阶层最不可接受的，然而他忍受了。他想到了孔子、屈原、左丘明和孙膑等先圣，也记得父亲的遗志，对他来说用死来成就英名，是最简单的，而毅然决然地选择生才是最难的。此时司马迁只有一个信念，那就是一定要把《史记》写完！

司马迁在谈到自己接受宫刑痛苦的时候，说："行莫丑于辱先，而诟莫大于宫刑。"他在《报任少卿书》中提到了自己的痛苦，说"肠一日而九回"，肠子一天不知道要转动多少次，"居则忽忽，若有所亡，出则不知所如往"，说自己坐到家里精神恍惚，出门不知道往哪里去。"每念斯耻，汗未尝不发背沾衣也"，一想起受此大辱，脊背上的冷汗马上就把衣服全湿透。他说出门尽是耻笑，社会把他抛弃了，所有的为人、为男人的尊严被一扫而光。然而，作为男人的太史令死掉了，而另一个司马迁却在文字里复活了！《史记》中他激扬文字，挥洒天地，这种在文字中寄予的新生，令到两千年后他的音容笑貌依然鲜活。

精神与身体的双重折磨使得司马迁对人生、对社会有了全新的认识。他从受人尊敬的士大夫沦入了被所有人耻笑，也不再是文人、士子、官吏，他非男非女，非官非宦，非儒非道，非实非虚，他开启另一双眼重新认识自己，认识世界，认识历史，认识朝政，他为千秋万代而笔耕，用笔勾勒出他来到世间的全部意义，一天也不浪费，一刻也不虚度。他终于在世人的不解、冷眼、讥讽、耻笑中完成了凤凰涅槃。

老子云："勇于敢则杀，勇于不敢则活。"能慷慨赴死者是勇敢的人，如刺秦王的荆轲，刺客、死士都是置生死于度外的勇士。而司马迁忍受了宫刑，他不是勇士而是"勇于不敢"的圣人。能面对自己原本不敢面对的，在不可想象的、难以忍受的境遇中如松挺立的是圣人，老子云"此两者，或利或害"？孰能断言？

老子赞许的勇敢，不是勇于敢，而是勇于不敢。勇于敢的人“强梁者不得其死，吾当以为教父”。勇于不敢的人敢于面对不堪，坦然面对那些最令人耻笑的、最痛不欲生的人、事、境。士人好名，凡人好利，情人好爱，修人好法，这些受损时都会令人感觉生不如死。“勇”和“敢”其实是两个不同内涵的词，老子说“慈故能勇”，真正的“勇”必是以“慈”为根本的。“慈”是利他，缺乏了“慈”的勇，是有我、自私的，故，也是违道的。死易生难，能为众生向死而生者，是勇于不敢的人。明知红尘滚滚、俗世多变、人情世故，大德们、祖师们还是选择留下面对，这是慈悲的力量。对于修行人来说，红尘是最不敢停留的地方，苟活是最可耻的，而这滚滚的修罗场不正是成就觉者的道场吗？勇于不敢之根基，便是大慈大悲。

自杀的人不是“勇”士，而是懦夫，因为不敢活，所以才不得不死。自杀是冲动之为、匹夫之勇，这种不顾后果的行为绝不是“勇”，这恰是对“敢”的否定。敢于为大众活是基于无我，基于历尽沧桑后对正道的坚持。为什么凡人遇到一点点小挫折就坚持不下去？因为腹不实，骨不强，缺乏大志愿，缺乏直面“不敢”的勇气。自欺欺人惯了，不知道人生活在借口里，一会儿自卑一会儿自大，心情被潮流、欲望带着起起伏伏。有些人一遇到困难就想躲，一做了错事就想撤，梦想着进山过神仙日子，梦想着出离三界。

临济义玄禅师谓弟子云：“你诸位来这里，都是有心要求佛法，求解脱，求出离三界。痴人，你要出三界，干什么去？”

为法忘躯的祖师是勇于不敢的人，忘躯不是忘生死，而是忘宠辱、忘名望、忘自我。言忘生死者其实还有生死在，生死是无法忘的，就像早晚实际存在，怎么忘早晚呢？但为什么早晚的交替不会引起您巨大心理反应呢？因为不恐惧。忘躯的人忘实在之我，却有实在之生死相，生死就是早晚一样，自然而然，无所从来，亦无所去，有什么恐惧呢？

古时候医疗条件没这么先进，一会儿灾荒，一会儿战乱，一会儿瘟疫，那时候的人走在路上见到尸体不会像现代人那么大惊小怪。人在自然界中和生死的关系本就是自然的，自然的关系就是既紧密相连又辽阔无碍，生死本就是大自然每时每刻发生的一种交替现象，如此而已。老了就老了，病了就病了，树叶落就落了，既是真的又不必太当真，更没有什么对与错。乌云挡住了太阳，乌云有什么错？老虎吃掉了小鹿，老虎有什么错？恐惧都是时间障碍症，解脱也是时间问题，不是到了时间就能解脱，而是解脱一定从时间上解脱，人的问题归根结底终归都是不理解时间的问题。凡夫怕自己的怕，也怕自己之所怕。

除了忘，还有什么好方法？不过，忘是修出来的，不是吹出来、学出来、写出来、背出来的。勇于不敢的人能不在所谓面子、义气、交代上逞强使气。明知山有虎偏向虎山行。生而为人的意义是什么？是人终究要成其为人！

您好不容易来到这个世界，应该做点什么？难道就是为了自己和小家庭？您能够做点什么？生命究竟由什么主宰？还是除了自己的内心其他就没有主宰？这些真正明白了才能成其为人，成其为人才是人生之志向，至于成为首富、成为行业第一什么的，不能称为志向，只是短期经济目标。

阳明先生说“志不立，天下无可成之事”。在科学日益精细化、专业化的潮流下，所有学科都被切割细化，就连心理学也能被切割出几十个分支，心理和物质、数据、统计、数学、化学、计算机接上，用动物实验求证，这是一条死胡同。东方的先圣们，无论老子、孔子、释迦牟尼、惠能祖师一直都在说宇宙万物、万事、万有的整体观。现代人用看似合理的方法，有条理、有逻辑、有体系地把整体观切割，变成一堆堆原子，那么它们中间信息传递的途径，互相的关联、感知、收集、传导、反馈、处理等该如何理解？牛顿就试图突破这体系，今人呢？又回到死胡同中。

有人跟笔者说您的书我读不懂，还有人说搞不清先后关系，找不到北。笔者说这就对了，如果您读修养书，读出特别清晰的逻辑、条理，找到了一个清晰的北，那往往是落入了另一个陷阱。佛经也好，《道德经》也罢，《论语》《中庸》《六祖坛经》有逻辑吗？翻开哪一页不是完整的？哪一页不可以入道？就像用人的任何一个细胞都可以克隆自己，这就是全息。如果有了先后次序，有了逻辑思维，就是爬楼梯，这适用于知识的积累，不适用于启发悟性。如果缺乏悟性，您的思想就无以生发，总是随波逐流，人云亦云，做什么事情都需要仰人鼻息，在意别人的评论，何谈骨气？

日本江户时代有一位临济宗的白隐禅师（详见拙作《五心修养》），被村里的姑娘指认是孩子的父亲，当暴怒的村民将孩子抱到他面前时，与孩子没有丝毫关系的禅师当然可以不承认，但是他选择的是不否认。

结果可想而知，他差点就被无知而愚昧的村民们活活打死，还被寺庙扫地出门，声名狼藉。他抱着孩子在世间饱受白眼，走投无路，靠沿街乞讨养育着婴儿。直到多年后，那个冤枉他的姑娘良心发现，承认自己是诬陷，当手足无措的父母四处寻访终于在大街上找到衣衫褴褛的他和孩子时，他也不过报以淡然一笑，说了句：让孩子回家吧！

无辩无争的白隐禅师在真相大白后，崇高的德行被世人称道和赞扬。那么他为什么不事先说出真相呢？他难道不知道背个黑锅可能永世不得翻身？不知道自己的名誉被毁于一旦的后果？不知道从方丈到乞丐的落差？不知道从法师到淫僧的可怕？不知道从修者到奶爸的尴尬？面对无端飞来的横祸，他心里难道不委屈吗？可为什么不辩解？这就是慈悲心使然。

白隐禅师是因为胆小不敢争辩吗？正相反，他是个无比坚毅的人，说法禅风峻烈，直指人心。能坦然面对诽谤、诬陷，面对非议、驱逐，正是源于其实腹、强骨。他相信“天网恢恢，疏而不失”，相信宇宙万物有终极的公平法则，故此不为自己辩护，真相留待世人评说。勇于不敢的德行，使其最终成为日本临济宗的中兴祖师，被誉为日本“五百年间出的大德”。

大家都爱看三国，司马懿也是一位勇于不敢的智者，他和诸葛亮交战几乎就是闭关不出，用一个“拖”字来对付来势汹汹的蜀军。无论诸葛亮怎样令士兵到阵前辱骂他，一律笑纳，他懂得如何避其锋芒。

司马懿的忍术究竟有多了不起？蜀军对他的公开侮辱；座下众将、儿子对他的各种鄙视；朝廷对他的猜忌，他都得风平浪静地一一化解。当时魏国无人不感觉他怯懦，朝廷又怕他造反，时刻掣肘，这些都是常人所“不敢”面对的，司马懿全部忍了。当时魏国上下一致的想法，就是将士应该战死沙场，战争就应该堂堂正正，打败了没关系，士气最重要！成天被人骂乌龟还不出战，这就是尿包！

诸葛亮甚至派人送蜀地妇人缟素之服，修书一封损其不是男人。司马懿看完信也不嗔怒，反而赏赐来使，并格外关心起诸葛亮的寝食起居，从只言片语中他判断出诸葛亮活不长了，那就更加要熬了。

结果蜀魏双方在渭水相持了百余日，最后当然是蜀军耗不起，不得不撤回汉中。司马懿成功了，这种成功来自勇而不敢的坚韧，《佛遗教经》中云："若其不能欢喜忍受恶骂之毒，如饮甘露者，不名入道智慧人也。"

一个人如果不能坦然忍受恶骂之毒，不能淡然面对世俗之恶，就称不上是智者。能忍人所不能在于有远大的志，然而志向是中性的，有的人是自私的，有的人是无私的。司马懿意在取国，故此虽有勇而不敢的坚韧，但不过是为了保证自己和家族成功的手段而已。世间的所谓成功，成功了又如何？司马懿就比诸葛亮成功吗？诸葛亮就比周瑜成功吗？人只有境界的高低，得失没有可比性。

司马懿的孙子司马炎是西晋的开国皇帝。在父辈开拓的大好前提下，他于公元265年登基，并在公元279年灭掉了三国时期最后一个国家——吴国，完成了三国统一大业。但他即位后，前期能厉行节俭，虚心纳谏，用人唯贤，并进行了一系列的改革，开创了"太康盛世"。而后期他热衷于安逸享乐，以致后宫泛滥，荒淫无度。由于司马炎本人作了荒淫奢纵的表率，西晋的贵族们有样学样，集体开始纵情享受。

大臣何曾每天吃饭用一万钱，还"无处下箸"，儿子何劭要吃四方珍馐，一天光吃饭的钱就是两万钱。王恺是司马炎的母舅，曾与当时首富石崇比赛炫富，大臣傅咸上疏说“奢侈之费，甚于天灾”，请求皇帝制止。但司马炎不仅无动于衷，还资助其舅争富。官僚们不仅奢侈成性，且公开抢劫、杀人。贵族们攀比和斗富的钱从哪来？再大的家业也不够挥霍，于是朝堂上加紧聚敛，政风黑暗，贪赃枉法，卖官纳贿，西晋自取灭亡之路由此开启。

西晋时为了廉价劳动力，进一步开放了从东汉开始的游牧部落的内迁，当时关中和凉州的外族已占当地人口一半，世家门阀收作奴婢。游牧民族内迁后，在汉族的影响下，逐步适应定居的农业生活。其中主要有匈奴、羯、氐、羌以及鲜卑五族，史称为“五胡”。本书上册已谈过此事，由于迁入人口数目相当多，为西晋亡国埋下伏笔。之后就是著名的“八王之乱”，西晋元气大伤，外族乘乱举兵，内忧外患不可收拾，汉人被大量屠杀，世家大族南渡，昙花一现的西晋仅仅维持了五十一年就消失了。公元317年司马睿在建康称帝，改元建武，史称东晋。

之后，外族先后在中国建立了五凉（前凉、后凉、南凉、北凉、西凉）、四燕（前燕、后燕、北燕、南燕）、三秦（前秦、后秦、西秦）、二赵（前赵、后赵）、大夏等十五个北方政权和一个西南政权成汉，这就是“五胡十六国”。其实是由匈奴、鲜卑、羯、氐、羌、高句丽六个北方少数民族和西南巴氐族、汉族共同建立的十六个政权。其中，前赵、大夏、北凉为匈奴所建，后赵为羯族所建，前燕、后燕、南燕、南凉、西秦为鲜卑所建，前秦、后凉为氐族所建，后秦为羌人所建，成汉为巴氐族所建，北燕为高句丽族所建，前凉、西凉、冉魏为汉人所建。此外同一时期还有翟魏为丁零族所建，还有吐谷浑等国，铁弗、乌桓、九大石胡、姜、扶余、坚昆等族。

两晋南北朝的乱局、高句丽的坐大，都与司马懿有直接关系。汉帝国的边郡是支撑帝国边疆秩序的稳固基石，而汉帝国的边郡在帝国末年的内战中渐次凋落。在司马懿掌控曹魏大权后，曾率军攻打辽东，此时公孙渊在辽东建立燕国，司马懿率军长途奔袭几千里，出其不意兵临辽东城下，辽东城破后，司马懿对辽东进行大肆屠杀，屠襄平致使辽东人口大肆锐减，而此时和辽东相邻的高句丽则趁势崛起，由于辽东人口稀少，高句丽经常派兵到辽东烧杀抢掠，虽然晋国曾屡次派兵攻打，然而都没有从根本上解决问题。辽东郡作为一个边疆行政单位的快速衰落，最终导致了汉人失去了对东北亚秩序的控制。边疆的汉人以及其他各民族开始不断地洗牌，洗牌的胜利者则从边疆一步步向中原迈进，相继投入五胡十六国以及南北朝的乱世盛宴之中。而辽东，则是慕容鲜卑和高句丽相继填补了权力真空并走向了崛起。

司马懿能频频受辱而不嗔不是有容乃大，而是志向明确所以能忍，他的这个志恰恰是老子要弱的。为什么？因为基于“我”。司马懿曾说：“孔明食少事烦，岂能长久？”是的，诸葛亮只活了54岁，可短寿的诸葛亮为什么比长寿的司马懿更深得人心呢？区别就在志上。诸葛之志是为公为国，司马之志是为私为家，从现象上看诸葛出师未捷身先死，司马百忍成金终得势。然从道的角度来看，司马懿却不是成功者。

弱志的向，必是回向之向，回向的核心是慈悲，慈故能勇，老子说的弱志是无我无欲，没有什么不能被其主宰，没有什么不能被其使用，他们腹实，强骨，是欲望的主人。而司马懿虽聪明绝顶，但其私欲亦是绝顶。弱志不是让人不做事，不出山，而是能驾驭欲望，否则纵使神机妙算，还是无法逃脱欲望之涯。弱志不是逃避，不是自私，不是消极，而是合道！历史有成败吗？有长短吗？究竟谁是成功者难道不令人深思吗？

日本和白隐禅师同时代的还有一位月船禅慧禅师，他不仅是一位大禅师，还是一位禅画高手，不过奇怪的是他每次作画前会要求买画者先付款。这种作风让信众们对他颇有微词，说他的禅画很有名，但爱财也很有名。一日，某位贵妇请月船禅师画画，禅师问：你能付多少费用？答：你要多少就付多少，不过你要到我家去画。

月船禅师答应了。来到妇人家中，正遇到大宴宾客，妇人对大众说：你们看这位和尚只知道要钱，他的画虽好，但他的心被金钱污染了，所以他的画不能挂在客厅里，只能装饰我的裙子。说着便拿出自己穿过的一件旧裙子，要月船禅师在上面作画。禅师问：您出多少钱？妇人说：你开价吧，我付得起！于是，月船禅师开了非常昂贵的价钱，然后淡然地在裙子上画了一幅画，画完后拿了钱，在宾客的笑声中从容离去。

很多人不明白，这算什么禅师啊？直到有一天，大家才知道原来此地常发生灾荒，当地的富人不肯出钱救助穷人，禅师用画款建了一座仓库贮存稻谷，以供赈济之需。又因他师父生前发愿建寺，不幸师父早亡，禅师要完成师父遗愿。两个愿望达成后，禅师抛弃画笔，不复再画。

同样是受辱，禅师面对嘲讽，从容自若，毫不在意宠辱之别。

钱不脏，心脏的人才会觉得钱脏。讥笑本不可怕，自心本就恐惧的人，才会自我加持讥笑的力量。

曾子《大学》云“仁者以财发身，不仁者以身发财”，发财的目的是为了发身，而现代人忘了什么是发身，只看着发财，这就是本末倒置。曾子还说“货悖而入者，亦悖而出”，不义之财不可取，诚不我欺，否则必有其因果。然而明明是用自己的画来筹款，有什么见不得人的？来之于民还之于民，坦坦荡荡光明磊落。小鸡肚肠的人才会活在别人的嘴巴里。

骨气如何强呢？像保险公司一样天天喊口号，叫自我催眠，那些搞传销的喊得更频繁，这能叫强骨吗？强骨是有特指的，第一层指筋骨，这是固态；第二层指骨髓，这是液态；第三层指骨气，这是气态。

我们都知道身体细胞在不断更新，谁说古人不科学？例如胃细胞七天更新一次。初期道人辟谷、禅人闭关为什么以七天为一个单位，肠胃的重启是有周期的，身体的许多部位更新的周期都和七相关，七小时、七天、七个月、七年，这不仅仅是巧合，修行的人初期辟谷、闭关是七天至21天，具体时间虽因人而异，但和七这个周期也有一定的关系。

《周易》以乾卦为生命始，然后就有了阴阳变化，数的问题是配合阴阳的，男以八为基，女以七为础。双数谓之偶数，也就是阴数，属后天，单数谓之奇数是阳数，属先天。奇数为一、三、五、七、九，偶数要倒回来数，也就是十、八、六、四、二，也是五位，六为中，六六是阴阳中和。

男性属阳为什么是阴数呢？女性属阴为什么是阳数呢？夏至一阴生，冬至一阳生，凡人、事、境到了极点就要转，所以阴极就阳生，阳极就阴生，这就是太极。阴阳坎离水火相继，即“互易”。

《周易·系辞下》曰：“变动不居，周流六虚。”宇宙万物、万事、万有莫不遵循此道，重重无尽，生生不息。生命体在出生以前叫先天，出生以后叫后天。《黄帝内经》说“女子二七而天癸至”，什么叫“天癸”？ 癸是天干的最后一位，五行属水。“二七而天癸至”是说女孩子十四岁左右性成熟该来月经了。什么叫月经？农历月月相的周期性变化从朔到上弦，到望，到下弦，再到朔，四相中每相是七天，七是最原始的生命计时单位。

我国古历法把二十八宿按日、月、火、水、木、金、土的次序排列，七日一周，周而复始，称为“七曜”。日本也是用“七曜日”计时，西历的星期也与此暗合。女阴是生命之母，她的生长周期和月亮圆缺一样的，以四七二十八为一个正常周期。天癸至时乾卦被破掉了，开启了后天的生命历程。

女孩子要到二八也就是16岁才开始破先天，开启后天的生命历程。不过我们要注意，古时候和现代是有区别的，由于气候、饮食、环境、思想等变化，现代女性月经初潮的时间已大大提前，有的女孩八九岁就初潮，这在古人是不可想象的。我们读经典要知道这些变化，不能抱着一成不变的心理将书读死。

胃细胞七天更新一次，脾胃属土，土生金；肺表面细胞是三个七，即21天更新一次，肺主皮毛；皮肤细胞是四个七，28天更新一次。然而身体里也有更新得慢的，例如心脏干细胞，在人的一生中只更新两到三次。还有，人的一千亿个脑细胞，大部分不更新，脑细胞除了不更新，还会因为人为破坏如大量酗酒，吸毒、吸烟、自然衰老、各种强刺激等多方面原因而损失。损失后表现为记忆力下降，注意我们常说记性不好，“记性”这个概念容易令人混淆，更准确的说法应该是“记力”，力有强弱之分，脑细胞损失后，记力下降，对反应的敏感程度减弱，传导迟缓，而“性”并无增减，由于“性”无增减，也就意味着植物人可以复苏，正常人如果修炼得法，损伤的脑细胞可以被激活、恢复甚至超过年轻时。

此外眼睛细胞和生命周期同寿，眼中唯一不断更新的部位是角膜，它24小时可以更新一次，但其他部位会随着人的老化而老化。然而老化不是必然的，许多修行人七八十岁的年纪眼睛依然炯炯有神，一点也没有衰老的迹象，顺成人，逆成仙。您贪图享受，在身心中不思进取，当然就会顺着生命体自然而然衰老，而一旦下大决心改变，那就是走在另外一条路上，同样的年龄不同的精神面貌、不同的身体状态，不同的格局气象。

骨细胞的更新时间处在中间，每七年更新一次。也就是说认真修炼的人，完全可以从生理角度根本转化骨骼细胞质量。但也可以看到生理角度的骨骼强健不是一朝一夕的事，需要持之以恒地修炼。从世俗的角度看，纵欲、耗神、多虑、懒惰、身斜、过劳等精神状态，湿寒入骨、坐姿不正等原因都会加快骨骼移位、变形。故此更新的含义不仅仅是正面的，更加衰老，鲜活的生机被死沉的病气更替也是更新，谁说新的都是好的，有活力的？癌症细胞也是细胞更新出来的，关键是您往哪个方向更？如果一个人长期缺乏危机意识，成天自我感觉良好，那么只好品尝自己酿出的苦果，当积累到一定时间果会集中爆发，您疲于应付的时候，有没有想过果必有因，不从因地下手，除果是除不尽的。

老子为什么在强骨之前，强调要弱志呢？欲望弱下来，嗔火就不会那么炽烈，身心清凉则骨液、骨气随之畅通无碍。志不弱，争强好胜的心会将能量全消耗在外界人、事、境中，有的在解决温饱，有的在证明自己，无论怎么色厉内荏，外强中干，如果缺乏修养，内在皆荏弱，难以蓄藏、充实、疏布精气神入筋、骨、血、髓。

和骨气相对的就是俗气，俗气是有些人趋炎附势、阳奉阴违、患得患失、趋利避害的心态，而骨气是修者修出来的定力。

公元1278年底，南宋丞相文天祥在海丰北五坡岭遭元军突然袭击，兵败被俘，他立即服冰片自杀，未果。投元的宋将张弘范劝降，遭文天祥严词拒绝。文天祥写《过零丁洋》以明志："辛苦遭逢起一经，干戈寥落四周星。山河破碎风飘絮，身世浮沉雨打萍。惶恐滩头说惶恐，零丁洋里叹零丁。人生自古谁无死，留取丹心照汗青。"

文天祥目睹了陆秀夫负主投海、张世杰被台风恶浪吞没，他悲痛欲绝。带领元军灭了南宋的汉奸张弘范在庆功宴上洋洋自得向文天祥敬酒说：宋朝已亡，你的忠孝也尽到了。丞相如能为元朝做事，元朝宰相岂不非你莫属吗？文天祥蔑视地回答：国亡而不能救，做大臣的死有余辜。难道还能贪生怕死、背叛祖国吗？

之后他被押往大都，"风雨羊肠道，飘零万死身"，路过家乡时，因怕乡亲劫船，守军便把他颈项和双足捆缚锁在船里。文天祥绝食八天，因听说船将在建康停留，又唤起了希望，恢复饮食。由于拒绝投降，他被关入暗无天日、虫鼠横行的天牢。他安然自若，一天到晚打坐，不仅没有生病，身体还康健如常。

文天祥是儒生，从他的《正气歌》里可以看出孟子"吾善养吾浩然之气"

的纲领,《绝命诗》以“孔曰成仁,孟曰取义。惟其义尽,所以仁至。读圣贤书,所学何事。而今而后,庶几无愧”作为人生总结,证明了文天祥的儒家修为。但他亦修道,《借道冠有赋》曰:“病中萧散服黄冠……他年炼就九还丹。”《遣兴》云:“莫笑道人空打坐,英雄收敛便神仙。”他曾向忽必烈提出“以黄冠归故乡”。同时他又深得佛法真意,《赠林碧鉴相士》云:“看来犹未深知我……万事浮云都勘破。”《六歌》云:“人生百年何丑好,黄粱得丧俱草草。”我们从他的诗句里能看出他不畏强权的儒家精神、无为不为的道家思想、四大皆空的禅门法要。

《史记·赵世家》:“公孙杵臼曰:‘立孤与死孰难?’程婴曰:‘死易,立孤难耳。’”文天祥在《无锡》中写道:“夜读程婴存赵事,一回惆怅一沾巾。”他深知死易立孤难之理,求死是万不得已的事。令他纠结的不是如何求生,而是求死之外的选项。

《宋史·文天祥传》曰:

> 天祥曰:“国亡,吾分一死矣。傥缘宽假,得以黄冠归故乡,他日以方外备顾问,可也。若遽官之,非直亡国之大夫不可与图存,举其平生而尽弃之,将焉用我?”

他在天牢囚禁的三年,一直在和忽必烈博弈,他有三个选项:其一,绝不投降;其二,以道士回归故乡,他日可以出家人身份作顾问,为民谋福;其三,如果是给以高官厚禄,他认为这是抛弃了平生的抱负,亡国的大夫不可以此求生存，他决意不效法冯道，而是以死殉国。

忽必烈先把文天祥的妻女投入元宫中充当奴仆，并使妻女书信劝降，无果。再使他已降元的弟弟去狱中劝降，还是无果。文天祥能不为百般折磨、千般利诱、万缕亲情所动，他是如何坚守初心的呢?《文山诗集》中曾提到：当初被俘时，走到半路突然出现一位道人，秘传他修行法，文天祥立即照做，当下就能进入光明境界，从此把生死置之度外。

一日，忽必烈最后一次亲自劝降，说：你如能投降立即任你为丞相。文天祥此时已被卫士用金棍击断膝骨，但仍昂首挺立，答曰："一死之外，无可为者。"(《文山先生全集》)忽必烈面临的抉择是无论以什么身份释放都不可以，放虎归山可能成为反抗的旗帜，但如果愿意投降可以当宰相，但如果非要死，只能成全。次日，文天祥便慷慨赴义，时年47岁。

光明即解脱，一切解脱的根本是"心解脱"。

许多人成天忧悲苦恼，怨声载道，因为一些利益纠纷、面子问题斤斤计较，平时不积善，不做功德，遇到困难了就以做生意的心态，想和上帝、佛、菩萨做交易，拿些祭品求交换。文丞相的博弈是为国家生民争取机会，如果缺乏了光明磊落的胸襟，他早可以用自杀来避免受辱，选择死是最简单的路，而艰难地生如果缺乏切实的身心修养，也是妄想，他最后能赴死时心中没有遗憾、恐惧、悲伤、埋怨，而是视生死一如的大义从容。刚柔并济、文武成彬、动如脱兔、静如处子是身心修养之道。而欲望之志不弱，这些都无从谈起。

如文天祥考虑的是个人安危，是自己前途，他怎么会有富贵不淫、贫贱不移、威武不屈的骨气？怎么会选择宁可赴死而不当宰相？个人欲望强大的人，弱点太多，漏洞太多，骨气就坚不起来，也不可能赢得他人真正的尊重。骨无轻重，骨气却有贵贱，生命的高贵是骨气尊严的挺拔。

高贵的骨气带来生命的长生不死，长生不死不是吃什么仙丹，历史上吃了“仙丹”早死的不少，吃了仙丹不死的却没见到，能长生不死的一定是“精神”。

我们上文讲了虚实之道，生命体已经发生的经历、事件、事业等是实，人的着眼点必要放在虚处，也就是精神修养，生命力才有蓬勃朝气。

那么如何修养精神呢？关键是要会摄生，摄就是能主动带动自己的身心，而不被身心所带动。心不随境转。为什么凡夫摄不住？因散漫故，缺乏坚定的、无我的大志愿，故而身心由大脑欲望指挥，这就不是摄生，而是被摄。

凡人对生命一无所知，我们不仅不知道吃下去的东西在肠胃里究竟发生了什么，也不知道能量怎样分配，怎样互相作用，垃圾如何代谢，怎么进到了脏腑、细胞里，如何协作，谁来协调，身心的导演究竟叫什么。我们以为身体属于我，其实“我”从来都在局外。

我们都知道很多大修行人，在圆寂荼毗时会出现骨舍利，骨舍利是舍利中最常见的一种。为什么会出骨舍利呢？骨气强健，能量集中，自心能摄故。从修行上说强骨是成就了金刚不坏身，金刚不是指坚硬，不坏不是指肉身不死，而是法身不坏，既坚硬还能百炼金刚化为绕指柔，刚柔相济，刚柔并济。

从精神角度来讲骨的稳定代表人的定力，不轻易被谣言、风气、时尚、诱惑所扰动。从身体角度讲，骨骼健壮关节灵活，骨髓精活末梢有力。从身心两方面讲，骨骼、骨髓、骨气活力旺盛，故而反应出各种现象，骨舍利是其中一种特殊现象。

为什么从来没听说运动员出舍利的？因为骨气不仅仅在身体层面，精神才是生命的绝对主导，故而普通人的身体好和强骨不同，强骨是要能汲取不同维度空间、时间点里的能量，我们这个世间，火能摧毁一切，而舍利火化不掉，这就是不可思议。

骨是身体中最不容易腐坏的，人死后埋在地里尸体会腐烂，而清白的骨头不会，所以叫白骨。骨头那么坚硬但骨腔却是空的、虚的，盛装着流动的骨髓和气。就像细胞，细胞核之外也是空的。我们常说“一腔热血”，腔不仅是腹腔也包括骨腔，骨腔热起来了，骨髓和气就流动得快，疏布的津液才有活力和温度。

为什么中医常说寒到骨髓、冷到骨髓？到骨髓是指生命体的深层状态，骨腔不能热，寒湿、寒冷就入髓，寒便滞，故能量不能正常流通。从精神上说如果一个人特别自私，骨腔就热不起来，自私的人缺乏热心肠，太理性，理性的人缺乏感性的温度。我们比喻某些人“心冷”，冷漠是万病之源，心冷身体焉能不病？心冷的病要用爱来治，自爱爱他，自利利他，自觉觉他，热心为他人服务，热情地想他人之所想，爱和慈悲才能使身心热起来。

不从心中找原因，您想用药物、保健品来治疗身体的湿寒、邪毒是不可能治好的。现代社会，一到夏天，空调冷风肆掠，老寒腿也不再是老年人的专属，其实这不是腿上的肌肉寒，而是骨缝都被堵死了，骨头中间聚集了寒毒，天长日久寒到骨髓。笔者见到不少年轻人，修炼的时候常常感觉到骨缝、骨腔内的寒气嗖嗖往外冒，包多厚的毯子也能摸到脊柱、胯骨、膝盖、肘关节的寒气。年轻人本来应该阳气旺，为什么越来越多的女孩子痛经、经量少？越来越多的男孩子得皮肤病、肠胃病呢？除了喝冰水、穿裙子、吹空调等，更重要的是因为太理性，对待周遭的事情越来越麻木，越来越不容易被触动，我们称之为热泪、热血、热心、热情、古道热肠的那些人之温情，已经渐行渐远了。

中华文明中人道的核心概念就是“情”，“情”感知于内叫“情感”；发之于人叫“情义”；“感”与“义”皆人道之“性情”。郭店竹简《性自命出》是战国中期的一篇儒家典籍，开篇即言：“道始于情，情生于性。”这是先秦儒家的基本观点。

有许多人一提到修炼、修行、修道就马上要绝情，认为无欲就要以绝情为基础，这是大错特错的。老子、庄子、孔子、惠能等圣人个个都是至情至性之人。妨碍人道的、悖道的是情欲之“欲”，不是情感和情义之“情”。唯情能感，唯感能通，唯通能达；唯情有义，唯义有气，唯气有机。于是能超越物之蔽、己之私，而合于天道，化成天下。大情是觉之始，有情感之故而能觉，无情则非人也。诸佛菩萨、真人大人付之教化之结果，是人间有情，绝非要变成无情无义的社会。情被欲缚为私情，修行要去的是私人之欲，不是性情之情。通达人情者才能发挥人道精神，有情有义者能合于人道精神。人身难得，慈悲为怀，正因情切。

修心养性不是读几本书，打打坐，而是要多做利他的事情，教育是一颗心温暖另一颗心，不是说些冷漠无情的大道理。您能逐渐柔软下来，感动他人时也能被他人感动。人与人的交往，如果都戴着面具，彼此防备，吃再多的温补药也没用，吃了不仅祛不了寒湿，还会上火，变成湿热。

现代人多数不会爱，用欲望和交换来说爱，于是能爱到骨髓也能恨到骨髓，恨入骨髓骨髓就发冷。恨是一种怨气，真正的爱不会受利益的驱动，爱是一种骨头里的热气流动，只想付出，只想给予才会感觉到热血贲张，出来无私无我的爱。不理解爱和无私的关系，就会错把欲望、占有、利益、交换当作爱，如此才会生出不公平的怨、得不到的恨。一个人根深蒂固的习气也是存在骨子里的，唯有通过修行才能把骨子里固执、守旧、愚痴、模式化的东西彻底摧毁、转化，才有脱胎换骨。

所有的法都是为了转化。怎么转？如何化？转什么？化什么？

就像金刚石和石墨都是碳元素构成，但分子排列顺序不一样了就表现出不同的特性，脱胎换骨不是大变活人，人还是那人，但微观的身心却改变了，骨头还是骨头，但是质地、密度、能量、活力都改变了。

有些人根本不在意自己的身心，以为那是业余的闲事，创业还忙不过来呢，这是名誉心太强故，以责任为名迷惑在成就感里；有些人以为自己看书、打坐、拉筋、弹琴、喝茶、念咒、拜佛就是修行了。我们看古人都是傻子吗？为什么遍读经卷后还要造访明师？玄奘法师只身西行前早已是唐朝数一数二的高僧了，他冒着生命危险去天竺寻找看上去虚无缥缈的师法，他疯了吗？

身心深密微细的蜕变，并不是自己能从书里琢磨出来的，更不可能来自大脑的想象。求法是勇敢者的旅程，明师是照亮旅程的光芒。求法者如果单靠自己的感觉，很可能在错误的路上越走越远，您有求法的心，明师有求才的心，此是“啐啄同时”。

如何强骨呢？老子说“不争而善胜”、“不言而善应”、“不召而自来”、“繟然而善谋”。强不需要去争，争强是因为不自信，外强中干，内实外虚。真正伟大的人什么都不屑争，也没什么值得争。宇宙的终极法则看似散漫而毫无头绪，但它才是最公平的。宇宙法则是在不知不觉之中发挥其作用的，包罗万象，好像不严密、不精确，却没有谁不在其中。用人为的设计、谋划，用人惯常使用的“争”“言”“召”等手段，都不会和它相应。只因其博大精深，以凡人狭隘、短浅、势利的眼光无法视其端倪。

真正有骨气的人，不会为了私利去争口气，气只有越争越多，有骨气的人，能将无畏精神表现在利益众生上，为大众的利益不计个人得失，处境危难而不改初衷，这才是强骨。骨不强，就只有如影随形的恐惧和不安，缺乏了远大的志、正确的向，生命就有诸多的短板被人拿捏，时刻自我逃避，时刻满嘴借口，时刻不能逍遥自在，从心所欲。

人之七情即喜、怒、哀、乐、爱、恶、欲，欲中又有眼、耳、鼻、舌、身、意六欲。是以眼见色则爱起而贼精，耳听声则欲起而摇精，鼻闻香则贪起而耗精，口尝味则嗜起而走精，身遇触则痴起而损精，意呢？就好比游戏里打通关，最后一关是最大的魔，这个魔叫“心意识”。人被五贼六欲七情所奴役，精、力、气、血日渐衰竭，无常迅速，意识飘摇，虚名环伺，业力傍身，谁能避免荞动和造业呢?

东方修炼的强骨,不是依靠训练肌肉带动骨骼强壮,强骨的重点不在肌肉训练上。从身体角度说,强骨是修炼身体的深筋膜。人出生后,行住坐卧各种习惯性姿势几乎都不正确,深筋膜会逐渐变形。普通人很少明白什么是正确姿势,故此大多数人脊柱、关节有问题,力发不完整。笔者见到现代女性不少爱穿高跟鞋,您看看中国古人为什么没有给女性发明高跟鞋?清朝时的花盆底和现在的高跟鞋是完全不同的,高跟鞋使人身体前倾,翘臀折髋,而花盆底是抬高足弓部位,帮助骨盆正位。西化的审美观,女性受到的影响最大,什么高跟鞋、丝袜、超短裙、冰淇淋,等等,无一不伤身。

曾有人问笔者,为什么西方女性可以不坐月子,不怕寒气?那么她是蓝眼睛、黄头发您怎么不是?东、西方人的体质本无可比性,东方人偏于阴性体质,故此自古以来古人的生活传统特别注意防风防寒,衣服一定有领有袖有腿,饮食方面吃冷菜要配温酒,饭前要喝热汤等,然而现代人能保持这样生活习惯的人还有多少?

笔者发现现代人脊椎变形、骨盆前倾虽然普遍,但几乎没几个人能引起重视,由于脊椎的变形导致了上、下肢和躯干的链接淤堵,故而造成背部肌肉紧张,筋膜僵硬,脾胃失调,肝胆不利,心肺不畅,髋骨错位,关节变形等各种后果,然而多数人是头痛医头脚痛医脚的思路,不痛时就敷衍过去,痛时再想办法缓解。修行人呢?问题也不少,如果缺乏明师指点,许多人是带着病姿修炼,笔者见到许多人双盘的时间很久,但姿势不对,这样不仅会伤身,还会导致气病,甚至走火入魔。

修炼时掌握正确的修炼方法中调身至正确姿势尤为重要，否则会越修越偏，人的习气是喜欢根据自己喜欢的、理解的来修，所以就有的人专修舒服的，有的人专找苦吃。偏于享受或苦修都不是正法修行。如果您自己喜欢的法可以修成还需要去找明师做什么？根据自己感觉修的人，喜欢打坐就成天打坐，喜欢写字、打拳就成天写字、打拳，不明白修法之间阴阳对举的关系，不明白修法就是要转化习气和破执，不明白深浅前后的相应关系，不明白气息循环的生克关系，不明白虚实转换的交替关系，也不明白为什么缺了功德再认真、再精进也无法突破。如果缺乏指导，您的境界就局限了自己的成长，喜欢什么必定执著什么，执著时，就已经离开修行初心了。

强骨，是不偏不倚的强：从身体角度说，关节内水液充盈，身体水火平衡，水火平衡和强骨有直接关系；从身体上说，通过修炼刺激深筋膜帮助关节、筋膜正位，注意是通过调整深筋膜帮助骨骼正位。现代运动有些拉伸韧带，这不是调整深筋膜，并且拉伸韧带是危险的。正法修炼是不应该直接作用于韧带的，韧带属于致密结缔组织，一旦拉伤很难修复。修炼时应该调整深筋膜，如果修炼得法，身心会有各种感受，酸麻酥痒都很奇妙，甚至会感觉骨关节内的气体源源不断地排出，内循环生成源源不断的津液，这对稳定神经系统、强健消化系统、平衡代谢系统等都有直接影响。

从生理角度讲，肌纤维按照收缩的特性可分为两种类型：慢肌纤维和快肌纤维，这两种肌纤维在肌肉收缩速度、收缩力量和耐力水平等方面都大有差异。快肌在人体皮下的浅层，刻意运动训练后能很快看到效果，由于它爆发性强，训练见效快，它是西方健身、竞技运动的着重训练点，但它

的特点是持久力不强。慢肌是普通运动作用不到的，它收缩速度慢、收缩力量小，但持续时间长、不易疲劳，并能起到贮氧作用。

我们看鱼、蛇、龟等动物身上几乎没有块状肌肉，这些动物的力是均匀分布的流线性，鸟类主要靠翅膀活动，翅膀也是线性的，除了腿部没有大块腱子肉，然而鸟却很少用腿部，能保持长时间的飞行不累，这靠的是翅膀发于深层的力。

有人认为游泳运动员也是成天泡在水里，应该和鱼一样发力才对，其实完全不同。游泳运动员体型是倒三角，斜方肌和肱二头肌特别发达，而鱼游泳则不靠肌肉而是靠鱼尾摆动，可以说现代游泳运动是人为游泳，鱼是无为游泳，古人学的是无为游法。

庄子曾说“忘”是游的必要条件，“忘我”才能与水合一，鱼在水中是忘水的，此即“无我”，“无我”才能“无物”。忘是活在当下的生命观，没有“忘”，就无法展开“游”的逍遥。如《大宗师》云：

泉涸，鱼相与处于陆，相呴以湿，相濡以沫，不如相忘于江湖。

又云：

子贡曰：“然则夫子何方之依？”孔子曰：“丘，天之戮民也。虽然，吾与汝共之。”子贡曰：“敢问其方。”孔子曰：“鱼相造乎水，人相造乎道。相造乎水者，穿池而养给；相造乎道者，无事而生定。故曰：鱼相忘乎江湖,人相忘乎道术。”

江湖浩瀚,鱼在其中优哉游哉,彼此相忘,仿佛无情无爱,可一旦泉源断绝,河湖干涸,鱼儿们在陆地上彼此吐沫相濡共度危难,呵气相湿互相亲附,特别能感人。世人就迷惑在现象里,以为这就是情,而忽略了“相忘于江湖”才是大爱,能自由遨游于大海的鱼儿才是真逍遥。

庄子在《达生》中还给我们讲述了“津人操舟若神”和“吕梁丈人在急流中畅游”两则关于“游”的寓言:

颜渊问仲尼曰:吾尝济乎觞深之渊,津人操舟若神。吾问焉,曰:“操舟可学邪?”曰:“‘可’。……”仲尼曰:“善游者……”。善游者数能,忘水也。若乃夫没人之未尝见舟而便操之也,彼视渊若陵,视舟若覆,犹其车却也。

庄子借孔子说出的“善游者数能,忘水也”,即善于游水的人会忘记水的存在,善于撑船的人即使没有划过船,也敢于撑船出没于江河湖海,因为他觉得水和陆地没什么两样,有风浪翻了船如同车行陆上倾倒,扶正了就是了,没有什么大不了的。

孔子观于吕梁,县水三十仞,流沫四十里,鼋鼍鱼鳖之所不能游也。见一丈夫游之,以为有苦而欲死也,使弟子并流而拯之。数百步而出，披发行歌而游于塘下。孔子从而问焉："……蹈水有道乎？"曰："亡，吾无道。吾始乎故，长乎性，成乎命。与齐俱入，与汩偕出，从水之道而不为私焉。此吾所以蹈之也。"……"吾生于陵而安于陵，故也；长于水而安于水，性也；不知吾所以然而然，命也。"

吕梁丈人之所以能"悬水三十仞，流沫四十里"，在急流中畅游无碍，是因为他与水早已合一，浑为一体后哪有水？哪有我？水和他的生命是一体的，即达到了"与天为一""不知所以然而然"的境界，这种境界，即"逍遥游"的境界。

庄子生活的时代，战祸连绵、危机四伏，处处充斥着尔虞我诈、蝇营狗苟，"逍遥游"不是得道成仙、肉体的飞升，而是在波涛汹涌的人间世，道人能获得精神的逍遥，是"寄沉痛于悠闲"。修养注重的是无为而治的修炼，然而在达到无为的境界前，我们要学会如何使用身体。西方运动是以训练快肌为主，而东方身体修炼主要会令到慢肌发生作用。为什么叫慢肌？因为大脑支配慢肌纤维的运动神经元较小，所以传导速度慢，对骨的作用也就越强也持久，骨骼会由于慢慢适应大强度的刺激变得更加致密，致密才能保护骨骼不受外力损伤和一定的收缩支持作用。

除此之外，肌肉按照种类可分为随意肌、不随意肌和半随意肌。随意肌受意识控制，如胸大肌、腹肌等；不随意肌不受大脑意识控制，如心肌、肠肌等；半随意肌可受控制，也可不受控制，如胸腔中负责呼吸的横膈肌等。快肌和慢肌、随意肌和不随意肌的关系就是虚实、阴阳的关系：快肌动时，慢肌不动，慢肌动时，快肌不动；随意为实，不随意为虚。这些肌肉由于在身体内深浅不同，刺激骨膜的作用也不同。例如，快肌刺激性强，那么负担也重，如果年轻时强烈训练快肌，一旦停止训练或随着年龄增长，快肌萎缩的速度也相当快，而如果背肌萎缩，首当其冲受到影响的是脊椎。

修炼当然不仅仅是理论，道家修命、禅门修定、儒家修身都要是从身体下手，只是入手点和西方运动不同。修者和运动员不同，要首先学会使用平时根本不用的慢肌，和如何保持动中静、静中动，通过一系列修炼作用令到半随意肌、不随意肌最终能随心所欲地听指挥，这个指挥的牵引力在筋膜。

筋膜是附着于骨而聚于关节，是联结关节、肌肉的一种组织，筋性坚韧刚劲，对骨节肌肉等运动组织有约束和保护作用，它分为皮下筋膜（也就是脂膜）、中筋膜（也就是包裹肌肉的浅筋膜）以及深筋膜三个层面。

强骨，从身体角度讲是指要修炼深筋膜，深筋膜由于包被肌或肌群、腺体、大血管和神经等形成筋膜鞘，其对腺体的作用直接反映在代谢系统、淋巴系统和内分泌系统，由此可以影响中枢神经系统，改变认识。深筋膜能帮助身体恢复强大的自我更新和修复能力，因为其源头为充足的干细胞，其助力为密集强大巨噬细胞的器官，通过恢复深筋膜的正位可以转化功能细胞。四肢的深筋膜，伸入肌群之间与骨相连，分隔肌群，称肌间隔。

西方运动主要作用于肌肉、皮下筋膜，对深筋膜几乎没有作用。而能作用于深筋膜的力是内力，其特点是持久、深层的，唯有这股力能带动真气运行。我们丢个石头进湖水，石头往下沉是力，溅起的水花就是气。我们拍皮球时怎么令到球蹦得更高呢？当然得往下用力拍才行。同理，由于气游离不定不好把握，故，修炼真气必须从内力下手。然而力是无法直接作用到气的，中间的桥梁就是深筋膜，稳定持久修炼深筋膜时，修者会明显感觉内力充沛，身体经常会像触电一样酸麻，一股股不同程度的电流在体内游走。

力往下，气往上，力前升后降，气后升前降，如此周天就转动起来了，气机生发，水火既济。我们前文讲了虚实的用心处，力是实，气是虚，故此修炼用心点是在虚处，即气，反复体会气的升降，修炼时心意识像个雷达一样在全身前后上下左右扫描，将心意识集中在那些痛点，然后像水中的涟漪一样，一次次、一层层将在身体游走、不断变化位置的一个个痛点晕开，扩散出去，长此以往则内力越来越完整，深筋膜是气的牵引力。

树是怎样吸收雨水的？雨水由地面渗至地下，均匀流散到地底的微细树根，再通过树根吸收沿着树干往上输送而分布枝干。那么为什么枝干自己不吸收水分？绕这么个大圈子做什么呢？如果枝干自己能吸收水分，则大树如何能得到均匀滋养？为了要树体每个枝节得到相同的营养，就得兜那个大圈子才行。那么人体呢？要想让每个细胞都均匀受滋养，局部用力是不行的。滋养大树的有从树根往上输送的水，还有树叶负责光合作用采的往下输送的气，水是实，气是虚，实升虚降，虚实之间，大树枝叶繁茂。

人的能量又何尝不是？水升火降才能阴阳平衡，如果不理解这个道理，就是乱动、瞎动。深筋膜作用于骨，有强健骨骼的功能，这是负责往上送水的树干，力由脊发，具体说是由腰部命门的区域发，发后通过会阴向上提升。而吐纳、导引等气的作用，就像树在进行光合作用，需由上丹田采集，通过百会向下灌输。能明白这个诀窍，那么修炼时，无论打坐、打拳、行禅、太极、导引时，您就能逐渐打开力和气的循环通路，再左右扩散打通阻碍点。不过这个扩散还有一个重要关隘，就是各个关节。

骨和骨的连接点在关节，骨的灵活靠关节，骨与骨之间的关节，一般一面为凸，另一面为凹，此即阴阳两股力量形成合力，相互适应，帮助缓冲外界冲击，给骨有伸缩腾挪的空间。但关节的另一层含义是：关，是截。

这里既是骨的灵活处，也是截留处，如果人长期局部用力，发力不均匀，动作有偏，力会在此被截留，形成身体中的各种内耗和内斗。关节中空，易存寒气、湿气，寒湿、邪毒存在关节里的时候，关节就不空，身体发出来的力被阻隔、抵消，神经传导不畅，气血流动受阻，身心不能一气贯通，以至于分裂。

许多运动员训练中屡屡受伤，其实是过分关注浅层的肌肉，而不清楚正筋膜和关节卸力的窍门，身体肌肉再强壮，而关节如同藏污纳垢的海绵，空隙里掩藏了太多的尘垢，您能自在吗？每一次不正确的训练都会驻留残存的垃圾，东方的修炼，所谓调身，其中的基础会运用逆向的扭结、挤压、震荡，清淤、排毒重新梳理身心，从宏观、微观上清理各种淤堵。

西方运动过分强调力内收训练，力内收会容易形成好看的块状肌肉，看上去很健美，然而深层的问题却被掩盖。为什么东方传统的修炼法不用内收法修炼呢？浅表肌肉发达的人，肉体会过实，块状肌肉会阻挡身心微妙的感觉，注重了实而忽略了虚时，身心的通道就会被拦截，身心就不会敏感。长期训练浅层肌肉后，肌肉结成一个块，这就不可能同时向同一个方向发力。肌肉训练是紧张的，并且有临界点，到了一定程度就不能再提高了，每块肌肉的收缩紧张会相互影响而抵消。我们要知道肌肉细胞不可能永远保持分裂成长下去，到了一定年龄无论再怎么锻炼，肌肉也会逐渐退化。

意识到问题的人就要修改思路，要学会化解体内的实火，理顺肌肉纤维，由浅入深，将变形筋膜正位，将僵死的筋膜层层松开。这是特别难受的过程，有时候抽筋发抖，像五马分尸一样，修者必须把习惯性的死劲儿化掉，调动体内的真气灵活流动起来。由表及里，由点到线，由线到面，由面到体，由宏入微，由微入整，经皮、肉、骨、髓周流循环代谢生发，始得真气充盈。

真正身体的放松是深筋膜的放松，真正的心灵放松是放下了"我"。我们从身体上需要松而不懈，实质是将人体本能的紧张、本能的条件反射等习惯改变，身体各部位必须能贯通、内旋、发散，有浑然一体的整劲儿。不再用大脑指挥局部肌肉，形成硬碰硬的死劲儿，而是抽合微妙之力，觉察虚冥之微，由虚灵圆活的内力带动身心，与天地接通一气。这时候，骨子里的寒、湿、重、沉、乏、疲的感觉很快就会消失，心神里的不安、担忧、急躁、恐惧也会转化，虚心若鉴，朗照乾坤。

西方人喜欢的动物是恐龙、黑熊、狮子，这些都是肌肉型的，而中国传统的吉祥动物是仙鹤、凤凰、龙、蛇等，线条优美，灵活优雅。通过西方的训练方法，会练出铁甲威龙一样威猛，像恐龙一样，这属于西方人的审美观。而通过该东方修炼法修炼出的是仙风道骨的轻盈，看上去瘦弱的东方道人却能全身充沛精气，这是会借力故，能从末端发力散出和宇宙之力链接，周天往复，永无止歇。东方的传统修炼精髓是身心皆向内走的，不在于花架子多好看，不在于姿势多完美，更不在于套路有多少招，内修、内治炼的是精，动的是髓，提的是气，养的是神，通过疏通身体配合心法修炼，最终作用于意识和念头，从而修心养性，这是生命修中最精妙的、最不可思议的，即“转化”。

以禅修为例，修炼初期要打开身体通路，初修者身体内几乎都有大量毒素，夏天吹空调、冬天用地暖，乱吃乱喝，作息不均，或者瞎练了一些不明所以的功夫，不少人体臭无比，又加上汗腺闭合，已经不太出汗了。所以这时大量出汗，大运动量训练可以帮助排毒，加快代谢，通过泻、热、冷等刺激手法打乱机体原有的有序习惯频率。用无序破有序，令到身体本能重新排序，进入另一种思维、作息方式。可到达一定程度后，就得用小火慢炖了，要进入深层修炼内力时期，未必是大运动量，也未必大出汗，但身体的又酸又痛又麻又胀的感觉会时刻变化，此时一定要静心细品身心各种力和气细流的流向，感受越微细时人会越敏感，此时发出什么神通都不必在意。

我们再看西方运动训练时，运动者常常大汗淋漓，气喘吁吁，那么禅修时呢？不主张心跳加速，呼吸急促。这就如同您用一个杯子接水，如果把自来水开到最大，水都溅在外面了，而只有开小水，水才能接满。什么叫细水长流?“随风潜入夜，润物细无声”，人在心跳呼吸太快时，本能紧张，并且身体的代偿机制会开始作用。养花的人都知道，天天下大雨，花就死了。故此真正作用身心的修炼，必定不会是大口喘气、龇牙咧嘴、又哭又闹。笔者见到许多人因为不懂这些道理，身体的发力是断裂的，出力忽大忽小，呼吸忽快忽慢，要知道生命体临死时才会挣扎，如虎口下的扑腾的绵羊，岸上缺水的鱼儿，被卡住脖子的人……故此正常的身心修炼绝对不是扑腾的，一定是稳定的、一致的，力和气不能断裂。

为什么我们常说修禅、修道？而最终的成就我们说悟道、成道，为什么不说悟禅、成禅呢？因为禅以人为主，禅修、修禅是以人为主的说法，以修转化人。而道是以法为主的说法，故在最终成就方面说悟道、成道，这个道即是佛陀说八正道、苦集灭道的道，也是惠能、马祖各位祖师平常心是道的道；人人皆有佛性，打开的相应法却是因人而异的。其道无二，其法八万四千。

修炼到一定程度的修者，心跳、呼吸应该越来越慢、越来越细，越来越均衡，此则气血越强健，经络越通畅。那么最后呢？呼吸进入细胞里自循环，如虚云老和尚就数次打坐，一坐半月有余，从表面上看心跳呼吸都停止了，生理体征全无。

吐纳其实和瑜伽呼吸法不同，和西方的心肺训练则更是两码事。之所以叫吐纳，吐气是虚，吐气会吐了，吸气才能饱满坚实。吐纳的要点是呼吸之气越来越微密，微密地不仅在鼻子里，而且一切细胞都能参与其中，最后由外及里。外部气息交换逐渐由内在微密气息交换替代，这就是为什么有些大修行人看上去呼吸心跳都停止了，其实是开启了其他通路和天地交换气息。吐纳调整到了极微细状态，不再用口鼻呼吸供气、心脏搏动供血，这就是内化到了极致，修者由粗身粗心变细身细心、再变微细身心、微细心的过程。达到微细身心的修行人，自己就是一个小宇宙，自循环、自供氧、自动而合于天地之动。时刻毛孔是张开的，和天地无一时不在交换信息，只是它们的时间、空间和常人不同，要快得多，大得多。时间可能微细到万分之一、亿万分之一秒，空间可能放大到合于日月星辰。故此现代的仪器探测不到这么微细和空大的变化。有人感觉这不可思议，那么仪器能听到细胞说话吗？能发现粒子之间如何沟通的吗？微细之所以是精妙的，就在于无法用数据监测，但却实实在在地存在，只是今人尚不理解而已。

达摩祖师留下的洗髓、易筋等法就是帮助修者正位筋膜、强健骨髓使得气脉能通畅运行，从而进入甚深禅定的修身法。许多人说这两部经书是假达摩祖师之名留下的伪经。笔者再次重申中国禅系列丛书不是考古书籍，古人治学虽严谨，但出处是含混的。所谓英雄不问出处，《史记》《春秋》《庄子》等书籍，我们几乎都见不到出处，中国传统更加重视精神内涵，传承的是精神和思想，不是学术引用。什么是真伪呢？我们看到的一切佛经都不是佛陀亲自写的；《道德经》《坛经》也是后人多次编辑整理、添加完善的，其他如《庄子》《列子》等，几乎都被后人整编过。这些全部是伪造的吗？考古的真未必是真的真，后人编撰的伪也未必是真的伪。真与伪需要的是有智慧者能复活其中的真意。

佛陀涅槃后，他口耳相传给常随弟子的佛法，就已经变味，虽部分弟子在迦叶尊者和阿难尊者的主持下，对佛讲过的法“结集”，但“结集”一词其实是合诵、会诵之意，并不涉及文字。所以几十年后就已经开始出现口传谬误。据《付法藏因缘传》记载：阿难一百二十岁时，在竹林中听见一个僧人念“若人生百岁，不见水老鹤，不如生一日，而得睹见之”，阿难马上纠正他：“若人生百岁，不得生灭法，不如生一日，而得了解之。”僧人诺诺应了，可是他回去问师父，他师父却告诉他：阿难已经老朽，不必理会，且如前诵。

阿难在释迦牟尼佛身边当了二十六年侍者，以“多闻第一”而著称，以他这样的权威，竟然也无法纠正谬误，不要说后人了。佛陀涅槃后几十年就已经如此，到了五百年后佛经被系统地整理出来时更加可想而知，里面该有多少谬误？在这几百年的时间里，很多人都把自己的理解，自己下的定义掺杂进去，故此，经典的解读需要智慧，死背无用。

在佛经被系统地整理出来之前，古印度出了一个叫“大天”的人，是中印度秣突罗国商人之子，颜容端正，仪表堂堂。曾犯杀父、杀母、杀比丘之三逆罪，犯罪后无处可去，遂到鸡园寺出家，并欺骗别人说他已经修成了正果。由于他口才极好，出口成章，很多僧人就到他门下听经，他讲经时，偷梁换柱修改佛法真实义。当时一些长老找到他，说“汝言非佛教”，然而那些长老却辩不过他，于是他更加声名鹊起，被大众拥护。他的真面目到死时才为人所知，然而已经晚了，他编造出来的一些法意已经被世人接受。这一切正应验了释迦牟尼佛的预言：“如狮子身中虫，自食狮子肉，非余外虫，如是佛子自破佛法，非外道天魔能破。”

为什么武则天的开经偈写道“无上甚深微妙法，百千万劫难遭遇，我今见闻得受持，愿解如来真实义”？明明到处都有佛经，怎么还需要百千万劫这么困难遭遇？如果没有慧眼，您天天读经，却不明真实法意有什么用？印度的佛教教义越来越庞杂，分歧越来越多，也越来越难以使人修炼，故此佛法发源地虽是印度，为什么后来的发展却在中国？这首先要拜鸠摩罗什三藏法师的功德，我们今天看的经典，多数还是他翻译的；其次由于六祖惠能对佛法的变革，“中国禅”横空出世，使得中国人有了自己的禅法。

我们修炼要炼就的是一双慧眼，经典真伪如何辨别？即看是否遵循“四依法”。佛陀悬知末法邪师外魔盛行，临涅槃时，特别开示“四依法”。

何为“四依”？一、依法不依人。法无自性，随缘而生，善法灵活，而人心惟危，情执厚重，不堪依怙。故而学人依师者讲法，要依师者之法，不依师者之人情。二、依义不依语。能谨依第一义谛，说真空妙有，中道不二，可超越语言文字，那只是诠显实相的工具，真正可以得意忘言，执指亡月。三、依智不依识。能谨依般若智慧，在毕竟空中炽然建立因果善法。不可依八识妄心，分别执著，凡夫知见悉皆迷惑颠倒。修者能以谦逊心，仰信圣言量。四、依了义不依不了义。大乘了义，佛说大小乘八万四千法门，皆是随顺众生根机而说。然据圆顿至道，乃是不可思议的境界，众生与佛无他无自，无我无碍，平等圆融即是无上了义。

此辨别为修门共通之道，岂佛法一门？

您如何知道自己所读的经典是正法，知道自己所修是正法呢？越读越释然大方，看问题越远离片面极端，越来越能清晰自己过去的妄想执著，越修越能关爱一切众生，越修越能发现宇宙万物、语言文字中过去不见的精妙，越修越不在意什么特异功能、神通境界，越修越自然随和、谦虚平常……凡夫是忘了初心的，修行就是找回初心。能帮助您修成人，能巍巍堂堂地做人，成为觉悟的人而不是修成神的经典、修法，都是正法。

凡是帮助您在正法修行路上修行的经典都是真，凡是使得您越读越胆小、迷信、极端、排斥、自以为是的经典都是伪。从这个角度看，无论《易筋经》《洗髓经》是不是达摩祖师亲自撰写的，其思路、见地、修法对于强骨炼气大有裨益，只是后人不会解读，那又有什么真伪需要讨论呢？笔者发现许多人都把这两本经书当成武功秘籍来对待，要知道禅修和道修虽着手处不同，但由力至气而至于心，最后都是在心地上用功，这点是共通的。经典的内在奥妙，不在文字里，不在招式里，如果不懂深入理解，很容易变成拳脚功夫、拉筋踢腿，变成固定套路，一旦固定了您就离真实义很远了。《易筋经》《洗髓经》的秘诀不在姿势而在心法，有的人姿势、身形都练得很好看，但对其中心法一窍不懂，知其然不知其所以然，心法之关键在于因人而异、因地而异、因时而异、因境而异，在招式背后的内在关联、作用、变化等因地上，如果对因地一无所知，那么只有着果相，这就南辕北辙了。

我们不要以为易筋、洗髓或老子说的强骨仅仅指骨关节、筋膜、气脉的修炼，人的身心处处有关节，有形的关节好见，那么心之关呢？就是大脑意识，会截留。截留的念，叫执著。

老子说实其腹，强其骨，腹、骨对举是指阴阳、刚柔、内外、表里、虚实、出入、动静多维度综合的身心平衡。我们看台风是怎样刮的？闪电呢？都是阴阳两股力量对流，虚实、强弱就是螺旋的两股扭力。台风的风眼特别宁静，这就好比人的中脉，周围的两股气力就好比人的左右两脉，对冲产生螺旋力。蛇怎么吃食物？把食物裹在中间，之后往两个相反方向扭动身子拧成个螺旋。它不是一处使劲，而是蛇头和蛇尾发出同等的力，像拧毛巾一样，抽干、拧干中间的水分。太极中这叫缠丝劲，太极功夫之所以能四两拨千斤，全在缠丝劲的灵活运用。

螺旋力有两种，一种是顺，一种是逆。由内往外转而向前进是顺，即外螺旋；由外往内转而向后退的是逆，即内螺旋。这顺逆两种缠丝力，错综复杂地变化着，凡人的生活中由于引力作用都是外螺旋，不清楚内螺旋如何发力，学会用内螺旋就能增长内力。顺逆两股螺旋的力本来是均衡的，但常人在生活中失衡了，所以需要通过修炼纠正回来。力必须走弧线，犹如子弹通过枪膛时的来复线，当它运动于空间时，既有螺旋形的自身旋转，又有抛物线的运动路线。所以顺逆两股螺旋力最终必须均衡，才能接通宇宙洪荒之力，使得修者精力充沛、活力无限。

所谓往，并非一去不回，只是暂时的退缩；所谓来，也不是永久存在，只不过是暂时的伸张。开合呼吸，自旋生机，宇宙万物的力，都是往复的，只是形式不同，然而作用力和反作用力必是相等的，为什么常人只看到一面，只会用一面？功夫修炼时，力和气即是一对虚实、一组阴阳，出力靠骨，发力赖气，精神上的骨气是由骨和气共同参与的。

一切修行靠参，参是一步步启发悟性的思考，缺乏了参的修行叫健身、保健。修的目的就是能够启发悟性，悟性是智慧之门，是定力之根。一切修行法都是为了启发悟性的方便，忘了这个根本，再勤奋都是磨砖成镜。

宇宙中有无形之手在暗自运作，六道中由于唯有人有成佛的可能，故此亦有无形的力量会不断给人设置障碍。惰性是第一关，自大是第二关。这是一体两面的障碍，一面是疼痛、麻木，一面是舒服、享受，一方面用难受令人变懒，另一面是用成就、荣誉做牵引令人不知不觉地自大，一阴一阳综合形成固执的概念，人就在各种糖衣炮弹中迷失本性。

修炼的人都知道，往前的动作容易，往后的动作会很难，这和人心是一个道理，往前闯荡容易，而回头内观最难。地位尊高、知识广博的人还能保持谦虚的心，这种美德便是逆行。如果过不了惰而骄这两种障碍，那么由痴而贪，由贪而嗔，人会集齐三毒，毒火攻心，于是从身体上说便会上实下虚，上热下寒，气机浮越，头重脚轻，从精神上说就会思虑惴惴、心浮气躁、小见狐疑，成天剑拔弩张。为什么经典被称为法雨？为什么道场被称为清凉地？为什么观音菩萨手里拿的是净瓶？修养，是灭火的甘露，顺着习气生活的人，是在火中煎熬。

修养首先就是要身心放松，身心能放松气机会自动归位，进入丹田。为什么叫丹田？田是滋养地，是因；丹是集结地，是果。每个人修不修都有丹田，只是没有修炼的人不知运用，不懂如何为其注入养料。丹田是道家的说法，和丹田对应的是气脉说，丹田以气脉为通路，能量畅行无阻。人的能量有多层次、多维度，您从什么角度去发现、去应用、去展开，属于不同修法。

现代人的运动以西方运动为主，和东方的尤其是丹田、气脉、定力等修行有极大区别。例如现代运动可以分离身心、分离手脚，踢足球手就不会累，现代瑜伽呢？也一样，练腿的只是练腿，打坐时和手无关，这就变成局部用力，其余部位无所事事，这就必然无法形成合力。

机体有自我代偿的本能，力量不够，柔软性就来代偿；柔软不够，就用筋膜移位来代偿，故此许多人看上去姿势很好看，但越炼隐藏的病越深，为什么？因为无法一气周流。道家把什么叫“周天”呢？但凡修炼必然要精神专注，身心和谐，制心一处，心无旁骛。人内在的力、气是极为有限的，稍微一消耗就会精疲力竭，而所谓周天、坐忘、禅定都是说修者和宇宙循环起来，修者会借身外的气力和自身循环结合，能和宇宙的能量交换。

修是修正，炼是熔炼。故此修炼和训练不同，训练是条件反射，只训练自己的力量，您就是练成西楚霸王又如何？人自身的力量，在宇宙中实在太渺小了，而修炼则是从自身出发而合于天地，以自身的力量为渠道，去引水入渠。全身心每个细胞、意识都能参与、投入，进入宇宙之流时便是入大定，便是个人亡小我而融入大我，否则再怎么训练也是自己身体内那一点肌肉的增减，您练得过老虎吗？老虎那么威猛又如何？世界上还剩下几只？东方的修炼必须用整体观修，逐渐感受到制心一处、身心合一状态最终融入宇宙万物，“入流亡所”。

有人认为运动也全身心参与的，比如打篮球、体操、游泳不都是全身心参与的吗？这句话改成“全身参与”就比较正确了，“全身心参与”必定是清净的、放松的、内心清明、阴阳平衡的，不会是紧张的、有竞技性、有目的性的。

许多人以为专注就是眼睛盯着某一点不动，或者只想一件事，这还是紧张。例如您高考时只想高考这一件事，小偷偷东西时只想怎么偷东西，这都是紧张。专注是身心放松状态下的聚精会神，所以一定是在身心圆活的状态下才能发生，身心层层的管道畅通无碍，有足够的空间回流、疏布、发散、转化，身体内部和外在通透为一个整体，气息周流不殆。僵死地盯住某处有百害而无一利。

紧张是大脑意识带动的精神状态，运动是由大脑意识带动的训练，故此和训练强度、时间成正比，但有竞赛、有目标、有计划、可检测成绩的不能称之为全身心参与。而修炼却和强度、时间没有必然关系，不一定精进的人就一定修成，修炼是和悟性相关的，故此运动和修炼除心态不同外，身心参与的深度不同，最后结果也是不同的，运动未必能让人更加智慧，而修炼得法的人，是功夫智慧并举。

虚心实腹力量的源头是心力，当人能通过修炼学会专注、专一，此时就能卸掉身体的拙力，将宇宙的活力引入体内游走运行，天地人真正成为一个整体。脏腑、经络、气血、皮毛、神经、细胞、气脉、筋骨、骨髓、精神、心灵、心理、情感、认识的能量全部能整合为一，定慧等持，返本归元。专注的时候，人觉知的雷达全面打开，属于全天候待机状态，“普皆回向”“普门示现”的观世音菩萨，就是一心一意专注在众生这里，高度集中才能“十方俱击鼓，十处一时闻”。

专注不是某一时的状态，而是人通过修养成就的于动静中一如的能量，于此，则能“行也禅，坐也禅，语默动静体安然”。即使在睡梦中，专注的修者也能保持对周围敏锐的感知力、观摄力。达摩祖师在嵩山入定时，闻阶下蚁斗如雷鸣，此等听的境界是定力不是听力。由于专注故没有内在能量的消耗和冲突，心神越放松越和周围冥合，一旦冥合宇宙中绵绵不绝的能量就能进出无碍。松才合，紧就是张。

松，力才能动，紧就是生锈的螺栓。松，身心中顺逆、正反两种螺旋可以随时随地起舞。心藏万法，心有万千，这样才能千手千眼。死盯住一个点死死地不动，身心不空，能量就转不起来，人也僵死了。但一般初修的时候却需要从紧张练起。为什么呢？世间人平时已经习惯紧张的生活方式了，几乎没体会什么叫放松，从紧张到放松是放下，放下是最难的。

不懂放下的人也提不起真正的重担。释迦牟尼佛放下王位出家，乃至成佛后，又一肩挑起全人类的苦难，为一切众生的觉悟而宣扬佛法，这是慈悲心。能一肩承担起责任不是幻想，而是他具足了这样的功夫智慧，故此，放下是要放下妄想执著，担起是要我们担起生而为人、为一个修行者的责任和义务，就修行而言，叫悲智双运。

能放得下，是为了要提得起：放下自我而奉献自己，放下私利而成就大众。故提起之后又必须放下，才会随顺因缘，舒卷自如，能大能小，自由自在。一般人怎么也舍不得放下，似乎一放下就没有存在感了。佛法说："歇即菩提。""歇"就是放下。而众生之所以为众生，就是放不下。一切众生皆有如来智慧德相，而不能证得，就是因为放不下。放不下就起惑，造业，受苦。放下屠刀，立地成佛。"歇即菩提"出自《楞严经》，歇了，无上正等正觉就现前了，佛的智慧就现前了。

过去有一个弟子拿着一朵花去供佛，到了佛面前，佛说：你放下，他就把花放下了。佛又说：还要放下，他就把手放下。佛又说了：还要放下。他奇怪了，花放下了，手也放下了，那怎么放下呢？于是他就开悟了。

放不下就担起走，这就像挑担子，放不下就加重担子，看能走多久？老子说："将欲歙之，必固张之；将欲弱之，必固强之；将欲废之，必固兴之；将欲夺之，必固与之。"过于紧张和散漫的初修者都适用这样的方法，所以，先人为打破原来的习惯频率，令其更加紧张，帮助不动的地方动起来，就像借助洪水把身心内的垃圾冲掉，那些堵在血管、筋脉、关节、神经、意识里的垃圾一定要用滔天的大水冲开。冲开之后，微观的互联网就打通了，气血传送的路径就打开了。

虚其心、实其腹，是两两相对而产生动态平衡，两种力量只会用或只能用一端就是不平衡。腹实不是指紧张，张是向外的，实是往内的。越往外越着相，越往内越接近实相，接近相对的微观，越踏实，越稳定，越充实，越有定力。

老子说："我独异于人，而贵食母。"内和外的边界在哪儿？如果认为内就是皮肤包裹的身体之体内，就又走极端了。智者是会灵活把握动态边界的人，内外是可以不停地转换的。对外的行为是内在的意识带动的，行为是内还是外呢？嫉妒、贪婪等欲望是内心对外在变化的反应。故，智者能看到因果的一体性，也就是万事万象万物的不生不灭、不一不异。凡人以我为界，以我所为边。

憨山大师说："荆棘丛中下足易，月明帘下转身难。"境界何尝不是无常的幻觉？虚弱心、志，就是弱化后天的识神，唤醒腹、骨代表的元神，恢复生命体诞生之初的状态，契合先天大道。

虚是放下，松是勿追，弱是不攀缘，心无恐惧，在而不存，虚空含摄万有，周流无滞无碍，不殆不止，虚涵周遍，微宏普现，清净无染，妙明无限。本来无一物。

雨后

云上一大千，
云下不知年。
万象君不见，
尤自舞翩跹。

第四节　和、同

老子说“挫其锐，解其纷；和其光，同其尘”，其中“和其光，同其尘”是因，“挫其锐，解其纷”是果。因是虚，果是实。“其”即指自己，亦言对方。

内治、外治一体不二。

“锐”是自我、自他精神上的显性对立、矛盾、偏见；“纷”是驱之不散的隐性烦恼、纷扰、妄想、执著。人皆因腹不实、骨不强，故而显锐和纷之相。

锐呈阳性，外露、易见，故而可用雷霆万钧之势以快打快，以毒攻毒，挫之突角；而纷，则是由于自己内心不清净，借由外部人、事、物、境关系的错综复杂而表现出优柔寡断、交错缠绕着剪不断理还乱的各种起伏、计算、比较，丝丝缕缕，环环相扣，由于线头分叉、散乱、细碎，故需耐心解开源头的结锁。禅门的修养法中有“参话头”，话头就是抓线头，由迹入本。

“锐”来自自大，禅门师者有时做狮子吼，有时说法如雨直指人心，为的都是一击而中“挫其锐”。无论是机锋、棒喝、怒目、诋毁、冷漠、苦行皆属

"挫"法，像雷电霹雳一样破除学人无明，截断意识狂流。挫，不是强压，而是像锤子一样毫不留情，电闪雷鸣般劈开心空。用挫法的祖师虽能怒目金刚，但只是方便之用，闪电不会觉得自己锐。住在锐相里的人，不是锐而是利，由利而害，虽暂时因其利能使得他人恐惧，收效"显著"，因而产生快感，然而其不明白利其实是工具，刀再利，也只能是工具，自有断刀之石在。

对待自大的学人，祖师们通常对之以锐，当即压下无知狂妄之气焰。而对于那些阴阳怪气、妄自菲薄、老谋深算、思维复杂的人，师者多缓缓诱其深入，发掘出其偏执、妄想的源头，这是"解其纷"。

有人误用心理学的方法去理解"解其纷"，医生和病人一起回忆童年或者某段时期发生的事情，认为找到引发心理问题的受伤记忆，然后撕开这个创口就能治愈心理问题。这其实是人为暗示法，本质是用含蓄、间接、诱导、转移等方式作用于对方心理，并对其未来行为产生影响。

越是暗示，专家其手法越隐蔽和巧妙，使人不自觉地按照其指令方式思考和行动，接受其观念。这种心理暗示的根本是让患者接受专家的输入和影响，然而不少人信以为真，以为真的能治疗心理问题了。患者真的能通过这些手段和方法解开心结，心情释然？

"解其纷"本应从根本上解惑，如果在现象上刻意杜撰、编织、寻找源头，或靠催眠、回忆、神聊能解开纷扰，那还要内求、自证做什么？专家是救世主吗？笔者从未看到过心病能通过医生治好的，心病只有心药医，心药必从自修生。任何技术和方法只会增加患者更多的假设、幻想、回忆、留恋，得到的也只是片刻的幻觉和缓解，这是用一种纷扰去覆盖另一些纷扰，这不是解，而是巧妙地被伪装后的替换。

对待锐和纷，用挫和解对应当然也不是绝对的，人都有两面性，自卑的人同样自大，内向的人爆发起来更可怕，故此，智慧的师者临阵并无定法，皆因人、因时、因地、因境而异。

和，是不一，同，是不异。镜染尘则不光，如不能时刻修养的人终将蒙尘。自我放逐，不欲向上一路的人，有几人能不被人间诸尘而染？另一方面已经修行有小成者如不能倒驾慈航，则不染俗尘而染静尘，亦是不能大成。能心中无别，何光不能同？能心中无暗，何尘不能染？和光是同尘的前提，没有和光而同尘必流俗或滞空。和光而实生物，同尘为“三”。如水和土合，烧制变陶瓷，陶瓷有土有水，也非土非水。

和光而见性，性是一种普遍性的存在，假名佛性、人性、天性、灵性、空性，落在生命体，称之为心。性能生出各种心，善恶心、求法心、敬畏心、嫉妒心、忍辱心、怨毒心、无畏心等，八万四千心有善有恶，一念成佛，一念成魔，佛和魔代表了觉与不觉。修，是把性中可能产生的偏激、妄心、恶心归正。肉在阳光下曝晒三天，活人长期卧床不动，就会生蛆，蛆是外来的吗？没有活力的肉，蛆会自己由内而出。活肉为什么不生蛆呢？因其流动而不腐。身心也一样，如果懒惰而停止成长会长出身蛆和心蛆。一块地上不种庄稼就会长出杂草，主动给生命播撒良性种子，才会长出善心、正心、道心。

命和性，定和慧两者虽不即不离，但您不能两只脚同时抬起，行走得有个前后脚，在前的状态只是暂时性的，会因自身境界的变化而变化，是法平等，无有高下。人虽要先跨出一步才能走路，但后面那只脚得马上跟上，否则就变成金鸡独立了，那能站多久呢？正法修行时，一旦学人功夫进步过快，要停下来修炼慧力，即通过读诵经典、参究内涵提高领悟力；如果在读书方面一骑绝尘，则需要停下来多修炼功夫，从而达到身心平衡。

有些人常居深山，只修命功，修成了只管打坐的石头，那不叫定力，叫死力。更多的人死读书，将哲理、概念、名词视为实有，忽略了实修实证启发悟性，那也不是增加智慧，而是增加所知障。功夫是为了增加定力的，不是为了变成石头不理人或四处炫耀与人技击的。修定是由气入手而达到禅定境界，真正的禅定不是在深山里自得其乐而是在人间中逍遥自在。修行是逆法，降伏心魔的过程比打仗艰难得多，敌人无处不在，藏身您喜欢的人、事、物、境和感觉里。为什么叫脱胎换骨？骨折了痛不痛？脱胎换骨之艰难尤甚于此。

修命常从饮食调节开始，道士辟谷，禅者断食都是先从转化食色之欲开始下手，在身体有饥饿，有心慌，有恐惧，或者忽冷忽热，或者气血涌动或浑身乏力的浅层的不适期时是对治食色的最佳时期。然而一减必有一多，光断食不服气是折寿损阳。服气是个统称，其中包括了一系列因人而异的修法，如俭食十二时气法、食气辟谷法、食黄气法、胎息法、行气法等。所谓十二时气是指外部之气；所谓黄气，是五脏六腑之气；上中下丹田各有真一，守一即守真，其中上丹田为赤子，中丹田为真人，下丹田为婴儿。

道家的一些著名道书，如《云笈七签》卷五中就收有“达摩大师驻世留形内真妙用诀”，以及被梁武帝称为“肉身菩萨”的南北朝北魏医僧“昙鸾法师服气法”等，这些是在坐禅时配合服气的功夫。

《云笈七签》关于服气的叙述很多，例如："夫服元气，先须澄其心，令无思无为，恬淡而已。故知绝粒者，乃长生之径路；服气者，为不死之妙门。"此外《云笈七签·神仙绝谷食气经》还记录道："行气常以月一日至十五日，念气常从手十指出；十六日至三十日，念气从足十指出。久之，自觉气通手足，行之不止，身日轻强，气脉柔和，荣卫肢节。长生之道，在于行气，灵龟所以长存，服气故也。"以上的服气之法是概论，并没有传授如何服气、服气的原理，以至于现代人盲练气功，观想气从天地而来等，误把观想气入当作真实了。

"夫人身中之元气，常从口鼻而出，今制之令不出，便满丹田，丹田满即不饥渴，不饥渴盖神人矣！"明明说的气从口鼻入而不从口鼻出，那么气到哪去了？进入了全身细胞！我们观察乌龟的呼吸模式就是这样的。气先进入肠胃，在已经清减饮食后肠胃比较清净，利于进行某些复杂反应，因为肠胃的各种细菌是催化物质，于是会产生动力，从而填满丹田。也就是肠胃必先清空，气才能化为能量，遍布全身。之后身心会逐渐进入清静态，这时候的重点就要转为伏心魔。因为过了食色关，身体就从先期和饥渴、性冲动的不断斗争中转向意识为主的修炼了。此时容易出现一些反应，如有人一打坐就心跳加快，有人则突然感觉呼吸越来越慢，胸闷气短，或沉昏失忆，或思绪万千，无论精神低迷还是亢奋，这是由浅层的生理反应进入浅层心理反应的过程。

智慧不够的人，在这个阶段会感觉自己见到了佛光、菩萨像，或全身酥麻如浸温泉就误以为自己有了境界，还有人会错将反应灵敏认为是有神通，以为自己开了天眼。其实诸多身、气、心的反应，都是浅层的心理变化引起的神经反应，迷惑在觉受中心情变化即被魔伏。

虽说修行有前后，但前期基础没有打好是危险的。有些从修性入手的人，误以为学理、哲理上入手没什么危险，其实危险也很大，落入所知障的人更难自拔，相对来说身病反而好治，而如果因为读了各种奇怪的书，接受了各种偏激的理论，由此引起的精神上自大、偏激、狭隘、狂妄等认知障碍，这种病才是根深蒂固的障道因缘，比身病难化解得多。身病有明确身感，而所知障则不以障为障，陶醉在自己固有的观念里不肯出来，听不进别人说什么，即聋。

我们常说修心，"心"看不见、摸不着，怎么修呢？

心虽把捉不了，但有迹可循，这叫心迹。迹即相，心有心相，我们从相可以顺藤摸瓜，故修心是从相、从迹着手的，《坛经》称为"心地"。

地，可以是一片杂草丛生的荒地，也可以是精心培育成绿油油的庄稼地。"地"，从土从也：土是原始、朴拙、深厚、蓄藏、长养、深沉之意；也，本意是女阴的意思，女阴即生门，也叫玄牝，是万物生之力量，也指万物阴性的初始。

地德在阴，首先是包容和不分别，无论撒上什么种子，鲜花还是罂粟，撒什么地上就长什么，大地对待善恶是平等的；其二是回馈，人播撒了种子，地就默默生长，将丰收的果实无私回馈给众生，故大地是一切众生的母亲。大地无私，不会因为我们不善管理、荒疏田耕就分别排斥，人是有私心的，天地用无私来唤醒我们的感恩心，如大地一般去回馈一切众生。

天、地、人三才，人本自有其德，即补充、完善、创造、传递、关爱、谦虚……

心地是心的房子，房子可能是空房子，房子里未必有爱，未必全是爱。心地需经过开垦，拓荒、播种、耕耘、收获、再播种才是良田，此谓“心田”。从修行角度而言，修心是将荒漠变成良田的过程，一切被耕耘过具备生长条件的地，叫“田”。

儒、道、禅都是在人间播善种的修门，通过教化之用而至人的心田里开满和谐花。不能生长的地叫荒地，是芜杂的，故需移除砾石，清除灌木杂草，碾细土粒，修者修行身心由粗到细的过程，是播种、耕耘心地而至良田的阶段，心田里最好的一块田从世间的角度叫“福田”，从出世间的角度叫“功德田”。

心田是修行中最核心的部分，这就像盖房子一样，地基稳定房子才稳定，虽然盖完房子后看不到地基，可房子的基础是不是在于地基呢？人生幸福的基础就在于心田里见地是否清晰，见地清晰了才谈得上走在正道上。

修行涉及见地正不正，什么是和自己相应的修法，如何增长功夫智慧这三个问题。其中见地是最基础的，见地不明，心地不正，则不仅是盲修瞎炼，功夫越高的人还越容易误导他人、破坏社会。达摩祖师留下的“二入四行论”谈到“理入”和“行入”。理入就是见地，行入就是功夫和智慧。见地是理论、观念，通过实修功夫开启智慧。

我们知道地球上有各种各样的纬度、经度，各种交互的网，有形的、无形的，电波的、声波的、光波的，各种射线的、无量众生的，地球在宇宙中的地位太微不足道了。人呢？在地球上也是微不足道的，每个人每一秒有多少意念？这一刻是佛，下一刻是魔，时时刻刻内心的境界会转换，见地如果不稳定，就不可能修证得法。《易经》之“系”“彖”讲的就是万物之间的联系，这种联系如何建立？首先在于“见地”，见地不正就无法契合万物之间的内在联系，变成了万物的对立面，成为自以为是的妄想者。

联系是什么？就是摄！在明白本末，明白谁做主的情况下主动建立和万物的联系。摄什么？不是摄外界而是修者摄自心，自己的心即宇宙，能摄住自己的心，为和宇宙万物联系的根本。道是发生交摄、交互往来的通路，大道有往有来，能自摄者就能反作用摄他，能自利者必需要反作用利他；反之亦然。人如果自私地只想得到不想失去，这就是违背了宇宙大道的规律。违背了道就不可能“摄”，“摄”是往来、回互、回向的圆相，我们看世间一切的种子都是圆相，生长的轨迹也是圆相，为什么呢？

一个人全身有十兆个真核细胞，每个细胞中藏有1.7公尺长的基因密码，理论上可以用来做无性生殖，重新克隆一个自己。就像我们理论上可以截取一棵树上的任何一段树枝，来插枝培育成长成另一棵属性完全一样的树，每棵树上的枝干里都隐藏着整棵树的完整密码。人的每个细胞里都包含了整体，但如果其中有个细胞误以为自己就是整体，从自己的观点来看待一切，这属于自大，是见地不明。每个细胞既含了整体又不是整体，故此它既是整体的一部分，又不能代表整体。芥子纳须弥，不代表芥子等同于须弥；须弥纳芥子，也不代表须弥等同于芥子，万物不一不异。

没几人知道“见地”为何物，然而知道的人都在智慧顶峰。如果有吃有喝就是人生了，还要觉悟做什么呢？宇宙还要人类做什么呢？现代人虚幻世界和现实世界的边界越来越模糊,对人生理解越来越臆断狭隘。什么叫倒退呢? 就是越来越局限、越来越渺小。蚊子消灭了,某些鱼啊蛙啊鸟啊可能就饿死了;蜂巢都吃了,蜜蜂灭绝了植物怎么授粉,哪还有果实? 阑尾、扁桃体这些没用的东西都割掉,人的免疫系统自然就下降了。万物循环中,每一环、节都有用,所以才没有高下,才是圆相。人是万物之一,人却不能等同于万物,怎么能觉得万物中有没用之物呢? 有用? 没用? 是功利心在作怪。

从修行角度说,人觉得杂念不好,要把它灭掉,杂念不也和蚊子一样吗? 也是圆环中的一环,您从什么角度认为其杂? 圣人不觉杂念为杂,能善用才是根本,这亦是见地问题。但不是说蚊子有用,您就喜欢去喂蚊子,或听说杂念也要留着,就不用修行任杂念丛生。世界有多大只和您的见地有关,您的认知直接决定了和您相关的世界大小。

《庄子》中有一则寓言:一个烟雾弥漫的早晨,有人在河里划船。突然,一条船直冲过来,眼看就要撞上了,他大喊也没人回应。等到船直接撞上来几乎把他的船撞沉时,他开始暴跳如雷地骂人。但仔细一瞧发现是条空船,于是气就莫名其妙地消了。

很多时候,事情本身不会伤害您,伤害您的是自己对事情的诠释。看到船上没人为什么愤怒就没了? 因为没有了对象。情绪、怒火显然是针对人的,不是对于事情本身。事本身不会让人产生情绪,产生情绪的是我们对这件事的看法。走在路上,上面一盆污水泼下来,您要是发现有人泼水立即就会怒火冲天;当发现原来是一阵风把水掀下来就只会自认倒霉。这就是分别心。谁是谁的空船？谁能撞开谁的心？《楞严经》说："见见之时，见非所见，见犹离见，非见所及。"

关于"见地"的问题，《维摩诘经·弟子品》里有一段经文：

佛告优波离："汝行诣维摩诘问疾。"优波离白佛言："世尊，我不堪任诣彼问疾。所以者何？忆念昔者，有二比丘犯律行，以为耻，不敢问佛，来问我言：'唯，优波离！我等犯律，诚以为耻，不敢问佛，愿解疑悔，得免斯咎！'我即为其如法解说；时维摩诘来谓我言：'唯，优波离！无重增此二比丘罪！当直除灭，勿扰其心。所以者何？彼罪性不在内、不在外、不在中间，如佛所说：心垢故众生垢，心净故众生净。心亦不在内、不在外、不在中间，如其心然，罪垢亦然，诸法亦然，不出于如。如优波离，以心相得解脱时，宁有垢不？'我言：'不也。'维摩诘言：'一切众生，心相无垢，亦复如是。唯，优波离！妄想是垢，无妄想是净；颠倒是垢，无颠倒是净；取我是垢，不取我是净。优波离！一切法生灭不住，如幻如电，诸法不相待，乃至一念不住；诸法皆妄见，如梦如焰，如水中月，如镜中像，以妄想生。其知此者，是名奉律；其知此者，是名善解。'于是二比丘言：'上智哉！是优波离所不能及，持律之上而不能说。'我答言：'自舍如来，未有声闻及菩萨，能制其乐说之辩，其智慧明达，为若此也！'时二比丘疑悔即除，发阿耨多罗三藐三菩提心，作是愿言：'令一切众生皆得是辩。'故我不任诣彼问疾。"

维摩大士示疾说法，佛陀知其意，便派十大弟子一一去探病，十大弟子分别述说了自己的经历，谁也不敢承事去维摩大士那里探病之令，这段经文讲的是持戒第一的优波离尊者。优波离对佛陀述说了僧团里的一件事：有二比丘结伴山中居庵修行，一日，其中一位外出，另一位在庵中午睡。恰巧一樵女路过入庵，见睡着的比丘眉清目秀，顿起色心，脱衣在比丘身边躺下抚摸，熟睡的比丘就做了一个春梦，于是梦遗。这时恰另一比丘回来，见状大惊，叫醒熟睡比丘，樵女趁机夺门而出。外出比丘在后疾追，没想到樵女慌不择路一脚踏空坠崖而死。二比丘于是慌作一团，一犯淫，一犯杀，都是破了根本大戒，唯恐被逐出僧团，于是找持戒第一的优波离忏悔。

“优波离”是王舍城贱种姓，译为上首，他本是释迦族诸位子弟的理发师。佛陀悟道后归家，众多释迦种姓子弟及王子心向往之，相约结伴出家去皈依佛陀，优波离作为仆人随行。将到佛居处，王子们都脱下了华衣美服，摘下珠宝，包括自己所乘的大象，全部送给优波离。优波离一下子发了大财，却怔在那里发呆，他想：我为什么要守着被别人遗弃的东西呢？如此富贵的王子们尚能舍身出家，我为什么就不能出家呢？

他想明白后把所有东西放在地下，大象系树上，拔腿去追大家。

王子们听了优波离的想法后都很欢喜，但他们考虑到：优波离是仆人，如果他出家在我们后，我们以后难免会生出轻慢心，应该请佛陀先度他，我们以后可以恭敬于他。于是王子们就地歇息，让优波离先行至佛处。佛知其来意，就如愿度化了优波离。不久，王子们来到佛前皈依，并向先入门的优波离顶礼。

优波离出家后，发愿宿生持律，在佛陀的众弟子中为持律第一。故此两位比丘破戒，去找优波离请教。比丘们详细说了怎样犯的淫、杀，怎样心中惶恐，等等，请求优波离尊者开示解脱的方法。

优波离说：您们忏悔无用，僧团中的比丘如果犯了杀盗淫妄四个根本大戒，则不能与僧共住，死后当堕地狱，且永被佛法所弃。

两位比丘本来就惊恐，听了这话无异雪上加霜，这已经不是死后堕入地狱的问题，而是当下已入地狱。此时，维摩大士突然出现，斥责优波离说法不应机，不契大乘戒律，徒增二比丘之罪。

维摩大士说：此罪犹如小孩在梦中闯下大祸，醒了惊吓求母安慰，慈母怎能不仅不安抚还落井下石呢？众生在梦中有善恶、罪福之别，一旦梦醒哪有实在可得呢？罪性就像心一样，不在内，不在外，不在中间，他们本来无心犯罪，完全可以忏悔转化，现在是您把罪给他们实有化了，您没有破暗，反增罪结。

于是维摩大士当即为二比丘说大乘之戒，二比丘心中就像太阳出来，霜雪自然消融。

同样的一件事，见地不同结果可谓天地悬隔。可是维摩大士为什么会突然现身为他们说法？这就是二比丘的功德力！如果二位比丘平时缺乏功德，此时缺乏诚心，那么可能就会在优波离尊者的误导中带着更恐惧的心生不如死地活下去。我们想想如果他们遇到现代的心理学专家，带着他们再次回到“犯罪”现场去回忆，这能化解痛苦吗？会越回忆越痛苦！正因为功德等身，才会在危难时刻遇到大善知识来“解其忧”，帮助其真正脱离苦海。

其实是两位比丘自己的功德最后救了自己。生活中为什么有的人能遇到明师指点？为什么遇到危难时会天降贵人？为什么遇到问题能灵机一动、茅塞顿开？是什么力量能让人“偶”遇明师、灵感和贵人呢？就是功德力。每个人都有可能不知不觉中偏离正法，优波离尊者当然不是邪师，他精进不怠跟随佛陀修行，修的当然百分百是佛陀所教之法，可为什么他说的就不如法呢？

再看看，佛陀的十大弟子修行的是不是都是佛陀传授的正法？那为什么在《维摩诘经·弟子品》里全部被维摩大士斥责得羞愧难当？他们的问题出在哪里？就是不知起用，不知变化，不知因人、因境、因时、因事而异，为什么惠能大师圆寂前留下三十六对自性起用之法？

应用世间，能帮助世人安心自在的法宝一定是因人而异、因地制宜的。固执己见时正法就变邪法，用得妥当时邪法变正法。我们设想如果两位比丘没遇到维摩大士这样究竟的导师，结果可能要付出一生在地狱里无法自拔的代价！

佛法虽有大小乘之分，但佛陀慈悲，向来都是因材施教的，拥有不二智慧的人能最终融会贯通，理解大、小不过是相，佛法、禅法内在并无矛盾，而缺乏不二智慧的人就死板固执，不懂变化，把法实有化、固执化、教条化。心中充满了对错、穷富、善恶、是非的分别，故此正法瞬间就能成邪法。正邪取决于人的见地，并且从令人尊敬、修行正法的、精进的、正直的尊者嘴里说出来的法，说得又那么义正言辞，有几人还能明辨此中已经偏离正道了？我们前文提到的子贡遇到老丈不就是吗？如果缺乏孔子棒喝，怕也是不知要自怨自艾、自寻烦恼到何时。

功德和愿力是让您能有幸遇到明师为您指路的保障。佛不是神灵，而是人间大导师。大导师之大在于其心无量广大，能明辨是非，能包容一切净垢，能善巧方便不顺俗不厌俗，能不离不弃无明之众生。

笔者近日看到一则新闻：在不列颠哥伦比亚省维多利亚附近，一头南虎鲸在诞下幼鲸后仅数个小时幼鲸就死亡了。可是鲸鱼妈妈用嘴巴托举幼鲸尸体到水面，希望帮助孩子呼吸。

妈妈肯定知道孩子已经死了，但她就是不放弃，就这样托着沉重的幼鲸尸体一直游一直游，记者们跟踪她发现七天七夜时间她还托举着幼鲸尸体。一切众生皆有灵性，鲸鱼妈妈对孩子是情，而不是理性的分析。

生命的根本来源于情，佛制淫戒不是制止人有情，禁欲苦修是过程不是目的，戒条不是用来捆绑人的，地位不是用来指责人的，道德不是用来让人站在高处指手画脚的。

有些领导明明付出给员工的只是工资，却要求对方付出忠诚，这不是幻想吗？人的忠诚只会付给对自己有情有义的人。导师对待求助者，领导对待员工，将军对待士兵，是鲸鱼妈妈对小鲸鱼一样难舍难分的情、不离不弃的义，才能得到同样的回报。否则就变成法家纯理性的条例、规定、法律，人和人之间如果只剩下责任，那是多么地无奈和可悲？

两情相悦的恋人无论遇到多大的阻挠也要在一起，这是情义，彼此相厌的婚姻才需要结婚证，才需要反复提醒对方履行责任，多少人总是在计算着自己的付出和回报比例，而不知情义无价。有爱才有家，有情才有法，有仁才有义，有义才有凝聚力。

这就是优波离尊者和维摩大士从见地而至功夫、修法、境界的天壤之别。同样的佛法，见地、功夫、修法不同，而起用完全不同。

秦朝是怎样灭亡的？就是走了理性的极端。爱，是繁衍之母；情是生命之母；慈悲，是法之母。无情无义的人只有聪明，不会有智慧！僧肇法师在《注维摩》序文中说：“统万行则以权智为主，树德本则以六度为根，济蒙惑则以慈悲为首，语宗极则以不二为门。凡此众说，皆不思议之本也。”人类因不二智慧而能和谐共处。

人有愚痴、无明、黑暗都不可怕，可怕的是习惯了愚痴、无明、黑暗，根本不想走出来。按照人类历史看，什么地方、什么时代都生活着身心相应、身物相应的自在人，所以不是时代、环境、时间、空间的问题，就是自己愿不愿意觉悟的问题。圣人再三强调，有修养者要关心他人是否逍遥自在，要关心社会是否和谐稳定，这是当代中国禅者生于此时代之意义和通过修养而不断坚定的慧命。

佛陀的十大弟子之所以被称为“尊者”，他们都在自己习以为常的认知中非常出色，而被维摩大士斥责主要是因为不知变化，都在不同方面、不同程度、不同境界里着了修行相，但尊者们的伟大之处就在于其发觉问题后皆能当下身心立转，知错能改故而能成就。凡夫是沉迷在自己的认知里，迷惑在生活琐事里，总是自欺欺人，说自己在反思，说自己在进取，可一旦遇到某些突发状况或不公的境遇就会慌乱，有的找出各种理由为自己开脱，有的就胡乱出昏招，还有的说我的命就这样，然后再画饼充饥：我下辈子转世投胎一定如何如何！我的孩子一定要如何如何！我如果得到了什么能量就会如何如何，要么托过于过去，要么设计着未来，不知道这些全部是心的牢笼。如果人心里已经接受了黑暗，这就变成了苏格拉底的洞穴中人，您跟这些人讲外面有光明没人相信，也不想出去，无论您讲什么他都不置可否，再好的医生也治不了自己放弃治疗的病人。

《大智度论》里记载了一个故事：佛陀和阿难一天出城遇到一个可怜的老阿婆，阿难请求佛去度化她，可无论佛陀以怎样的形式出现在她身边，她就是不看。因为她的心中没有这种希求，走出黑暗是需要自己希求的，自己不希求，内心不会有力量。

修法一定要究竟，究竟才能合于大通，究竟不是高深莫测，而是六般神用通达无碍，如十大弟子都因习气使然而只看一面。两位比丘一位梦遗不是人有心犯罪，一位追人，以至于对方失脚落崖也不是起意杀人，如果给他们罪上加罪，无非为这世上再增加两位活死人而已。这世界上活死人最多，有些人死了却没死，有些人活着却没活。走路踩死了蚂蚁，梦中拍死个蚊子也是破杀戒吗？宇宙本来无一物，戒律、学问、知识、科学都是为人的成就而生，也都是有时间、有条件的，故此可以被推翻，被更新，而道不是。修道是为了合道，不是为了被道捆绑，人和事无定性，法亦无定性，有见地的人从来都是因地着眼，不在果处瞎费力气。

道存在于时间之外，时间只是道的一部分。凡人心中时间已不是时间，而是被物化、器化了的，可以衡量价值的实在东西。每一分钟都要创造价值，时间就是金钱。公司一年的盈利？个人的年薪？时间被金钱化、意义化了，被人为划分出了价值，有用的、有意义的就值得去努力，于是“我”和时间捆绑在一起，“我”是时间来实现各种价值和目标的工具，“我”最害怕失去时间，其中最具代表性的就是会怕死，死意味着“我”消失了。

时间对人的神经起到直接的作用，神经反应就像一朝被蛇咬一样，您以后会条件反射性地感觉怕，越怕越胆小，越陷于计较和计算。不仅普通人，有些修行人被时间奴役，怕此生成不了佛，不愿重复怕浪费时间。因为怕所以对单调感觉恐慌，感觉没信心，老想折腾些新花样，似乎这样才有价值。还有人觉得自己不能闲着，一刻不念经、不看书、不做事就焦虑，这和一刻不接电话、一天没有订单就焦虑的世人有什么不同？同样地坐卧难安，同样地将生命捆绑在错误观念上，捆绑在自己赋予的意义上。由于自己的认知有限，所以不符合自认为有意义的事情就不值得做，这是另一种功利主义。

时间能否超越？当您全情投入时就能超越，跟相爱的人在一起忘情地爱着，还能感觉时间存在吗？超越时间的第一要素就是忘。我在，时间在。不过为爱忘情还是属于情绪，这和为事愤怒一样，情绪中的人确实能超越时间，但不长久。时间对于不同人显示不同相，有些人闻妙法，两个小时像过了几分钟；有些人心怀鬼胎度秒如年，觉得时间简直没有尽头。心情越舒畅时间越快，恐惧越强烈时间越慢。

怎样究竟地消融时间得自在呢？唯有契合道法，让自己长久地沐浴在对一切众生的情义里，慈悲能消融时间，这时候时间不是不存在，而是当人长久地沉浸在光明中时，时间不以世俗的线性方式显现。

学得多本来不是坏事，而如果缺乏实修实证，就无法驾驭知识，多少大知识分子遇到人生窘境，面对实际事情时充满了理想主义，考虑问题不是极左就是极右，一会儿踌躇满志，一会儿手足无措，一肚子学问不能真正落实到生活。倒背圣人的经典不如事上磨炼，坐得像个石头一样不动的人无益于个人和社会。历史、文字、经验、过去、辉煌、教训、思想、观念都是建立在时间里的，您无法做这些的主人时就会变成不切实际的理想主义。人如果缺乏修炼，在知识里不是滞空就是滞有，不是功利化就是理想化，其实心意识本来清净，人为造作才变成了不清净。妄想和时间是一体两面，时间里产生妄想，妄想里产生时间，而自在是超越时间的。

时间自由不代表能自在，能坐飞机去地球任何一个角落的人，就是自在人吗？如果空间不自由也不代表您不自在，修行人闭关是能自我囚禁，自我重新设定时间、空间的人。我们不理解自由和自在有什么区别，自由是关乎外在条件的，而自在只关乎心。例如有的人退休了，时间自由了，财产也自由，外在条件具备了，可心自在了吗？有的人事业繁忙，劳碌奔波，外在条件不具备但却能心中无事，这种游刃有余的从容就是自在。

自在心一定是能体会无常的，能不被人、情、名、位、财等各种无常所湮灭，而能由心而发，无莫不适，出入不滞，随缘起用。在变化多端、人心莫测的人世间，只有心自在才能不受其扰。自在取决于人心量的宽广度和心灵的承受度，心性越解放，自控越强，就越能融入宇宙万物，和万物的能量感通。

谁是无聊人？一刻不停地渴爱、瞎忙，活在自以为是的幻想里，抓取一些根本抓不住的东西，对该在意的事情却马马虎虎，置若罔闻，这不就是本末倒置吗？能不被一切无常的人和事所困扰，不是靠运气，靠侥幸，靠利诱，靠说服，靠关系，而是平时练就一双慧眼能防微杜渐；平时练就一身功夫，能化解危难；平时练就一颗慈悲心，能从容面对一切不公。可以在深山闭关，也可以在滚滚红尘中不以碍为碍，化敌为友，化生为熟，化堵为通，化知识为智慧，化无明为觉悟。心是无尽藏，有取之不尽用之不竭的能量和灵感，进入自心而能合于大道的法悦非俗乐可以想象，在地狱里能如居极乐，这才是得了法宝。

《五灯会元》记载了达摩祖师见师父时的对话：

二十七祖般若多罗尊者，东印度人也。既得法已，行化至南印度。彼王名香至，崇奉佛乘，尊重供养，度越伦等，又施无价宝珠。时王有三子：曰月净多罗，曰功德多罗，曰菩提多罗。其季开士也。祖欲试其所得，乃以所施珠问三王子曰："此珠圆明，有能及否？"第一王子、第二王子皆曰："此珠七宝中尊，固无逾也。非尊者道力，孰能受之？"第三王子曰："此是世宝，未足为上。于诸宝中，法宝为上。此是世光，未足为上。于诸光中，智光为上。此是世明，未足为上。于诸明中，心明为上。此珠光明，不能自照，要假智光。光辨于此，既辨此已，即知是珠。既知是珠，即明其宝。若明其宝，宝不自宝。若辨其珠，珠不自珠。珠不自珠者，要假智珠而辨世珠。宝不自宝者，要假智宝以明法宝。然则师有其道，其宝即现。众生有道，心宝亦然。"

祖叹其辩慧，乃复问曰："于诸物中，何物无相？"曰："于诸物中，不起无相。”又问:“于诸物中,何物最高?”曰:“于诸物中,人我最高。”又问:“于诸物中,何物最大?”曰:“于诸物中,法性最大。”

小达摩初见师父般若多罗尊者,说出的话就是见地,见地正才能修行正法。许多人抱怨自己遇到的师父不对,其实您遇到什么法在于您追求什么,您喜欢什么,本身就迷惑在名誉、收入、神通、利益中的人怎么能遇到正法呢?遇到正法怎么能坚持下去呢?正法哪有外道那么能满足您的妄想和虚荣呢?每天能跟您说真话的人有几位?说了真话您又爱听的有几位?皇帝身边为什么总有佞臣?因为说的话皇帝爱听啊!能投其所好会往心里去啊!

正法修行最强调修者内省,每天自己要无数次反省,反省自己的言行、意念等。反者道之动,欲高先低,人往高处走就要反省,如果不能保证自己每时每刻功夫、智慧往高处攀登,就免不了堕落在凡俗中,下坠的力量是巨大的。然而引力的作用真是不可抗拒的吗?每天的自我反省是功夫、智慧自涨的过程,能反观自己就有可能发现言行背后的蛛丝马迹,发现规律和规律背后的反规律,这是自我提升。

自然界的生物大部分都自己闭关,植物的闭关是落叶,动物则有些冬眠,有些蛰伏,黄庭坚诗曰:“冉冉岁华晚,昆虫皆闭关。”

佛法中闭关有身、口、意三种。现代中医是未必能理解闭关的,医是世间法,强调养身,故此是渐进的,其理论体系是建立在时间线上的顺法保健和治疗,而闭关是身渐意顿,不以时间线为基础的逆法修行。许多人曾用中医观念询问笔者关于修行的问题，笔者只能反复告诉这些人，修行时不能带着中医的观念，否则您无法理解为什么许多修行人看上去和普通人差不多，但一接触发现其饮食无规律，生活无作息，冬天大出汗，空腹喝浓茶，几个月不说话，能坐着睡觉，夏天带围巾帽子，或者几天无小便，几个月无大便，等等，这些身体状态从中医角度看是病人！所以我们不要用常法去试图分析不可思议的修行境界。

初级闭关是身关和口关，可以在相应的道场，以调整身体淤堵，调理身体疾病，修炼身体功夫为主，此时修炼主要是训练专注力，有时也会配合闭口关，即默言加调食，转化固有习气为主。闭关期间要减少口的进、出，逐渐令到生命体安静下来。也可以说，口不静，生命体是根本无法静的。

“谷神”在身体中对应的位置就是上腹，即横膈至胃的区域，对于生命的作用是传递、通道，此区域越空，身体越轻盈。内脏当中那层薄纸一样的隔层就叫横膈膜。它呈伞状，凸面向上，参与机体呼吸活动，吸气时，膈下降胸腔扩大；呼气时，膈恢复原位胸腔又缩小。它能促进血液循环和食物在胃肠道内的运行。膈有若干裂孔，为食管、血管等通过的孔道，主要有主动脉裂孔、食管裂孔和下腔静脉裂孔。横膈膜位于肺的下端、腹的上面，它把肺与胃从中间分离开了。

我们可以根据风箱的原理来理解这个部位，隔膜是上下左右前后的连线，虚心实腹就与横膈膜有千丝万缕的关联。上部空旷，心肺就有最大的空间，腹内气压力增大，可以使腰腹完全充实，为内脏提供源源不断的生机和气血。调息的初期一是使得呼吸深长，二是能使内脏上下运动。通过横隔膜的调配使得腹部形成“活塞式”运动，确保气血在腑脏间流通，又可以通过内脏的上下位移产生冲击力，促使身体“重心”参与到发劲当中去，所谓“外练筋骨皮，内练一口气”，“气”是人体健康和充盈的根本所在。

中期闭关是意关，需有一定定力的基础，其重点在净化意识。修者过了身关和口关才有资格真正闭关。闭意关是单调的，例如闭黑关就是其中一种。西方人目前也十分感兴趣，科学家不断探索黑暗的疗效，发现原来黑暗可以有效地稳定情绪。现代社会环境处于电气化时代，黑暗属于稀缺资源。夜间的光电、声色造就了灯红酒绿的繁华夜景，人们长时间暴露于足以改变昼夜节律的光照中。人类及其他哺乳动物的眼睛不仅拥有视杆细胞和视锥细胞，还拥有一种“昼夜节律”感光体，其纤维并不连接至枕叶皮层，而是连接至生物钟的基本结构——下丘脑的视交叉上核。科学实验中实验者将弱视的猫、狗等动物放置在黑暗环境之后，发现它们的视力多数会神奇地恢复，视觉系统有在黑暗中自我矫正的能力。

我们都知道见到阳光能使人心情舒畅，这是因为人体内有生物钟，其周期影响着人的行为和各种生理感受，包括饥饿、困倦和活跃。人的情绪、思维、感受和光照有极大的关系，明亮有一定的抗抑郁效果，那么黑暗呢？没有能量的人常常会在黑暗中恐惧，而有能量的人则容易在黑暗中入静从而入定。从生理上说光照会影响生物钟从而影响褪黑素的分泌，导致人体内部的昼夜节律与外界时间不同步。正常情况下，黑暗会使褪黑素水平升高，让人安静并逐渐想睡，而明亮会抑制这种激素分泌。褪黑素影响下丘脑，进而影响甲状腺激素的合成，这种激素负责调节人体的各种行为和生理过程，包括情绪、思维、意识等。

目前世界上喜欢用黑暗的房间来治疗的国家首推捷克，全国有上千万人选择用黑暗治疗情绪，其中最出名的就是贝斯基德康复中心的“黑暗别墅”。想去那里体验一下关在小黑屋里的感受，需要提前两年预约，并且一次必须住满七天。这个康复中心的网站称：黑暗疗法对预防文明病非常有效，能让治疗者耳聪目明，激发自体的创造性，还有最重要的就是能让“心灵重生”。可以说科学正试图一步步揭开古人修炼的神秘面纱，不过西方人只学会了一半，治疗者被关在小黑屋里虽然没有时间、电子产品，但在黑暗中吃饭、睡觉还能弹奏音乐、画画，甚至和守护人聊天，这种方法是黑暗环境刺激法，不是黑暗闭关修炼法。商人只会从生理和物理层面利用刺激法放大黑暗，黑暗如何在心灵产生变量？如何自我引导？如何叫适度？科学和商业并不知道。

道家的闭关也分神、气、精三种。现在流行的是闭精关，即不进精食，但断了精食不服气，不仅伤身还不算闭关。就算断了精食加服气，神入而不能归己，也不叫闭关。什么叫真正闭关？吕祖说断精食，聚精气，神归己，灵入气中为辟谷。故此，我们可以看到，现代人多数胡乱玩弄概念，似懂非懂地套用名词。

道家的“生死关”类似于佛法中的闭黑关，王重阳真人在活死人墓中就是闭的这种，把自己当成死人去修，结果如何？笔者在本书上册有说到，缺乏了明师指点，连王重阳真人这样的修为都差点走火入魔，您能乱来吗？

闭黑关、生死关和远古巫师的闭关法相关，其实一切文明的源头都和

“巫”相关。原始社会时由于人类对自然的认识不足，把自然界的打雷、闪电、下雨、火山喷发、地震等现象误以为是神在主导，故此害怕天神降灾，对于疾病、瘟疫等，人认为是天神发怒，觉得神有化身，由此产生了“图腾崇拜”，并用仪式来向神表达虔诚，同时也表达风调雨顺以求获得丰收等愿望。主持仪式的人必须是具足灵性、德高望重的人，责任是把众人的愿望传递给神，这就是“巫”的雏形。原始巫文明包含了天文地理、万物数理、医卜星相、阴阳五行、祭礼礼仪、历史人文等，中国传统的道、哲、理、史、文、医皆源出于此，它是中华文明多元文化的重要组成部分。巫、史的分工在商代完成，巫和医的分工在战国初期完成。

商周时期，巫、史分别代表国家最高级别的智者，并可指导国家政治和国王行动。其中巫偏重神，史偏重人，巫能歌舞与医病，发言主要用筮（蓍草）法。史能记人事、观天象与熟悉旧典，发言主要用卜（龟）法。《尚书·洪范篇》说：君王有疑难的事，先要自己思考，再和卿士商量，然后要听取民意，最后用卜、筮决断……卜、筮一致赞同的事情，即使王和其他人反对，事情仍可行。卜和筮意见不一致时，就不可轻易决定。如果一致反对，即使所有人都赞同，也不可行动，可见那时候卜、筮对国家政策有决定权。中国文化中的文学、哲学、音乐、艺术、医药、文字、天文、历法、历史、数学等学科，在商周时朝就有了雏形，而其中主要发挥作用的是巫和史。巫是通称，其中女称“巫”，男称“觋”。

殷周时期的巫医主要用巫术、咒语刺激、呼唤患者的魂魄，在精神上面发挥主导作用，再辅以药物。这完全是迷信吗？可以说关键因素在于巫医本人有没有能量，有能量的巫医才有不可思议的作用，当巫医自己不修行，能量越来越低时，就只能依靠神秘、仪式、符咒来假扮庄严，故而引发愚昧和迷信。任何时期都难免鱼龙混杂，后世因为实修少了才会变成以迷信为主导，巫师被方士取代。

方士在西汉时期还有一定的风光，可根本上作用和性质都已经变了，除了为皇帝、公卿测算、炼丹、看相、找不死药这些活儿，其他没什么事情好做。到了东汉后期，方士中不少人投身道教，巫师在春秋时已经变味，到了东汉就彻底沦丧了。

巫道创建于东汉时期，当时张陵的“五斗米道”和张角的“太平道”已经创立，巫道将巫术依托在道学中。巫道和道教本就一脉相通，道教的祈禳、禁咒、符篆、斋醮等直接承袭了巫术。笔者在本书上册中提到晋唐之际，以吕洞宾等一批真人为分界线，这些真人发现道教自身的缺陷故而大量吸收佛法，重新梳理道教，无论是经典还是修法都发生蜕变，从而原来巫道一体的宗教形态被大大改观，道教从以宗教为主的形态中脱颖而出，吕洞宾、王重阳、张紫阳等真人的新思想使道教耳目一新，从而与巫教泾渭分明。

新道教以修内丹为主，强调自觉自力，自修自成，完成了道教由外及内的内化过程，并进入庙堂庭阶，重新梳理“道统”，整理“道藏”。而巫道却依然以原始信仰方式在民间不息。由于道教正统对“巫术”与“淫祀”加以禁绝，巫道的生存在宋朝时期已经十分艰难，于是巫道主动向道教再次靠拢，而道教到了元朝又严重缺乏人才，故而半推半就和巫道再次变得缠绕不清，元明之后，民间将巫、道混为一谈。

商代最著名的巫师叫巫咸，他与伊尹之子伊陟协力辅佐政事，使商朝一度中兴，他是太戊帝的重臣。儿子巫贤是祖乙帝的宰相，父子两人都有贤臣之誉。商朝时除了大巫，担任上帝与下帝(君王)之间媒介任务的，还有卜、史、祝。

巫咸以巫祝的方法给众人愈疾，他还长于占星，是中国最早的天文学家。巫咸精通乐律，鼓也是他发明的。“鼓”对于中国人来讲是常用的一种乐器，巫咸发明鼓的原始意图是什么呢？是为了修炼耳根。

巫咸、巫贤这样的大巫和后世哄骗秦始皇、汉武帝的方士有天地之别，他们不仅知识渊博，而且功夫精妙、智慧超群。他们每年必须有大量时间闭关修炼，通常会选择高山的山谷中安居。老子说：“谷神不死，是谓玄牝。玄牝之门，是谓天地根，绵绵若存，用之不勤。”玄牝即生命运化、分流、滋养、培育的功能。

谷神的“谷”是养神，神是什么？从身体上说肝藏魂、肺藏魄、心藏神、肾藏精、脾藏志，五藏之神为五神，谷能养神。玄牝对应在山中就是山谷，山谷是山中阴性能量最聚集的地方。读者们参究一下为什么老子说的是“是谓天地根”，没说“是为天地根”？

玄，是天道，行健，无常，在人身对应可以为鼻，气息次次不同。牝，是地道，厚德供养全身，在人身应对可以为口，利全身而无争。服气者为天食，采纳五气，从鼻入藏于心，五气清微，达于精神，此曰魂。魂主阳，出入两鼻，呼噏喘息，绵绵微妙，若可存，复若无有，太极循环与天通气；而服五谷者为地食，从口入藏于胃肠。五谷粗杂，往下排泄化为有形血脉，是男女性情发生处，制导七情六欲，此曰魄。魄主阴，出入人口，通泻而下与地通，此为牝。玄牝之门是通天地之精元之根本。

巫师闭关修什么？摄心的能量，巫师需能自主随意导出自己的魂魄而通于天地。人的魂魄能被导出吗？当然！比如正常人在遇到大惊吓时感觉魂飞魄散，身心一片空白，这是被动地被外力导出。真正的巫师是能主动主导自己和他人魂魄出入的，受惊吓后的一片空白和大修行者自主出入不可同日而语。

大修行者的空白是随心所欲，受惊吓的空白是失魂落魄，魂魄和人的精神状态相关，精神力是修出来的。一个虽功能正常但从出生就卧床的人，跑得了马拉松吗？精神力、心力、念力都是无形的能量，没有专门的修炼，注意不是训练，训练是有为的条件反射，作用层面在浅层的心理，形成被动习惯。而修炼的作用要深层得多，可以说正法修炼是层层递进，有意念制伏心魔。

为什么巫能治病？病由心生。人精神状态的放松与否，可自控与否，以及对巫师的信任程度在治病过程中起了决定性作用。故此，真正的巫师是需要长时间修炼的，能“感而遂通”才叫巫师，其闭关方法也是特殊的。首先需要寻找合适的地点，古时候，太白山、秦岭一带的山谷就常被巫师选为闭关修炼地。闭关时期会采用一些特殊的修法，首先是默言、断食，我们在前文已经讨论过了，胃肠不空，人的能量便被用在消化上。语言不净，思维繁杂，就难以集中精神。精是实，神是虚，虚实之道当在虚处用心，故，封闭进路，意识在饥饿中、在静谧中能更加清晰敏锐。

断食之后，会开始高强度的温度刺激，温度刺激法有两种，一种是持续高温或持续寒冷，另一种是冷热交替法。在施用中，冷热交替有帮助打开排解的作用，例如现代人多发的代谢缓慢、乳腺增生等健康问题，冷热交替法就有很好的作用。持续高温或持续低温不是用来排泄，持续高温可帮助气脉运行，持续低温可帮助点燃拙火。持续高温和持续低温在修炼定力中不同时期起不同作用，巫师选用的大部分是持续低温法。故大多选择大雪封山之际闭关修行，时间少则二十一天多则整个冬季，当然闭关几年、十几年的也大有人在。严酷的环境下能激发生命力，严寒中拙火自主冉冉升起。内力升起为阳，精神集中为阴，严寒中的内气点燃全身熊熊温煦之火。在零下十几度的极寒下巫者衣着单薄如如不动，不僵不死，靠的不仅是意志力，还有内力。

现代西方人近期也发现了寒冷刺激对生命的神奇恢复力，逐渐尝试发掘出各种治疗疾病的方法，例如威尔士球星贝尔以及意大利球员博努奇都曾在社交平台晒出冷冻疗法的照片，他们在零下一百多度的温度下进入液氮舱修复身体。为什么人可以忍受零下一百多度的低温呢？这叫“莱顿弗罗斯特效应”，指的是液体不会润湿炙热的表面而仅仅在其上形成一个蒸汽层的现象，当人走进液态氮冷冻舱时，体温相对于零下一百多度的液氮就像个大火球，二者具有极大的温差，这时液氮不会接触到球员的皮肤，而是会形成一个气膜将人隔开。但这种治疗法是骗大脑的，大脑在那一刹那误以为到了极寒的地方，血液中本能分泌抗发炎的蛋白质，血液立即流动减缓并自主流向身体的核心器官，让核心器官获得更多的血氧。

人从液氮舱出来后，有氧血液再向其他地方扩散，通过这种方法可以降低炎症和乳酸。在这种液氮舱里，人只能待几分钟，而同样是低温，古人不靠欺骗大脑而是真正激发体内拙火温阳全身，故能长时间久住。

现代人的低温治疗，实际上体内环境根本没有变化，全靠机器极度刺激身体人为降温，这相当于预支元气，对身体并无切实的益处，更无法作用于精神层面。

断食、低温两关过去后，巫师进入耳根修炼，此时几位护关的童子会轮流负责制造声响，比较普遍的是大声敲鼓，鼓点密集而响亮，修者静坐或静立保持不动，这种情况通常要维持一晚。在山谷中击鼓，尤其是静穆的深夜，鼓声雄壮，伴随山谷的回响，绵绵不断，滔滔不绝，天地为之颤抖，鸟兽为之战栗，山岳为之变色。修者从心随鼓动到不闻鼓声，万籁俱寂，山谷寂静一如深海，人像是坐在海底一般，大音希声，无他无自。鼓声停止后，修者耳根聪慧，许多人连蚂蚁的呼吸、护关童子血流的声音都能听见。

耳根稳定后才进入真正修定，几位护关弟子在一边轮流打鼓、敲锣、吹笛、长啸，而修者需光脚，或站立或端坐在大石头上，对身边一切不反应，保持不动一天一夜或三天三夜或七天七夜，自己仿佛也变成了石头，心如止水，魂魄相依。这样的闭关用今天的话说，像电脑格式化，要重启生命各种密码、信息，生命穿越一切过往归到源头。如此则回归到魂魄同频的状态，以后随心所欲呼之即应。上古巫师的这些修法，皆属于口耳相传，笔者这里介绍的不过是一些形式，至于具体内容，怎么调息，怎么修定，怎么炼耳，怎么御寒，为什么光脚，为什么要在大石头上，什么人需要坐着修，什么人需要站着修，为什么鼓声能激活耳根等密意，由于字数关系，无法一一展开。没有明师指导下，读者切勿模仿。

一般修者都是从给师父护关开始进入的，能允许跟着师父闭关的护关，是经过长期考量的，确定其初具功夫智慧、人品德行、应对能力、入微入宏的能力，才会进一步培养。师者闭关有护法、护关两种护持，护法也有两种，古时多见猛兽，后世多为弟子。我们从经典、语录中可以发现陪伴禅师、真人身边的古时候会有老虎、巨蟒、猿猴等猛兽。例如四祖道信的法嗣牛头法融禅师，他的护法最早是野兽。

贞观十年，法融禅师在南京牛头山幽栖寺北岩下构筑茅茨禅舍，日夕打坐参究，这时牛头山的佛窟寺藏有佛经、道书、佛经史、俗经史和医方图符等七藏，是刘宋初年刘同空造寺时到处访写藏在寺里的著名经藏。法融禅师参究了八年，然后回到幽栖寺，闭关专修。原来这一带经常有老虎出没，连樵夫们都不敢从这里经过，自从禅师入住后，老虎也不伤人了。有一天，法融禅师正在打坐，突然来了一条丈余长的大蟒，目如星火，举头扬威。那蟒在禅舍外待了一天一夜后自动走开。禅舍外还常有群鹿伏在门口，听他讲经唱颂，甚至百鸟衔花来供养他。

要不是四祖道信专门去寻访度化他，他在这些神通境界里活得好不逍遥，可有了这样被世人羡慕的神通就自在了吗？修行的目的是得到这些神通吗？法融禅师在四祖道信指引下悟道后，办道场还自己亲自出去化缘。高宗时期时局紧张，眼看着道场内三百多僧人衣食没有着落，禅师天天下山自己挑米来回走八十里路，供养弟子们衣食。没悟道以前百鸟衔花供养的法融哪里去了？怎么越修神通越没了？还需要自己下山去背粮供养弟子们修行？

度众生如同养育孩子，其实是最烦琐、最操心、最无奈的事，急不得、缓不得、放弃不得，师者需要成全他人的利他精神，才能以超然物外的心情实行教化事业。否则就必然产生失望、抱怨、逃避等心态。我们看原来那个神通广大的懒融不见了，牛头禅的创始人法融祖师却出生了。他以出世的境界做入世的事业，即使被现实所困，也不会有胸襟狭隘的抱怨、私欲丛生的烦恼，什么不是修行呢？

据《五灯会元》记载，宰相裴休曾去拜访华林寺善觉禅师，见禅师只是一人接待，奇怪怎么没见侍者在身边。禅师答道：倒是有两个，只是不能见客。裴休奇怪地问：在什么地方呢？禅师叫道：大空！小空！于是两只老虎呼啸着跑了过来，裴休见了害怕。禅师对两只老虎说：现在有客人，你们回去吧！老虎又哮吼着离去。裴休惊问：您是怎么驯服老虎的？禅师沉默了一阵，说：明白了吗？裴休答：不明白。禅师说：我常念观世音菩萨。

大修行人的护法，除了猛兽、弟子，当然还有许多看不见的能量，佛经里说龙天护法等，是眼不能见、耳不能闻、触不可及的阴性能量。那么有了护法为什么还要护关呢？护法的作用是保护安全，护关的作用是生活和修炼所需的辅助，例如寻找水源、寻找食物、帮忙修炼等。春秋时期，闭关修炼的巫师已经少见，巫师已经大多变成医家、卜者，转入道家当隐士的也不少。再至汉朝，巫师从商周时期参与国家决策，不可或缺的智囊变成了重术不重道的方士，算命、杂耍屡见不鲜，这些行为令正人君子所不齿。

修行人闭关本属于常课，无论道、禅哪一派的修行人都需要闭关涨功。明朝张三丰真人早年不得法，修炼多年也没有找到相应的法，到武当山后，一直在太子洞里闭关。有一天，他突然顿悟到吕祖的修法，一下子就通达了《灵宝毕法》里的精髓，从此脱胎换骨，成为一代宗师。张紫阳真人闭意关时配合断食服气，元丰五年（公元1082年），真人结跏趺坐而化，留下《尸解颂》云："四大欲散，浮云已空。一灵妙有，法界圆通。"门人弟子们"用火烧化得舍利千百，大者如芡实，色皆绀碧"。

生死本是生命两端，此两端互为始终。为什么现代人对生死的恐惧心越来越大呢？因为西方人的观点是：人只有这一生，所以要及时行乐，要博学多闻，要创造发明，要争名夺利，要实现自我价值，这就把生死变成了一条线。有居士曾问虚云老和尚在终南山多日入定是什么境界，答，"本来非动""若有定，即被定魔缚"。动的速度不够快，质、能之间就无法变化而各成其物，动的速度超越临界值，色和空就能转化，就能从量变到质变，我们感觉到光是静止的，其实呢？

有人觉得自己情绪比较稳定就是定力，有人认为喊几句鸡汤，人生就自在了，鸡汤的作用是自我催眠，鸡血的作用是打强心剂，两者都是精神毒品，让人停留在自以为是的幻想中。现代人比古人更需要修定，也比古人更容易修定，现代社会的复杂多变是古人根本无法想象的，现代人时时处处都有考验自己定力的机会。就像运动员没有一个不是锻炼出来的，同样定力也需要修炼。那么，怎么修呢？证和信。

道也好，禅也好，法也好，都是不可捉摸的，它不生不灭，没有固定不变的形象，当您感觉抓住它时，道就变成理，禅就变成学。道是不会被黏住的，而知识和概念会，它们会砌成一个堡垒将人软禁。道是全然，识是分别概念。信，有多、少的概念，在知识范围内的人不会有真正的信心，知识本身就在不断更新换代，而道是不需要信的，就像我们不需要相信嘴巴会说话、胃肠会消化、鼻子会呼吸一样。

不是自己亲身的体验，才有一个相信的过程。母亲绝对不会“相信”这孩子是我的，而父亲却需要有辨识和辨别的过程。真正的信心不会因为任何变化而动摇，风浪如风过耳、如水入沙、如污入水，波涛汹涌却吹不到深海去。真正的信百害不侵，病眼看花，痴人说梦不是信。宇宙、世界都是镜子，您永远看不见真相，只能看到镜像，而镜像都是反过来的。真相也还是您眼见的样子，只有用心体会，没有书本、语言可以表述和记录。

心意识像个小兔，想抓，它反而跑得更快，心不动才会如镜返照，红来现红、绿来现绿。天上的月和镜子里看到的影像似乎是一模一样的，然而您看到的不是真正的月亮，是月亮的影子。禅门说指月，大家误以为手指向天空之月，手指指天其实是比喻，真正的指月是指心。心月无相，从心去观方可见月，月亮是太阳做的梦，我们在地球能见的都是梦月，也就是第二月。

我们以为自己见到道时，其实见到的是道行，是大道向下冲荡分出的支流，是道影，并非道本身。修定是为了能观，否则只能迷惑于眼见、想象。定，从空来，必定也是归于空，只有能认识到五蕴是浮云，三毒是水泡，生死、天堂、地狱全是相，外境和内境里发生的一切幻想、梦境才不会困扰到您。

中国古代传说，有一种动物能为人类吃掉恶梦，它以梦为食，叫“食梦貘”，它无固定体形，形体虚幻。古人从来没有认为梦是不存在的，梦的境界不仅是内境，和外也是相关联的，只是人无法证实，许多书里提到了各种梦：蝴蝶梦、南柯梦、黄粱梦，这是古人对人生境界的思考。

白居易的弟弟白行简因作《李娃传》而出名，其实他还写过一篇《三梦记》，“三梦记”未必是讲虚构故事。

第一个梦是说人能进入别人的梦。刘幽求是唐睿宗时的宰相，有一次夜里归家路上，在离家十几里的地方，有一座寺院，他听到寺里传出男男女女的欢声笑语，心中起疑，见寺院围墙残破，便从缺口进入。到了大殿捅破窗纸俯身窥视，见十几个男女混杂而坐，桌上杯盘罗列，围成一圈在饮酒。再细看，居然发现妻子也在其中。他吃惊之余耐住性子细察仪容、举止，的确是妻子本人，于是捡起块瓦片丢进去，正好砸在桌上洗手盆里，水花四溅，那些人轰然散开就忽然不见了。

刘幽求怒气未消回身叫随从一起进来查看，发现大殿和东西厢房都没人，寺庙的大门在外面也是锁得好好的，他左思右想不得其解，急忙赶回家中。到家时妻子在床上，听到他回来了，起身嘘寒问暖。他问妻子刚才在做什么，妻子笑说：刚才做了一个梦，梦见我和十几人在一寺院里饮酒，那些人我一个都不认识，却在一起取乐。这时有人从外面往里扔东西砸中洗手盆，然后就醒了。读者们尽情发挥一下想象，刘幽求当时的表情和心情该如何吧！

第二个故事是白行简和白居易的亲身经历。元和四年，元稹奉命到四川剑阁任职。元稹字微之，与白居易同科及第，二人曾同倡新乐府运动，世称“元白”。元稹离开十多天后，白行简和白居易等人一起在曲江游玩，晚上一群人喝得正尽兴时，白居易突然停杯说：微之该到梁州了吧！说着，他就在墙上题了首诗：“春来无计破春愁，醉折花枝作酒筹。忽忆故人天际去，计程今日到梁州。”

过了十几天，有人从梁州送来一封元稹的信，信后附了一首《纪梦诗》：“梦君兄弟曲江头，也入慈恩院里游。属吏唤人排马去，觉来身在古梁州。”信后附的日期正是白居易题诗在墙的那一天。这第二个梦是说梦能互通，人能梦到别人的梦。

第三个梦是讲贞元年间，窦质和韦旬两人从亳州入秦地，夜宿潼关。窦质梦见自己在华岩祠遇到一位身穿白衣黑裙的女巫，在路上迎候叩拜作揖，并请求为他祝祷于神灵，窦质不得已只好听之任之。醒后窦质把情形告诉了韦旬。

第二天，他们来到华岩祠，果然有个女巫迎了出来。容貌姿质打扮衣着都和梦里一样。窦质看着韦旬笑说：梦应验了啊！就叫下人从袋中拿了两文钱赏给女巫。女巫拍着手大笑，对周围人说：怎么样？和我的梦一样吧！韦旬吃惊地问她怎么回事。答：昨天我梦见二人从东面来，一个满脸胡须、身材不高的人给了我两文钱。天亮后我把梦到的情形告诉了她们，现在都应验了。

第三个梦是在说梦境能互入，人能做同一个梦。

梦究竟是真还是假呢？白行简在书的结尾处说：从《春秋》到诸子著作

及历代史书，记述梦的很多，但都没有记载过这三种梦。这是怎么回事我不清楚，我只好记录下来，作为保存吧！

1610年，笛卡尔带着长时间思索而不得其解的问题“如何把代数与几何结合起来”入睡。梦中一只苍蝇飞来飞去，飞行时形成各种各样的曲线，苍蝇停在空中时留下一个黑点。笛卡尔猛然醒来，想到苍蝇停在空中就像平面上的一个点，它飞行时形成的曲线可以看作各种图形，于是豁然开朗，他建立了直角坐标系，创立了数学的新分支——解析几何。俄国化学家门捷列夫，1869年在梦里看到一张表，元素们纷纷落在合适的格子里，他醒来后立刻记下了这个表的设计理念：元素的性质随原子序数的递增，呈现有规律的变化，这就是著名的元素周期表。德国化学家凯库勒宣称自己梦见一条正在吞食自己尾巴的蛇，从而悟出苯环的分子结构。许多作曲家，如海顿、莫扎特、瓦格纳等人的创作，都是在梦中获得灵感。爱因斯坦年轻时做过一个梦，梦见他用雪橇沿着陡峭的山坡滑下，越滑越快，当接近光速时，他意识到头上的星星把光折射成他从未见过的色谱，这一景象令他永生难忘，此梦为他提供了思想实验的基础，此后他提出了相对论。

尼古拉·特斯拉是历史上最伟大的科学家之一，他的很多超前实验就是在清明梦中完成的，他能迅速进入高清醒度的清明梦状态，自称“每天睡着之后就去了另一个城市与形形色色的人们交流”。“闪速入梦+绝对清明+不醒之身+超级拟真”，这是清明梦领域的巅峰体验，而特斯拉可谓是超强梦控师。

这些科学家们在梦中解决难题是大脑的作用吗？显然不是，大脑意识在睡眠中休息而灵性出来活动，所以叫“灵感”。诺贝尔奖应该颁给人的大脑意识还是灵感呢？梦境能物化吗？梦能收藏光吗？声能入梦吗？“量子塌陷”和“量子力学波粒二象性”“薛定谔的猫”告诉我们：过去和未来都是当下创造的。除了当下，世间有什么真实存在吗？

我们看不到真相，我们看到的只是对真相的诠释。诠释却让我们与真相相隔了一堵透明的墙。如何接近真相呢？不着相！滴水放到大海里，滴水湮灭了、变少了吗？消失了吗？消弭自我、融合归一才能自在、平安。消弭不能说它空，也不能说它不空。说它空，明明世间有万物、万事、万有，有千般方便、六般神用；说它不空，那些在哪儿呢？

执著有个“一”是病。六般神用，是“尘”，灵光独耀是“光”。色、空之间，是色非色，是空不空。语言文字代表知识，知识即“名可名，非常名”的名，它有角度、有概念、有结论，语言文字只是戏论，把戏论当真，就是被戏戏了。

有一天，孔子和曾子说：“参乎！吾道一以贯之。”曾子曰：“唯。”子出。门人问曰：“何谓也？”曾子曰：“夫子之道，忠恕而已矣。”

曾参是孔子最得意的弟子之一，他对老师传授的法理解日趋精深，所以孔子问他：你明白我所说的“道”吗？天下之事有千万种变换，天下之物有千万种分别，如果在每一个事物上细细讲求，肯定会头绪万千，流于末节，找不到下手地方。然而天下的事物都可以贯通，世间万事任凭千变万化，都能合乎“道”。

曾子恍然大悟，答：唯。

圣人心法,他心领神会。而其他学生不明白。

孔子出去后,大家就围着曾子问:师兄,夫子说的是什么意思?

曾子答:夫子所说的不过是忠恕而已。一个人的心就是千万人的心,自己心中渴望的就是其他人心中渴望的。如果心中每个念头都出于“忠”,就能够推及他人;如果心中每个念头都出于“恕”,就可以包容他人。一心可以遍通一切,就是这个意思。

孔子说的明明是一,为什么到了曾子这里变成了二?这是曾子不对吗?“吾道一以贯之”,一生二,忠恕是二,但需要行,行就是三。孔子等一切圣人是用玄机授心法,曾子和迦叶尊者一样,刹那间领悟心法之微妙。面对师兄弟的疑问,曾子用“忠恕”来解释,不过是应对之法。“忠恕”近乎“道”,尽己之谓“忠”;己所不欲,勿施于人,是谓“恕”。对不能领悟老师精妙的师兄弟,曾子这样解释很恰当。

水的分子式是H_2O,是一氧化二氢,知道了一氧化二氢后,就知道水性了,变成冰是H_2O,变成海水、溪水、湖水、茶水其中的水分子还是H_2O。法也一样,取了一法,即知一切法,其他都是相。而想了解相,把无数的云端加在一起,无量的知识加在一起,也学不完、知不全。庄子说:“吾生也有涯,而知也无涯。以有涯随无涯,殆已!”人生是有涯的,以有涯之生求无涯之知,这不是痴吗?

惑于相,难免去越来越细化地研究。水是H_2O,可为什么是H_2O?为什么必须是两个氢原子加一个氧原子,而不是两个氧原子加一个氢原子呢?如是如是。

有些问题是不用问的，也没有答案，如其所如。就像人真的是进化来的吗？进化论现在仍有很多无法回答的问题，那么人真的是上帝造出来的吗？宗教说是，科学说不是，究竟怎么来的？这个问题儒家的回答就很好，既非“无神论”，也非“有神论”，然而丝毫不耽误其祭天祭地祭祖。为什么？为“礼制”！为了活着的人而祭，为了社会有序、人有敬畏而祭。故此樊迟问“知”，子曰：“务民之义，敬鬼神而远之，可谓知矣。”祭奠和迷信无关，如果违背了这个重点，祭奠就成为违制的淫祭。

人就是人，水就是水，法就是法，佛法里说得很清楚，一切万物皆“因缘和合而生”，老子说“道法自然”，万物的源头是因缘，因缘变了生出来的就会变，因缘是无法穷尽的。大修行人能通过自身境界的变化见本来面目，即能观因缘之前因，一法遍含一切法，为什么最终要“同其尘”？因为人不能异于万物，修成后不是离开而是需要回来。

锐和纷是两面，有些人表面强势，说话不留余地。但这种锐却不坚硬，见风使舵八面玲珑，遇到更强的人突然会偃旗息鼓，这变化是由于内心纷乱不堪。想凌驾于人证明自己，却常常事与愿违，小聪明的人对弱势群体就会剑拔弩张，越想证明自己越代表其内心虚弱，不能随着所学而深入修证，聚不了精，会不了神，听不进法，见不了道。

四月中旬，笔者在青岛崂山云上精舍和几位学生有一段对话，和读者们分享。

某甲：老师您讲解一下“和其光”究竟是什么意思？

师：“和其光”不是名词、概念。从修行角度讲有采、纳、摄三种修法，自古以来很多修行心法书上的记载都比较含糊。采不是采花一样的采，采是采光，纳是纳气，摄包含了摄心和摄食。

光怎么采？我们看二郎神像额头中间的天眼了吗？那个地方不是随便画的，《云笈七签》云：“两眉间却入一寸为明堂宫，却入二寸为洞房，却入三寸为丹田。”这里是人采光的光源。从世间角度说要采的光是阳光，最浅层的“和光”是与阳光相应。太阳照到大地上，植物、动物大部分靠光合作用产生生命需要的营养。

某丙：老师您说过大修行人对阳光并无世间人那种依赖，这些人在伸手不见五指的洞里长期生活，那“和其光”对修行人是什么含义呢？

师：维持生命体活力的渠道有两条，一条是血路，也就是西医说的血管、毛细血管和中医说的气血，没有修炼的普通人靠的是血路，平时通过一定的运动激活气血，这是正常的生理营养输送管道。另一条是气路，从浅层意义的经络、奇经八脉、三脉七轮到更深层的气脉，都是需要通过修炼打开生命体更精妙的气路。只不过这条路无形无相，在修的过程中障碍重重，功夫智慧不够的人不容易进入。但真正的修炼是从这里开始的，血路可以人为训练、药物作用，有指标、有检验、有感觉。而气路不同，气路修炼如果不得法最容易走火入魔，从身体上说修炼的不如法容易伤害五脏六腑，得气病。从精神上说容易被小成迷惑，有的人发了“神通”，开了“天眼”，迷惑在能见鬼神、知前世、能发功治病等境界里，这属于修气路不当引起的走火入魔。

某甲：我一直以为自己气感比过去好了，看来要小心了！

师:迷惑在气感、神通、感受等境界里为正法修行的人所不为,什么是“一切唯心造”?您喜欢、执著、向往什么就容易来什么样的幻觉。为什么修行一定要专心呢?走在熙熙攘攘的大街上,迎面而过的那么多行人您会在意吗?喧嚣的噪音您会听清楚内容吗?心不静时,就算您打坐坐了很久内心也会充满喧嚣的杂音。只有心中清净的时候才能集中专注和内在那一丝若有若无的真气契合。“心生则种种法生”清净心里才有法,嘈杂心中只有欲。当您的心学会专注了,就像在大街上突然见到恋人一般,其他的杂音、行人虽在,但您视而不见听而不闻,心中只有急于和恋人相会,这就是法生了。

某乙:如何生清净心呢?

师:《道德经》开篇就说:“故常无欲以观其妙,常有欲以观其徼。”您的心在有欲状态下是作用不到气路的,有欲的心有计划、有目标、有成绩、有比较、有检测、有进退,等等,在这种乱七八糟的心态中人如何能进入妙不可言的气路?心情上下起伏,被身体的酸麻肿胀带着跑,患得患失的心只能观徼,无法明妙。修炼必应是无欲心带动的,才能自然而然,无为而无不为。

某甲:这就是说我想修气脉的心根本就是幻想。

某丁:您不是老说修炼快十年了还没有悟道太慢了吗?看来悟道和气路都是无欲心进入的,哪有什么五年、十年规划?又不是博士毕业可以算出来时间,我决定好好精进,但不计划也不期待。

师:什么叫顿悟?修行是让您放下!时间、计划、名分等都是有欲心。

只问耕耘、不问收获才能制心一处。世间人的生命需要阳光，可是阳光仅仅能作用于气血循环，不能达到更深层的气路，气路通了才能神气活现。气路中的气也需要光，身的通路被垃圾食物、脂肪、淤血堵塞，气的通路是被杂念、执著等意识堵塞，堵塞的东西就像积雪一般，光一照进就能消融，故而需要“和光”。“和光”是修法，不是概念。

和什么光呢？您在什么境界就和什么光，例如您在食色境界里，那么多晒太阳，会帮助气血运行，但您不能多晒，否则会晒伤，并且夜晚也是没有阳光的。体内如果内热不起，光靠外力是不持久、不究竟的。如果您已经是无欲心带动的生命境界了，那么您需要灵光来消融心意识中的妄想。般若智慧能散发出内光遍布身内外，和于慧光才能根本地作用于生命。

某丙：怎么“和”？

师：人两眉中间到额头这区域是灵光的受光区，我们看大修行人的额头和普通人不太一样，古人的画像中圣人额头往往很突出，所谓天庭饱满。西医说是人的神经中枢所在地。从中医学角度看，头为诸阳之首，为人身百脉所会聚的地方，面为五脏之表，为精气所会聚的地方，重大疾病从面相气色是能被察觉的。从经络来说骨主气与肾络相应，肾为先天之本，故骨、头为阳为君，头骨坚奇耸突、有威严气势为贵。为什么许多修行人一年四季经常戴着帽子？时刻要护额头和百会，这就像刀须有鞘一样。所以不要认为采光是晒太阳，许多修行人在洞里一住多年，少见阳光，却依然可以和光。闭黑关也是一样，和光是深入和内在的慧光和合，不是晒太阳。不过修定是刀剑歃血，虎口拔牙，没有修行基础或根本不懂调息，欲望心重无法入静的人，不能自己乱来，否则容易走火入魔。

某乙：看来必须向内才能伏魔。

师：西方有一则故事，说上帝花了七天造了人以后开始有了烦恼，形形色色的人什么事情都来找他。于是上帝躲起来，他先躲在山上，可人锲而不舍上山去找。那就躲到海底吧，人又能潜海去找。最后上帝想，什么地方能让人找不到呢？啊！人心！于是上帝就躲进人的心里，这么多年过去，人还在外面盲目地找上帝，却不知道上帝就在自己心里。

（众笑。）

师：修行的方法在普通人的眼中是极端的，然而这不过是普通人不理解而已。难者不会，会者不难，您觉得走钢丝是极端的，对于长期训练的人来说，走钢丝并不难。幼儿园的孩子看不懂博士论文，对于博士却没多难。所以您没达到那个境界时，不要用现有的标准去评价和自己境界、能量不同的人。能合于内心的人是能自我繁殖的。靠别人繁殖是被动的寄养，自我繁殖是能合于大道，无我无他，此时会发现处处是"我"，灯灯无尽，您就能和佛陀、老子、孔子、惠能祖师隔空对话，心法隔代相传。能生生不息的只有精神和思想，不可能是肉体的、物质的，肉体和物质是在生死中的。闭关，是关闭过去心、未来心、现在心，能追我的只有影子，我惧怕的也是影子，影子是我的投影，"我"却不是影子。

合于灵光的程度和您当下的境界、认知、能量场有关。两眉之间到额头部位既是受体也是反应体，有些修行人闭关一段时间可以看到明显的额头越来越突出，眼神越来越清亮。那么有进必有出，进的区域知道了，出处在哪儿呢？就在眼睛！灵光会从眼睛出，出来的叫眼神。没有修行过的人眼睛出来的是普通眼光，眼神即使是能量好的盲人也可能会有。这是灵光的出口，目光炯炯，深不可测，能杀敌，能摄心，能转气，能夺情，能治病。聚集神光的眼睛必是明亮的，但这种亮不是贼亮，而是内敛的，像黑洞一样层峦密布，炫动深邃。

您们看我手里这把紫砂壶，为什么特别？因为它有岁月的痕迹，这种内敛低沉、朴素的光芒不是一蹴而就的，和玩核桃那种用手的油脂、汗水泥垢养出来的亮光是两码事。这种叫“宝光”，是岁月幽深的结晶，淡淡的不张扬，好像谦逊和顺的长者，行住坐卧会让人有一种春风拂面的感受。这和急于求成、锋芒毕露的“贼光”有霄壤之别，和于灵光的眼神必是稳厚的，充满了智慧、慈悲、冷静，明锐、婉转和谦达。

某甲：我也有机会和光吗？

师：如果您不是光，就和不了光，如果您不是佛，就成不了佛。虽然每个人都有佛性，但都是因地佛，不代表每个人都能成佛果。和光不是合一，而是和光一起飞舞。道不是静止的，光不是不动的，和光即“入流”，生命通过各种平动、内旋、外旋、双螺旋等内动从而产生一个个圆，圆是一种形态，其所见相是圆相。每个生命都有裂缝的，裂缝是生命的谷神，也是活眼。为什么您感觉不到生命的光？智慧不足故，没有智慧看不到光，没有功夫和不了光。

某甲：什么是纳气呢？

师：西方人误解吐纳就是深呼吸法。吐纳是炼气、行气法，不是深呼

吸。身心修炼的桥梁是“气”,此“气”不仅指呼吸。人在受生之初,胞胎之内,以脐带随母受气,胎儿之气通母气,母气通天地之气,天地之气通太和之气。胎儿并无自主口鼻呼吸,任督二脉息息相通,无有隔阂,谓之“胎息”。出生后呼吸即上断于口鼻,下断于尾闾,变成常人的呼吸,随咽喉而下,至肺部退回,气粗而浮,呼长而吸短,从此气不能下行于腹,而腹内所蓄之元气“动而愈出”,反失于本体。久而久之,先天元气损耗殆尽,肾虚肺弱,升降不利,身衰力竭。吐纳是通过行气固生命之本,下治百病,上达神明。纳气的进出处是两个鼻孔,吸气为阴,呼气为阳,通过阴阳变化,一吐一纳自成其太极。

某甲:纳气需要在氧气充足、负氧离子高的地方修吗?

师:许多修行人长年住在海拔高的地方,氧气稀薄,还有许多身处红尘的修行者,在空气环境污染的地方生活,一样可以吐纳。

某甲:什么是摄食?

师:水和固食从嘴巴进,从尿道和肛门排出,嘴巴和水道、谷道,形成一个上下循环的椭圆形消化管道。食物是属于阴性的,吃得越多越容易昏沉,摄食指的是少吃不相应的食物,尽量减少胃肠负担从而充分调动体内的阳气来生发活力。食物吃得多了身体必然阴气下沉,阳气是生命的活力,阴湿是生命的死气、病气、瘴气,阳气充沛的生命具足了上升之气。修行人闭关几乎吃得都特别少,并且许多人在子时修行,中医说子时肝胆经要排毒,所以需要休息。而修行则不然,过了子时大地的阳气是从下往上升的,凌晨是正常人最困倦的时候,却是修行人最清明的时间,佛陀就是凌晨开悟的。深夜修行能量是从下往上升的,此所谓“开顶”。

某丁:我跟修行好的人坐在一起会感到通体舒泰。

某甲:我不仅舒泰,还感觉明显的身体内动。

某丙:我就不停出汗,心跳也快。

师:修行好的人气场大,电、磁力足。故此有人感觉这些人像一团火,一靠近就会感觉到自己身体发热,心跳加快,大汗淋漓;有人却感觉这些人像冰山,一靠近会感觉发冷发抖;也有人感觉好像到了深山老林一般呼吸顺畅,其实您自己的身心状态如何,反作用力如何。

某甲:您再说说和光吧!

师:两眉至额头区域是“神”,采集和散发的神力,也就是精神力;中间是“气”,采集和散发的活力,也就是生命力;最下面是“精”,采集和散发的体力,也就是运动力。由上而下是下降,由下而上是升华,修炼的途径是由精化气,由气化神,由后天体力通过启动活力而升华至先天神力。人如果不修炼,必然被欲望指挥,身体变得越来越沉重、懒惰。懒惰不仅是身体,还有精神,有些人锻炼起来不懒惰,但不肯用心思考学习,古代说这些是一介武夫。身心下坠的力量能把先天能量被动拖入后天,由神变气,由气变精,一路下滑,其中产生各种欲望,食色、名誉、地位、财富等都在此列。精、气、神就像水一样,可以变成水蒸气,也可以结成冰,三相是一,不是三,故能互转。为什么一能变成精、气、神呢?因为层次不同。和光的三条线就是三个圆:最下层摄食为椭圆;中间两个鼻孔吐纳为平圆;采光的通道是螺旋形的天圆。

某甲:您再说说什么是“同其尘”?

师:如天健行是“和光”,如地不动为“同尘”,变和不变,动和静本来不二。光是最变化莫测、最捉摸不定的,无来无去、无孔不入,是充斥宇宙间所有的能量。光无形,故只能和;尘,尘是物,故可以同。我的一些前辈年轻时在深山闭关静修,他们有时见面喝茶时常会谈修行,许多人为了探测自己的境界,会下山到红尘中去体验。有的去热闹的十字街头,有的去菜市场,有的去食肆或大排档,还有的去火葬场、医院,在熙熙攘攘的人群中,在哭声震天的地方静坐。结果呢?许多前辈坐不了多久就会心烦意乱,这是“同其尘”的功夫不够。还有一位前辈长期在深山修行,结果被师兄拉下山帮助照顾一下他的寺庙,寺庙在繁华的都市,前辈盛情难却只好去了,结果不满一周就逃跑了。为什么呢?周围人声鼎沸,寺里香烟缭绕,僧人们修行懒散,这一切对于一个长期住山的人来说如同灾难,看不惯,听不惯,呼吸不畅,所以感觉自己就要往生了。

回自己茅屋的路上,他见到一个无人的草庐,便在此打坐歇脚,周围小溪潺潺,鸟语花香,过了许久,前辈终于感觉自己从噩梦中缓过来了,不禁长吁一口气,大声说:这才是我的世界啊!谁知话音刚落,身后转出来一位少年,问:师父为什么这么说?因见他清秀可人,举止有礼,前辈便如实说道:我的草堂在后山,还有半天的路,我就在这里歇息一下。我今天刚从都市里回来,那里实在太吵闹了,不是修行的地方,还是山里好啊!

少年听了说:这位师父!您听,这周围的知了、小鸟、溪声,地上还有那么多蚂蚁、蜘蛛和毒虫,这些难道不吵闹吗?

前辈摆手说:我不觉得吵闹。

少年说:那是您有了垢净分别的心!您心里并不净啊!

前辈听完怔了半晌无语,过了一会儿他站起来躬身行礼,说:您就是菩萨啊!说完头也不回地下了山,回到都市里完成自己的责任。随后他四处化缘,在都市里建了道场,一生在都市弘法。

某乙:我们上次集体去韩国华严寺听过了金刚窟的传说,这是不是也是“同其尘”?

师:韩国智异山确实有金刚窟的传说,这和我们这里崂山的那罗延窟不一样,那罗延窟是有形的山洞,而金刚窟传说中它仿佛是穿越不同维次之间的虫洞。生命其实有各种状态,人类属于有机碳基生命,那么有没有无形的、非碳基的生命呢?无线电、光波可以穿墙走壁,有没有生命通过载光、载波的形式载身往来各个维次呢?您修行了就可能会遇到各种不可思议的事情,据说唐朝时期百济的真表律师是在金刚窟修行成就的第一人。

真表律师是百济人,家里世世代代以射猎为生,他出家前骁勇敏捷,最擅长弓箭。唐开元年间,他有一次在山中捕猎,稍觉疲惫,于是田边休息,闲来折下柳条,把水沟中的蛤蟆抓起,抓了大约三十只,穿成一串放在水里,打算回家路过再带回食用。后来他在山里追鹿,从另一条路回家,把蛤蟆的事忘得一干二净。第二年春天,他上山打猎时路过田边,听到蛤蟆叫,一看,啊!想起了这些原来是自己去年抓的蛤蟆!没想到居然还都活着,可惜被穿成了一串,他看到此情此景当下生起忏悔心,很自责为了自己口腹之欲,让蛤蟆痛苦了一年。

经此事后，他发起修行之心。他归隐深山，日夜精进闭关修行了二十一天，此间从不偷懒，终于身心愉悦，改名“真表”。传说真表律师身边，常年随着两只老虎，律师对他们说：你们带我去可以修行的清净地方吧！老虎们走着走着到达山中某处便蹲守下来，律师将锡杖挂在树枝上，自此驻扎修行。

某甲：记得您说过真表律师的禅颂唱得特别精妙？

师：是的，他的梵呗、佛经、偈颂等声由心出，非常引人入胜。

禅颂的力量是不可思议的，物理学家们早就领悟到宇宙是由能量振动构成的，各种级别的振动构成了宇宙万物，而唱颂是修者和万物知觉和意识互通的体现，它以不同级别的“波”的形式出现。无论是具象的大地、日月、生物，还是抽象的声音、光线、思想等，禅颂里包罗万象，各种声音以不同频率振动“波”构成。因此修法里唱颂能引人入境。

人类的感觉，相对于视觉、嗅觉、味觉和触觉，听觉会更加精微和抽象，并能更直接地影响心灵。有能量的唱颂是去除自、他杂念的法宝，微细音能钻入一一毛孔，宏亮声能摄万千心魔。宏、微是虚实之道，阴阳两面的作用能驾驭自、他心意，突破原有的限制，与宇宙万物、万事、万有发生可知或不可知的共鸣，从而渐渐将不同频道调试、修正以至于和谐。修行中内观修法是一种听不见的音振，属阴颂，而唱颂是听得见的内观，属阳观。

某甲：我也时常唱颂，确实常能感觉妙不可言。

师：唱颂的声音虽然从嘴巴发出，其实舌头在微动中点击了口腔上腭的84个反射点，这些反射点如同知觉电脑的键盘，发出每个原初声音。如果开启了由反射点形成的程序,能将信息传递到视丘下部,视丘下部是接受并转换大脑皮层、身体细胞和感官的信息的区域,能作用于人体内分泌、新陈代谢等。声波本就具有治疗作用,在声音作用下,身体每个细胞都会产生共鸣与共振,这就是不颂而颂。

我们为什么自我意识那么强?心意会本能地、不断地、自动促使我们执著并认同于某个对象、感觉或思想,有自我意识并不是坏事,但要知道它具有局限性。当我只有自我时,一切行为、语言、意识都被带入了圈套,唱颂能改变我们内在的频率,进入自心和他心。并且唱颂不仅是声音,声音和气息、节奏的融合能指挥心意,故而唱颂是指挥,声音是作曲,节奏是休止符,气息是演出,和谐的状态下唱颂本身就是生命的交响曲。

某乙:唱颂的内容我听不懂怎么办?

师:不必弄懂其含义,您只需要把知觉打开,敞开心灵放松地去接纳发自灵性的声音,让它渗透到全身的每一个毛孔,产生出各种共鸣,让那些灵性微妙音在内心中摧毁原有的堡垒,从而生命之水能灌溉全身。我们为什么称听法叫法雨呢?天空中下雨有几个特点,我们看不见上升的水汽,而只能见到下降的雨滴,雨滴是实,水汽是虚,决定实的是虚。

修行要在虚处转化,雨下得大不大和上升了多少水汽相关,和雨本身无关。同理,您希望周身被法雨灌溉就要在虚处用心、发力,才能得到灌顶而落的法雨。雨还有一个特点,就是持续性,您看雨有断裂的吗?无论是大雨还是小雨都是持续性的,修炼亦是,灌顶的法雨不能时断时续,道是须臾不能离的。音作为原力可以唤醒生命灵性,这根本不需要听者做什么人为的努力，而是自然而然地接纳，不分别，不排斥，不恐惧，从而意识自然而然地转变成为一种无与伦比的力量。

某丙：我就遇到有人听禅颂恐惧，怕被催眠。

某乙：还有人在分析这声音是什么高八度，气有多长。

某甲：这些属于自寻烦恼的人。

师：真表律师之后，第二个有历史文献记载的金刚窟成就者是道诜禅师。唐高宗时，新罗统一了三国，百济、高句丽没想到被最弱小的新罗统一了，新罗之后还有个后三国又乱了一段时间，后三国被高丽国王王建统一，王建的师父是道诜禅师。历史记载道诜禅师在金刚窟来往修行了三十多年，是他建议在朝鲜半岛气场最好的地方建造寺庙，现在韩国曹溪宗的许多大本庙，还是他那时候规划并建造的。王建能建立高丽国得益于道诜禅师的智慧指引，这之后朝鲜半岛从高丽时期进入朝鲜时期，就几乎不见关于金刚窟修行的记载了。

二十世纪三十年代，半岛还是日占时期，智异山华严寺的住持是真应禅师，侍者叫龙河，他七岁出家的时候给水月禅师做过侍者，当时水月禅师是泉隐寺方丈。禅师本来去泉隐寺是挂单修行的，谁也不认识他，他就一直在后院打杂。一天晚上有村民半夜起夜，抬头看见寺院里好像着火了，敲锣呼喊全村人上山去救火，结果大家气喘吁吁赶到寺庙发现只是一束光射出来，再找发现是有人在入定，当时的方丈赶紧敲磬请他出定，问：您是谁呀？答：我是水月。方丈赶紧说：请您当方丈吧！

某甲：这个村子我们去了，现在还叫“放光村”。

师：水月禅师无奈，只好勉为其难当了方丈，可不到一年就离开了，侍者龙河就去了华严寺佛学院做了学僧。龙河非常用功，起早贪黑读书，但他天资不高，今天读的明天就忘，所以尽管每天特别用功可还是什么也记不住。这么过了一段时间，他用功第一，成绩却是倒数第一，真应禅师看这孩子太可怜了，就把他带在身边修行。真应禅师在般若峰有个茅棚，下面是石钟台。

传说般若峰是文殊菩萨的道场，文殊菩萨的童子是吉祥童子，每天在石钟台敲钟，但实际上没有人听过吉祥童子敲钟。

这一年冬天，禅师带着龙河在茅棚里过冬安居，两人在那里从早到晚就是打坐专修。有护关每天给他们送一锅粥，困了就稍微睡一会儿，然后继续打坐。这样坐到第七天太阳初升时，真应禅师突然跟龙河说：我听到吉祥童子的钟声了。

石钟台离华严寺八公里左右，山里很安静，每天早晨三点钟华严寺早课敲钟时，在茅棚也可以听到。那真应禅师为什么说这次听到的不是华严寺敲的钟呢？华严寺的钟声是怎么敲的？先是三声咚——咚——咚，然后是两声咚——咚，最后以三声咚——咚——咚回向，是五加三的敲法。一般敲三分钟左右，然后僧人们开始唱颂，每天固定。这次禅师说他听到的是吉祥童子敲的钟，是因为华严寺的钟声固定三点钟敲，那时候天是黑的，可那天早晨禅师听完钟声睁开眼睛的时候太阳已经出来了，也就是虽然是一模一样的五加三敲法，但钟声持续敲了三个多小时，一直到六点多太阳出来钟声才结束。

龙河一听不得了，赶紧把耳朵凑到师父耳边也想听听，可他啥也没听见。龙河于是更精进修行。从真应禅师每天能听到吉祥童子的钟声那天起，又过了七天，也就是第十四天的时候，龙河终于也听到了吉祥童子的钟声。

这里面有一个细节要注意。两位修的是四祖道信禅师所提倡的“念佛禅”，这和净土宗的“念佛”有区别。净土宗的念佛是选定一佛，而且在念这一佛的时候有明确的目标，要往生西方或东方等各菩萨净土。而道信禅师的“念佛禅”是修者自己来确定究竟念哪一佛：如来佛、文殊菩萨、观音菩萨都可以。修者在“念佛”时不起“攀缘心”，没有明确目标，比如念佛时希望见到佛、菩萨，希望得神通得感应，或希望往生哪个净土，等等，这些都是攀缘心。当时真应禅师一直念的是南无文殊菩萨，而小龙河跟水月禅师开始修行学的是水月大悲咒修法，故此念的是南无观世音菩萨。十四天后，龙河也听到了同样的吉祥童子钟声，那么，龙河听到的是观音法会的钟声呢，还是文殊法会的钟声呢？文殊和观音是一位菩萨还是两位菩萨？观音会和文殊会有什么区别？

（众沉思不语。）

师：冬安居结束后，真应禅师和小龙河回到了华严寺，从此以后，小龙河读佛经过目不忘，师父讲法的内容他也能全然通达，佛学院最后一年他开始读《华严经》，翻开第一页，后面内容全都理解。他毕业的时候正好二十岁，真应禅师把方丈的位置传给了他。

龙河禅师之前，华严寺这个级别寺庙的方丈，年龄都是50岁以上，从来没有过缺乏30年以上修行经历可以当华严寺方丈的。后来他还兼做了泉隐寺的方丈，一个20几岁的年轻人成为了两个大本庙的方丈，这更是闻所未闻。龙河禅师并没有因为当方丈而耽误修行，他自述曾经多次去金刚窟修行。可惜的是当时半岛被日本占领，逼迫所有的僧人还俗结婚，龙河禅师同样被强迫离开寺庙。之后他的功夫智慧慢慢就退转了，他自述五十岁的时候曾经多次再上山找金刚窟，却怎么也找不着了。

龙河禅师之后，华严寺的方丈是道光禅师，他当然知道金刚窟修行的殊胜，发誓要找到金刚窟。他发动俗家弟子两百多人，加上寺内的和尚百多人开始搜山，般若峰被他挖地三尺一般搜了十来天，结果呢？当然搜不到了。

某甲：境界不到时，相逢不相识。

师：龙河禅师跟着真应禅师修行，修法不同为什么所闻相同？钟声真是吉祥童子敲的吗？我也不清楚，但我知道这叫助缘，机缘到了，助缘才能起作用，才能帮助您悟道。两位禅师是听钟声悟道，您也可以听鸟声、水声悟道，能帮助您悟道的鸟声、水声是不是观音菩萨发出的？如果执著在这种问题上就是有欲心，所以您们不要关心那钟声是谁敲的，金刚窟在哪儿，有没有真的吉祥童子，而是要关心两位禅师为什么听了钟声后真正放下了，钟声可没有让他们更加分别。

某乙：许多事情我等凡夫确实无法理解。

师：爱因斯坦曾说“关于宇宙最难以理解的事情是，它居然可以被理解”。这句话有几层含义，如果我们用科学能解释宇宙，那恰恰说明我们所能理解的是被设计出来的，谁设计的？宗教说是上帝、神，牛顿怀疑是某种力量,也可以说是“心”。科学那么发达了都能见453亿光年的地方了,为什么至今掘地却不能超过15公里?往内走的难度要远远大于外行,生命亦是。向外发展是容易的,内求内进是最难的。如果宇宙和地球一样是有边无界的,我们找不到地球的边界不代表地球是无限的。

金刚窟之所以不可思议,是您找不到那个边界,现代科学都已经发现粒子运动基于观测者角度不同现象不同的波粒性质,电子运动都已经是概率云,只因为观测显示其轨迹,那么您为什么还执著在如此有限的眼见、听闻上呢?我们所理解的碳基生命不会是全部的生命类型,外星人也不会是电影里的那些怪物,生命的种类、生命的轨迹、生命的丰富都远比神话故事更精彩。生命的意义,没有合于大道的人自己是不清楚的。珍珠不知道自己的价值,而珠宝商知道。

某乙:老师的话我有时听不懂,所以看大家兴高采烈地听,我却时常走神。

师:如果有人脱光了坐在你们面前,大家会有什么反应?

某甲:很高兴。

某丙:没反应,很正常。

师:说很高兴的您不敢直面看!说没反应的您在自欺欺人。

某乙:我会马上找衣服来帮她披上。

师:对啰!您胆子小,心里最容易恐慌。其实我们明明知道每个人都是赤条条地来到这个世界,再赤条条地离开,大家只是隔着衣服而已。衣服是相,可为什么我一说要把相去掉有人那么害怕呢?不要说真脱掉,就是听着都恐慌呢？语言带给您的恐慌是语言本身的威力吗？那么思想层面上是不是也这样呢？明明知道许多是假象，可一旦说要去除假象时就恐慌。为什么越接近真相时人越慌张呢？留个相才感觉安全？您们常说想要见真相，其实心里却怕见。同理，为什么同样听课有些人有反应，有些人没反应？从人的角度说，百分百对身边人裸体会有反应，只是反应程度各不相同，因为大家是同类。可是在场的猫、狗、鱼会对人的裸体起反应吗？

某甲：它们的反应我们不知道。

某丁：它们有没有反应我们不知道。

某乙：我们的反应它们也不知道。

某丙：色类各有道。

（众皆笑。）

师：动物们对人而言是异类，无论人穿或不穿衣服，穿什么衣服，不是它们关心的问题。可是我在这里要说的不是动物，而是那些读经典没反应、观禅画没反应、修行没反应、听法没反应的无感人士，是不是也是异类？对思想没兴趣，只关心赚钱、机会、男女、食物、地盘、名誉、面子，关心到这里养生，获取某些能量，得到加持，对和自己利益无关的都视而不见。

（众默。）

师：人不能老停留在动物性本能上。

（众点头。）

某甲：我打坐时偶尔能见到某种洞，好像是法界大开的门户，这种情况正常吗?

师:对您属于幻想,对大修行人则未必。这取决于修者当下的状态,您还处在有欲心阶段,能见的都是幻象。

《祖堂集》载,一次马祖在房间里突然大喝一声,弟子们赶紧跑进去看发生了什么事,结果法堂里除了马祖外空无一人,弟子们就问:师父,您喝谁? 马祖讲:“老僧见十方法界一时显现,我嫌它碍眼,所以喝。”十方法界在他眼前显现了,要是您高兴都来不及,为什么马祖说障他的眼呢? 翻遍山林去找金刚窟的愚人啊,被马祖遇到岂不是要当场打昏?

安住于平常才是真的道行,马祖根本不需要去什么金刚窟修行,他的大自在就是他在哪里,哪里就是仙境。那么十方法界真的能碍他老人家的眼吗? 他这是在给愚人说法,至于当时为什么要这么说,我们不能妄加猜测,只能从中参悟。

我们读公案,不是在文字上打转,而是参究圣人想说什么法,法才是我们需要从文字、语言、传说、公案里相应的。

像马祖这样的祖师,有什么东西能碍到他的眼呢? 如果能碍到,他还是马祖吗? 禅门祖师尽泯世间、出世间之别,将消极的苦、无我转为积极的入世利他行,故名“生活禅”。其教旨直指人心,见性成佛,而后推演愈烈乃至无佛可成,无境可留,无法可得,无烦恼可除,无涅槃可住,无真无俗,本分事接人方为大自在。如此,则老庄之道,便是禅;孔孟之仁,便是慈悲,儒道禅同以一心为利世之宗法,故而万法归一。

老子曰:“视之不见名曰夷,听之不闻名曰希,搏之不得名曰微。此三者，不可致诘，故混而为一。其上不皦，其下不昧。绳绳不可名，复归于无物。是谓无状之状，无物之象，是谓惚恍。迎之不见其首，随之不见其后。”妙不可见，妙不可言，妙不可闻，但不就在平常中吗？不就在祖师的嬉笑怒骂、拳打脚踢、似是而非里吗？您不能同频，不能同尘，如此才会骑马寻马，四处外求。

某甲：逆来顺受或遇到问题睁只眼闭只眼，不直接发生矛盾和冲突是“同其尘”吗？

师：黑暗和光明能调和吗？严冬和酷暑能调和吗？悟和不悟能调和吗？生和死能调和吗？

某甲：知道了，“同其尘”即“平常心是道”。

师：禅门祖师有两段关于“平常心”的语录。据《五灯会元》记载：

> 赵州问南泉：“如何是道？”泉云：“平常心是道。”州问：“还可趣向否？”泉云：“拟向即乖！”州问：“不拟争知是道？”泉云：“道不属知，不属不知；知是妄觉，不知是无记。若真达不拟之道，犹如太虚廓然洞豁，岂可强是非也！”赵州乃于言下顿悟玄旨，心如朗月。

名满天下的赵州禅师就是在南泉禅师这段话中顿悟禅旨的。禅门中会以“平常心是道”指禅修运用于日常生活中所具有的根本心，喝茶、吃饭、穿衣、担水、工作、做家务时时刻刻不离道，便是平常心，什么是“拟向即乖”？“乖”的本意是违背、背离、不和谐，如“乖气致戾，和气致祥”。针对赵州禅师问的“不拟争知是道”，南泉禅师毫不客气地回答他：一旦纠结在人为计较、计划、思量中，就违背了禅旨，落入第二念，这就见不了道了。唯有和道融为一体，行、住、坐、卧，起居动作处处不思量，真实、真心、真情才是平常心。

又，马祖亦开示曰：

> 道不用修，但莫污染。何为污染？但有生死心，造作趣向皆是污染。若欲直会其道，平常心是道。谓平常心无造作、无是非、无取舍、无断常、无凡无圣……只如今行住坐卧、应机接物尽是道。

平常心靠修，不靠想象和理论。

某丙：如何观察自己目前的境界如何？

师：有三法。一、观身：返照和放下。返照是觉察，我们平时的生活中时刻遇到各种事物，家庭、工作、社交、求学、投资等事情，您要学会觉察哪些事物容易让您心中产生激烈反应，引起悲伤、高兴、愤怒、怨恨、想念、嫉妒、不舍等情绪。觉察是培养“观力”，这是“同其尘”修养的基础，了解自己，认识自己的不足，细心找到牵引自己产生喜欢和不喜欢反应的源头，明白各种情绪不是“自然”反应。觉察情绪后，下一步是修炼放下。返照和放下是不同的，返照是知，放下是行。返照才能对自己的情绪洞若观火，然而有些人清楚归清楚，行动却是迟缓得很。被棒喝时流泪、发誓、惭愧、懊悔，可转身就有百千万种拖延的理由。人只有能十分清楚自己究竟被什么在撩拨情绪之弦后，才能真正下决心付诸行动。

某丙：放下怎么修？

师：在返照基础上越来越清楚预知自己下一步可能产生的情绪反应，从而提前想办法令自己避开。例如您预知自己和爱人沟通时，对方一提到什么话题您就要爆炸，那么避开敏感话题，如果遇到防不胜防对方已经说出来了，就立即要告诫自己不能跟着反应！马上离开现场或通过物理法刺激转移意识。一旦跟着反应了就不行，无论好事、坏事，凡是能令您激动的事物，要慎之又慎地对待，要想办法提前避开强烈的情绪波动，给自己喘息的机会，修炼放下首先要学会脱离熟悉的处理习惯，换个角度和环境看自己。

某丙：哎呀！这个要马上修！我发起脾气来自己都害怕。

师：您的脾气如果只是对亲人发、下属发、朋友发、陌生人发是典型的懦弱无能。

第一步完成后第二步是观口：注意说话的语气和语言。

在有了一定自我觉察和有意识学会放下的基础上，您就要从自修转移到他人，由内而外地去觉察自己与他人交流时的语气和用语，观照自己说话内容是否偏激。例如有些人习惯性否定别人，说什么都回答："不不不"；有些人则习惯性对人赞不绝口，什么都回答"对对对"，这些都是一样的性格缺陷，属于顽固习气。习气的产生来自固执，您的习以为常成就了今天的自我意识。习惯否定别人的是自大，似乎别人说的都不值得一提；习惯肯定别人的是老好人，似乎否定就会得罪人，有不肯定别人代表不礼貌等谬见。习惯性否定是令人生厌的;习惯性肯定是无法得到别人尊重的,这两种表达方式都无法与人坦诚深入地交流。

(众点头。)

师:有些人与他人交流时,浑身散发着拒人于千里之外的状态,有些人则点头哈腰,浑身散发着曲意奉承的状态。修者尤其在与自己不相应、不喜欢、交流水准不同境界、教育背景不同、理解水平不同的人在一起时,要及时观照自己的情绪、表情、语气,这些都是分别心在各种喜欢和不喜欢的意识里翻滚的反应,故此要习惯性注意自己的状态。表情是否放松自然?相由心生。语气是否讨好或排斥?各种内心活动会表现在皱眉、摆手、抖腿、抱胸、不屑、冷笑、媚笑等表情和行为里。朋友间、同事间、家庭中能休戚与共的人,不会是巧言令色地想着取悦他人的。

智者凡事都能把握好度,而小人则表现为要么无忌惮、无敬畏、无底线;要么泱泱天下之大与已无关,自己只关心不要犯错,不要得罪人,不要受损失,不要受委屈,不要没面子,成天斤斤计较于蚂蚁大的事情里。邀宠的人必受辱,算计的人必被人算计,过度迎合他人的喜好,您就忘了自己的初心是什么。面具戴久了就成为自己的一部分了,扯下来会脱一层皮。

说的多未必是在帮助别人,在有意、无意间自己说得似乎很专业是不是令到别人更混乱?自己是不是在误导别人对自己的崇拜心?或者传递了某些自以为是的观念?人活着的意义就在于影响别人,当其自身法正时,影响力当然越大越好,而当其自心充满邪见时,胡乱发表见解就是害人害己。有德行的人不会胡乱发表见解,不会以自己的标准要求别人。对于不断提高见地的学人来说，标准是拿来要求自己的，不是用来捆绑别人的。保持谦逊的态度，不卑不亢、不温不火、不急不躁、不偏不倚地对待一切人、事，时刻观照语言的清净，是人的德行，也是修养功夫。

某甲：以后确实需要时刻观察自己。

师：最后是观意：与他人交流时，首先要及时观照自己的大脑意识，有没有别人说了上半句，自己就感觉已经知道下半句，这属于成见，妨碍您耐心倾听。此外，在别人滔滔不绝无序述说时，或者非常有逻辑地表达看上去很专业的见解时，您的反应是否能及时跟上？智慧不够，定力不足的人，在这里就现形了，听莫名其妙的废话马上不耐烦，听很专业的鸡汤，马上崇拜，被别人的观念带跑，像子贡见老丈一样。还有人好不容易挣扎着抵抗几句，却由于见地不够，遇到高手几句话就张口结舌，不知所措，这是见地浅薄不深入的缘故。

故此“同其尘”不仅要平等无别的心，还要有辩才无碍的口才，如如不动的定力、谦虚包容的胸怀、随机应变的智慧、善巧方便的对应、直指人心的法量，能慈悲喜舍，才能真正四摄同尘。

雪山静谷

行脚

点点蒹葭，可见青山纵马？
处处孤烟，许谁沧浪归家？
心心不离，顿悟一念当下，
时时不弃，牵手你我芳华。

第五节　修行

实修实证的“实”繁体为“實”，下面是“贯”，即贯为实。何为贯?“乾”为贯。乾为纯阳，其特性是行，由行而能保健。反过来说不行则滞，滞则淤，淤则堵，堵则虚，虚则弱，预转纯阳体需靠行，贯通则行实。如何贯呢？虚心!

反过来说凡是执著之思、念、欲、物皆不能健生，只有保持充分的流动性才为“乾”，“乾”才是真保健。故，能合于纯阳最重要的是“应无所住而生其心”。

纯阳是假名，所谓纯阳即非纯阳是名纯阳，这是相对纯阴而言的。修行之终点无关阴阳，阴阳散而为气，聚则成形，阳是指向上性、利他性、发展性、无常性、坚强性、流动性、播撒性、变化性。阴是指向下性、沉稳性、自利性、包容性、繁衍性、稳定性。阴阳二德聚为一团火，散作满天星。

行者之纯阳不仅契合乾德，即生生不息的天道，亦能随着天道的流行发生不离坤阴，此为和合。和合的能量哪儿来？实修实证来!

普通人的心多被欲望奴役着，执假为真，黏着攀附，内心充斥着各种欲望，故而精神和身体虚弱，执著在各种纷争、困扰、烦恼、比较、嫉妒、怀疑里，执著在被人需要和尊敬的感觉里，不得想索得，得了想长久。忐忑不安之心难平复，此腹不能实，心不能虚也。被囚禁在自我精神监狱的人啊，要么瞎忙，一停下来就感觉无聊；要么像贡品一样被架空在奉承和名气里，明知是谎言也乐意被骗；要么衣食无忧却生活无望，需要用酒精、毒品、娱乐、滥交、购物、工作来麻痹精神；要么忐忑不安，躁动焦虑，总是不知道该做什么，或做什么才对……精神监狱和外在条件无关。

老子、孔子、庄子、颜回都不是事业成功人士，贫困、残疾、富裕、被冷落、误解、戏弄、追杀、打击、讥讽等这些困难都不能囚禁人的精神，能囚禁人的只有自我认知。

有些人去了偏远地区被厕所的臭气囚禁了，回了城市还在耿耿于怀，厕所里的臭气存在心中久久不忘，于是身体里充斥着臭气；有些人去了都市被繁华囚禁了，回了乡村心中还时刻留恋着都市夜晚的灯红酒绿、大街上琳琅满目，心意识里充满了向往和羡慕……每个人从小到大建立的自我认知决定了您如何看待世界。认知不够时，就会产生各种偏执、分别、计较，这些想法留在意识里不停回味和咀嚼，如此现实就变淡了，回味和咀嚼的那部分才充满了味道，无论是臭味、酸味、腐朽味还是繁华味、香水味、名誉味，反正不是平常味。

多数的人早早地就死了，美其名曰牺牲自己为他人而活，其实在为虚荣而努力，为名利而卖命，为占有而斗争，被关在各种形式精神监狱里的人啊！什么时候能认识到人生还有其他的道路可行呢？如果有一天您意识到把您送进精神监狱的，是您的亲人、父母，是亲人和父母铸造了您原始的偏差价值观，您愿意原谅他们吗？如果他们在您醒悟后还在继续影响您，还在继续执意地想尽办法把您送回监狱，您能够逃脱这种“善意”的伤害吗？如果他们认为您只有留在监狱才是安全的，把您送回监狱才是爱时，您该如何呢？

如果您已经拿到了打开监狱之门的秘钥再回头看过去的同伴，会很容易发现有的人在自得其乐，有的人在焦头烂额，有的人在骑马找马，有的人在盲目自信，各种病症交替发作。此时您会怎么做？是干脆留下陪着他们一起“同甘共苦”，还是您自己先走出去成就自己的功夫、智慧后再回来指路？菩萨是指路人，菩萨心不是同情心，而是慈悲心。同情属于情绪的一种，而慈悲能成为暗夜里岿然不动的灯塔，孤独屹立着无怨无悔地为过往的船只指引着前行的方向。不需求回报，不渴望赞美，不抱怨风浪，不计算岁月，不会因为没有船只路过而难过，不会因为船只已经有了导航系统不需要自己而沮丧，不会因狂风巨浪而恐惧，没有目的和期待，但尽人事莫问前程，这是菩萨行。

朋友病了，您是应该陪着生病，送花慰问，还是想办法帮助其恢复健康？感同身受病人的苦，同感越深越需要的是形成拔苦的力量，而不是陪着流泪，说几句不咸不淡的套话、安慰话。苦不能救苦，病不能救病。您越付出同情，实际上越把自己变成其中的一份子，是自己的软弱、无能、拖延在支持和壮大无明、无知的力量，这样大家只会一起加速沉沦。真正的强者会找到另一种力量，醒人才能呼唤梦中人，同在梦中只能互说梦话。

人之苦源于愚痴，因为其自我模式之根基建立错了，并习以为常地在这种模式里轮回，形成顽固习气。人越迷惑，社会又急功近利，互相推诿，互相指责，互相攀比，互无底线，这会使得社会轨迹、人事交际、家庭关系、道德发展的方向和初心有偏，最终变成了叛逆期的少年，家长说得越多，叛逆心越强。要解放被物质和欲望的奴役就越需要与之相反的力量，而说教是靠不住的，世俗的力量有多大，相反的力量就要更大，这需要多层次、多方面、多角度的丰富体验、感化、触动、修养，进入心灵才能转化心灵里的顽固，魔的力量有多大，道的力量就要有多持久、坚韧、稳定、专一，唯有钻石才能切开钻石。

许许多多人面对人生无常、突发的苦难，止不住哀怨，哀怨是愤怒的反面，发作出来叫愤怒，被压抑了就叫哀怨，无力的愤怒才会引发哀怨，哀怨和愤怒都是对生命的消耗，皆是人在品尝自己无能的毒果，虚幻的欲望得不到满足时，人就会在自我设定的情绪海洋里颠簸。彼此相爱的人能给予对方的，只有爱心，反过来说除了爱心，其他什么也给不了。越多的物质越令人背离爱的初心，可是现代人交往更在意的是背景、物质、价值和交换，家庭如此，社会风气何尝不是如此？在本末倒置的风气下，人还有可能安心自在吗？

如果人必须死后才能解脱、升华、安心、自在，必须下一次才能认识、改正、提高、完善，那当下的意义是什么？活着的意义又是什么？推至下一次、下一生就是自卑于当下，不愿和不敢挺身而出地承担令自我和他人生命觉醒之事业。

我们长期把生命建立在颠倒梦想的自我认知上,就永远也不可能解脱。个人的成长只有在当下迸发,利他的事业也只有在当下激活,活着的意义就在于唤醒一切生命,而这种唤醒只能在当下,是平时的修养使得生命有能在当下散发光芒的机会。不要去寄望什么生死轮回,死后去往极乐世界,下一次我会做得更好! 当下过得如何才是关键。

活着的意义是通过修行证得的,而修行的方向和自己在修行中提升得如何,才是最需要我们关心的,任何事情不要拖延到未知的下一次、下一生,不要怪罪于早已不存在的过去,不要寄望于根本无从谈起的未来! 各种各样的借口无法帮助安心,能起作用的只能是当下的功夫和智慧如何,当下不行动,还等什么呢?

有人误以为实修就是修功夫,这种理解相对狭隘,实修其实包含四部分:第一是参究,一切历史、经典都是能启发领会哲理、发出延伸性思考的修法,仔细参究亦是实修。我们今天看到的是文字,可文字背后一定是实实在在人的所思所想,其真真切切的经历和思想凝固成了文字,哪一段历史不是当代史? 时代有变,欲望变了吗? 选择变了吗? 愚痴变了吗? 矛盾变了吗? 智慧变了吗?

可今人如仅靠读书是不够的,古人读书方式和今人不同,多是全身心参与。那时没有学术的概念,历史、天文、历法、医学、数学、占卜、阴阳、农业、易经、禅学、道学都不是满足于见闻的百科全书,私塾教育为了成就健全的人格,教育起到了如何能使人全然地融入社会和生活,达到学以致用、兼济天下的目的。人知书达理而具备德行后，在社会上做事才能不偏不倚，对人来说这是基本的修养，对社会来说这是和谐稳定的保障。

重视个人修养进而推己及人的君子，无论读书、做工、为官、归隐都以内圣外王为标准，这些人多是文武双全的。辛弃疾、陆游、范仲淹、文天祥、王阳明、岳飞、左宗棠谁不是上马杀敌、下马诗文？谁不是集文韬武略于一身、齐家治国平天下的全才？《论语·雍也》曰："质胜文则野，文胜质则史，文质彬彬，然后君子。"儒生不应手无缚鸡之力，应该自小开始读经、写字、背书，琴棋书画、礼乐等综合修养，各类修养皆围绕心性培育而展开，故此每件事都强调全身心参与。

酣畅淋漓地读经当然能使气血通畅，写字、弹琴也一样，每种修养都应是全情投入。全情投入是声情并茂，情到浓时手之舞之，足之蹈之，身心齐动，这叫贯通。读历史时穿透文字，复活文字，贯通历史而令文字再生发挥全体大用。故此参究怎么就不是实修？不过大多数现代人习惯了用脑读书，读书只停留在知识层面，理性对待文字，这样读书是片面的，也是伤身的。

笔者反复提醒读者，参究是全神贯注的，身心不可分割地全部参与进文字来：读《论语》时，您就是子贡就是颜回，恭恭敬敬地向孔子老师请教；读《史记》时，您就是司马迁的童子，看着他如何用生命著作；读《道德经》时，您就是关尹，恭恭敬敬参究老子每句话和修炼的关系……如果一边玩手机，一边聊天，一边处理工作一边"读书"，缺乏了诚恳心不叫"参悟"。不过读到几句"有用"的话而已，真正的参究不用记，书上的内涵不是靠记忆，而是要您真正贴近文字，走入文字里，推开文字门。

实修的第二个层面是修炼。

首先要学会明辨修炼的方向对不对，以及如何进阶。有些人盲目跟风不去思考修法正不正，修到后来会有什么后果也不去想。笔者曾见到某位武术大师，他的师父、师公都早逝，他反思到自己练的拳法可能过于刚猛，伤身过重所以不敢继续练，从六十岁开始四处寻访其他方法。他先是找到了瑜伽开始拉筋、打坐，花了四年多时间总算身体柔软了一些，结果不知被什么人吸引开始灵修。过了一段时间，他感觉很舒服，不用吃苦每天躺着给自己头上套上颂钵，身上放满钵然后敲击，说可以引发身体振动和宇宙链接。再就是头上放个金字塔形的水晶架打坐，说敲架可以令脑部开窍……这样玩了几年，笔者再见他时不仅没感觉他通灵，反而全身上下笼罩着一团黑气，脸色晦暗，更要命的是人越修越偏执，看什么都不顺眼，成了个老愤青。

和他一起的还有一位中年男子，三年前遇到某位大师为其“开顶”，不知道用什么把百会穴开了一条缝，插进去一根草，让他每年都在百会养草七天，并配合针灸，笔者看过他浑身插满了针的照片，据说还要配合念咒，说这是打开接通宇宙能量的天线……笔者感觉这些人身上浑身充满了阴邪之气，说话也变得阴阳怪气的。可是他们自己呢？普遍都感觉舒服。修炼怎么进入魔境的？就是舒服，迷惑在觉受里是“触法”，触觉的诱惑对人来说最深、最久，也最难走出来。

舒服和不舒服其实是阴阳关系，阴中有阴阳，阳中也有阴阳。舒服里本有舒服和不舒服，不舒服里也有不舒服和舒服，这是阴阳动静的关系。

迷惑在自我感觉的舒服里，不会知道深层舒服里的不舒服，在正法修行中的不舒服，内在是真正的舒服被启动，只是自己感觉不出来。

我们修习是为了更加清晰地观照自己，进入更深层的安定，只有契了大定，您才明白原来真正的舒服不是觉受里的舒服，而是心空体松，百川归海一般无所不容。归于大海的都是最污浊下流的水，然而在海洋中自净自化而成为养育生命的甘露。

大定是心不住动亦不住静，静中能体会静中之静和静中之动，动中能体会动中之动和动中之静，心逐渐清晰明觉后，就不受觉受的外扰，越来越能入微，超越六根而能善分别动静阴阳变化之因，这样才能冲开被邪师伪装了的舒服关、感觉关、链接关、情绪关，身心混沌初开。修人初期最不能放任舒服的感觉纵横，中期最不能执著在苦修和深山隐居中自得其乐，最终最不能自以为有所成就而失去谦逊。

任何时候修的目的都不是为了舒服，而是为了放下，一切的自我意识、境界、感受都是“我所”，放下这些才能身心松空。身心松和空才能体会到宇宙万物、万事、万有微妙缘起之因，为什么许多明师在学人感觉打坐特别好的时候令其站桩，在学人读经特别有感觉的时候令其扫地，您喜欢的、令人感觉舒服的全是需要修正的习气。

现在有几种外道师比较常见。第一种是自己也不懂、以盲导盲型的，这种人其实未必是恶人，只是自己不懂，为了利益拼凑概念，心里确实想利益众生只是图名而无意中造业；第二种是自己知道自己差得远，但为了利益有意为之，推波助澜学人的习气，例如本来世人好吃懒做的惰性强，这些人就专门发明满足您惰性的修法来让人感觉舒服。更进一步的,会想办法调动人的食欲、性欲,用淫邪的音乐、气味、振动、联想、抚摸、气场、场景来刺激人,产生强烈欲望和冲动,感觉兴奋。这些可以歪曲、利用、夸大、置换的修法,就是邪道。

人如果喜欢舒服还向往修行的境界,就容易落入外道。所谓"外道"音译为"底体加",本是指佛法以外的宗教、学派,这原是一个中性词,没有褒义或者贬义。但由于佛法是心内求法,故而心外求法之道统称"外道"。正统的佛法一定是心内求法的,故亦名"内道"。称"外道"本非轻侮意,只是修法方向不同而已。佛陀在各经论中,都说佛法在心中,不假外求。中国禅祖师说:"不作佛求,不作法求,不作僧求。"法应是和真心自性相应的修行,若在此以外谈法都是心外求法,一切心外求法都是不究竟的。

佛陀诸弟子大多是从外道转投佛前的,如优楼频螺迦叶、那提迦叶、伽耶迦叶等都曾经是神通广大的外道,乃至佛陀在将入涅槃时,最后皈依的须跋陀罗也是外道。外道是对究竟宇宙万物的认识上,方向有误。其中执著苦修、断食、素食、拜火、拜天、学鸟、学兽、双修、裸体、自伤等外道,皆不从净化自我心灵做起,这如何能解脱烦恼呢?外道所学,不过是颠倒梦想罢了。

关于外道的种类,佛陀在世时就有九十六种、九十五种外道的说法,其中以"六师外道"为代表。六师外道即指富兰那迦叶、末伽梨拘舍梨子、删阇夜毗罗胝子、阿耆多翅舍钦婆罗、迦罗鸠驮迦旃延、尼干陀若提子六位外道师父。六师各有十五名弟子,总计为九十六人。外道六师各有十六种所学法，一法自学，其余十五种各教十五个弟子，师徒合计九十六。所谓九十五外道，是指五大外道，即数论派、胜论派、离系派、兽主派、遍出派，各有十八部的末派，总计为九十五种。

印度原有六种苦行外道，专以苦行而希求未来的乐果。即：一、自饿外道，一味忍受饥饿，认为梵我合一之道可以通过忍饥挨饿达到；二、投渊外道，潜入寒冷深渊忍受冻苦；三、赴火外道，身常炙热甘受热恼；四、自坐外道，不分寒暑裸形坐于露地；五、寂默外道，以尸林冢间为住处寂默不语；六、牛狗外道，持牛戒、狗戒，学习牛犬啮草祈求生天。

《摩诃止观》中把外道又分为三大类：第一类是“佛法外外道”，即泛指佛法以外的各种教法学派；第二类是“附佛法外道”，即指附会佛法者，他们利用佛法为招牌传授攀附佛法的内容，偷换概念以假乱真；第三类是“学佛法成外道”，此多是佛弟子智慧不足而致见地不正，这些人自称佛弟子，师门也是正脉，但由于心中固执己见，已离正法，故此虽然身在正法修门内但早已与诸外道堕于同类。后两种名“附佛外道”，这一类人由于身披佛衣，满口专业用语，看上去所见广博，辩才无碍，有的还常行善事，生活朴实节俭，求法诚恳，修行精进，但由于其见地不正，又好为人师，后两种外道的危害远甚于第一种。

第一种外道虽然在追求究竟真理的道路和方法上和内道不同，但大多数外道也是教人劝人止恶扬善，鼓励多行善事，强调克制欲望。而附佛外道则不同，一部分是内部的正统人士，这些人占据道德高地，却在学理、修为上偏离正法，时刻闻法却听不进法。正是由于这些人的存在，使得初修者混乱、修门内部异化。

外部形形色色的民间旁门左道之类，附庸风雅地标榜修行，其实多属初级贪图虚名者的业余爱好，故此哗众取宠尽管热闹，但授者和学人都是玩票心理，故此虽也诵念各类经书，解说鄙俚粗浅，偶尔强化一下特异功能，但彼此都不入心，这些不过是授者牟利的手段，学人炫耀的虚荣。浅尝辄止无伤大雅。

《佛藏经》中佛陀说："当来之世，恶魔变易，作沙门形，入于僧中，种种邪说，令多众生入于邪见。"最能伤害人的是内心法执的外道，"主人若迷，客得其便"，披着正统外衣而自心迷了的人，总是自以为是地认为自己对，因为有身份掩饰自己的无知和愚痴，总是能感动他人、影响他人，并以此为人生之意义的，那才是最大的魔。

所有外道都是从感觉入手，初修者刚开始修炼时必然会有很多感受及发现一些效果。比方说身体柔软了，没那么容易发脾气了，感觉自己安静了，能从不会打坐到可以坐半个小时，看上去年轻了，体重下降了等，这些都是令人舒服和开心的事情，然而这些都不能叫修炼，准确地说叫"训练"。如果执著在训练的境界，就容易修至外道，那些可被计划、被感觉、能见效的，主要表现在肌肉力、柔软度、体重、情绪等方面，也可以在浅层心理意识方面形成条件反射。外道利用的恰恰就是这些身心的幻觉、情绪的发泄、可以炫耀的效果等，令追求表象的人深深着迷。

真正的修炼其实不应该有什么明显感觉和效果，修炼是为了超越六根，如果还停留在六根觉受上何谈清净？超越六根不会有特别明显感受，如果有，多数也是在阴魔境界里打转。如《楞严经》中佛陀开示什么是识阴境界：修者达静寂之境，色、受、想、行四阴已尽而识阴未尽、未见真道之际时，各有十种阴魔境界，或心理变态、烦恼膨胀、狂慢自大，自认开悟得道，教主欲、控他欲、名利欲难以按捺；或被各种鬼魔所附，能现身化紫金光聚、手执火光、履水行空、穿墙透壁、存没自在，及令人得神通、使人归服座下等神异；或发种种邪见邪解。当事人不知被魔所附而自认成佛，乃积极聚众说法，认真谤法造业，最终害人害己。

因为篇幅有限笔者无法将五十阴魔境界在此展开，但我们时刻要清楚，气脉通畅、意识净化、定力提高本是很难感觉的，修行为什么一定需要明师指引？越往深处走，越容易迷失！如果固执己见，则在不自觉中堕入黑暗。黑暗不见得是令人恐惧的，黑漆漆的，黑夜对于夜行动物就是白天，您自己的生命境界已经变成夜行了，只是自己不清楚、不承认而已，不能谦虚的人，无论修什么法，必至邪道，已达到一定境界的修者要能入细入微清晰分别自己的状态，不迷惑在觉受里堕入外道，关键是谦虚、谦虚。

修养境界高的人，其实绝对不会四处炫耀自己了不起，不会吹嘘自己的见地，或显示什么特异功能。其心中不会有感觉自己定或不定，成或者不成，被人认可或者被人瞧不起等念头，一切都是生命的一部分，本来如此。山峰不会感觉自己高或者低，不会感觉自己定或者伟大。越是欠缺的人越喜欢炫耀，越是无知的人越习惯用靠捕捉感觉来印证修炼阶次，这绝对是违道的！当进入真正修行时，那些喜欢玩弄感觉，喜欢新鲜花样，喜欢吹嘘专业的，会觉得单调、重复、枯燥、无感而继续留在习气里，死活也拉不出来。

帮助您超越六根局限的修法才叫修炼。可问题是现代人的身体相对古人来说比较差，身体差不是用体检指标来衡量，而是看个人状态：气血是否通畅，精神是否集中，思想是否活跃，反应是否灵敏，身体是否柔软，弹性是否具足等；其他的还有爆发力、持久力、平衡力、贯通力等。

大部分专业运动员也不过在身体的某些方面特别优秀，许多人老了身体也不好，因为年轻时候为了成绩而练，只注重一面，故而身心不贯通。没有专门修炼的人，无论什么人都会随着年龄而衰老，我们看历史上那么多老道士、老禅师，他们不过是年龄大而已，身心状态呢？犹在少年。

科学发展了，我们能用先进的疗法帮助抗衰老，但没有一种药物能帮助身心贯通，帮助心灵保持年轻态，帮助生命生机勃勃。药物能作用的不过是身体层面，而精神和心灵才是决定人是否衰老的关键。对于现代人来说，想不老就要修心，不过和古人不相同的是，修前需要先调整好身体的亚健康。

我们看看清人的记录，皇子在一年之中，只有元旦、端阳节、中秋节、万寿节、自己生日这五天放假，其他的日子即使是除夕也要读书。每天早上在卯初时刻（早上5:00~6:00）进入上书房学经、史，于未正二刻（下午14:30）放学。放学之后并不是去自由玩耍，还要习练徒步用弓箭射击。另外每五天要习练一次骑马射击，此外琴棋书画也是必不可少的修养。皇子的这种学习状态无论冬寒夏暑不会间断，而现代人呢？

和闻鸡起舞的古人相比，学习过分偏重理论，过分注重了谋生的技术。古人由于大多练的是童子功，筋骨柔软、意识清净，加上饮食适度，故而很容易进入气的层面修行。而现代人不仅从小就偏于知识理论，踏入社会后忙于追逐名利，多数人身体不健康，身心不和谐，情绪容易失控，精神难以集中，一生都在不明所以地混日子。等到大病缠身或者精神上遭到创伤了，小部分人才想到似乎修行可以治病。绝大部分人呢？则是忙着跑医院，有钱的跑国外注射最先进的生物制剂用以预防保健、治疗，但保健制剂能保健吗？连健康是什么都搞不清楚的人能保得了健吗？怎么保？如何健？

保健一定是从心开始的，人唯有从自己内心里发掘无穷的宝藏。智慧、柔软、包容、大方、慈悲、通畅、无私才是真正的健康之道。

对于身体亚健康、内心杂乱无章的现代人，必须先从转化观念，理解生命的意义和玄妙开始进入修养，初期需要经过一段时间的基础训练。学会观察自己，学会专心致志，学会控制饮食，学会转化情绪，学会戒急用忍，学会关心他人，学会明辨正邪、本末等，将过于肥胖和虚弱或过于消瘦和亢奋的身体，集中恢复到正常状态。但这需要一个过程，如果这山望着那山高，那就只能四处玩票，哪个门也进不了。

实修的第三个层面是信仰，信仰分自信和他信。宗教信仰属于他信，特点是依赖神、佛、上帝、真主的保佑，信众有具体依靠对象；而自信则相反，是内求，自觉自立自强不息。自信和他信虽有不同的层次，但也都是实修。他修是自己不需要有什么思考，也不需要懂那么多，只需要无条件跟随，这好比业余和专业的关系。例如古代医者从小拜师学艺，习炼打坐，采药制药，望闻问切、三部九侯、人体藏相、五运六气、临床辨解、经络腧穴等方方面面都需要认真学习，积累经验，经过踏实的学习和实践被考核后才能出师。而业余爱好者呢？可以今天翻书淘个偏方，明天熬制药膳，随心所欲地折腾玩。

实修门里，宗教性强的人不少属于业余爱好，什么念咒、法事、拜佛、进香、吃素、开光、放生、灌顶、盖庙、装藏等，反正交给和尚、道士负责就好了，自己从书上看几句鸡汤，或道听途说一些规矩，就以为自己懂佛教、道教了。许多人自认为虔诚，天天在家里磕大头，念佛持咒诵经，问题是许多所持的经咒里，所佩戴、供奉的佛像里有许多秘密，例如某些妖魔的名号、比喻、化身等，每天持自己不懂，可能教的老师、老师的老师也不懂的经咒，成天忙着给自己都不明白的菩萨像、佛像磕大头，其实伤害的是自己和众生的慧命。

实修亦是有阴阳面，如同日月，月亮需要太阳的反射而发光，这就有依赖性，而阳面的诸如参究、修炼都是内求法，是自己发光，这就必须知其然并知其所以然，不能停留在皮毛范围。不过为什么需要八万四千修门呢？

人有多种，例如宗教从相入手，本是要学人由相深入，而禅门是心性为宗，本是直指人心的上乘法门，然而现状如何？直指人心的法门也不得不入俗，从宋末开始越来越重视法脉、佛像、寺庙、念经、法会，以心为宗，教外别传的禅逐渐变味。

实修的第四个层面是睡眠，是的，睡眠也是实修。实修的作用是纠偏和恢复，人的睡眠力就是自体的修护力，组织细胞有本能的净化修护功能，睡眠本应有使人精神放松、组织细胞自我修复的功能。但现代人由于思虑过重，外界环境刺激过强，信息量过大等因素，导致人体时钟无法与细胞循环周期同步，令睡眠中细胞修护与自我保护过程减速，睡眠状态普遍不佳，如此则容易生病、衰老。

古人有以睡做功、以功为睡的“睡功”。普通人每天睡眠8小时，一生中有1/3的时间在睡眠中，修者发现如能把握睡眠这个大好时机实修，那就事半功倍了。睡功不仅是怎么睡，还包括了怎么调息，怎么梦修等。道家陈抟老祖曾于武当山九石岩隐修20年，每日精研《周易》，演炼服气辟谷之法，靠饮酒数杯度日。

道书记载，一日有五位仙风道骨的老叟向陈抟请教《周易》，陈抟与之剖析微理，传其宗旨。讲罢陈抟见五老面如红玉，便反问康健之法。五老将睡功传给陈抟，说：寒冬季节，龟蛇之类就蛰而不食，析其理都是服气所致。先人从中发掘奥妙，引入人身反复习炼，创得蛰龙大法，用此法服气辟谷尤能健身延年。陈抟自得蛰法，每日修炼渐渐大成。

当时武当山上有些道士，从不见陈抟生火做饭，心中生疑，观察后发现陈抟根本就没有锅灶，每天只是鼾睡。有一次某位道士由于几个月不见陈抟踪迹，以为他下山去了，无意中却发现他正在柴房的一大堆柴火下面鼾睡。又一日，一个樵夫在山下割草，见山凹里有一个尸骸，上面盖有一寸多厚的尘土，樵夫心生怜悯，欲取出埋了。扒开土一看竟是陈抟，他伸了个懒腰，说：“正睡得快活，何人吵醒我？”

后周时期，陈抟从武当山去华山云台观继续深修睡功，人称“华山高卧”。《宋史·陈抟传》记述他“常百余日不起”。有一次周世宗把他关在房中考察他睡功的情况，一个月之后见他仍在熟睡中。他曾作《对御歌》曰："臣爱睡，臣爱睡，不卧毡，不盖被，片石枕头，蓑衣覆地。南北任眠，东西随睡。轰雷掣电泰山摧，万丈海水空里坠。骊龙叫喊鬼神惊，臣当恁时正酣睡。闲想张良，闷思范蠡，说甚孟德，休言刘备。两三个君子，只争些闲气。争似臣向青风岭头，白云堆里，展放眉头，解开肚皮，打一觉睡。更管甚么红轮西坠。"

宋初他屡受太祖、太宗召见，太宗赐号"希夷先生"，"希"指视而不见，"夷"指听而不闻。他将易经象数、黄老思想、道家修炼、儒家修养、禅法修行等会归一流。据不完全统计，他的著作在《易》学方面有《易龙图序》《麻衣道者正易心法注》《太极阴阳说》《火珠林注》《太极图》《先天方圆图》等；在内丹学方面有《胎息诀》《指玄篇》等；在文学方面有《三峰寓言》《高阳集》《钓潭集》《诗评》等；在佛学方面有《观空篇》等；相学方面有《龟鉴》《心相篇》等；在历史方面有《木岩集》等……他精河洛数理，传先天易图，开象数修门，奠理学基础，通内丹禅○，倡三教合一。他尤以睡功独树一帜，成为天下第一睡仙。

陈抟老祖虽著述甚丰但多亡佚，能够推演他的象数观念的是《易龙图》及其序，其象数观念是建立在"天地未合之数"和"天地已合之位"的区分上推演出来的。"天地未合之数"是根本，"天地已合之位"是后变。他的象数观念对宋代理学家影响极大。据传周敦颐的《太极图说》来源于陈抟的《无极图》，并且邵雍的象数之学也是从陈抟先天之学得以启发，继而发挥。

陈抟老祖还是积极推行三教合流的第一人，他的各类著作、修法明显有禅法观空的烙印，他能出于禅而入于道，说“欲穷空之无空，莫若神之于慧，斯太空之蹊也。于是有五空焉”，五空即顽空、性空、法空、真空、不空，只有突破五空，才能达到真空不二。又说“一神变而千神形矣，一气化而九气和矣。故动者静为基，有者无为本。斯亢龙回首之高真者也”。认为禅法可以引人入于妙不可言、得意忘言而只能“感诚”的禅境。同时他又肯定儒家的“独慎”，认为“一念之善，则天地神祇、祥风和气皆在于此。一念之恶，则妖星厉鬼、凶荒札瘥皆在于此。是以君子独其慎”。

三教合流思想对理学的兴起有极大的启发。理学家对外多数讳言佛道，而道家真人们如陈抟老祖、吕洞宾等却大张旗鼓援儒入道，援禅入道，这种合流思潮丰富和激活了理学家的认识和思想体系，在宋代文化史上合流是大趋势。

睡眠和浅层的定相似，熟睡的人无思无虑，浅层的定境混混沌沌，故称“睡”为“相似定”。睡中如能依法修行，能迅速进入“定境”，然其效甚速，但其法不易。因为“睡”更容易进“睡魔”，人进入昏沉态，有些修行人修行“不倒单”，终宵打坐“斩睡魔”。

老子云：“五色令人目盲，五音令人耳聋，五味令人口爽，驰骋畋猎令人心发狂，难得之货令人行妨。是以圣人为腹不为目，故去彼取此。”五色、五音、五味，即眼见、耳闻、味触，凡人腹不能实、骨不能强皆因迷惑于此。普通人以目为代表，睡眠中目的作用被消泯了。目作用于尘，尘通过根来生识，杂念纷纷由此尽出。

感官是人建立十八界的基石。何为十八界？即包括眼界、耳界、鼻界、舌界、身界、意界的六根界；色界、声界、香界、味界、触界、法界的六尘界；以及眼识界、耳识界、鼻识界、舌识界、身识界、意识界的六识界。根、尘、识组成的十八界是人出现妄想执著的苦因。世间一切事物无不因为根、尘、识三种作用变化而互成因果，缘起缘灭，辗转无穷，轮回无尽。所谓“菩萨畏因，众生畏果”，只有契合了甚深般若法，开具一双慧眼能时刻内观，方能契合真空妙境，能知因者，是虚其心者，虚心故能照见五蕴皆空，不被根、尘、识界所主导，陷入迷惑之果，自然“八风吹不动，端坐紫金莲”，必不为目等根尘所惑，生所知障。

《庄子·大宗师》云：

> 何谓真人？古之真人，不逆寡，不雄成，不谟士。若然者，过而弗悔，当而不自得也。若然者，登高不栗，入水不濡，入火不热。是知之能登假于道者也若此。

尘是所，根是能，根尘之间发生识，最终能所双泯。常和无常、徼和妙“两者”无碍，有为、无为两者皆为道，无难易，无长短，无有分别对立。修的是德，契的是道。德是律己，律是有为，需要靠修来证，契是无为，需要心心相印，不修的人，说道德容易变成空谈。

古人的实修是不离生活的，如何从小开始启动灵性呢？古人发现十指连心，手巧和心灵是能结合起来的。可以说手和心有密切关联，手巧者未必心灵，但心灵者一定手巧。手的灵活性除了唯手熟而已，还能激活心意识，心意识又能通过手去完成、完善。人类一直在研究手和心意识的内在关联，海豚是最聪明的海洋哺乳动物，它机灵、敏感，能用身体来表达意思，但由于它生活在水中没有手，故而脑髓没有进一步发展。从生理角度看，语言中心和手活动的中枢都在大脑左半球，脑和手在生理结构上有一定的相关性。从心理角度说，许多研究人类心理的专家们都发现人类可以让声音帮助说假话，但却难以支配手，手直接与大脑触觉中心连接，几乎不受人控制，所以爱说谎的人常因无法控制手部动作而泄露心思。

人类文明史从靠手势交流思想的阶段逐渐发展出语言文字，原始人靠狩猎生活，部落首领为了计数，取风化的带色石块或黄泥，将猎物的样子画在岩石上，到后来就演变成象形文字。现代科学发现高等哺乳动物脑的语言区域同上肢密不可分，狗、猴，还有猩猩，都会对手势引起神经兴奋，只是它们没有手，没有发达的语言中枢，才不能像人一样会说话，手是人类区别于其他动物的重要标志之一。

手为什么灵巧？除了和脑有关外，还和它的特殊生理构造有关。手包括腕、掌、指三部分，呈扇面作辐射状与腕关节相连，手最精巧、最宝贵的部分，是有19块小肌肉，拇指上有四块，小指上四块，肌腱上四块，掌骨间的背面四块，掌骨间的掌面三块。这19块肌肉使得人能干灵巧的活儿。人能拿住、握紧，拇指可以转向掌心，又可以转向其他手指，而能够使用工具，从生理上说是这19块小肌肉的功能。

从神经角度看，手是人类神经感觉最为丰富敏感的部位，手上多达一百多万根神经纤维，这是任何其他动物无法比拟的。人也因此具备了最复杂、最特殊的能量:手和大脑、意识、心灵的联系与互动。仅限于手巧的人能成为好匠人,而能从手而入心灵的人,是修养者。为什么古人提倡的琴棋书画、乐射御书是基于手的修炼?手灵活了再至腿脚,延伸到四肢末端,将力发散出去,舞蹈是手舞为实,足蹈为虚,导引亦是手脚的虚实之道。

儒家修养不仅是读书背书,让学生成为"四书五经"的保管者。修养的基本功是"六艺":礼、乐、射、御、书、数。这六种基本才能出自《周礼·保氏》:"养国子以道,乃教之六艺:一曰五礼,二曰六乐,三曰五射,四曰五驭,五曰六书,六曰九数。"通常我们说"通五经贯六艺"。

礼,不是指礼貌,而是礼节、礼义、敬畏、上下、庄严、节制、制度、规定,礼是仁的外化。乐和礼作用一样,是用音乐通天地人。儒家用礼乐外治人文,用仁义内治其身,带动社会风尚,形成有序的社会人际关系。乐的作用不仅可悦己,可调心,还可制情,激发自然之情。礼和乐是一对,礼是外用,稳定社会等级、规定;乐是内用,缓解世俗礼法约束带来的压抑。

射,也是儒家修养的必修功夫,修习射箭不是为了箭而是为了修心。心定箭才稳、准,才能百步穿杨。在训练臂力、调节眼神等修炼中,在突发情况下修炼的是笃定的、临危不乱的心力。

为什么要习御呢?依然是修心。人如不能静心沉稳和动物心心相印,如何"驾轻就熟"?古代打仗是车战,四马拉一车叫"乘","千乘之国"就是四千匹马、一千辆战车了。如果不会和自己的马沟通,如何在千军万马中驾驭战车冲锋陷阵呢?射和御是一对,射是自我驾驭,御是驾驭他物。

书指书法,包括书写、识字,文字以及造字六法,即:象形 、指事、会意、形声、转注、假借“六书”。

数指凡是术类的:理、气、数学、阴阳、五行、调御、观星等,皆和数相关,数者需要知变化、知平衡。书和数是一对,书是将动态转入静态,数是将静态转为动态。

君子精通“六艺”,乃需明阴阳、晓变化。知礼数,通音律,会骑射,能驾驭,此内圣之道为外王之基础。今人把知识拆解成了文、理科,大学之大本是胸怀大、气魄大、视野大、学问大、责任大、使命大,如果大学生不懂如何做人,不懂何为自我修养,就不会懂如何造福人类,会把学习拆解成片面、零碎的谋生技能,盲目地奔波于赚钱牟利。

传统教育是先培养人的自我修养意识,培养人格,人格修养,儒道禅还有共通的,如“琴棋书画”等生活修养之道。“琴棋书画”是两组互回:其一,琴和棋、书和画。琴为阴,棋为阳;书为阳,画为阴;其二,琴、棋为阴,书、画为阳。

我们都知道修养的目的为修心,然而心看不见,摸不着,触不及,不可测量,不可计划,故此以琴来知妙,以棋来观徼,以书来观徼,以画来知妙。

抚琴叫“琴操”,古琴曲多叫“操”,如《幽兰操》《文王操》《遁世操》等,“操”是训练、调伏的意思,抚琴者内调自心,外御他念,此时修养不是为了表演,而是内外调御的过程,琴者全神贯注、气息均匀。《礼记·学记》云:“不学操缦,不能安弦。”“操”也是慢,使不安的心恢复节律和自持。琴之本发乎情,故不在曲,甚至可以不要曲,情至深处令众山皆响,众生皆清净。

为什么要慢?众生苦于受欲望的煎熬内心不得清凉,修养是让人心自闲，闲未必指闲工夫，而是指一种心情和心态，闲者不急不躁，不慌不忙，心空才有闲。闲是空的体现，空是闲的境界，有闲心不代表不做事。做事的人就不能心闲吗？

心中无事方可成事，无为而无不为。闲心能转动大情，借琴寓心，借琴修心，借琴说法。不功利、不攀缘、不慌张、不自大、不消极、不抱怨，以闲心处红尘。生死都是闲事，急有用吗？知止而后有定，琴者自心安定，清净之音乃可清净他人。

弹琴是制欲，《太古遗音》曰抚琴有十善："淡欲合古，取欲中矩；轻欲不浮，重欲不粗；拘欲有权，逸欲自然；力欲不觉，纵欲自若；缓欲不断，急欲不乱。"琴音淳和淡雅，清亮绵远，乐而不淫，哀而不伤，怨而不怒，温柔敦厚，中正平稳，微妙难言，能让人感发心志、泻泄幽情，化导自心和他心中不平幽怨之气，令人少一些急躁焦虑，多一份祥和平净。

古代琴谱只有音没有节，旋律依据琴者当下境界演奏，也须有节，只不过随情境、意境可调节，中规中矩按照打谱一板一眼演奏的是琴匠，乐曲虽然好听，指法虽然精熟，用情也不可谓不深，然而就是缺乏生命力，这种音乐是术，被内在意识束缚了，琴音只有音乐而缺乏内涵。

古人为什么称"乐"为"曲"呢？因为内心的情志婉曲有致、幽微难言，奏者的音声应能表达无言之心曲、心音，当下气场、境界亦能在音中表现，这是自我深层的心灵探察和抚摩，层层纾解。妙就妙在可能次次不同，妙就妙在无言处的百转千回，每个音都是绝唱，每一节都有回响，此曲只应知心有，此心唯有知音知。故此，同样一首曲子不是千篇一律的。每天太阳升起一样吗？日出之美在于不可预计，云象、气场、温度、区域都决定了您见到的日出次次不同。同样的曲，有人唱出来的叫“歌”，有人唱出来叫“颂”，“歌”和“颂”的区别在于唱者的境界和胸怀。

琴声之妙在其余韵，余韵是虚，音声是实，虚处用心，即不在do ruai 之间，也不在do ruai 之外。笔者既爱抚琴也爱唱颂，但许多曲调无法打谱。不在do ruai内和外的，才是您与众不同的微妙音。抚琴是修养，不应为了取悦，自净则他净；抚琴首先是清净自己，其次是感化他人。琴是阴器，琴者心越能聚，能量越集中，则琴音越美妙，此和技术无关，此时抚奏出来的才叫妙音，背后是一颗妙心。

科学是“观徼”，“徼”是规律，是方法，是道理，是智力，有欲心到了极致能观到更多的“徼”，就像根据琴谱也能学琴，但难明其“妙”。无欲才能观妙，什么是无欲？不执著，执著了就一定不妙了，越清空越能品妙，音乐不能用以催发情绪来带动，越玄妙的音乐应该能安抚情绪，听后心胸开阔、心平如水才对，此时心湖里才能泛出自我的影像，透过影像便是自心。

琴是妙，那棋呢？棋是路，走在大道上叫正路，走在邪道上叫歪路。道路中善恶具足，每个人自心如何、追求如何，就会找到自己的路，通往大道的才是正路，棋是帮助您找到正路的路标。

古人为什么不用象棋修养呢？象棋和国际象棋、日本将棋的思路一致，是模拟战争，是以胜为主的一种棋技。象棋亦作“象碁”，在中国有三千多年的历史，在战法上遵循兵法作战思想，是以“将死”或“困毙”对方将或帅为胜的对抗性游戏。在棋战中人们可以从攻与防、虚与实、整体与局部等复杂关系的变化中提升思维能力。印度人也有玩象棋的传统，背后的逻辑和中国象棋类似，而围棋却蕴含着大量的东方智慧，印度人没机会了解，西方人理解起来更难。日本和韩国是受中国传统文化影响最大的国家，自唐宋围棋传入日韩后，得到了发扬和继承。

我们看中国古代士子、君王如果下棋，下的多是围棋，几乎看不到下象棋的。围棋黑白二子代表太极阴阳的变化，下围棋呈现的是太极世界。《棋经十三篇》说："善胜者不争，善阵者不战，善战者不败，善败者不乱。"流水不争先，下象棋是为了赢，下围棋是为了不败。不败和争胜是不同境界，不败是上善若水，水是永远立于不败之地的，抽刀断不了，火烧灭不了，它自然流转，无欲无刚，依势而行，您可以炸平山川却无法消灭流水。

围棋有九品：一品叫入神，二品叫坐照，三品叫具体，四品叫通幽，五品叫用智，六品叫小巧，七品叫斗力，八品叫若愚，九品叫守拙。棋下得最好的是抱朴守拙、大智若愚、大巧若拙、能合于天道的弈者，也就是说下棋之道在棋外，会下只是技术，会道才能真懂棋！

按照传说，四千多年前一百四十多岁高寿的帝尧，在其九十岁那年为儿子丹朱发明了围棋，他用黑白二子来助其参悟宇宙玄机。围棋棋盘中央是太极，棋盘上有九个星，最中间的称"天元"，意为宇宙最高点。"元"是首之意，以天元为中心，我们可以看到同心的八个正方形，代表八卦。圆形棋子和方形棋盘，是"天圆地方"，围棋的棋盘不是胜负，而是阴阳，棋子背后是阴阳演化，阴阳之前是太极，黑白二子代表宇宙中相互消长的阴阳两股势力。

《棋经十三篇》说:“枯棋三百六十,黑白相半,以法阴阳。”万物皆负阴抱阳,冲气以为和。《周易》卦象的基础是阴阳二爻,阴阳二爻按照阴阳二气的消长排列组合形成卦象,而棋局的黑白棋子依照弈者的布局、思维、眼光勾连列布成局。最终能不败者,必是眼光独到的人,能在阴阳的对立制约、互根互用、消长平衡、互转互化等发现和维护对立中的统一、平衡。

阴、阳交感平衡时,事物处在“变”的阶段;阴、阳消长失去平衡时,物极必反,事物处于“化”的阶段。

围棋是对自然界阴阳变化之道的抽象反映,通晓阴阳平衡、消长之道是弈者修养之道。围棋本身其实就是一个矛盾体,比如“围”字,既有围地的意思,又有围子的意思。这两种含义,一是实,一是虚;一是攻,一是守,在矛盾中达到对立统一,不仅反攻、防守,在对方围自己时还要突围。

弈者能自一变以至千万变,以不变通于无所不变,变之尽而成于化,合乎周天,通于造化,藏心于局,布气于弈,不用对立的思维方式对待万物、万事、万有,了知宇宙万物之间的整体性、平等性、平衡性、和谐性、交替性、统一性、循环性。

围棋的联络和切断是攻防要点,己方的棋子要尽量保持联络,成为整体力量,弈者会连接则可使自己立于不败,反之被对方切断即会形成四分五裂的局面。和“联”相对的是“断”,您要链接的地方必是对方要断的地方。老子曰:“执大象,天下往。”弈者不急不躁,方能对全局和形势有全面分析、冷静观察的能力,能把目光放得长远,把握好整体和局部的关系,分清主要和次要,本末不倒置,每一手都能兼顾长短、远近、攻守、进退。心中的汇聚和链接，越统一越有力量，是故不败。

围棋有多少变化？

数学家说是361的阶乘，就是说用361 × 360 × 359 × 358……这么一直乘到1，如果缺乏了链接，用断的方法去下围棋，停留在算法里您再聪明也下不过人工智能。围棋的变化不仅是算法，其中打劫、吃子等变化就和算法关系不大。《弈喻》曰："弈之为言，易也。弈之数，周天之数也。弈之子分黑白，阴阳之象也，而运之者，心也。善弈者，不泥象数而求心。不遗象数而求心者也。"

弈数不异易数，弈象即是易象，弈道与易道不二，既在象数中，又在象数外。六经独《易》兼言象与数，其余皆言理。"象"是物象、卦象、爻象以及取象。"数"是大衍之数、阴阳之数、卦数、爻数、策数及天数、地数等与数字直接关联的内容。象从具体物象中而得的抽象来的，象的变化可通过数表示，数的变化则反映了物象中对立、阴阳转化和消长。

什么人能在如此复杂的变异中超越算法而立于不败？有功夫、智慧、能量的人！能通达本源的人，而不是死记硬背的人！用算法、背棋局来下围棋的只能是懂围棋之术的人，求胜的心是妄想，不败之道是道法自然，司马懿就是屡战屡不败的典型，战无不胜是神话，能不败才是王道。

阳明先生在平定宁王朱宸濠的叛乱中，曾用过一个伪造公文的计谋。他用很明显的方法伪造了答复朱宸濠手下重臣李士实和刘养正投诚的书信，再伪造朱宸濠手下指挥官们的投降密状。然后让人去和平时与朱宸濠结交的人相谈，在会谈结束后故意把这些公文遗落。自然，这些公文会统统到朱宸濠手里。有官员对此计谋不以为然,这看上去也太假了啊! 故此质疑这能有什么用呢? 阳明先生道:先不说有什么用,只说朱宸濠疑不疑? 那人不假思索地答:这么假肯定会疑! 阳明先生笑道:他一疑,事就成了!

为什么“他一疑,事就成了”? 因为疑是人的习气,由于多疑所以就有了迷惑和利用他的下手处。计谋、策略只能应对一时,要的是起疑,起疑了他就束住手脚了。阳明先生和朱宸濠就像一对弈者在下棋,凡人要么怯懦,要么具血气之勇。阳明先生却是个好棋手,他会攻心,不战而屈人之兵才是棋道的上策。

班固著《弈旨》弘扬弈道,曰:“局必方正,象地则也。道必正直,神明德也。棋有黑白,阴阳分也。骈罗列布,效天文也。四象既陈,行之在人,盖王政也。成败臧否,为仁由己,道之正也。”《弈旨》是第一部论棋的著作,被奉为围棋史上“五赋三论”之首。班固提出了围棋之设乃效天法地,围棋之行以阴阳为基本因素,模拟天地之运,其中之关键在于行棋之人是否恪守天道之正。

围棋之道是修炼弈者的耐心、大局观,急躁的人不会打基础,而能步步为营建立根据地才是高手,下的是活棋。棋局,易也,凭乎一心晓天地阴阳之变,弈者的境界高低在于谁更能精审细微之处的变化征兆及其可能对全局产生的影响,谁能准确洞察对手隐藏的意图。

围棋的棋子和象棋不同,无级别划分,无功能规定,决定棋子作用的是“时”和“位”。“时”有两层含义:一是四时之时,二是待时而动之时。四时之时是渐变，待时而动是顿超。

《系辞》说“变通莫大乎四时”，又说，“君子藏器于身，待时而动，何不利之有?”再了不起的人如果生不逢时，也难以发挥作用，“四时”之“时”和“待时而动”之“时”两者都与变化有着密切的联系，这个联系就是机，机能会，则无不济，在其“位”，叫“当位”“得位”“正位”。

不过“时”和“位”不是一成不变的，随时换位思考，能得其时、得其位，一切都没有问题。王弼在《周易略例·明卦适变通爻》中说：“夫卦者，时也；爻者，适时之变者也。夫时有否泰，故用有行藏；卦有小大，故辞有险易。一时之制，可反而用也；一时之吉，可反而凶也。故卦以反对，而爻亦皆变。是故用无常道，事无轨度，动静屈伸，唯变所适。故明其卦，则吉凶从其类；存其时，则动静应其用。寻名以观其吉凶。举时以观其动静。则一体之变，由斯见矣。”卦之用可分动、静，动和静一定时候会互相转化，动静之用要因时而变。

《棋经十三篇》说：

> 夫万物之数，从一而起。局之路，三百六十有一。一者，生数之主，据其极而运四方也。三百六十，以象周天之数。分而为四，以象四时。隅各九十路，以象其日。外周七二路，以象其候。枯棋三百六十，白黑相半，以法阴阳。局之线道，谓之枰。线道之间，谓之罫(上四下卦)。局方而静，棋圆而动。自古及今，弈者无同局。《传》曰：“日日新。”

依据《易》之数理，确立以“一”为棋局之始，此乃“生”之本，“从一而起”和老子“道生一、一生二、二生三、三生万物”同，是对“太极本无极。自无而有，生化肇基，化生于一，是名太极”的直观形象诠释，这是宇宙万物的生成之道，象征着宇宙万物“生生之谓易”的规律。围棋从“无”开始，从空无一物的棋盘上落子，“一”确立之后，据其极而运四方，黑白交替，阴合阳变，一生二，二生三，三生万变，逐渐由简至繁，由有限进入无限，变化莫测，玄之又玄，众妙之门。

《论语》云:“饱食终日，无所用心，难矣哉！不有博弈者乎？为之犹贤乎已。”孔子说那些整天吃得饱饱的，一点也不肯动脑筋的人为什么不去下棋？善弈者明辨无常和常、生和死的关系是可化的，命由己造。弈者不仅不应预判生死，并且要明白没有什么叫必死。其他棋类是求胜必须斩尽杀绝，而围棋赢一目也是赢，赢半目也是赢，不会斩尽杀绝，甚至能和平共处，这体现了和的思想。围棋最吸引人的就是它的不确定性，很多人死背定式、死背布局，下得一手死棋，而一个真正的棋手，没有一成不变的棋风，下棋是为了悟道，不是为了竞技。

古时围棋亦可用来占卜，笔者每年夏至和冬至会以围棋占卜，注意占卜和算命不同！算命是外求，是以宿命论为基础的术，而真正的占卜是内测，是自省。《说卦传》云:

> 昔者圣人之作易也，幽赞于神明而生蓍，参天两地而倚数，观变于阴阳而立卦，发挥于刚柔而生爻，和顺于道德而理于义，穷理尽性以至

于命。

“琴棋书画”是用以修心养性的修法，书就是徼，是路，是有序之道；妙是可有序、可无序之道；有序不是为了执著有序，而是一种方便，书确实好学，有笔画、有章法、有顺序、有布局、有字体，然而没有一种绝对的有序。生命的成长，乃从无序中建立有序，然而有序久了就有积弊，故而需要再次从有序中突破，打破有序，变成无序，重启后从无序再归入有序。

这是螺旋式的向上一路的循环超越，向上为进化，向下为退化，何为上？能合于开放、包容、无际的天德为上。何为下？沉沦、迷惑、固执、愚痴。向上才能以至于妙境，向下是合于惰性，明白了上下，就要在生活中时刻觉察，远离那些让您越来越懒惰、愚痴的人、事、物、境。书写，是为了正心和建立规矩，中规中矩，照章办事也能写出有模有样的书，却写不出无章无序的法。

我们都知道小篆是公元前221年秦始皇统一中国后推行的，丞相李斯负责制定“书同文，车同轨”、统一度量衡的政策。李斯是文学方面的奇才，散文辞藻文采斐然当属一绝，书法亦是天下无双。始皇二十六年为了规范文字，李斯作《仓颉篇》，赵高作《爰历篇》，胡毋敬作《博学篇》，均采用新定的小篆体，以此规范颁布天下。

李斯的小篆是秦官文的尺标，是后世篆书之祖，在书法史上有着不可替代的地位。唐代李嗣真《书后品》中云：“斯小篆之精，古今妙绝，秦望诸山及皇帝玉玺，犹夫千钧强弩，万石洪钟。岂徒学者之宗匠，亦是传国之遗宝。”窦臮《述书赋》亦云:“斯之法也,驰妙思而变古,立后学之宗祖。”放在整个书法界,有几人能当此评价?

小篆是对先秦贵族化大篆的简化,一直到西汉末年才逐渐被隶书取代,但由于其字体优美,始终被书法家所青睐。然而书法书法,书是术,法是道,法不是法家之法,而是道法。失去了核心的书法,书得再好,技术上您能超过李斯、赵高吗?可不要小看赵高,那也是个大才子。史书记载赵高本是赵国贵族,和始皇是患难之交,他一表人才,力大无穷,擅写大篆,精通狱法和历法。断送秦朝江山的李斯和赵高从哪方面来说都是天下一等一的人才,可是没有德行、智慧、慈悲,聪明才智为弄权之所用,书法写得再好也就只剩下书。

忽略了秉承天道的法,书就是死书。书临摹得越来越像王羲之,您也不是王羲之。王羲之不用学王羲之,他挥洒天地,泼墨无为,没有什么参照物,起落随心所欲自成一家,所以他才是“书圣”。书是一种有序,李斯、赵高都是制定法律的人,在有序方面,他们是专家,可妙是无序,书之美不仅在有形,能从有序中契合无序,再从无序带动有序,循环不已、生生不息的方是大家。有了活力,同样的字,写出来次次不同。次次不同的字,就接近了画。

画之妙,妙就妙在似是而非,西方油画主要写实,这就把无序的妙画变成了有序的工业,您画得再像能有照片像吗?之所以用画,是要画骨气、画心神、画味道、画时空,画不应该用画得像不像来定论,否则叫工艺美术。

中国画本是虚实之道,它源于画家的灵性,作画的过程本就是一个灵感勃发、再创造的过程。由灵感带动的笔，与由实物、实景驱动的笔不同。画家信马由缰，妙笔生花传递自己率真、洒脱、超尘、自在的心性，传递对宇宙万物的感情和对法的体悟，笔下之画乃心中之音，抽象之图含虚空之妙，平面二维的笔墨勾勒出全然多维的宇宙，那是精神天空的辽阔、幽深和绚烂。

《唐朝名画录》把吴道子、李思训、张璪列在“神品”，王维与李昭道并肩列为“妙品”，“妙”是不可说。懂这种妙画的无疑首推苏轼，他自己修禅、修道，书画精绝，他真正明白王维的禅风。宋代由苏轼起对传统“师法造化”的绘画观念引发了大变革，且影响至宋徽宗朝画院。苏轼在《题王维·吴道子画》诗中云：“吴生虽妙绝，尤以画工论。摩诘得之于象外，有如仙翮谢笼樊。吾观二子皆神俊，又于维也敛衽无间言。”以东坡先生在北宋文坛的地位，以及他在书画上自身的修为见地，以及他作为宋代文人画理论开拓者的身份，由他道出王维的禅画更高于吴道子，对于宋代士大夫阶级和对宋以后文人画的取向，影响自然是巨大的。

可惜的是，引起苏轼这一番宏论的禅画今已几乎失传，我们现今见到的所谓禅画，其实是偏于写实的文人画，传去日本的亦是。文人画是雅画，禅画是圆相。沈括《图画歌》评价了许多画家，对于王维则在一开头就说“画中最妙言山水，摩诘峰峦两面起”。王维自号摩诘居士，他的禅画状若虚空，笔墨蹊径，起落无迹可寻。

书、画是一对，书到极致像画，画是意境，能超越文字、语言、逻辑、概念、观念、文化。也就是说书的修炼是从有序到无序，书法和画法是不即不离的，最后书、画在有序无序的交替中圆融不二。“六艺”加“琴棋书画”是中国传统效法天地提高个人气质并付诸社会的修养法，不应该被视为独立的个人雅好，人之所以需要综合培养，是要借此培养学人对待人、事、物、境的全局观，下棋不能只看一步，看三步都不行，死地如何变成活处、活路、出路？

真正的琴师抚琴，次次不同；棋手下棋，子子玄机；书者写字，无模无样；画师做画，笔笔得意。然而画得好就代表有修养吗？忽略了画的修养作用，画得再好又如何？

中国历史上有名的画家何止千百，但只有一人被称为“画圣”，他就是唐玄宗时期著名画家吴道子。吴道子年幼即孤，生活贫寒，曾去洛阳追随书法家张旭、贺知章学书法，没显著成绩后改学画。他在画画方面很有悟性，“年未弱冠，穷丹青之妙”。不过他画技虽精却无声名，失意时在白马寺遇到和尚广笑，广笑给他出主意：何不去长安？

吴道子听了广笑的话，到长安发展，果然没两年便名满京师，与仕女画第一高手张萱并称“画坛双星”。他创造了波折起伏、错落有致的“莼菜条”式描法，加强了描摹对象的分量感和立体感，所画人物、衣袖、飘带，凝神观之有飘动之势，故有“吴带当风”之称。他被玄宗诏入宫中做皇家画师，同时又为宁王好友。按规矩皇家画师是不能接私活的，但无论是玄宗还是宁王都宠爱吴道子，所以只要他想去寺院画壁画也并不阻拦。

几年下来，吴道子在长安、洛阳的名寺画壁三百面，一时无人比肩。

与此同时广笑和尚通过努力，也来到长安担任赵景公寺的住持。

隋文帝文献皇后的父亲独孤信，南北朝时被封为赵景公，景公逝世后，文献皇后为父立寺。唐太宗时,赵景公寺还是一流的寺院,但到了玄宗时香火渐熄。这一年眼看中元节快要到来,广笑和尚盘算着怎么招揽香客,一旁的侍者建议:何不请吴道子来画一幅“地狱变”呢?广笑和尚觉得这个主意甚妙,于是派人送去重金,并答应一定给吴道子准备当世最好的美酒:昆仑殇。

吴道子当时已经五十多岁,来到赵景公寺,把广笑和尚的昆仑殇喝了,却灵感枯竭,迟迟找不到下笔的感觉。这么过了几天,眼看第二天就是中元节了,寺院早已昭告信众过来看吴道子的“地狱变”,而“地狱变”却连个雏形都没有。

大家急得手足无措,广笑和尚的侍者找到吴道子说:如果您画不了,我们就只好请皇甫轸了。

皇甫轸,何许人也?他是当世的年轻画家,成名作是绘于宣阳坊净域寺南壁上的《鬼神图》,随后他又在菩提寺创作了《净土变》,引起很大轰动。皇甫轸虽然暂时名气还没有吴道子大,但他是不世神童,连洛阳的寺院也不惜重金来长安请他。吴道子未尝不时刻感受到他的威胁,没想到居然连广笑和尚也动摇对自己的信心了。

第二天一早,皇甫轸暴毙的消息传遍京城。

中元节当天早上,吴道子连夜绘制的旷世杰作呈现在众人眼前。由于时间不够,整幅作品都是白描,这就是著名的《地狱变》。这幅巨作惊动了整个长安,信众络绎不绝地过来瞻仰和供奉,广笑和尚如愿以偿。

关于《地狱变》带来的影响,唐人书上有载:“都人咸观,皆惧罪修善,两市屠沽,鱼肉不售。”屠夫、渔夫见画后,竟惧而改业。就在万众被《地狱变》

倾倒之际，广笑和尚笑眯眯地来到吴道子房中，对他说："心中有地狱的人，才能画出这样的地狱吧！"吴道子无言以对。心如果没有经历十八层地狱的人，怎么能画出如此栩栩如生的《地狱变》？

一百多年后，唐代著名志怪小说家，诗文与李商隐、温庭筠齐名的段成式参观了赵景公寺，亲睹《地狱变》，他记录道："笔力劲怒，变状阴怪，睹之不觉毛戴……"在《酉阳杂俎》续集中，他写道："又，宣阳坊净域寺……院门里面南壁，皇甫轸画鬼神及雕形，势若脱。轸与吴道玄同时，吴以其艺逼己，募人杀之。"

苏轼亦曾说："道子画人物，如以灯取影，逆来顺往，旁见侧出。横斜平直，各相乘除，得自然之数，不差毫末。出新意于法度之中，寄妙理于豪放之外，所谓游刃余地，运斤成风，盖古今一人而已。"

吴道子是在怎样的焦虑、不安、嫉妒情绪下画出"地狱变"的？我们不得而知。什么是仙境呢？那些看到"地狱变"就吓得给寺庙巨额供养的人是看到仙境还是看到地狱了？地狱和仙境是二还是一呢？像广笑这样的和尚，为了寺庙的香火放大人们的恐惧，他的心在仙境还是地狱呢？"地狱变"的本来目的是令人回头是岸，然而变成敛财的手段，画得越好别人捐的钱越多，这是走向解脱还是迈向地狱呢？人唯一的解脱法，是发现根本没有什么能束缚自己，唯一的觉醒，就是发现自己本来就醒着。

我们再看看元朝黄公望的经历。

他从小饱读诗书，不过四十五岁时才在浙西谋得一小书吏。官没做几天，上司因贪夺财产逼死人命被抓，顺道把他也抓了。莫名其妙坐了五年牢，出狱时已过了五十岁。在古代五十岁已属老年，黄公望想想这一生也快到尽头，不应再仰人鼻息，于是拂衣而去。

他想学画画，就寻访到大画家赵孟頫的外甥，隐居在浙江黄鹤山的王蒙，王蒙一看这年龄也太大了，就摆手说：您还学什么呢？回去吧！

黄公望却并不在意，不声不响闷头就学。之后的二十九年里，他游历江河，有时终日在山中静坐，不吃不喝。没人知道他是谁，来自哪里去往何处。

一个落叶缤纷的秋天，黄公望和师弟无用，从松江游历到浙江富阳。黄公望在富阳住下，每天一个人到富春江边看山水。

一天中午，他坐在江边的礁石上对着江开始作画，突然背后有人一把将他推入江中。推他的人原来是拖他入狱上司的外甥，由于黄公望在监狱里供出了上司的罪行，其家人怀恨在心。这恨存了30年，他们四处打探黄公望的行踪，发现他在富阳就寻过来要置他于死地。

黄公望在滚滚江里挣扎着，正好有个樵夫路过，跳入江中把他救起。樵夫跟他说：您这么大年龄了，又遇到有人害您，干脆住我家吧！于是黄公望跟着樵夫来到一个叫庙山坞的山沟里。

此处三面环山，一面临江，山峦起伏，林木葱郁，江水凝碧，整个富春山水尽收眼底。黄公望在这里一住四年。四年里他风雨无阻地每天天一亮，就戴着竹笠，穿着芒鞋沿江走数十里，遇到好景就停下来画。在他删繁就简的人生里，触目皆风景。

一次，他拿出一幅画，落款“大痴道人”，让樵夫带到城里去卖，并嘱咐：没有十两银子不要出手。樵夫一听觉得他准是想钱想疯了吧，这皱巴巴的纸能卖十两银子？可当他来到集市，铺开那张纸，立即有买家过来，一听说十两银子，价也不还就买走了。这以后，黄公望每两三个月就让樵夫去卖一幅，卖画所得全部接济村民。

80岁那年他开始着手画一幅长卷。

渔舟唱晚山有色，樵夫晚归歌有情，寂静的山林，无痕的江水都晕染成画卷里的点墨，虚空留白里，蓄藏人间颜色。

四年之后，画，完成了，黄公望也已至耄耋。

师弟无用来看他的时候，瞬间被眼前的画惊倒，黄公望不发一言题字于画端，然后赠与师弟。这幅长卷就是被后世称为“中国十大传世名画”之一的——《富春山居图》。

现代人不理解黄公望画这幅长卷自己既没得名也没得利，他图什么呢？什么是他的仙境呢？仙境就是当下的自在，能超越时间和空间的宁静心。画完成了，就和画者无关了，种子发芽了，种子在哪里？

有些人说中华传统没有直白的西方文化好理解，古文看不懂，道理太深奥。宇宙万物其实没有直白的，大道在万物中，但要看您会不会解读，否则直白地告诉您，您也不信。

大道需要有一颗能敬畏天地心的人来穿越万物表面发现背后的玄机。道者不败、仁者无敌都是大道至简，多懂一分人生，就能对治一分心病。禅门的祖师语录，刚开始时谁都听不懂，为什么禅还那么有生命力？《道德经》亦是。

什么叫好看的字、好看的画？字、画是为了世俗意义的好看而存在的吗？是为了得到更多的赞誉和供养而存在的吗？琴、棋、射、御、数、乐等无一不难，难不是难在学，而在于习。

提高修养的目的是破相显性，不是为了装饰自己。笔者见有些名家制一张琴、画一幅画虽价格不菲，但名家只负责起笔、打样，弟子们负责精描、填色、木工、上漆，等等，这叫什么？叫出卖名头。艺术是用来帮助心清净的，被金钱污染了德行的名是虚名。自心不明，能有什么好作品呢？工厂流水线一样制作出来的艺术，能帮助人清净吗？古人会这么做吗？修养不是着于表面的相，执末技而忘本者是小聪明。

琴棋书画如果停留在技术层面，还是脱不开大脑运作。大脑的反应越积极、敏锐，用得越多，人体的能量越被引升到脑上去，大脑有自己的奖惩机制，有各种假象，如果说电玩里的游戏是虚幻世界，那么大脑就是最真实的虚幻世界。未来世界里认知的边界越来越难以界定，虚幻的存在感、成就感、安全感、荣誉感、幸福感等会如云雾蔽日一般，令人更加不见真相。不修如何能在未来充满了虚幻的世界中识别虚拟和实相的边界？不能认出边界的人，只能是个提线木偶。

从身体上说，用脑过度的人，多数人久而久之不喜欢用四肢，四体不勤，故而无力。读者们可以自己试试，您正确姿势站桩能站几分钟？提水桶上楼能不喘吗？不过有些精英很勤奋，工作卖力锻炼也卖力，精英们去健身房、跑马拉松者越来越多。

笔者觉得更需要提醒这些人，勤奋锻炼得法者对身体有益，然而现代人工作节奏普遍快、压力大，如果再辅以身心分裂的剧烈锻炼，锻炼不得法就变成了进一步消耗，雪上加霜透支身体。要知道锻炼肌肉并不能直接帮助内力的增加、气血的提升，也不能直接帮助情绪稳定，心安气定。所以笔者希望更多的人能回归到东方传统的修养法，无论琴棋书画、太极导引、修禅修道，万法归一，凡是能契合大道的修养才能真正帮助人身心和谐。

我们再次回到“虚其心，实其腹。弱其志，强其骨”这段经文上。虚是一切法最终要的结果，虚是空之性，是弱的基础，如果人杂念丛生，欲火炽盛，何来清明朗彻，“道”何能流通呢？怎么虚？学会忘！

人要时刻检查自己是不是什么都舍不得忘？许多人家的衣柜里塞得满满的，乱是因为舍不得丢，总是放不下，认为这些东西以后会用。心意识呢？如果不定期清理，一样会放不下，什么过去的记忆、回忆、留念，成天回味着自己就是杂物箱里的杂物。过去心不可得，凡夫才喜欢回忆，用过去做比较，智者不是没有过去，而是不在过去中驻足。放下过去会忘本吗？放下恰恰才是不忘本！

有人说没有过去就没有现在的自己，这叫颠倒梦想！当下才是唯一存活生命的地方，忘才能真正契合本，本来面目中没有过去、未来和现在，本来无一物啊！

一边求法想要见本来面目，一边又念念不忘过去的人，是叶公好龙，自欺欺人。忘，是契合道的方法；忘，不是老年痴呆，丢三落四。爱情的保鲜是忘情，人生的活力是忘生，慈悲的伟大是忘怀；虚空的奥秘是相忘于江湖。

从时间看，忘是要有先后的，没有先后就不能忘。比方有的修者修坐禅，坐下来要专心致志，制心一处。但大部分人所谓静坐，身腿不动，意识却杂念纷飞，这属于没有先后。什么是先后？念念相继，念念相继才能专心一致，念念不继杂念就跑出来了。一会儿口渴，一会儿腿痛，一会儿记挂公司，等等，这属于身心分离。念念相继，不散乱、昏沉才能一心不乱，才有可能前后际断，前后际断乃心的虚空态。人为什么难以做到念念相继？因为住于时间，做不到忘。为什么做不到？腹不实故。内在充斥着贪、嗔、痴、慢、疑那么多杂乱的念头，怎么能实呢？精气、元气、神气流动是实，固执就不可能实。流就能相继，相继则顺利，如气不实则淤堵障碍就实，故而心神不定怪病丛生。

住在时间相里的人，其特点是多愁善感，情感丰富，内心极其不安，总是喜欢折腾点什么悲情、高兴、感伤。时间有先后是用，时间无先后是体。契合了体，才能不住于时间而善用时间。不住于时就能不住于空。空间看上去没有先后，例如您在家里静坐就不能同时坐火车。但这里有个误区，凡夫修道，身子没动，念头已经不知跑到哪里去了，身、心不在一个空间，根本没静只是坐。真人静坐，身子没动，心包太虚，一念万年，念是相续的，是由自我意识带动，心包太虚是身心无论多大多细和万物都是合一态的。

合一的意思是可合可分，不是结成一团，那叫固执。能一念万年，万年一念的真人，其心念不是游离散乱的，出神入神皆能从心所欲。而凡夫则恰恰相反，心意识不由自主，故此看上去大家都是坐下不动，本质上却又天地之别。

时间隐在空间里，妙即渺，不可言说谓之妙，有无皆幻谓之渺。有、无

禪定法會

即空间和时间。万物、万事、万有于空间存在。人存在之质变为“无我”，无我即新的生命重生、连续、交融、统一。

空间的变异，不仅是位移，是一种矢量流，呈现的是时间态。因此，时间可以归于空间，空间亦可归于时间。空间是可直观的抽象感知，时间及时空隧道是数学的抽象逻辑。

万有在空间存在，空间呈现万有。而这一切将在时间中消融。并非真有时间之流，消融的是存在形式，而只有消融是真实的存在，其他只是因缘和合的灿烂烟花。空间是感性的，时间是知性的，时空无常，唯消融乃常。以此观生死，从空来，归空去。生命流行，刹那刹那，无非暂住，神变无方。大道理趣深微，时空宛然，冲而和合，又复不盈。

道人之心，天地之鉴，万物之镜，观变而自不变乃定，随变而用其变乃慧。太极阴阳其道中和，天地日月不私一物；道人道德两忘，凡圣一如，肃肃穆穆，和而成章也。

真人因其能忘故心虚，因其心虚故精气神充实。这对于初修者来讲好像是神话故事一般。修行就是修人的主动性，灵性不足自然是本能带动的人生，而灵性足的人，一切皆由己，不做欲望、面子、人情的提线木偶。庄子《大宗师》说“与其誉尧而非桀也，不如两忘而化其道”，“两忘”是忘善忘恶，从根本的角度讲，忘是对善恶最好的消解；从世间的角度讲，要积极用教育令人向善，行为多行利他，内心中却不执著这种行为。

有些人说自己跑马拉松时跑到几乎忘我了，这是不是真的忘我呢？不是。因为大脑意识、人体仓库里的垃圾、执著和迷惑还在，只是暂时被压制住了没有发作而已。气喘吁吁的运动不可能把智慧打开，心胸格局、智慧不可能通过流汗改变，迷于竞技者往往会产生越来越强的争斗心。

体能冠军和智慧不是一码事，到处飞的鸟比乌龟更有智慧吗？还有人说自己静坐时能感到心如止水了，出境界了。这就看您的念头是念念相继、了了分明，还是如同枯木？枯木禅修得好的人，可以静坐很久不动。而念念相继是大动，是最快的动，动得比光速还快，列子所说的“心游”是也。静坐不动感觉自己心静，要看本人的心是否虚空一样广大。心能无量广大起来才能和无量广大的道相应，精神充盈于宇宙天地之间，这才叫“逍遥游”。

个体生命和宇宙生命、阴性生命和阳性生命，生命的多个层面达到充分的融合，心、佛、众生不即不离。光能坐在那里一动不动是没有用的，您坐得过石头吗？植物人也看上去一动不动。大多数修行人在这方面存在着误区，以为自己脾气越来越好，不争不抢，不动气能忍让就是向善了。老子说：“归根曰静，静曰复命。”命是不动的吗？命是和运相关的，运是和气相关的。

身体之中，肾主水又藏精、元之气，水和气，同出而异名，都是降火的甘露，肾气足则水能降火，水火平衡则生命力旺盛，肾气不足则火烧连营，人体情绪无法平静皆和火大有关。火和风不即不离，风推动火势，在人体中肆掠繁衍。

水和气是一体两相，水有固、液、气三态。当温度和压强变化时，水态会开始互相转化。随着压缩程度的增大，气相会表现出液相的性质；同样随着温度的升高，液相也会逐渐表现出气相的性质。如果压强或温度足够大，直到达到临界点的微妙平衡，水就变成了一种谁也很难将两相区分开来的状态，但只要稍稍降低温度或压强，水就又回到了单相状态。

水对生命的作用可以说是独一无二的，比如说，如果 4℃ 的水比冰的密度小，那么湖泊和河流就会从底部开始结冰，里面的鱼类也会被逐渐冻死；如果水吸收热量的能力没那么强，那么我们地球早就燃烧起来了；如果水分子在沿着静脉流淌、透过细胞膜的时候，不能携带足够的化学物质，那么生命中的营养无以输送。滋养生命的就是水、气，我们形容人的状态有“神气活现”，神和气相关，活和水相关；再有“红光满面”，光和气相关，满和水相关。水和气之间的关系极为微妙，过犹不及，只有在恰好处，人的身心才是最平衡和空灵的。

现在人多数过度耗神，此为耗气；便、汗不利，此为滞水，例如，天一热就开空调，不愿让汗液流淌，则代谢必慢；再如喜欢吃酸辣咸油，喜欢喝饮料、酒类，则脾胃必伤。如果饮食无度，作息无规，欲望无节，从身体角度讲肾水、肾精、肾气必然会流失殆尽，从精神角度讲，心灵干枯，必然导致精神萎靡。

有人说现代人多积极啊！成天工作、交际也不知疲倦，身体很好啊！其实正因为心灵干枯，人才需要不断刺激，无论工作、交际、购物、喝酒等，就如同饮鸩止渴一般，越刺激越是预支元气，修养是生命必不可少的调节剂。没有了汽油的汽车叫钢铁，只有出没有进的人生只有衰老。许多人一退休、一放假就感觉百爪挠心，因为刺激源不在了，本来被隐藏、压制、积累的疾病就容易暴发。

一切病皆来自水火不调，阴阳失衡，由于现代科学推崇脑力，故而现代人用脑过度而不懂何为用心。以商业为主的气氛下吸烟、喝酒、吸毒、名誉、财富、美食、情色、电玩、股票、摇滚、赌博、权谋等都是刺激大脑的行为，由此会产生各种反应：痛苦、喜乐、愉悦、放松、嫉妒、狂躁，这些皆属大脑神经反应，不同反应会导致身体分泌不同激素，兴奋或失落，正反都是推动力，推着人感觉自我存在，乐此不疲。人要想转化习气、滋养生命必须经过实修实证，理论和学术讲解是解决不了实际问题的。

有些人以为看古人的修行秘籍就能指导修行，其实未必！古人跟现在人看上去差不多，身高体重长相好像没大变化，但思想、饮食、作息、环境、学习、生活、工作、交通、社交、温度、气候、观念等统统已经不一样了。

古人不吃反季节的大棚食物，更不知道地沟油、转基因为何物；不会天天上网看莫名其妙的新闻、学习一堆对生命无用的知识；不会成天忙于创业、追求上市，不会成天泡在应酬宴请里；不会结交那么多朋友……可以说从外而言，今人和古人相差无几，但从内而言，却是完全不同的种类。更不要说未来人类了，那些半人半机器、半人半人工智能、虚拟人、网络人等，这些形形色色的“人”，有的是在机器人身上植入人体，有的是在人脑里植入芯片，还有的是躯体死后将意识复制并储存，现有的社会规范、法律法规、人情世故等将被彻底颠覆。

在不断升级换代后，新人类毫无疑问会具备现代人所缺乏的各种各样“特异”功能，其中能量突变具有超能力的“人”会比比皆是，最后有机体可能会变成无机体，有形人能随心所欲隐形或显形，可以说这些已经是有着人形的非人。

在如此快速的变革下，死抱古人经典不放是起不到作用的，我们要传承的是经典中的心法而不是知识，内在已经面目全非的今人和未来“人”，如果没有配合实修参悟，是不会理解古人经典的内涵的，语境、心境、环境皆已变化了，文字都读不懂何谈心法？胡适先生曾发表过一篇文章，叫《我们今日还不配读经》，他说：

> 今日提倡读经的人们，梦里也没有想到五经至今还只是一半懂得一半不懂得的东西。这也难怪，毛公郑玄以下，说《诗》的人谁肯说《诗》三百篇有一半不可懂？王弼韩康伯以下，说《易》的人谁肯说《周易》有一大半不可懂？郑玄马融王肃以下，说《书》的人谁肯说《尚书》有一半不可懂？古人且不谈，三百年中的经学家，陈奂胡承珙马瑞辰等人的《毛诗》学，王鸣盛孙星珩段玉裁江声皮锡瑞王先谦诸人的《尚书》学，蕉循江藩张惠言诸人的《易》学，又何尝肯老实承认这些古经他们只懂得一半？所以孟真先生说的“六经虽在专门家手里也是半懂不懂的东西”，这句话只是最近二三十年中的极少数专门家的见解，只是那极少数的“有声音文字训诂学训练的人”的见解。这种见解，不但陈济棠何键诸公不曾梦见，就是一般文人也未必肯相信。
>
> 所以我们今日正应该教育一般提倡读经的人们，教他们明白这一点。这种见解可以说是最新的经学，最新的治经方法。始创于新经学的大师是王国维先生。虽然高邮王氏父子在一百多年前早已走上这

条新经学的路子。王国维先生说:《诗》、《书》为人人诵习之书,然于六艺中最难读。以弟之愚暗,于《书》所不能解者殆十之五;于《诗》,亦十之一二。此非独弟子所不能解也,汉魏以来诸大师未尝不强为之说,然其说终不可通。以是知先儒亦不能解也。

——选自《观堂集林》卷一《与友人论诗书中成语书》

这是新经学开宗明义的宣言,说话的人是近代一个学问最博而方法最缜密的大师,所以说的话最有分寸,最有斤两。科学的起点在于求知,而求知的动机必须出于诚恳地承认自己知识的缺乏。……谁料到这三百年的末了,王国维先生公开揭穿了这张黑幕,老实地承认:《诗经》他不懂的有十之一二,《尚书》他不懂的有十之五。王国维尚且如此说,我们不可以请今日妄谈读经的诸公细细想想吗?

读者们想想:民国诸公从小修习古文,而今人呢?有多少人能读得懂文言文?近几年“国学热”,满大街都是讲解国学的大师,这些人是不是名不副实笔者不敢说,但笔者认为讲国学如果缺乏了自我修养,就是文字和理论。

笔者不太能理解那些自己不知修行为何的人,怎么能滔滔不绝讲《道德经》《六祖坛经》《金刚经》等修行的经典。如果讲经典可以忽略实修,那么电脑就能当人类的老师,把文字变成数据然后复制给学生即可。大家讲的都是一路,比的是谁的口才更好、名气更大,对于生命的成长有什么意义呢?经典中传递的当然不是文字、数据,死抱圣人言不放叫刻舟求剑。今人必须结合今天的情景、环境、特点重新解读经典，贯通其内在心法，古能为今用才行。

今人要从适合今人的角度来考虑修法的变化，今人比古人活跃得多，意识浮动、急躁得多，诱惑大得多。拿修炼为例，书上说要意守丹田，一些人就以为是把气守在小腹部位，守住了就能结成内丹。气是流动的，怎么可能人为留在肚子里结成丹呢？结成肿瘤还差不多！气能守得住吗？意念是最无常的，如何守？

许多人从书上获得一些普及性知识，便粗浅地认为要将意识守住不动，如果修者刻意坚守，会生出一些莫名其妙的修病。

内丹修法是以天人合一思想为指导，以人体为鼎炉、精气神为药物，而在体内凝炼结丹的修行方式。丹能在经络里不断疏通，达到“经络全通、百骸俱暖”，修炼步骤是“炼己筑基，炼精化炁，炼炁化神，炼神还虚，炼虚合道”。

从轩辕黄帝求道于广成子记载算起，内丹已经历了五千年的发展历程。如果内丹修行不能帮助修者积聚能量，疏通气脉，如何流传数千年？故此能正法修炼特别重要。如何辨别呢？

修者初期发现自己体内正气充沛，病、邪、秽气等气态自然减少直至消失，从而内气充盈，神清气爽；中期身心能量能和万物感应力增强，形成强大的生物场，这个生物场会随着修行境界的提高而无限扩大，与宇宙不断重叠，直至合一。

内丹所需原料为精、气、神，虚心以养神，实腹以养精，弱志之养魂，强骨以养魄，四隅清净则通达其要妙枢机。精得清于下而左旋，左旋生魂而化神，神得静于上而右转，右转生魄而化精。则，左旋右转，下升上降，前升后降，往复无息。古代道书上的“气”写作“炁”。“炁”这个字的上半部“无”，下面四点则代表了火。无火之谓气，并非指空气的气，也不是呼吸的气。繁体的“氣”下面有一个米字，是指人们吃了米谷等食物后所化生的气，而简体字的“气”是指空气的气。

一个人的身躯犹如一具装有各种零件的皮囊，假如我们把气体打入一个皮袋里，然后要叫这股气固定，停留在某一部位，可能吗？如果可能那已经变化成为一个固体了。气的特质本就是“流动不居，周流六虚”的，您所谓的意守丹田不过是注意力集中的心理感受而已，并非真有一处叫丹田，真有一样叫“丹”的东西。

法必是对出的，一阴必有一阳，一开必有一合，一泻必有一补，这其中相生相克的作用如何运用，每位师父的修为和理解均不同。许多人从片面角度理解修行，不肯虚心向明师请教，或者自大自傲令人不愿对其多语。您如果不懂得谦虚自以为是照着书本瞎修，参不透其间平衡的关系和作用，这就极易出麻烦了。凡人从一出生开始接受家庭、社会、学校的教育，及长大以后的自我教育，四种教育都会有偏，要么偏知识，要么偏身体，要么偏利益，要么偏个人，由于所知不全，身心难以达到深层平衡，一切修门的作用都是帮助无常的人生能丰富和圆满。

八万四千门本无高下，为的是接引不同层次、需求、背景、特点的人，我们不能以偏概全。法无高下，偏知识的不比偏养身的高级，偏感性的不比偏理性的低级，瞧不起业余的人自己也专业不到哪里去。许多人虽然在专修中，但不用心、不究竟、不行动，成天喊口号、找借口那还不如业余爱好者对偶像、仪式的狂热和专一呢！有了专一的热情如果有一天能引其走向内求的正法，善迷信亦是一种力量，引导得法者之后能一飞冲天者也不少。人只要不在正道上就属于偏道。性门、命门、信仰门无论哪一门都有正法，只要不改初心，其他是交通工具的问题，一旦条件具足把拖拉机换成火箭就是了。

拖拉机和火箭的区别在哪？就在修法和悟性！修法是外在的方法，悟性是人能选对修法的见地，能融入修法的领悟力。宇宙万物、万事、万有皆有其内在有序或无序的法则，有序的我们称之为规律，发现这些规律的方法我们称之为科学，那么没有被发现的规律和无序状态的法则呢？科学以外难道就是不科学或全部是迷信吗？

天地造化的奥秘其实都在万物、万事、万有中，能被人读取的只是一小部分。一切生老病死、成住坏空、兴衰起落其实都在万物、万事、万有中隐藏，只看您能读取多少。读取的能力即悟性。悟性高的人坐在拖拉机上也能和于大通，悟性不足的人只是感觉坐拖拉机是安全的，自以为是地认为能走就行了。

悟性高的人如果能搭乘火箭会怎么样？就有可能直指人心，见性成佛，在顿法中瞬间觉悟。有人认为顿法危险，其实宇宙万物、万事、万有哪有什么危险不危险？坐拖拉机就一定比坐火箭安全吗？只是自认为比较安全而已。人在引力作用下明明是有依靠的，为什么大多数人坐在拖拉机上也缺乏安全感呢？安全是靠功夫、智慧保障的，否则人再有钱，再有地位，再有安全措施，走得再慢也不会真正感觉安全。

悟性是生命的发动机，修炼得法是能改装和提升功能的，悟性越高的人越是无限风光在险峰，凡人看上去越危险，有本事的人做的事情，凡人看上去其实都不安全。坐在拖拉机上确实也能向前挪动，只不过在觉醒这条道路上不知道要花多少世，经历多少劫，才能通过初关。那么如何提高悟性呢？需要下手处，笔者从“意守丹田”法谈谈实修。

这个“守”不是保守，而是一种动态激活，“守”是保任和善护念的意思，其中包含了开、合两部分，也就是可以从“虚灵顶劲，气沉丹田”这八字来参会。守不是沉，而是真一，是顶和沉的活态。不少修者修反了，因本书篇幅有限，笔者无法将此中精髓一一展开，只能抛砖引玉帮助修者重新思考，故不是让读者从本书中学会什么，而是要明白该放下什么。

虚，是虚其心；沉，是实其腹。“虚灵顶劲”是无为，“气沉丹田”是无不为，前文不断强调修行的用功处在虚，自在随缘是无为，随缘自在是无不为。缺乏悟性的人，读书是死读，修炼是用死劲，无法切合实际落实到意识、行为、生活、事业的方方面面，所以要么一用劲就过，要么就逃避，难以掌握度。度，是生命中的动态平衡，是灵活的活。不管您进实修门、参悟门、信仰门，掌握了度就能成长，否则要么原地冲刺，要么过犹不及。太极图中的“S”形曲线就是度，要悟其幽微，用其玄妙。

“虚领顶劲，气沉丹田”是阴阳对举法，包括虚、实两部分。如前文所说，在无为处用意，则无不为是果，如在无不为处用意，则无为就变成了人为。如果不能达到无不为，无为就变成一种消极怠工。

先谈谈“虚灵顶劲”，这是四种修法，要反过来读：劲、顶、灵、虚。这四层修法和无不为的“气沉丹田”相对，气越能沉得住则顶越虚灵无限广大。我们要理解上虚和下实的能量，要守住这种心态而不是某种气或者能量，气和能量皆是流动的，怎么能死守？我们一起来看看灵性的蛇。

近代出土了汉唐各个版本的“伏羲女娲交尾图”，伏羲在左，左手执矩，女娲在右，右手执规，人首蛇身，蛇尾交缠。二人上方有以象征太阳的圆轮，尾下是象征月亮的半月，画面四周画象征星辰以线连接的圆相，这画既有“天圆地方”之说，也有生命轮回之意，还有化成万物之喻。它又像是太极，一明一暗两种如白昼和黑夜交织，一面是恐惧，一面是敬畏，从而推演社会进化。

伏羲和女娲为什么是人首蛇身呢?《易经》曰：“尺蠖之屈，以求信也，龙蛇之蛰，以存身也。”蛇在东方一直是一种灵性神物，不仅中国，在印度，印度人也视蛇为神物，蛇是印度教三大神之一“湿婆”的凡间化身。印度人尤其喜欢眼镜蛇，当地人称眼镜蛇为“努拉盘布”，就是善蛇的意思。此外Naga语出梵文，音译为“那伽”。大约在东汉时期，佛经传入中国并迅速出现了汉译本，当时翻译的方法，一般是由胡僧口述，汉僧笔录。佛教的“龙”的翻译就是“那伽”，据记载，“那伽”长身无足，能在大海及其他水域或地下称王为尊。其原型当为生活于南亚次大陆的一种蟒蛇。它类似中国龙，变幻莫测、风云际会、升天潜水、兴云布雨。在《过去现在因果经》中说：“难陀龙王，优难陀龙王于虚空中，吐清净水，一温一凉，灌太子身。……天龙八部亦于空中作天伎乐，歌呗赞颂，烧众名香，散诸妙花，又雨天衣及以璎珞，缤纷乱坠，不可称数。”这在中国演变为九龙吐香水浴佛，由此可见佛陀的护法神“天龙八部”中有“龙部”，在八部众中地位仅次于“天”，神通广大，具非凡法力。

中国人关于伏羲人首蛇身的记载在经典中出现得比较晚，《庄子》中曾提到过伏羲的名字，秦汉时期的文献中才出现伏羲的具体事迹，历经晋、唐，时代越往后记载就越详细。据《史记》的记载，周天子宣称他们的祖先弃的妈妈姜原在野外看到了一个大脚印，一见之后就浑身酥软，欲火焚烧，于是就去踩，一踩之后就怀孕生下了弃，弃后来做了帝舜的农师，号曰“后稷”，是周的祖先。巧的是伏羲的母亲名叫华胥氏，也是去雷泽郊游时发现了一个大脚印，出于好奇，她将自己的脚踏在大脚印上，当下就觉得有种被蛇缠身的感觉，于是就有了身孕。这一怀就是12年，生下了一个人首蛇身的孩子，叫伏羲。

即使在汉朝，蛇也还是吉祥物。古人从蛇演化出龙的形态，我们自称“龙的传人”，与蛇就有莫大联系。伏羲是中华文明的“三皇之首”、“百王之先”、“人文始祖”，蛇是地龙，龙是天蛇。蛇不仅可以升化为龙，和龟结合而能成玄武，此为水神、北方之神。《楚辞·远游注》曰：“玄武，北方神名。”武又是生殖之神，其以龟蛇合体的形状出现，是生殖繁衍之意。东汉魏伯阳《周易·参同契》云：“关关雎鸠，在河之洲。窈窕淑女，君子好逑。雄不独处，雌不孤居。玄武龟蛇，纠盘相扶。以明牝牡，毕竟相胥。”在楚文化中玄武是司命之神，是长寿和不死的象征。

蛇独具灵性，并且能激发人的本能。苏美尔神话中智慧之神Enki和生育女神Ninmah同样也是人首蛇身，是兄妹同时也是夫妻，这和伏羲、女娲是兄妹也是夫妻吻合。然而《圣经》中蛇的作用是反面的，夏娃因为受蛇的引诱才使人类犯下原罪。

上古的神话全是迷信吗？笔者没有资格断言真或假。我们今天需要关注的是为什么文化的起源和蛇有这么密切的关联？伏羲根据天地万物的变化画出了八卦，他又结绳为网，用来捕鸟打猎，并教会了人们渔猎的方法，华夏民族把三皇之一、人文始祖画成人首蛇身是为什么？

空间的大小可以是一个个阶梯，每个阶梯相差一个数量级，也就是10倍，在数量级阶梯的空间里，最低的阶梯是超微观世界，最高的阶梯是目前可知的宏大宇宙，而无论是宏观还是微观，空间是一圆相。好像蛇头代表宏观，蛇尾代表微观，蛇咬自己尾巴好似最宏观的宇宙和最小的夸克世界两头链接，一花一世界，每个细胞都有自己的世界，每个人虽同处一物理世界，然而其内心的世界却因其境界而个个不同。

宇宙从哪里来？蛇咬自己的尾巴就是一个启示，宇宙就是一圆相，从微观来又回到微观去，空间其实不是空间，而是弯曲的维度，神明就藏于万物的一一毛孔中。故此由微入心，不仅能进入最小空间，还能改变时间的流动，不仅可以和时空的脉动合拍，还能认识万物、万事、万有的本质。

对现在的科学来说，宇宙万物中绝大部分是未知的，为了探测宇宙，人类不仅使用了电磁波谱的所有波段，还使用中微子探测器，现在甚至连引力波也被探测到了。人类穷其所有的能力探求宇宙的奥秘，但是科学知道得越多，也就越感觉自己无知。

“道”字怎么写？不也可以认为是人首蛇身吗?“首”字象征本源，是天，下面是“蛇”尾巴一样的“走”字底，走是行健，“道”不就是乾吗？为什么用乾不用坤？内阴则外阳，阴性的“道”能被发现和应用的叫“法”，就像老子为什么字“伯阳”呢？一个道理。

蛇类早在一亿多年前就在地球上出现了，现今世界上大概有三千多种蛇，其中有的蛇可以长到非常大，例如已经灭绝的泰坦巨蟒，长十几米，重一吨多，它能轻松吞下鳄鱼。现今世界上存活的巨蟒无论是最重的长约7米的森蚺，或最长的长约8米的网纹蟒，在它面前都是小弟弟。蟒蛇雌性的体型要远大于雄性，雌性随时可以吞噬体型较小的雄性为食。故此雌性蛇是生育繁衍绝对的主导，它在想交配时会先去吃饱，交配后可以七个月不吃不喝，直至生下小蛇。从修炼的角度来讲，修行和蛇一样是阴性为主的，牝能胜牡，蛇的辟谷断食也给了修行人很大的启发。

从现代科学角度研究，蛇具有非凡的新陈代谢能力，它们能自主降低新陈代谢速率，减少能量消耗。我们前文反复提到闭关的修者初期先过饮食关，从减少饮食到逐渐不吃不喝几天、几个月，启动灵性和身体新陈代谢的调节能力有密切关系。蟒蛇能在两餐之间让新陈代谢几乎完全停止，代谢率降到已知所有脊椎动物之中的最低水平，这时候活蛇和死蛇在新陈代谢上几乎没有差别，因此可以保证半年多不进一餐。大修行者亦是！数天、数月和蛇一样，不吃不喝入定的人自古以来屡见不鲜，这些人的代谢率和蛇一样降到几乎不见，凡夫以为心跳呼吸停止的人已经死了。

然而令人不可思议的是，当蛇进入进食期，它吞下食物后能将体内所有能量瞬间集中在分秒必争的消化上，由至阴而转到至阳。在进食的几天内，蛇的小肠和肝脏质量能翻一番，肾和心脏的体积也大幅增加，同时新陈代谢速率能增加到原来的45倍。

那么大修行人呢？我们知道许多祖师吃起来食量惊人，动起来能量惊人，笔者见到过一天瘦十斤，也见到过一天胖八斤的前辈，这些人体重、代谢、分泌、心肺功能、能量发散都是完全自控的。这和通过运动提高代谢率完全不同，蛇在新陈代谢巅峰时期是完全静止不动的。体内虽然是狂风骤雨般的能量涌动，而外在却是最安静的状态，直到进食几天后消化完成，蛇又会自主将代谢系统关闭。蛇的这些神奇自控能力，使得智者们发现了人类能入定的奥秘。

不仅是入定功夫，从蛇类身上大修行者还发现了修炼太极功夫的秘密，为什么太极拳要打低架？太极拳修炼有点像提线木偶，头越往上虚顶，下面就要能往下低沉，上下贯通而通过开胯发散出去，这就是上下左右的“呼应”。上面之虚顶为提劲，用小木棍轻微一动，木偶周身会自动调节到合适位置与之呼，与之应。所以正法修炼太极功夫不一定需要场地，原地不动站着能炼，双盘打坐一样能炼。为什么双盘打坐一样可以炼太极？坐得实和站低桩有异曲同工之妙。懂太极奥妙的人知道修炼太极功夫不仅仅是打拳，核心是在炼缠丝，一是自身的缠丝，二是自他的缠丝。藤蔓植物是把大树包裹，而不是另辟天地生存，这就像蛇。蛇全身上下就一根脊柱，攻击时为什么能立起身子，欲上先下！想要直立上身就要从地下要劲，下沉的力量越大越稳，则上身顶立得越高越直。有一种蛇能全身90%直立，可想而知,它蛇尾下沉压地的力量有多大?

下沉能使身体产生反弹,下坠沉得越稳则开顶越能内力滔滔,一气周流,无有尽时,这就像雷达的扫描仪一样。注意:力是由下而上、气是由上而下形成周天往复的,上下扫描能形成势能波,道家称为“混元一气”。

上顶下沉好像一根海底神针,把身体稳定住,这就是意守丹田。丹田不仅仅是下丹田,全身无处不丹田,守就是守着这根神针,上下对拔时越拉越长,身心越来越松。针拉得越长功夫越好,下沉而不得真沉,下为纯阴,越沉越微细越陡峭越尖锐;上顶而不至有顶,上为纯阳,越顶越虚空越无边越灵活。

上下左右用意不用力,不是身体真的有上下,其实身体是不动的,是意识在上下翻滚,这个顶和沉在身体上无形无相,亦没有具体动作,但内在真气上下贯通,“循督以为经”。下即上,上即下,气循中路波荡,无心的波荡是矢量荡,有意的波荡是混元功。如此则四方八面能屈能伸,能上能下,能吞能弹,能开能合,自主由心,无为而无不为。

如果气沉丹田是把气憋在下腹,肚子怎么能不越修越硬呢?这不叫气沉丹田,叫死气沉沉。“虚”“灵”“顶”“劲”倒过来是向上一路之法,正过来则是分不开的生命合力。虽然倒过来修的过程有次第,但修门渐,参门顿,就像运动员训练时,肌肉、平衡、心态、柔软各有各的专门训练法,然而比赛时能分开吗?修法从最初级的“劲”入手,引气向上的功夫为“顶”,“灵”是一种能自主引领生命合于大道的精神力,最终达到特质为“虚”的生命态,即清净、涅槃、悟道。受篇幅所限,笔者只能和读者们在这里粗略探讨一下

"虚灵顶劲"四步修法中最初级的"劲"。

光一个"劲"字,笔者如果完全展开,需要至少一本书的分量,故此这里只能压缩,读者们需要自己反复领悟其中玄机。

"劲"从状态上分有高、中、初三种;从功能上分有暗、明、化三种;从形态上分又有三种。

第一种是"无形劲"。例如,人的念力、心力、魔力是如何产生的? 无形的力量也叫虚空劲,有正有邪。由于无形,普通人感受不到力从何来,只能受其果,而不知从何发力、改变,如此则必然被动。其实各种形式的虚空劲,作用的部位都在人体的上丹田,由上丹田发出,在大脑受力,进而影响大脑激素分泌形成大脑意识,指挥人的行为举止。

第二种是可以被人感觉到的"内劲"。此劲源于宗气,宗气不是中气,中医说的中气是指脾胃之气。气就其生成与作用来说,由下而上可分"元气""宗气""灵气"三种。灵性产生灵气,悟性越高则灵气越强,灵气在人体上丹田区域生成,进而作用于全身。宗气又名大气,其作用部位在人体的中丹田,以肺吸入的清气和脾胃从饮食物中运化而生成的水谷精气为主要构成,它直接关系到生命之气的盛衰。《灵枢·五味》称为"气海",注意不是"气海穴",而是两乳之间的气海,此处又名膻中,不过膻中也不是指膻中穴,而是这个区域。

《灵枢·邪客》说:"宗气积于胸中,出于喉咙,以贯心脉,而行呼吸。"宗气一方面上循呼吸道推动呼吸;一方面贯注心脉推动血行。三焦为诸气运行的通道,宗气沿三焦向下运行于脐下丹田,以资先天元气。《难经》说:"三焦者，原气之别使也。”气通过三焦而布敷流润于全身，内至脏腑，外达肌肤腠理，此外宗气还可由气海向下注入两侧气街，即腹股沟，再循行下于足。谷气、清气最后都汇聚成宗气。宗气是生命体的发动机。

宗气为后天之气运动输布的本始，它合营、卫二气而成，营气是宗气贯注血脉化生而成。生命体除了饮食、呼、吸之外，脾胃调用储存的少量人体先天元气和运化水谷形成的谷精以及呼吸的外部清气，汇合成了营气，其主要功能是营养和化生血液。卫气是能起到护卫肌表、防御外部邪气，温阳脏腑、肌肉、皮毛等，调节腠理开阖、帮助汗液排出、维持体温等功能的气。营气和卫气来源虽都以谷气为主，但功用各异，营气主要行于血脉之中主阴，化生血液，气中彪悍的部分就成了卫气，它行于脉外主阳。当人体中正气充沛，就产生较强的、活泼灵动之卫气，它流动迅速，不受脉管约束。内力的作用可化为卫气构成围绕身体的浑厚气场，我们看有的大修行者身体内隐隐发出金光，这是内力的表现，从精神层面上说，德行才是人最强的卫气，消融百邪，比身体功夫更精妙。

第三种是最浅表的“外劲”，又叫元气、精气。作用点在下丹田，由“元精”化生，随生命而来，藏之于肾，依赖后天谷精不断滋养发挥其作用。精气通过经络运行于人体全身，通过五脏六腑的正常功能，维持人体的日常活动。因此，精气充足脏腑功能就强健，如不足则身体衰弱，中医认为培元固精为治病之本，源出于此。身体细胞新陈代谢的动力是“气”，先天的精元之气结合后天的宗气，沿着一定的路线有节律地充养全身。精元之气的组成以肾所藏精气为主，生成后由下而上流行分布于全身，内至脏腑，外达腠理肌肤。先天和后天之气各有温阳全身的不同作用，生命体“气聚则生，气壮则康、气衰则弱，气散则亡”。

阴气主物质，阳气主功能，阴阳二气相互转化。机体的元气充沛，则各脏腑、经络等组织器官的活力就旺盛，体质就强健。若因先天或后天原因水火失调，则心火独盛。心火是阴火，是欲望所致，起于下焦，系于心，心不主令，下焦胞络之火是元气之贼。火与元气不两立，一胜则一负。

由此我们知道，生命最上是虚空劲，最下是元精，气沉丹田使得元精充沛，但这不能刻意为之，越想把元精充满，用心越不能放在下腹，需从上顺流而下才行。例如我们摞起来几个空酒杯，想一一注满，须从上而下灌注，下面为实上面为虚，酒杯一层层由下而上被灌满了，这才叫灌顶，即上善若水的修法。水往下流，下面实了自然上反，反者道之动。此为扭亏增盈，变害为利，转弱为强，返后天于先天的法。

这条由上而下灌注、再由下而上蔓延的通路，有的称之为中脉。不过中脉也是假名，中脉如果瘀堵不畅，气如何灌得下去呢？力如何蔓得上来呢？这是极为重要的心法。

如果修者不懂心法，刻意憋气在下腹则越修肚子越大越硬，这就是心法有误，气用反了方向。怎么观察通路是否通畅呢？从浅层来说，人的外形上就可以看出端倪。正常人的躯干部分应该是脖子和上腹都细，躯干是“8”字形，这是连结上、中、下三个丹田的关键枢纽部位。而现在大多人呢？脖子粗，大多人的颈椎移位，大椎区域鼓出一个肉包。上腹呢？也是滚圆的，胃部隆起，上下气的通路都被堵死了。今人和古人不同，古人肥胖者少见，今人则从小开始饮食、思维混乱，古人是饿出病，今人是撑出病，多吃乱吃杂吃，多思多虑多疑，故此想实修的今人必须先打通通道。

打通通道不是指减肥，瘦的人一定通路畅通吗？耗气过甚的人怎么吃也吃不胖，问题一点也不比胖人少！堵得可能更厉害！实修的第一要素不是乱折腾什么辟谷减肥，或者补肾补血，而是找相应的师法，否则拆东墙补西墙，反而会使身心更加紊乱。通道的两个枢纽一个在颈椎，一个在上腹，颈椎和虚灵顶劲相关，上腹则跟气沉丹田相关。由上而下能灌的神气能激发由下而上的精力，力和气是虚实对应关系，并非对等关系。

具体修炼有三个步骤：第一先从上腹开始，训练腹部卷曲向上的力。力始发于命门，开关却在会阴。吸气时修者从命门经会阴往上往内卷下腹，这股力卷至肚脐再重复。注意向上卷之力是松柔的，用意不用力，每次吸气时以意念引导动作，而不以肌肉力为引导，全身松柔毫无拙力。

松是修的方法，身心专注松而不懈；柔是修的结果，身心贯通隐而不发。松柔有窍则气力相济，真气密布周身内力贯通，开背要松，合身要整，能开是松，能合是柔。虚灵顶劲是逆上则顺下，气沉丹田为顺下而逆上，顺逆协同此初始内劲得焉。

普通人由于后天习惯不良，腰椎从后面看几乎都是一个凹窝，也就是"S"形，"S"形的脊椎是紧张的。我们看东方修炼无论太极、导引、打坐等，明师必先要求您打直腰椎，所谓直是腰椎后靠，腰椎向后突起，使得腰后的凹窝平整，这样能松开左右腰肌，腰椎骨就会突出肌肉，从而松腰不断劲。

有些人习武多年，打起拳来虎虎生风，说起理论也头头是道，然而行家一伸手便知有没有。内行一看出手就知道姿势正不正，所以有些人的功夫不是给自己练的。所谓得神者灵光，得气者松柔，得形者张扬，这就像读书是为己之学还是为人之学一般。故此虽然打拳打得有板有眼，呼喝声也算雄壮，可都是唬外行的。这样练功无论是身体还是精神，过于刚猛对身心并无得益。笔者前面提到的某武术大师就是这样，此外我们去历史上看看走外家刚猛路线的武者，有几人长寿或老年不病的？西方人不懂这些，故此欣赏外家威猛类的功夫，笔者认识几位练习此类功夫的前辈，有些人面色红润却因为是血压不稳的缘故，多数人到了老年身体并不好。刚猛之力对心血管、心房和血管壁其实是大刺激。

笔者前文提到，真正的滋养是润物细无声，我们观察蛇捕食，就能发现阴柔从来都可以爆发出绝杀力，如果一味至刚至阳而缺乏绵力，不仅寿命会受到影响，生活中情绪控制都不容易，练刚猛一路的修者情绪几乎都容易暴躁。好多人开口闭口就是争霸、门派、套路、比武，这么修下去越修越固执，方向错了！修炼是为了提高悟性，越修应该越大方、圆通、谦逊、和合，受得了夹板气的人才是“侠”。气是身心的桥梁，由明入暗，由暗转密，由密而化，功夫是智慧之现，是自身修养的一部分，绝对不是拿去求名得利、耀武扬威的工具，如果根本方向错了，再怎么有本事也是门外汉。

当上述卷的动作记熟后，修者要把注意力专注于动作的细节和内身的变化。例如动作的开合虚实，如何于实中求虚、动中求静，专注于意识、呼吸、动作三者的密切配合，最后达到意动身随、随心所欲。我们卷腹是要卸力，这个“力”并不是物理概念的力，而是指人的拙劲，拙劲发于肌肉，以意运气，以气运身的“意”才是修炼的主导力。

宇宙万物、万事、万有的规律叫法，人找到适合自己的修法才有可能合于大道，合于大道后则“不见一法是如来，是则名为观自在”。修法是为了合道的，合道之后就不见一法，又随处是法，只不过法无定性，随取随用、随用随弃而已。悟性强的人在修炼过程中能很快发现各种定性和不定性的规律，能随机应变，因地制宜。

修者习惯了内卷下腹后，开始修炼上丹田吸气法，这个起始是从颈椎1、2、3节位置向上提气，气经后脑过百会最后至两鼻吸入。同样不需要刻意用力，胸部、肩部必须放松，普通人一紧张就耸肩，力就被滞留在肩部发不出去了，剩下的一些又被滞留在肘部、腕部，以至于末梢无力。要用意念提气向上，此时头微低收额，下颌向颈内收，颈椎就后靠了，修者会感觉自己在被一种力量往上拉、往上延，头顶成蜗牛的那个气涡。意到气到，好像有一只手能把自己提起来，颈椎在后靠的过程中正直了，这是虚灵顶劲。

颈椎正直后，气沉丹田使得腰椎正直，整个脊椎由后天的“S”形变回先天“I”形，也就是海底神针被找到了。为什么要在吸气中修顶和沉？当然有些法是以呼气为主的，但我们这里要求修炼时用意点在吸不在呼，主要是针对初修者。

吸气为阴，肠胃为土，土生金，肺为金，通过调控吸气启动身体最难触及的中部和内部，从而带动精气神。修到一定境界时，修者气息微微，督脉如柱，上能无为地从颈椎气贯头顶至两鼻，下能无不为地从命门顺会阴源流至脐，上下一一对应，生命在一呼一吸之间真实不虚也。

为什么虚灵顶劲从颈椎1、2、3节始？颈椎由7块骨头联结而成，它是人体脊柱椎骨中体积最小，但灵活性最大、活动频率最高的节段。颈椎不仅负责支持头颅，大脑发出的种种神经支配信息是通过颈椎输送到全身躯干的，反射信息也需要经过颈椎回馈给大脑，所以颈椎才是真正的脑门，而额头名字虽叫脑门，我们在前文说过这里其实是光门。

颈椎前三节和脑骨紧密连接，这三节表面上不容易看到，低头时能见微微的凸起，暴露在外的是督脉上的风府穴。风府位于后发际正中直上1寸，在后脑部高起的骨头直下凹陷中。城内为府，人的中枢神经系统经颈椎直通于脑内髓海，风府穴下为延髓所在地，也就是执掌呼吸、心跳等生命中枢之地。人之神气能向上一路的关卡就在颈椎，从百会穴至颈椎大椎穴总长13寸，此乃人体第一大血柱，瘀血喜积在此，百会开了叫“开顶”，身体上五脏六腑归位，气血运行旺盛，经脉与络脉畅通，大脑重启再生。百会穴右侧通肝，左侧通心，聪会穴通肾，脾向大脑提供动能，肺向大脑提供氧气，五脏通过头皮向外界释放少量真空能，大脑与五脏相辅相成，而传递神经必须通过颈椎。

人体脏器中蓄毒第一的是脾，第二是肝，第三是大脑。由于脑细胞不会自主更新，并且结构复杂。普通人随年龄增加脑细胞老化，轻则记忆力下降，身心灵敏度下降，重则引起大脑病变。颈侧左右动脉的力量是不一样的，左侧弱则大脑右侧病变，反之右侧弱则大脑左侧病变；凡是大脑有病变者其小脑均有病变，这是由于小脑以上部位的大脑已被毒素蓄满，血氧不够，代谢缓慢，导致病变。所谓人的衰老是从小脑开始的，小脑是最先萎

缩的地方，继而影响大脑组织细胞，再延伸至全身。脑萎缩的原因西医说是缺氧造成的，可人为什么会缺氧？西医语焉不详。

东方修炼法的不可思议就在于此，从身心角度讲返老还童的例子数不胜数，许多人为什么修炼后白发变黑是从后脑开始？这和小脑被激活有关，而激活小脑的修法关键在气息的变化。脑萎缩、衰老都是小脑得不到肾水滋养，人的肾水充沛时，气血旺盛才能滋养小脑，所以修炼的人白发变黑，脱牙再生，月经再次来潮等现象源自于温阳肾气的能力足了，气血循环、代谢能力加快所致。故此头部的积毒得排出去，身心才能净化。可头部的积毒如何排？唯有从调息入手。

颈椎的1、2颈神经分别联接前脑和后脑，是十分重要的咽喉枢纽，由于这两节颈椎之间没有椎间盘，第二颈椎即枢椎的齿状突向上伸入第一颈椎即寰椎，并与寰椎前弓后的关节面共同形成寰枢关节。寰椎和枢椎组合形成关节是枕环枢椎复合体，属于人体最复杂的关节。头在三维空间的旋转是通过枕环枢三个运动单位完成的，这三区域和副交感神经交织，一旦淤堵就容易引起内分泌紊乱，之后是怪病丛生了。

古人将脊柱比喻为龙，这个区域是龙头，一般人说颈椎不好，主要在说看得见的颈椎，其实直插入脑的前三节才是根本的病源。一切修炼的功夫，无论是道家的心斋、坐忘、缘督、导引、吐纳、听息、踵息、守静、存想、守一、辟谷、服气、行炁、胎息、外丹、内丹，等等，还是禅门功夫，修命、修身的入手在息，落脚在脊，关卡在颈。

初修者进入修炼时习惯肩颈紧张、用拙力，这肩颈处卡住的拙力如果不疏卸，对整个后背、颈椎、脑供血都是大的障碍。普通人已经习惯了一用力就端着肩膀，自然呈现紧张状态，这样力就扣死了，既无法传递给末梢，也无法运化经络，疏通神经中枢。大部分运动员和修者都知道这个关键区域必须松开。可怎么松呢？却没有实修方法，这个具体的松法少见书上有记载，其实是必先紧而后松！必须让肩胛力量发挥出来就自然松了肩颈。如何检查呢？检查锁骨，锁骨耸则肩耸，肩耸则气浮，气浮则颈紧，此时要回胛，后背成水滴状的微圆，松开肩胛骨时肩胛沟得看不见，背部呈平面微圆时肩颈才能解扣。

有学生送了笔者一只猫，写作间隙笔者会仔细观察它的一举一动。有人不理解，猫有什么值得仔细观察的？这样想乃是自大，天地万物，除了“自我”谁不是老师呢？就是因为拜了“自我”为师，才和其他老师相逢不相识。猫和蛇有极多相似之处，它教会了笔者如何松，如何养。

它全身松柔至无物，抱起来是一团，放下去是一堆，似乎没什么力气。可有一次，笔者发现它守着车库门的一个小洞，几个小时一动不动悄无声息，突然一只大老鼠窜出来，它的爪子电光火石一般用力一拍，老鼠就动不了了。这种宁静从容、专注集中和应机爆发的能力，实在令人惊叹啊！平时它向上一跃，一米多高的台子轻松就能上去，在窄小的墙上灵活跳跃如履平地，这种弹跳力和平衡力，不也正因为松吗？

猫是如何养身的呢？它一天中超过15小时时间都静止不动，除了能静之外，它还有种神奇的咕噜声，有人说这是猫感觉舒服时的声音，笔者却认为这种咕噜声除了表达心情外，其中有帮助猫调整骨骼、增加气场、平衡气血、按摩内脏、稳定神经的作用。这些声音产生内在的持续微振动，此种声频每个猫都不同，能帮助身心放松，好比修行人的唱颂一般，这是一种特定的声波。因为松身体才有贯通力，才整体协调。谁都知道狗要遛，为什么猫不用遛呢？猫不爱运动哪里来的爆发力、专注力、平衡力、贯通力呢？这些皆来自松。此“弱者道之用”也。

蛇每天运动吗？蛇无力吗？它们动起来是首尾两端均衡发力的，这样就避免了局部用力，力会用竭。猫卷缩成一团时好像蛇咬尾，触动它们头上时，底部也有感觉，腰脊能马上自如跟着反应，遇到猎物如行云流水般一气呵成。反过来说，修炼是让修者能松，放下才能松，抓着才是紧，如果练成越来越紧的肌肉就练错了。

意气能下沉，内力方才提升，所有放下是一种沉。沉，不是全身往下一堆一摊，或者全身一起下坠，而是上下左右，前后两侧凡有对称关系的部位骨顺气坠，没有人为刻意地自然而然放下。于此相对应的，也就是反作用力是提劲，提劲是轻盈的，如此力和气的虚实关系就分明了。沉是积聚能量，顶是释放能量，一收一放、一张一弛间身心就松了，纵向长了，能贯顶了，横向就能撑圆了，立身就正了。此时绷劲也就出来了，空才能松，空是松的心法，松是空的境界。

什么是圆？其大无外，其小无内为圆，修者仿佛体内无一物故而能包容万物为空，这才能让能量在身心中流转起来，脊椎间淤堵打开空间更大。修者能一动皆动为松，只能局部用力为紧，所以并非每天运动就健康，也并非刻苦努力就能松，绝大多数人瞎练盲练，身体越练越紧。

炼本应使人心松、气松、脉松，身心逍遥自在才对！猫怎么就不是人的师父呢？然而是不是每个猫都能静如处子动如脱兔？当然不是！有的猫是宠物，好吃懒动，肥头大耳，世间万物能迷在吃喝享受里的只有人和被人宠坏缺乏了灵性的宠物。也有的猫天生胆小总是情绪不稳定，时刻紧张就不可能松了。要知道大自然的动物时刻保持警觉并不是紧张，那是灵敏，来自松而不懈的本能，而紧张是心理问题。您看狮子、老虎灵敏度多高，但是它们多能放松！而老鼠、兔子多不安心，多紧张！

松是能量的体现，人若能多谦虚诚恳地观察万物，就能发现宇宙万物的秘密就在万物本身，或里或外，或显或隐，有了这种心放在修炼上就不会死炼，缺乏悟性的人发出的力必是死力，反之则为活力。

虚灵顶劲，气沉丹田是将身体拉开一个大“十”，松通升降，循环八方，有无相生，上下贯通，前后对应，左右平衡，虚实两边。大“十”是交集，气在膻中交会而向左右舒展，形成一个围绕膻中的大圆相。由于本书讲的是气的交集，即“气会”，除了“气会”之外，人的身体还有七会。脏、腑、筋、骨、血、脉、气、髓八者统称“八会”。《难经·四十五难》云：“经言八会者，何也？然，府会太仓（中脘）、藏会季胁（章门）、筋会阳陵泉、髓会绝骨（悬钟）、血会膈俞、骨会大杼、脉会太渊、气会三焦外一筋直两乳内也（膻中）。”这八个脏腑、筋脉、气血、骨髓的交会聚会点，是八个十字路口。

人的身越松、空，交会点就不会淤堵，这些都是身体的大坝，能开闸放水通行，水量越大发电的能量就越好，能量越大圆相越大，生生不息之活力如轮，循环往复的速度、强度、磁场作用力也就越广大。

修炼是从不同角度使能量场形成良好的叠加态，提高能量强度。现代人称之为能量的，古人叫天地灵气、日月精华。修炼得法后人和宇宙万物、万事、万有能互换能量。能量本具穿透性，不会被皮肤、骨骼、血管、脏腑所遮挡，受场力的吸引，注意不是引力，能量在身心内流转。气运起来的路线是太极的曲线，外气内收、内气外放、无须意守、自然循环。用意念导引气流动的方向，内气越畅通无阻，人体的气场就越强，身心的空间就越大，和宇宙万物可交换的内容就越迅速而充分……周而复始内气和外场不断往来，功夫就不断提高了。修炼的过程是修者不断和宇宙万物交换的过程，否则光凭人自己有限的力气能有多少？必须会接力，会乾坤大挪移，会突破自身局限打开内外沟通的通路，和宇宙万物之气无碍往复。

凡人成长的过程中，吸收的能量多于散失的，这就必然导致衰老，通过修炼内气逐渐增强后，能用心返照发现人之一身即宇宙，这时候也就不需要再人为用意念去引气了。真正入静时，一切都是无为而无不为的。此时修者可以自然而然地同化周围气场，感应能力越来越增强，这和内气增强是成正比的。感应能量不是感觉，感觉是觉受，感应是超越六根的全然感知。初修者需要用人为意念导引气往头顶经过百会而至两鼻，到一定阶段有人会发现头顶好像逐渐开了天窗一样能见天地，慢慢天窗会越来越大，最后整个身体虚无了，这就是无我了。道家称之为“开顶”，佛法称为“照见五蕴皆空”。

修炼的方法前文已经说了，先要令到下腹会如轮子一般向上卷，第二步是学会头顶发出提劲，第三步是上下一起同步完成气的“8”字周流。下从会阴到肚脐，上从颈椎到两鼻，正好是上下两个半圆，两个轮子对转形成一个周天。精神上越充实的人，心就越虚灵，生命灵光独耀时，人不会被大脑意识左右，外求逐乐。生命体越充实、圆满、无漏，这才叫“虚心”。实腹则不仅不是多吃东西，而且要令胃容积变小，肠道清洁，能量不再集中在消化系统消耗，当吃的东西越来越少却感觉精力越来越好时，您会发现腹会越来越柔软，弹性变好，这才是真正的实，即元精充沛。反之如果肠胃越实人越虚弱。腹柔软如绵时，人呼气能感觉肚子完全贴在背上，腹部像黑洞一样虚，这才叫“实腹”。

实，是微细层面的存在被启动，内在自觉、圆满、自足。这时候才能让推动的劲发出来，就是“提劲”。和普通拉筋不同，普通拉筋抻拉的是表皮和筋，是局部用力，而提劲像决堤之水一样，身体里的筋脉、气血、津液一起流动。此时修者的气场是一团一团的云状，不过要注意，如果定力和智慧不够时，到了这个阶段人极易以为自己已经得道成仙了，其实只是意识随着内气冲出体外的一种暂时的感觉，切不可留恋这种“出壳”的感觉，心不要随着感觉走，随感觉出游是走火入魔。要定住心神，因为经过多次的不同“出壳”体验后，这种感觉会在某一刻突然消失，一切觉受恢复平常，此时感应能量才能和宇宙万物全然接通。

虚灵顶劲和气沉丹田本是联动的，上下呼应，头越虚精神越实；腹越柔软有弹性则气越能沉，越实，此“反者道之动”也。头部清虚的修者身体是薄雾状的，气场波光粼粼，身体和周围都笼罩在光气中，心如虚空，无他无自，以至于“无缘大慈、同体大悲”。

不要以为这有多么玄虚，其实只要生命在，这条气路就在，但除了能如法修炼的人，普通人的气路都是淤堵的，只是淤堵的程度不同而已，程度不同生命的状态和质量当然也不同。堵得严重的身体就比较虚弱，五脏六腑、器官、细胞、组织、代谢等功能也弱，就算是局部有力也无济于事，因为各种劲整合不起来，身心还是堵塞的。气路越顺畅，各种有形到无形的劲就能随心所欲发出来。

打开由上而下的这条气路可以用三种基本体式来修炼：一是行禅；二坐禅，道家叫“天盘”；三是立禅，道家叫“站桩”。

腰腹之间是阴阳的关系，后阳前阴，想让腰挺直，必须在阴处用力，即前面用功，后面才能直。要前升后降，就得会先用意识带动会阴往上卷，后腰的凹窝才能下沉，沉了就直了，欲后先前，欲左先右。有些不明就里的老师不懂阴阳、虚实、强弱的奥妙，想要学生打直脊背就要求学生硬生生地把腰挺直，人为用力挺直必是紧张的，长此以往容易腰肌劳损。

三个体式是从不同状态进入两端均匀发力，调动上下呼应从而发散至四肢百骸的气，初修者首先从习惯前面用功开始，从命门到会阴内卷到脐形成持续不断向上的内螺旋。现在很多人身体后面是虚的，后腰塌陷故而骨盆前倾，进而压迫胯骨倾斜，根本做不到前升后降，而是反过来前降后升，故而松懈或紧张。松懈和紧张是一个病的两面，都因为身体无序所致，那股提劲发不出来。笔者注意到身边许多人两条腿一长一短，行住坐卧身子都是歪的，但奇怪的是其本人根本就不在意，好像和自己没关系，也不想知道何为直立、正坐。如果连本人都不想纠正，谁能帮其正身？

正身的方法从脊椎正位开始，要学会让自己的意念在前面使劲，前腹收、实，后腰虚、松，脊椎才能正直，学会用提劲，才能沉下去。注意训练时要空腹，如果感觉胃肠胀气就不要练，吃了饭要等胃排空，气顺畅时才练。除此之外初修者不要自作主张乱练屏息，初期练卷劲是自然呼吸，否则容易滞，卷的过程一定是用意不用力的，松才是关键。普通人一用力就紧张，肌肉僵直，关节卡死，形成死劲儿。卷的劲是绵绵不绝的，活力是卷多久应该都不会累才对。卷得越好，腹越有弹力、越松软。

三个修炼体式，初修者先炼行禅为好，再炼坐禅，最后炼立禅。因为普通人爱动，马上进入不动的训练比较难，从行禅开始相对容易。行禅中要将手叠放下丹田，身体在行进中保持平衡，在动中练习卷劲。当心能稍安时可以通过坐禅训练卷劲，其实许多人都不知道立着炼是最难的，普通人站姿正确的微乎其微，要么前凸后翘，要么脚趾内陷力往内侧倾斜等，由于没有专门纠正，大多数人长期站立姿势不正而不自知，故此引发各种脊椎、胯骨和膝盖以及经络淤堵等问题。另外有许多人误解站桩就是站，这就像许多人误解推手就算练手一样，其实推手的修炼，手只是一部分，推也只是一部分，修炼的不仅仅是手也不仅仅是推，站桩亦是。站桩不仅仅是站，也不仅仅是桩，而是要会上下贯通而至于松，松才能定。故此站桩是一个统称，倒立、金鸡独立、直立、跪立、卧立等体式都是站桩的一种，师者因人而异传授不同修法的，称为调桩和带桩。

站桩不是站得越低越好，也不是低了就不好；不是站得越久越好，也不是久了就不好。法无定法，执著在相上都是邪法。站桩的目的是松和空以至于定，越定身心越从内而外密实，我们看大树的年轮是不是从内而外生长？身心越不定，越是内虚，力由外而内行，这才会疏松。

行、坐、站都为了放开心神，松开身体，能“虚其心，实其腹”。对于身心来说松是无止境的，精气神可以无限地放松，而对于紧来说却是有止境的，精气神紧张到边界时就会崩溃。急于求成者没有明白修炼的内涵，本末倒置就会对身心造成损伤。不明就里地盲炼越精进越伤害身心，并且好不容易出了点小成绩，就会被人、事、物、境迷惑，有了一点小本钱就变得狂妄自大者不在少数，这就是修炼修得适得其反了。

我们看“命运”二字，“命”的特性是“运”，“运”的根本靠“气”，所以叫“运气”。人的生命层次有四个递进状态：固体、液体、气体、光体，一层比一层精纯透亮。凡人在固态、液态范围内生活，身体虽以液体为主，但人心却喜固态，每天吃什么、买房子这些是头等大事，人越来越喜欢能看得见、抓得住的东西，仿佛越固化越有安全感。其实生命的规律正相反，越固化越执著，生命的内光越被压制。

生命从哪里来？从水里来，生命归于何处？往火里去。身心越清凉越能回归来处，越躁动越趋向灭亡。水是变化多端的，契合了水德就几于道，从生到活，活是水的特性，活力越强的能量越不可捉摸，从液态到气态是升华，从液态到固态是堕落。

那么生命体一呼一吸是不是合于气态呢？严格地说这仅是呼吸。呼吸的气和修炼的气不在一个层次。越是身体不健康的人，越以固态为主，欲望也就越强，各种身心的堵塞不通，引发身心五阴炽盛，由此延伸发展出五花八门的病。越健康的人越能上下呼应，虚灵上顶，精气下沉，逐渐涕、唾、津、精、气、血、体液、内分泌旺盛，这就是从固态到液态转化了。

下丹田是人体的炉，虚灵是鼎，炉需要火，鼎需要水，火往上烧，水往下流，“顶”和“沉”是修法，百炼修得绕指柔；人如果不向上一路修行只能是向下堕落，落在食色里叫沉沦，故此唯有往上才叫升华、超越、解脱。可往上不容易啊！需要向死求生地炼啊，往下只要顺着就行了，鼎炉里的丹是炼出来的。内丹不是上、中、下丹田某处真的有个实体的丹，而是指上、中、下丹三个田里的气激活运转起来。运转起来内丹才算成就了，如果不流动，生命体就被固化了。

气是动的，越精纯、流动性越好，能量越充分。我们看天空也是这样，不流动才有雾霾，流动性好风和气就变化得快。有了杂质、被污染了也不怕，如果固执不动那就转化不了了。

修炼的人服气，许多人误解服气是吃气。“服气”其实是修者身体摄入的营养改变了，内力产生内热能将体液挥发起来，身体越来越空。液体越足，内气越强则气流动性越好，气流动性越好则身心越能静。那么修炼呢？亦是！初修者有法可依，修炼的内容无论拉筋、打拳、禅茶、读书都是固态的，步步递进后会发现修法越来越无依无靠，抓不住，贴不近，留不住，这才是生命向玄妙、灵动在转化，最终合于光态，叫悟道。

中国文化向来强调天人合一，为什么不是地人合一？生命往光体走是向着天行，地人合一就是往固体走，越来越固执。故此，天人合一是合于光，合于天性。天、地象征生命的能量层次和境界，天，不是指我们头顶的大气层、天空、太空，天空有液、气和光，而星球之地是固态的，变化最慢，星球以上才叫天。我们说的“上”也不仅仅指方位，究竟说，天也包含了地，上里含了下。天之性即清明、空阔、高远、涵容、无私、莫测、虚灵以及不息之恒久；“上”指的是层次，人心向虚，胸怀无限广大，终究归于空性，这就是天、上，天、空。

往下走是归于物质性，变成有规律、可捉摸，瓜豆秧苗、物候播种都有规律可循。人和地的关系中，地性是人能够把握的。为什么我们常说，人要有希望？望是望天，体会无常，把握当下。向上一路和天人合一，殊途同归。人往生命的上层进化，即虚灵顶劲的“灵”，越能厚德载物，是气沉丹田的“沉”。灵的质是“虚”，沉的质是“实”。人转化精神越来契合于天，转化身体越来越贴合地，精神虚化合于宇宙生命的天道，而身为微尘接壤大地母亲的地德。人生最宝贵、最核心、最精妙的是灵性，人生最有价值、最令人敬仰的是德性，两者不二成其为“人”。

灵性是“和光”，德性是“同尘”，和实生物，德实育人，这些是不是很高深玄妙、遥不可及呢？

什么是和谐社会？对待不虞之事能报以理解、包容，彼此不怒怼，多从对方角度着想，把生的机会留给别人，这样还有什么纷争呢？很多平凡的人都能置生死于度外，我们为什么还觉得无私无我的境界那么遥远？危急时刻心里想的全是别人，这不就是菩萨心吗？

人生境界的体现多在逆境时，一辆奔驰车和一辆普通车在高速路上时速都能达到一百公里，但刹车的好坏才是关键时候救命的保障。刹车代表安全，是止，人的境界高低也在于止。能不能止？如何止？是平时的修养使然，也是在关键时候救命的根本。我们常说要有浩然之气、大丈夫气概，而在很多普通人身上，我们就能看到什么是真切、自然、淳朴。很多普通人在面临危急时刻却不忧不惧，从容平静地做出利他的选择，生命无时无刻不闪耀着灵性独有的光芒，这不就是平常心是道吗？

活了141岁的北周道医孙思邈，长年隐居太白山中修道法炼内丹，并与高僧道宣律师相友善，时常和道宣律师交换对佛法和道法的看法。

一次，卢照邻问他：名医为什么能治愈各种疑难疾病呢？

孙思邈答：对天道变化了如指掌的人必然可以参政于人事；对人体疾病了解透彻的人也必能根源于天道变化的规律而变化。天候有四季、有五行相互更替，犹似轮转。那么如何运转呢？天道之气和顺而为雨；愤怒起来便化为风；凝结而成霜雾；张扬发散就是彩虹，这是天道规律，人也相对应于四肢五脏，昼行夜寝，呼吸精气，吐故纳新。人身之气流注周身而成营、卫二气；彰显于志则显现于气色精神；发于外则为音声，这就是人身的自然规律。阴阳之道，天人相应，人体的阴阳与自然界并无差别。人体阴阳失去常度时，气血上冲则发热，气血不通则生寒，气血蓄结生成瘤及赘物，气血下陷成痈疽，气血狂越奔腾就是气喘乏力，气血枯竭就会精神衰竭。各种征候都显现在外，气血的变化也表现在形貌上，天地不也是如此吗？

孙思邈实际上是修道为主的真人，医生只是副业。宋徽宗敕封孙思邈为“妙应真人”，明清时期尊称他为“药王”。他在《易学》中说：“不知易，不足以言太医。”指出了易对医有指导作用。明朝张景岳更系统地提出：“天地之道，以阴阳二气而长养百骸。易者，易也，具阴阳动静之妙；医者，意也，合阴阳消长之机。虽阴阳已备于内经，而变化莫大乎周易。故曰天人一理者，一些阴阳也；医易同源乾，因此变化也。岂非医学学者，靡不精通易理。而凡精通易理者，于中医学说则多有发挥。”

医和易有那么紧密的联系，可是我们看看现代中医们有几人通易？多数人只是用浅表的阴阳五行论来解释中医，可阴阳和五行的根源所在呢？阴阳可不是上阳下阴、左阳右阴、外阳内阴、男阳女阴那么简单；五行也不是什么金木水火土那么浅显。《易经》有象、数、理之分，用起来层次、角度、对应、采补、技法都不一样，有些医生在学校学中医，死记硬背药方、偏方，这样只能缓解症状，实际真正能根除病因的不从药方里来。古代医者治病有的用象治病，有的用数治病，有的用理治病。现代中医能看懂药方的都不多，能举一反三的就更少了。

医者还有几人能通过观测宇宙中日月星辰等天体运行之“象”及地球中人类、动物、植物、微生物等一切众生的生长壮老之“象”，将之一一对应，然后归纳、总结、应用出二者互动之“数”，也就是发现其规律？所谓“以物测象，以象运数”？

象是宇宙万物、万事、万有之动象，数是宇宙万物、万事、万有运动规律之常数。系辞云“在天成象，在地成形，变化现矣”，天地日月，宇宙万物什么时机该运行到哪里？对地球、生物、人类会产生什么磁场？发生什么作用？宇宙万物运行到各度各分产生什么天气、地气、人气？二十四节气分别对应人的什么气机？例如春生，夏长，秋收，冬藏，五行不仅是金属、物质，更是气。

春天为木气，夏天为火气，秋天为金气，冬天为水气，辰戌丑未月为土气。我们看立春，太阳正好运行到黄经315度，此时木星也运行到地球东方，对应地球北半球的人、事、物、境而有生发作用，从立春这一刻开始才叫春天，五行为木，方向为东，气为生长。木星当令后是土星当令，再后火星当令……这些天象如何对应到人体？各气皆有归属，如何因势利导？是以水灭火还是以毒攻毒？会用象者亦能对应于数，配合天数、地数、法数对应人体骨骼、经络、气场、情绪、生长等关系，辅以食疗、养生、修炼来修正、化导生命之偏。落之于文字便是理。

由此可见，中医、农业、天文、历史、数学、地理等都是宇宙之学、全息之学、统一之学、时空统一之学，中华文明天人合一思想便是认为宇宙万物是一个整体，是互相作用、互相通达、密不可分的。世界中的物质，从宏观的星系到微观的电子、质子、中子，及其各种有形、无形的生命体，这些生命存在的方式即时间和空间的统一体。故一切主次也是因人而异、因地制宜的，没有固定不变的法，唯有百变灵活的“医”才能令患者复“生”，如果片面、主观地抽取其中一部分则必然不能通达根源。

中医从道医来，道医和后世中医有很大区别，由于道医重自我修行，故而不仅对生命之玄机变化成竹在胸，不仅有望、闻、问、切四诊，砭、灸、针、药四法，亦能比类取象，以象定卦、以卦诊病，通过对气的观察和应用，不仅明晰疾病的病症、病位、病性、病势，对病因也应了如指掌，从而能得出同病异治或异病同治，再或者病不用药治等各种不可思议的手段。

阴、阳、混沌三元，中医重阴阳，道医重混沌。从医学上说阴是气之下沉，阳是气之上扬，混沌是湿浊之气。道医认为百病皆由湿浊起，中医为了解决阴、阳失衡问题，用了千百种药方去对应，但这只解决了湿浊有限地溶蚀和代谢部分湿毒垃圾的问题。真正的道医，如孙思邈之类是从混沌入手，不仅要消除新增湿毒，连已经沉积的湿毒也一并溶蚀清除，这无法靠药而需要内丹功夫。道医和禅医是一路，发现一切药物均不能彻底清除湿浊，唯靠自身内力才能真正消融。

通过修炼而发出的内力对身体的祛湿排毒作用，是由内而外、不假外力、持续不断的，如此则阴自清阳自纯。这也是用一切药物所无法解决的。我们前文提到了玩鬼神符箓的是附道医之名的后代巫医，道家如孙思邈之类的真人其实也没把治病的重点放在药上，“药王”之名是明清时期的尊号。真正的药是“心药”“内药”，治病不用百草之药而是强调自修内丹，自觉自强，以自身修炼为主乃“医生”。

修者要有一种整体思维，宇宙万物与一切众生在能量上是时刻互动的，并且在信息上也是能够同步传递的。在统一的整体下，色类各有道，即可分可合，既分即合。太极、阴阳、混沌不即不离，衡动变化，“反复其道，七日来复，天行也”，宇宙万物处在“终则有始”“反复其道”的“衡动”中，这就是轮回。

日、月、星辰在衡动，地球生物也处于生生不息的轮回中，轮回就是要回向。然而衡动、轮回、回向未必是有序的，多数是变易的，道变动不居，唯变所适，有动就必有变，生命不息变化不止，故衡动是衡变，稳定是无常。

生而为人，应明晓天地之变，合于万物之动，医者本应以自我修行为主，之后悬壶济世，以妙手仁心治病救人。医生不应该仅仅是职业工作，否则只剩下知识、技术和仪器。对于现代人来说，真正能帮助人生健康智慧、帮助社会稳定和谐、帮助家庭幸福美满的，不是吃什么保健品，每年做几次体检，看了多少本书，创立了多少家公司，或者生病了去医院找有名气的医生。身处这个变化无常的社会，层出不穷的商业发展，每个人都处身一个片面，就像鱼儿不知道大海是什么样子，一片树叶不知道全树是什么样子一样，我们想要见到人生的实相靠有限的知识，肯定不行。

一旦我们看清自己是如何自我束缚在文化、语言和思维模式的陷阱里，就会发现人生之丰富意义其实远超我们的想象。为了适于生存，我们的大脑里形成和保存了无数的规则与分类，以快速有效地指导当下的行为，这也是文化对人的教化功能，通过传达绝对的命令使得人信以为真，这无疑让我们付出代价。因为很多时候，情境已经变化了，我们还一如既往地固执着规则和分类。

一切文化传统同属于全人类的文化遗产。无论东、西方的智者，思考的都是人类归根到底的根本问题，故此他们的思想对于全人类都会有启示意义。西方不但有科学传统，同样也有人文精神，首先对现代文明进行反思的恰是西方人自己，这些先行者注意到了东方智慧与西方文明出发点的不同，也注意到了现代社会再次发掘东方文明的意义，这正表明了他们摆脱了狭隘的民族性，摆脱了虚荣，而走向人类性。

老子、孔子、惠能之伟大，在于他们都是带着一颗平常心生活的觉者，他们用超越时空的开阔的眼光来看待时代的更替、人类的变革。无论是东方还是西方，智慧必定是共通的，是属于全人类的，无国界，无时空，一切智者都应是全人类的导师。

国家、民族之伟大，归根到底取决于其文化的广博、心智的健全、经济的繁荣、社会的稳定、人心的富足。故而笔者希望越来越多的人能通过实证实修，自证自修获得圆满人生，获得安心自在，能达宇宙之至妙，能晓生命之精髓，能随心所欲驾驭自心，每个人都能开出属于自心、永不凋零的生命之花！

華中蓮